JOHANNEKSEN ILMESTYS

Sisäinen matka vapauteen

IRMA KORTE

JOHANNEKSEN

ILMESTYS

Sisäinen matka vapauteen

NEMORA
KUSTANNUS

Nemora Kustannus
Espoo
nemora.kustannus@saunalahti.fi

Kannen kuva: Sammunut aurinko, kuu ja putoavat tähdet,
Cristoforo de Predisin miniatyyri 1400-luvulta. (Alamy)

Kannen suunnittelu: BoD – Books on Demand. www.bod.fi

ISBN 978-952-69009-6-4 (nid.)
ISBN 978-952-69009-7-1 (EPUB)

Valmistaja: BoD – Books on Demand, Norderstedt, Saksa

SISÄLLYS

9. UUDET PASUUNAN PUHALLUKSET: HEINÄSIRKAT JA RATSUVÄKI

10. ENKELI JA KIRJAKÄÄRÖ

11. TEMPPELIN MITTAAMINEN, KAKSI TODISTAJAA JA LIITON ARKKI

HENKINEN UUDESTISYNTYMINEN JA PAHUUDEN ONGELMA

VAPAUTUMINEN VANHASTA
ELI VUODATETTU PUHDISTUS

SYVÄHENKISEN ELÄMÄN KORKEIMMAT TASOT

21. KARITSAN HÄÄT JA UUSI JERUSALEM

22. UUDEN JERUSALEMIN PARATIISI

Esipuhe

Tämä kirja ilmestyi ensimmäisen kerran vuonna 1993 Yliopistopainon (Helsinki University Press) kustantamana nimellä *Johanneksen ilmestys – Elävä myytti*. Kirjasta otettiin iso painos, muistaakseni 2500 kappaletta, mutta se myytiin loppuun suhteellisen pian. Vain yksittäisiä kappaleita on ollut silloin tällöin antikvaarisissa kirjakaupoissa tarjolla. Nyt kirjasta ilmestyy ns. Books-on-Demand-painos, jotta kirja olisi suomenkielisenä aiheesta mahdollisesti kiinnostuneiden lukijoiden saatavilla. Kirja on nettikirjakaupoissa myös englanninkielisenä.

Vaikka kirjan ensimmäisestä painoksesta on vuosikymmeniä, itse aihe ei vanhene, ja mielestäni Ilmestyskirjalle ehdottamani tulkinta on yhä kiinnostava ja ajankohtainen. Vuosien varrella olen todennut kerta toisensa jälkeen, että Ilmestyskirjan suggestiiviset kuvat elävät edelleen nykyihmisten piilotajunnassa ja mielissä. Ehdottamani tulkinta pureutuu uskonnonfilosofisiiin ongelmiin, jotka ovat askarruttaneet ihmisiä muinaisista ajoista tähän päivään, sekä kuvaa yksityisen ihmisen sisäistä kehitystietä.

Käyttämäni tärkeimmät lähteet ovat enimmäkseen oman alansa klassikkoja eri vuosisadoilta, joten ne ovat yhä keskeisiä aiheeni kannalta. Olen säilyttänyt tähän uuteen laitokseen myös useita niitä tietosanakirjamaisia lähteitä, joita olen aikanaan käyttänyt, vaikka nykylukija etsinee lisää tietoa, mikäli sitä kaipaa, internetistä.

Kirjan sisältö on pääasiassa sama kuin aikaisemmin; olen kuitenkin tehnyt siihen pieniä korjauksia ja muotoiluja sekä modernisoinut välimerkkikäytäntöä. Olen myös lisännyt muutaman uudemman lähdekirjan viitteisiin ja lähdeluetteloon.

Ensimmäisen painoksen kuvaliitteen sijaan olen valmistanut uuden, jossa on osittain samoja kuvia kuin aikaisemmassa, mutta myös uusia, ja jokunen kuva on nyt värillisenä. Toivon tuon pienen kuvaliitteen valottavan tulkintaani.

Espoossa 2020
Irma Korte

JOHDANTO
ILMESTYSKIRJA JA SEN TULKINTA

"Minä, Johannes, teidän veljenne, – – olin Jumalan sanan ja Jeesuksen todistuksen tähden saaressa, jonka nimi on Patmos. Minä olin hengessä Herran päivänä, ja kuulin takaani suuren äänen, ikäänkuin pasunan äänen, joka sanoi: 'Kirjoita kirjaan, mitä näet.'" (Ilm. 1:19–11.) Nämä Ilmestyskirjan alussa esitetyt sanat ovat lähes ainoa tieto, joka meille on säilynyt kirjan tekijästä ja syntyvaiheista.[1]

Vaikka Johanneksen ilmestyksen alkuperä on jäänyt hämärään, itse teksti on kiehtonut ihmismieliä lähes kahden tuhannen vuoden ajan. Tekstinä Ilmestyskirja mahdollistaa lukemattomia tulkintoja.

Tässä kirjassa oletan, että Johanneksen ilmestys pohtii näyn myyttisellä kielellä syvähenkisen elämän tärkeimpiä ongelmia. Sanaa "myytti" käytetään arkikielessä osoittamaan, että myytiksi leimattu asia ei ole totta, mutta tämä ei ole kirjassani sovellettu merkitys. Sen sijaan myytti edustaa kuvallista hahmotusta, joka poikkeaa tavallisesta ajattelustamme ja jonka luonnetta kohta esittelen tarkemmin. Se onko myytti totta vai ei, riippuu tulkinnasta, jonka myytille annamme, sekä omista arvoistamme.

Keskeisiä, yleisinhimillisiä ja yleismaailmallisia ongelmia, joita luen Ilmestyskirasta, ovat ensinnäkin ne, joiden luonne on nykykielellä ilmaisten uskonnonfilosofinen. Ne koskevat ihmisen ja koko todellisuuden perimmäistä olemusta, pahuuden luonnetta ja sen olemassaolon arvoitusta sekä vieraantuneen, pinnallisen uskonnollisuuden ja aidon syvähenkisyyden merkitystä. Toiseksi näihin ikuisiin kysymyksiin kuuluvat ihmisen sisäinen elämä ja sen eri vaiheet – ei teoriana, vaan sellaisina kuin ihminen itse ne kokee. Toisin sanoen Ilmestyskirjasta välittyy tulkintani mukaan myös näkemys ihmisen henkisestä vapautumisesta alkaen tajunnallisten lukkiutumien avaamisesta ja päätyen korkeimpiin ihmiselle avoinna oleviin tajunnantiloihin.

Tulkintani tueksi esitän Ilmestyskirjan kuville runsaasti vertauskohteita kristinuskosta sekä muista maailman uskonnoista, mytologioista, filosofioista ja jopa nykyihmisten kokemuksista ja unista. Tapa, jolla näitä kuvia tulkitsen, rinnastuu lähinnä jungilaisen psykologian näkemykseen myyttikuvien luonteesta, vaikka tulkinnoissani ylitän psykologian rajat.

Painotan tulkintani aikana keskeisinä pitämieni aiheiden kehittelyä, ja toivon, että kirjaani voitaisiin lukea myös siinä käsiteltyjen sisällöllisten ongelmien takia.

Ennen yksityiskohtaista tulkintaani selvennän Ilmestyskirjan luonnetta myyttinä, pohdin tarkemmin myyttien tulkintaa, kerron lyhyesti Ilmestyskirjan erilaisista historiallisista tulkinnoista ja oman tulkintani vaikuttimista sekä valotan Ilmestyskirjaan liittyviä tekstiongelmia. Nämä johdantolukuun sisällyttämäni asiat voi pelkästä tulkinnasta kiinnostunut lukija sivuuttaa tai halutessaan palata niihin vasta tulkinnan luettuaan.

Ilmestyskirja myyttinä

Jos Ilmestyskirja todella perustuu Johannes-profeetan näkyihin, se edustaa yhtä näkyjen muotoa, kuvallisia näkyjä. Kuvallinen näky nähdään joskus kuin osana ulkoista todellisuutta, jolloin näkijä ei ehkä edes heti tajua, että se, mitä hän on nähnyt, on näky eikä ulkoisen todellisuuden osa. Useimmiten kuvallinen näky syntyy kuitenkin siten, että ihmisen tajunta vetäytyy hetkeksi sisäänpäin ja hän näkee näyn sisäisillä silmillään kirkkaana, välähdyksenomaisena kuvana. Tällainen näky nähdään siis "pään sisässä" samaan tapaan kuin uni-, mieli- tai muistikuvat, mutta unista poiketen näkijä on valveilla ja mieli- ja muistikuvista poiketen näyt ovat spontaaneja ja niihin liittyy voimakas merkittävyyden tuntu.[2]

Uskonnollisessa kirjallisuudessa yleisimmin kuvattujen näkyjen aiheina ovat maailman uskontojen vapahtajat, pyhimykset ja erilaiset uskonnolliset symbolit, ja ne ovat tapahtumiltaan suhteellisen niukkoja. Mutta kuvalliset näyt saattavat olla myös pitkiä kuvasarjoja, kuten Raamatun Vanhan testamentin profeettojen näyt usein olivat. Tällaisetkin näyt voidaan nähdä välähdyksenä mutta siten, että niissä hetken murto-osassa tapahtuu paljon asioita. Tulkintani kannalta on olennaista, että näiden näkyjen rikas kuvakieli kumpuaa suureksi osaksi piilotajunnasta. Tästä syystä ne muistuttavat unikuvia, ja unet ovat myyttistä hahmotusta. Jos Ilmestyskirja on aito näky, se on ymmärtääkseni tällainen kuvaketjunäky ja siten luonteeltaan myytti.

Ilmestyskirjan näkyluonne on kuitenkin toisinaan kyseenalaistettu, jolloin sitä on pidetty vain eri tavoin laadittuna kirjallisena kokonaisuutena. Esimerkiksi jotkut tutkijat arvelevat yhden henkilön toimittaneen sen useampien lähteiden tai suorastaan katkelmien pohjalta, kun taas toiset otaksuvat tekijöitä olleen useampia eri aikoina.[3] Tällaisia näkemyksiä puoltaa se, että monet Ilmestyskirjan kuvat juontuvat lähes sellaisinaan Vanhasta testamentista tai muusta juutalais-kristillisestä kirjallisuudesta ja ajoittain niillä on yhteyksiä jopa babylonialaisiin ja kreikkalais-roomalaisiin lähteisiin.

Vaikka Ilmestyskirja olisikin jollain tavalla laadittu kirjallinen tuote eikä aito näky, sitä on silti mahdollista pitää myyttinä. Ensinnäkin se perustuu Lähi-idän ja Välimeren alueen runsaaseen ilmestyskirjallisuuteen, ja tämä on oletettavasti kummunnut alkuaan profeettojen näyistä. Toiseksi myyttinen hahmotus ja sen välitön ymmärtäminen saattavat olla niin vahvasti kehittyneitä kykyjä, että Ilmestyskirjan laatija – tai ehkä heitä on ollut useampia – on voinut koota tekstin siten, että se toimii myyttinäkin mielekkäällä tavalla.

Pidän mahdollisena myös sellaista vaihtoehtoa, että Ilmestyskirja on syntynyt mainitsemieni eri tapojen yhdistelmänä. Aivan selvästi Ilmestyskirjan alkuperäinen laatija on sisäistänyt juutalais-kristillisen kuvamaailman osaksi omaa ajattelu- ja mielikuvamaailmaansa. Ehkä häntä ovat lisäksi askarruttaneet kristinuskon sisällölliset ongelmat niin paljon, että hän on nähnyt ne syvässä sisäänpäin kääntyneessä tilassa näynomaisina myyttisinä kuvaketjuina. Kirjoittaessaan näkyjään muistiin hän on saattanut vielä toimittaa tekstiään oman intuitionsa, tietämyksensä ja kirjallisen aistinsa mukaan. Eikä ole poissuljettua sekään, etteikö tekijöitä olisi voinut olla ainakin joissain vaiheissa useampia; esimerkiksi Ilmestyskirjan kahdestoista luku poikkeaa muusta kokonaisuudesta.[4]

Myytin tulkinnan ongelmia

Käsitteellinen ja myyttinen kieli

Myytti noudattaa erilaista johdonmukaisuutta ja erilaisia lakeja kuin tietoinen, käsitteellinen ajattelumme. Tätä ajattelua ilmaisemme tavallisella kielellä, jota seuraavassa kutsun käsitteelliseksi kieleksi.

Käsitteellinen kieli perustuu *nimirelaatioon* ja *konventioon*, eli tietyssä kieliyhteisössä käytetään tiettyä sanaa sopimuksenvaraisen tavan mukaan viittaamaan tiettyyn asiaan. Esimerkiksi sana "tuli" tarkoittaa suomen kielessä sitä luonnon ilmiötä, joka syntyy, kun jokin aine palaa, eli tuli on tuon ilmiön nimi konvention mukaan. Myyttinen hahmotus sen sijaan on ennen kaikkea piilotajuntamme kieltä. Se on muun muassa uniemme kieltä, ja sen perusperiaate on *analogisuus*. Toisin sanoen myyttikuvat syntyvät niistä analogioista, joita myytin luoja usein täysin *vaistonvaraisesti* kokee eri elämänaloille kuuluvien ilmiöiden ja tapahtumien välillä. Oman tulkintatapani kannalta erityisen tärkeän myyttikuvien lähteen muodostavat ne analogiat, joita ihmiset kokevat toisaalta ulkoisten asiantilojen ja tapahtumien ja toisaalta sisäisten kokemustilojen ja mielenliikkeiden välillä. Esimerkiksi tuli voi myyttisessä maailmassa olla sekä ulkoisen todellisuuden ilmiö että sisäinen, kuumaksi ja polttavaksi koettu tajunnantila.

Myyttinen kieli on oletettavasti ollut ihmiskunnan varhaisin hahmotusmuoto, mutta aikojen kuluessa sen pohjalta on syntynyt käsitteellinen kieli, ja samalla myyttisen kielen spontaani ymmärtäminen on hämärtynyt. Myyttinen hahmotus elää kuitenkin vielä käsitteellisessä kielessä kielen metaforina, ja metaforien merkityksen ymmärrämme yhä joutumatta niitä yleensä sen enempää pohtimaan. Esimerkiksi tulen myyttinen merkitys on esillä sellaisissa ilmaisuissa kuin tulinen rakkaus, tulisieluisuus, hengen palo, intohimojen leiskunta ja polttava halu. Kun tulkinnassani nojaan erilaisiin analogioihin, yritän esittää ne niin, että ne olisivat lukijalle mahdollisimman selkeästi ymmärrettävissä jo kielen metaforaluonteen ja terveen järjen avulla. Lisäksi tuen tulkintojani esittämällä kirjallisuudesta lainauksia, joissa kulloistakin kielikuvaa on käytetty ehdottamassani merkityksessä.

Tärkeä ero käsitteellisen ja myyttisen kielen välillä on myös se, että käsitteellinen kieli puhtaimmillaan on pitkälle *eriytynyttä*. Tuli on todellakin ensi sijassa vain se luonnonilmiö, johon tuli-sana viittaa, ja "sisäiselle tulelle" on kehittynyt monia ehkä hyvinkin teoreettisia nimityksiä, kuten henkinen energia, intohimo, halu, vietti ja libido. Myyttiselle hahmotukselle sen sijaan on ominaista *kokonaisvaltaisuus*; myyttikuva koetaan aina laajasti ja eriytymättömästi. Esimerkiksi tuli voidaan kokea myyttisen hahmotuksen sisällä kaikkien niiden assosiaatioiden kautta, joita se kuvana herättää.

Tämän eroavuuden takia yksi käsitteellisen kielen termi ei koskaan pysty tuomaan esille kaikkia niitä assosiaatioyhteyksiä, jotka myytin luoja on mielessään kokonaisvaltaisesti elänyt. Myyttisen kielen ja käsitteellisen kielen välillä ei siis ole olemassa yksi-yhteen-suhdetta, eli yhtä myyttikuvaa ei ole mahdollista kääntää tyydyttävällä tavalla yhdellä käsitteellisen kielen termillä. Kun tulkintani tueksi esitän kirjallisuudesta lainauksia, joissa tiettyä kuvaa on käytetty ehdottamallani tavalla, en pyri lainauksillani väittämään, että tuo tapa olisi ainoa mahdollinen. Päinvastoin on selvää, että muissa yhteyksissä kuvaa on käytetty muilla tavoilla. Koska tulkinnassani joudun käyttämään käsitteellistä kieltä, koko tulkintani täytyy ymmärtää kuin viitteeksi tai esimerkiksi siitä, mitä Ilmestyskirjan myyttisessä maailmassa tapahtuu.

Edelleen: käsitteellinen kieli voi olla mitä suurimmassa määrin *irti elämyksellisyydestä*. Saatamme lausua suullamme sellaisia sanoja kuin palava rakkaus ja samalla tuntea pelkkää kylmyyttä. Silti käsitteellinen ajattelu on tärkeää, koska sen avulla pystymme *tietoisesti erittelemään ja harkitsemaan* asioita. Myyttisellä kielellä piilotajunnan kielenä on sen sijaan läheinen yhteys *elämyksellisyyteen*, ja myyttikuvien elämyksellinen vaikutus on yleensä *spontaania*. Vaikka ihminen ei esimerkiksi useinkaan ymmärrä jonkin unensa merkitystä itselleen – hän ei ehkä edes muista untaan – unella on silti saattanut olla elämyksellistä vaikutusta. Se on ehkä vapauttanut häntä jännitystiloista, ja tämän vaikutuksen hän voi tuntea valvetajunnassaankin vapautuneisuutena. Tätä käsitteellisen ja myyttisen hahmotustavan toisistaan poikkeavaa luonnetta meidän on mahdollista käyttää myös hyväksi, sillä jos paneudumme johonkin myyttikuvaan ja pohdimme tietoisesti sen merkityksiä itsellemme, yhdistämme piilotajunnan ja tietoisuuden tasot toisiinsa. Näin luomme elämäämme muutosvoiman, jonka avulla pystymme halutessamme kulkemaan sisäisellä tiellä uusiin kokemusmaailmoihin. Osittain juuri tähän elämykselliseen voimaan pohjautuukin maailman myyttien tenho vielä tänä päivänä.[5]

Kulttuurisidonnaisuus ja yleisinhimillisyys myytin tulkinnassa

Johanneksen Ilmestys on hyvin leimallisesti osa juutalais-kristillistä uskonnollista traditiota. Lisäksi se kuuluu yleiseen Välimeren kulttuuripiiriin. Jo sen kuvamaailma heijastaa Välimeren alueen kasvillisuutta, eläimistöä, ilmastoa, maantiedettä, esineistöä ja mahdollisesti joskus jopa historiallis-poliittisia tapahtumia.

Kirjassani otan huomioon tätä Johanneksen ilmestyksen kulttuurisidonnaista puolta siten, että tulkitsen sen kuvia paikoitellen Raamatun muiden tekstien avulla. Otan myös vertailukohteita kristinuskon mystikkojen kuvailmaisuista. Tällöin en kuitenkaan rajoitu Ilmestyskirjan omaan aikakauteen, vaan rinnastukset mystikkojen teoksiin johtuvat vain siitä, että kysymys on kristinuskon yleisestä kuvamaailmasta. Myös Ilmestyskirjasta lukemani sisällölliset ongelmat ovat suureksi osaksi kristinuskon keskeisiä ongelmia, ja ajoittain käytän tulkinnassani sanoja, jotka kuuluvat nimenomaan kristilliseen traditioon. Tällaisia sanoja ovat muun muassa halujen kuoleutuminen ja kuolettaminen. Käytän niitä, koska ne ovat mielestäni osuvia "käännöksiä" Ilmestyskirjan kuville, vaikka toisaalta tiedän, että ne herättävät nykyihmisissä usein ongelmallisia assosiaatioita. Näissä kohdin olen siis pyrkinyt olemaan uskollinen Johanneksen omalle elämänkatsomukselle, sikäli kuin tämä on ulkopuoliselle ylipäätänsä mahdollista.

Välimeren alueen kulttuuritausta tulee tulkintaani mukaan siten, että esitän Johanneksen näyille vertailukohteita sellaisista mytologioista ja uskonnoista, joilla on saattanut olla vaikutusta Ilmestyskirjaan. Näitä ovat esimerkiksi Babylonian ja Egyptin mytologiat sekä Eleusiin mysteeriuskonto ja mithralaisuus.

Toinen yleisyystaso, jolla arvioin Ilmestyskirjaa tässä yhteydessä, ylittää kristinuskon ja Välimeren kulttuuripiirin rajat. Ilmestyskirja on näet mahdollista lukea yleisesti maailman myytteihin, jolloin se on osa myyttistä hahmotusta. Tästä syystä esitän Ilmestyksen kuville rinnastuskohteita myös sellaisista maailman myyteistä, joilla ei ole ollut vaikutusta sen syntymiseen. Lisäksi vetoan tulkinnoissani välillä aivan yleisesti myyttisen hahmotuksen ominaisluonteeseen ja sen mukaiseen maailmankuvaan.

Niin oudoilta kuin vanhat ja kulttuurisesti etäiset myytit meistä joskus tuntuvatkin, ne eivät juuri koskaan ole meille täysin käsittämättömiä; syynä tähän on inhimillisen kokemiseen sisältyvä yhteinen, yleisinhimillinen aines. Jokaisella on nimittäin kokemusta esimerkiksi syömisestä ja juomisesta, ja hän tietää ainakin välillisesti syntymästä ja kuolemasta. Lähes kaikilla on myös aistimuksia ulkoisen maailman peruselementeistä, kuten maasta, ilmasta, taivaasta, tulesta, vedestä, merestä, auringosta, kuusta, tähdistä... Kun tällaisten kokemusten ja aistihavaintojen pohjalta on syntynyt myyttikuvia – ja Ilmestyskirjasta näitä löytyy paljon – meidän on mahdollista osallistua niihin kulttuurirajoja ylittäen.

Kolmas ja yleisin tulkintataso kirjassani ylittää sekä Ilmestyksen oman kulttuuripiirin että myyttisen hahmotuksen rajat. Tällä tulkintatasolla on olennaista, että äsken mainitsemieni ulkokohtaisempien elämänalueiden lisäksi yleisinhimilliseen kuuluu sisäisempää kokemusta ja sen seurauksena abstraktimpia hahmotusmuotoja, kysymyksen asetteluja ja ajattelun peruskäsitteitä. Sisäisempään yleisinhimilliseen alueeseen kuuluvat esimerkiksi sellaiset peruskokemukset kuin ilo ja suru, rakkaus ja viha, oikean ja väärän taju sekä päämääriin pyrkiminen ja luopuminen. Yleisinhimillistä on myös ihmettely itse olemassaolosta ja ihmisen kohtalosta, elämän ja kuoleman merkityksestä. Aikojen kuluessa nuo peruskokemukset on eletty äärimmäisen monivivahteisesti, ja elämän ja kuoleman kysymyksiin on annettu mitä erilaisimpia vastauksia. Silti itse kokemusten ydin ja kysymysten olemassaolo muodostavat kuin säikeen, joka sitoo toisiinsa eri aikakausia ja kulttuureja. Tämä kiinteä säie saa ilmaisunsa myös eri kulttuurien käsitteistössä: tietystä kehitystasosta lähtien hyvin erilaisista kulttuureista löytyy sanoja, jotka tarkoittavat esimerkiksi hyvää ja pahaa, oikeaa ja väärää, rakkautta ja tuskaa, olemassaoloa ja Jumalaa.

Kun välillä tulkinnassani liikun sangen vapaasti ylittäen sekä Ilmestyskirjan oman kulttuuritaustan että mytologian rajat, tulkintani taustalla on ajatus, että Ilmestyskirja on "suuri näky". Se kertoo periinhimillisistä ongelmista, jotka ovat aina ajankohtaisia, eri aikoina ja eri ihmisille vain eri tavoin.

Intuitio ja kieli

Jos myytin kuvat ylipäätänsä koskettavat ihmistä, ne herättävät hänessä intuition. Puhtaimmillaan intuitio ylittää kuvat, eli se ikään kuin näkee ja elää kuvien takana. Mutta intuitiota täytyy yrittää tavoittaa kielen avulla, jos sitä tahtoo välittää toisille. Ja kieli merkitsee tulkinnassa rajoittavaa tekijää, sillä se kantaa väistämättä mukanaan sitä kulttuuria, jonka osa se on.

Käytän tulkinnassani erilaisia kieliä – Raamatun kuvakieltä, kristillisten mystikkojen kieltä, maailman myyttien kuvia, itämaisen filosofian ja uskonnon kieltä, yleistä teoreettista kieltä sekä tavallista arkipäivän kieltä – voidakseni edes hieman vapautua kielen rajoista. Rajojen ylittäminen sellaiseen vapauteen, jossa intuitio elää, on kuitenkin mahdotonta, ja toivon, että lukija käyttäisi omaa intuitiotaan ja "kääntäisi" kuvia sille kielelle, joka hänelle itselleen on läheisin.

Jos Ilmestyskirja on aito näky, Johannes on todennäköisesti tajunnut välittömästi intuitiollaan näkyjensä sisäisen merkityksen, ilman että hän olisi edes pyrkinyt sitä erittelemään tavallisen ajattelun tai kielen tasolla. Kun tulkintani kuluessa käytän sellaisia ilmaisuja kuin Johannes "kertoo" tai "välittää" meille myyttikuvallaan jotain, tämä täytyy ymmärtää pelkäksi sovinnaiseksi esitystavaksi.

Ilmestyskirjan historiallisia tulkintoja

Ilmestyskirjaa on tutkittu eniten kristillis-teologisessa kirjallisuudessa, jossa oletetaan yleensä, että Ilmestyksen historiallinen tausta on Rooman valtakunnan keisarikultin vastustaminen. Johanneksen mainitsema Babylon on tämän tulkinnan mukaan Rooma, ja Ilmestyskirjan kuuluisa peto on joku Rooman keisari, mahdollisesti Nero. Babylonin tuho heijastaa siten ensimmäisten kristittyjen uskoa lopun aikojen nopeaan tuloon, jolloin myös keisarikultti tuhoutuisi. Teologiset tulkinnat löytävät Ilmestyskirjasta myös kristinuskon yleisiä oppeja, kuten kuoleman jälkeisen viimeisen tuomion, uskovien pelastuksen – tätä kuvaa Ilmestyskirjan pyhä kaupunki – ja uskottomien ikuisen kadotuksen, jota Ilmestyksessä vastaa tulinen järvi.[6]

Kaiken kaikkiaan Ilmestyskirjan tulkitsijat muodostavat värikkään joukon, johon kuuluu eri alojen tutkijoita, asian harrastajia ja monenlaisia poikkeusihmisiä, kuten selvänäkijöitä ja meedioita. Jo kaunokirjallisuutta lukiessa huomaa nopeasti, kuinka keskeinen sija Johanneksen ilmestyksellä on kulttuurissamme. Lyhyitä viittauksia siihen tapaa sangen tiuhaan kirjailijoiden tuotannosta, esimerkiksi Charlotte Brontën *Kotiopettajattaren romaanista*, Leo Tolstoin *Sodasta ja rauhasta*, Fjodor Dostojevskin *Idiootista* ja Thomas Mannin *Tohtori Faustuksesta*.[7] Laajempia näkemyksiä Ilmestyskirjasta ovat esittäneet – muutaman hajanaisen esimerkin erilaisista ja eri aikaisista tulkitsijoista mainitakseni – Emanuel Swedenborg 1700-luvulla, Friedrich Engels 1800-luvulla ja D. H. Lawrence 1900-luvulla. Seuraavassa esittelen suppeasti heidän näkemyksiään esimerkkeinä tulkintojen kirjosta.

Emanuel Swedenborg, joka oli monilta aloilta kirjoittanut oppinut ja selvänäkijä ja swedenborgilaisen uskonnollisuuden isä, luki Ilmestyskirjasta ennustuksia muun muassa roomalaiskatolisen ja reformoidun kirkon oppieroista. Swedenborgin tulkinnoissa Babylon edusti roomalaiskatolista uskonnollisuutta, jota hän piti omana aikanaan kristinuskon rappeutuneena muotona. Babylonin tuho Ilmestyskirjassa oli hänen mukaansa sitten tämän kirkkokunnan tuhon kuvausta. Kaiken kaikkiaan Swedenborgin tulkinnat käsittävät muutamia tuhansia sivuja.[8]

Sosialismin teoreetikko Friedrich Engels oletti Ilmestyskirjan heijastavan ensimmäisten kristittyjen toivetta vapautumisesta. Engels korosti, että kristinusko vetosi varsinkin köyhiin ja orjiin, joita antiikin Rooman yhteiskuntamuoto eniten ahdisti. Koska epäonnistuneet orjakapinat olivat osoittaneet, että maanpäällinen vapautuminen orjuudesta oli mahdotonta, sorretut toivoivat, että Jumala kostaisi Rooman valtiaille ja he itse löytäisivät vapauden kuoleman jälkeisessä elämässä. Näin Babylon, joka Johanneksen ilmestyksessä tuhoutuu, on Engelsin tulkinnoissa antiikin aikainen Rooman valta.[9]

Englantilainen kirjailija D. H. Lawrence katsoi Ilmestyskirjan kuvastavan kristillisen, ahtaan moraalin luomaa aistillisuuden torjuntaa. Babylonin portto, joka Ilmestyskirjassa on upea myyttikuva, oli hänen mukaansa profeetta Johanneksen piilotajunnasta purkautuva aistillisen halun kohde. Mutta profeetta ei voinut antaa itselleen lupaa aistinautintoon, ja niin hän tuhosi mielikuvissaan Babylonin turhautuneessa vihan vimmassa.[10]

Kirjani kannalta erityisen mielenkiintoisia ovat ne tulkinnat, joissa korostetaan Ilmestyskirjan luonnetta myyttinä ja ihmisen sisäisen elämän sekä uskonnollisten aiheiden kuvina.

C. G. Jung, oman aikamme tunnetuin myyttien tutkija, on käsitellyt myös Ilmestyskirjaa, joskaan hän ei ole esittänyt siitä yhtenäistä laajaa tulkintaa. Hän piti varsin mahdollisena, että Ilmestyskirjan kirjoittaja oli sama Johannes, joka kirjoitti Uuden testamentin Johanneksen kirjeet. Jung huomautti, että nuo kirjeet hehkuvat rakkautta, ja hän oletti, että yrittäessään noudattaa ehdotonta kaiken anteeksiantavaa rakkautta Johannes oli joutunut torjumaan kielteisiä tunteitaan kuten vihaa ja kaunaa. Lopulta torjuttu sitten purkautui ilmoille Johanneksen piilotajunnasta kumpuavina kostonhimoisina näkyinä, ja nämä näyt jäivät elämään Ilmestyskirjana. Keskeinen idea Jungin tulkinnassa oli myös, että Ilmestyskirjan näyt kertovat Jumalan kaksinaisesta luonteesta: Jumalassa on hyvän ohella pimeä, kauhea ja pelottava puoli.[11]

Vaikka torjunnan ja pahuuden ongelmat ovat keskeisellä sijalla myös siinä tulkinnassa, jota tässä kirjassa ehdotan, kokonaisuudessaan tulkintani on erilainen kuin Jungilla. Olen kuitenkin saanut vaikutteita Jungin yleisistä teorioista ja myyttien tulkintatavasta, ja viittaan ajoittain hänen kirjoituksiinsa tulkinnoissani.

Perinteisen kristinuskon sisältä en tunne yhtään laajaa tulkintaa, jossa Ilmestyskirja nähtäisiin johdonmukaisesti ihmisen sisäisen elämän kuvana. Mutta kristinuskon mystikkojen teoksista olen löytänyt runsaasti vertauksia, joissa esiintyy Ilmestyskirjan tapaisia kuvia. Vertauksilla mystikot ovat valottaneet omia sisäisiä kokemuksiaan. Välillä he ovat myös viitanneet suoraan Johanneksen näkyihin, ja näitä vertauksia ja viittauksia olen ottanut tulkintaani Ilmestyskirjan kuvien rinnastuskohteiksi. Tahdon kuitenkin korostaa, että lainaukset olen poiminut monien mahdollisuuksien joukosta siten, että ne tukevat tulkintaani. Useat lainaukset olen itse asiassa löytänyt vasta kirjoitustyöni loppuvaiheessa, kun tulkintani oli jo sisällöllisesti valmis. Lainauksia olen valinnut etenkin espanjalaisilta 1500-luvulla eläneiltä karmeliitoilta, Avilan pyhältä Teresalta ja Ristin Johannekselta.

Länsimaisen kulttuurin ulkopuolella Ilmestyskirjaa ovat tulkinneet intialainen Sri Yukteswar (1855–1936) ja hänen oppilaansa ja seuraajansa Paramahansa Yogananda. Vaikka nämä tulkinnat koskevat vain muutamia jakeita, ne ovat erityisen mielenkiintoisia, sillä ne suhteuttavat Ilmestyskirjan myyttikuvat itämaiseen filosofiaan ja uskontoon. Nämä tulkinnat löysin ennen lopullisen kirjoitustyöni alkua, ja ne ovat vaikuttaneet merkittävästi tulkintani yleiseen suuntaan. Niiden vaikutuksesta intialaisesta mytologiasta, filosofiasta ja uskonnosta on tullut tulkinnassani tärkeä Ilmestyskirjan kuvien rinnastuskohde.[12]

Kaikista löytämistäni lähteistä Ilmestyskirjaa ihmisen sisäisen elämän kuvana korostetaan eniten tulkinnassa, joka perustuu yhdysvaltalaisen Edgar Caycen tiedonantoihin. Vuonna 1945 kuollut Cayce oli kuuluisa meedio, joka vaipui transsitiloihin ja vastasi niiden aikana hänelle tehtyihin kysymyksiin. Vastaukset kirjoitettiin muistiin, mutta valveilla Cayce ei muistanut vastauksiaan. Kun häneltä kysyttiin Ilmestyskirjasta, hän korosti jatkuvasti, että jokainen sen kuva on ihmisen sisäisen tilan kuva.

J. E. Irion on koonnut Caycen Ilmestyskirjaa koskevat tiedonannot yhteen täydentäen niitä omilla tulkinnoillaan. Sekä Caycen vastaukset että Irionin teksti ovat kuitenkin hyvin vaikeaselkoisia, jopa siinä määrin, että kirjan takakannessa lukijalle annetaan ohje: "Älä yritä ymmärtää, lue vain." Vaikeaselkoisuudestaan huolimatta Caycen antamilla vastauksilla on mielestäni yhtymäkohtia ehdottamaani tulkintaan. Mainitun kirjan löysin vasta työni loppuvaiheessa, mutta se on myös parissa kohdassa vaikuttanut tulkintaani tuoden siihen vaihtoehtoja. Caycen tiedonantoihin viittaan niissä kohdissa, joissa yhteydet ehdottamaani tulkintaan ovat mielestäni olennaisimpia.[13] Niin laajasti kuin olen yrittänytkin etsiä Ilmestyskirjan tulkintoja, kaikkia en ole tietysti pystynyt tavoittamaan. Varovaisestikin arvioiden lähteitä, joissa Ilmestyskirjaa käsitellään tai jossa se ainakin lyhyesti mainitaan, täytyy olla satoja tuhansia. En siis tiedä, onko ehdottamalleni tulkinnalle olemassa jo läheisempiäkin vertailukohteita kuin edellä mainitsemani.

Tulkintojen vaikuttimia

Aivan ilmeisestikään kukaan ei voi vakavissaan kuvitella päätyvänsä ainoaan ja ehdottoman oikeaan Ilmestyskirjan tulkintaan. Miksi siis niin moni on tahtonut esittää oman näkemyksensä Johanneksen ilmestyksestä? Yksi vastaus on varmaankin seuraavanlainen: Ilmestyskirja on Raamatun eli oman kulttuurimme syvällisimpänä pidetyn kirjan viimeinen teksti, ikään kuin sen viimeinen sana, ja se, miten tulkitsemme tätä tekstiä kiteyttää jotain omasta todellisuuskuvastamme. Kuten myytti aina, Ilmestyskirja toimii peilinä. Se on projektiokohde ja tulkitsijan piilotajunnan aktivoija.

Seuraavassa kerron lyhyesti oman tulkintani taustasta ja sen vaikuttimista; näin lukijan on ehkä helpompi lähestyä tulkintaani.

Tutustuin Ilmestyskirjaan ensimmäisen kerran kesällä 1980. Pontimena tutustumiseen oli mieleeni johtunut oivallus: eikö olisi luonnollista, että Ilmestyskirja Raamatun viimeisenä kirjana selventäisi uskonnon ongelmia? Ja koska uskonnon ongelmilla oli mielestäni yhteydet filosofisiin ongelmiin, vaikka nuo ongelmat oli uskonnossa ja filosofiassa esitetty erilaisilla kielillä, enkö löytäisi Ilmestyskirjasta myös sellaisia ongelmia, jotka olivat askarruttaneet itseäni filosofiassa? Heti ensimmäisellä lukukerralla kirja avautuikin mielekkäänä ja johdonmukaisena kokonaisuutena. Tiesin toki, että olin projisoinut tekstiin omia odotuksiani, mutta silti kokemus oli niin kiehtova, että palasin Ilmestykseen yhä uudestaan.

Kun nyt vuosikausia myöhemmin katson taaksepäin, en voi olla ajattelematta, että Ilmestyskirjaan tutustumiseni oli yksi elämäni tärkeitä käännekohtia. Näen, että tuo kirja alkoi toimia ensimmäisenä todellisena johdattelijanani sisäiseen maailmaan. Olen kuin kulkenut vuosien ajan Ilmestyskirjan seurassa sisäisiä teitä tulkintojeni muuttuessa samalla kun olen itse muuttunut.

Näen myös, että Ilmestyskirjan vaikutus ulottui pian työhöni filosofian tutkijana, niin että kiinnostukseni kohteeksi filosofiassa tulivat myyttinen hahmotus ja maailman myyteistä välittyvät elämänongelmat. Itse Ilmestyskirjasta en kuitenkaan osannut vuosiin kirjoittaa julkaistavaa tulkintaa, sillä se eli ja muuttui mielessäni liian nopeasti.

Pian Ilmestyskirjaan tutustumiseni jälkeen huomasin myös, että unissani esiintyi samanlaisia kuvia, joita Ilmestyskirjassa on. Tosin unikuviini liittyvät tunnelmat olivat usein erilaisia kuin Johanneksen näyissä, välillä suorastaan humoristisia painostavuuden sijasta. Luonnollista kyllä, varsinkin niinä vuosina, jolloin kirjoitin tulkintaani, Ilmestyksen kuvat ja toisinaan kokonaiset tapahtumaketjut toistuivat unissani. Unieni kuvia ovat olleet muun muassa leijonat, lampaat, kotkat, hevoset, sammakot, suuret hyönteisparvet, hiukset, veri, valkoiset ja punaiset vaatteet, miekat, maljat, palmupuut, ruoho, vuoret, saaret, joet, rakeet, maanjäristykset, tähtien putoaminen taivaalta, taivaasta lankeava tuli, luoliin kätkeytyminen, palaminen, kuoleminen, kuolleista virkoaminen, ihmeellisten lasten syntyminen, monipäiset lohikäärmeet, suuret merkit taivaalla, häät ja loistavat jalokivet.

Näiden unien ja monien muiden Ilmestyskirjaan liittyvien kokemusten pohjalta olisin voinut kirjoittaa siitä tulkinnan, joka olisi ollut hyvin henkilökohtainen; se olisi ollut yhden ihmisen pitkä ja monivaiheinen kehityskertomus. Tutkijana olen kuitenkin valinnut toisen vaihtoehdon. Olen katsonut Ilmestyskirjaa osana sitä laajaa myyttistä ja metafyysistä todellisuusnäkemystä, johon se mielestäni kuuluu, ja olen antanut tilaa maailman myyteille, uskonnoille ja filosofioille sen kuvien ja tapahtumien selventäjinä.[14]

Vaikka olen häivyttänyt puhtaasti henkilökohtaista otetta, tulkintani heijastelee osittain myös omia kokemuksiani ja näkemyksiäni; muuten en olisi voinut sitä kirjoittaa. Seuraavassa luettelen vielä selvyyden vuoksi keskeiset työni taustalla olleet vaikuttimet.

Ensinnäkin ajattelen, että sisäisessä henkisessä kokemisessa meille on avoinna arvaamattoman suuret mahdollisuudet, jos vain astumme tuohon sisäiseen maailmaan. Ja juuri tästä maailmasta tulkintani kertoo sellaisena kuin se mielestäni Ilmestyskirjan kuvista ja tapahtumista välittyy.

Toiseksi ajattelen, että henkisen elämän peruspiirteissä on paljon yhteistä, vaikka se on myös yksilöllisesti värittynyttä ja eri kulttuureissa puettu erilaisiin uskomuksiin ja kuviin. Ja mikä tärkeää: tuon yhteisen tajuaminen merkitsee ihmisiä ja kansoja erottavien muurien murtumista ja menneen ja nykyisen silloittumista.

Kolmanneksi ehdotan tulkinnallani, että Ilmestyskirjasta ei tarvitse lukea ennustuksia odotettavissa olevasta kauheasta maailmanlopun tuhosta, vääräuskoisia kohtaavasta kostosta tai kuvauksia alkeellisesta mustavalkoisesta moraalista. Tällaisilla lukutavoilla saattaa olla taipumus toteutua, ja niiden mukaisesti Ilmestyskirjaa voidaan käyttää – kuten sitä on käytettykin – Uudesta testamentista muuten välittyvän rakkauden sanoman mitätöimiseen. Näin luettunahan Ilmestyskirja oikeuttaisi esimerkiksi vihollisten väkivaltaisen tuhoamisen Harmageddonin viimeisessä taistelussa. Tulkinnallani tahdon kysyä, ovatko tällaiset ulkokohtaiset lukutavat lopultakin vain valtakulttuurin omaa heijastusta myytin peilipinnasta.

Olen tavannut Ilmestyskirjan näkyihin rinnastuvia kuvia myös muiden ihmisten unista, joita minulle on vuosien varrella kerrottu, ja muutamia näistä käytän kirjassani Johanneksen näkyjen vertailukohteina. Kiitän lämpimästi niitä uneksijoita ja etsijöitä, jotka ovat sallineet minun esittää uniaan ja niihin liittyviä kokemuksiaan esimerkkeinäni.

Ilmestyskirja tekstinä

Alkuteksti

Ilmestyskirjan synty ajoitetaan teologisessa tutkimuksessa yleisimmin ensimmäisen vuosisadan lopulle. Ajoitus perustuu oletukseen, että Johannes oli karkotettuna Patmos-saarella keisari Domitianuksen hallituskaudella (81–96 jKr.), jolloin kristittyjä vainottiin. Tätä ajoitusta puoltaa myös noin vuonna 200 kuolleen kirkkoisä Irenaeuksen maininta, että Ilmestyskirja kirjoitettiin Domitianuksen aikana. Ilmestyskirjan alkuperäiskappale, millainen se lienee ollutkin, on kuitenkin kadonnut.[15]

Nykyään Johanneksen ilmestyksestä tunnetaan useita käsikirjoituksia. Varhaisin täydellisenä säilynyt teksti, joka sisältyy Siinain luostarista löydettyyn niin sanottuun Sinaiticus-käsikirjoitukseen, on 300-luvun alkupuolelta. Mutta tätä varhaisempi, 200-luvulta peräisin oleva Chester Beatty p[47] -papyrus käsittää jo laajan osan Ilmestyskirjasta. Nykyisin tunnetut varhaiset käsikirjoitukset, joiden kieliasu on kreikka, poikkeavat toisistaan useissa kohdissa poikkeamien ollessa kuitenkin vähäisiä.[16]

Suomennos

Aikana, jolloin tulkintaani kirjoitin, Ilmestyskirjasta oli tarjolla kaksi harkinnanarvoista suomennosta: tuolloin käytössä ollut Kirkkoraamattu, joka oli otettu käyttöön Uuden testamentin osalta vuonna 1938, ja raamatunkäännöskomitean ehdotus, joka Ilmestyskirjan osalta valmistui vuonna 1988, ja joka oli määrä ottaa käyttöön loppuvuonna 1992, eli samoihin aikoihin kuin kirjani valmistuisi. Molempien käännösten pohjana olevat alkutekstit ovat kuitenkin suurin piirtein samat. Ainoa jakeen mittainen poikkeus on nähdäkseni jae 13:10, joka on ilmeisesti käännetty eri käsikirjoitusversioita noudattaen.

Ilmestyskirjan käännöksen osalta päädyin seuraavaan valintaan. Olen käyttänyt Raamatun vanhaa, siis vuoden 1938 suomennosta esitellessäni jakeen. Jos jakeessa on kohtia, jotka mielestäni perustellusti täytyisi tai ainakin voisi kääntää toisin, huomautan tästä ja esitän perustelut. Nämä kohdat ja tekstissä esittämäni perustelut olen yrittänyt pitää mahdollisimman vähäisinä. Myös muut Raamatun jakeet olen lainannut, ellen ole tekstissä toisin maininnut, Raamatun vanhasta suomennoksesta, joka Vanhan testamentin osalta otettiin käyttöön jo vuonna 1933.

Vanhan suomennoksen olen asettanut uuden edelle yksinomaan sen takia, että se on sanatarkempi käännös. Itse raamatunkäännöskomitea on korostanut, että se ei ole pyrkinyt uudessa suomennoksessa sanatarkkaan käännökseen, vaan käännöksen periaatteita ovat olleet alkutekstin lauseiden kokonaissanoman välittäminen ja luonteva suomen kieli. Lisäksi komitea on epäselvissä kohdissa valinnut yhden tulkinnan ja esittänyt sen mukaisen käännöksen jättämättä epäselvyyttä suomenkieliseen tekstiin.[17]

Vaikka periaatteet ovat yleisesti mielekkäitä, myyttiselle tulkintavalle ne aiheuttavat ongelmia. Sanatarkkuudesta luopuminen johtaa näet helposti lauseista alkuaan välittyvien myyttikuvien hämärtymiseen, sillä nykyihminen tajuaa lauseiden asiasisällön reaalisen todellisuuden ja käsitteellisen ajattelun viitekehyksessä. Lisäksi Ilmestyskirjan käännöstä ohjaavana tulkintana on selvästi toiminut perinteinen teologinen, historiallisuutta korostava tulkinta, joka poikkeaa omasta tulkintatavastani.[18] Näistä syistä olisin joutunut tekemään uuteen suomennokseen huomattavasti enemmän muutoksia kuin vanhaan.

Jakeen 13:10 muodostaman ongelman olen ratkaissut tulkitsemalla sen sekä vanhan että uuden käännöksen pohjalta.

Ilmestyskirjan rakenne

Ilmestyksen ensimmäinen luku muodostaa esittelyn, jossa Johannes kertoo saamastaan tehtävästä, ja kaksi seuraavaa lukua koostuvat lähetyskirjeistä seitsemälle Vähän Aasian seurakunnalle. Näistä alkuluvuista en esitä kirjassani yksityiskohtaista tulkintaa, vaikka viittaan ajoittain niiden kuvakieleen. Koska Ilmestyskirjan alku- ja loppulukujen symboliikka on paljolti samaa, alkunäyt lienee helppo ymmärtää esittämäni tulkinnan pohjalta, sikäli kuin lukija tahtoo soveltaa käyttämääni tulkinta-avainta.

Oletan kokonaistulkinnassani, että Johannes kolmen ensimmäisen näkynsä aikana lähestyy itselleen tärkeitä ongelmia. Niiden aikana hänen tajunnassaan alkaa käymistila, mutta vasta kirjeiden jälkeen hän joutuu tekemään tiliä ongelmistaan johdonmukaisesti etenevänä tapahtumasarjana.

I

TODELLISUUDEN LUONNE

Ilmestyskirjan luvut 4–7

Luvuissa neljä, viisi ja kuusi Johannes esittää Ilmestyskirjan myöhempien näkyjen pohjaksi laajan todellisuuskuvan. Hän aloittaa koko todellisuutta koskevasta makrokosmisesta visiosta ja siirtyy aste asteelta ihmiseen eli mikrokosmokseen. Näiden lukujen aikana Johannes havahtuu myös huomaamaan, että hänen todellisuuskuvassaan ja hänen sisäisessä elämässään on selvittämättömiä ongelmia. Ongelmien tunnustaminen järkyttää mutta myös vapauttaa häntä, ja jakson viimeinen eli seitsemäs luku kuvaa vapautumisen luomaa eheytymistä.

4. TAIVAS

Johanneksen todellisuuskuva

Myyttinen taivas

"Minä näin, ja katso: taivaassa oli ovi avoinna, ja – – ääni – – sanoi: 'nouse ylös tänne'" (Ilm. 4:1). Näyn jatkuessa Johannes sitten kertoo, mitä hän taivaassa näkee. Taivas myyttikuvana voi liittyä sekä makrokosmokseen että mikrokosmokseen. Makrokosmoksen osana myyttinen taivas tarkoittaa koko todellisuuden perimmäistä tasoa, miten "perimmäinen" täsmällisesti ottaen tulkitaankin. Mikrokosmokseen eli ihmiseen sovellettuna taivas edustaa korkeita henkisiä tajunnantasoja. Tällaista symboliikkaa löytyy kristinuskon piiristä esimerkiksi Avilan pyhältä Teresalta, joka käytti ilmaisua "toinen taivas" puhuessaan ihmissielun henkisimmistä alueista.[1] Koska näillä tajunnantasoilla elämme *korkeita* arvoja ja intuitioita, myös sana "ylitajunta" sopii sisäisen taivaan nimeksi. Kun seuraavassa tulkitsen Johanneksen taivasta, asetan tulkinnassani makrokosmoksen etusijalle, sillä oletan, että tässä Ilmestyskirjan ensimmäisessä varsinaisessa näyssä Johannes hahmottaa suurisuuntaista visiota maailmankaikkeuden luonteesta.

Valtaistuimella istuja, vanhimmat ja olennot

"Ja katso, taivaassa oli valtaistuin, ja valtaistuimella oli istuja" (Ilm. 4:2). "Ja valtaistuimen ympärillä oli – – kaksikymmentä neljä vanhinta" (Ilm. 4:4). "Ja valtaistuimen ympärillä oli neljä olentoa" (Ilm. 4:6). Johanneksen taivaan ydin muodostuu siis valtaistuimella istujasta sekä hänen ympärilleen ryhmittyneistä vanhimmista ja olennoista. Aloitan tämän Johanneksen taivaskuvan erittelyn vertaamalla sitä yleismaailmalliseen hahmotustapaan, jonka piiriin luen filosofisia, uskonnollisia ja mytologisia näkemyksiä.

Tässä näkemystraditiossa todellisuus hahmotetaan siten, että alkuykseydestä erkaantuu tavallisimmin kaksi tai neljä prinsiippiä, jotka ovat edelleen lähteinä useammille prinsiipeille. Sama perusajatus on puettu sanoiksi myös niin, että todellisuus on olennaisesti ykseys tai kokonaisuus, mutta tämä ykseys ilmenee erilaisissa muodoissa. Kutsun näitä ilmenemismuotoja kaksinaisuuden tasoksi tai lyhyemmin kaksinaisuudeksi tai moninaisuudeksi vastakohtana alkuykseydelle. Esimerkiksi vanhassa kiinalaisessa filosofiassa alkuykseys oli nimeltään Tao. Se oli ilmentymätön, mutta siitä syntyi kaikki se, mitä on. "Tao synnyttää yhden. Yksi synnyttää kaksi. Kaksi synnyttää kolme. Kolme synnyttää kaikki kymmenentuhatta oliota." Intialaisen kulttuurin monimuotoisesta perinteestä löytyy puolestaan hahmotustapa, jonka mukaan alkuykseys ilmentymättömänä kokonaisuutena on Brahman. Ilmenevänä maailmankaikkeutena todellisuudessa kuitenkin erotetaan perusprinsiippejä, ja intialaisen *Samkhya*-filosofian mukaan näitä ovat muun muassa alkeismateria eli *prakriti*, universaali tietoisuus eli *buddhi* sekä suuret alkuelementit: eetteri, ilma, tuli, vesi ja maa.[2]

Spinozan filosofiassa – siirtyäkseni eurooppalaiseen kulttuuriin – perimmäinen todellisuus oli Substanssi, josta Spinoza käytti myös nimitystä Jumala. Spinozan mukaan Substanssilla oli erilaisia attribuutteja ja moodeja, joiden kautta se ilmeni, joten nuo ilmenemismuodot vastaisivat hahmotelmassani kaksinaisuuden tasoa. Hegel taas puhui Absoluutista tarkoittaessaan ykseyttä, mutta hän selitti, että todellisuutta täytyy tutkia myös muuttuvana ja kehittyvänä, jolloin sitä joudutaan tarkastelemaan erilaisten vastakohtien ja määreiden avulla.[3]

Hahmotustapa, jossa alkuykseydestä syntyy kaksinaisuus ja moninaisuus, on esillä yleismaailmallisesti myös mytologioissa ja uskontojen myyttisissä luomiskertomuksissa. Alkuykseys – olkoon tämä vaikkapa myyttinen alkumuna, kaikenkattava meri, alkuihminen tai Jumala – jakautuu osiin. Myyttinen alkumuna kuului muun muassa sekä orfilaiseen tarustoon että vanhoihin suomalais-karjalaisiin uskomuksiin. Eräänlainen alkumeri esiintyy Raamatun Vanhan testamentin luomiskertomuksessa, jonka mukaan Jumala "teki taivaanvahvuuden, ja erotti vedet, jotka olivat taivaanvahvuuden alla, vesistä, jotka olivat taivaanvahvuuden päällä." Intialainen Anandamayi Ma, viime vuosisadalla elänyt pyhimys, puolestaan opetti: "Suuri Äiti, Mahamaya, on Luomisen alkulähde. Kun Hänessä heräsi halu leikkiä elämänleikkiä, Hän jakautui kahdeksi, Ma'ksi ja mayaksi, ja astui maailman näyttämölle mayan monien muotojen taakse kätkeytyen."[4]

Luonnehtimaani todellisuusnäkemykseen suhteutettuna Ilmestyskirjan taivaassa valtaistuimella istuja olisi siis kielijärjestelmästämme riippuen alkuykseys, Substanssi, perimmäinen olemassaolo tai jumaluus, ja valtaistuimen ympärille ryhmittyneet vanhimmat ja olennot edustaisivat kaksinaisuuden tasoa. Ne olisivat Substanssin perusprinsiippejä tai perimmäisen olemassaolon ilmenemismuotoja myyttisesti hahmottuneina.

Vanhimpien ja olentojen lukumäärät, kaksikymmentäneljä ja neljä, ovat tavallisia myyttisen maailmankatsomuksen lukumääriä, joilla universumia on hahmotettu. Esimerkiksi Babyloniassa eläinradan kahteentoista merkkiin yhdistettiin pareittain tähtiä, joita oli näin kaksikymmentäneljä. Nämä kaksikymmentäneljä tähteä olivat myös jumaluuksia, ja niitä kutsuttiin yhteisellä nimellä tuomareiksi. Babyloniassa myös kukin kahdestatoista kuukaudesta jaettiin kahteen osaan, joten pieniä kuukausia oli tavallisessa vuodessa kaksikymmentäneljä. En tiedä ovatko babylonialaiset hahmotustavat vaikuttaneet Ilmestyskirjan symboliikkaan, joten esitän asian vain vertailukohteena.[5]

Luku kaksikymmentäneljä on keskeisellä sijalla myös intialaisessa maailmankatsomuksessa, sillä edellä mainitsemassani Samkhya-filosofiassa universumin perusprinsiippejä erotetaan juuri kaksikymmentäneljä. Varsinaisesti niitä on kaksikymmentäviisi, mutta ensimmäinen niistä on Jumala kaiken perustana ja luojana, joten se vastaa Ilmestyskirjassa valtaistuimella istujaa. Intialaisessa kirjallisuudessa Sri Yukteswar onkin rinnastanut nämä Samkhya-filosofian kaksikymmentäneljä perusprinsiippiä Ilmestyskirjan kahteenkymmeneenneljään vanhimpaan. Intialaisen näkemyksen mukaan myös yksi niistä suurista ajanlaskukausista, joita siellä erotetaan, on pituudeltaan kaksikymmentäneljätuhatta vuotta. Tämän kauden aikana maailma nousee ensin kukoistukseen rappeutuakseen sitten ennen seuraavaa nousua.[6]

Ehkä juuri intialaisen ja babylonialaisen vaikutuksen takia myös muinaispersialaisessa luomiskertomuksessa esiintyy kaksikymmentäneljä jumaluutta. Persian mytologian suuremman dualistisuuden takia niitä tosin esiintyy kaksi sarjaa, sekä hyvät että pahat jumaluudet.[7]

Myös lukumäärä neljä liittyy useilla tavoilla kosmisiin yhteyksiin ja ajanlaskuun. Kosmisen eläinradan kaksitoista merkkiä on usein asetettu ympyrään, koska jokainen vuosi koostuu niistä. Tällä tavalla joka kolmas näistä merkeistä muodostaa neljä universumin pääsuuntaa, ja maan päällä neljä pääilmansuuntaa. Varsin yleismaailmallinen on myös näkemys, jonka mukaan universumin alkuelementtejä on neljä.

33

Nämä voivat olla esimerkiksi maa, ilma, vesi ja tuli. Muun muassa Platon kannatti tätä oppia *Timaios*-dialogissaan. Sri Yukteswar puolestaan esittää rinnastuskohteena Ilmestyskirjan neljälle olennolle intialaisen näkemyksen, jonka mukaan universumin neljä elementtiä ovat aika, avaruus, Om – tämä on universumin perusvärähtely – ja anu eli atomi.[8]

Myyttiseen ajanlaskuun luku neljä liittyy esimerkiksi siten, että antiikin Kreikassa ja Roomassa ihmiskunnan katsottiin käyvän läpi neljä pääasiallista ajanjaksoa; korkein oli kulta-aika, sitten seurasivat hopea- ja pronssiaika, ja rauta-aikana ihmiskunnan taso oli matalin. Sama ajatus neljästä pääasiallisesta aikakaudesta löytyy myös Intiasta ja Persiasta. Intiassa näiden aikakausien nimet ovat *satya- treta-*, *dwapara-* ja *kaliyuga*, kaliyugan ollessa henkiseltä tasoltaan alhaisin.[9]

Johanneksen taivas kuvana

Se hahmotustapa, jota edellä olen luonnehtinut ja jossa ykseydestä syntyy kaksinaisuus ja moninaisuus, on saanut kuvallisen ilmiasun niin sanotuissa mandaloissa. Mandala on tavallisesti pyöreä kuvio, joka on jaettu segmentteihin, mutta usein mandalaan sisältyy myös muita kuvioita kuten neliöitä ja kolmioita. (Olen liittänyt kirjani loppuun joitakin kuvia, jotka valottavat tulkintani keskeisiä aiheita. Näiden kuvien joukossa on myös kaksi mandalaa. Tästä lähtien en kuitenkaan viittaa tekstissä kuvaliitteeseen, joten lukija voi tutustua siihen mielensä mukaan.)

Mandala on ollut varsinkin itämaisessa kulttuurissa, kuten Tiibetissä, pyhä kuvio, jota on käytetty riiteissä ja meditaatioharjoituksissa. Mandalan yksityiskohtainen kuviointi ja kuvioiden merkitykset vaihtelevat riittien ja harjoitusten luonteesta riippuen; yleensä kuitenkin mandalan keskus on pyhin. Vaativimpiin harjoituksiin kuuluvissa mandaloissa keskus edustaa jakautumatonta ykseyttä, ja segmentit tai muut kuviot mandalan reunoilla symboloivat todellisuuden eri ilmenemismuotoja. Mandalaan keskittyessään meditoija pyrkii sitten lähestymään sen keskustaa. Toisin sanoen hän pyrkii siirtymään todellisuuden moninaisista ilmenemismuodoista, joita mandalan reunat kuvaavat, ykseyden kokemiseen, jota mandalan keskus symboloi. Voisimme sanoa niinkin, että mandalassa yhtyvät mikrokosmoksen ja makrokosmoksen tasot, sillä mandalaan keskittymisen tarkoituksena on johdattaa meditoija oman olemuksensa keskustaan eli tajuntansa syvimpään tai korkeimpaan tasoon, ja kun hän elää tämän, hän elää itämaisten katsomusten mukaan myös todellisuuden perimmäisen tason[10]

Vaikka mandalat eivät ole olleet länsimaisessa kulttuurissa yhtä selvästi esillä kuin itämailla, myös omasta kulttuuristamme löytyy viitteitä mandalanomaisesta geometrisesta hahmotustavasta. Esimerkiksi Platon hahmotti *Timaios*-dialogissaan universumin pyöreäksi, samalla kun hän selitti, että se koostuu neljästä alkuaineesta. Tämä Platonin hahmotustapa siirtyi myöhemmin edelleen kehiteltynä uusplatonilaisille, ja keskiajalla se vaikutti kirkkojen pyöreiden ruusuikkunoiden suunnitteluun; tiedetään, että ainakin Chartresin katedraalin suunnittelijat ammensivat suoraan innoitusta uusplatonilaisista lähteistä. Myös kristinuskon mystikoiden teoksista löytyy pyöreitä kuvioita, joilla on havainnollistettu heidän näkemyksiään todellisuudesta. Näissä kuvioissa keskus on tavallisesti Jumala ja lähinnä keskustaa olevat ympärän kerrokset enkelten hierarkioita; reunoilla saattaa olla vielä kuvattuna todellisuuden karkeampia tasoja. Tämäntapaisia ympyröitä löytyy esimerkiksi Hildegard Bingeniläisen ja Jaakob Böhmen teosten kuvituksista.[11]

Mielenkiintoista tutkimusaineistoa mandaloista on myös nykyihmisten unista ja kuvitelmista. C. G. Jung näet huomasi, että mandalanomainen kuvio ilmaantui hänen potilaidensa uniin, kuvitelmiin ja terapiamaalauksiin varsinkin silloin, kun potilas etsi vilpittömästi sisäistä eheyttä ja jäsentyneisyyttä pirstoutuneisuuden ja sekavuuden sijasta. Myös itsestään Jung löysi saman taipumuksen. Hän katsoikin, että ihminen hahmottaa spontaanisti piilotajuisen ja arkkityyppisen kokemisen ohjaamana todellisuutta ja omaa olemustaan mandalakuvion avulla.[12]

Myös se taivas, jonka Johannes Ilmestyskirjassa kuvaa, on mahdollista sovittaa mandalan muotoon. Valtaistuimella istuja olisi Johanneksen näyssä mandalan keskusta, ja olennot ja vanhimmat muodostaisivat mandalan reunaosat. Johanneshan kertoo, että olennot ja vanhimmat ovat valtaistuimen ympärillä, joskaan hän ei selvästi sano, että olennot ja vanhimmat olisivat ryhmittyneet valtaistuimen ympärille juuri ympyrän muotoon. Tosin hänen käyttämänsä ilmaisut juontuvat sen verran läheisesti kreikan kielen sanasta *kyklos*, joka tarkoittaa ympyrää, kehää ja piiriä, että nykyenglannin raamatunkäännöksessä käytetään suoranaisesti ilmaisua "in the circle around the throne" (eli piirissä valtaistuimen ympärillä) vanhimpien sijaintia osoittamaan.[13] Myös olentojen ja vanhinten keskinäinen suhde valtaistuimen ympärillä on tulkinnanvarainen. Vanhimmat mainitaan ensin, ja heidän nimensä näyttäisi kertovan, että he ovat alkuperäisempiä prinsiippejä kuin olennot; he voisivat siis olla lähempänä valtaistuinta kuin olennot. Mutta toisaalta neljästä olennosta sanotaan, että he ovat paitsi valtaistuimen ympärillä myös sen keskellä – omituisuus, johon kohta palaan. Tällaiset yksityiskohtaiset hahmotukset eivät kuitenkaan ole kovin tärkeitä pelkkää mandalakuviota ajatellen. Olentojen ja vanhinten suhde voitaisiin hahmottaa myös niin, että neljä olentoa muodostavat kuin lyhyen yhteenvedon kahdestakymmenestäneljästä alkuperäisimmästä perusprinsiipistä eli vanhimmasta. Johannes nimittäin kertoo näyssään, että kullakin olennolla on kuusi siipeä (Ilm. 4:8), joten kukin neljästä olennosta voisi ikään kuin tiivistää itseensä kuusi perusprinsiippiä, joita näin on yhteensä kaksikymmentäneljä.

Mandalanomaisesti tulkittuna Johanneksen taivaalle löytyy hyviä rinnastuskohteita keskiajan kristillisten kirkkojen ikkunasommitelmista, sillä niissä saattaa olla suuren keskusruusun ulkopuolella vielä neljä pienempää ruusua tai muuta koristeaihetta. Tällainen ikkuna on esimerkiksi Saint-Denisin kirkossa Pariisin lähistöllä; kirkko on peräisin 1100-luvulta.[14]

Valtaistuin ja sillä istuja

Johannes esittää näyssään taivaan keskustan valtaistuimena ja sillä istujana, ja valtaistuin esiintyy useissa muissakin Ilmestyskirjan näyissä. Jo tässä luvussa Johannes kertoo, että myös vanhimmat istuvat valtaistuimilla: "Ja valtaistuimen ympärillä oli kaksikymmentä neljä valtaistuinta, ja niillä valtaistuimilla istui kaksikymmentä neljä vanhinta" (Ilm. 4:4). Ilmestyskirjan toisessa luvussa Pergamonin seurakunnan enkelille osoitetaan sanat: "Minä tiedän, missä sinä asut: siellä, missä saatanan valtaistuin on; ja sinä pidät minun nimestäni kiinni" (Ilm. 2:12–13).

Yleisesti valtaistuin on luonteva vallan ja hallitsemisen symboli. Kun Johannes puhuu neljännen näkynsä alussa valtaistuimesta ja sillä istujasta tarkoittaen ilmeisesti Jumalaa, tämä merkinnee, että Jumala on kaiken olemassaolon hallitsija ja valtias. Vanhimpien valtaistuimet puolestaan voitaisiin tulkita siten, että vanhimmat ovat tärkeimpiä ja hallitsevimpia todellisuuden prinsiippejä, kuten heidän nimensä antaisi ymmärtää. Ja saatanan valtaistuin kertoisi, että Pergamonin seurakunnan alueella pahuus eli myyttinen saatana on hallitseva prinsiippi.

Käytän valtaistuimesta kuitenkin myös toisenlaista tulkintaa, joka täydentää hallitsevuuden, vallan ja tärkeyden merkitystä. Lisätulkintani perustuu ajatukseen, että valtaistuimella istuva on ikään kuin valtaistuimen sisältö. Tämän mukaisesti Johanneksen käyttämä kuva "valtaistuin ja sillä istuva" olisi mahdollista nähdä teoreettisesti tärkeänä erotteluna. Valtaistuin olisi käsite ja valtaistuimella istuja muodostaisi tuon käsitteen sisällön. Koska Ilmestyskirjassa Johannesta askarruttaa ennen kaikkea uskonnollinen problematiikka, taivaan keskuksessa oleva valtaistuin olisi jumalakäsite, ja valtaistuimella istuja olisi se merkityssisältö, jonka Johannes tällä hetkellä Jumalalle käsitteenä antaa. Kun myöhemmin Ilmestyskirjassa valtaistuimen sisältö kuvataan eri tavoin, tulkitsen asiaa siten, että Johanneksen käsitys ja kokemus jumaluuden merkityksestä muuttuu.

Kivi, kasvi ja eläin

Se tapa, jolla Johannes kuvaa taivaansa keskeisimpiä elementtejä – valtaistuimella istujaa, vanhimpia ja olentoja – noudattaa osittain ikivanhaa myyttistä hahmotuskaavaa "kivi–kasvi–eläin". Valtaistuimella istujan Johannes nimittäin kuvaa jalokivimäärein: "Ja istuja oli näöltänsä jaspis- ja sardionkiven kaltainen" (Ilm. 4:3). Olennot, tai tarkemmin sanoen kolme niistä, Johannes taas kuvaa eläinmäärein: "Ensimmäinen olento oli leijonan näköinen, ja toinen olento nuoren härän näköinen, ja kolmannella olennolla oli ikäänkuin ihmisen kasvot, ja neljäs olento oli lentävän kotkan näköinen" (Ilm. 4:7). Lisäksi kolmanneksi mainittu ihmiskasvoinenkin olento on sikäli eläin, että olennoksi tässä yhteydessä käännetty kreikan sana *zōon* tarkoittaa myös eläintä.

Näyssä kaava "kivi–kasvi–eläin" ei ole kuitenkaan täydellisenä esillä, sillä vanhimpia Johannes ei kuvaa kasvimäärein. Tämä hahmotustapa saataisiin sen sijaan esille esimerkiksi edellä mainitsemani Saint-Denisin kirkon ikkunasommitelmasta, jos se tulkittaisiin Ilmestyskirjan taivaan kuvaksi. Siinä suuren keskusruusun ulkopuolella olevat neljä koristeaihetta kuvaavat pääasiassa eläimiä, joten vanhimmat vastaisivat tuossa ikkunassa keskusruusun terälehtiä.

Kaava "kivi–kasvi–eläin" muodostaa myyttisissä yhteyksissä kuin mitta-asteikon, jonka avulla ilmaistaan jonkin ilmiön poikkeavuutta tavanomaisesta. Kun ilmiötä kuvaillaan kivimäärein, se on hyvin kaukana ihmisen tavanomaisesta kokemusmaailmasta; eläinmäärein kuvattu ilmiö on taas lähellä sitä. Asteikkoa voidaan soveltaa sekä makrokosmokseen että mikrokosmokseen, ja sen avulla on mahdollista ilmaista niin hyvää, huonoa kuin neutraaliakin poikkeavuutta. Sen, minkälaisesta poikkeavuudesta tai etäisyydestä milloinkin on kyse, kertoo yhteys ja käytettyjen kuvien ominaislaatu. Myöhemmissä tulkinnoissani viittaan tähän asteikkoon eri yhteyksissä, jolloin se saa lisävalaistusta. Nyt mainitsen vain muutamia esimerkkejä makrokosmisissa merkityksissä käytetyistä kivi-, kasvi- ja eläinsymboleista.

Perimmäisin ja korkein taso todellisuudesta, joka uskonnollisen maailmankuvan mukaan on itse jumaluus, symboloituu usein kivenä ehkä sen takia, että kivi on pysyvää ja lujaa kuten jumaluus uskonnoissa hahmotetaan maailmankaikkeuden pysyvimmäksi prinsiipiksi. Tällainen kivisymboliikka on esillä muun muassa eri uskontojen pyhissä kivissä, joita Intiassa on esimerkiksi Tarakeswarin pyöreä kivialttari ja Mekassa Kaaban musta kivi.[15] Yleismaailmallinen myyttikuva "maailmanpuu" tarjoaa puolestaan hyvän esimerkin makrokosmoksen tasolle sijoittuvasta kasvisymbolista. Niin monisäikeinen kuin yksi myyttikuva onkin, myyttisessä maailmanpuussa voitaneen nähdä koko ilmenevässä universumissa vallitseva jatkuvan muutoksen, syntymisen ja tuhoutumisen, kasvun ja kuihtumisen, prinsiippi. Eläinten avulla on mytologioissa hahmotettu muun muassa tähtisikermiä ja tähtiä, jotka myyttisissä maailmankatsomuksissa ovat edustaneet alempia jumaluuksia eli nykykielellä ilmaisten kosmisia prinsiippejä ja voimia.

Jos oletamme kaavan "kivi–kasvi–eläin" Johanneksen näyn taustalle, vanhimmat olisivat tältäkin kannalta arvioiden lähempänä keskustaa eli valtaistuimella istujaa. Tähän viittaisi myös vanhinten vaatetus, sillä Johannes kirjoittaa: "Kaksikymmentä neljä vanhinta, puettuina valkeihin vaatteisiin" (Ilm. 4:4). Valkoinen merkitsee värien puutetta ja puhtautta, ja siten se viittaa korkeisiin, alkuperäisiin ja pyhiin olemassaolon tasoihin.

Leijona, härkä, ihminen ja kotka

Ilmestyskirjan neljän olennon lähin esikuva lienee Vanhan testamentin Hesekielin kirjassa, jossa profeetta näkee näyssään neljä nelikasvoista olentoa, ja kullakin neljällä olennolla on ihmisen, leijonan, härän ja kotkan kasvot. Myöhemmässä kristillisessä symboliikassa näitä neljää olentoa on käytetty edustamaan Jeesuksen neljää tärkeintä opetuslasta: Markuksen vertauskuvana on leijona, Luukkaan härkä, Matteukseen yhdistetään enkeli ja Johannekseen kotka.[16] Juuri leijona, härkä, enkeli ja kotka esiintyvät Saint-Denisin ruusuikkunaa ympäröivinä koristeaiheina.

Ilmestyskirjan neljän olennon symboliikalla saattaa olla yhteyksiä myös eläinradan tavallisiin merkkeihin, jotka tiettävästi olivat käytössä jo Ilmestyskirjan syntyaikoina. Jos eläinrata hahmotetaan ympyräksi, leijona ja härkä voidaan asettaa kahteen pääilmansuuntaan. Muihin pääilmansuuntiin asettuisivat tällöin vesimies ja skorpioni. Vesimies on ehkä mahdollista nähdä Ilmestyskirjan ihmiskasvoisen olennon vastineena, mutta skorpionilla ja kotkalla on vain vähän yhtymäkohtia keskenään.[17] Joka tapauksessa olennot neljän pääilmansuunnan mukaan ryhmiteltyinä sopivat hyvin siihen symmetriseen mandalakuvioon, jonka olen olettanut Johanneksen näyn taustalle.

Leijona, härkä ja kotka – samoin kuin luonnollisesti ihminen – olivat suosittuja myyttihahmoja muinaisen Babylonian mytologiassa. Ne esitettiin siellä usein siivekkäinä ilmentäen ehkä niiden merkitystä kosmisina tai henkivoimina. Lisäksi Babylonian astronomiassa tunnettiin tavallisten eläinradan merkkien ohella, joihin leijona, härkä ja ihmisenkaltaiset hahmot lukeutuvat, myös Kotka-niminen tähti. Tästä tähdestä on säilynyt mainintoja astronomisia havaintoja sisältävillä kirjoitustauluilla.[18] En kuitenkaan tiedä, esitettiinkö Babyloniassa leijona, härkä, ihminen ja kotka joskus yhteenliitettyinä neljän joukkona; tällaista lähdettä en ole löytänyt.

Neljän olennon kiinteä ryhmä, jossa esiintyy petoeläin, kotieläin, ihminen sekä neljäntenä petolintu, löytyy sen sijaan Egyptin mytologiasta. Horuksella oli nimittäin neljä poikaa, joista yksi oli shakaalinpäinen, toinen koiranpäinen, kolmas ihmisenkasvoinen ja neljäs haukanpäinen. Egyptin mytologiassa Horuksen poikien tehtävänä oli muun muassa vartioida neljää pääilmansuuntaa.[19]

Ilmestyskirja ei anna tässä kohdassa lainkaan osviittaa siitä, mitä leijona, härkä, ihminen ja kotka symboloivat. Johannes mainitsee olennot vielä kuudennessa luvussa, mutta silloinkin hyvin niukasti. Ehdotan kuitenkin olennoille tulkintaa, joka perustuu paitsi kuudennen luvun antamiin viitteisiin myös laajempaan metafyysis-myyttiseen hahmotustapaan. Tämän hahmotustavan peruspiirteitä löytyy varsin yleismaailmallisesti uskonnoista ja mytologioista sekä sellaisista filosofioista, joissa todellisuutta on luonnehdittu kokonaisuutena empiirisen havaintotason ylittävällä tavalla; tästä syystä kutsun sitä metafyysis-myyttiseksi. Näen kyseisen hahmotustavan myös Johanneksen ilmestyksen taustalla, ja joutuisin sen tulkintani tueksi joka tapauksessa esittämään, vaikka en yhdistäisikään sitä Ilmestyskirjan neljään olentoon.

Tarkoittamaani metafyysis-myyttistä katsomustapaa luonnehtii ensinnäkin oletus universumin perustasosta, eräänlaisesta energian alkumuodosta, josta koko luomakunta rakentuu. Raamatussa tämä perusta on Sana, Logos, joka Johanneksen evankeliumin mukaan oli alussa "Jumalan tykönä". Ilmestyskirjassa Sana on Amen, ja siitä käytetään nimitystä "Jumalan luomakunnan alku" (Ilm. 3:14). Intialaisessa uskonnossa ja filosofiassa luomakunnan perustaso nähdään värähtelynä tai energiana, ja se on nimeltään Om. Om kirjoitetaan joskus myös muotoon Aum, sillä se rinnastetaan tai jopa samastetaan Raamatun Amen-sanaan.[20]

Ilmestyskirjan neljästä olennosta tulkitsen leijonan tällaiseksi universumin perusenergiaksi. Koska eläimet myytti- ja unikuvina ilmentävät yleensä ihmisen energeettistä tasoa, esimerkiksi animaalisia viettejä, kosmisessa yhteydessä käytettynä eläin symboloi luontevasti universumin energiaa. Mytologioissa leijona on usein eläinten kuningas, joten se on kuin kaikkien muiden eläinten eli energiamuotojen hallitsija – siis eräänlainen perusenergia.

Toista metafyysis-myyttisen hahmotustavan keskeistä oletusta voitaisiin luonnehtia kosmiseksi muutos- tai liikevoimaksi. Raamatussa tämä muutosvoima on ennen kaikkea Jumalan luomistyötä, mutta esimerkiksi alkukristilliset gnostikot spekuloivat runsaasti erilaisista luomistavoista ja luojajumaluuksista, demiurgeista. Intialaisessa kirjallisuudessa puolestaan oletetaan työntövoima, jonka vaikutuksesta näkyvä maailmankaikkeus syntyy. Voima on työntövoima, koska se suuntautuu poispäin ilmenemättömästä todellisuudesta, alkuykseydestä, luoden ilmenevän universumin.[21] Kun luomakunta myyttisen näkemyksen mukaan syntyy, perusenergia kiteytyy aste asteelta karkeampaan muotoon, niin että lopulta syntyvät aineen eri olomuodot.

Härkää voitaneen pitää tällaisen liikevoiman luontevana myyttiku-vana, sillä härän sarvet ilmentävät eteenpäin puskevaa voimaa. Lisäksi härkä assosioituu luontevasti aineeseen, sillä härän avulla kynnetään maata ja täysikasvuisen härän mahtava ruho on jo sellaisenaan kuin fyysisyyden symboli.

Kolmas perusoletus metafyysis-myyttisessä hahmotustavassa on hengen kaikkiallinen läsnäolo. Voinemme väittää, että myyttisissä maailmankuvissa universumi ei ole koskaan pelkästään mekaaninen, hengetön koneisto. Olkoon maailmankatsomuksen konkreettinen muoto mikä tahansa – animistinen tai korkeampien uskontojen mukai-nen – maailmassa vallitsee hengen läsnäolo. Luomakunnassa henki saa korkeimman ilmiasunsa ihmisessä, sillä luomakunnan olennoista vain ihminen on syvällisellä tavalla tietoinen olemassaolostaan. Mutta ihmisenkään tavallisessa tajunnassa eivät ole toteutuneet hengen kaikki potentiaalit. Ihminen, sellaisena kuin hän tavallisesti ja keski-määräisesti on, ei elä itsessään jumalallista, luomakuntaa ylittävää henkeä, jota leimaa ehdoton ykseys. Tästä syystä ihminen myyttiku-vana sopii edustamaan luomakunnassa ilmenevää henkeä tai järjelli-syyttä.

Neljänneksi metafyysis-myyttistä katsomustapaa luonnehtii oletus luomakunnan kehityksen kehämäisyydestä; tämä oletus esiintyy var-sinkin myyttinä alkutilaan palaamisesta. Esimerkiksi Raamatussa Ju-mala on luonut ihmisen ja karkottanut hänet yhteydestään, mutta ih-misen tehtävänä on päästä takaisin Jumalan yhteyteen, paratiisiin. Pa-luu toteutuu Raamatun lopussa Ilmestyskirjan viimeisissä luvuissa, ja näin Jumala on "alku ja loppu", kuten Ilmestyskirjassa sanotaan (Ilm. 1:8 ja 21:6). Kristinuskoon ei kuitenkaan kuulu oletus ajan kehämäi-syydestä suoranaisena toistona, kuten esimerkiksi Intian mytologiassa on ollut laita. Intialaisen näkemyksen mukaan ilmentymättömästä to-dellisuudesta syntyy ajoittain ilmenevä universumi, joka suuren maa-ilmankauden jälkeen palaa takaisin ilmentymättömään tilaan. Lepoti-lan jälkeen alkaa sitten uusi maailmankausi eli uusi universumin ma-nifestaatio.[22]

Kotkaa myyttikuvana on mahdollista tulkita tällaisen kehämäisen kehityksen näkökulmasta. Kotka syntyy munasta, alkuykseyden ku-vasta, ja kasvettuaan se saalistaa ilmasta käsin maaeläimiä symboloi-den luontevasti sitä sidonnaisuutta aineeseen, johon henki ykseydestä erkaantuneena lankeaa. Mutta syödessään saaliinsa kotka ikään kuin sulattaa pois tuon sidonnaisuuden, ja noustessaan lentoon se uhmaa aineen vetovoimaa. Samalla tavalla hengen on metafyysis-myyttisen näkemyksen mukaan vapauduttava aineen vallasta voidakseen palata universumin perusenergiaan ja sitä kautta takaisin ykseyteen. Kotkan symboliikassa onkin korostunut yleismaailmallisesti voittoisuus; esimerkiksi Vanhassa testamentissa mahtavia kuninkaita verrataan kotkiin.[23]

Itse asiassa kaikki Johanneksen mainitsemat neljä olentoa on mahdollista nähdä vaihtoehtoisesti tällaisen suuren kehän eri vaiheina. Näin tulkiten "luomakunnan alun" eli leijonan pohjalle syntyy aste asteelta luomisvoiman toimesta aineellinen luomakunta härän edustaessa sekä luomisvoimaa että alempaa luomakuntaa. Ihmiskunta, jota ihmisenpäinen olento tässä lukutavassa symboloi, merkitsee jo paluun mahdollisuutta, sillä ihmishenki pystyy kysymään olemassaolon tarkoitusta. Kotka myyttikuvana edustaa vihdoin kehän viimeistä vaihetta, lopputilaan siirtymistä, joka on myös paluuta alkuun. Alun ja lopun yhteyttä ilmentää tässä tulkintatavassa se, että kotka on petoeläin samoin kuin ensimmäinen olento leijona. Kotka on mytologiassa myös lintujen kuningas samaan tapaan kuin leijona eläinten kuningas.[24]

Erottamiani metafyysis-myyttisen hahmotustavan piirteitä löytyy myös länsimaisesta filosofiasta. Esimerkiksi antiikin Kreikassa efesolainen Herakleitos piti tulta maailmankaikkeuden perusprinsiippinä, ja tulen liike oli syklistä. Tuli "syttyy ja sammuu mittansa mukaan", kuten Herakleitos asian ilmaisi. Tällä myyttisellä tulella oli Herakleitoksen filosofiassa läheinen yhteys Logokseen, joten se oli syvällisessä merkityksessä järjen tai hengen tulta. Uuden ajan länsimaisista filosofeista metafyysis-myyttisen maailmankuvan peruspiirteitä on luettavissa varsinkin Hegelin filosofiasta, jonka keskeisiä teemoja oli Hengen itsevieraantuminen ja paluu itseensä.[25]

Tulisoihdut

"Ja valtaistuimen edessä paloi seitsemän tulisoihtua, jotka ovat ne seitsemän Jumalan henkeä" (Ilm. 4:5). Myös luku seitsemän, samoin kuin luvut kaksikymmentäneljä ja neljä, on tavallinen varhaiseen astronomiaan ja myyttiseen todellisuuskuvaan kuuluva luku. Babylonian astronomiassa erotettiin useita seitsemän sarjoja. Tärkein niistä oli seitsemän planeetan sarja, jolloin planeettoihin luettiin tuona aikana tunnettujen planeettojen ohella aurinko ja kuu, ja kaikilla näillä planeetoilla oli yhteyksiä eritasoisiin jumaluuksiin. Intiassa makrokosmoksessa erotetaan eri tasoja sen mukaan, miten voimakkaasti ja millä tavalla universumin perusprinsiipit kullakin tasolla ilmenevät. Joskus näitä tasoja erotetaan seitsemän ylempää ja seitsemän alempaa, joskus taas koko todellisuus jaetaan seitsemään tasoon eli *swargaan*. Sri Yukteswar yhdistääkin Ilmestyskirjan seitsemän tulisoihtua näihin intialaisen maailmankuvan seitsemään swargaan; niistä ylin, nimeltään *Satyaloka*, on täysin henkinen ja alin, *Bhuloka*, aineellinen.[26]

Johanneksen taivaassa näkemät seitsemän tulisoihtua eli seitsemän Jumalan henkeä on ehkä mahdollista tulkita nykykielellä erilaisiksi hienommiksi ja karkeammiksi kosmisen energian muodoiksi; tuli lienee luonteva energian symboli. Oletan tulisoihtujen ilmentävän myös intialaisen hahmotustavan mukaisesti ikään kuin todellisuuden syvyystasoa. Taivas mandalakuviona esittää sen sijaan makrokosmosta kuin poikkileikkauksena.

Ihmisen kuva

Metafyysis-myyttisen todellisuusnäkemyksen mukaan makrokosmos ja mikrokosmos vastaavat toisiaan: mikrokosmos on makrokosmoksen kuva ja päinvastoin. Kristinuskossa ajatus on muodossa: "Jumala loi ihmisen omaksi kuvaksensa." Antiikin filosofiasta ajatus makrokosmoksen ja mikrokosmoksen vastaavuudesta välittyy esimerkiksi Platonin *Timaios*-dialogista, ja intialaisessa filosofiassakin oletetaan, että sekä makrokosmos että ihminen ovat muodostuneet täsmälleen samoista alkuprinsiipeistä.[27] Tästä syystä Johanneksen taivas on mahdollista nähdä myös ihmisen perusolemuksen kuvana.

Sama asia makrokosmoksen ja mikrokosmoksen yhteydestä voidaan ilmaista myös käyttämällä ihmisen alkukuvan eli ihmisen idean käsitettä. Platonilaisessa kristinuskossa kaiken luomisen ehtona pidetään Jumalan ikuisia ideoita; tämäntapainen ajatus löytyy kristinuskon piiristä muun muassa Augustinukselta ja myöhemmin mestari Eckartilta ja Heinrich Seuselta.[28] Mutta ihmisen alkukuvaa ei tarvitse hahmottaa muusta todellisuudesta erilliseksi kuvaksi, vaan voimme ajatella, että itse makrokosmoksen ideaalinen luonne muodostaa sen. Johanneksen näkemä taivas olisi siten mahdollista tulkita myös ihmisen alkukuvaksi.

Erityisen mielenkiintoinen tässä yhteydessä on itämainen näkemys, jonka mukaan ihmisessä, samoin kuin makrokosmoksessa, on seitsemän erilaista energiatasoa. Ihmisessä nämä tasot ilmenevät seitsemänä pääasiallisena energiakeskuksena, joista käytetään muun muassa nimityksiä chakra, lootus ja patala.[29] Tässä Johanneksen taivasnäyssä seitsemän Jumalan henkeä ovat nähdäkseni makrokosmisia todellisuustasoja, mutta Ilmestyskirjan seuraavien näkyjen aikana seitsemän Jumalan henkeä muuntuvat siten, että niistä todellakin syntyy tunnistettavammalla tavalla ihminen.

Näen Ilmestyskirjan symboliikan kokonaisuutena siten, että taivaan alkumandalasta, joka on myös ihmisen alkukuva, syntyy ensin aste asteelta konkreettisempi ihminen. Ilmestyskirjan lopussa kuvataan sitten uusi mandala, Jerusalemin pyhä kaupunki. Tämä Ilmestyskirjan loppumandala symboloi tulkinnassani ihmistä täydellistyneenä. Silloin ihmisen kehitys on kulkenut tiensä päästä päähän, alusta loppuun, ja alku ja loppu ovat molemmat mandaloita.

Johanneksen taivasnäky kokemuksena

"Ja katso, taivaassa oli ovi avoinna, ja – – ääni – – sanoi: 'Nouse ylös tänne' – –. Ja kohta minä olin hengessä." (Ilm. 4:1–2.) Näillä sanoilla Johannes kertoo muuntuneesta tajunnantilasta. Näyn taivas on myös se "toinen taivas" eli ylitajunta, joka on Johanneksessa itsessään. Muuntuneen tajunnantilan alkaessa arkinen, tavallinen tajunta väistyy ja korkeampi tajunnantaso saattaa suorastaan rävähtämällä aueta. Silloin taivaassa aukeaa ovi. Syvässä sisäistyneessä tilassa myös kehon tuntemus lakkaa, joten näyn näkijä on sananmukaisesti "hengessä".

Äänet

"Ja ensimmäinen ääni, jonka minä olin kuullut ikäänkuin pasunan puhuvan minulle, sanoi: 'Nouse ylös tänne'" (Ilm. 4:1). "Ja valtaistuimesta lähti – – ääniä ja ukkosen jylinää" (Ilm. 4:5). Pasuunan kaltainen ääni on puhunut Johannekselle jo Ilmestyskirjan ensimmäisessä luvussa, jossa hän vertaa ääntä myös paljojen vetten pauhinaan (Ilm. 1:10,15). Eri tavoin luonnehdittuja ääniä esiintyy myöhemminkin Ilmestyskirjassa.

Johanneksen mainitsemat äänet on mahdollista selittää ääniksi, joita syvässä sisäänpäin kääntyneessä tilassa tosiasiallisesti kuullaan.

Intialaisessa kirjallisuudessa näistä äänistä käytetään yleisnimitystä *nada*, mutta usein puhutaan myös Om-äänestä. Nimitys "Om-ääni" tulee ääneen liittyvästä teoreettisesta näkemyksestä. Oletetaan näet, että ihminen kuulee tämän äänen syvässä meditaation tilassa, kun hänen elämänenergiansa vetäytyy pois aistikeskuksista ja kun hän saa lopulta yhteyden aina universumin perustasoon eli Om-värähtelyyn asti. Intialaisessa kirjallisuudessa Paramahansa Yogananda tulkitsee Ilmestyskirjassa mainitut äänet, kuten pasuunan äänen, paljojen vetten pauhinan ja ukkosen jylyn, juuri Om-ääneksi.[30]

Intiassa Om-ääneen keskittyminen on tunnustettu joogamenetelmä, jonka harjoittamisen katsotaan syventävän tajuntaa voimakkaasti muuntuneisiin tiloihin asti. Om-ääni yhdistetään joogaopissa ihmisen energiakeskuksiin, chakroihin, siten, että eri keskusten katsotaan lähettävän erilaista ääntä. Alimmasta chakrasta lähtee suriseva tai sirisevä ääni, jota verrataan tavallisimmin mehiläisparven surinaan. Varsinainen Om-ääni lähtee viidennestä chakrasta, joka sijaitsee niskan ja kurkun tienoilla. Tämä ääni on nopearytminen jylisevä ääni yleisvaikutelmanaan pauhina ja kohina. Sen hyviä kuvauksia ovat ukkosen jyly, valtameren, kosken tai vesiputouksen pauhina ja rummutus; myös pasuunan puhallus sopii kuvaukseksi. Kuudenneksi ylimmästä eli otsassa sijaitsevasta ajna-chakrasta tai vielä tarkemmin sitä vastaavasta selkäydinjatkeesta, lähtevät vihdoin kaikki eri Om-äänen muodot.[31]

Kristillisessä kirjallisuudessa Ristin Johannes eli Juan de la Cruz, espanjalainen 1500-luvulla elänyt mystikko, kuvailee tätä ääntä luultavasti oman kokemuksensa pohjalta teoksessaan *Hengellinen laulu*. Hän selittää, että tämä sielun kuulema ääni on kuin monien virtojen pauhu tai kuin jyrisevän ukkosen ääni. Silti se on hänen mukaansa valtavaa hengellistä ja sisäistä ääntä eikä mitään aineellista: se täyttää sielun hengellisellä voimalla. Ristin Johannes selittää myös, että Ilmestyskirjan kirjoittaja, pyhä Johannes, kuuli juuri tämän äänen, kun hän sanoi kuulevansa paljojen vetten pauhinan ja ukkosen jylinän.[32]

Toisen esimerkin kristinuskon piiristä tarjoaa Avilan pyhä Teresa, joka kirjassaan *Sisäinen linna* kertoo "häiritsevistä äänistä" päässään. Hän kuvailee niitä sanoin: "Tuntuu kuin päässäni pauhaisi monia kuohuvia virtoja ja lisäksi vesiputous, ja on kuin kuulisin lukuisien lintujen viserrystä, en kuitenkaan korvissa vaan pään yläosassa, jossa sielun korkeamman osan sanotaan olevan." Teresa myös tähdentää, että "tämä päässäni kuuluva meteli ei – – estä minua rukoilemasta eikä jatkamasta esitystäni, vaan sieluni on sangen luja levossaan, rakkaudessaan, kaipuussaan ja selvässä käsityskyvyssään."[33] Teresan mainitsemat äänet vastaavat hyvin varsinaista Om-ääntä (kuohuvat virrat ja vesiputous) sekä äänen helpoimmin kuultavaa sirisevää muotoa (lintujen viserrys), jotka on mahdollista kuulla myös yhtaikaa.

Om-äänen voi kuulla tietämättä siitä mitään, ja luulen, että melko useilla ihmisillä on siitä kokemusta. Nykyihminen, joka ei ole tietoinen ääneen liittyvästä teoriasta, saattaa verrata tätä jylisevää rytmistä ääntä proosallisesti vaikkapa kovalla vauhdilla lähestyvän junan jyskeeseen.[34]

Om-ääni kuullaan ilmeisesti joskus myös kuoleman yhteydessä päätellen siitä empiirisestä aineistosta, jota on kerätty kliinisen kuoleman kokeneilta ihmisiltä. Jotkut heistä kertovat kuulleensa jyrinää, pauketta, tuulen ulvontaa, rummutusta tai virran kohinaa. Myös muita ääniä, kuten surinaa, on kerrottu kuullun, ja surinakin on helppo tunnistaa Om-ääneen muodoksi. Kuoleman aikana äänten kuuleminen johtunee energian vetäytymisestä pois aistikeskuksista.[35]

Tämä syvässä sisäänpäin kääntyneessä tilassa kuultava ääni on ilmeisesti ollut tunnettu myös kansanomaisemmissa kulttuureissa, vaikka äänen nimitykset ovat tietysti olleet toisenlaisia. Esimerkiksi vanhojen suomalais-karjalaisten kansanrunojen maailmassa Tuonelan virrassa oli koski, jonka niminä runoissa oli tavallisimmin Rutjan koski ja Turjan koski. Lisäksi Tuonelaan eli Manalaan voitiin mennä paitsi kuoleman satuttamina myös ilman kuolemaa. Tämä oli surmatta Manalaan menemistä, ja ounastelen sen tarkoittaneen syvään transsitilaan vaipumista. Myös rumpujen yleismaailmallinen käyttö erilaisissa riiteissä transsiin vaipumista helpottamassa lienee yhteydessä Om-värähtelyyn.[36]

Kun Om-ääni esiintyy Ilmestyskirjassa eri tavoin luonnehdittuna – sehän on muun muassa ukkosen jylinää ja pasuunan ääntä – luonnehdinnoilla on myös yhteyteen sopivaa symbolista merkitystä. Esimerkiksi ukkosen jylinä toimii Raamatussa Jumalan äänenä ja Jumalan voiman symbolina.[37] Vastaavasti tässä Johanneksen taivasnäyssä ukkosen jylinä lähtee valtaistuimesta, jonka olen yhdistänyt Jumalan hallitsevuuteen ja jumalakäsitteeseen. Pasuunan äänen symboliseen merkitykseen palaan myöhemmin, kun pasuunan puhallukset ovat Ilmestyskirjassa näyttävämmin esillä.

Valo

"Ja valtaistuimesta lähti salamoita" (Ilm. 4:5). Johanneksen näyssä valtaistuin säteilee siis kirkasta valoa. Valo on näkyjen yleisimpiä piirteitä, ja seuraavassa selostan yhtä valon näkemistapaa, joka auttaa ymmärtämään Johanneksen taivasnäkyä samoin kuin eräitä muita Ilmestyskirjan näkyjä.

Syvään sisäistyneeseen tilaan vajonneena meditoija saattaa nähdä otsansa kohdalla pyöreän valon. Tämä on Om-äänen kuulemisen tavoin aivan tosiasiallinen kokemus. Valoa on kutsuttu kirjallisuudessa eri nimillä, kuten "henkinen silmä", "kolmas silmä" ja "intuition silmä". Valon voi nähdä äärimmäisen kirkkaana tai himmeämpänä pyöreänä valkoisena valona, valorenkaana tai kuviona, jossa on keskusvalo ja sen ympärillä sinertävä vyöhyke ja uloimpana kullankeltainen valorengas. Jos keskittyminen on erittäin syvää, keskusvalo nähdään tarkkarajaisena tähtenä. Seuraava lainaus kuvaa valon ilmaantumista, mutta tapa, jolla valo tulee näkyviin, saattaa vaihdella.

[Otsani kohdalle] ilmaantui pyörivän valon paljous; loiste muotoutui vähitellen itsestään opaalin siniseksi henkiseksi silmäksi, jota reunusti kulta ja jonka keskellä oli valkoinen viisisakarainen tähti.[38]

Myös tällaiseen valoon keskittyminen on itämaisessa joogaperinteessä tunnustettu meditaatioharjoitus. Etenkin intialainen Paramahansa Yogananda, jolta edellinen lainaus oli, puhuu kirjoissaan usein tästä valosta.[39]

Kristillisestä kirjallisuudesta esimerkin tällaisen valon näkemisestä tarjoaa Ignatius Loyola, joka kertoo nähneensä usein Kristuksen aurinkona. Kysymyksessä voisi siis olla henkisen silmän pyöreä valo, johon on yhdistynyt intuitiivinen kokemus Kristuksen läsnäolosta. Raamattuakin on mahdollista tulkita siten, että sieltä löytyy viite tähän henkisen silmän valoon; Paramahansa Yogananda nimittäin katsoo Matteuksen evankeliumin jakeen 6:22 tarkoittavan tätä valoa. Kohta on suomenkielisessä Raamatussa käännetty sanoilla: "Jos silmäsi on terve, niin koko sinun ruumiisi on valaistu." Terve-sanalla käännetty kreikankielinen sana *haplous* mahdollistaa kuitenkin myös lukutavan "jos silmäsi on yksi", ja tämä merkitys on annettu jakeelle englanninkielisessä King James -raamatunkäännöksessä: "If therefore thine eye be single, the whole body shall be full of light."[40]

Tämä valo voidaan ilmeisesti nähdä myös kuoleman yhteydessä, sillä kliinisen kuoleman kokeneet ovat siitä kertoneet. Myös vanhaan suomalais-karjalaiseen maailmankuvaan sisältyy ehkä viitteitä tästä valosta, sillä Tuonelan virran kosken eli Rutjan kosken kertosanana esiintyy joskus palava pyörre. Valon pyöreä muoto ja se, että valo tulee usein näkyviin pyörteenomaisesti, sai ehkä muinaiset suomalaiset kuvaamaan sitä palavaksi pyörteeksi. Lisäksi suomalais-karjalaisissa kansanrunoissa tähden ampuminen taivaalta on yleinen sankareilta vaadittu uroteko, ja tässä saattaa piillä viite henkisen silmän keskustähteen.[41]

Pidän mahdollisena, että Johannes näkynsä aikana näkee henkisen silmän valon. Hän kertoo nimittäin lisää yksityiskohtia taivaasta: "Ja valtaistuimen ympärillä oli taivaankaari, näöltänsä smaragdin kaltainen. Ja valtaistuimen ympärillä oli – – kaksikymmentä neljä vanhinta – – ja heillä oli päässänsä kultaiset kruunut." (Ilm. 4:3–4.) Taivaan keskus eli salamoiva valtaistuin ja sillä istuja muodostaisivat siis henkisen silmän keskusvalon. Smaragdina hohtava taivaankaari olisi henkisen silmän sinertävä vyöhyke. Se että Johannes vertaa yleensä sinisen sävyisenä nähtävää väriä smaragdiin, saattaisi johtua siitä, että Raamatun aikoihin smaragdia pidettiin erityisen arvokkaana jalokivenä eikä sinisen ja vihreän eroa koettu tärkeäksi. Vanhimmat kultaisine kruunuineen muodostaisivat sitten henkisen silmän kullankeltaisen kehän, joskin myyttikuviksi eli vanhimmiksi kiteytyneenä.[42]

Johanneksen taivas ei kuitenkaan ole pelkästään henkisen silmän valon mukainen, sillä siellä on paljon erilaisia elementtejä. Tämä voisi johtua siitä, että Johannes näkee näkynsä aikana ikään kuin henkisen silmän valon päällä – jos saan käyttää näin karkeaa spatiaalista ilmaisua – konkreettisemman ja monisäikeisemmän kuvallisen näyn.

Ylistykset

Näkyyn sisältyy ylistyksiä, joita neljä olentoa ja kaksikymmentäneljä vanhinta esittävät Jumalalle. Ylistykset eivät tuo sisällöllisesti mitään uutta tapahtumiin, mutta ne saattavat olla kokemuksellisesti tärkeitä. Niiden aikana Johannes ehkä oivaltaa ja elää entistä syvemmin asioita, joita hän on näyssään jo käynyt läpi, ja tämä välitön kokeminen vie häntä eteenpäin sisäisellä tiellä.

Sama ilmiö toistuu kautta Ilmestyskirjan, sillä erilaiset olennot puhkeavat aika ajoin kuorolausuntaan. Nämä jakeet on raamatunkäännöksissä painettu runomuotoon, ja yleensä ne vain kertaavat tapahtumia. Toiston välttämiseksi en tulkitse niitä, mutta jos jakeissa on myyttikuvia, jotka mielestäni ovat olennaisia kokonaisuuden ymmärtämiseksi, otan ne esille. Tämän luvun runomuotoisissa jakeissa uusia myyttikuvia ei ole lainkaan. Kahdeksannessa jakeessa vain palvotaan Jumalaa, ja viimeisessä jakeessa ylistetään Jumalaa kaiken luojana, mikä onkin johdonmukaista, koska tässä näyssä Johannes tavallaan rekonstruoi maailman luomista hahmottaessaan todellisuuden perusrakenteita.

Johanneksen näyn paljastamat ongelmat

Meri

"Ja valtaistuimen edessä oli ikäänkuin lasinen meri, kristallin näköinen" (Ilm. 4:6). Taivaan ohella meri, maanpinta, maan sisus ja ilma muodostavat myyttisen maailmankuvan kehykset; Ilmestyskirjassakin ne toistuvat jatkuvasti. Tästä syystä selostan maan, ilman, meren ja maan sisuksen myyttisiä merkityksiä jo nyt, mutta lisävalaistusta ne saavat myöhemmissä yhteyksissä.

Elämme normaalisti maan pinnalla ja hengitämme ilmaa. Maa ja ilma myyttikuvina yhdistyvät siten tavalliseen elämänpiiriimme ja arkitajuntaamme. Arkinen kokemusmaailmamme muodostuu kuin myyttisestä maasta ja ilmasta, kuten suomen kielen sana "maailma" osoittaa. Yksilötasolla tulkiten maa ilmentää tavallisimmin ihmisen fyysisyyttä ja tietoisuutta ja ilma niitä arvokokemuksia, jotka eivät kuulu korkeimpiin henkisiin tajunnantiloihin eli myyttiseen taivaaseen. Mutta laajemmassa merkityksessään maa symboloi koko fyysistä olemassaolon tasoa ja luomakuntaa, jolloin maa on ikään kuin maanpiiri vastakohtanaan taivas.

Meri sen sijaan on meille ihmisille oudompi elementti, sikäli että emme pysty elämään veden alla. Yksilötasolla meri symboloi siten sekä unissa että myyteissä piilotajuntaa ja filosofisella termillä ilmaisten potentiaalisuutta, jota ei ole aktualisoitu tai otettu haltuun. Meressä on kuitenkin kaloja, joita kalastaja voi pyydystää ja syödä, kuten voimme ammentaa piilotajunnan merestä uusia ideoita ja elämyksiä. Makrokosmoksen tasolla tulkiten meri edustaa potentiaalisuutta tai

49

jopa kaaosta, joka ei ole vielä jäsentynyt. Tällaista symboliikkaa löytyy esimerkiksi niistä myyttisistä luomiskertomuksista, joissa esiintyy alkumeri ja jotka ilmentävät ihmiskunnan näkemyksiä kosmoksen ja kenties ihmistajunnankin synnystä. Jos luomiskertomuksissa alkumeri jakautuu osiin tai siitä nousee saari, alkukaaos tai neutraalimmin ilmaisten potentiaalisuus alkaa jäsentyä ja aktualisoitua.[43] Psykologisella tasolla tulkiten tällaiset kertomukset ilmentävät piilotajunnan mereen syntyvää jäsentyneisyyttä ja ensimmäisiä tietoisuuden saarekkeita.

Taivaan, maan, ilman ja meren lisäksi Ilmestyskirjassa esiintyy myöhemmin maan sisus esimerkiksi luolina ja syvyyden kaivona. Nykypsykologiaa soveltaen maan sisus voidaan luontevasti hahmottaa alitajunnaksi, joskin termiä "alitajunta" käytetään usein täysin vaihtoehtoisesti sanan "piilotajunta" kanssa. En tässäkään kirjassa tee jyrkkää eroa niiden välille, vaikka myyttinen meri ja maan sisus poikkeavat toisistaan. Tärkein ero on se, että myyttinen meri on maan sisustaa huomattavasti laaja-alaisempi. Myyteissä merta saattaa näet olla myös taivaassa, sillä meri piilotajuntana sisältää potentiaalisuuden yhtä hyvin ylitajuiseen kuin tietoiseen ja arvottavaankin kokemiseen. Meri ja maan sisus eroavat toisistaan myös sikäli, että pystymme elämään maan alla luolissa toisin kuin meren syvyyksissä. Maan onkalot symboloivat siis piilotajuntaa varsinkin silloin, kun olemme jo ottamassa haltuumme noita tajunnantasoja. Meri sen sijaan edustaa myyttisissä yhteyksissä usein syvempää ja tietoisuudelle vieraampaa piilotajuisuutta.

Nähdessään taivaassa meren Johannes varmaankin oivaltaa, että sekä hänen todellisuuskuvassaan että hänen elämyksellisessä kokemusmaailmassaan on jotain, jota hän ei ole vielä tiedostanut ja elänyt. Molempiin sisältyy siis piilotajuisuutta ja potentiaalisuutta eli merta.

Mutta miksi Johannes vertaa näkemäänsä merta lasiin ja kristalliin? Lasi ja kristalli kuuluvat mineraalimaailmaan ja näin Johannes pystyy paikantamaan meren sijainnin taivaan mandalassa myyttisen kivi–kasvi–eläin-asteikon mukaisesti. Toisin sanoen lasinen, kristallinen meri kuuluu aivan mandalan keskustaan. Se muodostaa kuin vastapoolin valtaistuimella istujalle, joka myös kuvattiin mineraalimäärein eli jalokivien avulla. Lasisen meren symboliikalla Johannes siis kertoo, että hänen jumalakuvassaan ja hänen kaikkein ylitajuisimmassa eli syvähenkisessä kokemisessaan on ongelmia ja vajavuutta.

Lasi ja kristalli ovat myös kovia, läpinäkyviä aineita, joita ei voida leikata tavallisella veitsellä, mutta valo läpäisee ne. Ehkä Johannes kokee ongelmansa niin vaikeaksi ja syvälliseksi, että hän ei voi ratkaista sitä tavallisella ajattelulla vaan ainoastaan intuition valonsäteen avulla. Silläkin, että Johannes mainitsee ensin lasin ja sitten kristallin, saattaa olla oma merkityksensä, sillä usein jo pelkkä ongelman olemassaolon tunnustaminen merkitsee askelta eteenpäin. Kun hän näkynsä aikana myöntää, että hänen kokemusmaailmaansa kuuluu ongelma eli lasinen meri, se alkaa jo kiteytyä ja kirkastua, samalla tavalla kuin kristalli on kiteistä ja luultavasti lasia kirkkaampaa. Tulkinnassani lasinen meri on Johanneksen taivasnäyn olennainen kohta: siitä lähtee liikkeelle Ilmestyskirjan tapahtumien vyöry.

Nykyihmisen tietoinen todellisuuskuva ei ole samanlainen kuin se, joka Ilmestyskirjasta välittyy, mutta Johanneksen taivasnäyn ongelmat ovat myös meille läheisiä. Uskonnollinen henkilö kysyy edelleen Jumalan olemusta ja ihmisen mahdollisuutta oppia se tuntemaan. Filosofisesti asennoitunut pohtii olemassaolon ja oman elämänsä arvoitusta, ja pelkästään luonnontieteellisen maailmankatsomuksen omaksunutkin voi havahtua miettimään ongelmaa: "Jospa ihmisen evoluutio ei olisikaan pysähtynyt tälle tasolle, jolla nyt olemme? Entä jos meille olisi kehittynyt toisenlaisia aisteja ja kykyjä? Miten silloin kokisin itseni, ja minkälainen olisi se todellisuus, jonka silloin tajuaisin yhtä luontevasti kuin nyt tajuan omille aisteilleni näkyvän maailman?" Mitä syvemmin paneudumme tämäntapaisiin ongelmiin, sitä varmemmin havahdumme huomaamaan, että meiltä on jäänyt paljon olennaista tiedostamatta ja elämättä. Johanneksen tavoin näemme silloin äkkiä edessämme lasisen meren, joka on oman todellisuuskuvamme ja kokemusmaailmamme keskustassa.

Neljän olennon sijainti

"Ja valtaistuimen keskellä ja valtaistuimen ympärillä oli neljä olentoa" (Ilm. 4:6). Johanneksen taivas ei siis ole säännöllinen mandala, sillä olennot, joiden tulisi olla vain keskustan ympärillä, ovat myös keskustassa eli kaikkein pyhimmässä. Tästä huolimatta Johannes pitää valtaistuimella istujaa pyhimpänä, sillä vanhimmat lankeavat "hänen eteensä, joka valtaistuimella istuu", ja olennot antavat hänelle "ylistyksen, kunnian ja kiitoksen" (Ilm. 4:9–10).

Olentojen sijaintia sekä valtaistuimen keskellä että ympärillä on vaikea sovittaa reaaliseen todellisuuteen, mutta myyttisessä todellisuudessa on aivan mahdollista, että jokin olento on kahdessa paikassa yhtä aikaa. Kahdessa paikassa oleminen on myyttikuva siinä missä muutkin kuvat, ja se ilmentää jotain ongelmaa kuten tajunnan jakautumista tai käynnissä olevaa muutosta.[44] Joudumme silti kysymään, miten voimme selittää olentojen sijaintia Johanneksen näyssä.

Ensinnäkin kreikan kielen ilmaus *en mesō*, joka tässä kohdassa sanayhteydessä *en mesō tou thronou* on käännetty sanalla "keskellä", on sen verran väljä, että se mahdollistaa muitakin lukutapoja. Uudessa suomennoksessa käytetään ilmausta "valtaistuimen edessä", ja englanninkielisistä käännöksistä löytyy jopa versio "valtaistuimen kullakin sivulla".[45] Nämä käännökset juontunevat kuitenkin itse asiasisällön outoudesta, sillä jo seuraavassa Ilmestyskirjan luvussa täsmälleen samat sanat *en mesō tou thronou* on molemmissa tapauksissa käännetty tarkoittamaan: valtaistuimen keskellä (Ilm. 5:6). En ryhdy väittelemään eri käännösten paremmuudesta, mutta ehdotan yhtä tulkintatapaa, jolla Raamatun alkutekstiin todennäköisesti sisältyvä outous – olennot valtaistuimen keskellä ja ympärillä – voidaan selittää.

Olennoista leijonalla on erikoisasema, sillä se kuvasi tulkintani mukaan universumin perustaa, kristinuskon Amenta, Jumalan Sanaa. Toisaalta Amen on Jumala, kuten Johanneksen evankeliumissa sanotaan: "Ja Sana oli Jumala."[46] Toisaalta Amen on läheisessä yhteydessä luomakuntaan, sillä Ilmestyskirjan mukaan Amen on "Jumalan luomakunnan alku" (Ilm. 3:14). Sikäli kuin Amen on Jumala, se kuuluu mandalan keskustaan, mutta sikäli kuin Amen on koko luomakunnan perusta, sen paikka voi olla kauempana keskustasta ja lähempänä mandalan laitojen symboloimaa moninaisuutta.

Kolme muuta olentoa sen sijaan ilmentävät tulkinnassani selvästi kaksinaisuuden aluetta. Jos ne nyt istuvat myös valtaistuimen keskellä eivätkä ainoastaan valtaistuimen ympärillä, niiden sijainti kertoo, että Johannes määrittää kaikkein pyhintä eli mandalan keskustaa kaksinaisuuden termein. Ehdoton ykseys jää näin taivaasta pois. Ehdoton ykseys on siis se, mitä Johannes ei ole pystynyt välittömästi oivaltamaan eikä elämään, mutta nähdessään olennot valtaistuimen keskellä hän tunnustaa jo ongelmansa olemassaolon. Oli olentojen sijainti mikä vain, itse ongelma – kaikkein pyhimmän määrittäminen väärällä tavalla kaksinaisuuden käsittein ja sen vastakohtana aito ykseyden eläminen – on tulkintani mukaan Ilmestyskirjan keskeisimpiä uskonnonfilosofisia aiheita ja elämänongelmia.

Soihdut ja silmät

Taivaan seitsemää tulisoihtua olen tähän mennessä tulkinnut siten, että ne ilmentävät kosmisen energian tasoja ja ihmisen seitsemää energiakeskusta alkukuvan tasolla. Mutta tulisoihdulla myyttikuvana voi olla myös toisenlaisia vivahteita: yksi myyttikuva on aina moniulotteinen. Tulisoihtu saattaa lisäksi korostaa, että Johanneksen pitäisi kuin tulisoihtujen valossa tutkia ja ymmärtää asioita entistä syvemmin.

Taivaan symboliikka viittaa myös muulla tavalla oppimisen tarpeeseen; taivaan olennoilla on näet oudon paljon silmiä. "Valtaistuimen ympärillä oli neljä olentoa, edestä ja takaa silmiä täynnä" (Ilm. 4:6). "Ja niillä neljällä olennolla oli kullakin kuusi siipeä, ja ne olivat yltympäri ja sisältä silmiä täynnä" (Ilm. 4:8).

Johanneksen todellisuuskuvassa olennoilla on tulkintani mukaan välittävä asema. Yleisinä prinsiippeinä ne ovat perimmäisen todellisuuden ja konkreettisemman luomakunnan välissä, ja näitä molempia – sekä edessä että takana olevaa, sekä jumaluutta että konkreettista ihmistä – Johannes joutuu tutkimaan entistä tarkemmin. Ehkä hänestä tuntuu, että hän joutuu katsomaan niitä kuin olentojen monilla silmillä. Takana olevaa emme yleensä näe, joten takana olevat silmät kertovat erityisen vahvasti tiedostamisen tarpeesta.

Siipien alla olevat silmät luovat mielikuvan, että Johannes tahtoo nähdä mitä siipien alla on. Olentojen siipien alta, samoin kuin lasisesta merestä, on siis paljastumassa salaisuuksia. Olennoilla onkin tärkeä tehtävä kuudennessa luvussa, jossa ne alkavat paljastaa Johannekselle uusia asioita ihmisen olemuksesta. Tulkintani mukaan olentojen siipien alla on tässä vaiheessa vielä piilossa luomakunta, etenkin konkreettisempi ihmisolemus, sillä näissä alkuluvuissa Johannes mielestäni rekonstruoi maailman luomista siirtyen askel askeleelta kohti konkreettisempaa ja aineellisempaa. Mutta vielä hän ei ole edennyt luomistapahtumassa konkreettiseen ihmiseen asti.

Myös soihtujen ja siipien lukumäärät – soihtuja on seitsemän ja siipiä kuusi – viittaavat tiedostamiseen ja muutokseen. Näitä eri lukuihin liittyviä symbolisia merkityksiä esittelen seuraavassa laajemmin, sillä lukumäärillä on Ilmestyskirjassa tärkeä sija.

Lukusymboliikkaa

Ilmestyskirjassa esiintyvistä tärkeimmistä luvuista käytän seuraavia tulkintoja, jotka lienevät intuitiivisesti melko luontevia. Ilmestyskirjaan tulkinnat sopivat mielestäni hyvin, vaikka yleispäteviä ne eivät ole.

Luku *yksi* symboloi ykseyttä.

Luku *kaksi* ilmentää ristiriitaa eli teesin ja antiteesin välistä jännitettä.

Kolme kuvaa muutosta. Kolme jäsentä ovat kuin teesi, antiteesi ja synteesi eli muutoksen eri vaiheet.

Luku *neljä* symboloi harmonista kokonaisuutta, joka muodostuu osista. Esimerkiksi ihmiseen sovellettuna neljä symboloi sellaista eheyttä, joka on saavutettu eriytymisen kautta.

Viisi liittyy Ilmestyskirjassa yleisesti johonkin pahaan, ahdistukseen ja muuhun sellaiseen. Neljän eheys ikään kuin rikkoutuu viidennen elementin tullessa mukaan, ja näin syntyy epäharmonia. (Luvun viisi symboliarvo on kuitenkin myyteissä yleisesti hyvin vaihteleva. Näin on jo siksi, että viisi voidaan hahmottaa geometrisesti eri tavoin, esimerkiksi epäsäännölliseksi viisikulmioksi, neliön keskipisteeksi tai pyramidin huipuksi.)

Luku *kuusi* yhdistyy muutokseen ja toimintaan. Se ilmentää varsinkin ristiriidan käynnistämää muutosta, sillä kuusi muodostuu kertolaskusta kaksi kertaa kolme.

Seitsemän on loppuunsaatetun muutosprosessin symboli. Ilmestyskirjassa tämä symboliikka selittyy parhaiten siten, että seitsemän tulkitaan lukujen kuusi ja yksi summaksi. Kuusi ilmentää tällöin muutosta ja yksi sitä vapautumisen ja ykseyden tuntoa, jonka loppuunsaatettu muutos tuottaa. Seitsemäs askelma on ikään kuin muutoksen loppu ja huipentuma.

Luku *kymmenen* liittyy Ilmestyskirjassa ahdistukseen samoin kuin luku viisi. Jos kymmenen tulkitaan kertolaskuksi kaksi kertaa viisi, se on ristiriidan aiheuttaman ahdistuksen symboli.

Kaksitoista on Ilmestyskirjassa, kuten yleisemminkin Raamatussa, täydellisyyden luku. Esimerkiksi ihmiseen sovelten asia voidaan hahmottaa seuraavasti. Ihminen on saavuttanut eheyden, jota neljä symboloi, kolme kertaa; tai hän on käynyt läpi neljä kolmen symboloimaa muutosprosessia. Näin hän on lopulta tullut täydelliseksi.

5. KIRJAKÄÄRÖ JA KARITSA

Johanneksen ongelma

"Ja minä näin valtaistuimella istuvan oikeassa kädessä kirjakäärön, sisältä ja päältä täyteen kirjoitetun, seitsemällä sinetillä suljetun" (Ilm. 5:1). Edellisessä näyssään Johannes oli havahtunut lasisen meren olemassaoloon taivaan keskustassa. Hän oli ymmärtänyt, että hänen syvähenkinen elämänkatsomuksensa ja kokemisensa ovat vajaita, ja nyt hän alkaa tutkia näitä ongelmiaan tarkemmin. Makrokosmoksen tasolla tulkiten kirja on koko todellisuuden kuva. Kirjan ulkopuoli edustaa näkyvää ja siten helposti ymmärrettävää eli luettavaa todellisuuden tasoa. Kirjan sisäpuoli on se todellisuuden henkisempi ja sisempi taso, ehkä itse jumaluus, joka on jäänyt Johannekselta liian suuressa määrin tiedostamatta ja elämättä; sitä hän ei ole vielä lukenut. Tämäntapaista tulkintaa Johanneksen näyn kirjakääröstä käyttää kristinuskon piirissä pyhä Bonaventura, 1200-luvulla elänyt fransiskaanimunkki ja oppinut. Hänen mukaansa käärön sisäosa on itse Luoja ja ulkopuoli luomakunta.[1]

Tätä makrokosmista tulkintaa täydentää yksilötason tulkinta, jonka mukaan kirjakäärö on Johanneksen oma tajunta. Käärön päälle kirjoitettu on kuin Johanneksen ilmitajuntaa, eli se symboloi kaikkea sellaista, mitä hän tällä hetkellä uskonnosta ajattelee ja kokee. Siihen kuuluvat hänen Jumalaa koskevat uskomuksensa – mahdollisesti oletus, että Jumala on kaikkivaltias, hyvä ja oikeudenmukainen – sekä hänen tämänhetkinen syvähenkinen elämänsä. Mutta kaikki tämä on osoittautunut riittämättömäksi. Siksi kirjakäärö on kirjoitettu täyteen myös sisältä, ja koska kirjan sisältöä ei voida lukea – sehän on suljettu sineteillä – kirjan sisältö on kuin piilotajuntaa. Sinetit, jotka estävät Johannesta lukemasta kirjakäärön sisältöä, tulkitsen tässä yhteydessä tajunnan lukkiutumiksi. Niitä on seitsemän, sillä ratkaisu Johannesta vaivaaviin ongelmiin edellyttää häneltä henkistä muuttumista; luku seitsemänhän symboloi muutosprosessia ja sen tuomaa vapautumista. Kirjakäärö on vihdoin valtaistuimella istuvan kädessä, koska Johanneksen tämänhetkinen ongelma koskee juuri jumaluuden ja pyhimmän kokemusalueen luonnetta.

Näyn kirjakäärön konkreettisena esikuvana lienee toiminut antiikin Roomassa käytetty testamentti, sillä testamentti suljettiin todistajien sineteillä, joita oli tavallisesti seitsemän. Testamentin päälle kirjoitettiin yleisiä tietoja, mutta vain se, mikä oli sisällä, oli lainvoimaista.[2] Samoin on Johanneksen näyssä: sisälle kirjoitettu on olennaista.

Jokainen, joka on tunnustanut oman keskeneräisyytensä, pystyy helposti asettumaan Johanneksen tilanteeseen. Alkaessaan tutkistella itseään nykyihminenkin saattaa huomata, että hän on suorastaan torjunut ongelmiaan ja uusia kehitysmahdollisuuksiaan. Hän on ikään kuin lukinnut ne piintyneiden tapojensa, asenteidensa ja uskomustensa taakse. Välttämätön askel muutoksen suuntaan on siis lukkiutumien murtaminen: tajunta täytyy saada avautumaan uusille vaihtoehdoille. Näin Johanneskin asian hahmottaa.

"Ja minä näin väkevän enkelin, joka suurella äänellä kuulutti: 'Kuka on arvollinen avaamaan tämän kirjan ja murtamaan sen sinetit?'" (Ilm. 5:2.) Jakeessa Johannes ihmettelee, kuinka hän voisi avata tajuntaansa ja murtaa sen tukokset. Kysyessään, *kuka* sinetit voisi murtaa, hän pohtii, mitä puolta hänen tulisi olemuksessaan kehittää saadakseen sisäisen muutoksensa käyntiin.

"Eikä kukaan taivaassa eikä maan päällä eikä maan alla voinut avata kirjaa eikä katsoa siihen" (Ilm. 5:3). Johanneksen tajunnalliset lukkiutumat ovat niin vahvoja, ettei hänen sisäinen muutoksensa lähde liikkeelle mistään suunnasta. Hänen tämänhetkinen kokemuksensa ylitajunnan tiloista, joita taivas symboloi, ei riitä auttamaan häntä. Ei myöskään maanpäällisistä eli tietoisista uskomuksista ole hänelle tässä tilanteessa apua. Mutta ei umpikuja tunnu aukeavan maanalaisesta eli alitajuisestakaan tasosta käsin.

"Ja minä itkin kovin sitä, ettei ketään havaittu arvolliseksi avaamaan kirjaa eikä katsomaan siihen. Ja yksi vanhimmista sanoi minulle: 'Älä itke; katso, jalopeura – – voi avata kirjan ja sen seitsemän sinettiä.'" (Ilm. 5:4–5.) Itku varmaankin laukaisee Johanneksen jännitystilaa sen verran, että hän elää uuden intuition. Hän tuntee ehkä saavansa intuitiivisen yhteyden aina todellisuuden perustoihin asti, sillä yksi vanhimmista lausuu hänelle sanat. Hän oivaltaa nyt, mitä puolta hänen olisi kehitettävä itsessään edetäkseen henkisesti. Mutta tätä Johanneksen oivallusta en pysty tulkitsemaan, ennen kuin olen esittänyt sille laajan pohjustuksen.

Ihmiskuva: yleistä teoriaa

Kun seuraavassa luonnehdin ihmiskuvaa, joka mielestäni on Ilmestys-kirjan taustalla, lähden liikkeelle ihmiskuvan empiiriseltä tasolta ja etenen aste asteelta henkisemmille ja syvällisemmille tasoille. Näin tehdessäni rikon Ilmestyskirjan oman etenemissuunnan, mutta johdattavasta esityksestäni tulee havainnollisempi.

Ego ja itseys

Pankaamme siis ensin merkille ihmisen ulkoiset toiminnot, hänen mielessään liikkuvat aistihavainnot, ajatukset ja tunteet sekä ne erilaiset kyvyt, joilla hän reaalisessa maailmassa toimii ja joilla hän havaintoja, ajatuksia ja tunteita vastaanottaa ja luo. Näitä kykyjä ovat esimerkiksi toimimiskyky, havainnointikyky, ajattelukyky ja kyky tuntea. Tämä on käyttämäni ihmiskuvan konkreettisin taso.

Mutta me emme koe itseämme vain toimintojemme ja mielteidemme summaksi. Tunnemme olevamme niiden subjekti, se, joka toimii, havaitsee, ajattelee ja tuntee. Mehän sanomme: minä toimin, minä näen, minä ajattelen, minä tunnen. *Alustavasti* määritellen kutsun ihmistä oman kehonsa ja tajuntansa subjektina egoksi. Ego muodostaa siis toisen tason siinä ihmiskuvassa, jota tulkinnassani sovellan.

Kirjallisuudessa termiä "ego" käytetään erilaisissa merkityksissä, ja toisaalta löytyy monia muita termejä, jotka tarkoittavat suurin piirtein samaa kuin mitä tässä tarkoitan egolla. Kristinuskosta löytyvät muun muassa ilmaisut "aistien keskus","sielun aistinen osa", "sielun alempi osa" ja "vanha ihminen". Itämaisessa kirjallisuudessa, kuten esimerkiksi *Bhagavadgitassa*, egolla tarkoittamani asia ilmaistaan usein sanoilla "minä olen tekijä", ja teoreettisemmissa yhteyksissä ego on intialaisessa filosofiassa *ahamkara*.[3]

Ego on laaja-alainen käsite, jonka sisälle mahtuu paljon vaihtelua. Ihminen voi esimerkiksi kokea ajoittain olevansa vain jonkin kykynsä subjekti, kuten toimija tai ajattelija, vaikka hän yleensä tuntee olevansa subjekti myös pysyvämmässä ja laajemmassa merkityksessä. Syvimmillään ego tarkoittaa ihmisen minuuden tuntoa, silloin kun hän kokee olevansa muusta olemassaolosta erillinen subjekti. Mutta myös tällainen minuuden tunto vaihtelee. Se voi olla suppea, jos ihmisen tajunnallinen kokemus käsittää vain ahtaan tietoisuuden ja joitakin selkeästi elettyjä tunnetiloja. Jos taas tajunnallinen kokemus on laajentunut aina muuntuneisiin tajunnantiloihin asti, myös minuuden tunto on sen mukainen. (Näihin ongelmiin palaan tulkintojeni aikana luvuissa kolmetoista ja seitsemäntoista.) Kolmanneksi erotan ihmiskuvassa egoa syvällisemmän tason, josta käytän nimitystä "itseys". Kristinuskossa ilmaisuja, joilla viitataan ihmisen syvempään tajunnantasoon, ovat muun muassa "sielun keskus", "sielun syvin keskus", "sielun sisin", "sielun pohja", "sielun henkinen osa" ja "sielun ylempi osa". Länsimaisessa filosofiassa ja psykologiassa ihmisen syvällisemmästä tasosta käytetään muun muassa termejä "varsinainen minä", "ydinihminen", "syvempi minä" ja "Itse", mutta niille annetut merkitykset vaihtelevat teorioista riippuen varovaisen skeptisistä vahvasti metafyysisiin asti. Intialaisessa filosofiassa ihmisen syvällinen taso on *Purusha* tai *Abhasa chaitanya* ja intialaisissa uskonnoissa *Atman*.[4]

Itseyden tarkoittama syvempi taso voidaan teoretisoiden hahmottaa ihmisen konkreettisten ominaisuuksien ja egon perustaksi. Kristinuskon piirissä mestari Eckart käytti sielun syvemmästä tasosta kuvaavaa nimitystä "sielun pohja" tai "sielun perusta", ja hän selitti, että siitä kumpuavat kaikki sielun kyvyt.[5]

Luonnehdin seuraavassa egoa ja itseyttä tavoilla, jotka ovat olennaisia tulkintani kannalta. Toisin sanoen olen sopeuttanut egon ja itseyden määrittelyt siihen ihmiskuvaan, joka mielestäni Ilmestyskirjasta piirtyy. Esitän asiat yksinkertaisuuden vuoksi vain ihmistajunnan tasolla, koska ihminen kokee kehonsa aistimustensa ja mielteidensä välityksellä. Yksinkertaistus sallittaneen näin teoreettisessa yhteydessä.

Egotajuntaa leimaa ensinnäkin kaksinaisuus. Toisin sanoen silloin kun ihminen on subjektina ego, hänen tajunnallaan on kohde, objekti. Objekti voi olla alkuaan ulkomaailman esine, olio tai tapahtuma, mutta tajunnan tasolla varsinainen objekti on esimerkiksi aistimus tai muistikuva, joka ulkoisesta kohteesta on syntynyt. Lisäksi objekti voi olla puhtaasti subjektin itsensä luoma mielle. Kaikissa näissä tapauksissa subjekti ja objekti ovat ikään kuin erillään toisistaan, joten ihmistajunta on kuin jakautunut kahdeksi, subjektiksi ja objektiksi. Tavallisessa kielenkäytössäkin tämä ero on esillä, sillä sanomme luontevasti esimerkiksi: minä ajattelen, minulla on muistoja.

Toiseksi egotajunnalle on ominaista sidonnaisuus haluihin. Halu voi olla joko positiivista haluamista tai negatiivisessa merkityksessä halua välttää jotain, mutta olennaista on, että se suhde, joka ihmisellä subjektina on kohteeseen eli objektiin, on halun leimaamaa. Halu muodostaa kuin sidoksen subjektin ja objektin välille, ja sidonnaisuus ilmenee siten, että ihminen kärsii, jos hän ei saa haluaan tyydytettyä. Halut voivat olla eettisesti erilaisia, arvokkaampia tai arvottomampia, mutta niin kauan kuin niissä on sidonnaisuutta jäljellä, ne ovat osa egotajuntaa. Korostaakseni tätä egotajuntaan kuuluvaa sidonnaisuutta käytän sellaisia termejä kuin halusidonnaisuus, egosidonnaisuus, egohalu, pyyteellisyys ja pyyde.

Halusidonnaisuudesta juontuu egotajunnan kolmas tärkeä ominaisuus, tavoitteisuus: ihminen egona tavoittelee halujensa kohteita. Samalla egotajunnan kaksinaisuus saa laajemman merkityksen, sillä ihminen egona arvottaa objektit hyviksi tai pahoiksi sen mukaan, tyydyttävätkö vai turhauttavatko ne hänen egohalujaan; tyydyttymisen hän kokee mielihyvänä ja turhautumisen mielipahana. Egotajuntaan kuuluvat arvotunteet ovat täten sidottuja haluihin eli pyyteellisyyteen.

Kokemuksellisesti egotajunta on tavallisen keskimääräisen ihmisen arkitajuntaa, sitä, jonka avulla hän maailmassa havaitsee, toimii, ajattelee ja tuntee. Tästä syystä käytän egotajunnasta ajoittain luontevampaa nimitystä "tavallinen tajunta", kun yhteydestä johtuen on selvää, että kyseessä on kaksinaisuuteen sidottu ja pyyteellinen egotajunta.

Sillä tajunnantasolla, jota itseys tarkoittaa, koemme ennen kaikkea korkeita henkisiä itseisarvoja sekä syvällisiä intuitioita. Henkisiä itseisarvoja ovat etenkin autuus ja rakkaus, silloin kun rakkaudella tarkoitetaan antaumuksellista rakkautta tai rakkauden täyttymystä, joka koetaan henkisenä ilona ja onnena. Kristinuskossa sielun sisintä tai sielun pohjaa – tai millä nimellä itseyttä kutsutaankin – pidetään Jumalan tuntemisen elimenä.[6] Tämä kertonee, että "sielun pohja" on juuri henkisen rakkauden, autuuden ja intuition "elin". Näitä korkeimpia henkisiä arvokokemuksia ja intuitioita leimaavat egotajunnalle vastakkaiset ominaisuudet: kaksinaisuuden sijasta ykseys, tavoitteisuuden sijasta ehdoton antaumus ja halusidonnaisuuden sijasta pyyteettömyys.

Korkea henkinen itseisarvoelämys saattaa herätä jonkin mieliku-van tai ulkomaailman kohteen inspiroimana, mutta itse arvoelämyk-sessä – jos se on tarpeeksi syvä – kokemuksellinen ero subjektin ja kohteen väliltä katoaa. Äärimmäisissä elämystiloissa ihminen ei edes tunne olevansa erillinen subjekti; hän sulautuu ykseyteen. Tästä syystä sekä kaunokirjallisuudessa että uskonnollisissa teksteistä voimakkaita henkisiä arvokokemuksia luonnehditaan ykseyselämyksiksi. Esimer-kiksi kirjailija Herman Hesse kuvaa teoksessaan *Siddhartha* Siddhart-han valaistumishetkeä sanoilla "kaikki oli yhtä". Kokemus erillisen minuuden katoamisesta ja uudenlaisesta henkisestä arvotunteesta voi lopulta olla myös pysyvää. Kristinuskossa Paavalin kuuluisat sanat "minä elän, en enää minä, vaan Kristus elää minussa" kuvannevat täl-laista tilaa.[7] Myös syvälle intuitiolle on luonteenomaista ykseyden ko-kemus toisella tavalla kuin tavallisessa ajattelussa on laita. Vaikka in-tuition kohdalla voimme ehkä puhua intuition tarkoitteesta, syvällinen intuitio eletään aina ikään kuin samastumalla siihen.

Jotta ehdoton ykseyskokemus syntyisi, siihen täytyy pystyä antau-tumaan täydellisesti. Kirjallisuudessa korkeita arvotunteita luonnehdi-taan yleisesti antautumisen määrein; esimerkiksi Hesse kuvaa Siddharthan valaistumista myös sanoilla "antautuneena, ykseyteen kuuluvana."[8] Niin kauan kuin ihmisellä on egohaluja, halut aiheuttavat välttämättä tavoitteisuutta, ja tavoitteisuus rikkoo ehdottoman an-taumuksen ja ykseyden; juuri tästä syystä ykseyden ja antaumuksen kokemus edellyttää pyyteettömyyttä.

Voimme kuitenkin sanoa, että itseydellä on yksi tavoite, pyrkimys tai halu, mutta se on toisenlainen kuin egoon kuuluva pyyteellinen ta-voitteisuus tai halu. Itseyden "halu" ei nimittäin suuntaudu ulospäin siitä itsestään, vaan sen ainoa pyrkimys on ilmentää itseään mahdolli-simman täydesti. Tätä halua voidaan kutsua myös henkiseksi rakkau-deksi, silloin kun rakkaudella tarkoitetaan tavoitteista pyrkimystä täy-dellisyyteen.[9]

Kutsun seuraavassa ihmistajuntaa syvällisiä itseisarvoja ja intui-tioita kokevana ykseystajunnaksi. Kokemuksellisesti ykseystajunta merkitsee usein jopa muuntuneita tajunnantiloja: autuuden, rakkauden täyttymyksen ja syvien henkisten intuitioiden välitöntä elämistä.

Mutta itseyteen kuuluu myös toinen puoli henkisten arvokokemus-ten lisäksi. Mitä enemmän ihminen vapautuu halusidonnaisuudestaan, sitä suuremmassa määrin hän voi käyttää konkreettisia kykyjään uudella, pyyteettömällä tavalla. Lopulta hän ei toimiessaankaan tunne olevansa erillinen subjekti, joten häneltä on kadonnut "minä olen tekijä" -tunne. Paavalin muuttunut elämäntunto sisälsi ilmeisesti myös tällaisen puolen, sillä hän kirjoitti: "Minä olen työtä tehnyt, en kuitenkaan minä, vaan Jumalan armo, joka on minun kanssani."[10]

Pyyteetönkin toimija pyrkii luonnollisesti päämääriin, sillä hän rakastaa kaikkia ja kaikkea universaalilla tavalla ja tahtoo tehdä hyvää. Toimiessaan hän myös havainnoi maailmaa ja tekee erotteluja – muuten hän ei pystyisi toimimaan konkreettisessa maailmassa – ja täten hänen tajuntaansa kuuluu kaksinaisuutta. Mutta hänen tavoitteensa eivät muodosta hänelle sidonnaisuutta. Jos hänen tavoitteensa eivät toteudu, hän ei turhaudu eikä kärsi, vaan hän ehkä yrittää vain uudestaan.

Tämä pyyteetön toiminnallinen tajunta on kolmas tajunnanmuoto, jonka erotan; se on kokemuksellisesti sitä tajuntaa, jonka avulla pyhimys maailmassa ajattelee ja toimii. Sen täsmällinen nimitys olisi "pyyteetön kaksinaisuustajunta", mutta puhun siitä yleensä luontevammalla tavalla pyyteettömänä toimintana tai muilla vastaavilla termeillä. Ykseystajuntaa ja kykyä pyyteettömään toimintaan kutsun yhteisellä nimellä itseystajunnaksi, sillä ne molemmat ilmaisevat itseyden ominaisluonnetta.

Soveltamani ihmiskuvan mukaan ego on kuin kuori itseyden päällä, ja tuo kuori muodostuu olennaisesti siitä sidonnaisuudesta, jota egohalut merkitsevät. Kun sidonnaisuudet irtoavat, itseys vapautuu.[11]

Ego ja itseys, samoin kuin ne tajunnanmuodot, joiden avulla olen niitä määritellyt ovat luonnollisesti abstraktioita. Todellisessa elämässä ne lomittuvat toisiinsa monin tavoin. Esimerkiksi itseyden pyrkimys ilmentää itseään toteutuu ensin eettisesti arvokkaassa toiminnassa, vaikka se olisikin egosidonnaista siten, että toimija kärsii, jos hän ei saavuta päämääriään. Lisäksi yhdenkin ihmisen tajunnassa voi olla jopa samaan aikaan säikeitä kaikista erottamistani tajunnanmuodoista. Onhan selvää, ettei ero esimerkiksi itsekkyyden ja pyyteettömyyden välillä ole jyrkkä. Siten on sopimuksenvaraista, koska rakkauden ja ilon tunteet ovat vielä niin pyyteellisiä, että ne kuuluvat egotajunnan alueeseen, ja koska ne jo luetaan ykseystajuntaan. Ihminen siirtyy siis henkisen kehityksensä kuluessa aste asteelta egosta itseyteen, sidonnaisuudesta vapauteen ja itsekkyydestä pyyteettömyyteen.

Egon ja itseyden käsitteet ovat melko helposti ymmärrettävissä myös nykyajan empiiris-tieteellisesti painottuneen maailmankuvan puitteissa, ainakin jos itseyteen liitetään suhteellisen tavanomaisten syvähenkisten arvokokemusten elämistä ja pyyteetöntä toimintaa. Egon ja itseyden käsitteitä myös käytetään länsimaisessa teoreettisessa kirjallisuudessa, joskin niiden sisältö on hieman erilainen kuin tässä esittämäni. Esimerkiksi Jungin teoriassa ego tarkoitti ihmisen tietoisuuden keskusta, ja itseys eli Jungilla Selbst oli ihminen kokonaisuutena tai ihmisen kokonaisolemuksen keskus.[12]

Universaali itseys

Metafyysis-myyttisiin katsomuksiin kuuluu vielä itseyttä syvällisempi ihmiskäsityksen taso, joka on ikään kuin kaikkien ihmisten ja jopa koko muun luomakunnan yhteinen henkinen perusta. Käytän tästä nimitystä "universaali itseys" ja ajoittain vain sanaa "Itseys". Niin outo kuin tämä näkemys ehkä onkin tieteellisesti orientoituneen nykyihmisen mielestä, se täytyy Ilmestyskirjaa tulkittaessa olettaa, muuten Ilmestyskirjan omalle todellisuuskuvalle tehdään väkivaltaa. Se, miten Johannes universaalia itseyttä täsmällisemmin hahmottaa, käy vähitellen esille Ilmestyskirjan näyistä, kun hän etenee pitemmälle henkisellä tutkimusmatkallaan. Tässä vaiheessa luonnehdin universaalia itseyttä yleisesti mainiten sille rinnastuskohteita Raamatusta ja intialaisesta filosofiasta.

Universaali itseys on ensinnäkin nähtävä henkisen todellisuuden korkeana tasona, joka on olemassa objektiivisesti mutta jonka ihminen voi myös itse elää. Universaalin itseyden eläminen merkitsee kokemuksellisesti ehdottoman autuuden ja rakkauden elämistä. Universaali itseys kokemuksellisena tilana on siis nähtävissä yksilöllisen itseyden äärimuotona; kun halusidonnaisuudet ovat karsiutuneet kokonaan pois, ihminen siirtyy yksilöllisen itseyden rajoista universaaliin itseyteen. Ilmestyskirjan alkuvaiheissa, joissa nyt olemme, universaali itseys on helpointa hahmottaa perimmäisen jumaluuden ja yksilöllisen itseyden välialueeksi.

Kristinuskossa Kristuksella on ymmärtääkseni monien muiden merkitysten ohella universaalin itseyden merkitys. Kristuksen merkitys metafyysisenä henkisenä perustana on ilmaistu esimerkiksi Paavalin kolossalaiskirjeessä, jossa Pojasta sanotaan: "Hän on näkymättömän Jumalan kuva, esikoinen ennen kaikkea luomakuntaa. Sillä hänessä luotiin kaikki, – – kaikki on luotu hänen kauttansa ja häneen, ja hän on ennen kaikkia." Kristuksen merkitys universaalina alkuprinsiippinä tulee esille myös niissä Raamatun kohdissa, joissa hänen korostetaan olleen olemassa ennen Jeesuksen maanpäällistä elämää. Esimerkiksi Johanneksen evankeliumissa Jeesus sanoo: "Ennenkuin Aabraham syntyi, olen minä ollut."[13]

Universaalia itseyttä vastaa intialaisessa filosofiassa *Kutastha chaitanya*, josta käytetään myös nimitystä *Purushottama*. Sri Yukteswar selittää, että Kutastha chaitanya on perimmäisen jumaluuden, *Parambrahmanin*, "kaikkitietävää rakkautta" tarkoittava puoli tai ilmenemismuoto. Itseyden yksilölliset ilmentymät, joiden niminä Intiassa oli, kuten on tullut esille, Abhasa chaitanya tai Purusha, ovat puolestaan Kutastha chaitanyan ja vastaavasti Purushottaman "henkisten säteiden heijastumia". Sri Yukteswar jatkaa esitystään Kutastha chaitanyan ja Abhasa chaitanyan jälkeen selvittämällä vielä, kuinka niiden päälle rakentuu ego. Aina itämaisessa kirjallisuudessa eroa yksilöllisen ja universaalin itseyden välille ei tehdä selvästi, vaan Atman ja Itse saattavat viitata yhtä hyvin yksilölliseen kuin universaaliin itseyteen tai joskus jopa perimmäiseen henkiseen todellisuuteen. Joka tapauksessa itämaisessa kirjallisuudessa katsotaan yleisesti, että tuo syvällisempi taso on luomakunnan, myös konkreettisemman ihmisolemuksen, perusta. Esimerkiksi intialainen Ramana Maharshi ilmaisi asian näin: "Itse on puhdas Todellisuus, jonka valossa ruumis, ego ja kaikki muu loistavat."[14]

Ihmisen kehä

Erottamani ihmisolemuksen tasot on mahdollista nähdä kehän osina, sillä metafyysis-myyttisen todellisuuskuvan mukaan myös ihmisen kehitys muodostaa kehän. Alku on ykseys, Jumala, jonka pohjalta syntyy aste asteelta universaalin itseyden ja itseyden kautta tavallinen ihminen, ego. Tämä kehän kaari on vieraantumista Jumalasta, ja se voidaan hahmottaa alaspäin laskevaksi. Vieraantuminen merkitsee luomakunnan luomista ja ihmisen lankeamista syntiin. Se on uskonnollisella kielellä myös hengellistä kuolemaa, sillä se merkitsee itseyden peittymistä egon kuoreen.

Kun ihminen on langennut alimmalle eli egon tasolle, hänen täytyy alkaa nousta ylöspäin itseyteen, universaaliin itseyteen ja lopulta siihen ykseyteen, joka on Jumala, alku ja loppu. Tämä matka on paluuta Jumalan yhteyteen, ja matkalla ihminen kulkee kuin kehän nousevaa kaarta ylöspäin. Jos ego ja itseys personifioituvat myyttisiksi olioiksi, matka merkitsee jatkuvaa egon kuolemaa. Ja mitä enemmän ego kuoleutuu, sitä vapaammin ja universaalimmin itseys ilmenee, syntyy ja ylösnousee.

Raamatussa kehän laskeva kaari on esitetty luomis- ja syntiinlankeemuskertomuksissa, joissa ihmisen vieraantuminen Jumalasta on kuvattu myyttisen alkuihmisen Aadamin avulla. (Näitä kertomuksia tulkitsen seuraavassa luvussa tarkemmin.) Jeesuksen kohtalo on sen sijaan mahdollista nähdä myyttikuvina, joihin kiteytyvät paluumatkan tärkeimmät vaiheet. (Jeesuksen elämän tulkitseminen myyttikuviksi ei luonnollisestikaan sulje pois hänen elämänsä historiallisuutta, eikä yksi tulkinta koskaan ammenna myyttikuvaa tyhjiin.) Jeesus antautuu kuolemaan, kuten jokaisen ihmisen on annettava itsensä kuolla egona. Egon kuollessa itseys kokee ylösnousemuksen, samoin kuin Jeesus nousi kuolleista. Lopulta ihmisen henkinen kehitys huipentuu universaalin itseyden elämiseen, joka murtaa ihmistajunnan tavalliset rajat, ja tämä on kuin sitä taivaaseen astumista, joka tapahtui Jeesuksen kuolleista nousemisen jälkeen. Ajatus egon kuolemasta ja itseyden vapautumisesta on esitetty myös avoimesti kristillisessä kirjallisuudessa. Raamatussa ajatus ilmaistaan sanoilla: "Joka kadottaa elämänsä – – hän löytää sen."[15]

Raamatusta myyttisen kehän muodostava lankeaminen ja nousun mahdollisuus voidaan lukea – vaikkei tämä tietysti ole ainoa lukutapa – myös Paavalin ensimmäisen Korinttilaiskirjeen sanoista: "Sillä niinkuin kaikki kuolevat Aadamissa, niin myös kaikki tehdään eläviksi Kristuksessa."[16]

Samantapaisia ajatuksia löytyy itämaisesta kulttuurista, jossa luominen on yleisesti laskeutumista korkeammasta alempaan, äärettömästä äärelliseen ja todellisesta epätodelliseen. Alku on korkeinta ja siihen ihmisen on palattava.[17] Egon kuolema ja itseyden ylösnousemus ilmaistaan itämaisessa kirjallisuudessa usein teoreettisesti myyttikuvien sijasta. Esimerkiksi: "'Minä'-ajatus on ego ja se kadotetaan. Todellinen 'Minä' on 'Minä olen se, joka Minä olen'. – – Siellä, minne 'minä' häviää, 'Minä-Minä' ilmestyy itsestään."[18]

Myös siirtymä yksilöllisestä itseydestä universaaliin itseyteen on selkeästi esillä. Esimerkiksi Paramahansa Yogananda selittää, että ihmisen täytyy universalisoida rakastamisen kykyään, sillä juuri rakkaus murtaa ahtaan minän rajat, ja pystyessään lopulta kokemaan universaalia rakkautta ihmistajunta muuttuu Kutastha chaitanya -tajunnaksi. Paramahansa Yogananda kutsuu Kutastha chaitanya -tajuntaa myös nimillä "Kristus-tajunta" ja "Krishna-tajunta" tahtoen tuoda esille intialaisen ja länsimaisen uskonnon vastaavuutta.[19]

Myyteissä ihmisen kehä, tai jokin osa siitä, on ehkä parhaiten esillä matkanteon yleismaailmallisessa aiheessa. Näissä myyteissä sankari lähtee kotoaan vieraalle maalle, jolloin hän vieraantuu henkisestä alkukodistaan. Ennen pitkää sankari alkaa kuitenkin kaivata takaisin kotiinsa, jonne hän monien vaikeuksien kautta lopulta pääsee palaamaan. Myyttisiä matkantekijöitä ovat muun muassa kreikkalaisten sankari Odysseus ja Raamatun tuhlaajapoika.

Myös länsimaisesta filosofiasta ja tieteellisemmästäkin kirjallisuudesta on mahdollista löytää piirteitä tämäntapaisesta hahmotustavasta, joskin kysymys on vain osittaisista yhtymäkohdista. Antiikin filosofiassa ihmisen kehä on ehkä parhaiten esillä Platonilla, jonka mukaan ihmissielut luodaan yhdestä kokonaisuudesta. Aluksi kaikki sielut ovat samanlaisia, mutta sen mukaan, kuinka ne elävät, ne muuttuvat ja niihin tarttuu ainetta tulesta, vedestä, maasta ja ilmasta. Ihmisen on sitten Platonin mukaan vapauduttava "muuttumisen vaivasta" elämällä oikein ja palattava "siihen tilaan, joka oli hänen ensimmäinen ja paras olotilansa."[20]

Myös Hegelin filosofiasta voidaan löytää eräänlainen ihmisen paluu Henkeen, sillä Hegelin mukaan ihmiset nousevat Hengen kehityskulussa eristyneisyytensä ahtaiden rajojen yli, liittyvät laajempiin yhteyksiin ja voivat lopulta tajuta "absoluuttisessa tietämisessä" itse Henkeä.[21]

Jungin psykologian kulmakiviä oli puolestaan oletus ihmisen sisäisestä muutoksesta, jota hän kutsui individuaatioksi. Individuaation aikana ihminen eriytyi ensin yksilöksi, mutta loppuvaiheissaan individuaatio merkitsi olennaisesti itseyden voimistumista. Jungilaisessa niin sanotussa analyyttisessä psykologiassa individuaatiota selitetään siten, että ihminen elämänsä alkupuolella kehittyy varhaislapsuuden eriytymättömyydestä egoksi ja elämänsä loppupuolella oivaltaa egon suhteellisuuden ja alkaa siirtyä itseyteen. Se, missä määrin jungilaisen psykologian individuaatio vastaa matkaa, joka uskontojen mukaan tehdään eriytymättömyyden alkutilasta egoksi ja egosta itseyteen, täytyy jäädä näin lyhyessä rinnastuksessa auki. Jung kuitenkin nimitti itseyttä myös "Jumalaksi meissä", ja hän selitti, että individuaation lopussa toteutuu irrallisuus tunnesiteistä. Lisäksi Jung ja häneltä vaikutteita saaneet analyytikot ovat tulkinneet uskonnollista symboliikkaa juuri individuaatiokehityksen näkökulmasta.[22]

Tajunta ja tajunnansisältö

Ilmestyskirjan symboliikan ymmärtämiseksi on ajoittain olennaisen tärkeää erottaa toisaalta ihmisen tajunta ja toisaalta se tajunnansisältö, jota hän kulloinkin elää. Tämä erottelu voidaan tehdä myös sen ykseystajunnan kohdalla, jota ihminen itseytenä ja universaalina itseytenä elää, vaikka tätä tajunnanmuotoa leimaakin ykseys; erottelu tehdään ulkopuolisen teoretisoijan näkökulmasta. Kun tahdon korostaa, että kyse on itse ihmistajunnasta, käytän esimerkiksi ilmaisuja kokemisen "subjektiivinen puoli" ja "tajunnantaso", ja kun tahdon korostaa, että kysymys on tajunnansisällöstä, käytän sellaisia ilmaisuja kuin kokemisen "objektiivinen puoli" ja "henkisen todellisuuden taso". Jälkimmäiset ilmaukset johtuvat siitä, että Ilmestyskirjan aihepiiri koskee henkisen todellisuuden syvimpien tasojen elämistä, ja nämä tasot oletetaan uskonnollisissa todellisuuskuvissa objektiivisesti olemassaoleviksi. Toisin sanoen ihminen ei itse luo noita todellisuuden henkisiä tasoja, vaan hän ikään kuin osallistuu niihin omalla kokemisellaan.

Johanneksen näyn ihmiskuva

Ennen kuin palaan Johanneksen näyn tapahtumiin, käyn läpi hänen näystään ja osittain laajemminkin Ilmestyskirjasta ne myyttikuvat, jotka mielestäni vastaavat erottamiani ihmiskuvan tasoja.

Jalopeura

Jalopeuraa Johannes luonnehtii näyssään sanoilla: "Jalopeura Juudan sukukunnasta, Daavidin juurivesa" (Ilm. 5:5). Nämä määreet viittaavat Kristukseen, sillä Jeesus oli Raamatun mukaan Juudan ja Daavidin sukua, ja häntä kutsuttiin Daavidin pojaksi. Vesa nimitystä taas käytettiin Vanhassa testamentissa odotetusta Messiaasta. Tulkitsen tämän

perusteella jalopeuran universaaliksi itseydeksi, koska Kristus on näh-
tävissä universaalin itseyden kristinuskon mukaisena symbolina. Itä-
maisessa kulttuuripiirissä jalopeura universaalina itseytenä samais-
tuisi kuvallisesti esimerkiksi Krishnaan. *Bhagavadgitassa* Krishna,
joka siinä edustaa Jumalaa tai Itseyttä, sanookin: "Villieläimistä minä
olen leijona." Leijona on Intiassa muutenkin yleinen Atmanin sym-
boli.[23]

Jalopeura on reaalisessa maailmassa sama asia kuin leijona, ja uu-
dessa Raamatun suomennoksessa jalopeuran sijasta käytetään nimi-
tystä "Juudan heimon leijona". Koska taivaan neljästä olennosta en-
simmäinen oli leijonan näköinen, Ilmestyskirjassa esiintyy kaksi lei-
jonaa. Kaksi samanlaista myyttikuvaa on kuitenkin paikallaan, sillä
universaali itseys, jota jalopeura symboloi, ja universumin perusväräh-
tely, jota leijonaolento symboloi, ovat hyvin lähellä toisiaan. Ne ovat
molemmat kuin konkreettisemman luomakunnan perustoja.[24]

Karitsa

"Ja minä näin, että valtaistuimen ja niiden neljän olennon ja vanhinten
keskellä seisoi Karitsa, ikäänkuin teurastettu" (Ilm. 5:6). Jalopeuran
tavoin myös Karitsa yhdistyy Raamatun symboliikassa Kristukseen.
Esimerkiksi Johannes Kastaja sanoo Jeesuksesta: "Katso Jumalan Ka-
ritsa", ja Paavali kirjoittaa: "Onhan meidän pääsiäislampaamme, Kris-
tus, teurastettu."[25] Tästä syystä tulkitsen myös Karitsan universaalin
itseyden symboliksi. Johanneksen näyissä Karitsa kuitenkin ilmentää
universaalin itseyden merkitystä ihmisen kehässä jalopeuraa sisällöl-
lisemmällä tavalla, sillä Johannes kertoo siitä lisää: "Sillä oli seitse-
män sarvea ja seitsemän silmää, jotka ovat ne seitsemän Jumalan hen-
keä, lähetetyt kaikkeen maailmaan" (Ilm. 5:6).

Käyttämäni teoreettisen viitekehyksen mukaan universaalilla itsey-
dellä on kahtalainen merkitys ihmisen kehässä. Toisaalta se toimii luo-
misessa "esikoisena", jonka kautta kaikki luodaan, eli Raamatun sa-
noin "kaikki on luotu hänen kauttansa ja häneen". Toisaalta univer-
saali itseys edustaa paluutien korkeaa vaihetta. Ilmestyskirjan al-
kunäyissä Johannes on tulkintani mukaan kiinnostunut etupäässä maa-
ilman ja ihmisen luomisesta, mutta teurastetun Karitsan symboliikka
juontuu niin olennaisesti paluutien muodosta, että joudun puhumaan
myös siitä Karitsaa tulkitessani.

Luomisen näkökulmasta Karitsa liittyy luontevasti jo aikaisemmin tulkitsemaani myyttikuvaan härkään, sillä Karitsalla on sarvet päässään, kuten oletettavasti härälläkin. Sarvet yhdistävät Karitsan siis Jumalan luomisvoimaan.[26] Tapa, jolla Johannes luonnehtii Karitsan silmiä, ilmentää universaalin itseyden merkitystä luomisen tasona, jonka kautta kaikki luodaan. Johannes nimittäin sanoo Karitsan silmistä, että ne ovat "ne seitsemän Jumalan henkeä". Nämä henget esiintyivät edellisessä näyssä, jossa niitä verrattiin tulisoihtuihin. Tulkinnassani tulisoihdut symboloivat eritasoisia henkisiä energiamuotoja, jotka ilmenevät ihmisessä seitsemänä energiakeskuksena eli chakrana. Koska chakrat ovat jokaisessa ihmisessä, nuo henget ovat todellakin "lähetetyt kaikkeen maailmaan", kuten Johannes myös sanoo. Jumalan henkien esiintyminen tässä näyssä Karitsan silminä ilmaisee siis, että Karitsa toimii ikään kuin välitasona, jonka kautta Jumalan henget lähetetään luomakuntaan eli konkreettisiin ihmisiin.

Se taas, että Karitsa Johanneksen näyssä on teurastettu, selittyy paluutien muodosta käsin. Kun seuraavassa tulkitsen tätä Karitsan symboliikkaa, esitykseni täytyy ymmärtää siten, että Karitsa ilmentää ihmisen paluuta Jumalan luo yhdeksi arkkityyppiseksi myyttikuvaksi kiteytyneenä.

Teurastettu karitsa myyttikuvana edellyttää, että Karitsa on käynyt läpi kuoleman. (Teurastetusta karitsasta käytetään suomennoksessa siis nimitystä "Karitsa", suurella alkukirjaimella.) Tulkitsen asiaa siten, että elävä karitsa olisi egon symboli, mutta kun se on antautunut tapettavaksi, siitä on tullut lopulta Itseys.

Myyteissä ihmisen eri kehitysvaiheet kuvautuvat usein eläiminä, jotka symboloivat kunkin kehitysvaiheen ominaispiirteitä. Näin arvioiden elävä karitsa edustaa sellaista eettisesti korkeaa kehitysvaihetta, jolloin ihmisen sidonnaisuudet ovat lähes kokonaan hävinneet mutta eivät vielä niin täysin, että ego olisi kokonaan kuoleutunut ja universaali itseys vapautunut. Karitsa näet yhdistyy valkoisuutensa puolesta viattomuuteen, ja se ilmentää lammasmaista johtajalampaan tai paimenen seuraamista. Vastaavalla tavalla sisäisellä tiellä edennyt on jo vapautunut huonoista ominaisuuksistaan ja hänen intuitionsa on kirkastunut. Hän siis seuraa lammasmaisesti syvempää intuitiotaan, eikä hänen enää tarvitse hillitä tahtonsa suitsilla vikurimaisia huonoja halujaan. Lisäksi karitsa antautuu lammasmaisesti teurastettavaksi, kuten täydellisyyteen pyrkivän ihmisen täytyy lopulta suostua vapaaehtoisesti kuoleutumaan egona viimeistä pisaraa myöten. Vasta silloin hänestä tulee teurastettu Karitsa eli Itseys. Nämä karitsaan liittyvät assosiaatiot – viattomuus, lempeys ja alistuminen kuolemaan – löytyvät useista Raamatun kohdista. Esimerkiksi Jesajan kirjassa sanotaan: "Hän alistui siihen – – niinkuin karitsa, joka teuraaksi viedään."[27]

Teurastetun Karitsan ja jalopeuran samuutta Ilmestyskirjassa voidaan hahmottaa niinkin, että kuollessaan täysin egona ihmisestä tulee heikon lampaan sijasta majesteetillinen jalopeura, Itseys. Tämäntapaista symboliikkaa esiintyy usein itämaisessa kirjallisuudessa, jossa suositun vertauksen mukaan ihminen on itse asiassa uljas leijona, vaikka hän kuvittelee olevansa heikko lammas.[28]

Paluutien näkökulmasta Karitsan sarvet symboloivat Itseyden pyrkimystä ilmentää itseään mahdollisimman täydesti. Edellä puhuin tästä pyrkimyksestä yksilöllisen itseyden kohdalla, ja Karitsan sarvet kertovat, että tämä itseyden pyrkimys saa voimansa viime kädessä universaalin itseyden tasolta. Universaali itseys toimii siis kuin ihmisen sisältä vaikuttavana syvällisenä voimana, joka vetää tai työntää häntä eteenpäin henkisellä tiellä. Myyttisemmin ilmaisten universaali itseys toimii ihmisen opastajana, ja kristinuskossa Jeesus käytti itsestään lammaspaimen-vertausta; universaali itseys siis ikään kuin opastaa ja paimentaa egolammasta. Itämaiseen perinteeseen soveltaen tämä Karitsan funktio olisi ihmisen sisällä vaikuttava Guru.[29]

Myös Karitsan silmiä on mahdollista tulkita tästä universaalin itseyden opastavasta merkityksestä käsin, sillä universaalin itseyden taso edustaa ihmisessä syvällistä, intuitiivista näkökykyä, jota paluumatkalla tarvitaan. Lisäksi chakroilla, joiksi silmät kaikkeen maailmaan lähetettyinä muuttuvat, on tärkeä tehtävä paluutiellä. (Tätä aihetta käsittelen tarkemmin seuraavassa luvussa, jossa chakrat ovat selvemmin esillä.) Silmiä, samoin kuin sarvia, on seitsemän, sillä paluumatka edellyttää ihmiseltä syvällistä muutosta ja vapautumista.

Ajatus universaalista itseydestä ihmistä ohjaavana voimana ei ole täysin outo tieteellisemmässäkään kirjallisuudessa, jos tyydymme väljiin rinnastuskohteisiin. Jung nimittäin oletti, että persoonallisen piilotajunnan pohjalla on syvällisempi, kaikille yhteinen kollektiivinen piilotajunta. Tällä tasolla vaikuttivat arkkityypit, joilla Jung tarkoitti perimään kuuluvia kokemis- ja hahmottamistaipumuksia. Edelleen Jung oletti, että kollektiivinen piilotajunta ja sen arkkityypit ohjasivat syvällisellä mutta usein huomaamattomalla tavalla ihmisen sisäistä kehitystä. Myös individuaatioprosessi oli Jungin mukaan kollektiiviseen perimään kuuluvaa taipumus; se oli itse luonnon tuottama prosessi, kuten hän asian ilmaisi. Yksityinen ihminen saattoi kuitenkin ehkäistä individuaation toteutumista, jolloin seurauksena oli psyykkisiä vaikeuksia, ahdistusta ja turhuuden tunnetta.[30]

Ihmiset, sukukunnat, kuningaskunta, papit ja muut vastaavat

"Sinä [Karitsa] – – olet verelläsi ostanut Jumalalle ihmiset kaikista sukukunnista ja kielistä ja kansoista ja kansanheimoista ja tehnyt heidät meidän Jumalallamme kuningaskunnaksi ja papeiksi, ja he tulevat hallitsemaan maan päällä" (Ilm. 5:9–10).

Johanneksen mainitsemat uudet myyttikuvat – sukukunnat, kielet, kansat, kansanheimot, kuningaskunta ja papit – luonnehtivat ihmistä jalopeuraa ja Karitsaa konkreettisemmalla tasolla. Kysymys on kuitenkin yhä niin sanoakseni ihmiskuvan peruskäsitteistöstä, ei vielä fyysisestä, lihaa ja verta olevasta persoonallisesta ihmisestä, sillä tämän luomista Johannes on vasta pohjustamassa.

Sukukunnat, kielet, kansat ja kansanheimot koostuvat yksityisistä ihmisistä, jotka Ilmestyskirjassa symboloivat ihmiskuvan kaikkein konkreettisinta tasoa. Toisin sanoen yksityinen ihminen myyttikuvana edustaa jotain nimenomaista ominaisuutta, kykyä, halua, tai muuta vastaavaa. Samanlaista symboliikkaa kristinuskossa käyttää esimerkiksi Ristin Johannes, joka puhuu "sielun alemman osan väestä" ja "aistisuuden talon kotiväestä" tarkoittaessaan erilaisia sielun kykyjä, mielenliikkeitä, kiintymyksiä ja haluja.[31] Sukukunnat, kielet, kansat ja kansanheimot tarkoittavat taas erilaisia kyky- tai ominaisuusluokkia. Eroa yhden kyvyn ja kykyluokan tai ominaisuuden ja ominaisuusluokan välille ei luonnollisestikaan voida tehdä muuta kuin sopimuksenvaraisesti. Esimerkiksi Johanneksen Ilmestyskirjassaan mainitsema myyttikuva "kielet" voitaisiin tulkita symboloimaan kommunikointikykyä sen eri muodoissa. Kielet sisältäisivät siten muun muassa puhekyvyn, kuulon, kirjoitustaidon ja kyvyn elehtiä.

Johanneksen näyissään mainitsemia ihmisiä, sukukuntia, kansoja ja kansanheimoja on kuitenkin ajoittain luontevaa tulkita myös aivan kirjaimellisesti. Myytti on aina monitasoinen.

Kuningaskunnaksi tässä luvussa käännetty kreikan sana on *basileia*, mutta sanaa *basileia* käytetään Uudessa testamentissa kuningaskuntaa väljemmässä merkityksessä. Sitä käytetään esimerkiksi Jumalan valtakunnasta, ja Ilmestyskirjassakin puhutaan Jeesuksen valtakunnasta ja pedon valtakunnasta, ja molemmissa yhteyksissä valtakunta on *basileia* (Ilm. 1:9 ja 16:10). Myös tässä Ilmestyskirjan kohdassa onnistuneempi käännös olisi mielestäni valtakunta, sillä suomen kielen sana kuningaskunta luo vaikutelman, että kuningaskunnan hallitsija on kuningas, eikä näin välttämättä tarvitse olla.

Psykologisella tasolla tulkiten valtakunta on ihmistajunta yleensä, ja se, kuka tuota valtakuntaa kulloinkin hallitsee ja asuttaa, osoittaa, minkälaisesta ihmistajunnan tasosta tai muodosta on kyse. Tässä näyssä valtakunta koostuu ilmeisesti Jumalalle omistautuneista papeista, sillä näin meidän täytynee tulkita Johanneksen sanoja, että Karitsa on tehnyt ihmiset Jumalalle valtakunnaksi ja papeiksi. Ilmestyskirjan ensimmäisessä luvussa Johannes näet käyttää samaa sanontaa, mutta siellä ilman ja-sanaa. Hän selittää, että Jeesus Kristus on tehnyt ihmiset Jumalalleen *basileian, hiereis* eli valtakunnaksi, papeiksi (Ilm. 1:6); tällöin valtakunta ja papit siis ilmeisesti samastuvat toisiinsa. Muualtakin Raamatusta tällainen pappien valtakunta on tuttu, sillä toisessa Mooseksen kirjassa israelilaisten sanotaan olevan Jumalan "pappisvaltakunta ja pyhä kansa", jos he pitävät liiton Jumalan kanssa.[32]

Pappi kuuluu pyhään elämän alueeseen, joten myyttikuvana se edustaa tavalla tai toisella itseyttä, ja oletan, että erotuksena Karitsasta pappi kuuluu yksilöllisen itseyden tasolle. Pappisvaltakunta symboloisi täten ihmistajuntaa, kun siinä on vallalla pelkästään itseystajunta. Raamatun myyttisellä kielellä ilmaisten ihmistajunta on tällainen ennen syntiinlankeemusta. Ennen lankeemusta kysymys on tosin vasta yhdestä ihmistajunnan tasosta myyttisesti hahmottuneena – ei vielä konkreettisesta, fyysisestä ihmisestä (tämä asia tulee tarkemmin esille seuraavassa luvussa). Lisäksi pappisvaltakunta ihmistajunnan muotona voi tarkoittaa sitä henkistä täydellisyyttä, joka toteutuu aivan ihmisen kehämäisen kehityksen loppuvaiheessa hänen tullessaan pyhimykseksi. Molemmissa tapauksissa ihmisen kaikki ominaisuudet – eli ne, joita hänellä kulloinkin on – ovat täysin vapaita pyyteellisyydestä. Ilmestyskirjan symboliikassa kaikki ihmiset ovat silloin pappeja ja ihmistajunta kokonaisuudessaan on pappisvaltakunta.

Kun Johannes sanoo, että Karitsa on ostanut ihmiset verellään ja tehnyt heidät valtakunnaksi ja papeiksi, hän korostaa universaalin itseyden merkitystä ihmisolemuksen tärkeimpänä tasona. Sanat esitetään näyssä perusteluna sille, että Karitsa saa avata kirjan sinetit, joten Johannes korostaa, että ihmisolemuksen saloja täytyy lähteä ratkomaan olennaisimmalta tasolta eli universaalin itseyden tasolta käsin. Lisäksi Johannes mielestäni sovittaa sanansa juuri tähän Ilmestyskirjan kohtaan; toisin sanoen hänen sanansa heijastelevat ihmisen luomisen alkuvaiheita ja niitä paluutien loppuvaiheita, jotka ihmisen kehämäisen kehityksen symmetrisyyden takia vastaavat toisiaan. Tulkitsen Johanneksen sanoja näistä näkökulmista käsin kuitenkin vain viitteessä, sillä tulkinnat kertaavat jo sanottua ja toisaalta ennakoivat tulevia tapahtumia.[33] Sen sijaan sanat "he tulevat hallitsemaan maan päällä" ovat tässä yhteydessä mielenkiintoiset. Luomiseen soveltaen ne kertovat, että Johannes etenee pian luomistapahtuman rekonstruktiossaan konkreettisen ihmisen ilmaantumiseen asti, ja silloin syntyy maan päällä elävä eli tavallisella tietoisuudella ja fyysisellä keholla varustettu ihminen.

Tässä näyssä ei tulkintani mukaan esiinny kuningasta edes piilevästi kuningaskunnan hallitsijana, mutta tulkitsen kuningasta selvyyden vuoksi lyhyesti jo nyt; kuninkaat ovat nimittäin Johanneksen ihmiskuvan tärkeitä komponentteja. Kuningas, *basileus*, toimii Ilmestyskirjassa ensinnäkin yleisessä valtiaan merkityksessä silloin, kun Karitsaa nimitetään kuninkaiden kuninkaaksi (Ilm. 17:14 ja 19:16). Toiseksi kuninkaat tarkoittavat Ilmestyskirjassa erilaisia maan kuninkaita eli niitä kuninkaita, joiden kuningas Karitsa on. Ja maan kuningas ihminen on silloin, kun hän toimii jonkun keskeisen kykynsä subjektina, esimerkiksi ajattelijana tai tahtojana. Silloin hän ikään kuin hallitsee maataan eli kyseistä kykyään ja siihen liittyviä alemmantasoisia ominaisuuksia, jotka Ilmestyskirjassa symboloituvat maan asukkaina. Yleisesti maan kuninkaat tarkoittavat siis Ilmestyskirjassa ihmistä toimijana, ja toimija voi olla – kuten on käynyt ilmi – joko pyyteellinen tai sidonnaisuuksista vapaa pyhimysmäinen toimija. Sanonta, että Karitsa on näiden kuninkaiden kuningas, tähdentää jälleen universaalin itseyden merkitystä metafyysis-myyttisessä ihmiskuvassa.

Myyttikuvien monikollisuus ja mahtavuus

Useat Johanneksen tässä näyssä ja muulloinkin Ilmestyskirjassa käyttämistä myyttikuvista ovat monikossa, kuten ihmiset, kansat, sukukunnat, papit. Tämä on tärkeää symboliikan toimivuuden takia, sillä näin Johannes pystyy ilmaisemaan sitä asteittaista muutosta, joka hänessä Ilmestyskirjan kuluessa tapahtuu. Esimerkiksi yhä uusien ihmisten kuollessa Johanneksen ego aste asteelta kuoleutuu. Samantapaista myyttikuvien käyttöä löytyy muun muassa *Odysseia*-eepoksesta. Odysseus muuttuu kotimatkallaan sisäisesti, hän vapautuu egostaan ja kypsyy henkisesti. Samalla Odysseuksen laivan monijäseninen miehistö, jossa näen Odysseuksen egon myyttikuvan, saa vähä vähältä surmansa.

Monikolliset, mahtavat myyttikuvat sopivat Ilmestyskirjan luonteeseen myös sen takia, että Ilmestyskirja on suuri, peri-inhimillinen näky. Se puhuu olennaisista asioista kaikille ihmisille eli sananmukaisesti kaikille kansoille ja kielille.

Myös unisymboleina monikolliset, laaja-alaiset kuvat ovat yleisiä. Korostan tätä, koska se mielestäni osoittaa, että Johanneksen ilmestys on mahdollista tulkita ihmisen sisäisen elämän kuvaksi mahtavasta symboliikastaan huolimatta. Unissa monikollinen tai jollain muulla tavalla suuri symboli voi ilmentää esimerkiksi sisäisen tapahtuman subjektiivisesti koettua valtavuutta; syvällinen muutos on aina vaikuttava kokijalle itselleen. Unikuvassa voi heijastua myös tuntemus muutoksen peri-inhimillisestä luonteesta: muutoksen kouriin joutunut tuntee ehkä elävänsä kuin kollektiivisen piilotajunnan tasolla, Jungin termiä käyttääkseni. Joskus taas monien ihmisten esiintyminen unissa heijastaa tajunnantilan pirstoutuneisuutta ja sekavuutta, mikä sekin kuuluu usein säikeenä sisäiseen muutokseen.

Esimerkiksi seuraavassa unessa, joka heijastaa yhden ihmisen sisäistä muutosta, esiintyy monista yksilöistä koostuvia unikuvia. Unennäkijä, joka ei tiennyt tässä esittämistäni pohdinnoista mitään, oli elänyt murrosvaihetta, ja olin voinut seurata sitä hänen kertomaan. Hänessä voimistui tuolloin sisäinen, elämyksellinen kokeminen aikaisemman ulospäin suuntautuneen ja älyllistävän asenteen sijasta. Sisäistä, elämyksellistä kokemista kuvaa myyteissä ja unissa usein nainen, sillä naisen kehon sisätila on kuin sisäisyyden kuva. Miehen seksuaalinen anatomia sen sijaan liittyy myyttisessä hahmotuksessa ulospäin suuntautuneisuuteen ja tavoitteiseen, erittelevään ajatteluun.

Näen taistelukentän. Suuret miesarmeijat taistelevat täällä toisiaan vastaan. Vähä vähältä taistelijat kaatuvat kuolleina maahan. Kun he lopulta viruvat kaikki maassa, maan alta nousee ylös joukko naisia.

Ongelman ratkaisun suunta

Palaan nyt Johanneksen näyn tapahtumiin, joiden tulkinnassa jäin jakeeseen: "Älä itke; katso jalopeura Juudan sukukunnasta, Daavidin juurivesa on voittanut, niin että hän voi avata kirjan ja sen seitsemän sinettiä" (Ilm. 5:5). Tämän jälkeen tapahtumien keskiöön astuu Karitsa: "Ja minä näin, että valtaistuimen ja niiden neljän olennon ja vanhinten keskellä seisoi Karitsa – –. Ja se tuli ja otti kirjan valtaistuimella istuvan oikeasta kädestä." (Ilm. 5:6–7.) Seuraavissa näyissä Karitsa sitten avaa sinetit, joten jalopeura ja Karitsa ovat olennaisesti samaa tarkoittavia myyttikuvia, jollaisina olen niitä tulkinnut.

Karitsa sinettien aukaisijana kertoo Johanneksen oivalluksesta: se ongelma, johon hän havahtui nähdessään lasisen meren, on niin syvällinen, että voidakseen ratkaista sen hänen itsensä tulee muuttua syvällisesti. Hänen tulee oppia rakastamaan uudella universaalilla tavalla ja nähdä asiat kirkkaalla, korkealla intuitiolla. Juuri näitä ominaisuuksia Karitsa subjektiiviselta näkökannalta tulkiten edustaa. Kirkas, syvä intuitio syntyy tajunnan hiljentyessä ja virittyessä yhteen sen korkean henkisen todellisuuden tason kanssa, jota Karitsa objektiivisemmasta näkökulmasta symboloi. Kun kirkas intuitiivinen oivalluskyky on herännyt, se vie kulkijaa eteenpäin sisäisellä tiellä ja murtaa tajunnallisia lukkiutumia. Ilmestyskirjassa Karitsa toimii siis kuin oppaana, ja se murtaa kirjakäärön sinetit.

Johanneksen näyssä Karitsan funktio on tärkeä ennen kaikkea Ilmestyskirjan keskeisimmän ongelman – jumalakuvan ja syvähenkisen elämän – kannalta. Kun Karitsa astuu näkyyn, Johanneksen jumalakuva ja kokemus syvähenkisestä elämästä alkaa muuttua. Hän ymmärtää, että Karitsan symboloima universaali rakkaus on uskonnossa keskeistä, ja hän alkaa myös itse elää tätä rakkautta. Sama asia voidaan ilmaista niinkin, että Johannes tahtoo pohtia syvällisesti, mitä Kristuksen elämä toi lisää Vanhan testamentin uskonnollisuuteen, ja hän tahtoo myös itse elää uuden, Kristuksen symboloiman henkisyyden entistä täydemmin. Mutta Johannes tarvitsee Karitsaa näkyjensä tässä vaiheessa ehkä myös sen takia, että hän tahtoo hahmottaa maailman luomista, jolloin luomistapahtumassa Karitsan täytyy olla omalla paikallaan sinä luomisen tasona, jonka kautta kaikki luodaan. Oivallus Karitsan tärkeydestä tulee näyssä esille siten, että Karitsa astuu taivaan keskustaan; Karitsanhan Johannes näkee valtaistuimen ja neljän olennon ja vanhinten keskellä (Ilm. 5:6). Karitsan merkitystä tähdennetään myös seuraavasti: "Ja kun se oli ottanut kirjan, niin ne neljä olentoa ja kaksikymmentä neljä vanhinta lankesivat Karitsan eteen" (Ilm. 5:8). Koska neljä olentoa, näiden mukana leijonan näköinen, kumartaa Karitsaa, Johannes pitää jalopeura-Karitsaa niitä korkeampana ja tärkeämpänä prinsiippinä. Näin kristinuskon mukaan tulee ollakin, sillä Karitsa-Kristus eli Poika on Isää lähinnä. Karitsan merkitystä korostetaan vielä näyn runomuotoisissa jakeissa: "Karitsa – – on arvollinen saamaan voiman ja rikkauden ja viisauden ja väkevyyden ja kunnian ja kirkkauden ja ylistyksen" (Ilm. 5:12).

Johanneksen tämän näyn keskeiset tapahtumat, jalopeura-Karitsan ilmaantuminen ja painopisteen siirtyminen Karitsaan, on mahdollista hahmottaa myös uskonnollista problematiikkaa yleisemmin. Jos olen tunnustanut itselleni, että oma todellisuuskuvani ja sisäinen elämäni ovat vajaita, alan etsiä muutokselleni suuntaa. Silloin ensimmäinen tärkeä oivallus on: "Muutokseni täytyy merkitä oman sisäisen elämäni syventämistä. Pelkkä uusien ulkokohtaisten käsitysten omaksuminen todellisuuden luonteesta ei riitä aitoon muutokseen."

Arvokokemus ja muutoksen välttämättömyys

Löydettyään suunnan sisäiselle muutokselleen Johannes vapautuu; elämä tuntuu kevyeltä ja onnelliselta. Helpotukseen sekoittuu kuitenkin huolta, sillä hän tajuaa olevansa pitkän muutosprosessin edessä. Nämä asiat on mahdollista lukea luvun loppujakeiden symboliikasta: soitosta, laulusta, suitsukemaljoista ja enkelien lukumääristä.

Soitto ja laulu

"Ne neljä olentoa ja kaksikymmentä neljä vanhinta lankesivat Karitsan eteen, ja heillä oli kantele kullakin, – – ja he veisasivat uutta virttä" (Ilm. 5:8–9). Johanneksen mainitsema soitin on kreikaksi *kithara*, jonka kääntämisessä on turvauduttu erilaisiin kielisoittimiin, kuten harppuun, sitraan ja kanteleeseen, mutta kaikkien niiden symboliarvo on sama. Virsi, jota olennot ja vanhimmat laulavat, on kuvaavasti uusi virsi, sillä Johannes on oivaltanut uusia asioita.

Musiikki on myyteissä ja unissa yleinen itseisarvokokemuksen symboli. Esimerkiksi Intian mytologiassa Krishna viettelee kuulijansa huilunsoitollaan henkiseen ekstaasiin, ja Suomen kansanrunoudessa Väinämöisen laulu ja kanteleensoitto toimivat kauniilla tavalla luontoyhteyden ja elämänilon myyttikuvina.[34] Unissakin ihana laulu ja soitto heijastelevat kokemukseni mukaan välittömiä arvoelämyksiä, elämänonnen ja mielekkyyden tuntoja.

Välittömien arvoelämysten kuvautuminen musiikkina lienee luontevaa jo sen takia, että musiikki taidemuotona on omalla erityistavallaan henkinen. Vaikka sitä tuotetaan instrumenteilla, itse musiikki on ikään kuin ilmassa eli myyttisessä arvojen maailmassa. Lisäksi voimme antautua musiikin lumolle välittömästi tarvitsematta eritellä tai ymmärtää sitä ensin älyllisesti. Soitto Johanneksen näyn myyttikuvana saattaa juontua vielä siitä *nada*-äänestä, joka kuullaan syvässä sisäänpäin kääntyneisyyden tilassa. Johanneksen näyn soitin kielisoittimena tuottaa nimittäin heleää, katkonaista ääntä, joka on yksi Omäänen muoto.[35]

Malja

"Ne neljä olentoa ja kaksikymmentä neljä vanhinta lankesivat Karitsan eteen, – – ja heillä oli kultaiset maljat täynnä suitsutuksia, jotka ovat pyhien rukoukset" (Ilm. 5:8).

Malja ja sen sisältö symboloivat myyteissä ja unissa yleisesti itseisarvokokemusta. Tajuntamme itseisarvoa kokevana on kuin malja, ja se arvo, jota koemme, on maljan sisältö. Arvokokemuksen maljasymboliikka juontunee siitä, että meidän on oltava vastaanottavia ja antautuvia, kuin avoimia astioita, jotta arvokokemus ylipäätänsä syntyisi. Jos astian sisältö on neste, maljasymboliikka kuvastaa osuvasti myös äärimmäisten arvoelämysten ominaisluonnetta. Niiden aikana koemme arvon kuin kokonaan tajuntamme sisällä kaipaamatta tai tavoittelematta tuona hetkenä mitään itse kokemuksen ylittävää; vastaavalla tavalla neste on lepotilassa kokonaan maljan sisällä. Itseisarvoja elämme eri laatuisina ja eri intensiteetillä, ja siten myyttisiä astioitakin on erilaisia. Yksi kuuluisimmista on Graalin malja, jonka legendasta on yleisesti luettu henkisyyden etsintää.[36]

Ilmestyskirjan uskonnollisen luonteen mukaisesti Johanneksen näkemä malja symboloi henkisen pyhyysarvon kokemista rukoushiljaisuudessa. Mutta Ilmestyskirjan maljassa on "suitsutuksia, jotka ovat pyhien rukoukset", ja suitsukkeesta nousee yleensä savua. Tulkitsen tämän siten, että Johanneksen antaumukselliseen hiljentymiseen liittyy toive, jonka hän lähettää kuin savuna maljasta ulospäin. Tämä toive on puhtaasta itseisarvokokemuksesta poiketen tavoitteinen tajunnansisältö, ja se koskee varmaankin Johanneksen onnistumista siinä henkisessä muutoksessa, jonka hän ymmärtää olevan edessään. Johanneksen arvokokemus ei siis tässä matkan alkuvaiheessa ole ehdoton hiljaisuus, sillä siihen hän ei ole vielä valmis.

Enkelien lukumäärä

"Ja minä näin, ja minä kuulin monien enkelien äänen valtaistuimen ja olentojen ja vanhinten ympäriltä, ja heidän lukunsa oli kymmenentuhatta kertaa kymmenentuhatta ja tuhat kertaa tuhat" (Ilm. 5:11). Tuhat ilmaisee ehdottamani tulkinnan mukaan ykseyttä, sillä sen ensimmäinen luku on yksi. Jos Johanneksen näyssä esiintyisi pelkästään lukumäärä tuhat, se symboloisi ehdotonta itseisarvon eli ykseyden kokemista. Mutta kun Johannes käyttää ilmaisua "tuhat kertaa tuhat", tämä tuo arvokokemukseen mukaan hajanaisuutta. Luku kymmenen taas liittyy Ilmestyskirjassa ahdistukseen, mikä on selvästi esillä toisessa luvussa, jossa sanotaan: "Teidän on oltava ahdistuksessa kymmenen päivää" (Ilm. 2:10). Ahdistus on ymmärrettävää myös tässä näyssä, sillä Johannes tajuaa arvokokemuksestaan huolimatta, että hänellä on edessään pitkä ja vaikea sisäinen tie.

Enkeli

Ilmestyskirjassa esiintyy usein enkeleitä. Jo tämän näyn alussa Johannes sanoi: "Ja minä näin väkevän enkelin, joka suurella äänellä kuulutti: 'Kuka on arvollinen avaamaan tämän kirjan?'" (Ilm. 5:2.) Luvun loppupuolella Johannes taas kertoo: "Ja minä näin, ja minä kuulin monien enkelien äänen" (Ilm. 5:11).

Hyvät enkelit ovat myyteissä ja kansanuskomuksissa valoa säteileviä olentoja, jotka soittavat huilua, harppua tai jotain muuta kielisoitinta tai ehkä torvea. Ilmestyskirjassa enkelit myös puhaltavat pasuunaan. Nämä enkelien yleiset määreet on helppo ymmärtää meditaatiotilassa nähdyn valon ja kuullun äänen pohjalta, joita edellisessä luvussa selostin.

Henkisen silmän valon näkemiseen liittyy ylevöitymisen, rakkauden ja joskus jopa sellaisen henkisyyden kokemus, joka saa valon tuntumaan elävältä persoonallisuudelta. Käytin jo edellä esimerkkinäni Ignatius Loyolan mainintaa, että hän näki usein Kristuksen aurinkona, mikä kuvaus kertonee persoonallisen läsnäolon tunnusta pyöreän valon yhteydessä. Jotkut kliinisen kuoleman läpikäyneet ovat puolestaan selittäneet, että valo, jonka he ovat nähneet kokemuksensa aikana, on säteillyt rakkautta, ja he ovat nimittäneet valoa valo-olennoksi.[37] Valoon toisinaan liittyvän persoonallisuuden tunnun koin itsekin silloin, kun ensimmäisen kerran odottamatta näin tuon äärimmäisen kirkkaan valon. En yhdistänyt sitä enkeleihin, mutta valon äkkiä ilmaantuessa otsani kohdalle sen herättämä tunnetila oli niin kaunis ja erikoislaatuinen, että spontaanisti personifioin sen. Huokasin: "Älä mene pois!"

Valon näkemiseen liittyy usein Om-ääni, joka kuullaan eri tavoin, kuten olen selittänyt. Joogaopin mukaanhan eri chakrat lähettävät erilaista ääntä. Muutamista alimmista energiakeskuksista tulee huilun ja harpun tapaista ääntä, ja varsinainen Om-ääni on sitten sellaista pauhinaa, jylyä tai rummutusta, jota voidaan kuvata myös pasuunan ääneksi.[38] Enkelit siis todellakin soittavat huilua ja harppua ja puhaltavat pasuunoihin.

Myyteissä enkelit myös ilmoittavat asioita. Tämä enkelien tehtävä on esillä jo kreikan sanassa *angelos*, enkeli, sillä se tarkoittaa yleisemmin sanansaattajaa tai viestintuojaa. Enkelien tehtävä viestintuojina on luonnollinen, sillä syvässä meditaation tilassa ihminen on intuitiivinen, ja niin hän saa uusia oivalluksia eli viestejä. Näin ollen tulkitsen enkelin kokemuksellisella tasolla intuitioksi.[39]

Intuitio Om-äänen yhteydessä voi olla niin vaatimaton tapahtuma, että kokija ehkä vasta jälkeenpäin huomaa tietävänsä jonkin asian uudella tavalla ja intuitiivisella varmuudella. Mutta intuitio voi olla myös kirkas, äkillinen tajunnantila, jonka aikana oivalletaan välähdyksenomaisesti paljon uusia asioita. Ilmestyskirjan symboliikan kannalta mielenkiintoinen on vielä sellainen kokemus, jossa henkilö Om-äänen ohella kuulee mentaalisesti päässään painokkaat sanat, ja niiden sisältö tuntuu hänestä aivan yllättävältä.[40] Mainittua kokemusta olisi mitä luontevinta kuvata siten, että enkeli huutaa suureen ääneen ukkosen jylistessä salattuja asioita julki. Tämäntapainen kuvaus esiintyy myöhemmin Johanneksen näyissä (Ilm. 10:3). Kun Johannes Ilmestyskirjassa kertoo enkeleistä, hän näkee niitä epäilemättä kuvallisina näkyinä. Mutta ei liene väärin olettaa, että myös luonnehtimani kaltaiset syvään sisäänpäin kääntyneeseen tilaan liittyvät kokemukset ovat osaltaan vaikuttaneet hänen enkelinäkyihinsä.

6. NELJÄ RATSASTAJAA, ALTTARI JA MAANJÄRISTYS

Ihmiskuva: yleistä teoriaa

Johannes jatkaa selontekoaan ihmisen luomisesta. Tässä näyssä syntyy jo lihaa ja verta oleva konkreettinen ihminen, mutta näyn tulkitsemiseksi joudun esittelemään ensin lisää metafyysis-myyttistä ihmiskuvaa.

Joogateorian ihmiskuva

Itämaisten oppien mukaan ihmisen energiajärjestelmän ydin koostuu, kuten on käynyt ilmi, seitsemästä tärkeästä energiakeskuksesta eli chakrasta. (Ylintä keskusta ei aina pidetä varsinaisena chakrana, mutta yksinkertaisuuden vuoksi puhun seitsemästä chakrasta.) Joogateorian mukaan kosminen energia tulee tähän energiajärjestelmään kuudenneksi ylintä eli ajna-chakraa vastaavasta selkäydinjatkeesta, medulla oblongatasta. Siitä energia eli prana leviää päähän ja kehoon laskeutuen selkärangan seudulla kulkevia energiakanavia eli nadeja pitkin alempiin chakroihin ja virraten chakroista pienempiä nadeja pitkin kehon eri osiin. Pranassa erotetaan vielä hienompia ja karkeampia lajeja, jotka vastaavat kosmisen energian eri muotoja, ja pranan katsotaan kiertävän kehossa mahdollistaen kehon toiminnot; tällä tavalla prana muodostaa fyysisten ja psyykkisten toimintojen energiaperustan.

Suurimmat energiakanavat, joissa prana kiertää, sijaitsevat selkärangan kohdalla, ja Intiassa ne ovat nimeltään *ida* ja *pingala*. Nämä hahmotetaan toisilleen polaarisiksi: ida kylmäksi ja pingala lämpimäksi. Mutta joogaopin mukaan selkärangan kohdalla, idan ja pingalan välissä, kulkee myös kolmas ja sisäisin energiakanava, jonka nimenä on *sushumna*. Sushumnan katsotaan ulottuvan alimmasta, sukuelinten tienoilla sijaitsevasta *muladhara*-chakrasta aina päälaelle asti, jossa sen päätepiste on ylin eli seitsemäs keskus, *sahasrara*. Sahasraraa kutsutaan myös tuhatterälehtiseksi lootukseksi, ja se on autuuden ja ykseyden kokemisen keskus, mutta aina sitä ei siis lueta varsinaiseksi chakraksi.

Tavallisessa ihmisessä sushumna-nadin katsotaan kuitenkin olevan alapäästään kiinni, niin että siinä ei kulje energiaa. Jos siis ihminen tahtoo elää autuuden, hänen täytyy aukaista sushumna ja kuljettaa sitä pitkin energiaa alhaalta ylöspäin aina sahasraraan asti. (Tämä tapahtuu alastavasti ilmaisten sisäistämällä tajuntaa ja elämänenergiaa.) Edetessään sitten sushumnaa ylöspäin energia kulkee kaikkien chakrojen kautta voimistaen niiden toimintaa, ja tätä kutsutaan joogaopissa chakrojen avaamiseksi. Mitä suuremmassa määrin sushumnassa saadaan energiaa kulkemaan, chakrat avattua ja sahasraraan nostettua energiaa, sitä enemmän ihminen vapautuu sisäisesti ja elää lopulta autuutta.[1]

Joogateoriassa tähdennetään, että nadit eivät ole hermoratoja, vaikka niistä toisinaan hermoratoina yksinkertaisuuden vuoksi puhutaan. Kysymys on elämänenergian virtauksesta eli astraalienergiasta, ja sen mukaan tätä ihmisolemuksen tasoa kutsutaan myös astraalikehoksi. Tavallisesti erotetaan vielä astraalikehoa syvällisempi taso, josta käytetään nimitystä idea- tai kausaalikeho, mutta usein puhutaan vain yleisesti hienoaineisesta kehosta, kun tarkoitetaan fyysistä kehoa hienosyisempiä ihmisolemuksen tasoja. Kaikki nämä eri kehot hahmotetaan kuitenkin kuin ihmisen syvällisimmän ydinolemuksen eli Atmanin kuoriksi.[2]

Itämaisessa kirjallisuudessa kerrotaan toistuvasti, että edistyneet joogit näkevät sisäisillä silmillään kuvaamani pranajärjestelmän; sen pääpiirteet onkin varsin laajasti hyväksytty tuossa kulttuuripiirissä.[3] Itse asiassa pieni osa tästä joogateorian ihmiskäsityksestä on omaksuttu myös länsimaiseen koululääketieteeseen, mikäli akupunktiopisteiden voidaan katsoa olevan nadien uloimpia päätepisteitä kehon pinnalla.

Raamatun myyttinen ihmiskuva ja joogateoria

Vanha testamentti kuvaa ihmisen luomista seuraavasti: "Ja Jumala sanoi: 'Tehkäämme ihminen kuvaksemme, kaltaiseksemme' – –. Ja Jumala loi ihmisen omaksi kuvaksensa, Jumalan kuvaksi hän hänet loi." Mutta jo seuraavassa Raamatun luvussa kerrotaan uudestaan ihmisen luomisesta uusin sanoin: "Silloin Herra Jumala teki maan tomusta ihmisen ja puhalsi hänen sieraimiinsa elämän hengen, ja niin ihmisestä tuli elävä sielu."[4]

Joogateoriaa soveltaen ensin luotu ihminen, se, joka luotiin Jumalan kuvaksi, on ihmisen perimmäinen ydinolemus, kun taas maan tomusta luotu ihminen symboloi jo ihmisen konkreettisempia tasoja. Mutta maan tomusta luotu ihminenkin kuvaa vasta niitä ihmisolemuksen tasoja, jotka ovat fyysistä kehoa hienompia, sillä maan tomu myyttikuvana vastannee hyvin hienoainekehoa. Kristinuskon piirissä tämäntapaista tulkintaa ihmisen luomismyytistä esitti 100- ja 200-lukujen vaihteessa elänyt keikkalainen kirkkoisä Origenes. Hän selitti, että Jumalan kuvaksi luotu ihminen tarkoittaa sisäistä ihmistä ja maan tomusta luotu ulkoisempaa ihmistä.[5]

Jälkimmäisestä lainaamastani Raamatun jakeesta on mahdollista lukea myös kosmisen energian laskeutuminen ihmisen astraalikehoon. Jumalahan puhaltaa elämänhengen ihmisen sieraimiin, ja nenä on suunnilleen takaraivossa sijaitsevan selkäydinjatkeen korkeudella, josta kosminen energia joogaopin mukaan tulee hienoaineiseen kehoon.

Raamatun luomiskertomus jatkuu kuvaten seuraavaksi paratiisia: "Ja Herra Jumala istutti paratiisin Eedeniin, itään, ja asetti sinne ihmisen, jonka hän oli tehnyt. Ja Herra Jumala kasvatti maasta kaikkinaisia puita, ihania nähdä ja hyviä syödä, ja elämän puun keskelle paratiisia, niin myös hyvän- ja pahantiedon puun." Jos maan tomusta luotu ihminen nähdään yleensä hienoainekehona, paratiisi symboloi sen toimintaa astetta konkreettisemmalla tavalla. Kristinuskossa Eedenin paratiisille onkin annettu armon tilassa olevan sielun merkitys, ja joogateoriaa soveltaen tätä ajatusta voidaan kehitellä yksityiskohtaisemmin.[6]

Joogateorian näkökulmasta Raamatun alkuparatiisi on myyttinen kuva ihmisen energiajärjestelmästä. Paratiisin ihanat ja ravitsevat puut ovat astraalikehossa kulkevia erilaisia energiakanavia ja niissä virtaavia energialajeja, jotka ravitsevat tuota kehoa. Paratiisin kaksi tärkeintä puuta kuvaa sitten tämän energiajärjestelmän kahta tärkeintä osaa.

Elämän puun rungon muodostaa sushumna-nadi ja sen latvuksen tuhatterälehtinen lootus eli sahasrara. Tämä puu on palmun näköinen, sillä sushumna-nadi on kuin palmun runko ja tuhatterälehtinen lootus kuin palmun latvaviuhka. Tämä pranajärjestelmän osa on elämän puu sen takia, että energian kulkiessa siinä ihminen elää autuutta. Hahmotustavasta riippuen elämän puuhun voivat lisäksi kuulua rungon osina ida- ja pingala-nadit sekä niistä lähtevät pienemmät energiakanavat puun oksina. Tärkeimmät elämän puun osat ovat kuitenkin sushumna ja sahasrara.

Hyvän- ja pahantiedon puun rungon muodostavat sen sijaan *vain* ida- ja pingala-nadit, ja sen oksat ovat niitä pienempiä energiakanavia, jotka kulkevat astraalikehossa ja joihin idan ja pingalan energiavirtauksilla on välitön yhteys. Tämä puu on ulkonäöltään kuin viikunapuu, sillä varsinkin metsäviikunapuussa alimmat oksat ovat lähellä maan pintaa. Jos ihmisen energiajärjestelmä on *vain* tämän puun kaltainen, hän ei pysty elämään autuutta, vaan hän on rajoittunut siihen ulkokohtaisempaan tajuntaansa, jota tässä energiajärjestelmän osassa virtaava prana ylläpitää. Raamatun myyteissä kyseinen rajoittuminen tapahtuu, jos ihminen syö hyvän- ja pahantiedon puusta. Yleisemmällä kristinuskon kielellä ihminen menettää silloin armon tilansa. Raamatun luomismyytissä Jumala varoittaakin ihmistä: "Hyvän- ja pahantiedon puusta älä syö."[7]

Raamatun luomiskertomusta seuraava niin sanottu syntiinlankeemusmyytti edustaa jälleen uutta konkreettisuusastetta ihmiskuvassa. Kun Aadam ja hänen vaimonsa syövät hyvän- ja pahantiedon puusta, ihmisen energiajärjestelmä muuttuu pelkästään tuon puun kaltaiseksi. Ihmisen elämänenergia alkaa siis kulkea vain ida- ja pingala-nadeissa ja pienemmissä energiakanavissa. Raamatun syntiinlankeemuskertomuksessa viikunapuu yhdistyy tähän vaiheeseen siten, että heti lankeemuksen jälkeen Aadam ja Eeva turvautuvat viikunapuun suuriin lehtiin. Syntiinlankeemuksessa syntyy myös muuten se konkreettinen ihminen, jollaisia nyt olemme. Kun Jumala antaa Aadamille ja Eevalle nahkaiset vaatteet, ihminen konkretisoituu astraaliolennosta fyysiseksi olennoksi, ja kun Aadam ja Eeva lankeemuksen jälkeen karkotetaan paratiisista, ihminen siirtyy lopullisesti pois siitä harmonisesta energiajärjestelmästä, joka mahdollistaa autuuden kokemisen. Syntiinlankeemuksen päätteeksi Jumala asettaa vielä kerubit vartioimaan "elämän puun tietä".[8] Elämän puun tie on luonteva myyttinen kuva sushumna-nadille, ja kerubien vartioidessa elämän puun tietä ihminen ei enää pysty kulkemaan sushumnaa pitkin autuuteen. Tämä vastaa hyvin tilannetta, joka joogaopissa ilmaistaan sanomalla, että tavallisen ihmisen sushumna-nadi on alapäästään sulkeutunut.

Intialaisessa symboliikassa ihmisen astraalitason energiajärjestelmä kuvautuu yleisesti puuna, mutta siellä puu esitetään tavallisesti ylösalaisena. Näin tahdotaan korostaa, että ihmisen elämänenergia on

osa kosmista energiaa; me ikään kuin imemme ylösalaisilla juuril-
lamme voimaa taivaasta. Intialaisessa kirjallisuudessa ihmisen
pranajärjestelmä yhdistetään myös suoraan Raamatun elämän puuhun
ja hyvän- ja pahantiedon puuhun.[9]
Pidän esittämäni kaltaisia yhteyksiä itämaisen ihmiskuvan ja Raa-
matun myyttien välillä luonnollisina, sillä myyttien alkuperäiset luojat
ovat olleet profeettoja ja muita poikkeusihmisiä, jotka ovat tunteneet
omakohtaisesta kokemuksestaan ihmiselämän syvyyksiä. Tietonsa he
ovat kuitenkin pukeneet usein myyttiseen asuun, jolloin niistä on muo-
dostunut tarunomaisia kertomuksia. Raamatun tutkijat katsovatkin
Raamatun paratiisijaksojen juontuvan Lähi-idän ikivanhasta suulli-
sesta kertomustraditiosta.[10]
Aikaisemmin esittämääni sanastoa käyttäen elämän puun eli su-
shumnan ja sahasraran energia vastaa ihmistajunnan tasolla ykseysta-
juntaa. Jos elämän puuhun lasketaan kuuluvaksi myös ida- ja pingala-
nadit ja pienemmät energiakanavat, niissä virtaava energia vastaa pyy-
teetöntä kaksinaisuustajuntaa. (Tällöin ida- ja pingala-nadit ja pienem-
mät energiakanavat ovat puhdistuneet, mikä tarkoittaa, että ihminen
on pyyteetön eli vapaa sidonnaisuuksista. Nämä asiat täsmentyvät vii-
meisissä luvuissa.) Hyvän- ja pahantiedon puun energia vastaa puoles-
taan pyyteellistä kaksinaisuustajuntaa eli egotajuntaa. Näin tulkiten
syntiinlankeemus merkitsee ihmisen rajoittumista egotajuntaan.
Ehdottamani tulkinnan mukaan Raamatun luomis- ja syntiinlan-
keemuskertomukset esittävät kuin poikkileikkauksen ihmisen eri ole-
mustasoista. Ne aloittavat kuvauksen sisimmästä tasosta ja päätyvät
uloimpaan ja karkeimpaan tasoon eli fyysiseen kehoon ja pyyteelli-
seen egotajuntaan.

Chakrat Ilmestyskirjassa

Edellisessä näyssään Johannes kertoi kirjakääröstä, joka oli suljettu
seitsemällä sinetillä, ja tästä lähtien näyt etenevät kahdeksannen luvun
alkuun asti siten, että Karitsa avaa nuo seitsemän sinettiä. Myöhemmin
näkyjä rytmittää seitsemän pasuunan puhallusta ja seitsemän maljan
vuodatusta aina kuudennentoista luvun loppuun asti. Johanneksen si-
säinen muutos tapahtuu siis seitsenportaisena asteikkona.
Yhdistän Ilmestyskirjan seitsenportaisen symboliikan seitsemään
chakraan. Oletan, että Johannes kulkee takaisin paratiisiin elämän
puun tietä, ja tällä tiellä hän avaa seitsemän chakraa edeten alhaalta

ylöspäin. Seitsemäs askel muodostaa Ilmestyskirjan symboliikassa aina huipennoksen – vapautumisen, ykseyden tai autuuden elämyksen – vastaavalla tavalla kuin joogaopin mukaan seitsemäs chakra eli sahasrara on autuuden kokemisen keskus. Seitsenportaisen tapahtumasarjan toistuminen kertoo, että Johannes avaa chakroja aste asteelta, eli hän kulkee elämän puun tietä ikään kuin spiraalimaisesti siten, että chakrojen avautuminen on aina entistä syvempää uudella kierroksella.

Chakroihin nojaava tulkinta sopii erityisen hyvin sinettien avaamiseen, koska joogaopissa käytetään nimenomaan ilmaisua "avata chakrat". Sinetit ja chakrat rinnastuvat toisiinsa myös sen takia, että chakrat hahmotetaan pyöreiksi kuten sinetit ovat yleensä pyöreitä; chakra tarkoittaa juuri pyörää.[11] Chakroihin nojaava tulkinta ei kuitenkaan sulje pois muita tulkintoja. Esimerkiksi kirjaa sulkevien sinettien avaaminen on luontevasti myös ihmisen tajunnan avaamista, kuten sitä edellä tulkitsin, ja seitsenportainen tapahtumaketju ilmentää yleisesti tiedostus- ja muutosprosessia.

Seitsenportaista symboliikkaa esiintyy myös Ilmestyskirjan kolmessa alkuluvussa, joita en ole tulkinnut. Ensimmäisessä luvussa Johannes näkee seitsemän lampunjalkaa, ja toinen ja kolmas luku muodostuvat kirjeistä, jotka hän osoittaa seitsemälle Vähän-Aasian seurakunnalle. Lampunjalat olisivat siis joogateorian pohjalta tulkiten energiakeskuksia tai vielä täsmällisemmin niiden sijaintipaikkoja ihmiskehossa; Johanneshan näkee vain lampunjalat, mutta ei itse tulta eli energiaa. Myös seitsemän seurakunnan voidaan ajatella symboloivan chakroja, sillä niiden sanotaan olevan "ne seitsemän lampunjalkaa" (Ilm. 1:20). Lähetyskirjeissään Johannes mainitsee kunkin seurakunnan kohdalla yleensä jotain hyvää ja jotain vajavaista sekä esittää varoituksia ja rohkaisua syvempään uskonnolliseen elämään. Nämä seurakunnille osoitetut kirjeet on siten mahdollista nähdä Johanneksen itse-erittelynä. Kirjeiden aikana hän ymmärtää, että jokaisen chakran edustama kokemusalue on hänessä vaja, kuin pelkkä lampunjalka, joka ei ole syttynyt palamaan ja valaisemaan. Niinpä hänen täytyy lähteä vaeltamaan sisäiselle elämän puun tielle.

Johanneksen Ilmestyskirjan yhteyden chakraoppiin esitti ensimmäisen kerran – sikäli kuin tiedän – intialainen Sri Yukteswar vuonna 1894, ja hänen oppilaansa Paramahansa Yogananda on jatkanut näkemystä. Myös yhdysvaltalainen Edgar Cayce esitti Ilmestyskirjasta transsitilojensa aikana energiakeskuksiin perustuvan tulkinnan, ja nykyisin viittauksia Ilmestyskirjan chakra-symboliikkaan löytyy jo yleisemminkin.[12]

Johanneksen näyn ihmiskuva

Sinettien avaaminen

Ilmestyskirjan kuudes luku on chakraopin kannalta erityisen mielenkiintoinen, sillä tässä näyssä chakrat ovat mukana kahdella eri tavalla, jotka ovat toistensa kanssa päällekkäisiä ja osin vastakkaisia. Toisaalta Johannes etenee elämän puun tiellä ikään kuin *kiiveten* sen runkoa *ylöspäin*, samalla kun sinettejä avataan ja samalla kun hän oivaltaa asioita entistä syvemmin. Toisaalta chakraoppi on läsnä itse tiedostettavana asiasisältönä siten, että Johannes konkretisoi näyssään ihmiskuvaansa seuraamalla kosmisen energian *laskeutumista* ihmiseen ylemmistä chakroista *alaspäin*.

Koska Ilmestyskirjan kuudennella luvulla on oletettavasti kytkentöjä chakraoppiin, näkyä voitaisiin lähestyä erittelemällä tarkemmin näitä yhteyksiä. Esimerkiksi jokaisella energiakeskuksella on chakraopin mukaan oma funktionsa ihmiskehon ja -tajunnan kannalta, ja nämä tehtävät vaihtelevat eri kehitysvaiheissa. Tässä en kuitenkaan seuraa chakraoppeja yksityiskohtaisemmin. Oletan sen sijaan, että Johanneksen näyssä hänen ihmiskuvansa piirtyy hänen ongelmansa mukaan, niin että hän hahmottaa ihmisen tajunnallista rakennetta tavalla, joka selventää ihmiselämän kehämäistä kulkua: ihmisen vieraantumista Jumalasta ja paluun mahdollisuuksia.

Ratsukot

Karitsan aukaistessa neljä ensimmäistä sinettiä neljä olentoa lähettää liikkeelle kukin yhden ratsukon. Koska olennot symboloivat aikaisemman tulkintani mukaan makrokosmoksen perusprinsiippejä, Johannes tutkii näyssään, kuinka makrokosmoksen prinsiipit ilmenevät ihmisessä eli mikrokosmoksessa. Näin tehdessään hän seuraa metafyysis-myyttiseen maailmankatsomukseen kuuluvaa oletusta, jonka mukaan makrokosmos ja mikrokosmos vastaavat toisiaan. Neljä ratsukkoa edustaa siis Johanneksen näyssä ihmiselämän perusprinsiippejä. Joogateoriaan soveltaen nuo olennot ovat ehkä parhaiten nähtävissä kosmisen energian muotoina, jotka neljän ratsukon symboloimina siirtyvät osaksi ihmisen energiajärjestelmää; joogaopin mukaanhan ihminen saa energiansa tärkeältä osalta kosmisesta energiasta.[13] Ratsukossa hevonen edustaisi itse energiaa ja ratsastaja hevosen selässä sitä vastaavaa inhimillistä tajunnallista kokemista.

Hevonen ihmisen energiaperustana on yleinen myös unikuvana, sillä arkisissa unissa hevonen symboloi useimmiten ihmisen animaalista viettienergiaa. Ratsastajan ja hevosen suhde kertoo sitten unennäkijän suhteesta omaan viettiperustaansa. Esimerkiksi hevosta näännyksiin asti piiskaava ratsastaja saattaa heijastaa elämänasennetta, jossa ihminen tietoisella tahdollaan piiskaa itseään niin vaativiin suorituksiin, että hänen energeettinen viettitasonsa nääntyy.

Kun seuraavassa tulkitsen neljää ratsukkoa, oletan, että Johannes on kiinnostunut ensisijaisesti siitä tehtävästä, joka kullakin perusprinsiipillä on ihmisen luomisessa. Tätä varten liitän tulkintani Raamatun luomis- ja syntiinlankeemuskertomuksiin. Oletan lisäksi, että Johannes pohtii jo alustavasti, mikä tehtävä kullakin perusprinsiipillä on ihmisen kulkiessa paluutietä pitkin Jumalan yhteyteen.

Ensimmäinen ratsastaja

"Ja minä näin, kuinka Karitsa avasi yhden niistä seitsemästä sinetistä, ja kuulin yhden niistä neljästä olennosta sanovan niinkuin ukkosen äänellä: 'Tule!' Ja minä näin, ja katso: valkea hevonen; ja sen selässä istuvalla oli jousi, ja hänelle annettiin seppele, ja hän lähti voittajana ja voittamaan." (Ilm. 6:1–2.)

Johannes ei kerro, minkä näköinen olento kunkin ratsukon lähettää liikkeelle; olennoista puhuessaan hän käyttää vain ilmauksia yksi, toinen, kolmas ja neljäs. Oletan kuitenkin, että olennot esiintyvät samassa järjestyksessä kuin neljännessä luvussa, joten ensimmäisen ratsukon lähettää liikkeelle leijonan näköinen olento. Koska leijona symboloi tulkinnassani universumin perustasoa, eräänlaista alkuenergiaa, valkoinen hevonen edustaa vastaavaa perusenergian tasoa ihmisessä. Vanhan testamentin luomismyytteihin sovitettuna ensimmäisen ratsukon lähettäminen vastaa elämänhengen puhaltamista maan tomusta luotuun ihmiseen. Näin Johannes alkaa hahmottaa ihmistä hienoainekehona tai energiakehona.

Joogateoriaa soveltaen valkoinen hevonen on pranan hienoin ja alkuperäisin muoto. Joskus esimerkiksi Intiassa asia hahmotetaan siten, että ihmisen peruselementtejä ovat eetteri, tuli, ilma, vesi ja maa, joilla tarkoitetaan toinen toistaan hienompia energiamuotoja eetterin muodostaessa kuin taustan, johon muut konkreettisemmat energiamuodot kiinnittyvät. Jos myyttisiä alkuaineita erotetaan vain neljä, tuli on niistä tavallisesti korkein. Ilmestyskirjan valkoinen hevonen vastaisi ehkä myyttisen eetterin tai vaihtoehtoisesti tulen tehtävää ihmisolemuksessa, sillä valkoinen hevonen on ensimmäinen, joka lähetetään liikkeelle. Pranan sijasta toisissa kulttuureissa käytetään ihmisen elämänenergiasta muita nimityksiä, esimerkiksi Kiinassa sanaa *chi*.[14] Valkoista hevosta ei kuitenkaan tarvitse tulkita minkään nimenomaisen teorian avulla; pelkkä yleinen oletus ihmisen energeettisestä perustasosta riittää.

Ihmisen kehämäinen kehitys edellyttää, että paluutien lopussa hänen energiansa palaa tähän korkeimpaan ja hienoimpaan muotoon, ja niin Ilmestyskirjan loppupuolella, kun Johannes on lähestymässä sitä tilaa, joka on sekä alku että loppu, esiintyy todella uudestaan valkoisella hevosella ratsastava.[15]

Valkoinen värikkyyden puutteena sopii hyvin kuvaamaan elämän alkua ja loppua eli niitä vaiheita, joista tavallisen elämän monimuotoisuus ja värikkyys puuttuvat. Ehkä tästä syystä valkoinen on useissa kulttuureissa liittynyt ihmiselämän alkuun ja loppuun, syntymään ja kuolemaan. Valkoinen on esiintynyt Ilmestyskirjan symbolina jo aikaisemmin, sillä neljännessä luvussa vanhimmat oli puettu valkoisiin vaatteisiin; tuolloin selitin valkoisen olevan värien puutetta ja puhtautta ja siten symboloivan henkisesti korkeita, alkuperäisiä ja pyhiä todellisuuden tasoja. Ensimmäisen hevosen valkoisuus sopii myös joogateoriaan, sillä ajna-chakra, jota vastaavasta medulla oblongatasta kosmisen energian katsotaan tulevan ihmiseen, on joogateorian mukaan valkoinen; toisin sanoen meditoija näkee sen valkoisena valona keskittyessään siihen.[16]

Ratsastaja valkoisen hevosen selässä on käyttämäni tulkintatavan mukaan ihmisen perusenergian ilmenemismuoto inhimillisen tajunnan tasolla. Tämä on eräänlainen puhdas tajunta, myyttinen paratiisillinen viattomuuden tai armon tila, joka vastaa alkuparatiisin tilaa ennen syntiinlankeemusta. Paluutiellä taas se on se puhdas ja korkea tajunnantaso, joka ihmisestä kuoriutuu jälleen esille, kun hänestä tulee pyhimys.

Ratsastajalla on jousi, sillä puhtaasta paratiisillisesta alkutilasta käsin ammutaan kuin jousella ulospäin ihmisen konkreettisemmat ominaisuudet: paratiisin alkutila on kuin se lähtökohta, jolta yhä konkreettisempi ihminen syntyy tai luodaan, kuten Vanhan testamentin alkuluvuissa tapahtuu. Ratsastajan seppele on voiton symboli, sillä antiikin aikoina kilpailujen voittajat kruunattiin seppeleillä. Voitto, josta Johannes Ilmestyskirjassa puhuu, tarkoittaa ihmisen paluuta paratiisiin, Jumalan yhteyteen. Ennen tätä voittoa ihmisen tulee kuitenkin kulkea voitokkaasti koko kehitystiensä päästä päähän, ja ehkä tästä syystä Johannes sanoo ratsastajan lähtevän liikkeelle "voittajana ja voittamaan". Myös pyöreän muotonsa takia seppele sopii kuvaamaan ihmisen vieraantumista ja paluuta, sillä lopulta kilvoittelija on tehnyt kuin täyden ympyrän palatessaan siihen tilaan, joka on sekä alku että loppu.

Toinen ratsastaja

"Ja kun Karitsa avasi toisen sinetin, kuulin minä toisen olennon sanovan: 'Tule!' Niin lähti toinen hevonen, tulipunainen, ja sen selässä istuvalle annettiin valta ottaa pois rauha maasta, että ihmiset surmaisivat toisiaan; ja hänelle annettiin suuri miekka." (Ilm. 6:3–4.)

Uuden ratsukon myötä Johannes siirtyy astetta konkreettisempaan ihmiseen. Vanhan testamentin myytteihin rinnastaen hän alkaa seurata ihmisen syntiinlankeemusta. Joogateoriaa soveltaen toinen hevonen edustaa jo karkeampaa pranaenergian muotoa, joka laskeutuu alempiin chakroihin.

Ratsukon lähettäjänä toimiva "toinen olento" mainittiin neljännessä luvussa nuoren härän näköiseksi, ja se edusti tulkinnassani aktiivista muutosvoimaa. Punainen hevonen symboloi siten yleisesti ihmiseen kuuluvaa muutosvoimaa, joka nyt aktivoituu ja alkaa muovata ihmistä konkreettiseksi olennoksi. Valmiissa ihmisessä punainen hevonen edustaa toiminnallista energiaa, ja ratsastaja hevosen selässä symboloi tätä toimintaenergiaa vastaavaa inhimillisen tajunnan ominaisuutta. Ratsastajaa voitaisiin täten luonnehtia esimerkiksi toimintatarmoksi tai tahdonvoimaksi. Myös paluutiellä tahdonvoima on olennaista, sillä meidän tulee muuttaa itseämme sisäisesti voidaksemme palata takaisin "puhtaaseen" tajuntaan.

Punainen sopii tämän hevosen väriksi, sillä punainen liittyy monin tavoin aktiivisuuteen ja toimintaan. Aivan yleisesti punainen koetaan aktiiviseksi ja jopa ärsyttäväksi väriksi, mihin saattaa olla syynä se, että punainen erottuu luonnon vihreästä taustasta selkeänä ärsykkeenä. Raamatussa punainen purppuranpunana ilmentää muun muassa kuninkuutta, ja Ilmestyskirjassa kuningas symboloi toimijaa. Lisäksi tulemme huomaamaan, että koko Ilmestyskirjan ajan punainen edustaa valkoista pinnallisempaa ja epäpyhempää tasoa ja jopa pahuutta. Punainen liittyy siis selkeästi konkreettisempaan ihmiseen kuin valkoinen. Joogateoriassa puolestaan ajna-chakraa alemmista chakroista kaksi, toinen ja neljäs alhaalta lukien, mainitaan pääosin punaisiksi.[17]

Punaisella hevosella ratsastavan miekan tulkitsen yleisellä tasolla tavoitteisuudeksi, sillä miekan avulla taistelija ikään kuin pyrkii omiin päämääriinsä. Kun Raamatun myytissä Aadam ja Eeva saavat syntiinlankeemuksen jälkeen nahkaiset vaatteet eli fyysisen kehon, he tulevat tietoisiksi fyysisistä tarpeistaan ja niiden tyydyttämisen välttämättömyydestä. Herra sanookin Aadamille syntiinlankeemuksen tapahduttua: "Vaivaa nähden sinun pitää elättämän itseäsi."[18] Fyysiseen kehoon sidottuna konkreettisen ihmisen tajuntaa leimaa siis yleisesti tavoitteisuus eli pyrkimys tarpeiden tyydyttämiseen.

Rauhan poisottaminen maasta, joka toiselle ratsastajalle annetaan tehtäväksi, tarkoittaa, että ihmistajunta joutuu muutostilaan. Alkuperäinen ykseyden ja rauhan tila rikkoutuu, kun syntiinlankeemuksen jälkeen muodostuu fyysisen kehon ja tavallisen tietoisuuden omaava ihminen. Johanneksen käyttämä ilmaisu "että ihmiset surmaisivat toisiaan", symboloi luontevasti niitä sisäisiä konflikteja, joita jatkuva muutos merkitsee.

Paluutiehen soveltaen toisen ratsastajan määreet kertovat, millä tavalla ihmisen on käytettävä tahdonvoimaansa edetäkseen sisäisellä tiellään. Hänen on tapettava itsestään yhä uusia sidonnaisuuksia eli sellaisia ominaisuuksia, jotka kahlehtivat hänen syvähenkisyyttään; näin ihmiset joutuvat surmaamaan toisiaan.

Kolmas ratsastaja

"Ja kun Karitsa avasi kolmannen sinetin, kuulin minä kolmannen olennon sanovan: 'Tule!' Ja minä näin, ja katso: musta hevonen; ja sen selässä istuvalla oli kädessään vaaka. Ja minä kuulin ikäänkuin äänen niiden neljän olennon keskeltä sanovan: 'Koiniks-mitta nisuja yhden denarin, ja kolme koiniksia ohria yhden denarin! Mutta älä turmele öljyä äläkä viiniä.'" (Ilm. 6:5–6.)

90

Jos lähettäjät noudattavat, kuten oletan, neljännessä luvussa mainittua järjestystä, uuden ratsukon lähettäjä on ihmisen näköinen olento. Johannes siis tutkii näkynsä tässä kohdassa, miten henki ilmenee konkreettisessa ihmisessä. Mielestäni hän erottaa kaksi pääasiallista hengen ilmenemismuotoa. Toista symboloivat vaaka sekä sanat "koiniks-mitta nisuja yhden denarin, ja kolme koiniksia ohria yhden denarin", ja toista öljy ja viini sekä kehotus, että öljyä ja viiniä ei saa turmella. Ratsastajan kädessä oleva vaaka on kaiken arvioimisen, punnitsemisen ja erittelemisen vertauskuva. Esimerkiksi oikeudenjumalattaren tunnusmerkki on vaaka, koska hän punnitsee oikeaa ja väärää. Laajimmillaan vaaka symboloi sellaista tajunnan kaksinaisuutta, jonka edellisessä luvussa määrittelin ihmisen tavallisen tajunnan olennaiseksi piirteeksi. Toisin sanoen Johanneksen näkemä kolmas ratsukko välittää meille jälleen lisää tietoa konkreettisen ihmisen muodostumisesta. Sama tajunnan kaksinaisuus on luettavissa myös syntiinlankeemuskertomuksesta, sillä syötyään hyvän- ja pahantiedon puusta Aadam ja Eeva huomasivat olevansa alasti. Ihminen siis alkoi nähdä itsensä kohteena ja rupesi punnitsemaan omaa tilaansa. Samalla hän tuli sidotuksi erotteluihin tajutessaan eron hyvän ja pahan välillä.

Myös sanat "koiniks-mitta nisuja yhden denarin, ja kolme koiniksia ohria yhden denarin!" liittyvät erotteluun ja arvioimiseen, sillä sanat ilmaisevat, että nisu on ohraa kolme kertaa arvokkaampaa. Nämä sanat liitän jo siihen merkitykseen, joka kaksinaisuustajunnalla on paluutiellä. Erittelevän ajattelun ja arvotajun avulla matkalaisen on ratkaistava, mikä elämässä on arvokasta ja mikä vähemmän arvokasta, ja näin hän saa tietää, mihin suuntaan hänen tulee kulkea. Mutta hyvätkin arvostelmat auttavat vaeltajaa vain, jos hän omaksuu eli syö ne, ja ehkä tästä syystä Johannes käyttää juuri viljaa eli ruokaa vertauksessaan.

Myyteissä viljalla on kuitenkin usein melko pinnallisen ravinnon merkitys. Se yhdistyy erittelevään ajatteluun ja arvotajuun, sillä maanviljelijä joutuu kasvattamaan viljaa päämäärähakuisesti muokkaamalla maata ja korjaamalla satoa. Vastaavalla tavalla me muokkaamme omaa tietoisuuttamme ja saamme siitä satona uusia ajatuksia ja arvostelmia. Näitä sitten pohdimme ja erittelemme eli pureskelemme mielessämme, samoin kuin syömme pureskellen leipää. Jeesuksen sanoissa, että vehnänjyvän tulee kuolla, vehnänjyvä yhdistyy suorastaan egoon.

Öljy ja viini myyttikuvina tuovat sen sijaan esille toisen ihmishengen funktion kuin erittelevän ajattelun ja arvotajun. Myyteissä öljyllä ja viinillä on usein viljaa syvällisempi symboliarvo; ne ovat sitä sisäistä ydinmehua, joka kirvoittuu hedelmästä, kun hedelmä murskataan. Hedelmän kuoriosa ja malto edustavat näin pinnallisempaa tajuntaa tai suorastaan egoa, ja hedelmästä puristuva neste sitä itseisarvoa ja rakkautta, joka eletään, kun ego kuolee. Vanhan testamentin profeetta Sakarja sanoo kuvaavasti: "Vilja saa kasvamaan nuorukaiset ja rypälemehu neitsyet". Näissä Sakarjan sanoissa nuorukainen eli mies symboloi luontevasti tietoista ja tavoitteista inhimillisen olemuksen puolta ja nainen eli neitsyt syvempää itseisarvoa kokevaa tajunnantasoa.[19]

Näin tulkiten sanat "mutta älä turmele öljyä äläkä viiniä" tähdentävät itseisarvojen kokemista korostaen, että paluutiellä antautuva rakkaus on välttämätöntä. Vaikka erittelevä arvotajukin on matkalaiselle tärkeää, sen kaksinaisuudessa pitäytyminen saattaa ehkäistä antautumista välittömään arvon ja ykseyden kokemiseen. Tästä syystä varoitus, että öljyä ja viiniä ei saa turmella, on paikallaan.

Mutta varoitus on aiheellinen myös siksi, että myyttisessä syntiinlankeemuksessa ykseystajunta jää kaksinaisuutta ja pyyteellisyyttä edustavan egotajunnan peittoon. Silloin kykymme kokea ykseyttä eli korkeaa henkistä itseisarvoa madaltuu alemman asteisiksi arvotunteiksi, kuten mielihyväksi ja tavanomaiseksi iloksi. Samalla nämä positiiviset arvotunteet saavat negatiiviset vastakohdat: olemme taipuvaisia tuntemaan mielipahaa ja tuskaa pettyessämme pyrkimyksissämme. Sanat "älä turmele öljyä äläkä viiniä" tähdentävät, että emme saa tyytyä matalaan ja negatiiviseen tunne-elämään. Meidän tulee kokea positiivisia arvotunteita niin korkealla tasolla kuin kulloinkin pystymme, ja yrittää vielä jalostaakin niitä.

Ilmestyskirjan kolmas hevonen on musta ehkä sen takia, että koko tämä ongelmakenttä, varsinkin erittelevän arvotajun ja itseisarvon kokemisen suhde, on ollut Johannekselle kuin mustaa pimeyttä. Myös unissa musta väri jonkin unihahmon värinä kertoo yleensä, että unennäkijä ei ole tiedostanut tai elänyt tuon hahmon edustamaa asiaa. Joogateoriassa puolestaan kolmanneksi ja neljänneksi alimmissa chakroissa on muiden värien ohella mustaa.[20]

Toiselle ja kolmannelle ratsastajalle ja niiden tunnusmerkeille antamani tulkinnat sopivat peruspiirteiltään yhteen myös länsimaiseen ja itämaiseen filosofiaan kuuluvien näkemysten kanssa. Länsimaisessa filosofiassa erotetaan kolme etiikan peruskäsitettä, valta, oikeudenmukaisuus ja rakkaus, ja näiden ympärille on nivottu kolme erilaista etiikkajärjestelmää. Valtaetiikan peruskäsitteenä on tahdonvoima, ja tahdonvoiman yhdistin punaisella hevosella ratsastavaan ja hänen miekkaansa. Oikeudenmukaisuusetiikan olennainen osa on erittelevä arvotaju, ja sitä Johanneksen näyssä symboloi vaaka. Kolmannen etiikkamuodon, rakkausetiikan, ytimenä on rakkauden eläminen välittömänä itseisarvona, eli Ilmestyskirjan symbolein öljynä ja viininä. Itämaisessa kulttuurissa nämä asiat ovat esillä siten, että tärkeimpinä vapautumisteinä mainitaan toiminnan, viisauden ja rakkauden tiet. (Neljäs pääasiallinen vapautumistie on vielä joogan tie.)[21] Johanneksen näky kertonee, että olennaisin näistä on rakkauden tie, sillä öljyä ja viiniä ei saa turmella.

Neljäs ratsastaja

"Ja kun Karitsa avasi neljännen sinetin, kuulin minä neljännen olennon äänen sanovan: 'Tule!' Ja minä näin, ja katso: hallava hevonen; ja sen selässä istuvan nimi oli Kuolema, ja Tuonela seurasi hänen mukanaan, ja heidän valtaansa annettiin neljäs osa maata, annettiin valta tappaa miekalla ja nälällä ja rutolla ja maan petojen kautta." (Ilm. 6:7–8.)

Tämän ratsukon lähettäjä on kotkan näköinen olento, joten ratsukko ilmentää ihmisen kehämäistä kehitystä: Jumalasta vieraantumista ja paluuta Jumalan luo.

Vieraantumisen näkökulmasta ratsukko viimeistelee ihmisen lankeamisen pois Jumalan yhteydestä. Langenneena olemme sidottuja fyysiseen kehoomme ja sen takia fyysiseen kuolemaan. Se hevonen, jolla Kuolema Johanneksen näyssä ratsastaa, edustaa siten fyysiseen kehoon kuuluvaa taipumusta vanheta, rappeutua ja kuolla ja ratsastaja Kuolema hevosen selässä tietoisuuttamme kuoleman välttämättömyydestä. Myös Raamatun syntiinlankeemuskertomuksessa tähdennetään ihmisen kuolevaisuutta, sillä pukiessaan Aadamin ja Eevan nahkaisiin vaatteisiin Herra sanoo Aadamille: "Maasta sinä olet, ja maaksi pitää sinun jälleen tuleman."[22]

Vieraantumisen yhteydessä ratsastaja Kuolema on kuitenkin mahdollista tulkita myös abstraktimmin, sillä kysymys voi olla siitä yleisestä hengellisestä tai laajemmin ottaen henkisestä kuolemasta, johon sielu syntiinlankeemuksessa suistuu. Fyysiseen kehoon ja tarpeiden tyydytykseen sidottuna ihmisestä tulee pyyteellinen, ja pyyteet erottavat hänet Jumalasta. Esimerkiksi Ristin Johannes käyttää tähän yhteyteen hyvin sopivaa ilmaisua "halut tappavat ihmisen suhteessa Jumalaan".[23]

Paluutien näkökulmasta tulkiten Johanneksen näyn Kuolema merkitsee egon kuolemaa. Paluuhan toteutuu metafyysis-myyttisen maailmankatsomuksen mukaan paradigmaattisesti siten, että ihminen kuolettaa egoaan eli sidonnaisuuttaan haluihinsa. Esimerkiksi Ristin Johannes ilmaisee tämän sanomalla, että "sielu ei voi täydellisesti elää uudessa elämässä, ellei vanha ihminen täydellisesti kuole", ja hän teroittaa nimenomaan halujen kuoleutumista.[24] Kun ihminen on lopulta täysin kuollut egona, hän voittaa aineen vallan ja palaa vapaana sieluna eli kotkana takaisin alkutilaan.

Yhden elämän aikana useimmat eivät kuitenkaan vapaudu täydellisesti egostaan, joten he eivät pääse palaamaan Jumalan yhteyteen. Jotta paluu kävisi mahdolliseksi, metafyysis-myyttisissä maailmankuvissa oletetaan joko, että tie jatkuu kuoleman jälkeen, tai että ihmiset elävät useamman elämän maan päällä. Edellisessä tapauksessa kysymys on kiirastuliopista; tällöin ihmisten oletetaan vähitellen puhdistuvan haluistaan kuoleman jälkeisessä tilassa ja puhdistuttuaan pääsevän Jumalan yhteyteen.[25] Jälkimmäisessä tapauksessa kysymys on reinkarnaatio-opista. Niin kauan kuin ihminen ei ole saavuttanut täydellistä vapautta, hän kuolee fyysisesti, on olemassa tietyn ajanjakson kuolemanjälkeisessä tilassa irti fyysisestä kehosta ja inkarnoituu jälleen maan päälle. Maanpäällisessä elämässä hän sitten jatkaa egonsa kuolettamista, kunnes saavuttaa lopullisen vapauden. Sen jälkeen hän ei enää inkarnoidu pakonomaisesti.

Tämän lukutavan mukaan hevonen, jolla Kuolema ratsastaa, symboloi irtoamista niistä haluista, jotka pitävät ihmistä sidoksissa fyysisen tason elämään, ja ratsastaja Kuolema hevosen selässä edustaa tietoisuutta kuoleman välttämättömyydestä. Mutta nyt tuo tietoisuus voi koskea sekä fyysistä kuolemaa että egon kuolemaa, sillä syvällinen oivallus fyysisen kuoleman välttämättömyydestä saattaa sekin johtaa egon kuoleutumiseen. Tuonela, joka seuraa Kuolemaa, tarkoittaa sitten fyysisen kuoleman jälkeistä olotilaa.

94

Johanneksen ilmestyksestä ei nähdäkseni voida päätellä yksikäsitteisesti, missä muodossa hän katsoo paluun toteutuvan, mutta tulkitsemalla reinkarnaatio on mahdollista lukea Ilmestyskirjasta. Kirjan kolmannessa luvussa näet sanotaan: "Joka voittaa, sen minä teen pylvääksi Jumalani temppeliin, eikä hän koskaan lähde sieltä ulos" (Ilm. 3:12). Tätä jaetta tulkitaan intialaisessa kirjallisuudessa siten, että niin kauan kuin ihminen ei ole voittanut eli löytänyt lopullista Jumala-yhteyttä, hän joutuu lähtemään ulos eli palaamaan elämän ja kuoleman kiertokulkuun.[26]

Kristinuskoon reinkarnaatio-oppi ei ole kuulunut yhtä selkeästi kuin itämaisiin uskontoihin, mutta Raamatusta löytyy kohtia, joiden mukaan näyttäisi siltä, että reinkarnaatiota pidettiin mahdollisena poikkeustapauksissa eli profeettojen kohdalla. Esimerkiksi Vanha testamentti päättyy ennustukseen profeetta Elian uudesta tulemisesta: "Katso, minä lähetän teille profeetta Elian, ennenkuin tulee Herran päivä, se suuri ja peljättävä." Myöhemmin Jeesus sitten sanoo Johannes Kastajasta: "Ja jos tahdotte ottaa vastaan: hän on Elias, joka oli tuleva." Kristinuskon ensimmäisinä vuosisatoina, joilta Ilmestyskirja on peräisin, jotkut gnostikot kuitenkin puolsivat yleisempää reinkarnaatio-oppia, ja antiikin filosofiassa jälleensyntyminen oli näyttävästi esillä Platonin dialogeissa.[27]

Mutta palaan nyt Ilmestyskirjan neljänteen ratsastajaan, Kuolemaan, jolle "annettiin valta tappaa miekalla ja nälällä ja rutolla ja maan petojen kautta". Myös näitä neljännen ratsastajan yksityiskohtia tulkitsen sekä vieraantumisen että paluun eli hengellisen kuoleman ja egon kuoleman näkökulmista.

Hengellisessä kuolemassa ihminen alkaa käyttää omaa tahtoaan itsekkään pyyteellisellä tavalla, niin että kokee itsensä muista erillisenä ja jopa toisille vastakkaisena. Hänen itsekäs tahtonsa eli miekka siis tappaa häntä hengellisesti. Egon kuoleutumisessa miekalla tappaminen sen sijaan tarkoittaa itsekuria ja erittelykykyä; toisin sanoen kilvoittelija luopuu tahdonvoimallaan niistä haluistaan ja tavoitteistaan, joiden hän arvotajullaan ymmärtää sitovan itseään.

Unissa, saduissa ja vanhojen kertomusten kuvituksissa miekka saattaa olla tavallisen lyömämiekan sijasta myös sadunomainen ase kuten valomiekka, ja tällainen miekka symboloi pikemminkin intuitiota kuin tahdonvoimaa tai erittelykykyä; valomiekan avulla taistelija luo kuin valoa pimeyden keskelle. Intuition miekka onkin erityisen arvokas ase egon kuoleutumisessa, kuten Johanneksen näyistä käy myöhemmin ilmi.[28] Nälkä myyttikuvana merkitsee psyykkistä ja henkistä nälkää. Merkitys sopii erityisen hyvin hengellisen kuoleman yhteyteen, sillä langennut luo itselleen yhä uusia tarpeita ja haluja ja etsii niille tyydytystä. Mutta kylläisyyden tunnetta eli pysyvää onnellisuutta hän ei saavuta, vaikka kaikki ulkokohtaiset tarpeet ja halut olisivat tyydytetyt. Näin hän tuntee jatkuvasti tarvetta etsiä jotain muuta, ja äärimmäisessä tapauksessa hän on kuin nälkään nääntymässä. Ristin Johannes teroittaakin, että haluihin sidottu on aina tyydyttämätön ja katkera, kuin sellainen, joka on jatkuvasti nälissään.[29] Lopulta etsijä ehkä ymmärtää, että pysyvän onnellisuuden hän voi löytää vain oppimalla rakastamaan ja iloitsemaan sisäisellä tavalla, ja silloin ulkokohtaisemmat halut alkavat kuoleutua hänestä pois.

Rutto tarkoittaa Raamatussa erilaisia vaikeita kulkutauteja kuten paiseruttoa, isorokkoa ja koleraa. Paiseruttoon ja isorokkoon kuuluvat paiseet ja rakkulat paisuttavat sairasta yli hänen oikeiden mittojensa, ja tällaista paisumista ja pullistelua on metaforisesti kaikenlainen itsetärkeys eli egoismi. Egoismi aiheuttaa sitten ihmisten välisissä suhteissa riitoja, ja niin epäviihtyvyys, ahdistus ja katkeruus eli hengellisen ja henkisen kuoleman eri lajit leviävät kuin kulkutauti. Tällaiset häiriötilat voivat kuitenkin lopulta johtaa sisäiseen muutokseen, niin että niistä kärsivä alkaa etsiä vapautumista. Silloin vanha ihminen lopulta kuolee, kuten Raamatun aikoihin ihmiset kuolivat usein ruttoon.

Maan pedot vihdoin ovat myyttikuvina omia egoistisia halujamme ja viettejämme, missä merkityksessä petoja usein käytetään sekä uskonnollisissa teksteissä että kaunokirjallisuudessa.[30] Jos emme pysty ohjailemaan elämäämme mielekkäällä tavalla, viettimme raatelevat meidät riekaleisiksi ja täydentävät hengellisen kuolemamme. Lopulta joudumme ehkä sellaisiin umpikujiin ja tuskatiloihin, että emme enää jaksa elää entisellä tavalla vaan ryhdymme etsimään vapautumista, ja niin henkinen kuolema alkaa muuttua egon kuolemaksi.

Johanneksen näyn neljäs hevonen on suomennoksen mukaan väriltään hallava eli vaalean harmaa. Alkuperäinen kreikankielinen sana *khlōros* merkitsee kuitenkin kasvillisuudesta puhuttaessa kellertävän vihreää ja ihmisestä puhuttaessa sairaan näköistä. Harmaa väri käännöksenä on toki luonteva, jos oletamme sairaan olevan harmaan kelmeä, ja erikielisissä käännöksissä käytetään tässä yhteydessä yleensä sanoja, jotka tarkoittavat kelmeää ja kalpeaa; esimerkiksi "pale" ja "blek". Englantilainen Ilmestyskirjan tutkija John M. Court on ilmeisesti tahtonut yhdistää alkuperäisen kreikankielisen sanan merkitykset suosittelemalla hevosen määreeksi keltaista tai huonovointisen tai suorastaan sappitautisen näköistä.[31] Nämä merkitykset sopivat hyvin ehdottamaani tulkintaan; varsinkin sappitautinen olisi osuva ilmaus, sillä sappi on karvauden symboli vielä nykykielessäkin. Paratiisillisesta puhtaan tajunnan alkutilasta karkotettuna, fyysiseen kehoon langenneena ja hengellisesti kuolleena ihminen on piinallisen tietoinen ruumiinsa vaivoista, elämän kärsimyksistä ja kuolemasta. Hän on siis langennut kuin sappitautisen tilaan, ja hän voi huonosti. Joogateoriassa puolestaan alimman eli muladhara-chakran sisäosa on keltainen.[32]

Neljän ratsastajan yhteinen sanoma

Ilmestyskirjan ratsukkonäyssä – samoin kuin Raamatun syntiinlankeemuskertomuksessa – esitetään nähdäkseni tiiviissä myyttisessä muodossa ne ihmisenä olemisen peruspiirteet tai perusehdot, joihin me fyysisinä ja psyykkisinä olentoina olemme sidottuja. Kertaan ne vielä lyhyesti.

Ensinnäkin ihmisenä olemisen perusehtoihin kuuluu tarpeiden tyydytyksen välttämättömyys. Tähän liittyy ihmistajunnan tavoitteisuus ja kaksinaisuus eli eriytyminen subjektiksi ja objektiksi ja yleensä erottelukyky, jotka mahdollistavat tarpeiden tyydytyksen. Lisäksi ihmisenä olemista on kyky elää arvotunteita sekä positiivisella tavalla mielihyvänä ja ilona että negatiivisella tavalla mielipahana ja tuskana. Vielä ihmisenä olemiseen kuuluu fyysisen kuoleman välttämättömyys ja tietoisuus siitä. Nämä perusehdot johtavat sitten kärsimykseen: tarpeiden tyydytys ei aina onnistu ja sairaudet ja kuolema tuottavat tuskaa. Mutta kärsimys merkitsee myös yllykettä etsiä vapautumista, ja vapautuminen on mahdollista, jos etsijä löytää sen syvähenkisen tason, joka on hänen konkreettisen olemuksensa pohjalla. Myyttisemmin ilmaisten syntiinlankeamisesta seuraa pyrkimys palata takaisin paratiisiin, josta langennut karkotettiin. Tähän lankeamisen ja paluun ajatukseen viittaavat jo Ilmestyskirjan toisen luvun sanat: "Muista siis, mistä olet langennut, ja tee parannus" (Ilm. 2:5).[33]

Itseyden merkitys ja pahuuden ongelma

Surmatut alttarin alla

"Ja kun Karitsa avasi viidennen sinetin, näin minä alttarin alla niiden sielut, jotka olivat surmatut Jumalan sanan tähden ja sen todistuksen tähden, joka heillä oli" (Ilm. 6:9).

Tästä jakeesta lähtien alan tulkita Johanneksen näkyjä siten, että hän siirtyy paluun teemaan. Hän on mielestäni saanut käsiteltyä tyydyttävällä tavalla ihmisen luomistapahtuman, joka on ollut samalla ihmisen syntiinlankeamista ja hengellistä kuolemaa. Tosin Johannes käsittelee vielä myöhemmin muutaman kerran lyhyesti luomisen ongelmia, mutta tulkintani mukaan Ilmestyskirjan loppuosa kuvaa voittopuolisesti paluutien eri vaiheita.

Näkyjen uusi käänne alkaa siis Johanneksen nähdessä alttarin, ja oletan alttarin jatkavan sen lasisen meren tehtäviä, joka esiintyi neljännessä luvussa valtaistuimen edessä (Ilm. 4:6). Yhdistän lasisen meren ja alttarin, koska molemmat ovat valtaistuimen edessä, joskaan alttarista tätä ei sanota suoraan. Yleisesti ottaen alttari on kuitenkin paikka, jossa ihminen on kuin Jumalan eli valtaistuimella istujan edessä, ja muutamaa lukua myöhemmin Ilmestyskirjassa puhutaan eksplisiittisesti "kultaisesta alttarista, joka on valtaistuimen edessä" (Ilm. 8:3).

Alttarille annan kaikkiallisen rakkauden eli teoreettisemmin ilmaisten universaalin itseyden merkityksen. Vielä tarkemmin sanoen alttari on universaalin itseyden subjektiivinen puoli Karitsan symboloidessa sen objektiivista puolta. (Tämän tulkinnan perustelut selviävät alttarin kehittyessä ja muuntuessa näkyjen aikana.) Kun alttari nyt ilmaantuu Johanneksen näkyyn, hän oivaltaa, että kaikkiallinen rakkaus on jäänyt hänen elämässään liian vähälle; se on ollut aikaisemmin kuin pelkkää lasista merta eli piilotajuisuutta ja potentiaalisuutta. Mutta nyt tuo potentiaalisuus alkaa aktualisoitua.

Alttaria selvemmin Johanneksen näyssä esiintyvät surmattujen sielut, jotka Johannes näkee alttarin alla, ja näille surmattujen sieluille ehdotan useampitasoista tulkintaa.

Itseys ja pahuus

Surmattujen sielut liittyvät pääasiallisesti egon kuoleutumiseen. Surmatut ihmiset olivat eläessään egon komponentteja, ja kun heidät tapettiin, ego kuoleutui. Silloin surmatuista ihmisistä vapautui sielu, joten nämä sielut ovat kuin itseyden osia. Alttarista poiketen surmattujen sielut symboloivat yksilöllisen itseyden tasoa, ja mielestäni nuo sielut ovat alttarin alla sen takia, että ne ovat ikään kuin universaalin itseyden eli alttarin alkuituja. Lukija muistanee, että universaali itseys on yksilöllisen itseyden äärimuoto; vasta kun ego on täydellisesti kuoleutunut, ihminen elää universaalin itseyden tason. Mutta tässä vaiheessa Johannes elää omakohtaisesti alttarin symboloimasta universaalista itseydestä vain sen vähäisen osan, jota surmattujen sielut symboloivat. Ja kun surmattujen sieluja on useita, Johannes pystyy kuvallaan välittämään meille egon vähittäistä kuoleutumista ja itseyden voimistumista. (Syvällisin tajunnantaso, itseys, on tietysti sellaisenaan ehyt ja vailla osia, mutta osia tarvitaan muutoksen ilmaisemiseksi.)

Mahdollisesti surmattujen sielut ovat alttarin alla myös sen takia, että näin syntyy vaikutelma ikään kuin ne löytyisivät piilosta. Löytäessään surmattujen sielut kuin salaisesta kätköstä Johannes oivaltaa, että jokaisessa hengellisesti kuolleessa ihmisessä – myös hänessä itsessään – syvempi olemustaso on joutunut syrjään työnnetyksi. (Piilon paljastuminen liittyy luontevasti myös Johanneksen aikaisempiin kuviin, sillä hän alkaa jo nähdä, mitä lasiseen mereen kätkeytyy, ja hän pystyy jo hieman kurkistamaan kirjakäärön sisälle ja lukemaan sitä.)

Toiseksi liitän surmattujen sielut pahuuden ongelmaan. Johannes on varmaankin ihmetellyt mielessään, kuinka Jumala on voinut sallia, että hänelle uskollisia profeettoja ja apostoleja on tapettu. Päättelen näin, koska Johanneksen näkemät sielut ovat niiden sieluja, "jotka olivat surmatut Jumalan sanan tähden ja sen todistuksen tähden, joka heillä oli". Yleisesti kysymys on siis pahuuden ongelmasta: kuinka kaikkivaltias, hyvä ja oikeudenmukainen Jumala voi sallia pahaa ja vääryyttä? Oletan lisäksi, että Johannes on tähän asti torjunut pahuuden ongelmaa liian kipeänä, ja sen takia surmattujen sielut paljastuvat nyt kuin piilosta alttarin alta.

Pahuuden ongelma oli ahdistanut jo Vanhan testamentin profeettoja; esimerkiksi Habakuk kysyi asiaa näin:

Sinun silmäsi ovat puhtaat, niin ettet voi katsoa pahaa etkä saata katsella turmiota. Minkätähden sinä katselet uskottomia, olet vaiti, kun jumalaton nielee hurskaampansa?[34] Kaikkivaltiaan Jumalan ja pahuuden välinen suhde on vaivannut filosofeja, teologeja ja tavallisia ihmisiä vuosisatojen ajan Johanneksen Ilmestyskirjan jälkeenkin. Hippon piispana vuonna 430 kuolleen Augustinuksen *Tunnustuksista* löytyy riipaisevia kuvauksia umpikujasta, johon ongelma johtaa.

Mutta mistä siis on paha peräisin, koska Jumala on kaikki luonut ja Jumala on hyvä. – – Mistä on paha? Vai oliko se aine, josta hän kaikki loi, jotakin pahaa ja jättikö hän, kun hän muodosti ja järjesti sen, siihen jotakin, jota hän ei muuttanut hyväksi? Mutta miksi sitten niin? Vai oliko hän, vaikka hän on kaikkivaltias, voimaton kääntämään ja muuttamaan kaikkea ainetta hyväksi, ettei siihen olisi jäänyt mitään pahaa? – – Sellaisia ajatuksia minä haudoin sairaassa sydämessäni, jota kuoleman pelko ja toivoton totuuden etsintä huolestuttivat ja raskauttivat.[35]

Oletan, että Johanneksen näyissä itseyden merkitys ja pahuuden ongelma ovat myyttiselle hahmotukselle ominaisella tavalla päällekkäin, eli luen ne ajoittain samoista myyttikuvista. Päällekkäisyys on luontevaa, sillä nuo kaksi asiaa kytkeytyvät toisiinsa. Kun Johannes on torjunut pahuuden ongelmaa, torjunta on pitänyt hänen henkistä elämäänsä lukossa, eikä hänen itseytensä ole päässyt vapautumaan. Mutta vain etenemällä henkisesti hän voisi ymmärtää pahuuden ongelmaakin entistä syvällisemmällä ja tyydyttävämmällä tavalla.

Koston vaatimus

"Ja he [surmattujen sielut] huusivat suurella äänellä sanoen: 'Kuinka kauaksi sinä, pyhä ja totinen Valtias, siirrät tuomiosi ja jätät kostamatta meidän veremme niille, jotka maan päällä asuvat?'" (Ilm. 6:10.) Tätä sielujen huutoa tulkitsen nyt kahdella toisiaan täydentävällä tavalla liittyen toisaalta egon kuoleutumiseen ja itseyden voimistumiseen ja toisaalta pahuuden ongelmaan.

Ensimmäisen lukutavan mukaan surmattujen sielut eli itseys huutaa jakeessa suurella äänellä julki omaa olemassaoloaan. Kosto maan päällä asuville tarkoittaa, että egon tason tulee kuoleutua yhä enemmän. Kosto on tässä yhteydessä sopiva ilmaus, sillä Johanneksesta varmaankin tuntuu, että hänen egoon sidottu tietoisuutensa eli maan päällä asuvat on tähän asti anastanut liian suuren osan hänen henkisestä elämästään. Hän on luonut jumalakuvansakin liiaksi tietoisuuden pohjalta, ja niin välitön rakkauden kokeminen on jäänyt hänen elämässään ja jumalakuvassaan syrjään.

Toisen tulkintatavan mukaan sielujen huuto "kuinka kauaksi sinä, pyhä ja totinen Valtias, siirrät tuomiosi ja jätät kostamatta meidän veremme" on samantapainen tuskainen kysymys, joita profeetta Habakuk ja Augustinus esittivät pahuuden ongelmasta. Ehkä Johanneksen oikeustaju vaatii suorastaan tuomiota ja kostoa, sillä hän on nähnyt, kuinka kristittyjä on vainottu, ja hän itsekin on joutunut karkotetuksi.

Surmattujen luvun täyttyminen

"Heille [surmattujen sieluille] sanottiin, että vielä vähän aikaa pysyisivät levollisina kunnes oli täyttyvä myös heidän kanssapalvelijainsa ja veljiensä luku, joiden tuli joutua tapettaviksi niinkuin hekin" (Ilm. 6:11). Sanat osoittavat Johanneksen tajuavan, että hänen egonsa täytyy kuoleutua täydemmin. Yhä uusien ihmisten täytyy siis tulla surmatuiksi, sillä Johannes ei voi ratkaista elämän syvimpiä arvoituksia, joihin pahuuden ongelma kuuluu, muuten kuin muuttumalla itse sisäisesti.

Veri

Koston vaatimuksen surmatut ilmaisevat vetoamalla omaan vereensä: "Kuinka kauaksi sinä, pyhä ja totinen Valtias, – – jätät kostamatta meidän veremme niille, jotka maan päällä asuvat?" (Ilm. 6:10.) Veri on ihmisen ydinmehua samalla tavalla kuin öljy ja viini ovat öljyhedelmien ja viinirypäleiden ydinmehua, ja tästä syystä veri symboloi ydinihmistä eli itseyttä. Koska itseys tarkoittaa kokemuksellisesti henkisen rakkauden elämistä, verellä on myös yleisempi rakkauden merkitys. Kristinuskossa tämä verisymboliikka on esillä varsinkin pyhässä ehtoollisessa: juodessaan Jeesuksen verta viininä juoja ottaa sisäänsä Jeesuksen edustaman henkisen rakkauden elääkseen sen itse. Johanneksen näyssä vereen vetoaminen surmattujen huudossa korostaa siis, että yhä uusista ihmisistä – eli yhden ihmisen erilaisista tajunnallisista komponenteista – täytyisi vuodattaa veri esille, jolloin ne muuttuisivat itseyden "osiksi".

Valkoinen vaippa

"Ja heille kullekin [surmattujen sieluille] annettiin pitkä valkoinen vaippa" (Ilm. 6:11). Vaate on astiamainen symboli – sehän voi pitää jotain sisällään – ja astiamaiset symbolit ilmentävät myyttisissä yhteyksissä tajunnantilan subjektiivista puolta eli ihmisen omaa tajuntaa vastakohtana tajunnansisällölle. Vaatteita meillä voi olla useita toinen toisensa päällä, joten vaatteet sopivat kuvaamaan tajunnan eri tasoja. Vaatteita voidaan myös vaihtaa, pukea ja riisua, ja näin vaatteiden avulla on helppo ilmaista tajunnantilojen muutoksia.

Tavanomaisissa unissa puku saattaa kuvastaa varsin pinnallista tajunnantasoa, esimerkiksi vain roolia, jonka unennäkijä on hetkellisesti omaksunut. Mutta uskonnollisissa yhteyksissä vaatteet symboloivat yleisesti syvällisempiä tajunnantasoja. Esimerkiksi apostoli Paavali selittää, että "teidän tulee – – pukea päällenne uusi ihminen, joka Jumalan mukaan on luotu totuuden vanhurskauteen ja pyhyyteen."[36]

Tässä yhteydessä valkoinen Ilmestyskirjan myyttikuvana edustaa jälleen pyhää ja alkuperäistä olemassaolon tasoa. Kun surmattujen sieluille annetaan valkoiset vaipat, Johannes ikään kuin määrittää tai paikantaa nuo sielut: he kuuluvat jo itseyden tasolle eli he ovat niitä, jotka ovat jo palanneet alkuperäiseen ja pyhään henkiseen kotiinsa. Koska kotiinpalanneet ovat Johanneksen symboliikassa myös voittajia, Ilmestyskirjan kolmannessa luvussa sanotaan: "Joka voittaa, se näin puetaan valkeihin vaatteisiin" (Ilm. 3:5). Kristillisessä kirjallisuudessa valkoinen vaate symbolina löytyy esimerkiksi Ristin Johannekselta, joka kertoo "puhtaan valkoisesta sisäisestä tunikasta" seuraavin sanoin: "Sielu ei voi pukeutua parempaan sisäiseen tunikaan eikä paitaan kuin on tämä uskon valkoinen vaate, sillä se on muiden hyveiden asujen pohja ja alku."[37]

Johanneksen järkkyminen

Maanjäristys

"Ja minä näin, kuinka Karitsa avasi kuudennen sinetin; ja tuli suuri maanjäristys" (Ilm. 6:12). Maanjäristys on yleinen unikuva, joka esiintyy voimakkaiden psyykkisten muutosten yhteydessä.[38] Maanjäristys ilmaisee voimallisesti muutoksen syvyyttä: sekä maan pinta, tietoisuus, että maan sisus, alitajunta, järkkyvät. Johanneksen kohdalla järistys on seurausta siitä tiedostus- ja muutosprosessista, jota hän on käynyt läpi. Hän on oivaltanut, että hänen uskonnollisuutensa on vajaata: hänen itseytensä ei ole vapautunut ja hänen uskonnolliseen elämänkatsomukseensa sisältyy ongelmia, joita hän on tähän asti torjunut.

Aurinko ja kuu Johanneksen näyssä

"Ja aurinko meni mustaksi niinkuin karvainen säkkipuku, ja kuu muuttui kokonaan kuin vereksi" (Ilm. 6:12). Aurinko myyttikuvana välittää yleensä vaikutelman kirkkaudesta. Esimerkiksi näkyihin ja syviin sisäänpäin kääntymisen tiloihin liittyvää valoa voidaan luontevasti verrata aurinkoon, kuten Johannes tekee Ilmestyskirjan ensimmäisessä luvussa. Siellä hän näkee "Ihmisen Pojan muotoisen", jota hän kuvaa sanoilla: "Hänen kasvonsa olivat niinkuin aurinko, kun se täydeltä terältä paistaa" (Ilm. 1:13,16).

Auringolla on Ilmestyskirjassa kuitenkin toinen merkitys silloin, kun aurinko tarkoittaa taivaankappaletta eikä pelkkää kirkkautta, ja tämä merkitys liittyy mielestäni auringon ikivanhaan myyttiseen tehtävään. Vanhoissa patriarkaalisissa kulttuureissa aurinko on vuosituhansien aikana ollut jumaluuden symboli tai jopa itse jumaluus; esimerkiksi muinaisen Egyptin niin sanottuja pyramiditekstejä vuosilta 2400–2200 eKr. on tulkittu siten, että Atum oli ilmenemätön, perimmäinen jumaluus, mutta Re eli aurinko oli tämän jumaluuden ilmenemismuoto taivaalla.[39] Tästä syystä oletan, että aurinko symboloi Johanneksen näyissä sellaista jumalakuvaa, jonka peruspiirteet juontuvat auringon ominaisuuksista taivaankappaleena.

Aurinko on ensinnäkin taivaalla kaukana ihmisen omasta elinpiiristä, joten aurinkojumalaa leimaa vieraantuneisuus. Toiseksi aurinko määrää päivän ja yön vaihtelut ja valon ja pimeyden, joten tätä jumalakuvaa luonnehtivilla määreillä on selvät vastakohdat. Ja kolmaneksi aurinko on taivaalla päivällä, joten se edustaa päivätajuntaa eli tietoisuutta. Tämä jumalakuva on siis luotu ja omaksuttu tietoisen ajattelun ja älyllistävän asenteen pohjalta.

Suppeimmillaan aurinko edustaa Ilmestyskirjan tulkinnassani ihmisen ulkopuolista enemmän tai vähemmän antropomorfista hyvää ja oikeudenmukaista tuomarijumalaa. Mutta auringolla on Johanneksen näyissä myös laajempi merkitys, joka liittyy yleisemmin oikeudenmukaisuuteen ja kaikkein yleisimmillään se ilmeisesti symboloi vain liian pinnallista, ulkokohtaista ja tietoisuuden varassa rakennettua jumalakuvaa. Raamatusta tämäntapaisia jumalakuvan painotuksia löytyy Vanhasta testamentista, jos tulkitsemme sen uskonnollisuutta yksioikoisesti; Mooseksen laeissahan Herra määräsi ihmisille oikean ja kielsi väärän.

Johanneksen jumalakuva ei ole kuitenkaan ollut Ilmestyskirjan näkyihin asti pelkästään Vanhasta tetamentista periytyvä, sillä hän elää jo aikaa, jolloin Jeesus on opettanut sanomaa rakkauden Jumalasta. Mutta oletan, että tällainen aurinkojumala on ollut mukana Johanneksen uskonnollisuudessa sen yhtenä säikeenä, ja suhdettaan tähän hän nyt tilittää. Jäljempänä puhun yksinkertaisuuden vuoksi auringosta Johanneksen vanhana jumalakuvana, mutta esittämäni varaus tulee muistaa.

Samalla kun Johannes ymmärtää itseyden merkityksen syvähenkisessä elämässä entistä keskeisemmäksi, vanha vieraantunut jumalakuva osoittautuu vääräksi. Se täytyy siis poistaa taivaalta paistamasta, ja niin aurinko Johanneksen näyssä menee mustaksi. Koska säkkipuku oli Raamatun aikana surun, katumuksen ja onnettomuuden puku, Johanneksen vertaus "aurinko meni mustaksi niinkuin karvainen säkkipuku" herättää mielleyhtymän: hän panee vanhan jumalakuvansa suremaan ja katumaan omaa vajavuuttaan.

Kuulla puolestaan on ollut patriarkaalisten kulttuurien mytologioissa aurinkoa vähäpätöisempi merkitys. Esimerkiksi kun Egyptissä Atum-Re oli korkein jumala, kuun jumala, Thoth, oli selvästi toissijainen joskin arvostettu.[40] Yleisenä myyttikuvana ja osana patriarkaalista kulttuuria kuu ilmaisee jotain sellaista, jota pidetään arvokkaampaan nähden toissijaisena tai joka vain täydentää arvokkaampaa. Lisäksi kuu voi symboloida jotain, joka on jäänyt kuin yön pimentoon eli ainakin osittain tiedostamatta ja elämättä.

Oletan, että Johanneksen näyssä kuu ilmaisee sen, mitä hänen vanhasta jumalakuvastaan on jäänyt liian suuressa määrässä pois, ja tämä poisjäänyt osa on rakkautta itseisarvon merkityksessä. Kuu symboloi siis Jumalaa rakkautena. Kun kuu nyt Johanneksen näyssä muuttuu kokonaan vereksi, uusi jumalakuva – Jumala on rakkaus – korostuu hänen uskonnollisuudessaan. (Tässäkin yhteydessä veri symboloi siis rakkautta.) Auringon mustumista ja kuun muuttumista vereksi voitaisiin tulkita myös niin, että Johannes on siirtymässä Vanhan testamentin jumalakuvasta yhä selvemmin Uuden testamentin jumalakuvaan. Mutta Johanneksen uusikin jumalakuva on vielä vieraantunut mielikuva, sillä se symboloituu taivaankappaleena, kuuna. Tämä on tietysti luonnollista, koska Johannes ei ole vielä pystynyt itse elämään täysimääräisesti rakkautta eli toteuttamaan itseyttään.

Aurinko ja kuu nykyihmisen elämässä

Siirtymä auringon maailmasta kuun maailmaan tai yleensä auringon himmeneminen ja yöhön joutuminen on nykyihmisenkin elämässä vavahduttava tapahtuma; usein se on suorastaan kuin portti tai ensimmäinen askel sisäiseen maailmaan. Itse ongelman tärkeyden takia tulkitsen seuraavassa yksityiskohtaisemmin aurinkoa ja kuuta nykyihmisen elämänä, mutta tulkintani valottaa hiukan lisää myös Johanneksen näyn aurinkoa ja kuuta ja hänen sisäistä muutostaan.

Koska aurinko on taivaalla päivällä, se liittyy päivätajuntaan eli tietoisuuteen. Tällä tajunnantasolla on omat sitä luonnehtivat periaatteensa ja lakinsa. Tietoisella tajunnantasolla esimerkiksi käytämme käsitteellistä kieltä ja jäsennämme maailmaa syy-seuraus-suhteen avulla, lineaarisella aikakäsityksellä ja kolmiulotteisella avaruuskoordinaatistolla. Vaikka emme aina huomaa näiden periaatteiden olemassaoloa, ne muodostavat ajattelullemme ja havainnoinnillemme yleisen viitekehyksen. Ja tätä viitekehystä aurinko sopii hyvin symboloimaan, sillä tietoisella tajunnantasolla hahmotamme maailmaa tuon viitekehyksen valossa, samoin kuin päivällä näemme maailman auringon valossa. Lisäksi kysymys on ihmisille yhteisestä, yliyksilöllisestä viitekehyksestä, jonka sisäisiin lakeihin tietoinen tajuntamme on sidottu, tahdoimmepa sitä tai emme. Vastaavalla tavalla aurinko taivaankappaleena edustaa ihmisille yhteistä kokemusta, ja sen toiminta on ihmisyksilöiden päätösvallan ulkopuolella.

Koska kuu on yötaivaalla, se liittyy myyttikuvana yötajuntaan. Yötajuntaa on unien maailma ja koko piilotajunta, sillä piilotajunta jää ihmismielessä kuin yön pimentoon. Tätä tajunnantasoa luonnehtivat toisenlaiset yleiset periaatteet ja lait kuin tietoisen ajattelun tasoa. Ensinnäkin piilotajunnan kieltä on myyttinen hahmotus, jonka luonnetta selvittelin johdannossa. Piilotajuntaan liittyy myös arvotunteiden eläminen, sillä arvoelämyksen herääminen jostain kohteesta ei tapahdu pelkästään tietoisesti tahtomalla; elämyksen lähteen on kosketettava meitä myös tietoisuutta syvemmällä tasolla eli piilotajunnassa. Juuri tällaista yliyksilöllistä yötajunnan viitekehystä, jonka valossa elämäämme elämme ja hahmotamme, kuu symboloi laajemmassa myyttisessä merkityksessään.[41] Koska kuu kuitenkin on taivaalla eli kaukana ihmisen omasta kokemusmaailmasta, se kuvaa vasta alkuvaihetta tällaisen uuden elämänasenteen ja hahmotustavan löytymisessä.

Nykyihminen elää mitä suurimmassa määrin auringon maailmassa, sillä elämme kuin tietoisuutemme varassa tai "päämme läpi". Mutta jos tahdomme edetä henkisesti syvemmille tasoille, meidän täytyy löytää myös kuun maailma. Meidän täytyy avautua kokemaan elämää myös tunteiden kautta, ja meidän täytyy avautua yleisesti sille oman tajuntamme potentiaalisuudelle, joka on vasta piilotajuisuutta. Näin on jo siksi, että sisäistyminen edellyttää pinttyneistä tietoisista käsityksistä luopumista ja piilotajuisten torjuntojen purkamista. Kosketuskohdan löytyminen piilotajunnan potentiaalisuuteen merkitsee usein myös luovuuden ja intuition heräämistä. Nykyään on muodikasta sanoa, että tällaisessa muutoksessa aktivoimme oikean aivopuoliskomme, jonka käyttö on aikaisemmin ollut vajaata eläessämme voittopuolisesti vasemman aivopuoliskomme varassa.

Nykyihmisen elämässä tällaisella muutoksella ei tarvitse olla ainakaan aluksi mitään yhteyttä syvähenkiseen tai varsinkaan perinteisessä mielessä uskonnolliseen kokemusmaailmaan. Kysymys on vain aikaisemmin piiloon jääneiden mahdollisuuksien toteutumisesta. Lisäksi muutos voi tapahtua yhdenkin ihmisen kohdalla elämän eri vaiheissa eri muodoin. Esimerkiksi jokin voimakas kokemus – rakkauden huuma, syvä esteettinen elämys tai parapsyykkinen kokemus – saattaa toimia muutoksen käynnistäjänä. Jos kokemus on tarpeeksi ravisteleva, muutoksen kouriin joutuneesta tuntuu, että hänen entinen tietoisuuteen rajoittunut kokemistapansa kuin tummuu eli väistyy hetkeksi täysin; entinen näyttää niin perin mitättömältä uuden, vasta-auenneen rinnalla. Mutta muutos voi tapahtua myös emotionaalisen kriisin kypsyttämänä. Silloin liiallinen älyperäisyys ja välineellisyys näivettävät elämänilon ja mielekkyyden tunnon, ja masentunut tunne ehkä olevansa kriisinsä keskellä täydessä pimeydessä ennen kuin uusi kokemistapa aukeaa. Tämäntapaiset emotionaaliset mullistukset ovat kuin sisäisiä maanjäristyksiä, jotka avaavat tajunnan lukkiutumia, ja ne johtavat lopulta myös elämänkatsomuksen uudistumiseen. Niiden jälkeen on helppo tunnustaa auringon riittämättömyys ja kuun tärkeys. Seuraava omasta kokemuspiiristäni oleva uni kuvaa tätä muutosta. Uni on saman naisen, jonka unta taistelevista miesarmeijoista käytin esimerkkinäni viidennessä luvussa. Kuljen tietä myöten ja vastaani tulee ihmisiä. Koko maisema ja ihmiset kylpevät auringon valossa aivan kuin impressionistisessa maalauksessa. Mutta nyt eteeni tulee seinä, ja joudun pimeyteen. Kuulen äänen, joka sanoo: "Tästä matka vasta alkaa". Seuraavaksi olen seinän toisella puolella ja näen kuun yötaivaalla. Se alkaa muuttua oudosti. Sen reunat ikään kuin elävät ja leiskuvat ja lähettävät kipinöitä. Minua pelottaa; tunnen olevani vaarassa, ja pelkään jopa maailmanloppua. Mutta uni jatkuu, ja löydän tien eteenpäin.

Tähdet, puu ja tuuli

"Ja taivaan tähdet putosivat maahan, niinkuin viikunapuu varistaa raakaleensa, kun suuri tuuli sitä pudistaa" (Ilm. 6:13). Jakeessa Johannes kuvaa sisäisen järkkymisensä vaikutuksia.

Tähdet ja planeetat ovat myyttisissä maailmankatsomuksissa hahmottuneet usein alemmanasteisiksi jumaliksi; antiikin mytologiassa näitä olivat esimerkiksi Venus ja Mars. Nykykielellä ilmaisten tähtijumaluudet olivat erilaisia abstrakteja ominaisuuksia, kuten rakkautta ja sotaisuutta, joiden avulla myyttisissä maailmankatsomuksissa todellisuutta jäsenneltiin. Nämä myyttiset tähtijumalat toimivat siis aikoinaan kuin ihmisen elämän johtotähtinä.

Koska tähdet taivaankappaleina ovat taivaalla, tulkitsen tähtiä Ilmestyskirjan symboleina uskomuksiksi, jotka Johannes on omaksunut enemmän tai vähemmän ulkokohtaisesti ja vieraantuneesti elämättä omakohtaisesti niiden sisältöä. Tähtien pudotessa nyt maahan eli ihmisen elinpiiriin Johannes purkaa vieraantunutta uskonnollisuuttaan; hän oivaltaa, että hänen uskontonsa on ollut suureksi osaksi vain uskomista uskomuksiin. Vieraantuneisuuden purkaminen ei ole kuitenkaan täydellistä, sillä verinen kuu jää taivaalle eikä auringon tummuminenkaan vielä merkitse, että Johannes olisi siitä lopullisesti vapautunut.

Puu voidaan nähdä myös yleisempänä myyttikuvana kuin ihmisen energiajärjestelmänä, jollaisena olen sitä aikaisemmin tulkinnut. Yleisesti puu ilmentää yksilöön sovitettuna sisäistä kokemista ja puun hedelmät kaikkea sitä antia, jota ihmisen sisäinen elämä hänelle ja hänen kauttaan muille suo. Se, minkälaisia puut ja niiden hedelmät yksityiskohtaisesti ovat, kertoo sitten tarkemmin kulloisestakin sieluntilasta. Koska Ilmestyskirjan näyssä puun hedelmät ovat raakileita, tämäkin myyttikuva ilmaisee, että Johannes oivaltaa aikaisemman sisäisen elämänsä epäkypsäksi. Hän joutuu luopumaan entisestä, ja niin raakileet putoavat puusta.

Viikunapuun olen jo edellä yhdistänyt hyvän- ja pahantiedon puuhun geometrisen muotonsa takia ja sen takia, että se mainitaan Raamatun syntiinlankeemuskertomuksessa. Samaa tulkintaa tukee osittain muukin Raamatun viikunapuusymboliikka; se on näet hyvin kaksitahoista. Toisaalta viikunapuun hedelmät ovat ravitsevaa ja makeaa ruokaa, ja tämä tulee esille Raamatun symboliikassa. Mutta toisaalta Raamatusta löytyy yllättävän monia kohtia, joissa viikunapuuta ja sen hedelmiä käytetään varoittavassa merkityksessä. Esimerkiksi Jeesus kiroaa viikunapuun, joka ei kanna hedelmää. Joskus taas viikunat ovat "ylen huonoja" tai "niin huonoja, ettei niitä voi syödä". Lisäksi Raamatussa tähdennetään viikunapuiden hoidon tarpeellisuutta.[42] Tämäntapaiset vertaukset yhdistävät viikunapuun hyvän- ja pahantiedon puuhun, sillä ihminen voi käyttää tämän puun symboloimia kykyjään, kuten tahdonvoimaansa ja ajattelukykyään, joko hyvin tai huonosti, joko niin, että hän pääsee lähemmäksi Jumalaa, tai niin, että hän erkaantuu Jumalasta yhä enemmän. Hänen tulee siis huolehtia näistä kyvyistään erityisen tarkasti ja tuottaa hyvää satoa huonon sijasta.

Näin ollen tähtien putoamista maahan viikunapuun raakileiden tavoin voidaan tulkita seuraavillakin sanoilla: Johannes oivaltaa, että hänen uskonnollisuutensa on ollut vain hyvän- ja pahantiedon puun raakaa hedelmää, vaikka oikean uskonnollisuuden tulisi olla elämän puun hedelmää eli rakkauden ja ilon välitöntä kokemista.

Tuuli on psykologisella tasolla tulkiten mielen liikettä. Tällainen vertaus löytyy esimerkiksi *Bhagavadgitasta*, jonka mukaan

Aistit ovat – – harhailevia,
kun mieli suuntautuu niiden mukaan,
ymmärrys karkaa pois
niin kuin tuuli vie venettä vesillä.[43]

Ilmestyskirjassa viikunapuun raakileet putoavat kovan tuulen ravistelemina, sillä Johannes on joutunut sisäisesti ravistelluksi: hänen tajuntansa on käynyt läpi rajumyrskyn. Tähtien putoaminen myrskyssä viikunapuiden raakileiden tavoin on jälleen yleisinhimillinen, nykyihmistäkin koskettava tapahtuma. Varmaan useampikin meistä on havahtunut jossain vaiheessa oman elämäntuntonsa ja -katsomuksensa vieraantuneisuuteen ja raakilemaisuuteen. Jos näin on käynyt, seurauksena on ollut järkytys, sisäinen myrsky, ja luopuminen entisestä.

Taivaan väistyminen

"Ja taivas väistyi pois niinkuin kirja, joka kääritään kokoon" (Ilm. 6:14). Taivas, joka väistyy, on Johanneksen entinen ylitajunta eli se tapa, jolla hän on tähän asti kokenut uskonnollisuuden. Kun tuo tapa on osoittautunut vieraantuneeksi ja raakilemaiseksi, hän luopuu siitä.

Kirjavertaus, jolla Johannes kuvaa taivaan väistymistä, on tuttu edellisestä näystä. Kirjavertauksen ei kuitenkaan tässä yhteydessä tarvitse viitata edellisen luvun kirjaan, vaikka tuonkin kirjan kääriminen kokoon tässä vaiheessa olisi johdonmukainen symboli. Seitsemällä sinetillä suljetun kirjakäärön sineteistähän on jo kuusi avattu, ja jokaisen avatun sinetin kohdalla Johannes on tiedostanut uusia asioita, eli hän on lukenut kirjaa. (Myyttisessä todellisuudessa ei tarvitse odottaa, että kirjan kaikki sinetit on avattu, vaan jokaisen avautuvan sinetin kohdalla kirjaa voidaan lukea entistä enemmän.) Vain seitsemännen sinetin avaaminen on edessäpäin, ja sen avaaminen merkitsee koko muutoksen elämyksellistä huipentumaa. Koska elämyksellisyys ylittää tiedostamisen, Johanneksen ei enää ainakaan tällä erää tarvitse lukea kirjaa, ja niin kirja joutaa pois.

Vuoret ja saaret

"Ja kaikki vuoret ja saaret siirtyivät sijoiltansa" (Ilm. 6:14). Vuorten ja saarten siirtyminen sijoiltaan kuvaa sekin Johanneksen sisäistä myllerrystä.

Mytologioissa vuori ilmentää usein ihmistajunnan ulottuvuutta ylöspäin, korkeiden arvojen ja ylevän henkisen elämän suuntaan. Siksi vuori liittyy paikkana jumaliin. Esimerkiksi Raamatussa kerrotaan Herran ja Mooseksen kohtaamisesta Siinain vuorella, ja antiikin Kreikassa jumalat asuivat tunnetusti Olympos-vuorella.[44] Johanneksen näyssä vuori symboloi luontevasti hänen jumalakuvaansa tai laajemmin ottaen hänen henkisiä arvokokemuksiaan ja niihin liittyviä katsomuksia. Kaikki nämä ovat joutuneet muutoksen kohteeksi, ja muutos on ollut perusteellinen. Siksi vuoret Johanneksen näyssä siirtyvät sijoiltaan eli perustoiltaan.

Saari symboloi myyteissä usein tietoisuutta tai ilmitajuntaa silloin, kun se koetaan piilotajunnan ympäröimäksi. Tällainen tuntemus liittyy varsinkin syvällisiin sisäisiin muutosvaiheisiin, joissa koemme olevamme kuin joka puolelta piilotajunnan meren eli uuden potentiaalisuuden ympäröiminä. Tuollaisessa vaiheessa elämme sisäänpäin kääntyneinä, omassa maailmassamme, kuten saarella eletään muusta maailmasta eristyneenä. Myyttien sankarit ovatkin usein saarella, kun he elävät läpi syvällistä sisäistä muutosta. Esimerkiksi Odysseus seikkailee saaristossa, samalla kun hän kypsyy sisäisesti. Johannes puolestaan on oivaltanut, että hänen tähänastiset kokemuksensa ja katsomuksensa syvähenkisestä elämästä ovat olleet pelkkiä saarekkeita suuressa piilotajunnan meressä ja sellaisinaankin vajaita. Niiden on siis irrottava sijoiltaan eli muututtava perustojaan myöten.

Luolat ja Jumalan viha

"Ja maan kuninkaat ja ylimykset ja sotapäälliköt ja rikkaat ja väkevät ja kaikki orjat ja vapaat kätkeytyivät luoliin ja vuorten rotkoihin ja sanoivat vuorille ja kalliolle: 'Langetkaa meidän päällemme ja kätkekää meidät hänen kasvoiltansa, joka valtaistuimella istuu, ja Karitsan vihalta, sillä heidän vihansa suuri päivä on tullut, ja kuka voi kestää?'" (Ilm. 6:15–16.)

Luola on maan sisustaa, joka psykologisella tasolla tulkiten edustaa ali- tai piilotajuntaa. Tavallisena unikuvana luola tuo esille, että unennäkijällä on jo elämyksellinen yhteys omaan piilotajuiseen tasoonsa, sillä luolassa on yleensä suuaukko ulkoilmaan. Ilmestyksen tähän kohtaan luola sopii hyvin, koska Johannes on saanut luotua uudenlaisen yhteyden piilotajuisiin psyykensä tasoihin; hänen tajuntansa on avautunut samalla kun sinettejä on avattu. Luola ja maanalaiset paikat ovat yleensäkin myyteissä syvällisen sisäisen muutoksen näyttämöitä. Tästä kertoo jo se, että yksi myyttien sankareilta yleismaailmallisesti vaadittu uroteko on maan alle tai Manalaan laskeutuminen. Esimerkiksi Kreikan mytologiassa Herkuleen urotöihin kuului maanalaisessa Hadeksessa käynti.[45]

Karitsan ja valtaistuimella istujan viha on myyttiselle hahmotukselle ominainen projektiivinen ilmaus: Karitsa ja valtaistuimella istuja eivät ole vihaisia, vaan Johannes itse tuntee ahdistusta. Ahdistuksen syynä on hänen oivalluksensa, että hän ei ole antanut Karitsalle ja valtaistuimella istujalle niille kuuluvaa oikeaa merkitystä, ja tästä syystä hän tekee Karitsan ja valtaistuimella istujan oman tunnetilansa lähteiksi. Kristillisessä kirjallisuudessa Ristin Johannes käyttää Jumalan vihaa ahdistuksen kuvana seuraavalla tavalla:

En osaa – – selittää, kuinka ankara tämä ahdinko on, enkä kuvata, kuinka tuskalliseksi yltyy sielun kokema ja tuntema vaiva. Voin vain viitata Jeremian siitä lausumiin sanoihin: "Minä olen mies, joka näen köyhyyteni hänen vihastuksensa vitsan alla."[46]

Maan kuninkaat, ylimykset, sotapäälliköt, rikkaat, väkevät, orjat ja vapaat edustavat Johanneksen tähänastisia ajatus- ja kokemistapoja. Mutta nyt sisäisen myllerryksen seurauksena ja suuren ahdistuksen vallassa hän joutuu elämään kaiken uudestaan. Kun siis kuninkaat, ylimykset ja muut pyytävät vuoria ja kallioita lankeamaan päälleen, Johannes tahtoo upota uuden etsimiseen tajunnan syviltä piilotajuisilta tasoilta.

7. TUULEN TYYNTYMINEN JA SINETILLÄ MERKITTÄVÄT

Hiljentyminen

"Sen jälkeen minä näin neljä enkeliä seisovan maan neljällä kulmalla ja pitävän kiinni maan neljää tuulta, ettei mikään tuuli pääsisi puhaltamaan maan päälle eikä meren päälle eikä yhteenkään puuhun" (Ilm. 7:1). Tuuli symboloi jälleen mielen liikkeitä, joten tuulen tyyntyminen merkitsee sisäistä hiljentymistä. Vertausta käytetään esimerkiksi *Bhagavadgitassa*:

> Niin kuin lamppu tyynessä paikassa
> ei lepata: tätä vertausta sovelletaan joogiin,
> joka pidättää ajatuksensa
> ja harjoittaa itseään joogassa.[1]

Koska tuulista kiinnipitävät enkelit kattavat kaikki pääilmansuunnat, Johanneksen sisäinen hiljentyminen koskee koko maata eli koko hänen tietoista tajuntaansa. Hiljentyminen on niin syvällistä, että maan ohella myös meri eli Johanneksen piilotajunta on tyyntynyt. Vielä sekin Johanneksen olemuksen taso, jota puu kuvaa ja joka tässä yhteydessä on ehkä luontevimmin nähtävissä yleisenä elämänenergiana, on rauhan tilassa.[2]

Koemme sisäistä hiljaisuutta sillä intensiteetillä, jonka henkinen kypsyytemme kulloinkin mahdollistaa. Kun pinnallinen, pyyteisiin ja kaksinaisuuteen sidottu tajunnantasomme hiljenee, syvemmälle ykseystajunnalle muodostuu kuin tilaa, ja niin koemme hiljentymisen hetkellä iloa, onnea ja rakkautta. Jos tällainen elämys on tarpeeksi voimakas, se laukaisee muutoksen: sen valossa koemme itsemme ja ehkä koko todellisuudenkin uudella tavalla. Vaikka muutos merkitsee olennaisesti eheytymistä – sehän johtuu ilon ja onnen elämyksestä – muutokseen voi sisältyä myös ahdistavaa tiedostusta. Hiljentymisen seurauksena tajuamme entistä selvemmin monet sidonnaisuutemme ja turhat pyrkimyksemme, ja tämä saattaa tuntua ahdistavalta. Jos emme kuitenkaan turvaudu itsepetoksiin ja rationalisointeihin vaan tunnustamme virheemme, vapaudumme ainakin osittain vanhoista sidonnaisuuksistamme. Vapautuminen luo sitten pohjaa entistä syvemmälle hiljentymiselle, sillä juuri sidonnaisuudet ovat pitäneet tajunnamme liikkeessä tavoitellessamme halujemme kohteita. Näin muutos jatkuu. Edellinen luku päättyi siten, että Johannes kääntyi sisäänpäin. Kuninkaat ja ylimykset ynnä muut hakeutuivat tuolloin luoliin, ja nyt tämä sisäänpäin kääntyminen johtaa hiljentymiseen. Hiljentyminen huipentuu kuitenkin vasta seuraavan luvun ensimmäisessä jakeessa, jolloin aukaistaan viimeinen eli seitsemäs sinetti.

Johanneksen tämän luvun näky jatkuu: "Neljälle enkelille – – oli annettu valta vahingoittaa maata ja merta, ja [eräs muu enkeli] sanoi: 'Älkää vahingoittako maata älkääkä merta, älkää myös puita, ennenkuin me olemme painaneet sinetin Jumalamme palvelijain otsaan'" (Ilm. 7:2–3). Johannes ennakoi näissä jakeissa sen muutosprosessin ahdistavuutta, joka hiljentymistä seuraa. Muutoksen aikana hänen tietoisuutensa ja piilotajuntansa ovat kuin vahingoittuneessa tilassa muutoksen kivuliaisuuden vuoksi, joten silloin enkelit vahingoittavat maata ja merta. Mutta Johanneksen tarkoittama ahdistava vaihe ei ala heti; se alkaa vasta kahdeksannen luvun toisesta jakeesta, ja tästä syystä enkelit eivät saa vielä vahingoittaa maata, merta tai puita. Ensin Johannes elää hiljentymisen eheyttävän, onnellisena koetun vaikutuksen.

Itseyden voimistuminen

Sinetti ja enkelit valtaistuimen ympärillä

Johanneksen näystä käy ilmi, että sinetti tosiaan painetaan Jumalan palvelijoiden otsaan. Johannes nimittäin sanoo heti sen jälkeen, kun enkeli on ilmoittanut sinettien painamisesta: "Ja minä kuulin sinetillä merkittyjen luvun" (Ilm. 7:4).

Sinetti on mahdollista tulkita siksi pyöreäksi valoksi, jota selostin neljännessä luvussa ja jonka meditoija saattaa nähdä otsansa kohdalla syvän hiljentymisen aikana. Chakraoppia soveltaen otsaan painettu sinetti olisi ajna-chakra, joka sijaitsee otsassa kulmakarvojen välissä, ja itämaisessa joogaperinteessä meditoijaa neuvotaan yleensä keskittymään juuri tähän kohtaan. Lisäksi sinetissä voidaan nähdä yleisesti pyöreä mandala, jolloin sinetti symboloisi eheytymisen ja ykseyden kokemista. [3]

Mutta sinetillä on myös omistusta ilmaiseva merkitys, ja tämä lienee tärkeällä sijalla Johanneksen näyssä. Johannes varmaankin tuntee, että hänestä tulee hiljaisuuden hetkellä Jumalan oma. Kristillisessä kirjallisuudessa pyhä Teresa käyttää sinettiä tällaisessa omistamisen merkityksessä. Hänen kuvauksensa sinetin painamisesta tuo esille myös muita syvän hiljentymiskokemuksen ominaispiirteitä, jotka auttavat ymmärtämään Johanneksen näkyä. Hiljentymisen ja henkisen antautumisen kokemusta pyhä Teresa kuvaa näin:

Jumala tahtoo näet sielun lähtevän sieltä [sisäisestä kokemisesta] sinetöitynä hänen sinetillään – –. Sielu ei nimittäin todellakaan tee silloin enempää kuin vaha, johon joku painaa sinettinsä. Vaha ei itse paina sitä itseensä, – – se vain pysyy hiljaa ja suostuvaisena.[4]

Voimme valmistautua arvokokemukseen hiljentämällä mieltämme niin paljon kuin siihen pystymme, mutta itse elämys, se ilo ja onni, mitä hiljentymisen hetkellä koetaan, on luonteeltaan spontaani siinä merkityksessä, että emme tunne itse sitä aiheuttavamme tai tekevämme. Teoreettisesti tämä on johdonmukaista: egon kuoren väistyessä itseys puhkeaa kuin omalla voimallaan esille. Uskonnollisissa yhteyksissä käytetään usein armon käsitettä ilmaisemaan tätä spontaaniuden, itseyden puhkeamisen tai sinetin painamisen tuntoa.

Ilmestyskirjassa käytetty nimitys "elävän Jumalan sinetti" kertoo lisää Johanneksen tunnoista (Ilm. 7:2). Hiljentymisen hetkellä hänelle aukeaa omakohtainen tapa kokea jumaluutta ilon ja henkisen rakkauden muodossa, ja tämä välitön kokeminen eroaa hänen vanhasta, vieraantuneesta ja siten kuolleesta jumalauskostaan.

Henkisen silmän valo ja mandalakuvio on luettavissa näystä myös muulla tavalla, sillä Johannes kertoo enkelien seisovan valtaistuimen ympärillä ja ylistävän Jumalaa: "Ja kaikki enkelit seisoivat piirissä valtaistuimen ja vanhinten ja neljän olennon ympärillä – – sanoen: 'Amen! Ylistys ja kirkkaus – – meidän Jumalallemme'" (Ilm. 7:11–12). Tässä yhteydessä sana "piirissä" lienee ankarasti ottaen kääntäjän tulkintaa, mutta jo valtaistuimen ympärille ryhmittyneet enkelit, jotka ylistävät Jumalan kirkkautta, luovat vaikutelman pyöreästä valosta, jossa on keskusvalo.[5]

Sukukunnat

Sinetillä merkityt ovat Johanneksen mukaan "kaikista Israelin lasten sukukunnista" (Ilm. 7:4). Israelin sukukunnat symboloivat myyttikuviksi tulkittuina yhden ihmisen eri aspekteja; Israelin kansa on kuin kaikkien ihmisten peri-inhimillinen malli. Tämän kansan vaiheet ja vaellukset, joista Raamatussa kerrotaan, edustavat ihmisen sisäisen elämän yleisinhimillisiä kehitysvaiheita ja muutoksia. (Korostan jälleen, että myyttinen tulkintatapa ei sulje pois kulloistenkin tapahtumien mahdollista historiallisuutta.)

Myyttistä tulkintatapaa noudattaen esimerkiksi israelilaisten pakkosiirtolaisuudet ja orjuudet vierailla mailla ovat osuvia egotajunnan myyttikuvia. Vieraalla maalla olo kuvastaa luontevasti ihmisen vieraantuneisuutta Jumalasta eli egotajunnan tilaa. Kristillisessä kirjallisuudessa käytetäänkin varsin yleisesti sanaa "maanpakolaisuus" tällaisessa symbolisessa merkityksessä; vertaus löytyy muun muassa Avilan pyhältä Teresalta. Israelin kansan toive päästä takaisin luvattuun maahan on puolestaan kilvoittelijan pyrkimystä palata takaisin henkiseen kotiinsa eli Jumalan yhteyteen ja itseystajuntaan. Tämän mukaisesti esimerkiksi Ristin Johannes puhuu Jumalaan yhtymisen luvatusta maasta.[6]

Kun Johanneksessa tapahtuu hiljentymisen johdosta syvällinen henkinen muutos, osa Israelin kansasta tulee Jumalan omaksi eli se muuttuu egosta itseydeksi. Johanneksen näyssä tätä muutosta symboloi Jumalan sinetin painaminen Israelin lasten otsaan tavanomaisempien myyttikuvien, kuten kuolemisen tai kotiinpaluun, sijasta.

Suuri valkoisiin puettu joukko

"Tämän jälkeen minä näin, ja katso, oli suuri joukko, jota kukaan ei voinut lukea, kaikista kansanheimoista, sukukunnista ja kansoista ja kielistä, ja ne seisoivat valtaistuimen edessä ja Karitsan edessä puettuina pitkiin valkeihin vaatteisiin" (Ilm. 7:9).

Johanneksen näkemä suuri joukko kertaa astetta korkeammalla tasolla sitä muutosta egosta itseyteen, jota sinettien painaminen Israelin lasten otsaan kuvasi. Israelin lasten kohdalla (jakeissa Ilm. 7:4–8) Johannes luetteli huolellisesti lukumäärät: sukukuntia oli kaksitoista ja kustakin niistä merkittiin tietty määrä ihmisiä sinetillä. Nyt heti seuraavassa jakeessa (Ilm. 7:9) Johannes sen sijaan korostaa, että hänen näkemänsä suuren joukon määrää kukaan ei voi lukea.[7] Ehdotan tälle muutokselle kokemusperäistä tulkintaa. Syvemmän tajunnantason, itseyden, voimistuminen tunnetaan subjektiivisesti sisäisenä eheytymisenä; meistä tulee ikään kuin kokonaisempia ihmisiä. Itseyden voimistumisen luonteva myyttikuva on siten muutos erillisistä osista yhdeksi kokonaisuudeksi, jonka osia ei voida erottaa toisistaan.

Suuren joukon merkitystä itseyden voimistumisen symbolina osoittaa myös se, että heillä on valkoiset vaatteet samoin kuin surmattujen sieluilla edellisessä luvussa.

Surmattujen sielut olivat edellisessä luvussa alttarin alla muun muassa sen takia, että Johannes ei ollut ymmärtänyt itseyden merkitystä riittävän hyvin. Suuri joukko sen sijaan on "valtaistuimen ja Karitsan edessä", ja tämän joukon Johannes näkee selvästi: "Minä näin, ja katso, oli suuri joukko" (Ilm. 7:9). Itseyden symbolit tulevat siis ikään kuin pois piilosta avoimesti näkyville valtaistuimen eteen, samalla kun itseyden merkitys syvähenkisessä elämässä paljastuu Johannekselle entistä avoimemmin. Muutos johtuu Johanneksen sisäisestä hiljentymisestä, joka on alkanat osoittaa hänelle, mistä syvähenkisessä elämässä aidoimmillaan on kyse.

Palmu

"Ja heillä [valkeisiin puetulla suurella joukolla] oli palmut käsissään" (Ilm. 7:9). Palmu liittyy monin tavoin itseyteen korostaen, että valkoisiin puetut ovat todellakin jo kuin itseyden osia.

Palmulle annoin edellisessä luvussa elämän puun merkityksen, silloin kun elämän puu symboloi ykseyden ja autuuden kokemista. (Palmun oksaton runko ja latvaviuhka sopivat hyvin kuvaamaan sushumna-nadia ja sushumnan päätepisteenä olevaa tuhatterälehtistä lootusta eli sahasraraa.) Kun Johannes on aktualisoinut itsessään palmupuun symboloimaa energiaa entistä enemmän, hän elää ykseyttä: iloa ja onnea.

Raamatun syntyseuduilla taatelipalmu oli kotoisin aavikoiden keitailta, ja se oli arvokas ravinnonlähde. Itse Raamatussa palmu esiintyy erityisesti temppelien koristeena; esimerkiksi profeetta Hesekielin temppelinäyssä palmut ovat tärkeitä koristeaiheita. Lisäksi palmu on toiminut yleisesti voiton ja rauhan symbolina.[8] Myös kaikki nämä palmuun liittyvät assosiaatiot sopivat tähän yhteyteen, sillä itseyden voimistuminen merkitsee, että osa Johanneksesta on löytänyt tiensä keitaalle, maukkaan ravinnon äärelle, sisäiseen temppeliin, ja tuo osa on "voittanut" ja saavuttanut rauhan.

Lukumäärät

"Ja minä kuulin sinetillä merkittyjen luvun, sata neljäkymmentä neljä tuhatta merkittyä kaikista Israelin lasten sukukunnista" (Ilm. 7:4). Tämän jälkeen Johannes luettelee nimeltä mainiten sukukunnat, joita on kaikkiaan kaksitoista, ja hän kertoo, että kustakin sukukunnasta merkittyjä oli kaksitoistatuhatta (Ilm. 7:5–8). Kaikki israelilaiset eivät siis vielä tule Jumalan omiksi, vain nuo sataneljäkymmentäneljätuhatta, sillä Johanneksen muutos egosta itseyteen ei ole vielä täydellinen. Johanneksen mainitsemista luvuista muodostuu kertolasku kaksitoista kertaa kaksitoistatuhatta. Tätä voidaan verrata Ilmestyskirjan lopussa esiintyvään pyhään kaupunkiin, jonka mitat ovat kaksitoistatuhatta kertaa kaksitoistatuhatta (Ilm. 21:16). Jumalan sinetillä nyt merkityt muodostavat siis kuin alkuidun henkistä täydellisyyttä – eli täydellisesti toteutunutta Itseyttä – kuvaavalle pyhälle kaupungille. Siksi on luontevaa, että sama luku "kaksitoista" esiintyy molemmissa myyttikuvissa. Tässä seitsemännen luvun näyssä lukumäärät geometriseksi kuvioksi tulkittuina muodostavat kuitenkin vasta suorakaiteen, kun taas pyhä kaupunki geometrisena kuviona on täydellinen neliö. Johanneksella onkin vielä pitkä matka edessäpäin elämän puun tiellä ennen kuin hän löytää sen harmonisen eheyden, jota neliö symboloi.

Vastaavanlaisia geometristen kuvioiden muutoksia esiintyy myös unissa, ja itsekin seurasin pitkään tällaisia muutoksia unikuvissani, ennen kuin huomasin saman symboliikan esiintyvän piilevästi myös Ilmestyskirjassa. Esimerkiksi yhdessä unieni jaksossa ruokapöytä muutti muotoaan asteittain pitkästä, suorakaiteen omaisesta neliömäisemmäksi, sitä mukaa kuin se sisäinen ravinto, jota nautin, muuttui eheyttävämmäksi.[9]

Eräs muu enkeli

Enkeliä, joka kieltää neljää enkeliä vahingoittamasta maata, merta ja puita ja joka ilmeisesti painaa sinetin Jumalan palvelijain otsaan, Johannes kuvaa sanoilla: "Ja minä näin erään muun enkelin kohoavan auringonnoususta" (Ilm. 7:2). "Auringonnoususta" on sanatarkka käännös Ilmestyskirjan alkukielestä, mutta sanonnalla tarkoitetaan itää ilmansuuntana, ja uudemmissa käännöksissä käytetään tätä sanaa.[10]

Itä on yleisesti valon heräämisen suunta, joten idästä kohoava enkeli symboloi sellaista valoa luovaa intuitiivista kokemista, joka muuttaa Johannesta. Jos auringolle annetaan pelkästään kirkkauden merkitys, auringonnoususta kohoava enkeli tarkoittaa samaa. Uusi käännös on kuitenkin parempi, sillä auringonnousu yhdistyy suomen kielessä aurinkoon taivaankappaleena, ja Ilmestyskirjassa aurinko taivaankappaleena symboloi tulkintani mukaan Johanneksen vanhaa jumalakuvaa. Sen nousuun ei siis liity mitään hyvää, vaan päinvastoin Johannes pyrkii pääsemään auringosta Ilmestyskirjan kuluessa eroon.

Hiljentymiskokemuksen merkitys

Luvun loppujakeissa Johannes pohtii kokemuksensa merkitystä. Jakeiden sisältö on lähinnä asioita kertaavaa, mutta niissä esiintyy Ilmestyskirjan kokonaisuuden kannalta mielenkiintoisia myyttikuvia.

Ahdistus ja vaatteiden pesu

"Nämä [valkeisiin puetut] ovat ne, jotka siitä suuresta ahdistuksesta tulevat" (Ilm. 7:14). Suuren ahdistuksen Johannes koki edellisen luvun lopussa, kun hän tunsi olevansa valtaistuimella istuvan ja Karitsan vihan kohteena ja huokasi: "Heidän vihansa suuri päivä on tullut, ja kuka voi kestää?" Ahdistuksessaan Johannes kääntyi sisäänpäin ja hiljentyi, ja hiljentyminen oli ilon ja rakkauden hetki. Se ahdistus ja ehkä häpeäkin, jota hän tunsi oivallettuaan vanhan uskonnollisuutensa keskeneräisyyden, pyyhkiytyi pois ilon vallatessa hänet. Samalla hän vapautui sidonnaisuudestaan vanhaan. Hänen ei enää tarvinnut takertua vanhaan vieraantuneeseen uskoonsa, koska sen sijalle murtautui uusi suloisempi elämäntunto, ilo ja rakkaus.

Tätä muutosta Johannes kertaa ja selventää vielä seuraavilla sanoilla: "He ovat pesseet vaatteensa ja valkaisseet ne Karitsan veressä" (Ilm. 7:14). Koska Johanneksen tajunta on puhdistunut sidonnaisuuksista ja ahdistuksesta, hänen kokemansa muutos on vaatteiden eli tajunnan pesemistä. Hän tuntee ilmeisesti kastautuneensa hiljentymisen hetkellä suorastaan kaikkialliseen rakkauteen, sillä vaatteet on kastettu Karitsan vereen. (Tässä verellä on siis jälleen henkisen rakkauden merkitys.)

Vereen kastaminen ei reaalisessa todellisuudessa tietystikään tuota valkoista vaatetta, mutta Ilmestyskirjan myyttisessä todellisuudessa näin täytyy tapahtua. Valkoinenhan on Ilmestyskirjassa todellisuuden henkisimpien tasojen väri, ja Karitsan vereen kastautuminen merkitsee niiden elämistä.

Jumalan palveleminen ja telttamaja

"He ovat Jumalan valtaistuimen edessä ja palvelevat häntä päivät ja yöt hänen temppelissään, ja hän, joka valtaistuimella istuu, on levittävä telttamajansa heidän ylitsensä" (Ilm. 7:15). Kun syvällinen tajunnantaso on kilvoittelijassa auennut, se voi vallita jatkuvasti, jos hän keskittyy siihen kuin tajuntansa pohjalla, vaikka hän tajuntansa muilla tasoilla paneutuisikin toimintaan ja kokisi ulkoisia vaikeuksia ja jopa sisäisiä koettelemuksia. Uskonnollisessa kirjallisuudessa tällaista tilaa kutsutaan usein Jumalan läsnäolon harjoittamiseksi.[11] Ihminen on siis yhdeltä säikeeltään kuin jatkuvasti, sekä päivällä että yöllä, Jumalan temppelissä eli Jumalan läsnäolon piirissä.

Telttamaja jatkaa valkeiden vaatteiden symboliikkaa; maja on samalla tavalla astiamainen symboli kuin vaate. Koska maja levitetään – tai täsmällisemmin ilmaisten luvataan piakkoin levittää – valkeisiin puettujen ylle, se tekee valkoisiin puetuista yhden kokonaisuuden. Telttamaja ilmentää siis uutta eheytymisen tasoa Johanneksen henkisessä muutoksessa: hänen tajuntansa syvä taso, itseys, ikään kuin laajenee vaatteesta teltaksi. Näin se voi kuvaannollisesti ilmaisten pitää sisällään entistä suurempaa henkisyyden määrää, ja silloin ihmistajunta lähenee universaalia itseyttä. Kristillisessä kirjallisuudessa henkistyneestä sielusta puhutaankin joskus telttana, jossa Jumala asuu.[12]

Telttamaja ilmaisee kuitenkin myös Johanneksen tämänhetkistä epätäydellisyyttä, jos vertailukohtana pidetään Ilmestyskirjan loppua. Ensinnäkin telttamaja oli Raamatun aikoihin Lähi-idän kulttuurissa paimentolaisten ja muiden vaeltavien ihmisten suoja, ja Raamatun kuuluisa telttamaja, ilmestysmaja, toimi israelilaisten pyhäkkönä vaellusten aikana. Koska Johanneskin on vielä vaeltaja matkalla henkiseen kotiinsa, on luontevaa, että hänen pyhyyttä kokeva tajuntansa kuvautuu vaeltajien telttamajana. Toiseksi Palestiinan beduiinien parissa teltta oli suorakaiteen muotoinen samoin kuin ilmestysmaja, ja voinemme tästä päätellä, että myös Johanneksen mainitsema telttamaja on geometriselta muodoltaan suorakaide.[13] Se on siis jälleen kuin alkuitu neliömäiselle pyhälle kaupungille.

Kun syvällinen tajunnantaso on ihmisessä auennut, se suojelee häntä, sillä sen avulla hänen on helpompi kestää elämän kolhut. Myös tähän suojelevaan funktioon telttamaja yleisenä symbolina viitannee.

Jano ja nälkä; Karitsan johdatus

"Ei heidän enää tule nälkä eikä enää jano, eikä aurinko ole sattuva heihin, eikä mikään helle" (Ilm. 7:16). Jos avaudumme kokemaan rakkautta ja elämän pyhyyttä, saamme myyttistä elävää vettä juodaksemme ja mannaa syödäksemme, ja silloin tunnemme olevamme henkisesti ravittuja. Vieraantunut ulkokohtainen uskonnollisuus sen sijaan näivettää välitöntä elämäntuntoa, kuten eteläisten maiden armoton aurinko paahtaa kuivaksi luonnon vehreyden. Auringolla on siis tässäkin kohdassa negatiivinen vieraantuneen uskonnollisuuden merkitys.

"Karitsa, joka on valtaistuimen keskellä, on kaitseva heitä ja johdattava heidät elämän vetten lähteille, ja Jumala on pyyhkivä pois kaikki kyyneleet heidän silmistänsä" (Ilm. 7:17). Jakeessa kerrataan alkulukujen olennaisinta sanomaa: Karitsa eli universaali itseys on aidossa uskonnollisuudessa keskeistä. Teoreettisena oivalluksena tämä ilmenee näyssä siten, että itse jumaluuden käsite on saanut uutta sisältöä eli Karitsa on siirtynyt valtaistuimen keskelle. Mutta teoria ei riitä. Johanneksen tulee myös itse avautua kokemaan Karitsan symboloimaa korkeaa henkisen todellisuuden tasoa. Karitsan tulee siis toimia kuin oppaana, jota seuraten Johannes kulkee eteenpäin aina täydellisyyteen asti. Elämän vetten lähteet ja kyynelten poispyyhkiminen ovat yleisiä onnentilan symboleja, ja ne toistuvat hieman muuntuneina Ilmestyskirjan lopussa, jossa nyt luvattu paratiisillinen onnentila toteutuu.

II

VANHAN USKONNOLLISUUDEN VAJAVUUS

Ilmestyskirjan luvut 8–11

Jakson ensimmäisessä jakeessa huipentuu se vapautuminen, jota Johannes kuvasi edellisessä luvussa. Sen jälkeen Johannes alkaa tiedostaa aiemman uskonnollisuutensa riittämättömyyttä. Näkyjen kuvat muuntuvat johdonmukaisella tavalla tiedostuksen edetessä, ja ne kertovat yleisinhimillisestikin henkisen muutoksen luonteesta. Jakson teoreettinen asiasisältö on sen sijaan niukka; vain yhdennessätoissa luvussa tulee esille sisällöllisesti uusia asioita.

8. ÄÄNETTÖMYYS TAIVAASSA JA ENSIMMÄISET PASUUNAN PUHALLUKSET

Hiljaisuus

"Ja kun Karitsa avasi seitsemännen sinetin, tuli taivaassa äänettömyys, jota kesti noin puoli hetkeä" (Ilm. 8:1). Johanneksen sisäinen hiljaisuus siis syvenee, niin että se yltää ylitajuntaan eli taivaaseen asti; edellisen näyn alussahan vain meri ja maan pinta puineen olivat tyyntyneet. Oletan, että Johanneksen kokema syvä hiljaisuus on ykseyden kokemus. Kun egotajunnan liike hiljenee, syvempi tajunnanmuoto eli ykseystajunta valtaa hänet. Puoli myyttisenä lukuna ilmentää yleisesti pienuutta ja ajallisesti lyhyttä hetkeä. Kreikan kielen sana *hēmiōron*, joka on tässä käännetty puoleksi hetkeksi, voidaan lukea myös puoleksi tunniksi, mutta tulkintani mukaan puoli tuntiakin on myyttinen lyhyen hetken kuvaus. Täsmällisemmin eriteltynä puoli on yksi jaettuna kahdella ykkösen ilmentäessä ykseyttä ja kakkosen kaksinaisuutta. Äänettömyys, jota kestää puoli hetkeä, on siis ykseyden kokemus, josta Johannes palaa nopeasti takaisin tavanomaiseen kaksinaisuuden sävyttämään arkitajuntaansa. On myös mahdollista, että hän elää hetken, jonka aikana hänen tajuntansa on kuin jakautunut. Hänen tavallinen tajuntansa saattaa olla läsnä, mutta samalla hänelle avautuu uusi tajunnan ulottuvuus, joka on syvää hiljaisuutta ja ykseyden kokemista.

Elämyksiä, joissa tunnemme uuden tajunnanmuodon avautuvan, kutsutaan länsimaisessa psykologiassa muuntuneiksi tajunnantiloiksi tai elämän huippukokemuksiksi. Länsimaisessa uskonnossa ja joskus filosofiassakin niitä nimitetään yliluonnollisiksi ja mystisiksi kokemuksiksi. Tällöin egotajunnan taso, jota leimaa kaksinaisuus, hahmottuu luonnolliseksi tajunnanmuodoksi, ja se, mikä ylittää egotajunnan tason, on yliluonnollista ja mystistä. Näin hahmottaen kaikki syvän hiljaisuuden ja ykseyden kokemukset tulevat yliluonnollisiksi, vaikka tällaiset kokemukset ovat luonnollisia siinä merkityksessä, että mitä erilaisimmat ihmiset eri aikakausina ja eri kulttuureissa ovat niitä tosiasiallisesti kokeneet ja kuvailleet.

Kokemusten kuvauksissa toistuu useita peruspiirteitä. Ensinnäkin ihminen tuntee, että tällaisten hetkien aikana hän todella elää; sen sijaan tavallinen tajunta alkaa näyttää niiden rinnalla unelta tai pimeydeltä. Toiseksi kokemuksia leimaa syvä totuudellisuuden tunto: vaikka itse kokemus olisi kestänyt vain hetken, sen totuudellisuutta kokija ei voi epäillä. Tai jos hän jollain säikeellään yrittääkin epäillä, hän huomaa joka tapauksessa muuttuneensa kokemuksen voimasta. Tämä muutosvaikutus saattaa ilmetä äkillisenä uskonnollisena heräämisenä, mutta muutos voi olla myös vähittäisempää. Vielä näiden kokemusten kuvaamista pidetään vaikeana, sillä niiden luonne ylittää tavallisen kaksinaisuuden sävyttämän tajunnan. Kuvauksiin käytetään usein sellaisia paradoksaalisia määreitä kuin "korkea syvyys" ja "olevainen nimetön ei-mitään".[1]

Näiden mystisten tilojen yksityiskohtainen laatu kuitenkin vaihtelee. Niissä saattaa korostua esimerkiksi kaikkiallinen ykseys, olemassaolon kokonaisuusluonne, ajattomuus, vapaus, totuudellisuus, elämän yksinkertaisuus ja mielekkyys tai universaali rakkaus. Ilmestyskirjassa käytetään tässä kohdassa vain niukkaa luonnehdintaa "äänettömyys taivaassa", joka kertoo ylitajuisesta hiljaisuudesta. Ehdotan Johanneksen kokemukselle kuitenkin rinnastuskohteita oman näkemykseni mukaan siten, että rinnastukset valottavat kokemuksen luonnetta ja sen vaikutuksia Ilmestyskirjan tapahtumien ketjussa. Vertailukohteeni ovat erilaisia kokemuksen laadun, intensiteetin ja keston suhteen, sillä oletan Johanneksen kuvaavan tässä yhteydessä kiteytyneesti kokonaista pitkää elämänvaihetta, jossa hänelle alkavat aueta uudet tajunnan ulottuvuudet.

Ensimmäisen esimerkkini otan Bernhard Clairvauxlaiselta, 1100-luvulla vaikuttaneelta kristilliseltä mystikolta, sillä hän käyttää juuri tätä Ilmestyskirjan kohtaa kuvatessaan lyhytaikaista mystistä kokemusta. Samantapainen tulkinta Ilmestyskirjan taivaan hiljentymisestä löytyy kristillisestä kirjallisuudesta myös Gregorius Suurelta ja Bernhardin aikalaiselta Guillaume de Saint-Thierryltä.[2] Seuraavassa lainauksessa pyhä Bernhard käyttää Ilmestyskirjan ohella Vanhan testamentin Korkean veisun eli Laulujen laulun kuvakieltä ja Paavalin toisen Korinttilaiskirjeen sanoja:

Kun taivas on hiljentynyt hetkeksi, ehkä puoleksi hetkeksi [tai puoleksi tunniksi], hän lepää tyynesti noissa armaissa syleilyissä. Hän itse on nukuksissa, mutta hänen sydämensä valvoo: kuinka hän saakaan tuona hetkenä katsoa totuuden kätkettyihin salaisuuksiin, joiden muistelulla hän juhlii palattuaan itseensä. Tuona hetkenä hän näkee näkymättömiä ja kuulee asioita, joita ei voi eikä ole lupa sanoin lausua.[3]

Pyhä Teresa kuvaa hetkellistä uuden tajunnanmuodon avautumista, josta hän käyttää nimitystä "intellektuaalinen näky", muun muassa seuraavin sanoin:

Milloin Herra hyväksi näkee, tapahtuu, että sielu ollessaan rukouksessa ja täysin tajuissaan joutuu äkkiä kohoamukseen, jossa Herra saattaa sille ymmärrettäväksi suuria salaisuuksia. – – [Vaikka kokemus] menee ohi hetkessä, se painaa jälkensä syvälle sieluun. – – Sille paljastuu, kuinka kaikki nähdään Jumalassa ja kuinka hänellä on kaikki itsessään. – – Jumala äkkinäisesti ja selittämättömällä tavalla paljastaa itsessään jonkin totuuden, joka näyttää tekevän pelkäksi pimeydeksi kaikki luoduissa olevat totuudet.[4]

Erityisesti Teresa painottaa – ja tämä on mielenkiintoista Johanneksen näkyjen ymmärtämiseksi – että noina hetkinä sielu tajuaa myös pahojen tekojen tapahtuvan Jumalassa. Jumala on kuin "suuri ja kaunis asunto tai palatsi", ja Teresa kysyy:

Voiko syntinen kenties lähteä ulos tästä palatsista tehdäkseen pahoja tekojaan? Ei, varmasti ei, vaan ne kauhistavuudet, häpeällisyydet ja pahuudet, joita me syntiset teemme, tapahtuvat sisäpuolella, juuri tässä palatsissa, joka on itse Jumala.[5]

Ehkä juuri tämäntapaisen kokemuksen takia, jossa vastaansanomattomalla tavalla oivalletaan, että kaikki – myös pahuus – tapahtuu yhden kokonaisuuden sisällä, Johannes joutuu tutkimaan jumalakuvaansa uudella tavalla. Tällaisen kokemuksen jälkeen Jumala ei voi olla vain hyvä voima pahan vastakohtana.

Länsimaisesta filosofiasta tavallisen tajunnantilan ylittävä ykseyselämys löytyy esimerkiksi Ludwig Wittgensteinin nuoruuden teoksen *Tractatus Logico-Philosophicus* lopusta, josta luemme sanat: "Maailman kokeminen rajallisena kokonaisuutena on mystinen kokemus."[6] Wittgenstein käyttää kokemuksen kuvaamiseen paradoksaalista ilmausta: tavallisen hahmotustavan mukaan koko todellisuus ei voi olla rajallinen kokonaisuus, sillä myös rajan takana on jotain. Tulkitsen Wittgensteinia vielä niin, että tällaisten kokemusten aikana hän tunsi olevansa todella valveilla. Kirjeissään hän nimittäin selitti:

Elämämme on kuin unta. Mutta parhaina hetkinämme heräämme juuri tarpeeksi tajutaksemme, että näemme unta. Suurimman osan ajasta olemme kuitenkin syvässä unessa.[7] Ehkä myös Johannes tuntee syvän hiljaisuuskokemuksensa jälkeen entisen elämäntuntonsa pelkäksi uneksi. Hän tahtoo herätä pysyvästi unestaan, ja niin taivaan hiljeneminen laukaisee uuden muutosprosessin hänen sisäisellä tiellään.

Itämaisesta kulttuurista otan rinnastuskohteen Johanneksen hiljaisuuskokemukselle zen-buddhalaisuuden *satori*-elämyksestä. Satori tarkoittaa uuden tajunnanmuodon avautumista, ja zen-buddhalaisuuden tuntijat teroittavat, että aluksi se eletään lyhyinä välähdyksinä; vasta ajan myötä uusi tajunnantila muodostuu pysyvämmäksi.[8] Zen-opettaja johdattaa yleensä oppilastaan satoriin saattamalla tämän umpikujaan tavallisen ajattelun tasolla. Tähän tähtäävät monet zen-kirjallisuuden kuuluisat *koanit*, joita oppilaan käsketään ratkoa. Kun oppilas ei voi päästä umpikujastaan, hän antaa lopulta periksi ja luopuu hetkeksi kuin välttämättömyyden pakosta kaksinaisuuteen sidotusta ajattelustaan. Silloin hän elää satorin eli kokee olemassaolon uudella, kaksinaisuuden erotteluista ja valinnoista irti olevalla tavalla. Zen-filosofiassa asia ilmaistaan muun muassa näin:

Suuressa tiessä ei ole mitään vaikeaa,
vältä vain valitsemista!
Jos mieli on rauhassa,
väärät ajatukset häviävät itsestään.[9]

Oletan, että samalla tavalla myös Johanneksen hiljaisuuskokemus hävittää hänen entisiä uskonnollisia käsityksiään, jotka hän oli muodostanut kaksinaisuuteen sidotun ajattelunsa pohjalta.

Esitän vielä yhden hetkellisen ykseyselämyksen omasta kokemuspiiristäni. Tahdon esimerkilläni korostaa Ilmestyskirjan puhuttelevuutta nykyihmisenkin elämässä.

Istun hiljaa sisäänpäin vajonneena. Yllättäen tajunnassani avautuu kuin uusi ulottuvuus. Näen tai koen tavalla, jota on hyvin vaikea kuvailla, *koko* todellisuuden. Elän sen ikään kuin samastumalla siihen. Tajuan samalla, että tuo kokonaisuus ei voi ylittyä, sillä se on täydellinen kokonaisuus. Kaikki oleva on siinä, ykseytenä. En voisi itsekään koskaan joutua sen ulkopuolelle, mikä ikinä olomuotoni olisikin, sillä mitään ulkopuolta ei siinä ole. Kokemus kestää tavallisen ajan mittapuilla ehkä vain hetken murto-osan, mutta silti se on hyvin ehdoton, kuin totuus itse.

Koska Ilmestyskirjassa taivaan hiljeneminen tapahtuu Karitsan avattua seitsemännen sinetin, Johannes kokee hiljaisuuden sen muutosprosessin huipentumana, jota sinettien avaaminen on kuvannut. Chakra-symboliikan mukaan hän on saavuttanut seitsemännen keskuksen eli sahasraran. Riippuen siitä, kuinka täydellisesti elämänenergia on siirtynyt sahasraraan, muuntunut tajunnantila vaihtelee intensiteetiltään ja kestoltaan. Nyt kuvattu taivaan hiljeneminen ei ole vielä täydellinen ja pysyvä autuus; se on vasta hetkellinen huippukokemus, sillä Johanneksen sisäinen matka ei ole vielä päätöksessään.

Oivallus muutoksen välttämättömyydestä

Seitsemän enkeliä

"Ja minä näin ne seitsemän enkeliä, jotka seisoivat Jumalan edessä, ja heille annettiin seitsemän pasunaa" (Ilm. 8:2). Johanneksen näkemät seitsemän enkeliä symboloivat uutta intuitiivista tiedostus- ja muutosprosessia. Nähdessään enkelit hän oivaltaa, että hänen sisäisen muutoksensa täytyy jatkua, ja myöhemmin enkelit puhaltavat kukin vuorollaan pasuunaan, jolloin pasuunan puhallukset symboloivat muutoksen eri vaiheita.

Raamatussa pasuunan ääni on yksi Jumalan äänestä käytetty vertaus, ja itämaiseen traditioon soveltaen pasuunan ääni on Om-ääntä. Mutta pasuuna on tässä yhteydessä myös muuten osuva symboli. Kun Johannes edellisen muutosprosessinsa aikana avasi tajuntansa lukkiutumia, hän joutuu nyt tiedostamaan tarkemmin sitä, mikä oli jäänyt piiloon noiden lukkiutumien eli sinettien taakse. Tämän piiloon jääneen enkelit julistavat kuin tiedoksi pasuunan puhalluksillaan. Pasuunan ääntä voinemme verrata trumpetin ääneen, jonka merkitystä antiikin kreikkalainen unien selittäjä Artemidoros selitti näin: "Salaiset asiat se paljastaa läpitunkevan äänensä vuoksi."[10]

"Muu enkeli"

"Ja tuli eräs muu enkeli ja asettui alttarin ääreen – – joka oli valtaistuimen edessä. Ja enkeli otti suitsutusastian ja täytti sen alttarin tulella ja heitti maan päälle; silloin syntyi ukkosen jylinää ja ääniä ja salamoita ja maanjäristystä." (Ilm. 8:3,5.) Näyn tapahtumapaikkana on edelleen taivas, joten Johanneksen muuntunut ylevöitynyt tajunnantila jatkuu, mutta nyt se on intuitiivisen oivalluksen tila, sillä enkeli on näyn pääosassa.

Koska tämän "muun enkelin" toimet tapahtuvat hiljaisuuskokemuksen jälkeen ja ennen pasuunan puhalluksia, oletan niiden kuvastavan Johanneksen intuitiivista visiota hiljaisuuskokemuksen merkityksestä.

Näyn alttari on tulkintani mukaan se kuudennen luvun alttari, joka symboloi kaikkiallista rakkautta eli teoreettisemmin ilmaisten universaalin itseyden subjektiivista puolta. Suitsukeastia puolestaan on Johanneksen oma yksilöllinen tajunta pyhyyttä ja henkistä rakkautta kokevana. Kun enkeli panee suitsukeastiaan alttarin tulta, luulen Johanneksen intuitiivisesti oivaltavan, että hän koki syvän hiljaisuuden ja ykseyden hetkellä universaalin itseyden tason. Hän koki rajojen katoamisen kaiken olevaisen väliltä, ja tämä rajojen katoaminen oli kaikkiallista rakkautta.

Tuli korostaa kokemuksen ja ennen kaikkea rakkauden luonnetta ihmistä muuttavana ja puhdistavana voimana. (Tätä tulen muuttavaa vaikutusta Johannes kuvaa tarkemmin näkynsä edetessä.) Tulen heitto taivaasta maan päälle symboloi siten Johanneksen taivaallisen eli ylitajuisen kokemuksen vaikutusta hänen maanpäällisempään olemukseensa. Syvä hiljaisuuden ja universaalin rakkauden kokemus, jota äänettömyys taivaassa ja alttarin tuli symboloivat, muuttaa häntä vääjäämättä.

Ukkosen jylinän, äänet, salamat ja maanjäristyksen tulkitsen siten, että Johannes palaa muuntuneesta ylitajuisesta tilastaan tavanomaisempaan tajunnantilaan. Oletan siis, että Johannes kuulee äänet, kun hänen elämänenergiansa laskeutuu alaspäin. Tämä on yksi mahdollisuus hahmottaa Johanneksen näyn etenemistä, sillä vain sahasraraa alemmat chakrat lähettävät Om-ääntä.[11] Liike taivaasta maahan kertonee myös voimakkaasti muuntuneen tajunnantilan palaamisesta tavanomaisemmaksi eli maanpäällisemmäksi. Maanjäristys puolestaan symboloi jälleen Johanneksen sisäistä järkkymistä, ja se on kuin lähtölaukaus muutokselle, joka kohta käynnistyy.

Johannes kertoo vielä tarkemmin enkelin toimista, sillä seuraava kuvaus limittyy edellä lainaamaani kohtaan: "[Enkeli] asettui alttarin ääreen pitäen kultaista suitsutusastiaa, ja hänelle annettiin paljon suitsukkeita pantavaksi kaikkien pyhien rukouksiin kultaiselle alttarille, joka on valtaistuimen edessä. Ja suitsukkeiden savu nousi pyhien rukousten kanssa enkelin kädestä Jumalan eteen." (Ilm. 8:3–4.) Jakeissa Johannes mielestäni välittää meille tuntojaan uuden muutosprosessinsa edellä ja selventää muutoksen syitä. Suitsukkeen savu symboloi tulkinnoissani rukouspyyntöä.[12] Johannes tahtoo onnistua siinä sisäisessä muutoksessa, jonka hän tajuaa olevan edessään, ja tätä hän rukouksessa pyytää. Mutta savu myös pimittää, ja noustessaan Jumalan eteen se peittää Jumalan. Tällöin Johannes varmaankin oivaltaa, että hänen entinen jumalakuvansa on hämärtynyt uuden kokemuksen myötä, ja niin hän joutuu etsimään uusia vastauksia ja itsekin muuttumaan.

Uuden muutoksen alku

"Ja ne seitsemän enkeliä, joilla oli ne seitsemän pasunaa, hankkiutuivat puhaltamaan pasunoihin" (Ilm. 8:6). Tämän jälkeen enkelit alkavat puhaltaa pasuunoihin, ja näyn loppuosa koostuu neljästä ensimmäisestä pasuunan puhalluksesta.

Osoittautuu, että kolmen ensimmäisen enkelin puhaltaessa pasuunaan taivaasta heitetään jotain maan päälle. Yleisesti tulkiten liike taivaasta maahan symboloi tässä, kuten jakeessa viisikin, Johanneksen taivaallisen hiljaisuuskokemuksen vaikutusta hänen maanpäällisempään olemukseensa eli tietoisuuteen, tavanomaisempiin arvoelämyksiin ja piilotajuntaan. Mutta liike taivaasta maahan voi ilmentää myös sellaista kokemiskvaliteettia, josta kristillisessä kirjallisuudessa käytetään nimitystä "vuodatus". Vuodatukselle on leimallista spontaanius siinä merkityksessä, että kokija ei tunne itse aiheuttavansa sitä, mitä hän kokee, vaan elämys ikään kuin valtaa hänet tai valuu hänen tavanomaisen olemuksensa päälle muuttaen sitä. Kristillisessä kirjallisuudessa vuodatukseen luetaan sekä autuaallisia että ahdistavia kokemuksia; edellisiä kutsutaan armoksi ja jälkimmäisiä vuodatetuksi puhdistukseksi. Tällaista kokemista esiintyy varsinkin sisäisen elämän korkeimmilla tasoilla, ja Johanneksen näyissäkin vuodatuksen symboliikka muuttuu loppua kohti selkeämmäksi.

Lisäksi siirtymä taivaasta maan päälle symboloi luontevalla tavalla luopumista vieraantuneesta uskonnollisuudesta; tulkinta on osuva etenkin silloin, kun taivaasta heitetään taivaankappaleita maahan tai mereen. Tämäkin merkitys sopii Johanneksen näkyyn, sillä hiljaisuuskokemuksensa vaikutuksesta hän tajuaa entistä kirkkaammin, että uskonnossa on olennaista se, mitä hän itse elää, ei se, mitä hän uskoo taivaassa olevan. Näin hän on valmis luopumaan jo osittain vanhoista ulkokohtaisista uskomuksistaan. Kaikki mainitsemani taivaasta maahan heiton eri merkitykset liittyvät yhteen, mutta tulkinnassani annan tärkeimmän sijan vieraantuneisuuden purkamiselle.

Vieraantuneisuuden purkaminen – samoin kuin monet muut Ilmestyskirjasta lukemani ongelmat – on myös yleisinhimillinen, uskonnon rajat ylittävä tapahtuma. Todellisuuskuvamme on useimmiten muodostunut siten, että nuoruudessamme olemme omaksuneet sen rakennusaineita ulkokohtaisen oppimisen tuloksena ja myöhemminkin olemme vain imeneet niitä huomaamattamme vallitsevasta kulttuurista. Jos Johanneksen sijasta Ilmestyskirjan näkijä olisi nykyihminen, hän havahtuisi näkyjen tässä vaiheessa entistä syvempään välittömään elämykseen. Ja elämyksensä seurauksena hän alkaisi luopua niistä pinttyneistä ahtaista uskomuksistaan, joita hän ennen piti varmoina totuuksina.

Ensimmäinen enkeli: rakeet, tuli ja palaminen

"Ja ensimmäinen enkeli puhalsi pasunaan; niin tuli rakeita ja tulta, verellä sekoitettuja, ja ne heitettiin maan päälle" (Ilm. 8:7). Tästä jakeesta alkaen Johannes ryhtyy kuvailemaan taivaallisen hiljaisuuskokemuksensa vaikutuksia.

Rakeet mainitaan vitsauksena jo Raamatun Mooseksen kirjoissa, mutta vielä meidän päivinämme Välimeren maissa esiintyy tuhoisia lumiraekuuroja.[13] Tämä rakeiden vitsausluonne symboloi luontevasti vuodatuksen ahdistavaa muotoa eli vuodatettua puhdistusta. Ahdistus liittyykin usein voimakkaaseen sisäiseen muutosvaiheeseen, jollaista Johannes nyt elää. Hän ehkä kärsii tajutessaan hiljaisuuskokemuksensa valossa, kuinka vajaata hänen entinen uskonnollisuutensa on ollut. Ja koska hänen ahdistuksensa on välitöntä seurausta siitä ylitajuisesta tilasta, jonka hän koki taivaan hiljetessä, se kuvautuu luontevasti taivaasta valuvina rakeina.

Näyn rakeet ovat kuitenkin verellä sekoitettuja, ja veri symboloi Ilmestyskirjassa rakkautta, joten Johannes tuntee ahdistuksestaan huolimatta myös hiljaisuuskokemuksensa herättämää rakkautta. Ahdistuksen ja rakkauden yhdistyminen on intensiivisille sisäisille muutosvaiheille yleisemminkin ominaista. Saatamme esimerkiksi tuntea rakkauden herättämän muutoksen niin voimakkaana, että meitä pelottaa ja ahdistaa, mutta samalla elämä tuntuu rakkauden täyteisenä syvällisen mielekkäältä. Asian voisi ilmaista niinkin, että tuollaisessa vaiheessa ego ahdistuu, koska muutoksessa on kyse sen häviämisestä, mutta samalla itseys vapautuu, ja tämä koetaan rakkauden onnena.

Verellä sekoitettu tuli, joka näyssä heitetään maan päälle, toistaa näyn aikaisempia tapahtumia, sillä viidennessä jakeessa "eräs muu enkeli" otti taivaassa alttarin tulta ja heitti sen maan päälle. Oletan, että molemmissa yhteyksissä taivaasta valuva tuli kertoo ylitajuisesta rakkauden kokemisesta ja sen vaikutuksesta. Tätä rakkauden aiheuttamaa muutosta Johannes kuvaa tarkemmin selittäessään, miten tuli vaikuttaa maan päällä.

"Ja kolmas osa maata paloi, ja kolmas osa puita paloi ja kaikki vihanta ruoho paloi" (Ilm. 8:7). Rakkauden vaikutuksesta osa Johanneksen vanhoista kokemis- ja hahmottamistavoista palaa pois, eli hän vapautuu vanhasta. Kristinuskossa käytetään vastaavassa merkityksessä yleisesti sanaa "puhdistus", ja sitä verrataan usein tulessa palamiseen. Esimerkiksi Ristin Johanneksen mukaan sielut "puhdistetaan ja vapautetaan liasta – – rakastavalla ja pimeällä henkisellä tulella", ja tällä rakastavalla ja pimeällä tulella Ristin Johannes tarkoittaa juuri rakkauden ja ahdistuksen liittymistä toisiinsa. Samantapaista tulisymboliikkaa esiintyy itämaisessa kulttuurissa, jossa karman eli tekojen seurausten poispalaminen on yleinen sanonta: *Bhagavadgitassa* karman sanotaan palavan pois viisauden tulessa.[14] Erityisen hyvin tulessa palaminen kuvaa intensiivistä muutosta, sillä tällaiseen muutokseen kuuluva henkinen jännite on kuin hengen paloa.

Kun kolmas osa maata palaa, osa Johanneksen uskonnollisista katsomuksista, jotka hän on muodostanut tietoisuutensa eli maan avulla, palaa pois. Ja kun kolmas osa puistakin palaa, Johannes kokee muutoksen myös tietoisuutta syvemmällä elämänenergian tasolla. Sitä, että Johannes mainitsee maan ja puut erikseen ja että molemmissa tapahtuva muutos on samanlainen, voidaan tulkita tarkemmin joogateorian näkökulmasta. Joogateorian mukaan näet jokaista ajatusta vastaa tietty energiavirtaus, ja muutos jommassa kummassa merkitsee muutosta myös toisessa.[15]

Ruoho on Johanneksen näyissä uusi myyttikuva. Koska ruoho kuuluu puiden tavoin kasvikuntaan, se ilmentää animaalista viettitasoa syvempää elämäntuntoa tai elämänenergiaa. Puista poiketen ruoho on kuitenkin yksivuotista, joten ruoho symboloi luontevasti pinnallisempaa energeettistä tasoa, joka on vaihteluille altis. Mehän voimme esimerkiksi tuntea itsemme peruskunnoltamme terveeksi, vaikka päivän töiden aikana pinnallisempi energiamme ehtyy, kunnes se taas yön aikana palautuu. Kun Ilmestyskirjan näyssä kaikki vihanta ruoho palaa, Johannes muuttuu rajusti pinnallisemmalta ja vaihtelevammalta elämäntunnoltaan. Sen sijaan puiden symboloimalla syvemmällä ja pysyvämmällä tasolla muutos tapahtuu vain osittain, koska vain kolmas osa niistä palaa. Yleisestikin ottaen ihmisen on helpompi muuttua pinnallisemmalta tasolta kuin syvällisesti.

Johanneksen käyttämä lukumäärä "kolmas osa" toistuu vielä seuraavassa näyssä (Ilm. 9:15,18). Tulkitsen tämän niin, että lukumäärillä "kolmas osa" Johannes kokoaa yhteen tapahtumia, jotka muodostavat suppeamman elämyksellisen muutosprosessin laajemman seitsenaskelmaisen muutoksen sisällä.

Toinen enkeli: palava vuori ja meren muuttuminen

"Ja toinen enkeli puhalsi pasunaan; niin heitettiin mereen ikäänkuin suuri, tulena palava vuori" (Ilm. 8:8). Vuori edustaa jälleen Johanneksen Jumalaa koskevia uskomuksia ja kokemuksia samoin kuin kuudennessa luvussa. Hahmotan Johanneksen näkyä siten, että vuori ilmentää tässä yhteydessä hänen vieraantuneen jumalakuvansa määreitä. Johannes ei pysty vielä luopumaan kokonaan vieraantuneesta uskostaan, joten aurinko ja kuu eivät suistu taivaalta. Mutta joistakin tuon jumalakuvan puolista hän on valmis luopumaan, ja niin palava vuori heitetään mereen.

Ilmestyskirjassa vuori joutuu nimenomaan mereen, sillä vieraantuneisuuden purkamisella on syvälliset vaikutukset aina Johanneksen piilotajuntaan asti. Vuoren palaminen kertoo, että Johanneksen vanhat uskomukset ovat palamassa pois, eli hän on vapautumassa niistä elämyksellisesti. Vuori ei kuitenkaan pala näyssä kokonaan pois – muutenhan se ei voisi pudota mereen. Tämä johtunee yleisesti siitä, että Johanneksen elämyksellinen vapautuminen vanhasta on vasta osittaista. Mutta asiaa voidaan hahmottaa myös yksityiskohtaisemmin.

Voimakkaissa muutosvaiheissa joudumme nimittäin usein huomaamaan, että uskomuksissamme ja arvoissamme on sekä väärää että aineksia oikeaan. Ja nyt Johannes alkaa luopua siitä, minkä hän oivaltaa vääräksi: tämä palaa jo osittain pois. Mutta sen, missä on jotain oikeaa, hän tahtoo omaksua uudella tavalla, ja tämä osa joutuu mereen. "Ja kolmas osa merta muuttui vereksi" (Ilm. 8:8). Vapautuessaan jo osittain vanhasta Johannes avautuu kokemaan syvällistä, piilotajunnankin läpäisevää rakkautta, ja niin meri muuttuu vereksi. Tästä päättelen, että se vieraantuneeseen jumalakuvaan kuuluva oikea, joka ei palanut pois, oli Johanneksen aikaisempi uskomus, että Jumala on rakkaus. Rakkautta hänen täytyi kuitenkin pystyä elämään entistä syvemmin ja omakohtaisemmin, ja juuri tällainen muutos on käynnissä meren muuttuessa vereksi. Muutos ei kuitenkaan ole täydellinen, sillä meri muuttuu vereksi vasta kolmannelta osaltaan. Se vanha ja väärä, joka alkoi palaa pois vuoren palaessa, oli ehkä Johanneksen näkemys Jumalasta hyvänä ja oikeudenmukaisena ihmisen ulkopuolisena tuomarina.

"Kolmas osa luoduista, mitä meressä on, ja joissa henki oli, kuoli, ja kolmas osa laivoista hukkui" (Ilm. 8:9).

Meren oliot symboloivat myyteissä ja unissa varsin yleismaailmallisesti piilotajuisia tajunnansisältöjä. Ilmaisu "piilotajuinen tajunnansisältö" kuulostaa ristiriitaiselta, mutta kyse on ihmistajunnan kyvystä elää ja jäsennellä erilaisia tajunnansisältöjä erilaisin selkeys- ja intensiteettiastein. Niitä tajunnansisältöjä, joita elämme tai tiedostamme vain heikosti, kutsutaan psykoanalyysin kielellä piilotajuisiksi. Kuuluisia meren olioita myyteissä ovat muun muassa merihirviöt, jotka ilmentävät ihmisten piilotajuisia pelkoja tai torjuttuja, hirviömäiseksi koettuja haluja. Meren olioiden kuoleminen Johanneksen näyssä kertoo siis syvästä henkisestä muutoksesta: osa sellaisistakin tajunnansisällöistä, joita hän ei ole vielä selkeästi elänyt tai tiedostanut, kuolee. Toisin sanoen Johannes vapautuu niistä, ja samalla hänen egonsa kuoleutuu piilotajuisella tasolla.

Laivalla tehdään matkaa merellä, ja meri kuvastaa myyteissä yleensä piilotajuntaa. Erityisesti henkisellä tiellä merimatka on tärkeää, sillä aidon henkisen elämän täytyy olla niin syvällistä, että piilotajuntakin tulee matkalaiselle tutuksi: yhä uuden potentiaalisuuden täytyy aktualisoitua. Tästä syystä on luonnollista, että myyttien sankarit purjehtivat pitkin maailman meriä laivan ilmentäessä kaikkea sellaista, mikä auttaa heitä sisäisillä merimatkoilla. Ennen kaikkea laiva auttaa sankareita pysyttelemään pinnalla. Vaikka he ajoittain saattavat joutua matkoillaan merihirviön nielemiksi tai he voivat sukeltaen etsiä aarteita merestä, kokonaan he eivät saa hukkua myyttiseen mereen; tämä tarkoittaisi pysyvää regressiota eli vakavaa psyykkistä häiriötä. Koska laiva on ihmiskäsien työtä, laivassa myyttikuvana korostuvat ihmisten luomat henkiset opetukset. Laiva voi täten symboloida esimerkiksi ihmisen omaa pinnallisempaa tai syvempää viisautta, johonkin nimenomaiseen kulttuuriin kuuluvia tai yleisinhimillisiä henkisiä opetuksia tai kenties henkistä opettajaa. Tämäntapainen laivasymboliikka on yleinen varsinkin itämaisessa kulttuurissa, jossa esimerkiksi *Bhagavadgitassa* käytetään ilmaisua "viisauden veneellä olet ylittävä kaiken pahan."[16]

Ilmestyskirjassa sanotaan kolmannen osan laivoista hukkuvan, mutta sanatarkemman käännöksen mukaan, jota käytetään uudessa raamatunsuomennoksessa, nuo laivat tuhoutuvat. Johannes joutuu kokemaan, että osa niistä uskomuksista, joiden varassa hän on tähän asti tehnyt sisäistä matkaansa, ovat perusteellisen vääriä. Niiden avulla hän ei pysty etenemään.

Myös tässä Ilmestyskirjan kohdassa näyn tapahtumille on mahdollista antaa tulkinnat, jotka sopivat maallistuneen nykyihmisenkin elämään. Vuori tarkoittaisi tällöin mitä tahansa uskomusta tai arvoa, jonka olemme omaksuneet ulkokohtaisesti ja jolle olemme antaneet maailmankatsomuksessamme keskeisen sijan. Vuoren palaminen kuvastaisi sitten elämyksellistä luopumista tuosta arvosta, eli täsmällisemmin ottaen siitä osasta tuota arvoa, jota alamme pitää vääränä. Vuoren heittäminen mereen olisi taas tuohon arvoon kuuluvan oikean entistä syvempää omaksumista, ja meren muuttuminen vereksi symboloisi sitä välittömän kokemisen intensifioitumista, joka muutoksesta seuraa. Myös nykyihmisen kohdalla tuhoutuvat laivat olisivat niitä vähemmän tärkeitä uskomuksia, joiden pätemättömyyden joudumme tunnustamaan.

Kolmas enkeli: tähden putoaminen

"Ja kolmas enkeli puhalsi pasunaan; niin putosi taivaasta suuri tähti, palava kuin tulisoihtu – –. Ja tähden nimi oli Koiruoho." (Ilm. 8:10–

11.) Tähdet olen jo aikaisemmin tulkinnut Johanneksen vieraantuneiksi, aurinkoa ja kuuta alemmanasteisiksi uskomuksiksi henkisen maailmankatsomuksen luonteesta.[17] Kun näyssä yksi tähti putoaa palaen taivaasta, Johannes tarkentaa ja jatkaa laivojen tuhoutumisen teemaa ottamalla yhden entisen uskomuksensa lähempään tarkasteluun. Se, minkälaista uskomusta tähti symboloi, ilmenee tähden nimestä "Koiruoho".

Koiruoho eli kreikaksi *apsinthos* on varsinaisesti kasvi, jonka erikoisominaisuutena on karvas maku. Raamatussa sitä käytetään tarkoittamaan myrkkyä ja kuvaannollisemmissa yhteyksissä onnettomuutta ja vääryyttä. Esimerkiksi Jeremian kirjassa sanotaan: "Katso, minä syötän heille koiruohoa ja juotan heille myrkkyvettä." Valitusvirsissä taas kuvataan pitkää onnettomuuksien sarjaa sanoilla "Hän on ravinnut minua katkeruudella, juottanut minua koiruoholla", ja profeetta Aamos huudahtaa tuomitsevasti: "Te, jotka muutatte oikeuden koiruohoksi ja vanhurskauden maahan kukistatte."[18] Koiruoho myyttikuvana edustaa siis yleisesti pahaa, ja tuomalla Koiruoho-tähden näkyihinsä Johannes mielestäni jatkaa kamppailuaan pahuuden ongelman kanssa.

Vuoren palaessa Johannes luopui jo osittain vanhasta vieraantuneesta jumalakuvastaan, jonka hyvyyden ja oikeudenmukaisuuden aspekteja tulkinnoissani on symboloinut aurinko. Tämä "aurinkojumala" on ollut yksikäsitteisesti hyvä sen takia, että sille on ollut olemassa Johanneksen mielessä vastapooli, pahuus. Mutta mistä pahuus hyvän aurinkojumalan vastakohtana on lopultakin tullut? Tätä Johannes ei ole eritellyt loppuun asti. Ehkä hän on suorastaan torjunut ongelman, kuten kuudennessa luvussa ehdotin, ja näin pahuus on ollut hänen todellisuuskuvassaan tärkeä mutta mystifioitunut prinsiippi. Pahuus on ollut kuin yön pimentoon jäänyt elämän johtotähti, myrkkytähti yötaivaalla, ja sen vastapooli, hyvä ja oikeudenmukainen tuomarijumala, on ollut kuin aurinko päivätaivaalla.

Kun Koiruoho-tähti nyt palaa näyssä, Johannes pystyy jo osittain luopumaan vieraantuneesta ja mystifioituneesta pahuuden prinsiipistä, samoin kuin hän on jo osittain luopunut uskostaan ihmisen ulkopuoliseen hyvään tuomarijumalaan. Nämä luopumiset ovat luonnollista seurausta näyn alun ykseyselämyksestä. Koettuaan koko olemassaolon ykseytenä, yhtenä kokonaisuutena, Johannes näkee entisen uskonnollisuutensa pinnallisen, kaksijakoisen luonteen ja yrittää luopua siitä.

Tähden palamisen Johannes ilmaisee vertauksella "palava kuin tulisoihtu". Ehkä vertaus kertoo, että Johannes pyrkii tästedes tutkimaan pahuuden ongelmaa ikään kuin tulisoihdun valossa eikä suostu torjumaan sitä yön pimeyteen.

"Ja se putosi virtoihin, kolmanteen osaan niistä, ja vesilähteisiin. – – Ja kolmas osa vesistä muuttui koiruohoksi." (Ilm. 8:10–11.) Koska meri saa vetensä virroista ja viime kädessä vesilähteistä, virrat ja lähteet symboloivat yleisesti ihmistajunnan syvimpiä tasoja. Mutta Johanneksen symboliikkaa on mahdollista eritellä myös joogateorian pohjalta. Tällöin virrat olisivat – samoin kuin puut ja muut kasvit – elämänenergian virtoja. Vesilähteet puolestaan olisivat chakroja, joista energiavirrat joogaopin mukaan lähtevät. Puihin ja muihin kasveihin verraten vesivirrat olisivat kuitenkin syvempiä energiavirtauksia, sillä vesi kuuluu elottomaan luontoon samoin kuin kivet.

Jos Johanneksen näkyä tulkitaan näin, se on edennyt johdonmukaisesti pinnallisemmilta tasoilta syvällisemmille. Ensin muuttuivat tietoisuus eli maa ja sitä vastaavat pinnallisemmat energiavirrat eli kasvit; sen jälkeen muutos tapahtui meressä eli piilotajunnassa ja nyt syvissä energiavirroissa ja chakroissa.

Virtojen ja lähteiden muuttuessa näyssä osittain koiruohoksi Johannes tajuaa, että hänen uskonnollisuudessaan on ollut tähän asti puolia, jotka ovat olleet kuin myrkkyvettä eli vääriä. Hänestä ehkä tuntuu, että aidon elämänenergian sijasta hänessä onkin virrannut myrkkyvettä. Täsmällisemmin ilmaisten elämänenergia on kulkenut Johanneksessa väärillä tavoilla, jotka ovat vastanneet vääriä tajunnallisia tiloja; joogaopin mukaanhan tiettyä tajunnantilaa vastaa tietty energiavirtaus ja päinvastoin.

Näkynsä tässä vaiheessa Johannes ehkä havahtuu oivallukseen: hänen entinen uskonnollisuutensa on ollut olennaisesti pahan pelkoa. Hän on uskonut hyvään ja oikeudenmukaiseen tuomarijumalaan, jotta tämä varjelisi häntä pahalta ja väärältä. Mutta nyt hän tajuaa hiljaisuuskokemuksensa pohjalta, että pelko on ahdistavaa myrkkyjuomaa, koiruohoa. Se on hiljaisuuden, ykseyden ja ilon eli myyttisen elävän veden vastakohta.

"Ja paljon ihmisiä kuoli vedestä, koska se oli karvaaksi käynyt" (Ilm. 8:11). Johanneksen ei ole helppo tunnustaa, että hänen aikaisempaan uskonnollisuutensa on kuulunut vääriä, jopa turmiollisia puolia, joten tämä on hänelle karvas kalkki juotavaksi. Kun hän asian kuitenkin myöntää eli juo karvaan veden, hänen egonsa kuoleutuu lisää, ja silloin paljon ihmisiä kuolee näyssä.

Koiruoho-tähden yleinen tulkinta – vieraantunut pahuutta koskeva uskomus – sopii myös tavallisen nykyihmisen elämään. Uskomuksen tarkempi sisältö olisi ehkä tällainen: "Kaikki ne muut, jotka eivät usko samoihin muka hyviin asioihin kuin minä ja minun kaltaiseni, ovat väärässä ja he ovat pahoja, huonoja ihmisiä." Pahuuden vieraannuttaminen toisiin ehkäisee kuitenkin omaa sisäistä syvenemistämme, sillä silloin emme suostu tutkimaan ja korjaamaan omia puutteitamme. Tällainen asenne elämän yhtenä johtotähtenä on kuin myrkyllinen Koiruoho-tähti. Mutta jos pystymme tunnustamaan asenteemme turmiollisuuden, otamme askeleen kohti vapautta muutoksen karvaudesta huolimatta.

Hämmennys

Neljäs enkeli: taivaankappaleiden pimeneminen

"Ja neljäs enkeli puhalsi pasunaan; niin kolmas osa auringosta ja kolmas osa kuusta ja kolmas osa tähdistä lyötiin vitsauksella, niin että kolmas osa niistä pimeni ja päivä kolmannelta osaltaan oli valoton, ja niin myös yö" (Ilm. 8:12).

Johanneksen vapautuminen vieraantuneesta uskonnollisuudesta, jota tämä näky ilmentää, ei ole täydellinen. Siksi aurinko, kuu ja tähdet, jotka symboloivat vieraantuneen uskonnollisuuden eri puolia, pimenevät eli menettävät loistonsa hänen silmissään vain kolmannelta osaltaan. Johannes on muutenkin käyttänyt tässä näyssä lukumäärää "kolmas osa" kuvaamaan muutoksensa osittaista luonnetta, esimerkiksi meri muuttui vereksi vain kolmannelta osaltaan.

Keskellä sisäistä muutostaan Johannes tuntee olevansa hämmentynyt. Hän on siis kuin sisäisen hämäryyden vallassa sekä päivä- että yötajunnaltaan, ja niin päivä ja yö hämärtyvät näyssä kolmannelta osaltaan.

Kotka

"Ja minä näin, ja minä kuulin kotkan, joka lensi keskitaivaalla, sanovan suurella äänellä: 'Voi, voi, voi maan päällä asuvaisia niiden jäljellä olevain pasunain äänten tähden, joihin kolmen enkelin vielä on määrä puhaltaa'" (Ilm. 8:13). Kotka on esiintynyt jo neljännessä luvussa, jossa neljäs olento oli kotkan näköinen, sekä piilevästi kuudennessa luvussa, jossa kotkan näköinen olento sanoi "Tule!" hallavalle hevoselle ja sen selässä ratsastavalle Kuolemalle. Tulkitsin tuolloin kotkan ilmentämään kehämäistä kehitystä ja varsinkin ihmisen paluuta Jumalan yhteyteen, joka tapahtuu egon kuoleutuessa. Tällaista paluuta Johannes on nyt tekemässä.

Linnut symboloivat myyttisissä yhteyksissä kokemuksia, joissa ihminen tuntee irtoavansa arkisen elämän piiristä; hänen henkensä lentää kuin korkealla taivaalla. Puhummekin yhä korkealentoisista ajatuksista, korkeista arvoista ja vaikkapa ylevistä hengen tiloista. Riippuen siitä minkälaisia linnut ovat, ne symboloivat erilaisia arkitajunnan ylittäviä kokemuksia. Tässä yhteydessä kotkalla on selvästi ennakoivan intuition merkitys, ja se lentää keskitaivaalla ilmentäen ehkä Johanneksen intuition tärkeyttä ja hänen ongelmiensa ylevyyttä. Sama korkean intuition merkitys linnuilla on myyteissä varsinkin silloin, kun ne toimivat jumalten sanansaattajina. Tällaista merkitystä kotkalla oli esimerkiksi Kreikan mytologiassa.[19]

Joissakin Ilmestyskirjan käsikirjoitusversioissa kotkan sijasta esiintyy tässä kohdassa enkeli, mutta kotkan ja enkelin symboliarvo on suurin piirtein sama: molemmat sopivat kuvaamaan intuitiota.[20]

Jos Ilmestyskirjan kotka on tavallisen kotkan näköinen, se on musta lintu. Johanneksen näyn tähän kohtaan musta väri sopisi hyvin, sillä mustilla linnuilla voi myyteissä olla uhkaava tai tuskainen merkitys.[21] Johanneksen kohdalla tuskaisuus johtuisi siitä, että hän oivaltaa edessään olevan vaikeita ongelmia, joita ratkoessaan hän joutuu kestämään ahdistavaa tiedostusta. Pasuunan puhallukset tulevat siis jatkumaan, ja maan päällä asuvat joutuvat kärsimään.

9. UUDET PASUUNAN PUHALLUKSET: HEINÄSIRKAT JA RATSUVÄKI

Piilotajunnan avaaminen

Viides enkeli: tähti

"Ja viides enkeli puhalsi pasunaan; niin minä näin tähden, taivaasta maan päälle pudonneen" (Ilm. 9:1). Tähti, josta Johannes kertoo, saattaa olla edellisen luvun Koiruoho-tähti, joka putosi taivaasta maanpiiriin eli virtoihin ja vesilähteisiin. Vaikka Koiruoho-tähti paloi pudotessaan, siitä jäi ehkä jotain jäljellekin, ja voisimme ajatella, että Johannes tässä näyssä jatkaisi sen symboloiman pahuuden ongelman käsittelyä. Annan Johanneksen näkemälle tähdelle kuitenkin laajemman tulkinnan. Oletan, että uusi tähti kiteyttää itseensä kaikki ne edellisen luvun tapahtumat, jolloin taivaasta putosi maan päälle jotain, nimittäin rakeita, tulta, vuori ja Koiruoho-tähti. Uusi tähti symboloi siis tulkinnassani Johanneksen uskontoa koskevaa uutta näkemystä, jonka hän on kiteyttänyt edellisen luvun tapahtumista. Tämä näkemys kuuluu: uskonnossa on olennaista se, mitä ihminen itse elää, ei se, mihin hän vieraantuneella tavalla uskoo.

Syvyyden kaivo

"Ja sille annettiin syvyyden kaivon avain; ja se avasi syvyyden kaivon" (Ilm. 9:1–2). Uuden näkemyksensä valossa Johannes ymmärtää, että hänen henkisen elämänsä painopisteen täytyy siirtyä hänen omaan tajuntaansa. Hänen itsensä täytyy muuttua syvällisesti. Psykologisesti ilmaisten hän joutuu avaamaan piilotajuntansa ja kohtaamaan sen sisällöt uudella tavalla, ja juuri piilotajuntaa tai alitajuntaa syvyyden kaivo maanalaisena paikkana edustaa.

Uusi askel sisäisessä muutoksessa on Johannekselle mahdollinen, sillä hän on avannut tajuntansa lukkiutumia eli murtanut sinetit. Hän on myös luopunut osittain vanhoista vieraantuneista uskomuksistaan ensimmäisten pasuunan puhallusten soidessa. Näin hänen piilotajuntansa voi avautua entistä enemmän, niin että sen asukit eli aikaisemmin tiedostamattomat ja elämättömät tajunnansisällöt pääsevät nousemaan maan pinnalle.

Myös piilotajunnan uusi kohtaaminen on yleisinhimillinen elämänvaihe. Muutoksen käynnistäjänä toimii usein jokin syvällinen tunteisiin vetoava tapahtuma vastaten Ilmestyskirjassa sitä taivaan hiljentymistä, jonka Johannes kuvasi edellisen luvun alussa. Tällainen tapahtuma voi ulkonaisesti olla esimerkiksi oma vakava sairaus tai rakkaan ihmisen kuolema, mutta se voi olla myös täysin sisäinen entistä voimakkaampi välitön elämys. Uuden tilanteen yllättäminä koemme helposti, että tähänastiset tuntomme elämästä ja kuolemasta ja itse olemassaolosta ovat riittämättömiä, ja niin joudumme mullistuksen kouriin. Silloin syvät, ehkä torjutut tajunnansisällöt – pelot, traumat, ongelmat, elämänvalheet ja ristiriidat – alkavat purkautua esille.

Hämmennys ja torjuntojen kohtaaminen

Savu ja pätsi

"Ja kaivosta nousi savu, niinkuin savu suuresta pätsistä" (Ilm. 9:2). Voimakkaassa muutosvaiheessaan Johannes joutuu ensin hämmennyksen valtaan eli pimittävän savun keskelle. Jae kertoo lisäksi, että Johanneksen piilotajunta on tällä hetkellä kuin tulinen pätsi. Tällaisen pätsin syntyminen ihmistajunnan pohjalle on ymmärrettävissä psykologisesti torjunnan ilmiöstä käsin. Kun torjumme jotain, painamme kuvaannollisesti torjuttua alaspäin, pois tietoisuudesta ja ilmitajunnasta. Mutta torjuttu pyrkii ylöspäin eli tiedostetuksi ja eletyksi, ja tästä ristiriidasta syntyy sellainen kitka ja kuumuus, että maan alle muodostuu pätsi.

Auringon ja ilman peittyminen

"Ja kaivon savu pimitti auringon ja ilman" (Ilm. 9:2). Johanneksen hämmennys koskee siis aurinkoa, eli hänen vanhaa jumalakuvaansa, ja ilmaa, eli hänen arvokokemuksiaan.[1]

Johannes on tulkintani mukaan jo myöntänyt auringon symboloiman jumalakuvansa osittain vääräksi. Tämä muutos johtui olennaisesti siitä ylitajuisesta hiljaisuuskokemuksesta, jonka hän eli edellisen näyn alussa. Tuollaisen kokemuksen johdosta hänen oli pakko myöntää, että Jumala ei ole vain ihmisen ulkopuolella oleva oikean ja väärän tuomari. Mutta kokonaan hän ei ole pystynyt vanhasta jumalakuvastaan luopumaan, ja nyt hän haluaisi jatkaa tilintekoaan. Hän huomaa kuitenkin olevansa pahasti ymmällään.

Johannes ehkä ihmettelee koko ylitajuisen hiljaisuuskokemuksensa luonnetta. Hän on sen eittämättä itse kokenut, mutta hänen on vaikea uskoa, että tuollainenkin tila mahtuisi ihmisen omiin arvokokemuksiin eli ilmaan. Miten ihmisen arvokokemuksen rajat tulisi määrätä? Ulottuuko ilma kenties taivaaseen asti? Tätä Johannes ei tiedä, ja niin ilma peittyy savuun. Johanneksen suurin hämmennyksen aihe lienee kuitenkin ongelma: jos uskonnossa on tärkeintä se, mitä ihminen itse kokee, mikä merkitys ja sija jää Jumalalle? Johannes ehkä ihmettelee mielessään: "Täytyyhän maailmankaikkeudessa olla jumalallista oikeudenmukaisuutta, ja täytyyhän Jumalan olla olemassa ihmisestä riippumatta. Enhän voi siis kokonaan hylätä sitä jumalaa, joka on kuin aurinko taivaalla?" Tällaisiin kysymyksiin Johannes pystyy löytämään ratkaisut vasta pitkän sisäisen muutoksen jälkeen, mutta tässä vaiheessa aurinko peittyy savuun näiden hämmentävien kysymysten takia.

Nykyihmisenkin kohdalla auringon ja ilman peittyminen savuun on ymmärrettävää, sillä niin syvä hiljaisuuden kokemus, että se tuntuu avaavan uuden todellisuuden ulottuvuuden, on häkellyttävä. Joudumme kysymään: "Kuinka tämä kokemus sopii yhteen tavallisen ajattelun viitekehyksen kanssa (jota aurinko sille antamani laajemman tulkinnan mukaan symboloi)?" Ja edelleen: "Jos hyväksyn nuo kokemukset ja lähden seuraamaan niitä, hämärtyykö arvomaailmani (eli ilma) niin perusteellisesti, että eksyn mystiikan suohon?"

Heinäsirkat ja skorpionit

"Ja savusta lähti heinäsirkkoja" (Ilm. 9:3). Heinäsirkkojen myötä Johanneksen hämmentävä tilanne alkaa hieman hahmottua, sillä heinäsirkat symboloivat luontevasti sellaisia tajunnansisältöjä, jotka rupeavat purkautumaan esille Johanneksen piilotajunnasta eli syvyyden kaivosta.

Tajunnansisältöjen kuvautuminen lentävinä hyönteisinä on luontevaa, sillä myös nykykielen mukaan ajatukset voivat surista päässämme ja ne saattavat lennellä siellä ja täällä. Sekä länsimaisesta että itämaisesta kirjallisuudesta löytyy runsaasti tämäntapaisia vertauksia. Esimerkiksi pyhä Bonaventura kertoo Franciscus Assisilaista kerran vaivanneista ajatuksista, ja hän vertaa näitä häiritseviä ajatuksia kärpäsiin. Intialainen Paramahansa Yogananda puolestaan kuvailee, kuinka hän jo nuorena oivalsi, että ihmistä vaivaavat huolet ovat kuin "moskiittojen pilvi" ja "hyönteisten surina".[2] Mitä kauempana jokin eläin on biologialtaan ihmisestä, sitä etäisempää tajunnantasoa tavanomaisesta se unissa ja myyteissä kuvaa. Näin hyönteiset edustavat yleensä lähempänä piilotajuntaa olevia tasoja kuin nisäkkäät.[3] Kuitenkin kaikilla eläimillä, kivistä ja kasveista poiketen, on kyky liikkua paikasta toiseen, joten ne sijoittuvat myyttisessä asteikossa kiviä ja kasveja lähemmäksi tavallista tajuntaa. Johanneksen näyn heinäsirkat lienevät siis sellaisia tajunnansisältöjä, jotka ovat tässä vaiheessa vielä melko vahvasti tiedostamattomia, vaikka ne ovat jo hyppäämässä tietoisuuteen.

Välimeren eteläisillä alueilla suuret heinäsirkkaparvet hävittävät pahimmillaan kaiken kasvillisuuden sieltä, minne ne laskeutuvat, ja ne jättävät jälkeensä autiomaan ja nälänhädän. Tästä syystä heinäsirkat mainitaan Raamatussa yhtenä Egyptin suurista vitsauksista.[4] Myyttikuvana tämä heinäsirkkojen vitsausluonne ilmentää jälleen osuvasti sisäisen muutoksen ahdistavuutta: heinäsirkkojen aiheuttama kato on kuin entisen minän eli egon kivuliasta häviämistä muutoksen edetessä.

"[Heinäsirkoille] annettiin valta, niinkuin maan skorpioneilla on valta; – – ja ne vaivasivat, niinkuin vaivaa skorpioni, kun se ihmistä pistää" (Ilm. 9:3,5). "Niillä [heinäsirkoilla] oli pyrstöt niinkuin skorpioneilla ja pistimet, ja pyrstöissänsä niillä oli voima vahingoittaa ihmisiä" (Ilm. 9:10).

Myyteissä ja unissa pistävillä eläimillä, kuten ampiaisilla, skorpioneilla ja käärmeillä, saattaa olla tiedostuksen vivahde. Ja tiedostavat oivallukset ovat tuskallisia, jos ne paljastavat ihmiselle hänen itsepetoksensa ja vajavuutensa. Ehkäpä tästä syystä Dante kuvasi helvetin tuskia siten, että "paljon heitä siell' ampiaiset sekä paarmat pisti".[5]

Tiedostavan oivalluksen merkityksessä myyttiset pistot ovat kuin päähänpistoja, mutta useimmiten myyteissä alemmanasteiset eläimet pistävät ihmistä johonkin muuhun kohtaan kuin päähän. Varsinkin jalkaan osuva käärmeen pisto on mytologiassa yleinen aihe. Esimerkiksi Kreikan mytologiassa Filoktetes saa käärmeen pureman jalkaansa. Egyptin myyteissä saman kohtalon kokee Ra-jumala, ja Raamatussa aihe on esillä syntiinlankeemuskertomuksessa, jossa käärmeelle annetaan valta pistää ihmistä kantapäähän. Tällöin pisto ilmentänee yleisesti jotain ihmisolemuksen syviltä tasoilta nousevaa impulssia ja sen elämyksellistä, tuskallista vaikutusta, joka voi lopulta osoittautua joko tuhoavaksi tai hyvää tekeväksi.[6] Skorpionin pisto on varsin samantapainen myyttikuva kuin käärmeen pisto, sillä skorpioni ryömii tavallisesti maassa ja pistää pyrstöllään, jonka se heittää selkänsä yli. Skorpionien pistot ovat myös kivuliaita, ja suurimpien lajien pisto on hengenvaarallinen. Lisäksi Raamatun aikoihin skorpioneiksi kutsuttiin piikkiruoskia, joiden iskut olivat tuskallisia.[7] Näistä syistä oletan, että Johannes kuvaa heinäsirkkaskorpionien pistoilla tiedostuksen elämyksellistä ahdistavuutta aivan tiedostuksen alkuvaiheessa.

Johanneksen heinäsirkkakokemuksen ahdistavuus saattaa johtua myös siitä, että heinäsirkkoja on todennäköisesti paljon. Raamatussa heinäsirkat toimivat vitsauksen ohella suuren lukumäärän vertauskuvina. Esimerkiksi profeetta Jeremia käyttää kielikuvaa: "Heitä on enemmän kuin heinäsirkkoja, he ovat lukemattomat."[8] Johanneksesta siis tuntunee, että aivan lukemattomat torjutut ongelmat, ahdistukset ja ristiriidat pursuavat esille hänen piilotajunnastaan.

Samalla tavalla voi tuntea kuka tahansa nykyihminen, joka on uskaltautunut syvälliseen itsetilitykseen. Tällainen tuntemus on tyypillinen varsinkin rajun muutosprosessin alkuvaiheissa, mutta erityisen kivulias se on silloin, kun tajunta on jo osittain puhdistunut. Johanneksen kohdalla puhdistumista tapahtui edellisessä näyssä, jolloin osa maasta ja puista ja kaikki ruoho paloi pois ja lisäksi osa meren olioista ja ihmisistä kuoli. Tajunnan osittainenkin puhdistuminen merkitsee levollisuutta ja sisäistä rauhaa. Kun tällaiseen tilaan tottunut joutuu piilotajunnasta pursuavien lukemattomien ongelmien valtaan, hän kokee sekavuuden suorastaan pistävänä psyykkisenä kiputilana.

Ruoho ja vihanta

"Ja niille sanottiin, etteivät ne saa vahingoittaa maan ruohoa eikä mitään vihantaa eikä yhtään puuta, vaan ainoastaan niitä ihmisiä, joilla ei ole Jumalan sinettiä otsassaan" (Ilm. 9:4). Ne ihmiset, joilla ei ole Jumalan sinettiä otsassaan, symboloivat Johanneksen henkisesti kypsymätöntä tasoa eli egon tasoa. Koska sitä saa vaivata, Johannes joutuu kestämään ahdistavaa tiedostusta.

Se, että mitään vihantaa – ruohoa tai puita – ei saa vahingoittaa, merkitsee muutosta edelliseen lukuun verrattuna, jossa kaikki vihanta ruoho ja kolmas osa puista paloi. Meidän täytynee olettaa, että poispalaneen ruohon tilalle on kasvanut uutta ruohoa, eli Johannes tuntee ruohon symboloiman elinvoiman uusiutuneen itsessään. Tätä hän nyt tarvitsee puiden symboloiman elinvoiman ohella kestääkseen edessään olevan vaikean muutoksen. Siksi ruohoa ja puita ei saa vahingoittaa. Johdonmukaisesti tämän ajatuksen kanssa Johanneksen sisäinen muutos tapahtuu tässä luvussa entistä lähempänä tietoisuutta. Kun edellisessä näyssä tapahtumat esitettiin etupäässä elottomaan luontoon ja kasvikuntaan kuuluvien symbolien avulla, tässä luvussa kuvina toimivat eläimet ja ihmiset.

Kuoleman etsiminen

"Ja niinä päivinä ihmiset etsivät kuolemaa, eivätkä sitä löydä; he haluavat kuolla, mutta kuolema pakenee heitä" (Ilm. 9:6). Jo viidennessä jakeessa sama asia tulee osittain esille: "Ja niille [heinäsirkoille] annettiin valta vaivata heitä viisi kuukautta, vaan ei tappaa heitä" (Ilm. 9:5).

Johanneksen egon olisi siis kuoltava, jotta hänen syvempi minänsä, itseys, voisi vapautua entistä täydemmin. Mutta egon kuoleutuminen on vaikeaa. Toisaalta Johannes tahtoo muuttua, mutta toisaalta hän ei pysty luopumaan sidonnaisuuksistaan, itsetärkeydestään ja rationalisoinneistaan. Hän ei voi myöntää olleensa perin juurin väärässä. Kamppaillessaan sidonnaisuuksiensa kanssa hän kärsii, ja silloin ihmisiä vaivataan näyssä. Niin kauan kuin Johannes ei pysty antamaan elämyksellisesti periksi, hänen egonsa ei kuoleudu, ja niin kuolema pakenee kuolemaa haluavia.

Johanneksen piina kestää viisi kuukautta. Pahuus ja myyttinen luku viisi liittyvät tässä yhteydessä useilla tavoilla toisiinsa. Jo itse piina on ahdistava, "paha" kokemus. Lisäksi Johanneksen sisäinen harmonia on häiriintynyt suurelta osin siksi, että pahuuden ongelma on aktivoitunut hänen mielessään. Luku viisi on näyssä mukana myös siten, että piinan on käynnistänyt viides enkeli pasuunan puhalluksellaan. Kymmenennessä jakeessa Johannes vielä kertaa piinan kestoa: "Niillä oli voima vahingoittaa ihmisiä viisi kuukautta" (Ilm. 9:10).

Heinäsirkkojen haarniskat, siivet ja seppeleet

"Ja niillä oli haarniskat ikäänkuin rautahaarniskat" (Ilm. 9:9). Haarniska toimii ensinnäkin peittona. Sen alla piilossa on se, mitä Johanneksen pitäisi tiedostaa. Mutta tätä hän ei pysty peiton takia näkemään. Toiseksi haarniska suojaa heinäsirkkoja. Johannes luultavasti kokee, että hän ei voi torjua ongelmiaan takaisin syvyyden kaivoon. Hän ei voi estää niitä etenemästä, sillä ne ovat varustautuneet haarniskoillaan kestämään torjunnan. Johanneksen umpikujamainen tilanne – hän ei pysty ratkaisemaan ongelmiaan, mutta ei hän voi niitä torjuakaan – ahdistaa häntä.

"Ja niiden siipien kohina oli kuin sotavaunujen ryske monien hevosten kiitäessä taisteluun" (Ilm. 9:9). Ehkä heinäsirkkojen siipienkin alla on piilossa jotain, jota Johannes ei pysty näkemään. Samalla hän kokee, että ne ongelmat, joiden läpi hän ei näe, käyvät raivoisasti hänen kimppuunsa. Taisteluvertaus esiintyy myös jakeessa seitsemän: "Ja heinäsirkat olivat sotaan varustettujen hevosten kaltaiset" (Ilm. 9:7). Johanneksessa itsessään riehuu nyt sisäinen taistelu.

"Ja niillä oli päässään ikäänkuin seppeleet, kullan näköiset" (Ilm. 9:7). Seppeleeseen olen jo kuudennessa luvussa liittänyt voiton ja Jumala-yhteyteen palaamisen symboliset merkitykset, joten seppeleet tähdentävät, että Johannes ei voi torjua heinäsirkkojen symboloimia ongelmia. Heinäsirkat kulkevat voittoisina eteenpäin, joskin niiden voittaessa varsinainen voittaja on tietysti Johannes. Kun hän saa ratkaistua heinäsirkkojen arvoituksen, hän pääsee palaamaan kehämäisellä tiellään lähemmäs Jumalaa.

Ilmestyskirjan toisessa luvussa sanotaan: "Ole uskollinen kuolemaan asti, niin minä annan sinulle elämän kruunun" (Ilm. 2:10). Koska Johanneksen näkemät seppeleet ovat kultaisia, ne ennakoinevat tätä elämän kruunua.[9] Lisäksi kultaisilla seppeleillä ja elämän kruunulla on yhteydet chakrateoriaan, sillä kun henkinen voitto on vihdoin saavutettu, elämänenergia siirtyy päälaelle, sahasraraan.

Heinäsirkkojen kasvot

"Ja niiden kasvot olivat ikäänkuin ihmisten kasvot" (Ilm. 9:7). Heinäsirkat ovat siis sekasikiöitä, jotka koostuvat erilaisten olentojen osista.

Myyttisiä monstrumeita voidaan tulkita yleisesti siten, että eläinosa, mikä se onkin, ilmentää tuon osan eläimenkaltaisuutta.

(Myyteissä jotkut eläimet koetaan pyhiksi, jotkut toiset tai kenties jopa samat eläimet toisissa yhteyksissä alhaisiksi.) Ihmismäinen osa taas ilmentää kyseisen osan ihmismäisyyttä eli tiettyä inhimillisyyden tai kulttuurin astetta, ja se kuuluu jo hallittuun ja tietoiseen elämään. Johanneksen näyssä heinäsirkat ovat saaneet itselleen ihmisten kasvot ehkä sen takia, että Johannes ei enää tahdo torjua heinäsirkkojen symboloimia ongelmia; hän ei siis työnnä niitä kasvottomuuteen, vaan hän yrittää kohdata ne kuin kasvoista kasvoihin.

Heinäsirkkojen hiukset

"Ja niillä oli hiukset niinkuin naisten hiukset" (Ilm. 9:8). Myyttikuvana hiukset edustavat yleisesti "päästä kasvavia" ajatuksia ja mielikuvia. Esimerkiksi Ristin Johannes selittää Raamatun symboliikkaa tulkitessaan, että hiukset ovat ihmisen ajatuksia ja mielentiloja.[10] Arvolataukseltaan pitkät hiukset – Raamatun aikaan naisilla oli yleisesti pitkät hiukset – voivat kuitenkin olla joko myönteiset tai kielteiset.

Tiedän useammankin henkilön nähneen luovassa elämänvaiheessa unia, joissa hänellä kasvaa päästä runsaasti hiuksia ja lisäksi kauniita kukkia. Unennäkijät itse kokivat kuvan onnellisena luovuuden ilmauksena. Elinvoiman merkitys pitkällä tukalla on myös Raamatun kertomuksessa Simsonista, sillä Simson sanoo: "Jos minun hiukseni ajetaan, niin voimani poistuu minusta, ja minä tulen heikoksi."[11] Negatiivinen arvomerkitys pitkillä hiuksilla on kuitenkin tilanteessa, jossa oikea ja syvällinen ratkaisu elämänongelmaan olisi ehdoton antautuminen välittömään arvon kokemiseen. Antautuminen näet edellyttää luopumista niistä ajatuksista ja mielikuvista, joita hiukset symboloivat. Tällaisessa myyttisessä merkityksessä hiukset toimivat esimerkiksi buddhalaisten nunnien ja munkkien erotessa maailmasta. Heidän hiuksensa ajetaan tuolloin, käytännöllisten syiden ohella, luopumisen ja antaumuksen merkiksi.[12]

Heinäsirkkojen hiukset Johanneksen näyssä ilmentänevät positiivisessa merkityksessään sitä luovaa voimaa, jolla hän tahtoo ratkaista heinäsirkkojen symboloiman ongelman. Mutta negatiivinenkin merkitys saattaa olla näyssä mukana, sillä heinäsirkkojen pitkät hiukset voivat kertoa, että Johannes ei pysty ratkaisemaan ongelmiaan vielä riittävän syvällisellä tavalla, yksinkertaisesti vain antautumalla itseisarvon kokemiseen.

Myös sillä, että Johannes käyttää hiuksista ilmaisua "naisten hiukset", saattaa olla oma merkityksensä. Merkitys on kuitenkin mahdollista ymmärtää perustellusti vasta, kun Johannes tuo Ilmestyskirjaan kolme suurta naishahmoa: taivaallisen naisen, joka synnyttää lapsen, Babylonin porton ja Karitsan vaimon. Alustavasti ilmaisten taivaallinen nainen ja Karitsan vaimo edustavat oikeaa syvähenkistä elämää ja Babylonin portto väärää elämäntuntoa. Juuri tällaisista ongelmista heinäsirkoissakin on kyse, ja nyt Johanneksen omasta päästä ikään kuin ampaisee ulos lukemattomia hiusten symboloimia ajatuksia oikeasta ja väärästä uskonnollisuudesta. Koska Johannes ei ole pystynyt vielä kunnollisesti jäsentämään ongelmaansa, noita ideoita on tavaton määrä. Raamatussa hiuksia käytetäänkin myös suuren lukumäärän vertauskuvana: "Minun rikkomukseni – – ovat useammat kuin pääni hiukset."[13]

Heinäsirkkojen hampaat

"Ja niiden hampaat olivat niinkuin leijonain hampaat" (Ilm. 9:8). Myyteissä petoeläinten suu ja hampaat ilmentävät yleensä näiden eläinten symboloimien tajunnantilojen uhkaavuutta. Johannes siis kokee, että hänen ongelmansa ovat suorastaan pelottavan vaikeita. Hän ehkä kysyy ihmetellen itseltään: "Mitä koko entisestä uskonnollisuudestani jää jäljelle, jos uskaltaudun tutkimaan sitä pohjiaan myöten, ja miten itse kestän tilityksen joutumatta sekavuuden murskaamaksi ja tuskan ahmaisemaksi?"

Ilmestyskirjassa leijonalla ja siihen läheisesti liittyvällä Jalopeuralla on kuitenkin petoeläintä täsmällisempi merkitys: ne ovat edustaneet tulkintani alkuluvuissa universumin ja ihmisen korkeita henkisiä tasoja. Ja juuri entistä syvempi tajunnallinen kokeminen eli taivaan hiljeneminen, jossa Johannes varmasti tunsi saaneensa kuin yhteyden näihin todellisuuden ja ihmisolemuksen tasoihin, on johtanut hänet muutoksen tielle. Voimakkaasti muuntuneet tajunnantilat koetaan kuitenkin helposti jälkeenpäin niiden ihanuudesta huolimatta myös uhkaavina. Ne vaativat kaiken entisen uudelleen arviointia ja elämän uudistamista, ja siten ne ovat tosiasiallisesti uhka ihmisen egolle. Mahdollisesti Johanneksen tajunnassa alkaa tässä vaiheessa myös kypsyä oivallus: hänen tulee antaa sisäisessä elämässään leijonan ja Jalopeuran symboloimille olemassaolon ja tajunnan tasoille entistä suurempi merkitys. Ehkä hänestä suorastaan tuntuu, että heinäsirkat leijonamaisine suineen ovat aikeissa karjua ilmoille näiden syvällisten tasojen tärkeyttä.

Heinäsirkkojen kuningas

"Niillä [heinäsirkoilla] oli kuninkaanaan syvyyden enkeli, jonka nimi hepreaksi on Abaddon ja kreikaksi Apollyon" (Ilm. 9:11). Heinäsirkkojen kuninkaasta kerrotaan vasta aivan heinäsirkkajakson lopussa, joten oletan, että kuningas edustaa uutta vaihetta Johanneksen muutoksessa. Ongelmallisten tilanteiden vaikeus on usein siinä, että itse tilanne tuntuu hajoavan. Siinä on liian monta erillistä, keskenään ristiriitaista komponenttia, ja niin koko ongelma on kuin kuhiseva heinäsirkkaparvi. Kun Johannes näkee parvella yhden kuninkaan, heinäsirkkojen symboloima ongelma alkaa hahmottua ja Johannes itse väliaikaisesti eheytyä.

Heinäsirkkojen kuningas syvyyden enkelinä rinnastuu erilaisiin Manalan valtiaisiin ja muihin maanalaisiin myyttihahmoihin, joiden tunnetuimpia ominaisuuksia on jonkinasteinen pelottavuus ja pahuus. Mutta näillä hahmoilla on myyteissä myös hyvää tekeviä puolia, sillä maanalainen Manalan matka opettaa sankareille usein viisautta ja itsetuntemusta pelottavuudestaan huolimatta. Tällaisessa viisautta luovassa funktiossaan Manalan valtias on Lucifer, valon tuoja. Koska syvyyden enkeli heinäsirkkojen kuninkaana johtaa heinäsirkka-armeijaa, hän ikään kuin kuljettaa heinäsirkat Johanneksen katseen eteen ja näyttää Johannekselle, mitä tämän piilotajunnasta eli syvyyden kaivosta on paljastunut. Siten myös syvyyden enkeli on tulkittavissa intuitioksi eli valon tuojaksi, joskin intuitiossa korostuu nyt ahdistava, egoa hävittävä puoli. Johanneksen näyssä syvyyden enkeli on kuvaavasti nimeltään Kadottaja, jota sanat Abaddon ja Apollyon tarkoittavat. Itsetuntemuksen kasvaessa kadotamme todellakin entistä minäämme Raamatun sanonnan mukaisesti "se, joka kadottaa elämänsä, löytää sen".[14]

Heinäsirkkojen kuninkaan nimi, Apollyon, on ilmeisen lähellä kreikkalaisen Apollo-jumalan nimeä. Apollo oli antiikin mytologiassa monisäikeinen jumaluus, ja hänestä löytyy runsaasti piirteitä, jotka rinnastuvat Ilmestyskirjan Apollyon-enkeliin. Esimerkiksi *Ilias*-eepoksessa Apollo esiintyy kuolemaa tuovana hävittäjänä. Nuolillaan hän tappaa eläimiä ja ihmisiä, ja hänen kulkuaan Homeros kuvaa sanoin: "Riensi hän vimmoissaan, kuin yö hän synkkänä kulki." Onkin arveltu, että Apollo-jumalan nimi juontuisi juuri muinaiskreikkalaisesta sanasta, joka tarkoittaa hävittämistä ja kadottamista.[15] Myös Apollon rooli jousimiehenä yhdistää hänet Johanneksen näkyyn, sillä jousella ammutut nuolet voivat pistää kivuliaasti kohdettaan kuten heinäsirkka-skorpionitkin.

Lisäksi kreikkalaisten Apollo osoitti ihmisille heidän syyllisyytensä ja puhdisti heidät siitä. Vastaavalla tavalla Apollyon-enkeli näyttää Johannekselle hänen vikansa eli torjuntansa. Kreikassa Apollo oli myös ennustustaidon jumala, sillä Delfoin oraakkelit olivat hänen suojeluksessaan ja oraakkeliensa kautta hän teki kysyjille tiettäväksi tulevaisuuden ja jumalten tahdon. *Ilias*-eeposta myöhemmän, ehkä runoilija Aiskhyloksen aloittaman perinteen mukaan Apollo-jumala yhdistettiin valoon.[16] Kaikki tämä liittää Apollon intuitioon, jota Ilmestyskirjan Apollyonkin tulkintani mukaan symboloi.

Vielä Kreikan Apollo pelasti luontoa sitä uhkaavilta tuhoilta. Ehkä vain Välimeren luonnonoloista johtuva sattuma on, että Apolloa nimitettiin tällaisessa tehtävässään heinäsirkkojen hävittäjäksi.[17] Oli miten oli, Apollyon-enkelin ilmestyttyä Johanneksen näkyyn heinäsirkat häviävät myös Ilmestyskirjasta. Kun Johannes on intuitiollaan eli Apollyon-enkelin opastuksella tunnustanut torjuntojensa olemassaolon, muutos voi jatkua, ja heinäsirkat joutuvat tekemään tilaa uusille myyttikuville.

Torjuntojen tunnustaminen on ihmiselämässä pitkällinen muutosprosessi. Jos pyrimme sisäiseen rehellisyyteen, joudumme käymään sen läpi monet monituiset kerrat elämämme eri vaiheissa.

Voi-huuto

"Ensimmäinen 'voi!' on mennyt; katso, tulee vielä kaksi 'voi!'-huutoa tämän jälkeen" (Ilm. 9:12). Johannes käyttää voi-huutoa korostamaan muutoksensa ahdistavuutta. Voi-huuto symbolina juontuu edellisen luvun lopusta, jossa kotka lausui: "Voi, voi, voi maan päällä asuvaisia niiden jäljellä olevain pasunain äänten tähden, joihin kolmen enkelin vielä on määrä puhaltaa!" (Ilm. 8:13.) Tuolloin oli siis jäljellä kolme pasuunan puhallusta, viides, kuudes ja seitsemäs. Nyt Johannes on kuvannut viidennen pasuunan puhalluksen vaikutukset, joten on kuudennen enkelin vuoro töräyttää pasuunaansa.

Vapautuminen

Kuudes enkeli: enkelien vapauttaminen

"Ja kuudes enkeli puhalsi pasunaan; niin minä kuulin äänen tulevan kultaisen alttarin neljästä sarvesta, Jumalan edestä, ja se sanoi kuudennelle enkelille, jolla oli pasuna: 'Päästä ne neljä enkeliä, jotka ovat sidottuina Eufrat-virran varrella'" (Ilm. 9:13–14.)

Sidottujen enkelien vapauttaminen symboloi luontevasti Johanneksen intuition vapautumista. Kun heinäsirkat eli torjunnat ovat päässeet syvyyden kaivosta, Johannekselta ei enää kulu henkistä energiaa näiden torjuntojen torjuttuna pitämiseen. Silloin hänen sisäinen elämänsä tasapainottuu ja hänen intuitionsa toimii vapautuneemmin.

Alttari ja sarvet

Enkelien vapauttamista vaativan äänen Johannes kuulee alttarin neljästä sarvesta. Alttari on edustanut tulkinnoissani kaikkiallista rakkautta eli teoreettisemmin universaalin itseyden subjektiivista puolta.[18] Vielä tarkemmin alttari symboloi kaikkiallista rakkautta vaiheessa, jolloin Johannes ei vielä elä sitä koko olemuksellaan. Vasta kun hän Ilmestyskirjan kuluessa etenee sisäisellä tiellään ja oppii rakastamaan yhä täydemmin, hän elää lopulta universaalin itseyden täysimääräisesti. Silloin Ilmestyskirjaan tulee pyhä kaupunki, Karitsan morsian, joka symboloi täysin toteutunutta universaalia itseyttä sen subjektiiviselta puolelta. Karitsa sen sijaan symboloi koko Ilmestyskirjan ajan universaalin itseyden objektiivista puolta.

Tässä näyssä alttarilla on neljä sarvea, joten se on oletettavasti neliön tai suunnikkaan muotoinen. Tämä tukee alttarille antamaani tulkintaa, sillä näin alttarista kuvana tulee pyhän kaupungin eli Karitsan morsiamen alkumuoto; pyhä kaupunkihan kuvataan Ilmestyskirjan lopussa neliönä.

Sarvet ovat aikaisemmin esiintyneet Karitsan päässä (Ilm. 5:6), joten on luontevaa, että alttarillakin on sarvet. Alttarin sarvet ja Karitsan sarvet merkitsevät samaa eli Itseyden pyrkimystä ilmentää itseään vapaasti ilman egon rajoituksia. Kun Johanneksen näyssä alttarin sarvet puhuvat, kysymys on juuri tästä pyrkimyksestä. Itseys tahtoo voimistua, ja se voi voimistua vain jos syvähenkinen intuitio eli enkelit vapautuvat niistä kahleista, joita sidonnaisuudet merkitsevät.

Alttarin sarvet ja niiden puhe lisäävät uuden vaiheen alttarin kehitykseen myyttikuvana. Kertauksena: neljännessä luvussa esiintyi lasinen meri, pelkkä potentiaalisuus tai piiloon jäänyt puoli uskonnollisuudesta. Sen jälkeen Johannes kuudennessa luvussa näki alttarin, jonka alta paljastuivat surmattujen sielut. Silloin potentiaalisuus alkoi aktualisoitua ja piiloon jäänyt purkautua esille. Kahdeksannessa luvussa näkyihin tuli mukaan valtaistuimen edessä oleva alttari, jonka tulta enkeli heitti maan päälle. Näin alttari alkoi toimia enkelin eli intuition välityksellä Johannesta muuttavana prinsiippinä. Nyt alttari on saanut sarvet ja sarvista lähtee ääni, joten alttari muuttuu näkyjen sisäisessä dynamiikassa yhä määräävämmäksi myyttikuvaksi. Koska alttari on taivaassa, voinemme olettaa, että Johanneksen henkinen kehitys ohjautuu yhä selvemmin ylitajunnasta käsin eli hänen muutoksensa vuodatettu luonne korostuu.

Eufrat-virta

Vapautettavat enkelit ovat Johanneksen näyssä sidottuina Eufrat-virran varrella. Eufrat-virta lukeutuu Ilmestyskirjan suuriin myyttikuviin, joskin se mainitaan kirjassa vain kaksi kertaa. Myyttikuvana se on kuitenkin mahtava, sillä maantieteellisen Eufrat-virran pituus on lähes kolmetuhatta kilometriä. Ilmestyskirjassakin sitä kutsutaan nimellä "suuri Eufrat-virta". Lisäksi Eufrat on sisällöllisesti mielenkiintoinen myyttikuva, ja tästä syystä käsittelen sitä tavallista laajemmin.

Eufrat-virta mainitaan Raamatussa ensimmäisen kerran ihmisen luomiskertomuksessa ennen syntiinlankeemusta. "Ja Eedenistä lähti joki, joka kasteli paratiisia, ja se jakaantui sieltä neljään haaraan. Ensimmäisen nimi on Piison; se kiertää koko Havilan maan, jossa on kultaa: ja sen maan kulta on hyvää. – – Toisen virran nimi on Giihon; se kiertää koko Kuusin maan. Kolmannen virran nimi on Hiddekel; se juoksee Assurin editse. Ja neljäs virta on Eufrat."[19]

Joogaopin ihmiskuvaa soveltaen paratiisin virran haarat kertovat ihmisen energiajärjestelmästä samoin kuin paratiisin puut. Kyse on siis elämänenergian virroista, jotka kiertävät astraalikehossa. Ihmisen luomistapahtuman alussa – kun ihminen vasta alkaa konkretisoitua ideaalisesta alkukuvasta – tämä energiajärjestelmä on paratiisillisessa eli harmonisessa tilassa sekä sisemmiltä että uloimmilta osiltaan. Sisimpiä ja henkisimpiä energiavirtauksia kuvannee myytissä ensimmäiseksi mainittu Piison-virta, sillä sitä vastaavan Havilan maan kullan sanotaan olevan hyvää. Uloimpia energiajärjestelmän osia kuvaisivat taas Assyria ja siihen liittyvät Hiddekel eli Tigris ja Eufrat. Paratiisijaksojen jälkeen Eufrat-virran merkitys Raamatussa muuttuu jyrkästi. Esimerkiksi Jeremian kirjassa Herra valittaa Israelin kansasta: "Minut, elävän veden lähteen, he ovat hyljänneet – –. Ja nyt, mitä menemistä sinulla on Egyptiin juomaan Siihorin vettä? Ja mitä menemistä sinulla on Assuriin juomaan Eufrat-virran vettä?"[20] Eufrat on siis saanut merkityksen elävän veden vastakohtana, ja Assyria, joka luomiskertomuksessa esiintyi paratiisin osana, on myyttinen vieras maa. Eufrat ja Assyria edustavat siis ihmisen vieraantunutta tilaa eli egotajuntaa, samoin kuin Egypti. Tarkemmin eritellen Eufrat-virta ja Siihor eli Niili, jotka hedelmöittävät Assyriaa ja Egyptiä vesillään, ovat sellaisia energiavirtauksia, jotka ylläpitävät egotajuntaa.

Ehdottamani Eufratin, Niilin, Assyrian ja Egyptin merkitykset juontuvat osittain maantieteellisistä ja historiallisista asiantiloista. Eufrat-jokihan virtaa muinaisen Assyrian valtakunnan läpi, samoin kuin Siihor eli Niili virtaa Egyptin läpi. Lisäksi juutalaiset joutuivat Egyptiin orjuuteen ja myöhemmin heitä vietiin Assyriaan pakkosiirtolaisuuteen. Tärkein syy Eufrat-virran merkityksen muuttumiseen Raamatussa on kuitenkin myyttinen syntiinlankeemus, joka muuttaa ihmisen energiajärjestelmän luonteen. Näitä syntiinlankeemuksen vaikutuksia energiajärjestelmään erittelin kuudennessa luvussa, jossa tulkitsin paratiisin puiden symboliikkaa. Kertaan nyt osittain noita asioita kohdistaen tulkintani suuren virran myyttikuvaan.

Joogateoriaa soveltaen suuri myyttinen virta on ihmisen selkärangan ja pään kohdalla kulkeva energiavirta, joka puusymbolissa kuvautuu puun runkona. Juuri tätä suurta energiavirtaa Ilmestyskirjan Eufrat-virta mielestäni symboloi. Riippuen siitä, minkälainen tämä energiavirta on, suuri myyttinen virta on erilainen. Tavallisen, vieraantuneessa tilassa elävän ihmisen suuressa sisäisessä virrassa energia kulkee ida- ja pingala-nadeissa, kun taas sushumna on vielä tyhjä tai lähes tyhjä energiasta. Autuutta elävällä pyhimyksellä sushumna on sen sijaan kokonaan auki, joten hänen sisäinen virtansa on muuttunut paratiisin joeksi. Koska Johannes on vasta matkalla paratiisiin, hänen suuressa elämänvirrassaan korostuu vieraan maan symboliikka, eli se on nimeltään Eufrat.

Raamatusta löytyy kuitenkin kohtia, joissa Eufrat-virralla on ehdottamaani suppeampi merkitys. Esimerkiksi äsken lainaamassani Jeremian kirjan kohdassa se elävän veden lähde, jonka Israelin kansa on hylännyt, on kuin sushumnan yläpäässä sijaitseva sahasrara eli autuuden kokemisen keskus, ja Niili ja Eufrat ovat kuin ida- ja pingala-nadit. (Ida ja pingalahan sijaitsevat joogaopin mukaan sushumnan molemmin puolin.) Samanlainen Eufrat-virran suppeampi merkitys voidaan lukea myös Mooseksen ensimmäisestä kirjasta, jossa Jumala sanoo Aabrahamille: "Sinun jälkeläisillesi minä annan tämän maan, Egyptin virrasta aina suureen virtaan, Eufrat-virtaan saakka." Luvattu maa on siis kahden vieraan maan suuren virran välissä, kuten sushumna on idan ja pingalan välissä. Luvatun maan Jordan-virta taas olisi Raamatussa luonteva sushumna-nadin symboli. (Myyttinen näkökulma on tietysti vain yksi tulkintaulottuvuus monien muiden ohella.) Intiassa pääasiallisia energiavirtoja, idaa ja pingalaa symboloivat Intian suuret maantieteelliset joet Jamuna ja Ganges ja sushumnaa myyttinen Sarasvati.[21]

Yksi yleismaailmallinen suuri myyttinen virta on myös Tuonelan tai Manalan joki, ja sekin valottaa omalla tavallaan Eufrat-virran merkitystä. Tuonelan eli Manalan joki liittyy kokemuksellisella tasolla luonnollisesti niihin tuntemuksiin, joita ihmisellä on kuollessaan. Tavanomaisessa kuolemassa ihminen menettää kehonsa tuntoa ja aistiensa toimintakykyä aste asteella energian vetäytyessä pois pinnalta syvemmälle ja lopulta pääasiallisia kanavia pitkin alhaalta ylöspäin. Tämän loppuvaiheen kuoleva saattaa kokea tuntemuksena, jossa hän kulkee ikään kuin pimeän tunnelin läpi kuullen samalla kuolemaan liittyviä ääniä, ehkä suoranaisesti virran kohinaa. Tätä tuntemusta on moni kliinisen kuoleman kokenut mutta siitä toipunut kuvannut.[22] Tuo pimeä tunneli voisi siis hyvin olla se musta Manalan virta tai Tuonelan joki, jota pitkin ihmiset yleismaallisen myyttiaiheen mukaan siirtyvät kuoleman valtakuntaan.

Joogateorian opettamat niin sanotut *pranayama*-harjoitukset merkitsevät elämänenergian kuljettamista juuri tätä suurta selkärangan ja pään seudulla kulkevaa virtaa pitkin.[23] Suuren sisäisen energiavirran olemassaolo lieneekin tuttu kokemus jokaiselle, joka on harjoittanut pranayamaa vähänkin pitempään ja keskittyneesti.

Ilmestyskirjassa Eufrat-virta muodostaa johdonmukaisen askelman Johanneksen myyttikuvien etenevässä ketjussa. Edellisessä luvussa hän oli edennyt symboliikassaan vesivirtoihin ja lähteisiin eli energiavirtoihin ja chakroihin asti, ja nyt hän jatkaa symboliikkaansa tuomalla mukaan sen pääasiallisen energiavirran, jonka varrella tai sisällä tärkeimmät chakrat sijaitsevat.

Kun Johannes on tähän mennessä jo purkanut tajunnallisia lukkiutumiaan ja torjuntojaan, hänen elämänenergian virtansa voi kulkea vapaammin. (Joogaopin mukaan elämänenergian virtaamiseen vaikuttavat tajunnantilojen muutokset ja päinvastoin, kuten on käynyt ilmi.) Eufrat-virran varrelta vapautettavat enkelit ovat nyt tätä vapautuvaa elämänenergiaa vastaavia tajunnallisia tiloja eli uutta intuitiivista oivallusta ja elämistä.

Enkelien tehtävä

"Silloin päästettiin ne neljä enkeliä, jotka hetkelleen, päivälleen, kuukaudelleen ja vuodelleen olivat valmiina tappamaan kolmannen osan ihmisistä" (Ilm. 9:15). Intuition vapautuessa Johanneksen elämäntunto laajenee ja kirkastuu. Hänen on mahdollista ohittaa itsetärkeytensä ja myöntää virheensä. Hän vapautuu sidonnaisuuksistaan, ja niin hänen egonsa kuoleutuu. Tässä vaiheessa kuoleutuminen esitetään kuitenkin vasta ennakoiden. Ilmaisun "kolmannen osan ihmisistä" tulkitsen siten, että kysymys on sen kolmiosaisen muutosprosessin toisesta vaiheesta, joka oli alkanut edellisessä näyssä. Silloin Johannes kertoi, että "paljon ihmisiä kuoli" (Ilm. 8:11), ja hän kuvasi useissa kohdin muutosta luvulla "kolmas osa".

Lukumäärä neljä – vapautettavia enkeleitä on neljä – korostanee vapautumisen eheyttävää merkitystä. Johanneksesta alkaa tulla kokonaisempi ihminen, eli hän edistyy sillä sisäisellä tiellä, jossa hänestä muovautuu aste asteelta neliömäinen pyhä kaupunki. Lisäksi enkelien lukumäärä liittää heidät alttarin neljään sarveen.

Tiedostus jatkuu

Kun Johanneksen intuitio enkelien vapautuessa vapautui, ongelmat alkavat jäsentyä uudella tavalla hänen tajunnassaan. Tämän takia näkyyn tulee uusi myyttikuva "ratsuväen joukot" eli "hevoset ja niiden selässä istujat" (Ilm. 9:16–17). Ratsuväen joukot jatkavat johdonmukaisella ja helposti tunnistettavalla tavalla heinäsirkka-armeijan kuvaa ilmaisten uutta tiedostuksen ja ongelmien jäsentymisen vaihetta. Yhtäläisyyttä on jo siinä, että Johannes oli edellä verrannut heinäsirkkoja "sotaan varustettuihin hevosiin" ja niiden siipien kohinaa sotavaunujen ryskeeseen "monien hevosten kiitäessä taisteluun" (Ilm. 9:7,9).

Hevoset

"Ja tämänkaltaisilta minusta näyttivät hevoset – – ja hevosten päät olivat kuin leijonain päät" (Ilm. 9:17). "Hevosten voima oli niiden suussa ja niiden hännässä; niiden hännät näet olivat käärmeitten kaltaiset, ja niissä oli päät, joilla ne vahingoittavat" (Ilm. 9:19). Kun heinäsirkkojen hampaat olivat "niinkuin leijonain hampaat", niin hevosten päät ovat kuin leijonain päät. Ja kun heinäsirkoilla oli skorpionien pyrstöt, joilla ne vahingoittivat, niin hevosilla on käärmeitten kaltaiset hännät, joilla ne puolestaan vahingoittavat.

Siirtymä leijonan hampaista leijonan kaltaisiin päihin ilmaisee, että Johannesta kiusaavan ongelman pelottavuus on lientynyt. Se ei enää uhkaa murskata häntä. Hevosten käärmemäiset, ihmisiä vahingoittavat hännät kertovat kuitenkin, että Johanneksen tiedostus jatkuu kivuliaana. Se taas, että "hevosten voima on niiden suussa", vihjaa mahdollisuuteen, että hevoset pystyvät kohta puhumaan. Ne ehkä ilmoittavat suullaan jotain, jolloin Johannes itse saa uusia oivalluksia. Samasta asiasta kertonee sekin, että hevonen on biologialtaan lähempänä ihmistä kuin heinäsirkka. Muutos heinäsirkoista hevosiksi osoittaa siis, että Johanneksen ongelma on siirtynyt lähemmäksi hänen ilmitajuntaansa, eli se on jo helpommin tiedostettavissa.

Ratsastajat

"Ja tämänkaltaisilta minusta näyttivät – – [hevosten] selässä istujat näyssä: ratsastajilla oli – – haarniskat" (Ilm. 9:17). Jae kertoo tärkeästä muutoksesta, joka on tapahtunut Johanneksen siirtyessä näyssään heinäsirkoista hevosiin: hevosilla on heinäsirkoista poiketen ratsastajat selässään. Ongelman myyttikuvaan on siis tullut mukaan ihmishahmo, joka hallitsee eläinhahmoa. Muutos merkitsee, että Johannes tuntee hallitsevansa ongelmaansa entistä paremmin.

Hahmotan Johanneksen näyssä tapahtunutta muutosta siten, että heinäsirkkojen ihmismäinen komponentti, kasvot, on irtautunut ja personifioitunut omaksi myyttikuvakseen, ratsastajiksi. Lisäksi heinäsirkkojen haarniskat ovat siirtyneet hevosten selässä ratsastaville.

Haarniskoissa on ilmeisesti tapahtunut myös muutos, sillä heinäsirkkojen haarniskoista Johannes sanoi, että ne olivat "ikäänkuin rautahaarniskat" (Ilm. 9:9). Ratsastajilla on sen sijaan vain "haarniskat". Tulkitsen näitäkin eroja siten, että Johannes tuntee jo lähestyvänsä salaisuuksien ratkaisua. Ongelman myyttikuva haarniskan alla ei ole enää sillä tavalla ihmisen kokemusmaailmalle etäinen kuin heinäsirkan hyönteisruumis oli, ja ongelmaa peittävä kuori on ohentunut.

Ratsuväen lukumäärä

"Ja ratsuväen joukkojen luku oli kaksikymmentä tuhatta kertaa kymmenen tuhatta, minä kuulin niiden luvun" (Ilm. 9:16). Luvussa kaksikymmentätuhatta esiintyy luku kaksi, joka käyttämäni tulkintatavan mukaan edustaa ristiriitaa. Juuri oman uskonnollisuutensa ristiriitoja Johannes on nyt ratkomassa. Lukuun kymmenentuhatta sisältyvä kymmenen symboloi puolestaan ahdistusta, joka tässä yhteydessä on tiedostuksen ja muuttumisen ahdistusta. Ratsukkojen suuri lukumäärä ilmaissee Johanneksen tuntemusta, että hänellä on yhä suunnaton määrä ongelmia ratkottavanaan, ja niin hän itsekin tuntee olevansa jälleen hajanainen, vaikka heinäsirkkaparven kuhina on jo hieman jäsentynyt.

Kolme vitsausta ja ihmisten kuolema

"Hevosten] suusta lähti tuli ja savu ja tulikivi" (Ilm. 9:17). "Näistä kolmesta vitsauksesta sai kolmas osa ihmisiä surmansa: tulesta ja savusta ja tulikivestä, jotka lähtivät niiden suusta" (Ilm. 9:18).

Kun hevosten suusta lähtee tuli, savu ja tulikivi, hevoset ikään kuin puhuvat. Mutta ne puhuvat myyttistä kieltä, ja niiden sanoma on kätketty tulen, savun ja tulikiven myyttikuviin. Koska tuli, savu ja tulikivi tulevat hevosten eli eläinten suusta, oletan, että Johannes tiedostaa ongelmiaan vasta alustavasti, ikään kuin elämystilojensa tasolla.

Tulen tulkitsen jälleen henkisen energian symboliksi. Nähdessään tulen Johannes oivaltaa, että hänen syvähenkisessä elämässään on muun ohella jo oikeaa hengen ja rakkauden paloa. Tätä oikeaa Johanneksen näyissä on edustanut varsinkin se taivaan hiljentyminen edellisen luvun alussa, joka johti alttarin tulen heittoon maan päälle. Myönteisestä merkityksestään huolimatta tuli esiintyy tässä näyssä vitsauksena, sillä uusien syvähenkisten kokemustensa valossa Johannes näkee entisen uskonnollisuutensa vajavuuden ja kärsii siitä.

Hevosten suusta tuleva savu kertoo, että Johannes tajuaa syvähenkisen elämänkatsomuksensa ja kokemuksensa sisältävän oikean ohella hämäriä, kuin savun peitossa olevia puolia. Koska oman uskonnollisuuden myöntäminen vajaaksi ja hämäräksi ei ole kenellekään helppoa, Johannes lukee myös savun vitsaukseksi.

Tulikivi puolestaan tarkoittaa rikkiä, ja Raamatussa se on Jumalan vihan ja rangaistuksen symboli. Esimerkiksi: "Herralla on koston päivä – –. Edomin purot muuttuvat pieksi ja sen multa tulikiveksi." Palava kivi ja siihen rinnastuvat kuvat, kuten hehkuva hiili, liittyvät myös yleisemmin ahdistukseen. Kovan ahdistuksen vallassa tunnemme kuin käristyvämme hiljaisella tulella tai kuumilla kivillä; Ristin Johannes vertaakin Raamattua mukaillen hengellistä koettelemusta sydämen paahtumiseen hehkuvilla hiilillä.[24]

Kivien tai muiden mineraalien palaminen kertoo, että niihin ihmistajunnan syvyyksiin, joita mineraalit edustavat, syntyy tulinen pätsi. Tämän luvun alussa tulkitsin tulista pätsiä torjunnan ongelmasta käsin, ja nyt jatkan tulkintaani olettaen, että tulikivi symboloi torjuttua tajunnansisältöä. Kun hevosten suusta tulee tulikiviä, Johannes oivaltaa, että hänen tajunnassaan on yhä torjuntoja, joita hän ei ole kyennyt purkamaan. Tämän tunnustaminen ei ole helppoa, joten tulikivikin muodostaa vitsauksen.

Oman vajavuuden myöntäminen, johon Johannes on nyt pystynyt, on eräänlainen antaa mennä -tunne. Antaessaan periksi muutoksen tielle joutunut luopuu rationalisoinneistaan, joilla hän on yrittänyt todistella olevansa kaikesta huolimatta oikeassa. Näin hän vapautuu, eli Ilmestyskirjassa Johanneksen ego kuoleutuu lisää, ja silloin kolmas osa ihmisistä saa surmansa tulesta, savusta ja tulikivestä.

Ratsuväestä kertoessaan Johannes mainitsee myös ratsastajien haarniskoiden värit: "Ratsastajilla oli tulipunaiset, tummansinervät ja tulikivenkeltaiset haarniskat" (Ilm. 9:17).[25] Haarniskoiden värit myötäilevät siis tulen, savun, ja tulikiven värejä. Koska joogateorian mukaan punainen, tumman sinervä ja keltainen ovat ajna-chakraa alempien chakrojen värejä, Johanneksen näyssä lienee kysymys vasta alempia chakroja koskevasta muutoksesta. Tätä tulkintaa tukee myös näyn etenemisjärjestys, sillä Johannes kertoo hevosten vahingoittavista, käärmemäisistä hännistä vasta sen jälkeen, kun hän on kertonut ihmisten kuolemasta. Hän siis ilmeisesti kokee, että hänen tiedostuksensa täytyy jatkua piinaavana vielä tämänkertaisen egon kuoleutumisen jälkeenkin. Muutoksen vaillinaisuutta korostavat myös näyn loppujakeet.

Muutoksen keskeneräisyys

"Ja jäljelle jääneet ihmiset, ne, joita ei tapettu näillä vitsauksilla, eivät tehneet parannusta kättensä teoista" (Ilm. 9:20). Ihmiset, joita ei tapettu, ovat tulkinta-avaintani soveltaen niitä Johanneksen egon puolia, jotka eivät ole vielä kuoleutuneet. Koska ihminen egona tuntee olevansa toimintansa subjekti, "kätten teot" on osuva ilmaisu.

Epäjumalan kuvat ja riivaajat

"Ne – – eivät tehneet parannusta – – niin että olisivat lakanneet kumartamasta riivaajia ja kultaisia ja hopeaisia ja vaskisia ja kivisiä ja puisia epäjumalankuvia, jotka eivät voi nähdä eikä kuulla eikä kävellä" (Ilm. 9:20).

Epäjumala on yleisimmillään mikä tahansa ihmismielessä vallitseva egohalu. Pyrkiessämme halun tyydytykseen meidän täytyy toimia sen toteutumisen puolesta. Silloin me ikään kuin palvomme sitä, ja mielikuva halun toteutumisesta ohjaa elämäämme. Näin tuo mielikuva on kuin epäjumalankuva, jota kumarramme. Tämäntapainen tulkinta löytyy esimerkiksi Ristin Johannekselta, jonka mukaan vieraat jumalat ovat "vieraita kiintymyksiämme".[26] Koska egohalut ovat eettiseltä arvoltaan erilaisia, Ilmestyskirjan Johannes käyttää niistä eri arvoa ilmaisevia laatusanoja: kultaisia, hopeisia, vaskisia, kivisiä ja puisia.

Johanneksen mainintaa epäjumalankuvista voidaan tietysti tulkita myös niin, että hän korostaisi yleisesti vieraantuneen uskonnollisuuden harhaisuutta. Vieraantunut uskonnollisuus on lopultakin uskoa vain ihmisen omiin uskonnollisiin mielikuviin. Nuo mielikuvat ovat siis kuin epäjumalankuvia, ja tällainen uskonnollisuus on kuollutta vastakohtana aidon syvähenkisyyden eli korkeiden tajunnantilojen elävyydelle.

Johanneksen mainitsemille riivaajille ehdotan ainoastaan yhtä edellisiä täydentävää tulkintaa. Kun egohalumme ovat erityisen voimakkaat, pyrimme niiden toteuttamiseen kuin riivatut, ja niin mielikuvat halujen tyydytyksestä toimivat riivaajina elämässämme.

Murha, velhous, haureus ja varkaus

"He eivät tehneet parannusta murhistaan eikä velhouksistaan eikä haureudestaan eikä varkauksistaan" (Ilm. 9:21).

Murhan tulkitsen tässä yhteydessä samalla tavalla kuin ihmisten keskinäisen tappamisen kuudennessa luvussa. Ihmisten murhaaminen tarkoittaa siis yleisesti sisäisiä taisteluja ja suppeammin egon tappamista. Näin tulkiten Johannes korostaa myyttikuvallaan, että hänen sisäisen muutoksensa tulee jatkua ja että egon eettisesti arvokkaammat osat joutuvat tappamaan sen huonompia puolia.

Velhous viittaa nykykielellä ilmaisten erilaisiin parapsyykkisiin voimiin ja ilmiöihin ja näiden käyttämiseen. Raamatussa parapsyykkisiin ilmiöihin suhtaudutaan eri tavoin. Paavali tuomitsee jyrkästi noituuden, mutta Jeesuksen ihmeteot ovat selvästi ja hyväksyvästi esillä. Hyväksyvä suhtautuminen löytyy myös toisesta Mooseksen kirjasta, jossa Herra neuvoo Moosesta ja Aaronia voittamaan "Egyptin viisaat ja velhot" ihmeteoillaan.[27] Ehkä Johannes on tähän asti pitänyt parapsyykkisten kykyjen ilmenemistä itsessään tärkeänä, ja nyt hän ymmärtää, ettei hän vieläkään ole kokonaan vapaa tuollaisesta asenteesta. Ehkä hän tahtoo lisäksi korostaa, että parapsyykkiset kokemukset ja kyvyt voivat johtaa etsijää harhaan aidosta henkisyydestä.

Haureus metaforana tarkoittaa Raamatussa väärää uskonnollisuutta, kuten Hoosean kirjassa kuvaavasti sanotaan: "Maa on peräti rikkonut avion luopumalla Herrasta."[28] Metaforinen haureus on siis ihmistajunnan yhtymistä vääriin arvoihin, eli haureudessa koetaan nautintoa egohalujen tyydytyksestä. Tämä merkitys löytyy muun muassa pyhältä Teresalta, joka kirjoittaa:

Onko siis toisenlaisiakin yhtymyksiä [kuin yhtyminen Jumalaan]? Tietysti niitä on! Jos ihmiset viipyvät turhuuksissa ja rakastavat niitä paljon, Perkele voi hurmata heidät mutta ei samalla tavalla kuin Jumala, ei niin, että seuraisi samaa riemua ja tyydytystä sielulle, samaa rauhaa ja iloa.[29]

Varastaminen vihdoin tuo mieleeni ajatuksen: vieraantunut uskonnollisuus ja monet sidonnaisuutemme varastavat meiltä suuren aarteen, henkisen autuuden. Tämäntapaisessa merkityksessä Jeesus puhuu varkaudesta vertauksessaan lammastarhasta, johon "varas ei tule muuta kuin varastamaan ja tappamaan ja tuhoamaan. Minä olen tullut, että heillä olisi elämä ja yltäkylläisyys."[30]

10. ENKELI JA KIRJAKÄÄRÖ

Tiedostuksen jatkuminen

Enkeli

"Ja minä näin erään toisen, väkevän enkelin tulevan alas taivaasta; hänen verhonaan oli pilvi, ja taivaankaari oli hänen päänsä päällä, ja hänen kasvonsa olivat niinkuin aurinko ja jalkansa niinkuin tulipatsaat – –. Ja [hän] huusi suurella äänellä, niinkuin leijona ärjyy." (Ilm. 10:1,3.) Enkeli symboloi yleisesti intuitiota, joten Johannekselle on aukeamassa ongelmiinsa uusi intuitiivinen visio. Edellisen luvun lopussa Johannes oli myöntänyt, että hänellä on uskonnollisuudessaan yhä oikean ohella torjuntoja ja epäselvyyksiä, ja näitä hän nyt yrittää intuitionsa eli enkelin avulla oivaltaa. Koska enkeli astuu alas taivaasta, se ilmentää vuodatuksen tuntoa ja ylitajunnan vaikutusta sisäisessä muutosprosessissa.

Johanneksen näkyjen etenemisen kannalta on tärkeää huomata, että enkeli jatkaa muuntuneessa muodossa edellisen luvun kuvia, heinäsirkkoja ja ratsuväenjoukkoja. Oletan jälleen, että muuntuminen johtuu tiedostuksen etenemisestä.

Enkeli on verhottu pilveen, kun taas heinäsirkat olivat rautahaarniskan peitossa ja ratsastajilla oli peittonaan tavalliset haarniskat. Päättelen tästä, että peittävän aineen ohentuessa Johannes tuntee lähenevänsä ongelmien ratkaisua. Hän alkaa saada ongelmiinsa intuitiivista näkemystä, vaikka hänen intuitionsa ei ole vielä esteetön. Enkelin kuvauksessa korostuvat myös sen pää ja jalat, samoin kuin heinäsirkkojen ja ratsukkojen kuvauksessa korostuivat toisaalta pää ja toisaalta takaosa: pyrstö tai häntä.

Tarkemmin eritellen leijona muodostaa yhteisen tekijän heinäsirkkojen, hevosten ja enkelin kuvauksissa. Johannes vertasi aikaisemmin heinäsirkkojen hampaita leijonien hampaisiin ja hevosten päitä leijonien päihin, ja nyt väkevä enkeli huutaa "niinkuin leijona ärjyy". Näiden leijonaan liittyvien myyttikuvien muutos heijastaa selvästi siirtymää uhkaavuudesta oivallukseen. Koska tässä näyssä leijonaprinsiippi tyytyy vain huutamaan jotain julki, se ei enää uhkaa murskata hampaillaan Johannesta.

Lisäksi enkelin pään päällä oleva taivaankaari rinnastuu niihin kultaisiin seppeleisiin, jotka heinäsirkoilla oli päässään. Taivaankaari on esiintynyt jo neljännessä luvussa, jolloin se oli valtaistuimella istujan ympärillä, ja tuolloin tulkitsin sitä geometrisena muodollisena symbolina. Mutta sateenkaari on myös sisällöllinen myyttikuva, joka luontevasti ilmentää taivaan ja maanpiirin yhteyttä. Ilmeisesti tästä syystä sateenkaari symboloi Vanhassa testamentissa Jumalan ja ihmisten liittoa. Ensimmäisessä Mooseksen kirjassa tämä liitto käsitti Jumalan lupauksen, ettei ihmiskuntaa enää hävitettäisi vedenpaisumuksella.[1]

Uudessa testamentissa sateenkaari ei enää esiinny liiton symbolina, mutta itse Jumalan ja ihmisen liitosta puhutaan yhä: "Tämä on se liitto, jonka minä teen – –. Ja silloin ei enää kukaan opeta kansalaistaan eikä veli veljeään sanoen: 'Tunne Herra'; sillä kaikki, pienimmästä suurimpaan, tuntevat minut."[2] Oletan, että Ilmestyskirjassa Johannes pyrkii tällaiseen uuteen Jumalan ja ihmisen liittoon eli hän pyrkii toteuttamaan erottamattoman Jumala-yhteyden. Se, että Johannes käyttää Vanhasta testamentista periytyvää liiton symbolia, osoittaa, että hän tuntee olevansa yhä kaukana Jumala-yhteyden lopullisesta toteutumisesta. Silti hän uskoo uuden intuitionsa eli taivaasta laskeutuvan enkelin vievän häntä lähemmäs liiton toteutumista, ja tätä osoittamassa enkelin pään päällä on taivaankaari. Koska lopullinen Jumala-yhteys merkitsee Ilmestyskirjan sanastossa myös lopullista voittoa, taivaankaari enkelin pään päällä ja heinäsirkkojen voittajien seppeleet rinnastuvat luontevasti toisiinsa.

Edelleen: kun heinäsirkkojen kasvot olivat kuin ihmisen kasvot, niin enkelin kasvot ovat kuin aurinko. Enkelin aurinkokasvot symboloivat yleisesti intuition kirkkautta, joten kasvojen muutos ihmiskasvoista aurinkokasvoiksi ilmaisee siirtymää ihmismäisestä eli tavallisesta tiedostamisesta intuitioon. Mutta enkelin aurinkokasvot saattavat myös kertoa, että Johannes odottaa intuitiivista oivallusta, joka selvittäisi nimenomaan hänen vanhaa uskonnollisuuttaan koskevat ongelmat; aurinkohan symboloi tulkinnassani myös Johanneksen vanhaa jumalakuvaa.

Johannes luonnehtii vielä enkelin jalkoja sanoen, että ne ovat "niinkuin tulipatsaat". Tuli esiintyi edellisen näyn lopussa siten, että hevosten suusta lähti tulta, ja silloin Johannes tulkintani mukaan oivalsi, että hänen uskonnollisuudessaan on jo jotain oikeaa eli rakkautta ja hengen paloa. Enkelin tulijalat kertonevat nyt, että hengen palo merkitsee Johannekselle myös intuition kirkkautta, jonka tuella hän voi jatkaa sisäistä matkaansa.

Koska enkeli on yksi suuri myyttikuva, päinvastoin kuin heinäsirkat ja ratsukot, joita oli suunnattomat määrät, Johannes tuntee eheytyneensä päästyään tiedostuksen intuitiiviseen vaiheeseen.

Enkelin kirja ja oikea ja vasen jalka

"Ja hänellä oli kädessään avattu kirjanen" (Ilm. 10:2). Hahmotan kirjan jälleen Johanneksen tämänhetkiseksi tajunnaksi, ja koska kirja on avoin, päättelen, että Johannes tuntee tajuntansa olevan avoin. Näin hän on valmis oppimaan uutta.

"Ja hän [enkeli] laski oikean jalkansa meren päälle ja vasemman maan päälle" (Ilm. 10:2). Tätä kohtaa tulkitessani käytän meren ja maan tavallisimpia myyttisiä merkityksiä, joiden mukaan meri symboloi piilotajuntaa ja maa tietoisuutta.

Ihmisen kokemusmaailmassa elämyksellisyys liittyy yleisesti piilotajuntaan eli myyttiseen mereen ja tiedostus tietoisuuteen eli myyttiseen maahan. Mutta elämyksellisyys ja tiedostus solmiutuvat monin tavoin toisiinsa, ja niitä molempia tarvitaan syvällisessä muutoksessa. Ehkä tästä syystä enkeli seisoo sekä meren että maan päällä yhdistäen ne omalla kehollaan.[3]

Näyssään Johannes pitänee elämyksellisyyttä ja piilotajuntaa tietoisuutta tärkeämpänä, sillä enkeli asettaa oikean jalkansa meren päälle. Oikeanpuoleisen tavallisin myyttinen merkitys on näet oikean tai tärkeämmän vaihtoehdon ilmaiseminen. Tämä merkitys on esillä jo useiden kielten sanayhtäläisyydessä, jonka mukaan sana "oikea" tarkoittaa oikeanpuoleisen lisäksi moraalisesti oikeaa.

Sisäisen syvenemisen välttämättömyys

Enkelin huuto ja ukkosen jylinä

"Ja [enkeli] huusi suurella äänellä, niinkuin leijona ärjyy; ja kun hän huusi, antoivat ne seitsemän ukkosenjylinää ääntensä puhua" (Ilm. 10:3). Tulkintani mukaan edellisen näyn myyttikuvat, leijonan hampaat ja leijonan pää, ovat luoneet vaikutelman, että Johannes on odottanut leijona-prinsiipin lopulta puhuvan jotain. Ja nyt Johannes todella kuulee leijonan puheen – ilmeisesti Om-äänen ohella. Mutta näky saa yllättävän käänteen.

"Ja kun ne seitsemän ukkosenjylinää olivat puhuneet, yritin minä kirjoittaa, mutta minä kuulin äänen taivaasta sanovan: 'Pane sinetin taakse, mitä ne seitsemän ukkosen jylinää puhuivat, äläkä sitä kirjoita'" (Ilm. 10:4). Miksi Johannes ei saakaan kirjoittaa kuulemaansa ylös?

Syy lienee se, että enkeli symboloi vajavaista intuitiota, sillä hän on verhottu pilveen. Täten Johanneksen kuulema sanoma edustaa enkelin intuitioluonteesta huolimatta vielä liian tavanomaista oivallustasoa. Sanoma onkin sellainen, että Johannes voisi kirjoittaa sen ylös, joten se kuvannee suhteellisen tiedostavaa oivallusta. Mutta tiedostus, vaikka sillä olisi jo intuitiivista ja elämyksellistä luonnetta, ei riitä aidon syvähenkisen elämän ymmärtämiseksi. Tähän tarvitaan omakohtaista kaikkein korkeimpien tajunnantilojen eli ykseyden elämistä.[4]

Enkeliä liian matalan tajunnantason symbolina voidaan tulkita myös chakrateoriasta käsin. Tällöin enkeli olisi mahdollista liittää ajna-chakraan eli kuudenneksi ylimpään chakraan, sillä enkelin aurinkokasvot luonevat vaikutelman henkisen silmän pyöreästä valosta ja siten ajna-chakrasta. Johanneksen kiivetessä elämän puun tietä yhä uudestaan alhaalta ylöspäin, hänen täytyy kuitenkin avata kutakin chakraa entistä enemmän. Ja tässä näyssä hänen tehtävänsä olisi avata lisää ajna-chakraa, jolloin hänen intuitionsa kirkastuisi. Johanneksella olisi siis tällä erää vielä kaksi askelmaa kiivettävänä elämän puun tiellä. Ensin hänen elämänenergiansa täytyisi siirtyä entistä täydemmin ajna-chakraan ja sen jälkeen vielä sahasraraan.

Kun sinetin taakse pannaan jotain, sitä ei voida lukea ennen kuin sinetti on murrettu. Tämä tarkoittaa, että Johannes ei saa kuvitella pystyvänsä ratkomaan ongelmiaan ennen kuin hänen tämänhetkinen oivallustasonsa on syventynyt. Yksityiskohtaisemmin eritellen sinetin tulkinnaksi sopii juuri ajna-chakra, joka sijaitsee kulmakarvojen välissä, tai henkisen silmän pyöreä valo, jonka meditoija näkee otsansa kohdalla syvässä sisäänpäin kääntyneessä tilassa. Myös arkielämässä meistä helposti tuntuu, että jotain ongelmaa ratkoessamme keskitymme otsaan kulmakarvojen väliin, ja elekielessäkin keskittymistä ilmennetään usein otsan tai kulmakarvojen rypistämisenä. Sinetin taakse paneminen symboloi siis tässä yhteydessä elämänenergian keskittymistä ajna-chakraan ja yleisemmin syvällistä asiaan paneutumista.

Neuvon sinetin taakse panemisesta Johannes kuulee taivaasta, joten tämä ääni symboloinee enkeliä korkeampaa, puhtaammin ylitajuista intuitiota. Tätä intuitiota Johannes noudattaa, ja jo näyn loppuosa kuvaa syvällistä asiaan paneutumista. Se selkiytyminen, jonka asiaan paneutuminen tuottaa, kuvataan sitten seuraavassa luvussa.

Johanneksen näkyjen saama käänne on perin tavallinen sisäisissä muutoksissa, sillä oivalluskykymme on sidottu kunkinhetkiseen tilaamme. Kun sitten etenemme sisäisellä tiellä astuen askeleen eteenpäin, meille avautuu uusia näköaloja. Silloin näemme uudella tavalla myös oman keskeneräisyytemme, ja joudumme usein huomaamaan, että se olikin suurempi kuin olimme osanneet kuvitella.

Ennustus Jumalan salaisuudesta

"Ja enkeli, jonka minä näin seisovan meren päällä ja maan päällä, kohotti oikean kätensä taivasta kohti ja vannoi hänen kauttansa, joka elää aina ja iänkaikkisesti, hänen, joka on luonut taivaan ja mitä siinä on, ja maan ja mitä siinä on, ja meren ja mitä siinä on, ettei enää ole oleva aikaa, vaan että niinä päivinä, jolloin seitsemännen enkelin ääni kuuluu hänen puhaltaessaan pasunaan, Jumalan salaisuus käy täytäntöön sen hyvän sanoman mukaan, jonka hän on ilmoittanut palvelijoillensa profeetoille" (Ilm. 10:5–7).

Näissä jakeissa ennakoidaan Johanneksen tämänkertaisen, pasuunan puhallusten symboloiman muutosprosessin huipennus. Kun Johannes on ensin noudattanut saamaansa ohjetta ja syventänyt intuitiotaan ja sen seurauksena saanut asioita selkiytymään, hän kokee vapautumisen. Intuition syventyessä energia on kuudennessa eli ajnachakrassa. Mutta vapautuminen merkitsee tätäkin korkeampaa tajunnantilaa. Joogateoriaa soveltaen se on muutosprosessin seitsemäs askelma, jolloin elämänenergia siirtyy ylimpään keskukseen, sahasraraan, ja ihminen elää ykseyden autuutta.

Ilmestyskirjassa seitsemäs enkeli puhaltaa pasuunaan seuraavan eli yhdennentoista luvun lopussa, ja silloin Johannes todella tulkintani mukaan elää entistä täydemmin ykseyttä. Ykseyskokemuksessaan hän sitten löytää tyydyttävän ratkaisun Jumalan salaisuuteen eli Jumalan salaisuus käy tuolloin täytäntöön.

Ennustuksen Jumalan salaisuuden täytäntöönpanosta lausuu meren ja maan päällä seisova enkeli, mutta hän osoittaa kädellään taivaaseen ja vannoo Jumalan nimeen. Ehkä tämä painottaa ennakoivan intuition ylitajuisempaa alkuperää. Enkelin sanat, ettei enää ole oleva aikaa, mahdollistavat eri tulkintoja, mutta seuraan tässä teologien ehdottamaa arkista näkemystä. Sen mukaan sanat kuuluvat yhteen lauseen loppuosan kanssa: Jumalan hyvä sanoma käy niin pian täytäntöön, ettei sitä tarvitse enää kauan odottaa.[5]

Opitun omaksuminen

Kirjakäärön syöminen

"Ja sen äänen, jonka minä olin kuullut taivaasta, kuulin taas puhuvan minulle ja sanovan: 'Mene, ja ota tuo avattu kirjakäärö, joka on meren ja maan päällä seisovan enkelin kädessä.' Ja minä menin enkelin tykö ja pyysin, että hän antaisi minulle sen kirjasen. Ja hän sanoi minulle: 'Ota ja syö se.'" (Ilm. 10:8–9.)

Syömisen tavallisin myyttinen merkitys on jonkin asian omaksuminen. Käytämme yhä arkikielessä sanontaa "tuota asiaa en purematta nielaise", kun emme tahdo ilman muuta hyväksyä ja omaksua jotain asiaa. Myyttikuvana syömistä voidaan usein tulkita myös sisäistymiseksi, sillä ottaessaan jotakin sisäänsä syöjä omaksuu asian syvemmin eli hän sisäistää sen, ja samalla hän itse sisäistyy. Koska aidon henkisen elämän ydin on asioiden omakohtainen, sisäistynyt kokeminen, syöminen on yksi yleisimpiä uskonnollisia riittejä. Esimerkiksi kristinuskoon syöminen kuuluu pyhänä ehtoollisena, jonka aikana syödään ehtoollisleipä ja juodaan viiniä. Mutta pyhä ateria oli keskeisellä sijalla myös esimerkiksi mithralaisuuden uskonnossa, joka edelsi ajallisesti kristinuskoa antiikin maailmassa. Mithralaisuudessa pyhiä ruokia olivat maito, viini ja hunaja.[6]

Se, mitä kulloinkin syödään, ilmaisee sen, mitä omaksutaan. Johanneksen näyssä syömisen kohteena on tavallisimmista uskonnollisista riiteistä poiketen avattu kirjakäärö, jota olen tulkinnut yleisesti Johanneksen tajunnaksi. Täten kirjakäärön syöminen saattaa vaikuttaa oudolta kuvalta, mutta myyttisessä todellisuudessa ei ole mitään outoa siinä, että syömme oman tajuntamme. Näin meidän tulee nimenomaan tehdä, jos tahdomme omaksua sen sisältöjä entistä syvällisemmin.

Näyn lopputapahtumien kannalta on valaisevaa, jos samastamme tämän näyn avatun kirjan siihen kirjakääröön, jonka sinetit avattiin aikaisemmin, vaikka välttämätöntä samastus ei ole.[7] Kun siis kahdeksannen luvun alussa aukaistiin viimeinen sinetti, kirjakääröstä tuli avattu kirja. Sen jälkeen Ilmestyksen tapahtumia voitaisiin hahmottaa niin, että Johannes on joutunut pasuunan puhallusten säestyksellä kuin lukemaan uudestaan tuota samaista kirjaa. Jokaisen pasuunan puhalluksen kohdalla hän on joutunut tiedostamaan lisää niitä asioita, jotka olivat jääneet hänen piilotajuntaansa eli ikään kuin kirjakäärön sisälle piiloon. Näin tulkiten avattu kirja ilmentäisi tässä yhteydessä koko sitä tiedostus- ja muutosprosessia, jota Johannes on käynyt läpi kahdeksannen luvun alusta lähtien. Kun Johannesta kehotetaan syömään kirja, häntä kehotetaan omaksumaan tuo oppimansa entistä sisäisemmällä tavalla.

Koska jonkin asian perusteellinen omaksuminen tapahtuu keskittymällä siihen syvässä sisäänpäin kääntyneessä tilassa, voimme hahmottaa Ilmestyskirjan symboliikkaa siten, että sinetin taakse paneminen ja kirjakäärön syöminen tarkoittavat itse asiassa samaa. Syödessään kirjakäärön Johannes siis noudattaa kehotusta panna aiemmin kuulemansa sinetin taakse.

Karvaus ja makeus

"Ja hän [enkeli] sanoi minulle: – – 'Se on karvasteleva vatsassasi, mutta suussasi se on oleva makea kuin hunaja.' Niin minä otin kirjasen enkelin kädestä ja söin sen; se oli minun suussani makea kuin hunaja; mutta sen syötyäni minun vatsaani karvasteli." (Ilm. 10:9–10.) Ehdotan kirjakäärön makeudelle ja karvaudelle vain yhtä lukutapaa, joka perustuu kirjakäärölle äsken antamaani tulkintaan, vaikka muutkin hahmotustavat ovat mahdollisia.

Oletan, että hunajan makeus Johanneksen suussa on sen hiljaisuuskokemuksen jälkikäteistä maistelua, jonka hän eli kahdeksannen luvun alussa (Ilm. 8:1). Luullakseni Johannes tuntee suurta onnea siitä, että hän on tuollaisen uuden tajunnan ulottuvuuden – hiljaisuuden ja ykseyden – elänyt ja että tuollainen tila on ylipäätänsä ihmiselle mahdollinen. Tuon tilan suloisuus on vielä jälkikäteenkin muisteltuna kuin hunajaa, ja maistellessaan eli muistellessaan sitä Johannes omaksuu hiljaisuuskokemustaan yhä syvemmin.

Hunaja on maailman mytologiassa muutenkin yleinen korkeiden itseisarvokokemusten symboli, toisaalta makeuden tähden ja toisaalta sen takia, että mehiläinen, joka on lentävä hyönteinen, kerää sitä. Mainitsin edellä jo mithralaisuuden, jossa hunaja oli viinin ja maidon ohella pyhä ruoka. Myös intialaisessa kirjallisuudessa hunaja esiintyy itseisarvon merkityksessä; siellä suositun aiheen mukaan ihmistajunta on kuin mehiläinen, joka imee sisäisessä hiljaisuudessa hunajan makeutta kukasta.[8]

Karvastelu, jota kirjakäärö Johanneksen vatsassa aiheuttaa, heijastelee jälkikäteen muisteltuna sitä ahdistavaa tiedostusta ja muutosta, jota hän hiljaisuuskokemuksensa seurauksena joutui elämään. Näyissä tuo ahdistava vaihe kuvautui etenkin rakeina ja vuoren ja tähden putoamisena sekä heinäsirkkoina ja ratsuväenjoukkoina. Ja vieläkin tuo ahdistus karvastelee Johanneksessa, kun hän sitä sulattelee.

Johanneksen syödessä kirjakäärön eli omaksuessa oppimaansa hän luo pohjan sille tiedostus- ja muutosprosessin kliimaksille, joka kuvataan seuraavassa näyssä. Yleisinhimillisestikin katsoen vasta asian perusteellinen omakohtainen eläminen aiheuttaa syvällisen muutoksen. Ilmestyskirja kiteyttää siis jälleen yhden yleisinhimillisen ja olennaisen tärkeän muutosprosessin vaiheen – elämyksellisen omaksumisen – nasevaan myyttikuvaan, kirjakäärön syömiseen.

Profetoiminen

"Ja minulle sanottiin: 'Sinun tulee taas profetoida monista kansoista ja kansanheimoista ja kielistä ja kuninkaista.'" (Ilm. 10:11). Kirjakäärön syötyään Johannes on valmis jatkamaan itsetutkiskeluaan.

11. TEMPPELIN MITTAAMINEN, KAKSI TODISTAJAA JA LIITON ARKKI

Kehotus erittelyyn

"Ja minulle annettiin sauvan kaltainen ruoko ja sanottiin: 'Nouse ja mittaa Jumalan temppeli ja alttari ja ne, jotka siinä kumartaen rukoilevat. Mutta temppelin ulkopuolella oleva esikartano erota pois, äläkä sitä mittaa, sillä se on annettu pakanakansoille.'" (Ilm. 11:1–2.) Mittaaminen symboloi erittelevää pohdintaa ja tutkimista. Johanneksen täytyy siis yhä eritellä uskonnollisuuttaan, sillä kaikkiin sen ongelmiin hän ei ole löytänyt vastauksia.

Temppelin eri osat, jotka jakeessa mainitaan, symboloivat luontevasti Johanneksen uskonnollisuuden eri puolia. Esikartano symboloi ulkokohtaisempaa ja temppeli ja alttari sisäisempää uskonnollista asennetta. Juutalaisten temppeleissä, kuten ilmestysmajassa, Salomon temppelissä ja Herodeksen temppelissä, oli yksi tai useampia esipihoja, joiden läpi temppeliin saapujan oli kuljettava, ennen kuin hän pääsi itse temppeliin.

Näin tulkiten esikartano liittyy sisällöllisesti Ilmestyskirjan aiempaan myyttikuvaan, aurinkoon, joka on tulkinnoissani edustanut Johanneksen vanhaa jumalakuvaa. Esikartano ja aurinko yhdistyvät toisiinsa myös sikäli, että juutalaisten temppeleissä esikartano oli tosiasiallisesti päivänpaisteelle avoin paikka. Esikartano ilmentää kuitenkin selvästi lievempää vieraantuneisuuden astetta kuin aurinko, sillä se on itse temppelin vieressä eikä kaukana taivaalla. Tästä syystä esikartano voi symboloida vaikkapa sitä tapaa, jolla Johannes on omassa elämässään toteuttanut auringon edustamaa uskonnollisuutta; hänhän on varmasti pyrkinyt vilpittömästi noudattamaan esimerkiksi uskontoon kuuluvia oikean ja väärän lakeja.

Mutta näky teroittaa, että esikartano on annettu pakanakansoille, joten Johannesta varoitetaan liian ulkokohtaisesta uskonnollisuudesta. Ja koska Johanneksen ei tarvitse mitata esikartanoa, hänen ei enää tässä vaiheessa tarvitse keskittyä vanhan uskonnollisuutensa ongelmiin. Sen sijaan hänen täytyy ymmärtää paremmin sitä uutta uskonnollisuutta, joka on entistä sisäisempää ja jonka myyttikuvina näyssä toimivat temppeli, alttari ja siinä rukoilevat. Siksi hänen tulee mitata näitä.

Tarkemmin eritellen temppeli symboloi uuden uskonnollisuuden ilmentäjänä sitä tapaa, jolla Johannes on pyrkinyt toteuttamaan uutta rakkauden uskontoa, vaikka hän ei ole pystynyt sitä täysimääräisesti ja välittömästi elämään. Tulkintani perustuu huomioon, että temppelisalikin on alttariin ja kaikkein pyhimpään nähden ulkokohtainen paikka. Vasta alttari ja kaikkein pyhin temppelin osina symboloivat rakkauden täyttä ja välitöntä elämistä. Näin tulkiten temppeli liittyy Ilmestyskirjan aikaisemmista myyttikuvista kuuhun, joskin vieraantuneisuuden aste on temppelissä kuuta lievempi. Temppeli ja kuu yhdistyvät toisiinsa myös sikäli, että juutalaisten temppeli oli tosiasiassa hämärä paikka.

Alttarille, joka on temppelisalin keskeisin osa, annan jälleen kaikkiallisen rakkauden merkityksen. Teoreettisesti ilmaisten alttari on siis universaalin itseyden subjektiivinen puoli, kun taas alttarilla rukoilevat edustavat yksilöllisen itseyden tasoa.

Tähän mennessä Johannes on kokenut kaikkiallisesta rakkaudesta vain välähdyksen, joten hän ei ole vielä toteuttanut itsessään universaalia itseyttä. Mutta tähän hänen tulee pyrkiä, ja ensimmäinen askel muutoksen suuntaan on ymmärtää, millä tavalla rakkaus on uskonnon keskeisin sisältö. Juuri tästä syystä Johannesta kehotetaan mittaamaan temppeli, alttari ja siinä rukoilevat. Näiden asioiden erittely ja ymmärtäminen johtavat hänet sitten elämykselliseen muutokseen.

Tämän luvun lopussa Johannes näkee temppelin aukenevan, niin että temppelin kaikkein pyhin paljastuu. (Tarkemmin sanoen hän näkee liiton arkin, joka juutalaisten temppeleissä oli kaikkein pyhimmässä.) Silloin Johannes tulkintani mukaan elää omakohtaisesti rakkautta eli pyhyysarvoa entistä syvemmin.

Luvun alkujakeille voidaan antaa myös yleiset tulkinnat. Muutoksen lähtökohtana on näet usein oivallus: "Se, minkä olen tähän mennessä asioista ymmärtänyt, on pinnallista, kuin pelkkää eteistä. Minun täytyy tunkeutua sen läpi tutkimaan oman tajuntani ja itse olemassaolon syvempiä tasoja. Ja oppiessani ymmärtämään niitä luon pohjaa myös niiden välittömälle elämiselle."

Tiedostus ja elämyksellinen muutos

Todistajat

"Ja minä annan kahdelle todistajalleni toimeksi – – profetoida" (Ilm. 11:3). Todistajat voidaan nähdä jälleen uutena lenkkinä siinä myyttikuvien ketjussa, jota Johannes on näkyjensä edetessä kehitellyt, vaikka niiden yhteys aikaisempiin kuviin ei ole aivan ilmeinen. Ensinnäkin todistajien hahmoissa korostuu suu samoin kuin heinäsirkkojen, hevosten ja suuren enkelin hahmossa. Todistajathan puhuvat, ja myöhemmin Johannes kertoo, että heidän suustaan lähtee tulta (Ilm. 11:5). Kun todistajat todistavat eli saarnaavat ja puhuvat, he tuovat vihdoin julki sitä, mitä Johannes on aikaisemmissa näyissään turhaan koettanut tiedostaa. Todistajien suusta lähtevä tuli on siis kuin oikeaa hengen paloa: se paljastaa salaisuuksia ja muuttaa Johannesta. Sen sijaan enkelin huuto edellisessä näyssä oli vielä liian kypsymätöntä.

Toiseksi kaksi todistajaa ovat kuin ne kaksi enkelin jalkaa, joista Johannes kertoi edellisessä näyssään. Enkelin toinen jalka oli tuolloin maan päällä ja toinen meren päällä korostaen, että muutokseen täytyy kuulua sekä tiedostava että elämyksellinen puoli. Todistajat symboloivatkin mielestäni tiedostuksen lisäksi syvähenkistä elämystasoa, ja heitä on kaksi korostamassa tätä muutoksen kaksinaista luonnetta, tiedostusta ja elämyksellisyyttä.

Mutta todistajia on kaksi myös sen takia, että kaksi symboloi ristiriitaa, ja Johanneksen sisäinen elämä on tällä hetkellä ristiriitainen. Vielä nasevammin ilmaisten Johannes on kuin umpisolmussa. Niin kauan kuin hän ei pysty tiedostavasti ratkomaan uskontonsa ongelmia, hän ei pääse etenemään elämyksellisesti. Mutta niin kauan kuin hän ei *elä* uskontoaan eli syvimpiä tajunnantiloja, hän ei myöskään kykene aidolla tavalla näkemään ratkaisuja ongelmiinsa.

Voisimme sanoa niinkin, että näky todistajista kertoo, mitä Johannes saa selville mitatessaan temppelin, alttarin ja siinä rukoilevat, ja mittaamisesta on seurauksena tiedostuksen ohella elämyksellinen muutos.

Säkkipuku

"Annan kahdelle todistajalleni toimeksi säkkipukuihin puettuina profetoida" (Ilm. 11:3). Säkkipuku-vertaus esiintyi jo kuudennessa luvussa, jossa "aurinko meni mustaksi niinkuin karvainen säkkipuku" (Ilm. 6:12). Koska Ilmestyskirjan aikoihin säkkipukuun pukeutuivat surijat, katujat ja parannusta etsivät, säkkipukuiset todistajat ilmaisevat, että Johannes suree ja katuu omaa keskeneräisyyttään. Hän tajuaa, että hänen oma tilansa on parannuksen tarpeessa. Säkkipukujensa takia Ilmestyskirjan todistajia on pidetty parannussaarnaajina, mutta myyttikuvaksi tulkittuna parannussaarnaajakin saarnaa parannusta sille, joka tuon myyttikuvan näkee, eli Johannekselle itselleen.[1]

Öljypuut ja lampunjalat

"Nämä [todistajat] ovat ne kaksi öljypuuta ja ne kaksi lampunjalkaa, jotka seisovat maan Herran edessä" (Ilm. 11:4). Öljypuun hedelmien öljy symboloi tulkinnoissani ihmisen ydinmehua eli rakkautta.[2] Mutta pelkässä puussa öljy on vasta potentiaalisuutena läsnä, joten öljypuu edustaa vasta ihmisessä piilevää mahdollisuutta avautua syvälliselle rakkaudelle. Lampunjalat puolestaan tuovat esille, että kyse on lampuista, jotka eivät vielä pala. Aiemman tulkintani mukaan lampunjalat tarkoittavat chakroja, jotka eivät ole kokonaan auenneet eli ikään kuin valaistuneet.[3] Yleisempänä symbolina lampunjalat ilmentävät keskeneräistä tiedostusta, sillä pelkkien lampunjalkojen valossa emme pysty näkemään. Myyttikuvina öljypuu ja lampunjalat korostavat siis Johanneksen tämänhetkisen tilan vajavuutta sekä elämyksellisellä että tiedostavalla tasolla, tuoden kuitenkin esille kasvun mahdollisuuden.

Todistajien elämä

Todistajien elämänvaiheet, jotka ovat tämän näyn keskeistä sisältöä, kertovat, kuinka Johannes kasvaa eteenpäin. Näyn myyttikuvissa Johanneksen tiedostava ja elämyksellinen muutos ovat läsnä kuin päällekkäin, ja tästä syystä tulkitsen samoja kuvia ilmentämään sekä tiedostusta että elämyksellistä muutosta. Tiedostus tukee elämyksellistä muutosta ja elämyksellinen muutos tiedostusta. Näin Johannes pystyy aste asteelta purkamaan sitä vajaan tiedostuksen ja riittämättömän elämyksellisyyden umpisolmua, johon hän on ollut kietoutuneena.

Jaksotan todistajien elämän seuraaviin tapahtumiin. Ensin *todistajat todistavat*. Sen jälkeen *heidät tapetaan* ja *ihmiset näkevät heidän kuolleet ruumiinsa*. Lopuksi todistajat *heräävät henkiin ja nousevat ylös taivaaseen*. Tulkitsen näitä todistajien elämänvaiheita ensin yleisempinä myyttikuvina, ja sen jälkeen pohdin teoreettisesti, mitä Johannes näiden myyttikuvien kautta täsmällisemmin oivaltaa ja elää.

Todistajat todistavat

"Ja jos joku tahtoo heitä vahingoittaa, lähtee tuli heidän suustaan ja kuluttaa heidän vihollisensa; ja jos joku tahtoo heitä vahingoittaa, on hän saava surmansa sillä tavalla" (Ilm. 11:5). Koska todistajat symboloivat Johanneksen kasvumahdollisuutta, todistajien viholliset ovat sellaisia ominaisuuksia, jotka ovat omiaan ehkäisemään sisäistä kasvua. Tällaisia ominaisuuksia ovat esimerkiksi itsetärkeys, pelko, epävarmuus ja mukavuudenhalu. Mutta Johanneksessa on jo tapahtunut niin paljon sisäistä valmistautumista, ettei muutos hänen kohdallaan voi enää ehkäistyä. Todistajien viholliset siis kuolevat, ja heidän kuollessaan Johanneksen ego kuoleutuu lisää. Koska viholliset tapetaan nimenomaan tulella, Johanneksen hengen palo, viisaus ja rakkaus, hävittävät muutosta ehkäisevät ominaisuudet.

"Heillä [todistajilla] on valta sulkea taivas, niin ettei sadetta tule heidän profetoimisensa päivinä" (Ilm. 11:6). Myyttikuvana kuivuus, joka sateettomuudesta seuraa, tarkoittaa psyykkistä ja henkistä kuivuutta: käytämme yhä sanontaa "kuiva ihminen" tarkoittaessamme tunneköyhää henkilöä. Koska Johannes puhuu nimenomaan sateen lakkaamisesta, hänestä ilmeisesti tuntuu, että vuodatettu armo lakkaa hänen elämästään. Tämä on ymmärrettävää, sillä todistajien todistamisvaihe symboloi asioiden erittelyä. Ja erittely ja pohdinta johtavat helposti kuivaan tajunnantilaan rikkoessaan sen yksinkertaisen antaumuksellisuuden, jota välitön kokeminen edellyttää. Mutta sisäinen kuivuus voi johtua myös siitä, että jokin piilotajuinen ongelma estää meitä antautumasta ehyeen elämäntuntoon. Tämäkin syy soveltuu Johanneksen tilanteeseen, sillä hän ei ole saanut kaikkia piilotajuisia ongelmiaan selviksi.

"Ja heillä [todistajilla] on valta muuttaa vedet vereksi" (Ilm. 11:6). Aika, jolloin todistajat profetoivat, on todellisessa elämässä pitkä muutosvaihe. Siihen mahtuu kuivuuden ohella vapautumista ja iloa.

Teoreettisesti ilmaisten Johanneksen käynnissä oleva muutos merkitsee siis tiedostuksen ohella itseyden voimistumista. Egon kuoleutuessa itseys vapautuu, ja juuri itseyden eli ydinihmisen voimistumista veden muuttuminen vereksi symboloi. Veden muuttaminen vereksi on samantapainen ihme kuin se veden muuttaminen viiniksi, jonka Jeesus toteutti Kaanan häissä; sekä veri että viini ovat ydinmehua.[4]

"Ja heillä [todistajilla] on valta – – lyödä maata kaikkinaisilla vitsauksilla, niin usein kuin tahtovat" (Ilm. 11:6). Sanat ilmaisevat, että Johannes kokee muutoksensa niin vaikeaksi, että se on suorastaan vitsauksenomainen.

Todistajat tapetaan

"Ja kun he ovat lopettaneet todistamisensa, on peto, se, joka nousee syvyydestä, käyvä sotaa heitä vastaan ja voittava heidät ja tappava heidät" (Ilm. 11:7).

Peto on yleisesti ottaen mikä tahansa tajunnansisältö, jonka Johannes on aikaisemmin torjunut kokiessaan sen tiedostamisen ja elämisen liian vaikeaksi. Kun hän on torjunut sen, hän on työntänyt sen kuvaannollisesti syvyyteen eli piilotajuntaan. Tuo torjuttu tajunnansisältö on yhä Johannekselle niin kivulias, että se pukeutuu näyssä pedon ilmiasuun. Mutta nyt se kaikesta huolimatta nousee syvyydestä, eli se tulee tiedostetuksi ja eletyksi. Koska torjutun tiedostaminen ja eläminen ei ole helppoa, muutos kuvautuu sotimisena. Johanneksesta tuntuu, että hänessä itsessään riehuu sota. Hän ei tahtoisi vieläkään tiedostaa ja elää tuota vaikeaksi kokemaansa asiaa, mutta ei hän pysty sitä enää torjumaankaan, ja niin peto voittaa. Silloin Johanneksen tämänhetkinen, henkisesti keskeneräinen kokemistapa, jota todistajat symboloivat, kuolee.

Hieman konkreettisemmin tulkiten peto voidaan liittää siihen pahuuden ongelmaan, joka Johannesta on vaivannut. Hän on kysynyt ihmetellen: "Kuinka on mahdollista, että kaikkivaltias, hyvä ja oikeudenmukainen Jumala sallii pahuutta ja vääryyttä?" Ongelman olemassaolon Johannes on myöntänyt jo luvussa kuusi, mutta tyydyttävää vastausta hän ei ole siihen löytänyt. Näin tulkiten pedon nouseminen syvyydestä merkitsee uutta askelta pahuuden ongelman ratkaisemisessa.

Johanneksen uuden oivalluksen ymmärtämiseksi palautan mieliin sen taivaan hiljenemisen, jonka hän kuvasi kahdeksannen luvun alussa. Taivaan hiljentymisen tulkitsin ykseyskokemukseksi, jossa Johannes eli koko olemassaolon ykseytenä ja kokonaisuutena. Jatkan nyt tulkintaani ja oletan, että Johannes käsittää tuon kokonaisuuden Jumalaksi. Silloin pahuuskin kuuluu välttämättä jollain tavalla Jumalaan, eli Jumalaan sisältyy petomainen puoli. Tämä oivallus on ehdotukseni mukaan se peto, joka nousee syvyydestä ja tappaa todistajat. Todistajien kuollessa Johannes sitten muuttuu oivalluksensa voimasta.

Tiedostavan oivalluksen lisäksi petoa on mahdollista tulkita elämyksellisellä tasolla, jolloin se symboloi Johanneksen mielessä pahuuden ongelmaan liittyneitä tunnetiloja. Ensinnäkin hyvän Jumalan ja pahuuden välinen ristiriita on varmasti aiheuttanut hänessä ahdistusta, kuten ratkaisematon ristiriita aina aiheuttaa. Toiseksi Johannes on tuntenut ehkä suoranaista raivoa ja kostonhalua nähdessään räikeää vääryyttä maailmassa. Mutta kaikki tällaiset tunnetilat hän on torjunut liian kielteisinä ja vaikeina, ja niin niistä on muodostunut kuin syvyyteen kahlittu peto. Kun tuo peto nyt nousee syvyydestä, Johannes elää avoimesti vaikeat "petomaiset" tunteensa, ja silloin todistajien symboloima entinen elämystapa häviää eli kuolee hänestä.

Tätä Ilmestyskirjan kohtaa on mahdollista pitää esimerkkinä yleismaailmallisesta myyttiaiheesta, jossa peto tai yleisemmin jokin paha olento tappaa hyvän. Esimerkiksi Egyptin mytologiassa paha Set tappaa hyvän Osiriksen, ja Raamatussa Kain tappaa Aabelin.[5] Näitä myyttejä voidaan tulkita yksilötasolla siten, että hyvä ja paha ilmentävät yhden ihmisen eri puolia. Samastumme helposti vain omaan "hyvään" puoleemme ja torjumme sen, mitä pidämme itsessämme pahana. Jos torjuttu kuitenkin tulee tiedostetuksi ja eletyksi, muutumme, ja niin entinen liioitellun hyvä ja yksipuolinen minuuden tuntomme häviää eli kuolee.

Sopivia rinnastuskohtia Ilmestyskirjan tämän näyn pedolle löytyy myös teoreettisluonteisesta kirjallisuudesta. Esimerkiksi Rudolf Steiner kiteytti tämäntapaiset opetukset "kynnyksenvartija" nimiseen hahmoon, jolla hän tarkoitti olemuksemme tiedostamatonta puolta. Steinerin mukaan kynnyksenvartijan avoin kohtaaminen oli tärkeä ja välttämätön askel henkisellä tiellä. Hän selitti myös, että voimme nähdä kynnyksenvartijan intuitiivisesti, jolloin se on "pelottava, lähes kammottava olento". C. G. Jung puolestaan kutsui "varjoksi" unihahmoa, johon tiivistyy se, mitä ihminen ei ole pystynyt itsestään tiedostamaan.

Varjo-nimitys onkin osuva, sillä tiedostamaton puolemme seuraa meitä yhtä sitkeästi ja usein yhtä väheksytysti kuin varjomme.[6] Nykyihmisen elämässä nämä myyttiset hahmot – syvyydestä nouseva peto, kynnyksenvartija ja varjo – voivat olla mitä tahansa torjuntoja, joiden tiedostaminen ja eläminen on meille tuskallista.

Ihmiset näkevät todistajien ruumiit

"Ja heidän ruumiinsa viruvat sen suuren kaupungin kadulla, jota hengellisesti puhuen kutsutaan Sodomaksi ja Egyptiksi – –. Ja ihmiset eri kansoista ja sukukunnista ja kielistä ja kansanheimoista näkevät heidän ruumiinsa – – eivätkä salli, että heidän ruumiinsa pannaan hautaan." (Ilm. 11:8–9.)

Ihmisten katsoessa todistajien kuolleita ruumiita Johannes tiedostaa sitä keskenkasvuisuuttaan, jota todistajat olivat eläessään symboloineet. Kun ihmiset eivät salli, että ruumiit pannaan hautaan, Johannes ei enää suostu kieltämään puutteitaan eli torjumaan niitä maan alle alitajuntaan.

Kaupunki myyttikuvana symboloi ihmisen omaa tajuntaa, ja se, mitä kaupungissa on, edustaa tajunnansisältöjä ja psyykkisiä tapahtumia. Usein kaupunki ilmaisee etenkin kokonaisvaltaista tunne- tai mielentilaa, kuten reaalisessa todellisuudessakin koemme eri kaupungeissa erilaisen yleisen ilmapiirin. Ilmestyskirjan näyssä Sodoman ja Egyptin kaupungit kertovat meille siis jotain siitä, miltä Johanneksesta tuntuu pedon tapettua todistajat.

Raamatussa Sodoman kaupunki on kuuluisa synneistään, joten Johannes tuntee eläneensä aikaisemmin suorastaan synnin vallassa.[7] Mutta niin kuin Sodoma kaupunkina tuhottiin, niin myös Johanneksen "synnillisyys" eli keskenkasvuisuus on nyt tapettu. Arvelen kuitenkin, että Sodoma on valikoitunut Johanneksen näkyyn myyttikuvaksi sen takia, että sisäisen muutoksen kulminaatiokohdassa, kun muutosta elävä pystyy vihdoin myöntämään virheensä, hän on taipuvainen tuomitsemaan itseään liioitellun jyrkästi.

Egypti puolestaan symboloi vieraantuneisuutta ja orjuutta, sillä Egyptissä israelilaiset olivat vieraan maan orjuudessa. Käyttäessään Egyptiä myyttikuvanaan Johannes siis tuntee entisen uskonnollisuutensa olleen vieraantunutta ja aidon syvähenkisyyden orjuutta. Ehkä Johannes tässäkin yhteydessä liioittelee omaa keskenkasvuisuuttaan, sillä israelilaisten Egyptin aika sijoittuu Raamatun alkuvaiheisiin. Toinen mahdollisuus on, että Johannes käyttää Egyptiä väljässä merkityksessä kuvaamaan yleensä sisäisen maanpakolaisuuden alkutaivalta. Kun todistajat kuolevat Egyptin kaupungissa, Johannes on vapautumassa vanhasta, ja niin hän on valmis siirtymään uusiin, Egyptiä korkeampiin kehitysvaiheisiin.

"Ja ne, jotka maan päällä asuvat, iloitsevat heidän kohtalostaan ja riemuitsevat ja lähettävät lahjoja toisilleen; sillä nämä kaksi profeettaa olivat vaivanneet niitä, jotka maan päällä asuvat" (Ilm. 11:10). Todistajat vaivasivat eläessään maan päällä asuvia, sillä Johanneksen oli vaikea myöntää puutteitaan ja ristiriitojaan. Kun hän vihdoin onnistui tässä eli kun peto tappoi todistajat, hän tuntee helpotusta ja niin ihmiset iloitsevat. Huojentuneena Johannes alkaa nähdä asioita uusin silmin. Siksi maan päällä asuvat antavat toisilleen lahjoja lahjojen symboloidessa muun muassa niitä uusia oivalluksia, joita vapautuminen tuo tullessaan.

Todistajat heräävät henkiin ja nousevat taivaaseen

"Ja – – heihin [meni] Jumalasta elämän henki, ja he nousivat jaloilleen – –. Ja he kuulivat suuren äänen taivaasta sanovan heille: 'Nouskaa tänne!' Niin he nousivat taivaaseen pilvessä." (Ilm. 11:11–12.)

Vaikka todistajien kuolema kokemuksena on ollut Johannekselle vaikea, se merkitsee vapautumista. Kun torjuttuna ollut myönnetään ja eletään, energiaa ei kulu torjutun torjuttuna pitämiseen, vaan se voidaan suunnata kasvuun. Juuri tällaista sisäistä kasvua todistajien henkiin herääminen ja taivaaseen astuminen kuvaavat. Se tapa, jolla Johannes tiedostaa ongelmiaan, muuttuu entistä enemmän ylitajuiseksi intuitioksi, ja hänen elämyksellisessä kokemisessaan, jota todistajat myös symboloivat, vahvistuu ylitajuinen eli "taivaallinen" taso. Mutta Johanneksen transformaatio ei ole täydellinen: todistajat nousevat taivaaseen pilvessä, ja pilvi on kuin verho. (Lukija muistanee, että edellisen luvun suuri enkeli oli suorastaan pilveen verhottu.) Johannes ei siis vieläkään näe eikä elä kaikkea täysin avoimesti.

Kuolema ja henkiinherääminen ovat jälleen maailman mytologian keskeisiä aiheita. Esimerkiksi ikivanhassa egyptiläisessä myytissä Osiris, joka oli joutunut Setin tappamaksi, heräsi eloon Isiksen elvyttämänä. Antiikin Kreikassa taas Eleusiin mysteeriuskonnon tärkeä myytti kertoi Koresta, joka joutui Manalaan, mutta sai nousta sieltä ylös joka kevät aina jumalten asuinsijoille, Olympos-vuorelle, asti. Pinnallisemmilla tasoillaan molemmissa myyteissä heijastui vuodenaikojen vaihtelu eli kasvillisuuden kuihtuminen ja uudelleen virkoaminen, mutta syvällisimmillään ne olivat mysteeriuskonnon osia ja siten henkisen transformaation kuvia.[8]

"[Todistajien herätessä kuolleista] suuri pelko valtasi ne, jotka näkivät heidät. Ja – – [todistajien noustessa taivaaseen] heidän vihollisensa näkivät heidät." (Ilm. 11:11–12.) Kun ihmiset näkevät todistajien ylösnousemuksen, Johannes seuraa itsetarkkailun muodossa, mitä hänessä tapahtuu. Pelon valtaan joutuminen johtunee siitä, että voimakas sisäinen transformaatio on pelottava, joskin syvästi mielekäs tapahtuma jokaiselle, joka sen kokee. Todistajien viholliset Johannes mainitsee ehkä sen takia, että syvällinen muutos aktivoi helposti stagnatisoivia puoliamme. Muutosvaiheessa tunnemme herkästi vanhan ja uuden aiheuttaman ristiriidan paineen, ja sen takia vastustamme muutosta.

Pahuuden ongelma, Jeesuksen kohtalo ja kaksi etiikkajärjestelmää

Todistajat ja Jeesuksen kohtalo

Johanneksen näky kahdesta todistajasta seuraa kiinteästi Jeesuksen elämän tapahtumia. Jeesus tapettiin, hän oli kolme päivää kuolleena, nousi kuolleista ja astui ylös taivaaseen. Todistajat tapetaan, he ovat kolme ja puoli päivää kuolleina, heräävät henkiin ja nousevat taivaaseen. Ilmestyksessä selitetään myös, että se suuri kaupunki, Sodoma ja Egypti, jonka kadulla todistajien ruumiit viruivat, oli kaupunki, "jossa myös heidän Herransa ristiinnaulittiin" (Ilm. 11:8).

Ymmärrän analogian siten, että pahuuden ongelma oli Ilmestyskirjan kirjoittajalle erityisen polttava Jeesuksen kuoleman kohdalla. Jumalan hyvyys, kaikkivaltius ja oikeudenmukaisuus ja toisaalta Jeesuksen kuoleman julmuus ja vääryys tuntuvat olevan mitä räikeimmässä ristiriidassa keskenään. Miksi Jeesus, joka oli täydellisen hyvä, joutui tapetuksi? Miksi hyvä, kaikkivaltias ja oikeudenmukainen Jumala ei tätä estänyt? Jos Jeesuksen väitetään kuolemallaan pelastaneen ihmiset kadotukselta, miksi ei Jumala, jos hän kerran on kaikkivaltias ja kaikkihyvä, olisi voinut pelastaa ihmisiä muulla tavalla kuin vaatimalla Jeesuksen kuolemaa?

Raamatun tutkijat ovat kiinnittäneet huomiota siihen, että Jeesuksen kuoleman merkityksestä oli vielä Uuden testamentin syntyaikoina erilaisia näkemyksiä.[9] Olisi siten luonnollista olettaa, että myös Johannes pohti näitä ongelmia näkynsä myyttisellä kielellä. Omana aikanamme C. G. Jung ilmaisi Jeesuksen kuoleman ongelmallisuuden kärjekkäässä muodossa:

Mikä isä se sellainen on, joka mieluummin teurastaa poikansa kuin antaa anteeksi epäonnistuneille – – luoduilleen? Mitä tämä julma ja alkukantainen pojan uhraaminen oikeastaan pyrkii osoittamaan? Jumalan rakkauttako? – – On odottamaton shokki, kun tämä ylimmäinen Hyvä antaa armonsa vasta kun on saanut uhrikseen ihmisen, tapattamalla oman poikansa. – – Sokea täytyy olla, jos ei näe kuinka räikeään valoon Jumalan luonne tässä joutuu ja miten valheellisiksi paljastuvat puheet Jumalasta rakkautena ja korkeimpana hyvänä.[10]

Tämäntapaisiin ongelmiin Johannes mielestäni löytää vastaukset näkynsä tapahtumissa, ja seuraavassa hahmottelen vastauksia tulkitsemalla Jeesuksen kuolemaa kahden erilaisen teoreettisen viitekehyksen, oikeudenmukaisuusetiikan ja rakkausetiikan, taustalta.

Oikeudenmukaisuusetiikan keskeisintä sisältöä on teon ja tekoa seuraavan palkkion tai rangaistuksen logiikka: teolla täytyy olla oikeudenmukainen seuraus. Jos tätä logiikkaa sovelletaan yksioikoisesti uskontoon, Jumala hahmottuu oikeudenmukaiseksi tuomarijumalaksi. Ihmisten tehtyä syntiä tuomarijumala vaatii heille rangaistusta eli hän vaatii sovitusta synneistä. Tässä viitekehyksessä Jeesuksen kuolema koetaan siten ihmisten syntien sovituksena sovituksen tarkoittaessa rangaistuksen kärsimistä. Ainoa poikkeus jyrkästä oikeudenmukaisuuden vaatimuksesta on siinä, että Jeesus sijaiskärsijänä antaa sovituksen eli kärsii rangaistuksen ihmisten puolesta. Tästä uhriajatuksesta huolimatta Jeesuksen kuoleman taustalla on tuomarijumala, joka vaatii rangaistusta synneistä.

Kun peto tappaa todistajat, luulen Johanneksen kokevan: "Jos Jumala vaatii ihmisille rangaistusta, hän on pelkkä oikeudenmukainen tuomarijumala, ja jos hän vaatii Jeesuksen, täysin viattoman sijaiskärsijän, uhrikuoleman, ennen kuin pitää ihmisten syntejä sovitettuina, hän on lopultakin peto." Sikäli kuin tätä oivallusta pidetään syvyydestä nousevana petona, meidän lienee helppo ymmärtää, että Johannes on sitä sitkeästi yrittänyt torjua piilotajuntaansa ja että se nyt maan pinnalle päästyään muuttaa häntä rajusti. Oivallushan edellyttää viime kädessä koko oikeudenmukaisen tuomarijumalan kyseenalaistamista ja itse jumalakäsitteen uudelleen arvioimista.

Rakkausetiikan ydin on käsky "rakasta!", ja kyetäksemme tuntemaan yhä syvempää ja universaalimpaa rakkautta meidän täytyy muuttua sisäisesti. Rakkausetiikan kehyksessä Jeesuksen kuolema ja ylösnousemus voidaan siten nähdä kuin yleispätevinä myyttikuvina sisäisestä transformaatiosta. Jokaisen tulee antautua vapaaehtoisesti kuolemaan egona noustakseen ylös itseytenä. Eli jokaisen täytyy "ristiinnaulita lihansa himoineen ja haluineen" ja "olla ristiinnaulittu maailmalle", kuten asia Uudessa testamentissa ilmaistaan.[11] Myös rakkausetiikan kehyksessä Jeesuksen kuolema on mahdollista nähdä syntien sovituksena, mutta tällöin "sovitus" tarkoittaa sitä vapautumista, jonka ihminen elää, kun hänen vanha minänsä kuolee. Silloin rakkaus valtaa hänet, ja rakkaus pyyhkii vanhan pois. Kun ihminen on sitten jatkuvasti kuollut egona ja ylösnoussut itseytenä, hän elää lopulta äärettömän rakkauden autuuden, ja tämä rakkauden autuus on Jumala. (Korostan jälleen, että asioiden esittäminen myyttikuvien tasolla ei sulje pois muita ulottuvuuksia.)

Myös tällainen rakkausetiikan mukainen ratkaisu Jeesuksen kuolemaan voidaan lukea Ilmestyksen myyttikuvista, sillä todistajien kuollessa ja noustessa ylös Johannes itse elää syvällisen sisäisen transformaation. Samalla hän ehkä ymmärtää uudella tavalla Jeesuksen kuoleman mielekkyyden ja vapautuu siitä ahdistuksesta, jota tuon kuoleman vääryys ja koko ongelman torjuminen on hänessä herättänyt. Ehkä hän nyt kokee, että Jeesus antautui kuolemaan johdattaakseen ihmiset syvällisellä tavalla uudelle tielle – pois egon vankeudesta kohti Itseyden ylösnousemusta – ja tätä tietä jokaisen tulisi kulkea. Myöhemmässä kristinuskossa mestari Eckart ilmaisi ajatuksen sanomalla, että Jeesus kuoli, jotta minä kuolisin maailmalle.[12] Ehkä Johannes vielä katsoo, että Jeesuksen kuolema ja ylösnousemus uskonnon mysteereinä korostavat näiden kokemuksellisella tasolla elettävien asioiden metafyysistä totuusarvoa.

Esikartano ja temppeli

Erottamani kaksi etiikkajärjestelmää auttavat täsmentämään myös näyn alkujakeiden myyttikuvia, esikartanoa ja temppeliä. Esikartano on näet mahdollista tulkita oikeudenmukaisuusetiikan vaiheeksi henkisessä kehityksessä. Tajutessaan oikeudenmukaisuuden vaatimuksia ihminen noudattaa yleisinhimillisiä moraalilakeja ja ottaa niiden mukaisesti toiset ihmiset toiminnassaan huomioon. Silloin hän ylittää ahtaan egoismin ja toimii ehkä yhteisöllisen oikeudenmukaisuuden hyväksi. Ja jos hän on uskonnollinen, Jumala hahmottuu oikeudenmukaisuusetiikan pohjalta ja moraalilakien termein. Tällaista uskontoa on stereotyyppisesti tulkittu Vanhan testamentin uskonto, jossa keskeistä olivat Mooseksen lait. Laajimmissa yhteyksissään oikeudenmukaisuusetiikka liittyy tietoisen ajattelun viitekehykseen, sillä synnin ja sovituksen vaatimusta vastaa tietoisen ajattelun viitekehyksessä syyn ja seurauksen periaate.

Oikeudenmukaisuuden noudattaminen on välttämätön ja arvokas vaihe eettisellä kehityksellä, mutta syvähenkisesti arvioiden pelkkä oikeudenmukaisuuden noudattaminen ei riitä. Ilman elävää omakohtaista rakkautta matkalainen ei ole siirtynyt aitoon syvähenkiseen elämään, vaan hän on jäänyt kuin temppelin esikartanoon astumatta sisälle itse temppeliin. Varsinkin uskonnossa esikartanoon jääminen on keskenkasvuisuutta, sillä äärimuodossaan se merkitsee vain uskoa ihmisen ulkopuoliseen oikeudenmukaiseen tuomarijumalaan. Siksi esikartano on Johanneksen näyssä annettu pakanakansoille, eikä hänen tule sitä edes mitata.

Sen sijaan itse temppeli symboloi rakkausetiikkaa yleensä ja alttari ja siinä rukoilevat rakkauden eriasteista omakohtaista kokemista. Ja kun Johannesta näyn alussa kehotetaan mittaamaan näitä rakkautta symboloivia temppelin osia, tällä on tärkeä sanoma. Johannesta kehotetaan ymmärtämään rakkauden merkitys henkisessä elämässä niin syvälliseksi, ettei hän enää pakottaisi Jeesuksen kuolemaa vanhasta uskonnollisuudestaan juontuvaan synnin ja sovitetun rangaistuksen kaavaan vaan ymmärtäisi sen rakkausetiikan kehyksessä ja eläisi sen lopulta itse.

Jo tämäntapaiset oivallukset vapauttavat Johannesta, vaikka hän ei ole vieläkään pystynyt ratkaisemaan yleistä pahuuden ongelmaa, ja vapautuminen laukaisee hänessä entistä syvemmän muutoksen.

Sisäinen muutos

Maanjäristys ja ihmisten kuolema

"Ja sillä hetkellä [todistajien noustessa taivaaseen] tapahtui suuri maanjäristys, ja kymmenes osa kaupunkia kukistui, ja maanjäristyksessä sai surmansa seitsemäntuhatta henkeä" (Ilm. 11:13). Johanneksen kokema transformaatio on ollut niin mullistava, että hän järkkyy sisäisesti. Hänen entinen elämäntuntonsa tai yleinen tajunnantilansa, jota kaupunki symboloi, häviää osittain; lukumäärä kymmenesosa ilmaissee jakeessa kokemuksen ahdistavuutta.[13]

Ihmisten kuoleminen merkitsee jälleen Johanneksen egon kuoleutumista, joka tapahtuu hänen koettuaan sisäisen mullistuksensa. Tämä on kolmas kerta, kun ihmisiä kuolee pasuunan puhallusten aikana, ja tulkitsen tätä siten, että nyt loppuu se kolmella jaollinen muutosprosessi, jossa aikaisemmin sai kaksi kertaa kolmas osa erilaisista olioista surmansa (Ilm. 8:9,11 ja 9:18). Tällä kertaa kuolevien ihmisten lukumäärä, seitsemäntuhatta, kertoo, että yksi tiedostusprosessi, jota seitsemän enkelin pasuunan puhallukset ovat symboloineet, on päättymässä, ja kohta viimeinen eli seitsemäs enkeli puhaltaakin pasuunaan.

"Ja muut peljästyivät ja antoivat taivaan Jumalalle kunnian" (Ilm. 11:13). Vaikka Johanneksen ego ei ole kokonaan kuoleutunut, hän tuntee jo tajuavansa, kuinka valtavista asioista sisäisessä elämässä on lopulta kyse. Hän tajuaa, että henkisellä tiellä ihminen joutuu muuttumaan perustuksiaan myöten ja luopumaan omasta minästään eli antamaan Jumalalle kunnian.

Voi-huuto, seitsemäs pasuunan puhallus ja kiitos Jumalalle

"Toinen 'voi!' on mennyt; katso kolmas 'voi!' tulee pian. Ja seitsemäs enkeli puhalsi pasunaan." (Ilm. 11:14–15.) Ensimmäinen voi-huuto esitettiin juuri ennen kuudennen enkelin pasuunan puhallusta (Ilm. 9:12), ja tämä toinen "voi" esitetään vastaavasti juuri ennen seitsemättä pasuunan puhallusta. Seitsemännen pasuunan puhalluksen jälkeen Ilmestyksessä seuraa ensin runollista ylistystä, joka heijastelee Johanneksen vapautumista, ja luvun viimeinen jae kuvaa Johanneksen tämänkertaisen muutoksen huipennuksen.

Liiton arkki

Viimeinen jae alkaa sanoilla: "Ja Jumalan temppeli taivaassa aukeni, ja hänen liittonsa arkki näkyi hänen temppelissään" (Ilm. 11:19). Koska kysymys on seitsemännestä askelmasta Johanneksen spiraalimaisella tiellä, jakeen tulisi kuvata tulkinnan johdonmukaisuuden vuoksi entistä korkeampaa muuntunutta tajunnantilaa, jonka Johannes elää. Tällainen tulkinta onkin kaikin puolin luonteva. Taivas on jälleen ylitajunta, ja taivaassa oleva temppeli on ylitajunnan sisäinen ja pyhä henkinen taso. Kun temppelissä on arkki eli arkku, kysymys on vielä temppeliä pyhemmästä eli sisemmästä ylitajunnan tasosta. Samalla tavalla sielun sisäistä rakennetta hahmotetaan yleisemminkin kristillisessä kirjallisuudessa. Esimerkiksi Ristin Johannes selittää, että sielussa on useita keskuksia ikään kuin toinen toisensa sisällä, ja sisin niistä on pyhin.[14] Liiton arkki myyttikuvana kertoo sitten täsmällisemmin, minkälainen Ilmestyskirjan Johanneksen nyt kokema tajunnantila on.

Liiton arkki symboloi Raamatussa Jumalan ja ihmisen liittoa. Tästä liitosta oli lyhyesti puhe jo taivaankaaren yhteydessä luvussa kymmenen, sillä taivaankaari oli Jumalan ja ihmisen liittosuhteen ensimmäinen symboli. Historiallisena esineenä liiton arkki oli arkku, jossa säilytettiin kivitauluihin kirjoitettuja Jumalan käskyjä ja myöhemmin myös muita pyhiä esineitä. Arkku oli päällystetty sisältä ja ulkoa puhtaalla kullalla, ja Jumala lupasi ilmestyä Moosekselle, kun tämä istuisi arkun kannella eli armoistuimella. Myöhemmin Raamatun mukaan armoistuimelta todella kuului Jumalan ääni, kun se puhutteli Moosesta.[15]

Juutalaisten vaelluksen aikana liiton arkki oli ilmestysmajan tärkein esine, ja sitä säilytettiin majan kaikkein pyhimmässä. Vaelluksen jälkeen arkku asetettiin Jerusalemissa Siionin vuorelle rakennetun Salomon temppelin kaikkein pyhimpään, mutta Salomon temppelin tuhouduttua jo ennen ajanlaskun alkua arkun kohtaloa ei enää tunneta.[16] Näin ollen Salomon temppeli lienee toiminut sen myyttisen temppelin historiallisena esikuvana, joka Ilmestyskirjassa avautuu ja paljastaa liiton arkin.

Oletan – samoin kuin luvussa kymmenen – että Ilmestyskirjassa on kysymys Uuden testamentin mukaisesta Jumalan ja ihmisen liitosta eli lupauksesta, että ihminen oppii lopulta omakohtaisesti tuntemaan Jumalan. Kun Johannes käyttää liiton arkkia liiton symbolina sateenkaaren sijasta, hän tuntee edenneensä lähemmäs liiton toteutumista. Hän on jo päässyt kuin käymään pyhän kaupungin Siionin vuorella. Toisaalta, koska liiton arkki on Vanhasta testamentista periytyvä kuva ja koska se katosi Salomon temppelin hävityksessä, liitto ei ole toteutunut lopullisessa muodossaan ja pysyvästi. Näistä syistä ehdotan liiton arkille tulkintaa: liiton arkki symboloi sellaista alustavaa ja ohimenevää tajunnantilaa, jossa ihminen tuntee omakohtaisesti elävänsä jumaluutta.[17]

Samantapaiseen liiton arkin tulkintaan on mahdollista päätyä myös erittelemällä liiton arkkia esineenä. Arkku on kuin ihmistajunta, ja arkun sisältö on kuin tajunnansisältö eli se, mitä koetaan. Koska liiton arkki oli kultainen, pyhä esine, se symboloi tajunnan arvokkainta ja pyhintä tasoa. Tällä tasolla eletään henkistä rakkautta ja autuutta eli pyhyysarvoa, ykseyttä ja jumaluutta. Kristinuskossa näistä korkeista tajunnantiloista käytetään usein seksuaalisuudesta peräisin olevaa ilmaisua "yhtymys", sillä ihmissielun ja Jumalan sanotaan yhtyvän sielun kokiessa henkistä autuutta. Tässä symboliikassa ihmissielu hahmottuu feminiiniseksi ja astiamaiseksi, ja se ottaa yhtymyksessä sisälleen Jumalan, joka on kuin sielun Ylkä ja siten maskuliininen. Tämäntapainen seksuaalinen analogia voidaan lukea myös liiton arkista, sillä arkku on astiamainen ja siten feminiininen kuva, ja arkun sisältö on maskuliininen, Jumalaan viittaava kuva. Liiton arkissahan olivat ennen kaikkea Jumalan antamat lait, joita voitaneen pitää väljästi Jumalan symboleina.

Näin tulkiten liiton arkin symboloimissa tajunnantiloissa ihmisen ja Jumalan liitto toteutuu. Eläessämme henkistä autuutta opimme omakohtaisesti tuntemaan Jumalan sellaisena kuin Jumala on rakkausetiikan ja Uuden testamentin mukaan. Autuuden tilassa sielu ja Jumala yhtyvät, ja lopulta yhtymys johtaa kristillisten mystikoiden kielellä hengelliseen avioliittoon eli pysyvään autuuden tilaan. Ihmisen ja Jumalan liittosuhde huipentuu siis hengelliseen avioliittoon.

Liiton ja yhtymyksen lisäksi kirjallisuudessa käytetään monia muita nimityksiä äärimmäisistä autuuden tiloista. Länsimaisessa filosofiassa Spinoza puhui Jumalan intellektuaalisesta rakastamisesta, ja sanat "pyhyysarvo" ja "pyhyysarvokokemukset", joita olen soveltanut, ovat yleisiä fenomenologiassa. Itämaisessa kirjallisuudessa puolestaan tavallisia nimityksiä ovat muun muassa "samadhi" ja "kosmisen tajunnan kokemus".[18]

Kristillisessä kirjallisuudessa liiton arkkia tarkoittamani kaltaisessa symbolisessa merkityksessä käyttää ainakin pyhä Bonaventura kirjassaan *Sielun matka Jumalaan*. Siinä Bonaventura kertoo kuudesta eriasteisesta meditaatiosta tai rukouksesta, jotka johtavat lopulta sielun mystiseen ekstaasiin, ja hän vertaa näitä rukousasteita matkaan temppelin kaikkein pyhimpään. Alemmantasoista meditaatiota harjoittava on Bonaventuran mukaan kuin temppelin esipihalla. Sitten rukoilija etenee jo itse temppeliin, ja lopulta hän pääsee kaikkein pyhimpään, jossa hän näkee liiton arkin ja sen armoistuimen. Tässä vaiheessa rukous merkitsee jo sielun sisäistä valaistumista, mutta sen jälkeen seuraa vielä täydellinen mystinen ekstaasi. Bonaventuralla mystinen ekstaasi on lopullista yhtymistä Jumalaan, ja se on sielun matkalla viimeinen eli seitsemäs askelma.[19]

Myös Ristin Johannes soveltaa vertausta, joka tulee melko lähelle Ilmestyskirjan kuvaa. Hän lainaa profeetta Joonan sanoja: "Olen syösty pois sinun silmiesi edestä, mutta vielä kerran saan katsella sinun pyhää temppeliäsi", ja hän tulkitsee sanoja siten, että Jumalan temppelin näkeminen tarkoittaa ylitajuista autuuden kokemista eli "suloista kontemplaatiota". Eräässä toisessa kohdassa Ristin Johannes tulkitsee itse liiton arkkia siten, että se tarkoittaa täydellistymään pyrkivää ihmissielua.[20]

Vaikka Ilmestyskirjan Johannes ei kuvaile kokemustaan muuten kuin liiton arkin paljastumisena, ehdotan sille oman näkemykseni mukaan vertailukohtia kirjallisuudesta. Esimerkit olen valinnut siten, että ne valottavat tulkintani edistymistä ja niitä vaikutuksia, joita liiton arkin näkemisellä Ilmestyskirjassa on. Näitä vaikutuksia Johannes kuvaa seuraavassa luvussa, jolloin palaan nyt esittämiini lainauksiin.

Ensimmäinen esimerkkini on Avilan pyhältä Teresalta. Teresa vertaa kehitysvaihetta, jossa ihmissielu alkaa kokea henkistä autuutta, häiden valmisteluihin. Ensin tapahtuu Teresan mukaan sellainen sielun ja Jumalan yhtymys, jossa sielu-morsian ja Jumala-Ylkä tapaavat toisensa ikään kuin kasvoista kasvoihin. Tämän jälkeen seuraa kihlaus ja lopulta avioliitto. Liiton arkin näkeminen Ilmestyskirjassa vastaa Teresan symboliikkaan soveltaen noita ensimmäisiä sielun ja Jumalan yhtymyksiä, jotka ovat vasta lyhyitä kasvokkain tapaamisia. Ilmestyskirjassakin myyttiset häät ovat vasta edessäpäin. Pyhän Teresan sanoin:

Sen lyhyen ajan minkä se [yhtymys] kestää sielu on todella ikään kuin vailla tietoisuutta, niin ettei se kykene ajattelemaan vaikka se haluaisikin. – – sanalla sanoen on kuin se olisi kauttaaltaan kuollut maailmalle eläräkseen täydemmin Jumalassa. – – en tiedä, onko ruumiissa enää jäljellä elämää edes hengittämiseen – –. Jumala itse juurruttautuu silloin tuon sielun sisimpään sillä tavoin, että kun tämä palaa tajuihinsa se ei mitenkään voi epäillä, että se on ollut Jumalassa ja Jumala siinä.[21]

Hänen Majesteettinsa on mieltynyt sieluun ja haluaa armossaan, että tämä tuntisi häntä yhä paremmin ja että he tapaisivat – kuten sanotaan – kasvokkain, niin että hän liittäisi tämän itseensä. Voimme sanoa, että se tapahtuu näin, koska se kestää vain sangen lyhyen ajan. Tällöin – – sielu näkee salatulla tavalla, kuka on tämä Ylkä, jonka se on ottava. Aisteillaan ja sielunkyvyillään se ei näet tuhannessakaan vuodessa voisi mitenkään käsittää sitä, minkä se nyt ymmärtää ajan rahtusessa. – – Tämän ainoan kohtauksen jälkeen sielu on arvollisempi siihen, että he [sielu ja Jumala] antavat toisilleen kätensä, kuten sanotaan.[22]

Toinen esimerkkini on intialaisen Paramahansa Yoganandan omaelämäkerrallisesta teoksesta, ja hän kuvaa siinä ensimmäistä kosmisen tajunnan kokemustaan:

Sielu ja mieli kadottivat hetkessä fyysiset siteensä – –. Kehoni oli kuin kuollut; kuitenkin varmuudella tiesin, etten ollut koskaan aikaisemmin ollut täysin elossa. Identiteetin tuntoni ei ollut enää ahtaasti rajoittunut kehoon vaan käsitti ympäröivät atomit. – – Tavanomainen eteenpäin suuntautuva näkökenttäni oli nyt muuttunut laajaksi kehämäiseksi näöksi. – – Riemun valtameri valui sieluni tyynille määrättömille rannoille. Oivalsin, että Jumalan Henki on loputon autuus; Hänen kehonsa koostuu lukemattomista valokudoksista. – – Koko kosmos, loistaen lempeästi kuten kaukainen öinen kaupunki, kimalteli äärettömän olemukseni sisässä. – – Autuaallinen amrita, kuolemattomuuden nektari, sykki lävitseni elohopeamaisena virtana. – – Äkkiä hengitys palasi keuhkoihini. Melkein kestämättömän pettymyksen vallassa tajusin, että ääretön valtavuuteni oli kadonnut. – – Kuin tuhlaajapoika olin juossut karkuun makrokosmisesta kodistani ja sulkenut itseni ahtaaseen mikrokosmiseen vankilaan.[23]

Eurooppalainen mies, Paul Brunton, kuvaa ensimmäistä ylitajuista autuuden kokemustaan näin:

Ajatuksen aallot alkavat luonnollisesti heikentyä. Loogisen järkiperäisen tajun toiminnat heikkenevät nollapisteeseen saakka. – – Kehon aistien antamia raportteja ei enää kuulla, tunneta, muisteta. Lopulta se tapahtuu. – – Aivot ovat siirtyneet tilaan, missä niiden toiminta on täydellisesti lakannut, niinkuin niille tapahtuu syvässä unessa, mutta silti ei ole jälkeäkään tietoisuuden menettämisestä. – – Mutta tietoisuuteni tunto on vedetty ulos yksityisen persoonallisuuden ahtaista rajoituksista; se on muuttunut joksikin, mikä on ylevällä tavalla kaikkea syleilevä. "Minä" on yhä olemassa, mutta se on muuttunut, säteilevä minä. Sillä jokin, joka on paljon ylempänä kuin se mitätön persoonallisuus, joka *oli* minä, jokin syvempi, jumalallisempi olento nousee tietoisuuteen ja *tulee* minuksi. Sen mukana tulee hämmästyttävä uusi tunto absoluuttisesta vapaudesta, sillä ajatus on kuin kangaspuitten sukkula, joka aina kulkee edestakaisin, ja se että tulee vapautetuksi sen tyrannimaisesta liikkeestä, on samaa kuin astua vankilasta vapaaseen ilmaan.

Olen saavuttanut jumalallisen vapauden ja melkein kuvaamattoman autuuden. Käsivarteni syleilevät koko luomakuntaa syvällisen sympaattisesti, sillä minä ymmärrän syvimmällä mahdollisella tavalla, että kaiken tietäminen ei ole vain kaiken anteeksiantamista, vaan myös kaiken rakastamista. Sydämeni on haltioituneena uudelleen luotu.[24]

Viimeinen esimerkkini on omasta kokemuspiiristäni. Tämän autuuselämyksen kohdalla sitä välittömästi seuranneet tunnot auttavat ymmärtämään Johanneksen näkyjen etenemistä. (Elämykseen liittyvän unen kerron luvussa kaksikymmentäyksi.)

Havahdun yöllä unesta käsittämättömään onnellisuuteen. Antaudun sille, ja se voimistuu voimistumistaan. Lopulta tavanomainen tajuntani häviää tyystin. Elän äärimmäisen autuuden, joka on myös ehdoton todellisuus. Olen ikään kuin itse tuo autuus ja todellisuus. Entinen minäni on kokonaan poissa; on vain rikkumatonta ykseyttä.

Vaikka kokemuksestani on vuosia, tunnen yhä, että se oli täysin tyydyttävä vastaus kaikkiin ihmettelyihini olemassaolon perimmäisestä luonteesta. Mutta välittömästi kokemuksen jälkeen, kun tavallinen tajuntani palasi, tunsin hetken sietämätöntä tuskaa ja pettymystä paluustani; tavallinen tajunta tuntui suoranaiselta kärsimykseltä sen autuuden rinnalla, jonka olin elänyt. Silmänräpäyksessä kuitenkin oivalsin, että elämäni oli niin onnellista kuin ihmiselämä inhimillisesti ottaen voi olla. Vika oli vain siinä, että koko tavallisessa olemassaolon muodossa on sellaista kaksijakoisuutta ja erillisyyttä, joka vääjäämättä rikkoo ykseyden ja autuuden. Näin tai paremminkin elin tämän asian vastaansanomattoman selvänä, valtavana intuitiivisena visiona.

Salamat, äänet, maanjäristys ja rakeet

"Ja tuli salamoita ja ääniä ja ukkosen jylinää ja maanjäristystä ja suuria rakeita" (Ilm. 11:19). Salamat, äänet ja ukkosenjylinä on mahdollista tulkita jälleen valoksi ja ääniksi, joita voidaan nähdä ja kuulla syvässä muuntuneessa tajunnantilassa tai palattaessa kaikkein syvimmästä tilasta jo takaisin päin. Myös maanjäristys ja rakeet ovat tuttuja myyttikuvia. Äärimmäisen voimakas ylitajuinen kokemus järkyttää Johannesta, ja hän tuntee olevansa rakeiden armoilla eli vuodatetun puhdistuksen kourissa.[25]

Lukumäärät

Näyn toisessa jakeessa Johannekselle sanotaan: "He [pakanakansat] tallaavat pyhää kaupunkia neljäkymmentäkaksi kuukautta." Tämän jälkeen näky jatkuu sanoilla: "Ja minä annan kahdelle todistajalleni toimeksi – – profetoida tuhannen kahdensadan kuudenkymmenen päivän ajan" (Ilm. 11:3). Myöhemmin todistajien ruumiiden sanotaan viruvan kolme ja puoli päivää kuolleina ennen ylösnousemusta (Ilm. 11:9,11). Kaikki nämä lukumäärät palautuvat lukuun kolme ja puoli. Neljäkymmentäkaksi kuukautta on kolme ja puoli vuotta, ja jos laskemme kuukauteen yleispiirteisesti kolmekymmentä päivää, myös tuhatkaksisataakuusikymmentä päivää on kolme ja puoli vuotta.

Kolmeen ja puoleen palautuvia lukumääriä esiintyy vielä Johanneksen kahdessa seuraavassa näyssä (Ilm. 12:6,14 ja 13:5). Nämä kolme Ilmestyskirjan lukua muodostavat myös sisällöllisen kokonaisuuden, sillä niissä kaikissa käsitellään pahuuden ongelmaa eli myyttisiä petoja. Olen kuitenkin sijoittanut nyt käsillä olevan yhdennentoista luvun pääjaksoon "Vanhan uskonnollisuuden vajavuus", sillä olen käyttänyt pääasiallisena jakoperusteena pasuunan puhalluksia. Seuraavasta kahdesta luvusta eli luvuista kaksitoista ja kolmetoista, jotka muodostavat lukumäärän "kolme ja puoli" mukaan jaksottuvan kokonaisuuden loppupuolen, olen muodostanut oman erillisen pääjaksonsa.

Tulkitsen kolmen ja puolen luvun seitsemän puolikkaaksi. Kysymys on siis tiedostusprosessista, joka jakautuu kahteen jaksoon. Tätä kahteen jakautumista on mahdollista tulkita siten, että alkujaksossa eli luvussa yksitoista Johannes aloittaa pahuuden ongelman käsittelyn pedon noustessa syvyydestä, mutta lopullisia vastauksia hän ei vielä löydä yleiseen pahuuden ongelmaan. Vastaukset hän saa selviksi vasta ylitajuisen autuuskokemuksensa seurauksena eli nähtyään liiton arkin. Luvuissa kaksitoista ja kolmetoista Johannes sitten erittelee selkeästi vastauksensa kuvaillessaan erilaisia petoja. Tässä yhteydessä kahteen jakautuminen symboloi luontevasti myös ristiriitaa, jonka kimpussa Johannes kamppailee: kaikkivaltias hyvä Jumala on kuin teesi ja pahuuden olemassaolo antiteesi.

Kaikki yhdennessätoista luvussa esiintyvät kolmeen ja puoleen palautuvat lukumäärät viittaavat siis samaan tiedostusprosessin alkujaksoon, vaikkakin sen eri vaiheisiin ja puoliin. Kun pakanakansojen ilmoitetaan tallaavan pyhää kaupunkia kolme ja puoli vuotta, Johannes ymmärtää, että hän joutuu kärsimään entisestä liian vajaasta uskonnollisuudestaan, kunnes hän on löytänyt vastaukset ongelmiinsa. Todistajien profetoidessa kolme ja puoli vuotta Johannes tiedostaa ongelmiaan. Ja kun todistajien ruumiit ovat näkyvillä kolme ja puoli päivää, hän tajuaa selkeästi ongelmansa, mutta ratkaisut eivät ole vielä valmiit. Tässä yhteydessä puhutaan päivistä, jotta tapahtumat tuntuisivat luontevammilta, ja samalla päivien lukumäärä muistuttaa niitä kolmea päivää, jotka kuluivat ennen kuin Jeesus nousi ylös kuolleista.

III

HENKINEN UUDESTISYNTYMINEN JA PAHUUDEN ONGELMA

Ilmestyskirjan luvut 12–13

Edellisen jakson lopussa kuvattu autuuden kokemus uudistaa Johanneksen niin syvällisesti, että hän löytää tyydyttävän ratkaisun pahuuden ongelmaan. Kahdestoista luku kuvaa pääasiallisesti Johanneksen elämyksellistä muuttumista autuuskokemuksen johdosta, ja kolmannessatoista luvussa eritellään pahuuden ilmenemismuotoja. Jälkimmäiseen lukuun sisältyy tulkittuina Ilmestyskirjan vaikeimpia teoreettisia pohdintoja.

12. TAIVAALLISEN LAPSEN SYNTYMÄ JA LOHIKÄÄRME

Näyssä esiintyy kaksi suurta myyttikuvaa, taivaallinen nainen, joka synnyttää lapsen, ja lohikäärme. Edellinen ilmentää tulkinnassani ensi sijassa Johanneksen henkistä uudestisyntymistä eli itseyden voimistumista ja jälkimmäinen pahuutta. Näyssään Johannes siis löytää vihdoin tyydyttävän ratkaisun siihen umpisolmuun, jonka säikeinä ovat olleet liian vajaa itseyden eläminen ja pahuuden ongelman torjunta. Tämä solmuhan on vaivannut häntä aina kuudennesta luvusta lähtien, jolloin hän kuuli alttarin alta surmattujen sielujen huudon (Ilm. 6:10).

Henkinen uudistuminen

Myyttisen lapsen syntyminen

"Ja näkyi suuri merkki taivaassa: vaimo – –. Hän oli raskaana – –. Ja hän synnytti poikalapsen." (Ilm. 12:1–2, 5.)

Tunnetuin ihmeenomaisen lapsen syntymä on Jeesus-lapsen syntymä kristinuskossa, mutta myyttisten lasten syntymästä kerrotaan lähes kaikissa maailman mytologioissa. Esimerkiksi gnostikkojen myyteissä Sofia synnytti partenogeneettisesti poikansa Jahven, ja Egyptin mytologiassa Neit, joka oli Egyptin vanhimpia jumaluuksia, synnytti Ran "ennen kuin lapsen synnyttämistä oli". Kiinalaisessa *Hui Ming Ching* -tekstissä, joka on kirjoitettu 1700-luvulla, kerrotaan Buddhan pojasta, Julaista, joka astuu ulos ihmisen päälaesta istuen ihanalla lootuskukalla valoa säteillen. Yleisesti ihmeenomaisia lapsia syntyy myyteissä ja kaunokirjallisuudessa – unista puhumattakaan – mitä erilaisimmin tavoin. Niitä syntyy jumalten päistä, ihmisten kyljistä, koeputkista, puun rungoista ja maasta.[1]

Jokaisen ihmeenomaisen lapsen syntymä on ainutlaatuinen ja osa omaa kulttuuritaustaansa, ja niin myytin tulkintakin vaihtelee. Näissä myyteissä voivat heijastua esimerkiksi vuodenaikojen ja kasvillisuuden muutokset tai näkemys kosmisesta luomistapahtumasta: maailma ja sen eri osat syntyvät kuin suuressa luomisen kohdussa. Monet syntymiseen liittyvät sanat ovat vielä nykykielessäkin metaforisia ilmauksia kertoen näiden myyttien tulkintaulottuvuuksista. Ideat sikiävät päässämme, uudet kokemukset hedelmöittävät elämäämme, taiteilija synnyttää taideteoksia, uusi yhteiskuntamuoto kehkeytyy vanhan kohdussa, aikakaudet syntyvät ja uusi aikakausi voi merkitä kulttuurin uudestisyntymistä, kuten renessanssi juontuu sanasta *renasci*, syntyä uudestaan. Myös Johanneksen näyssä lapsen syntymä saattaa ilmentää samanaikaisesti useita aiheita. Vaikka tulkitsen lapsen syntymän ensi sijassa Johanneksen omaksi uudestisyntymiseksi, ehdotan sille myöhemmin myös toista, metafyysisempää tulkintatapaa.

Uudestisyntyminen Johanneksen näyssä

Nainen, joka Johanneksen näyssä synnyttää lapsen, on Johanneksen oma sielu tai teoreettisemmin ilmaisten se ihmistajunnan taso, josta olen käyttänyt nimitystä universaalin itseyden subjektiivinen puoli. Tällä tasolla ihminen kykenee elämään ylitajuista autuutta. Nainen edustaa kuitenkin universaalin itseyden tasoa ohimenevänä vaiheena, sillä Johannes ei ole lopullisesti saavuttanut henkistä täydellisyyttä. Nainen on siis jälleen yksi alkumuoto Ilmestyskirjan lopussa esiintyvälle Karitsan morsiamelle. Toisaalta nainen jatkaa edellisen näyn kuvaa, liiton arkkia, sillä sekä naisen keho että arkku ovat astiamaisia kuvia.

Kun Johannes näki edellisen luvun lopussa liiton arkin, hänen oma sielunsa ja Jumala yhtyivät, ja oletan, että tuossa yhtymyksessä tapahtui myyttisen lapsen sikiäminen. Sielun ja Jumalan autuaallinen yhtymys edellyttää tavallisen tajunnan ehdotonta hiljaisuutta, joten tällaista yhtymystä ei tavallinen sukupuolinen yhtyminen voi ilmentää. Esimerkiksi Paul Brunton kertoi edellisen luvun lopussa käyttämässäni lainauksessa, että ajatusten edestakaisin kulkevan sukkulan liike oli autuuskokemuksen aikana tyystin lakannut. Liiton arkin näkemisen tilalla olisi siten voinut olla samantapainen sikiäminen kuin Uudessa testamentissa, jossa Pyhä Henki hedelmöittää Neitsyt Marian.[2]

Ilmestyskirjan vanha suomennos, jossa lapsen synnyttäjää luonnehditaan sanalla "vaimo", ei ole onnistunut. Kreikan sanaa *gynē* käytetään kyllä aviovaimon merkityksessä, mutta sana tarkoittaa yleisemmin ketä tahansa naista. Uudessa suomennoksessa – samoin kuin useissa erikielisissä käännöksissä – vaimon sijasta esiintyy sana "nainen", ja käytän seuraavassa selkeyden vuoksi tätä sanaa myös Raamatun lainauksissa. Sanavalinta on tärkeä, koska vaimosta voi syntyä mielikuva, että naisen hedelmöittäjä olisi hänen aviomiehensä. Ilmestyskirjan naisella ei kuitenkaan tarkkaan ottaen ole aviomiestä, sillä sielun aviomies on kristinuskon symboliikassa Jumala, Kristus tai Henki, eikä Johannes ole vielä edennyt hengelliseen avioliittoon asti. Ilmestyskirjassa lapsen sikiäminen ja syntyminen tapahtuvat siis ennen avioliittoa.

Kun liiton arkissa siinnyt lapsi syntyy maailmaan, autuuden kokemus muuttaa Johannesta niin syvällisesti, että hän syntyy henkisesti uudestaan. Aito syvähenkinen kokemus muuttaa aina ihmistä; jo edellisen luvun lopussa esittämissäni lainauksissa Paul Brunton kuvasi autuuskokemuksen vaikutusta sanoilla "sydämeni on haltioituneena uudelleen luotu". Pyhä Teresa puolestaan vertaa yhtymyksen muuttavaa vaikutusta toukan kuolemiseen ja perhosen syntymiseen:

Katsokaamme nyt, mitä tästä toukasta tulee – –. Kun se on tässä [yhtymyksen] rukouksessa ja täysin kuolleena maailmalle, se lentää ulos valkoisena perhosena. Oi Jumalan suuruutta! Kuinka sielu lähteekään täältä oltuaan hetkisen – – kätkeytyneenä Jumalan suuruuteen ja häneen yhtyneenä! Sanoakseni teille totuuden: tämä sielu ei enää tunne itseään. Ajatelkaa näet eroa ruman toukan ja valkoisen perhosen välillä: samoin on tässä.[3]

Kirjallisuudesta löytyy myös kuvauksia, joissa autuuskokemuksen vaikutusta verrataan nimenomaan lapsen syntymään. Seuraava kuvaus on intialaisen miehen, mutta sen välittää meille Paul Brunton:

Ulkomaailma näyttää katoavan. Hän kokee sielun itsessään olevaksi eläväksi, todelliseksi olennoksi. Sen autuus, rauha ja voima valtaavat hänet. Kaikki mitä hän tarvitsee saadakseen todistuksen siitä, että hänessä on jumalallinen ja kuolematon elämä, on yksi tällainen kokemus. – – Kun äiti synnyttää lapsen, onko mahdollista, että hän voisi hetkeäkään epäillä mitä tapahtuu? – – Samalla tavalla henkisen uudestisyntymisen synnytystuskat tulevat ihmisen elämään niin valtavana tapahtumana ettei sitä voi unohtaa; se muuttaa kaiken ihmisen elämässä.[4]

Kristinuskon piirissä lapsen syntymä henkisen uudestisyntymän vertauskuvana on erityisen kuuluisa mestari Eckartilta, joka käytti sitä usein saarnoissaan. Esimerkiksi seuraava lainaus sopii tähän kohtaan:

Ihmisellä on kaksi syntymää: toinen maailmaan, ja toinen maailmasta pois, ja näistä jälkimmäinen on hengellinen syntymä ja syntymä Jumalaan. Tahdotko tietää, onko lapsesi syntynyt – – eli oletko itse asiassa sinä tullut Jumalan pojaksi? – – Jos sydämesi on kipeä, et ole vielä äiti, mutta olet synnytystuskissa ja aikasi on lähellä. – – Mutta kokonaan lapsi on syntynyt, kun ihmissydän ei ole murheissaan mistään.[5] Ilmestyskirjassa syntyvä lapsi on siis väljästi tulkiten Johannes itse uudestisyntyvänä. Täsmällisemmin ottaen lapsi on se entistä syvempi tajunnantila, josta olen käyttänyt nimitystä "Itseys"; ja vielä täsmällisemmin lapsi on universaalin itseyden objektiivinen puoli, jota Johannes alkaa vihdoin omakohtaisesti kokea. Kun tässä näyssä universaalin itseyden objektiivinen puoli kuvautuu syntyvänä lapsena eikä Karitsana, Ilmestys korostaa Johanneksen uudestisyntymää hänen itsensä kokemana tapahtumana.

Myös nykyihmisten unissa ihmeenomaisen lapsen syntymä kuvaa varsin säännönmukaisesti entistä syvemmän elämäntunnon avautumista. C. G. Jung huomauttikin tästä Ilmestyskirjan kohdasta, että jumalallisen lapsen syntymä voitaisiin siinä empimättä tulkita itseyden heräämiseksi, jos Johanneksen näky olisi nykyihmisen uni.[6]

On kuitenkin huomattava, että yhdenkin ihmisen unissa myyttisiä lapsia syntyy lähes loputtomasti, sillä lapset kuvaavat itseyden eri vivahteita, syvyysasteita ja unennäkijän omia asenteita sisäiseen muutokseensa. Esitän tässä vain yhden niistä monista lapsen syntymisunista, joita tunnen. Seuraavan unen näkijä oli joutunut unensa aikoihin sellaisen onnen valtaamaksi, että hän ihmetteli, mistä on kyse ja pystyisikö hän tällaisessa tilassa jatkamaan tavallista elämäänsä. Unessa lapsen tummuus kuvaa myyttiselle hahmotukselle ominaisella tavalla tämän uuden elämäntunnon outoutta:

Näen, kuinka vaalea nainen synnyttää tumman lapsen. Ihmettelen tätä, mutta kätilö näyttää minulle lasta, ja lapsi suorastaan säteilee onnellisuutta. Kätilö sanoo minulle: "Katso kuinka kauniisti tämä lapsi hymyilee heti synnyttyään; tämä syntymä on riemullinen tapahtuma."

Ilmestyskirjassa Johannes kuvailee naisen synnytystä tarkemmin: "Nainen huusi synnytyskivuissaan ja hänen oli vaikea synnyttää" (Ilm. 12:2). Synnytyskivut kertovat, että Johanneksen on vaikea vapautua vanhasta autuuskokemuksestaan huolimatta. Myös juuri käyttämissäni intialaisen miehen ja mestari Eckartin uudestisyntymistä kuvaavissa lainauksissa puhuttiin synnytystuskista. Kristinuskon piiristä vastaava vertaus löytyy myös ortodoksipiispa Feofanin opetuksista: "Ellemme kärsi kuin nainen synnytystuskissa, emme onnistu synnyttämään pelastuksen henkeä sydämemme maaperästä." Lisäksi synnytyskivut ovat yleismaailmallinen myyttiaihe; esimerkiksi Kreikan mytologiasta tunnettuja ovat Leton vaikeat, yhdeksän päivää ja yötä kestäneet kivut hänen synnyttäessään Apolloa ja Artemista.[7]

Ilmestyskirjassa naisen huuto synnytyskivuissaan jatkaa aikaisempaa myyttikuvaa, sillä myös enkeli, joka seisoi toinen jalka maan ja toinen meren päällä, huusi suurella äänellä (Ilm. 10:3). Tuolloin Johannes ei saanut kirjoittaa ylös sitä, mitä enkeli huusi, ja syy kieltoon oli tulkintani mukaan se, että pelkkä julkihuutaminen eli tiedostus ei riittänyt; Johannekselta vaadittiin syvempien tajunnantilojen omakohtaista elämistä. Nyt tämä vaadittu muutos tapahtuu, ja sitä ilmentää vahvasta elämyksellisyydestä kertova kuva, naisen huuto synnytyskivuissa.

Synnyttävä nainen Johanneksen näyssä

"Ja näkyi suuri merkki taivaassa: nainen" (Ilm. 12:1). Synnyttävä nainen on siis Johanneksen näyssä tavanomaisista unista poiketen suuri, taivaassa näkyvä hahmo. Näin on mielestäni sen takia, että nainen symboloi Johanneksen tavalliset mittasuhteet ylittävää tajuntaa. Tajunnan laajentuminen autuuskokemuksen aikana tuli esille jo edellisen luvun lopussa esittämissäni lainauksissa. Paramahansa Yogananda kuvasi sitä muun muassa näin: "Identiteetin tuntoni ei ollut enää ahtaasti rajoittunut kehoon, vaan käsitti ympäröivät atomit. – – Koko kosmos – – kimalteli äärettömän olemukseni sisässä". Paul Brunton käytti sanoja: "Tietoisuuteni tunto on vedetty ulos yksityisen persoonallisuuden ahtaista rajoituksista; se on muuttunut joksikin, mikä on ylevällä tavalla kaikkea syleilevä. – – Käsivarteni syleilevät koko luomakuntaa."

Tulkintani kannalta on olennaista huomata, että nainen taivaallisena merkkinä eroaa auringosta ja kuusta. Auringon ja kuun jokainen voi nähdä silmillään, kuten jokainen voi helposti omaksua kulttuurin yleiset uskomukset vieraantuneella tavalla. Sen sijaan mitään suurta naista ei normaalisti ole taivaalla jokaisen havaittavissa. Mutta jos olemme kokeneet vaikkapa hivenenkin kosmista, laajentunutta tajuntaa, saatamme seuraavana yönä nähdä unissamme taivaalla hehkuvia valtaisia valoja tai valohehkuisia suunnattomia kuvioita. Tunnen useampia tällaisia kokemuksia ja niihin liittyviä unia, ja otan niistä yhden esimerkikseni.

Hiljennyn ja käännyn sisäänpäin kuten aina iltaisin. Tajuntani vetäytyy yhä syvemmälle. Kuljen hetkessä kuin monien eri tasojen kautta, koko tavallisen tajuntani läpi. Koen nuo tasot välähdyksenomaisesti, mutta annan tapahtuman edetä omalla painollaan. Äkkiä omat rajani häviävät tyystin. Elän ihmeellisen vapauden, onnen ja kirkkauden tilan.

Seuraavana yönä näen unen: Tulen suurelle portille. Tiedän, että tuo portti on tavallisesti kiinni, mutta nyt pääsen siitä sisään. Astun huoneeseen, joka on osittain maan alla. Tämä on kulttihuone; näin minulle sanotaan tai ehkä tiedän asian unessa vain muulla tavoin. Yllätyksekseni huomaan, että pystyn osallistumaan huoneen kulttiin, ja niin lattiasta, maan alta, alkaa tulla esille kerros kerrokselta ihania valohohtoisia värejä. Olen lumoutunut. Katson ylös taivaalle. Siellä leiskuu suunnattomia kauniita valoja. Tiedän, että nuo taivaalliset valot ovat syttyneet, koska maan alta on jollain minuun liittyvällä tavalla tullut esille hohtavia värejä. Huokaan: "Mitään näin hyvää en ole aikaisemmin tehnyt ihmisille."

Vaikka taivaalliset valohahmot myytti- ja unikuvina ilmentävätkin suuremmassa tai vähäisemmässä määrin kosmista tajuntaa, taivaalle kuvautuminen kertonee myös henkisen kehityksen keskeneräisyydestä. Ihminen kokee olevansa tavanomaisessa elämässään sidottu maanpiiriin eli tavalliseen tajuntaansa, jolloin taivaalla näkyvät valohahmot symboloivat tavanomaisesta voimakkaasti poikkeavia kosmisen tajunnan hetkiä.

Johannes kertoo näyssään vielä lisää yksityiskohtia naisesta: "Nainen, vaatetettu auringolla, ja kuu hänen jalkojensa alla" (Ilm. 12:1). Aurinko ja kuu naisen määreinä korostavat naisen taivaallista, kosmista luonnetta. Mutta aurinkoa ja kuuta voidaan eritellä myös yksityiskohtaisemmin niille jo aikaisemmin antamieni tulkintojen mukaisesti.

Auringolla vaatetettu nainen luo ensinnäkin mielikuvan äärimmäisen kirkkaana hohtavasta valohahmosta. Aurinkovaate ilmentää siis näyssä autuuskokemusten tajunnallista kirkkautta. Edellisen luvun lainauksissani Paul Brunton käytti autuuskokemuksensa kuvauksessa "uudesta minästään" ilmaisua "säteilevä minä", ja nainen on juuri Johanneksen uusi, valtaisa ja säteilevä minä. Itämaisessa symboliikassa ihmisen syvästä tajunnantasosta, jota nainen Johanneksen näyssä edustaa, käytetään nimitystä "jalokivikeho" ja tämän jalokivikehon sanotaan säteilevän ja hohtavan valoa.[8]

Mutta auringolla saattaa olla näyssä myös se toinen merkitys, jonka olen sille antanut ja jonka mukaan aurinko symboloi vanhaa oikeudenmukaisuuteen perustuvaa jumalakuvaa. Auringon vastakohtana näyssä esiintyy kuu, ja kuu on symboloinut Johanneksen vieraantuneella tavalla omaksumaa uskomusta, että Jumala on rakkaus. Kuu tuli Johanneksen näkyihin alkuaan ikään kuin kuin auringon antiteesinä, sillä kuudennessa luvussa auringon pimetessä kuu verestyi (Ilm. 6:12). Taivaallisen, auringon ja kuun avulla kuvatun naisen synnyttäessä lasta tuo lapsi on siis kuin auringon ja kuun lapsi. Se symboloi siten luontevasti auringon ja kuun edustaman ongelman ratkaisua. Olennaisesti ratkaisu on se, että Johannes tajuaa molempien vanhojen jumalakuviensa olleen vieraantuneita. Nyt hän on itse elänyt vieraantumattomalla tavalla autuutta, joten hänen uskonnollisuutensa muuttuu, ja teesin ja antiteesin jälkeen seuraa synteesi, lapsi.

Aurinko ja kuu olivat piilevästi mukana aikaisemmin edellisessä luvussa myös temppelin esikartanon ja temppelin symboliikassa; tuolloin erittelin auringon ja kuun vastakohtaisuutta Jeesuksen kuoleman kohdalla oikeudenmukaisuusetiikan ja rakkausetiikan avulla. Mutta Johannes on varmasti joutunut ihmettelemään myös yleisemmin, voiko Jumala olla samanaikaisesti oikeudenmukainen ja itse Rakkaus, jos oikeudenmukaisuus ja rakkaus ovat niin erilaisia viitekehyksiä kuin päivä ja yö eli aurinko ja kuu. Oletan, että kosmisen tajunnantilan koettuaan Johannes tuntee vihdoin löytävänsä ratkaisut tämäntapaisiin ongelmiin, ja ratkaisuihin palaan kohta, kun ne ovat mielestäni helpommin luettavissa näystä.

Naisen aurinkovaatteen tulkintaa vanhan uskonnollisuuden symbolina tukee myös se, että nainen on vielä suhteellisen ottaen vajaan henkisyyden symboli. Se on kypsempi itseyden symboli kuin pappi tai todistaja, mutta ei vielä niin kypsä kuin Ilmestyskirjan lopussa esiintyvä Karitsan morsian eli jalokivikaupunki. Vasta jalokivikaupungissa kirkkaus saa ylivallan, ja vasta sen ilmaantuessa näkyihin Johannes on valmis sanomaan, että aurinkoa ei enää tarvita (Ilm. 21:23).

Kuu on Johanneksen näyssä naisen jaloissa mahdollisesti siksi, että Johannes kokee aikaisemmin polkeneensa ja väheksyneensä kuun symboloimaa uskonnollisuuden puolta. Mutta kuu saattaa olla naisen jaloissa myös sen takia, että kuun viitekehykseen kuuluva pyhyysarvo – Johanneksen eläessä sen vihdoin itse vieraantumattomalla tavalla – on hedelmöittänyt naisen.

Tässä yhteydessä auringolle ja kuulle on mahdollista antaa vielä aivan uudet tulkinnat, jotka juontuvat itämaisen chakraopin symboliikasta. Joogateoriassa aurinko ja kuu ovat näet pingalan ja idan eli niiden kahden pääasiallisen energiakanavan symboleja, joissa ihmisen elämänenergia tavallisesti kulkee.[9] Korkeimmissa tajunnantiloissa energia sen sijaan kulkee idan ja pingalan välissä sushumna-nadia pitkin aina päälaelle sahasraraan asti. Johanneksen näyssä auringon ja kuun välistä syntyvä lapsi olisi siten kuin energialataukseltaan avautuvan sushumna-nadin ja sahasraran vastine.

Ilmestyskirja kuvaa synnyttävää naista vielä sanoilla: "Hänen päässään seppeleenä kaksitoista tähteä" (Ilm. 12:1). Myös tähdet kertovat naisen kosmisesta luonteesta eli Johanneksen tajunnan laajentumisesta; kaksitoistatähtinen seppele lienee luonteva viittaus linnunradan kahteentoista tähtikuvioon. Lisäksi naisen tähtiseppele jatkaa aikaisempia seppelesymboleja, sillä taivaallinen nainen ilmentää sitä voittoa, jonka kilvoittelija saa palatessaan Jumalan yhteyteen, ja tämän voiton Johannes on nyt hetkellisesti saavuttanut. Hän on elänyt autuutta, jolloin hänen elämänenergiansa on kerääntynyt päälaelle, sahasraraan, kuin loistavaksi seppeleeksi.[10]

Tässä yhteydessä, kun tähtiä on korostuneesti kaksitoista ja ne muodostavat seppeleen, tähdillä ei liene konkreettisten uskomusten merkitystä. Korkeintaan siinä mielessä tähtiseppele voisi ilmentää uskomuksia, että Johannes tajuaa autuuskokemuksensa valossa vieraantuneiden uskomusten olevan henkisessä elämässä tyystin riittämättömiä; uskomusten tilalle täytyy astua omakohtaisesti eletyn autuuden.

Johanneksen näyn taivaallinen nainen rinnastuu luontevasti kristinuskon Neitsyt Mariaan, joka synnyttää Jeesus-lapsen. Vaikka Jeesuslapsi syntyi maan päällä, syntymä oli kyllin ihmeenomainen. Sisäistä elämää symboloivana myyttikuvana Neitsyt Maria voidaankin nähdä ihmisen puhdistuneena tajuntana, joka mahdollistaa henkisen uudestisyntymisen.[11]

"Luomisen kohtu" ja universaali itseys

Ehdotan Ilmestyskirjan synnytysnäylle lyhyesti vielä toista tulkintaa, joka täydentää edellistä. Oletan, että Johannekselle on autuuskokemuksen aikana tai sen vaikutuksesta auennut uusi visio todellisuuden luonteeseen. Pyhä Teresakin selitti, että autuaallisen yhtymyksen hetkinä "sielu ymmärtää ajan rahtusessa enemmän kuin se voisi mitenkään käsittää tuhannessakaan vuodessa aisteillaan ja sielunkyvyillään".[12] Ehkä myös Johannes näkee nyt koko luomakunnan ja sen syntymisen uusin silmin, ja hänen oivalluksensa kiteytyvät näyn myyttisiin kuviin.

Taivaallinen, synnyttävä nainen voisi tällaisessa visiossa olla kuin kosminen kohtu, jossa luominen tapahtuu. Osuva rinnastuskohde Johanneksen näyn naiselle kosmisena kohtuna löytyy Platonin *Timaios*-dialogista, jossa Platon erittelee maailman syntymistä. Hän puhuu tuolloin astiasta tai säiliöstä – myöhemmin myös tilasta tai avaruudesta – jossa luominen tapahtuu. Platonin mukaan tämä säiliö on välttämätön ehto maailman syntymiselle. Ja mikä mielenkiintoista, hän vertaa sitä äitiin: "Voimme todellakin käyttää syntymisen metaforaa ja verrata säiliötä äitiin, mallia isään, ja sitä mitä he tuottavat keskenään lapsiin." Platon teroittaa myös, että tämä "luodun äiti" on tosiasiassa näkymätön ja muotoa vailla.[13]

Koska Johanneksen näky lapsen syntymisestä tuo eittämättä mieleen Jeesus-lapsen syntymän ja koska Ilmestyskirjan lapsi syntyy taivaalla, oletan, että Johanneksen näkemä lapsi on yksi Karitsan eli universaalin itseyden muoto. Tarkemmin eritellen syntyvä lapsi olisi sellainen universaalin itseyden taso, joka läpäisee luomakunnan muodostaen sille henkisen perustan. Johanneksen näyssä lapsen syntymä on nimittäin metafyysisesti tulkiten osa luomista; tämä käy selvemmin ilmi näyn edetessä. Juuri tällaista luomakunnan läpäisevää henkistä perustaa tai tasoa tarkoittaa intialaisen filosofian käsite Kutastha chaytanya, jota käytin viidennessä luvussa universaalin itseyden vertailukohtana. Paramahansa Yogananda selittää kristinuskon kuvin Kutastha chaitanyaa tavalla, joka sopii hyvin valottamaan myös Johanneksen näkyä taivaallisen lapsen syntymästä:

Kun tunnet tajuntasi luomakunnan jokaisessa huokosessa, tajuntasi on Kristus-tajunta [Kutastha chaitanya -tajunta]. Kun tajuntasi kohoaa luomakunnan tuolle puolen, – – ymmärrät, että Jumala siitti Tietoisuutensa luomisen kohdussa, "Neitsyt Mariassa", ja että tämä Isä Jumalan tietoisuus, joka heijastuu tai "on syntynyt" jokaisessa luomakunnan atomissa, on Kristus-tajunta eli "ainosyntyinen Poika".[14]

Tällaisessa metafyysisessä tulkinnassa taivaallisen lapsen syntyminen on siis luomisen alkutapahtuma, joka sijoittuu ennen kaikkea muuta luomista. Täten universaali itseys on syntyvän lapsenkin muodossa konkreettisemman luomakunnan perusta vastaavalla tavalla kuin Karitsa oli tulkinnassani luomakunnan perusta Raamatun sanojen mukaisesti: "Hän on – – esikoinen ennen kaikkea luomakuntaa."[15] Näin tietysti täytyy olla, koska lapsi on tulkintani mukaan Karitsan yksi ilmenemismuoto.

Oletan vielä, että Johannes tahtoo näyllään korostaa perimmäisen jumaluuden ilmenevän ja vaikuttavan myös luomakunnassa syntyvän lapsen kautta. Näin lapsi eli universaali rakkaus ilmenee jopa jokaisessa egoonsa sidotussa ihmisessä rakkautena ja intuitiona, vaikka nämä voivat joutua pahasti egon vääristämiksi ja peittämiksi. Universaalin itseyden toimintatapaa luomakunnassa Johannes selittää tarkemmin sanoessaan, että syntyvä lapsi "on kaitseva kaikkia pakanakansoja rautaisella valtikalla" (Ilm. 12:5).

Ymmärrän lapsen kaitsevan funktion siten, että Johanneksen vision mukaan universaali itseys ohjaa egoonsa sidottuja ihmisiä heidän oman rakkautensa ja syvällisen intuitionsa kautta. Mutta ehdotan lapsen rautaiselle valtikalle myös yksityiskohtaisempaa tulkintaa käyttäen hyväkseni länsimaista ja itämaista uskonnonfilosofiaa. Tämän tulkinnan mukaan taivaallisen lapsen valtikka olisi uskonnoissa erotettu yleisin ja metafyysisin oikeudenmukaisuuden laki, jonka voisi pukea sanoiksi esimerkiksi näin: Jos ihminen on avoin universaalille rakkaudelle, hän täyttyy rakkaudesta ja hän on onnellinen. Mutta jos hän sulkee itsensä universaalilta rakkaudelta, hän tulee rakkaudettomaksi ja ilottomaksi ja hän kärsii.

Kristillisessä kirjallisuudessa Bernhard Clairvauxlainen puhuu Jumalan "ikuisesta laista", ja hän ilmaisee sen lähes samalla tavalla kuin yllä esitin. Bernhard selittää, että antautuessaan Jumalan rakkauden ohjattavaksi ihminen on suloisen ohjauksen alla, mutta kieltäytyessään Jumalan rakkaudesta häntä ohjaa se rangaistus, jonka hän itse itselleen kärsimyksen muodossa aiheuttaa. Bernhard korostaa myös, että tämän ikuisen lain mukaisesti oikeudenmukaisuus toteutuu väistämättä ihmiselämässä.[16] Koska Johannes sanoo lapsen kaitsevan valtikallaan pakanakansoja, Ilmestyskirjassa korostuu ehkä ikuisen lain kärsimystä aiheuttava puoli. Valtikan rautaisuus voisi symboloida sitä vääjämätöntä, rautaista logiikkaa, jolla oikeudenmukaisuus tämän lain voimasta toteutuu.

Itämaista filosofiaa soveltaen tämä laki on karman laki, kun se nähdään kaikkein korkeimmalla abstraktiotasollaan ja yleisenä metafyysisenä lakina; juuri karman laki toteuttaa itämaisen käsityksen mukaan oikeudenmukaisuuden sen syvimmässä merkityksessä. Näyssä lapsen taivaallisuus korostaisi lain korkeaa abstraktiotasoa ja metafyysistä luonnetta.

Näin tulkiten Johannes saa selväksi, kuinka oikeudenmukaisuus ja rakkaus syvällisissä merkityksissään liittyvät yhteen. Eli rakkaus palkitsee jo sellaisenaan rakastavan ihmisen, ja rakkaudeton ihminen rankaisee väistämättä itse itseään rakkaudettomuudellaan. Johanneksen näyssä oikeudenmukaisuus ja rakkaus voidaan lukea suorastaan yhdestä ja samasta myyttikuvasta, kansoja kaitsevasta lapsesta, ja tästä syystä lapsi on luontevasti auringon ja kuun lapsi.

Pahuuden ongelma

"Ja näkyi toinen merkki taivaassa, ja katso suuri, tulipunainen lohikäärme" (Ilm. 12:3). "Suuri lohikäärme, se vanha käärme, jota perkeleeksi ja saatanaksi kutsutaan" (Ilm. 12:9). Nähdessään lohikäärmeen Johannes oivaltaa mielestäni pahuutta uudella tavalla, mutta näyssä nämä oivallukset ovat hyvin suppeasti esillä. Käsittelen kuitenkin pahuuden ongelmaa ja Johanneksen näyssä siihen liittyvää käärmesymboliikkaa laajasti, sillä pahuuden ongelma on tulkinnassani koko Ilmestyskirjan solmukohta. Saadessaan tuon ongelman vihdoin selväksi tässä ja seuraavassa luvussa Johannes pääsee siirtymään toden teolla paluutielle. Lisäksi pahuuden ongelma on uskonnonfilosofian keskeisimpiä kysymyksiä. Näistä syistä jätän nyt Johanneksen näyn syrjään ja kerron mytologian käärmeistä – varsinkin Raamatun syntiinlankeemuskertomuksen käärmeestä – myyttisestä saatanasta ja pahuuden ongelman teoreettisesta ratkaisusta. Vasta näiden melko pitkien tutkimusmatkojen jälkeen palaan Johanneksen näyn yksityiskohtaiseen tulkintaan.

Myyttisiä käärmeitä

Käärme on usein läsnä, kun myyttisissä luomiskertomuksissa alkuykseydestä syntyy moninaisuus. Esimerkiksi muinaisen Egyptin pyramiditeksteistä tunnettu alkukäärme kertoo itsestään seuraavasti: "Olen lähtöisin alkutulvasta, olen hän, joka on syntyisin vesistä. Olen ominaisuuksien antaja, käärme monine kierteineen."[17]

Raamatussa käärme ei esiinny heti maailman syntyvaiheessa, mutta pian luomisen jälkeen käärme viekoittelee Aadamin ja Eevan syömään hyvän- ja pahantiedon puusta, ja niin alkaa ihmisen maallinen elämä Jumalan yhteydestä karkotettuna.

Osa käärmemyyteistä yltää myös aikaan, jolloin maailmankaikkeus palaa eriytymättömään ykseyteen. Tällaisessa yhteydessä käärme on kuuluisin intialaisesta mytologiasta, jossa suuren maailmankauden päättyessä kosminen Ananta-Sesha-käärme kiertyy kerälle. Silloin Vishnu-jumala lepää Ananta-Sesha-käärmeen sylissä alkumeren vesissä, ja käärmeen monipäinen pää levittäytyy viuhkana Vishnun ylle.[18]

Käärmeen valikoituminen maailman luomisen ja paluun myytteihin on ymmärrettävää sikäli, että käärmeestä on helppo lukea ykseyden eriytyminen, kaksinaisuus, muutos ja paluu ykseyteen: Käärme on kerälle kiertyneenä kuin ympyrä, ja ympyrä lienee luontevin geometrinen ykseyden kuva. Mutta käärme myös oikaisee itsensä, jolloin siitä tulee kuin liikkuva, eteenpäin matava viiva eli ajallisen muutoksen myyttikuva. Lisäksi käärmeet lisääntyvät yleensä munista, ja muna on pyöreän muotonsa takia yleismaailmallinen alkuykseyden kuva. Käärmeen kieli kaksihaaraisena on puolestaan kuin myyttikuva, jossa ykseydestä syntyy kaksinaisuus, ja käärmeen nahanluonti sen kasvaessa ilmentää luontevasti muutoksen eri vaiheita. Vihdoin käärmeitä on sekä myrkyttömiä että kuolettavan myrkyllisiä, mikä ilmentää osuvasti luodun maailman kaksinaisuutta: maailmaan kuuluu sekä hyvää että pahaa, sekä elinvoimaa että kuolemaa.

Käärmesymboliikka heijastaa joskus myös tavallisuudesta poikkeavia kokemustiloja. Ajattelen jälleen itämaista oppia ihmisen elämänenergiasta ja sitä joogakirjallisuudessa jatkuvasti teroitettua seikkaa, että monet ihmiset näkevät sisäisillä silmillään tämän energian liikemuodot.[19] Otan nyt esille elämänenergian toiminnasta puolia, jotka ovat mielenkiintoisia käärmesymboliikan kannalta.

Joogaopin mukaan tavallisessa egoonsa sidotussa ja fyysisen kehon omaavassa ihmisessä piilee tärkeä energiapotentiaali, joka paikannetaan alimpaan eli muladhara-chakraan. Sitä verrataan kerällä olevaan käärmeeseen, ja siitä käytetään nimitystä *kundalini* kundalinin tarkoittaessa kerällä tai kierteellä olevaa. Joogateorian keskeinen opetus on sitten, että juuri tämä kundalinienergia voidaan ohjata suoraa sushumna-nadia ylöspäin. Tällöin käärme ikään kuin oikaisee itsensä, ja korkeimmissa muuntuneissa tajunnantiloissa kundalini on kerääntynyt sahasraraan. Näistä syistä kundalinista puhutaan joogateksteissä käärmevoimana, ja se esiteään intialaisissa kuvissa yleisesti käärmeenä.[20]

Ihmisen elämänenergiaan liittyvää käärmesymboliikkaa on mahdollista löytää runsaasti myös muista kulttuureista, joskin näissä tapauksissa käärmeen symboliset merkitykset jäävät väistämättä tulkinnanvaraisiksi. Esimerkiksi muinaisen Egyptin faaraoiden päähineessä oli usein otsan kohdalla pieni käärme, ja se voitaisiin nähdä kuin ajnachakraan kohonneena kundalinienergiana eli käärmevoimana, joka antoi faaraolle syvällistä viisautta. Kreikan mytologian suuri lääkäri, parantaja ja terveyden jumala Asklepios taas kuvattiin yleensä sauva kädessään, ja sauvan ympärille kiertyi käärme samalla tavalla kuin itämaisissa lähteissä kundalinienergia esitetään sushumnaa pitkin nousevana käärmeenä. Asklepioksen käärmeellä olikin antiikin mytologiassa avoimesti elämänvoiman merkitys.[21]

Antiikin mytologiassa myös Merkuriuksella oli sauva, caduceus, johon oli kuvattu kaksi toisilleen vastakkaista, suoran sauvan ympärille kiertyvää käärmettä. Tämä symboli esiintyi myös mithralaisuuden uskonnossa sekä myöhemmin alkemisteilla, ja vielä meidän päivinämmekin se on käytössä. Vaikka caduceussauvalla on vuosisatojen aikana ollut erilaisia ulkokohtaisia merkityksiä, sen pohjalla on mahdollista ounastella myös elämännenergian liikemuotoja. Joogateoriaa soveltaen nuo käärmeet olisivat kuin ida- ja pingala-nadit, joissa elämänenergia kulkee, ja sauva olisi suora sushumna-nadi. Tällaiseen caduceussauvan tulkintaan joogakirjallisuudessa viitataankin.[22]

Luulen, että kuvaamani kaltainen ihmisen elämänenergiaan liittyvä käärmesymboliikka on vaikuttanut omalta osaltaan myös mytologian suurten kosmisten käärmeiden syntyyn. Toisin sanoen käärme energian symbolina on siirtynyt mikrokosmoksen tasolta makrokosmiselle tasolle. Mytologian suuret käärmeet ilmentävät kuitenkin kosmista energiaa monin eri tavoin. Jo mainitsemani intialainen käärme Ananta-Sesha symboloi kosmista energiaa sekä aktiivisena että lepotilassa; sehän edustaa universumin koko kiertoa alkukerältä kerämäiseen lopputilaan. Kiinalaisen kulttuurin monista lohikäärmeistä sen sijaan esimerkiksi *I Ching*-kirjan eli *Muutosten kirjan* lohikäärme symboloi vain universumin ja ihmisen aktiivista energiaa passiivisen lepotilan vastakohtana. Kirjan yksi säe kuuluu esimerkiksi: "Lohikäärme lentää taivaissa".[23]

Mithralaisuuden uskonnossa taas korkein jumaluus esitettiin leijonanpäisenä siivekkäänä ihmisenä, jonka ympärille kiertyi koko ruumiin pituudelta suuri käärme. Käärmeen pää lepäsi jumalan pään päällä. Itse jumaluutta pidettiin syvimmässä merkityksessään sanoin ilmaisemattomana, mutta hän symboloi myös universumia, ja oletettavasti tästä syystä hän seisoi joskus suorana suuren pallon päällä ja hänen kehoonsa oli kuvattu eläinradan merkkejä. Voisin kuvitella, että tämä jumaluus hahmotettiin universumin perusakseliksi, samaan tapaan kuin selkäranka ja pää ja niissä kulkeva sushumna-nadi ovat ihmisen perusakseli. Ja ehkä käärme hänen ympärillään heijasti ihmisen elämänenergian kulkua aina päälaelle asti mutta nyt koko universumin perusenergiaksi tulkittuna. Konkreettisemmilla tasoillaan tämä jumaluus oli myös kaiken luoja ja tuhoaja ilmentäen kosmista energiaa kahdessa toisilleen vastakkaisessa aspektissa. Ehkä tämän takia jumalan tunnusmerkkinä käytettiin myös caduceussauvaa kaksine käärmeineen.[24]

Näistä näkökulmista käsin on mahdollista tulkita myös Raamatun käärmeitä, joista kuuluisin, syntiinlankeemuskertomuksen käärme, voidaan sekin yhdistää ihmisen elämänenergiaan. Intialainen Sri Yukteswar katsoo suorastaan, että syntiinlankeemuskertomuksen käärme symboloi kerällä olevaa kundalinienergiaa.[25] Seuraavassa tarkastalen tätä ajatusta kuitenkin tavalla, joka sopii tulkintani kokonaisuuteen.

Itse kundaliniin sisältyy kaksi mahdollisuutta. Kundalini voi nousta sushumnaa ylöspäin sahasraraan, jolloin ihminen kokee autuutta. Mutta kundalini voi myös toimia – ja tavallisessa ihmisessä se toimii – muiden energiamuotojen perustana. Tämä tapahtuu siten, että kundalinilla on ensin yhteys muun elämänenergian hienoimpaan muotoon, ja tällä puolestaan on yhteys hieman karkeampaan energian muotoon ja näin eteenpäin. Täten joogateoriassa kundalinin katsotaan olevan viime kädessä koko ihmisen konkreettisen olemuksen, myös ihmisen oman minätunteen, ahamkaran eli egon, perusta. Ahamkarakin on tässä merkityksessä kundalinin "tuotetta", kuten intialainen swami Sivananda asian ilmaisee.[26]

Vaiheessa, jossa käärme ilmaantuu Raamatun kertomuksiin, kundalinin ensimmäinen mahdollisuus on toteutunut, sillä Raamatun aiemmat kertomukset ovat kuvanneet ihmisen sisempiä olemustasoja. Noilla olemustasoillaan ihminen kokee paratiisin autuuttta, joten paratiisissa ihmisen sisäinen käärme kykenee nousemaan suoraan pystyyn syömään elämän puun hedelmää eli sahasraran autuutta. Mutta toinen kundalinin mahdollisuus ei paratiisissa ole vielä toteutunut, tai se on toteutunut vasta niin pieneltä osaltaan, että ihminen ei ole menettänyt autuuden kokemisen kykyään eikä hänestä ole vielä muodostunut konkreettista, fyysistä ihmistä omine egotunteineen.

Kun nyt syntiinlankeemuskertomuksen mukana Raamatussa siirrytään ihmisen uudelle ja viimeiselle konkreettisuustasolle, käärmevoiman toisen mahdollisuuden täytyy toteutua entistä suuremmassa määrässä. Niinpä myytissä käärme viekoittelee ihmisen syömään hyvän- ja pahantiedon puusta. Hyvän- ja pahantiedon puun hedelmät ovat kaikkia sellaisia kokemistapoja, joiden perustana on ulkohtaisempi hyvän- ja pahantiedon puun symboloima energiajärjestelmä. Syntiinlankeemuksessa ihminen sitten syö eli omaksuu nämä kokemistavat niin perusteellisesti, että hän tulee sidotuksi vain niihin ja niiden perustana olevaan energiajärjestelmäänsä. Aikaisempaa sanastoani käyttäen ihminen lankeaa silloin egotajuntaan, ja saadessaan vielä nahkaiset vaatteet (1 Moos. 3:21) hän konkretisoituu astraaliolennosta fyysiseksi olennoksi. Mielenkiintoista tässä yhteydessä on, että samalla ihmisen käärmevoimassa tapahtuu muutoksia, ja nämä myytti esittää kirouksen avulla, jonka Herra langettaa käärmeelle.

Herra Jumala sanoo käärmeelle: "Koska tämän teit, kirottu ole sinä – –. Vatsallasi sinun pitää käymän ja [maan] tomua syömän."[27] Jakeesta lienee helppo lukea ajatus, että ihmisen sisäinen käärme ei enää kykene nousemaan pystyyn eli kohoamaan sahasraraan, ja niin ihmisen elinvoima joutuu ammentamaan ravintonsa maan tomusta eli kaikenlaisesta ulkokohtaisemmasta tyydytyksestä autuuden sijasta.

Tarkemmin eritellen käärmeen kiroaminen ilmaisee kaksi tärkeää asiaa. Kundalinienergia joutuu laskeutumaan eli lankeamaan sushumnasta pois ja jäämään alimpaan chakraan kuin kerälle, jolloin sushumna jää tyhjäksi energiasta. Näinhän joogateorian mukaan on asianlaita. Mutta samalla itse käärmeen symbolinen merkitys muuttuu. Käärme ei enää kiroamisensa jälkeen symboloi edes tuota kerälle kiertynyttä kundalinia, sillä kirottu käärme selvästi liikkuu ja syö maan tomua. Kiroamisensa jälkeen syntiinlankeemuskertomuksen käärme tarkoittaa siis niitä ulkokohtaisempia tai karkeampia elämänenergian muotoja, joiden voimasta ihminen on sidottu tavalliseen tajuntaansa ja fyysiseen kehoonsa ja jotka estävät häntä palaamasta ykseyteen. Näin ihmisen syntiinlankeaminen on pohjimmiltaan hänen sisäisen käärmeensä lankeamista. Se lankeaa kuin Asklepioksen käärmeestä Merkuriuksen käärmeiksi.

Raamatun yleinen käärmesymboliikka on hyvin kaksijakoista. Toisaalta käärme toimii viisauden ja toisaalta jumalattomuuden vertauskuvana. Toisaalta Jeesus kehottaa opetuslapsiaan: "Olkaa siis älykkäät kuin käärmeet", mutta toisaalta hän puhuu tuomitsevasti kuulijoilleen: "Te käärmeet, te kyykäärmeitten sikiöt".[28] Myös nämä käärmeen yleiset merkitykset voitaneen yhdistää elämänenergiaan. Jos ihminen on käyttänyt elämänenergiaansa hyvin, hänen otsastaan pilkistää esille kuin pieni viisas käärme, mutta jos hän käyttää energiaansa huonosti, hän on Raamatun kielellä jumalaton, ja hänen elämänenergiansa on kuin myrkkykäärme.

Ilmestyskirjan lohikäärmettä täytyy kuitenkin tulkita toisin kuin Raamatun pieniä käärmeitä. Koska se on taivaalla lentävä komea lohikäärme, sen täytyy ilmentää kosmista energiaa. Jos se olisi mytologian monien muiden suurten käärmeiden tavoin universumin perusenergia, sillä olisi läheinen yhteys Ilmestyskirjan leijonan näköiseen olentoon. Tuo yhteys voisi hahmottua kuvallisesti esimerksi samalla tavalla kuin mithralaisuudessa, jossa leijonanpäisen jumaluuden ympärille kiertyi suuri käärme. Ilmestyskirjan lohikäärme ei kuitenkaan voi saada näin kunniakasta asemaa, sillä se on selvästi vain paha voima; sehän on suorastaan itse myyttinen paholainen, saatana ja perkele, kuten Ilmestyskirjassa sanotaan. Oletankin, että Ilmestyskirjan lohikäärme ilmentää makrokosmisella tasolla jotain samantapaista pahaksi koettua energiamuotoa, jota syntiinlankeemuskertomuksen kirottu käärme edustaa mikrokosmisella tasolla.

Myyttinen paholainen

Mutta miten kosmiseen energiaan voi sisältyä pahuutta? Ehdotan yhtä hahmotusmahdollisuutta käyttäen viitekehyksenä alkuykseyden eriytymistä ja paluuta ykseyteen.

Luomakunnan syntyminen eriytymättömästä alkuykseydestä edellyttää voimaa, hahmotan sen eriyttäväksi työntövoimaksi, joka luo ilmenevää maailmankaikkeutta. Toisaalta alkuykseys, joka on uskonnollisella kielellä Jumala, vetää ilmenevää maailmankaikkeutta takaisin itseensä. Jotta ilmenevä maailmankaikkeus ei palaisi heti lähtökohtaansa, eriyttävä työntövoima luo muun ohessa voiman, joka estää luomakuntaa palaamasta ykseyteen. Tämä paluuta estävä vastavoima on siten ilmenevän universumin välttämätön prinsiippi. Se on myös myyttinen paholainen eli saatana kosmisena prinsiippinä. Sekin on Jumalan luomus, koska se on luomisvoiman tulosta ja alun alkuaan lähtöisin eriytymättömästä ykseydestä kuten kaikki muukin. Mutta se on vain kosmisen energian yksi puoli, paluuta estävä ja vastustava puoli.[29]

Raamatussa saatanan merkitys vastavoimana on esillä jo saatanan vanhatestamentillisessa nimessä, *sātān*, joka tarkoittaa vastustajaa. Vastavoimana saatana esiintyy selvästi mm. Aikakirjoissa, joissa "saatana nousi Israelia vastaan". Saatana on yleisestikin Raamatussa prinsiippi, jonka luoma vastus ihmisen täytyy voittaa, jotta hän voisi palata Jumalan yhteyteen; jopa Jeesusta saatana yllyttää pois Jumalasta. Myös syntiinlankeemuskertomuksen käärme voidaan nähdä vastustajana tai vastavoimana sen jälkeen, kun se on kirottu, sillä silloin se alkaa estää ihmistä löytämästä tietään takaisin ykseyteen. Syntiinlankeemuskertomuksessa sanotaankin, että käärmeen ja ihmisen välille asetettiin lankeemuksen jälkeen "vaino". Näin tulkiten saatanaa kosmisena voimana voitaisiin luonnehtia harhaksi, joka ilmenee erilaisissa konkreettisissa muodoissa. Johanneksen evankeliumissa saatanasta käytetään nimitystä "valheen isä", ja tämä lienee luontevasti tulkittavissa harhan alku- tai perusmuodoksi.[30]

Ajatus saatanan jumalallisesta tai ainakin taivaallisesta alkuperästä on mahdollista lukea Jobin kirjasta, jossa saatana astuu Jumalan poikien mukana Jumalan eteen. Kohtaa voidaan tietysti lukea niinkin, että saatana vain tuppautuu Jumalan poikien joukkoon olematta itse Jumalan poika, mutta melko usein kirjallisuudessa saatanaa pidetään langenneena Jumalan poikana. Ellei saatanaa nähdä suorastaan Jumalan poikana, Jobin kirjan kohta osoittaa kuitenkin, että saatanalla oli vielä Vanhan testamentin syntyaikaan läheinen suhde Jumalaan ja että se oli taivaallinen olento. Syntinlaamuskertomuksen käärmeestä sen sijaan sanotaan suoraan, että Jumala oli sen tehnyt.[31]

Saatanalle joskus annettu nimitys "Jumalan langennut poika" on runollisuudestaan huolimatta osuva myös teoreettisesti eritellen. Luomisen yhteydessähän alkuykseydestä ja sen energiasta – siitä, joka monissa mytologioissa hahmottuu suureksi jumalaiseksi käärmeeksi – täytyy erkaantua tai langeta voima, joka rupeaa vastustamaan paluuta, ja tämän voiman täytyy luomisen edetessä langeta yhä syvemmälle luomakuntaan pitäen sen ilmenevässä tilassa. Tämä kosmisen käärmevoiman lankeaminen ilmenee sitten ihmisessä tavalla, jota edellä selostin: myös ihmisen sisäinen käärme joutuu lankeamaan luomisen aikana.

Mielenkiintoinen kysymys Raamatun saatanan tulkinnassa on, koska saatana luotiin; tätä Raamatussa ei selvästi kerrota. Jos saatana samastettaisiin syntiinlankeemuskertomuksen käärmeeseen, mitä en ole tulkinnoissani tehnyt, se ilmaantuisi Raamattuun aktiivisena voimana vasta luomisen ja alkuparatiisin jälkeen. Silloin se rikkoisi sen harmonisen paratiisillisen maailman, joka vallitsi heti luomisen jälkeen. Mutta asiat on mahdollista hahmottaa myös toisin. Vanha testamentti alkaa näet jakeella: "Alussa Jumala loi taivaan ja maan", ja kerronta jatkuu toisessa jakeessa: "Ja maa oli autio ja tyhjä, ja pimeys oli syvyyden päällä, ja Jumalan Henki liikkui vetten päällä." Jos saatana sijoitettaisiin jo tähän vaiheeseen, se olisi tuo syvyyden päällä liikkuva pimeys Jumalan Hengen vastakohtana. Näin tulkiten saatana saisi selvästi kosmisen voiman merkityksen, mikä Ilmestyskirjan lohikäärmettä ajatellen on olennaista.

Itämaisesta kulttuurista Raamatun saatanalle sopii vertailukohdaksi intialaisen filosofian keskeinen käsite *maya*, jolla tarkoitetaan kosmista harhaa. Sananmukaisesti maya merkitsee mittaajaa, ja toisinaan intialaiset itse rinnastavat tämän käsitteen kristinuskon saatanaan.[32]

Intialaisen näkemyksen mukaan maya kietoo ihmiset harhaansa, niin että heidän on vaikea päästä vapautumaan ja palaamaan ykseyteen. Lisäksi maya pitää koko ilmenevän todellisuuden eriytyneisyyden tilassa. Juuri tästä johtuu mayan merkitys mittaajana; se mittaa eroja sinne, missä muuten olisi eriytymätöntä ykseyttä. Mayan vaikutusalue kattaa siis kaiken sen olemassaolon, jossa esiintyy kaksinaisuutta, ilmenipä kaksinaisuus kuinka ideaalisesti tai harmonisesti tahansa. Esimerkiksi Johanneksen ilmestystä tulkitaan intialaisessa kirjallisuudessa siten, että kaikki muut Johanneksen taivaan elementit, vanhimmat ja olennot ja jopa Jumalan valtaistuin, joutuvat mayan vaikutuspiiriin. Vain itse valtaistuimella istuva eli Jumala ilmentymättömänä ykseytenä ja perimmäisenä todellisuutena jää mayan harhasta vapaaksi.[33] Näin ollen maya käsitteenä lienee verrattavissa siihen Raamatun tulkintaan, jonka mukaan saatana tuli heti maailmaan, kun luomistyö alkoi. Toisin sanoen saatana, maya, olisi se pimeys, joka liikkui syvyyden päällä.

Pahuuden ongelma

Pahuuden ongelma sisältää kaksi käsitteellisesti hieman erilaista ongelmaa. Ensimmäinen on se ristiriita, joka vallitsee hyvän, kaikkivaltiaan Jumalan ja pahuuden välillä, ja tätä voidaan pitää varsinaisena pahuuden ongelmana. Toinen, siihen läheisesti liittyvä ongelma on se vastakkaisuus, joka vallitsee oikeudenmukaisen, kaikkivaltiaan Jumalan ja maailman epäoikeudenmukaisuuden välillä. Jälkimmäisen ongelman ratkaisua olen jo sivunnut tulkitessani taivaallisen lapsen valtikkaa metafyysiseksi oikeudenmukaisuuden laiksi. Keskityn siten seuraavassa varsinaiseen pahuuden ongelmaan, ja lopuksi selvennän lyhyesti epäoikeudenmukaisuuden kysymystä.

Kaikkihyvän, kaikkivaltiaan Jumalan ja pahuuden välinen ristiriita on mahdollista ratkaista käsitteellisellä tasolla erottamalla Jumala ilmentymättömänä ja ilmenevänä. Ilmentymättömällä tasolla kyse on ykseydestä, jossa ei ole lainkaan erotteluja, ei hyvää eikä pahaa ihmisen näille sanoille tavallisesti antamassa merkityksessä. Ilmenevänä Jumala on koko maailmankaikkeus eli luomakunta. Tällä tasolla on aina kaksinaisuutta: syntymistä ja tuhoutumista, iloa ja kärsimystä, hyvää ja pahaa. Tällä tasolla hyvä välttämättä edellyttää vastakohtaansa pahaa jo senkin takia, että ihminen käyttää käsitteitä hyvä ja paha toisiinsa sidottuina. "Kun jokainen taivaan alla tietää hyvän hyväksi, on pahakin olemassa."[34]

Pahan perusta, "valheen isä", on siten lopultakin se kosminen harha, jonka takia maailma ylipäätänsä ilmenee ja jonka takia ihminen kokee maailman kaksinaisuuden kautta. Koska tämä kosminen harha, valheen isä, on välttämätön osa ilmenevää jumaluutta eli luomakuntaa, sitä voidaan tässä merkityksessä pitää Jumalan luomuksena. Samassa merkityksessä voimme sanoa, että Jumala on vastuussa pahan perussyystä eli kosmisesta harhasta, vaikka ihmiset itse antavat maailmassa pahalle sen konkreettisen ilmenemismuodon omilla ajatuksillaan, tunteillaan ja toimillaan.

Kun ihminen pystyy kokemaan välittömästi ilmentymättömän ykseyden tason, hän vapautuu omassa kokemusmaailmassaan ajoittain tai pysyvästi pahan kokemisesta. Tällainen ykseyden eläminen on autuuden kokemus, ja siten se on ihmisen kokemana hyvä. Mutta tällä tasolla hyvyys on käsitteellisesti ja kokemuksellisesti irrallaan hyvän ja pahan vastakohtaisuudesta, sillä ehdoton autuus on käsitteellisesti ykseyttä ja kokemuksellisesti hyvin erilaista kuin tavallinen onnellisuus. Pahuuden ongelman ihminen voi siis ratkaista aidosti vain siten, että hän oppii itse kokemaan ehdotonta ykseyttä. Tämä edellyttää jokaiselta sisäistä muuttumista: egon kuoleutumista ja itseyden syntymistä. Ennen kaikkea meidän täytyy oppia rakastamaan entistä syvemmin ja universaalimmin, sillä rakkaus on sitä vetovoimaa, joka johtaa meidät takaisin ykseyteen; rakkaushan merkitsee erojen häviämistä minän ja muiden väliltä. Harha taas ilmenee ihmiselämässä voimana, joka erottaa meidät muista. Siten erottavaa, harhaista voimaa on ennen kaikkea se viha ja itsekkyys, jota tunnemme.

Puhtaimmillaan tällainen ratkaisu pahuuden ongelmaan löytyy intialaisesta mytologiasta ja filosofiasta, joissa todellisuuden ilmentymätön ja ilmenevä taso erotetaan selvästi toisistaan. Niitä verrataan usein Vishnu-jumalan hengitykseen. Kun Vishnu hengittää ulos, maailma syntyy; kun hän hengittää sisään, maailma palaa ilmenevästä tilasta takaisin; ja kun hän lepää, ei ilmenevää maailmaa ole.[35] Intialaisessa mytologiassa ja filosofiassa on täysin avoimesti esillä myös se, että ilmenevässä maailmassa oleva pahuus, kuten ihmisten kärsimys ja kuolema, on osa jumaluutta. Se on osa jumaluutta silloin, kun jumaluus ilmenee maailmankaikkeutena. Esimerkiksi hindulaisuuden raamatuksi kutsutussa *Bhagavadgitassa* Arjuna näkee välillä Krishnan, joka siinä edustaa jumaluutta, kauheana kosmisena Vishnu-jumaluuden hahmona:

Sinun suuren muotosi monin suin ja silmin, – –
monin vatsoin, monin hirvittävin torahampain
nähdessään maailmat vapisevat, samoin minä. – –
[Ihmiset] astuvat kiiruhtaen sinun suihisi,

– hirvittävät torahampaineen, kauheat!
Toiset nähdään tarttuneina hampaittesi väliin pää murskana. – –
Livot kieltäsi ympäriinsä
haluten niellä kaikki maailmat tulisiin suihisi.

Kun Arjuna *Bhagavadgitassa* kysyy näyn merkitystä, Krishna se-
littää olomuotoaan ilmenevänä maailmankaikkeutena: "Minä olen
aika, joka tuhoaa maailman, suureksi kasvanut, ilmenen täällä maail-
moja hävittämässä."[36]

Itämaisissa uskonnoissa korostetaan myös, että lopultakin ainoa
pysyvä ratkaisu kärsimykseen on se, että ihminen elää itse, syvällisen
transformaation läpikäytyään, ehdottoman ykseyden. Tämä on pysyvä
samadhi tai buddhalaisittain nirvana.

Teoretisointiin mieltynyt länsimaalainen ehkä väittää, että tällainen
ratkaisu ei poista hyvän Jumalan ja pahuuden olemassaolon välistä ris-
tiriitaa. Ongelma vain siirtyy toiselle tasolle. Miksi ilmentymätön ju-
maluus ylipäätänsä tahtoi ilmetä, jos ilmentyminen välttämättä sisältää
pahaa? Nähdäkseni jo myytti Vishnu-jumalan hengityksestä yrittää
vastata kysymykseen. Ilmenevän ja ilmentymättömän vuorottelu ei ole
tarkoitushakuista tavallisen ihmistajunnan edellyttämässä merkityk-
sessä. Sen sijaan vuorottelu on makrokosmoksen mittasuhteissa yhtä
luonnollinen tapahtuma kuin ihmisen hengitys mikrokosmoksen mit-
tasuhteissa. Kysymys on siis vain itse olemassaolon olomuodoista. Jos
tämä selitys ei kelpaa, intialaisilla on monia muita. Esimerkiksi: koko
ilmenevä todellisuuden taso on Jumalan leikkiä, *lilaa*, ja hyvä leikki
edellyttää, että leikissä on sekä hyvää että pahaa.[37]

Tämä pahuuden ongelman yleinen selvitys tarjoaa päälinjat myös
epäoikeudenmukaisuuden ratkaisulle uskonnonfilosofisena kysymyk-
senä. Miksi hyvyydestä ja pahuudesta ei näytä maailmassa seuraavan
oikeudenmukaista palkintoa ja rangaistusta, vaikka Jumalan pitäisi
olla oikeudenmukainen?

Jumala syvimmillään on ykseyttä, eikä hän palkitse tai rankaise ih-
misiä ihmisten näille käsitteille antamissa merkityksissä. Palkitsemi-
nen ja rankaiseminen eettisinä käsitteinä kuuluvat kaksinaisuuden ta-
solle. Ne ovat osa ihmisen oikeudentajua, sitä oikeudentajua, jolla ih-
minen yhteisöllisessä elämässään vertailee toisiinsa eri ihmisten ansi-
oita ja puutteita, etuisuuksia ja rasitteita ja oikeuksia ja velvollisuuk-
sia. Tämä oikeudentaju on sidottu yksilöllisiin arvioijiin sekä koko-

naisten kulttuurien ja aikakausien muotoihin, ja siten se vaihtelee suurestikin eri aikoina ja eri kulttuureissa. Tällä oikeudentajulla arvioitaessa maailmassa on sekä oikeudenmukaisuutta että epäoikeudenmukaisuutta johtuen jo siitä, että yhteisöllisessä elämässä näiden käsitteiden soveltaminen edellyttää toinen toistaan.

Kaksinaisuuden tasolla vaikuttaa kuitenkin myös oikeudenmukaisuuden metafyysinen laki. Tämä on se "Jumalan ikuinen laki" tai karman laki syvällisimmässä merkityksessään, jonka edellä luin Johanneksen näystä taivaallisen lapsen valtikasta käyttäen hyväkseni länsimaista ja itämaista uskonnonfilosofiaa. Voimme ehkä sanoa, että tämän lain mukaisesti tapahtuu ihmisten jumalallista tuomitsemista, palkitsemista ja rankaisemista, mutta vain siinä merkityksessä, että ihminen tosiasiassa palkitsee ja rankaisee itse itseään omilla valinnoillaan. Vielä kertauksena: Jos avaudumme universaalille rakkaudelle, täytymme rakkaudesta, ja se on palkintomme. Jos suljemme itsemme universaalilta rakkaudelta, kärsimme rakkaudettomuudestamme, ja se on rangaistuksemme. Tämän lain mukaisesti oikeudenmukaisuus toteutuu vääjäämättä yhden ihmisen elämässä, sillä tällainen oikeudenmukaisuus muodostaa oikeudenmukaisuuden syvällisimmän, metafyysisen tason, ja oletan tämän tason olevan Johannekselle tärkein hänen tilinteoissaan.[38]

Pahuuden ongelma Johanneksen näyssä

Johanneksen näky taivaallisesta naisesta ja lohikäärmeestä heijastaa mielestäni ensi sijassa hänen elämyksellisiä kokemustilojaan; tällä tavalla tulkiten se avautuu alusta loppuun johdonmukaisena tapahtumaketjuna. Itse asiassa elämyksellisyyden ensisijaisuus on ymmärrettävää myös pahuuden ongelman kannalta, sillä pahuuden ongelmaan ihminen löytää vakuuttavan ratkaisun vain elämällä kaksinaisuuden ylittävän autuuden. Silloin hän oivaltaa välittömästi ja vastaansanomattomalla tavalla, että on olemassa sellainen tajunnan ja todellisuuden taso, jossa ei ole hyvän ja pahan vastakohtaisuutta, ja niin hän alkaa nähdä myös pahuuden uudella tavalla: se on nyt pohjimmiltaan se harha, joka sisältyy koko tavalliseen kaksinaisuuden sävyttämään olomuotoon. (Tämäntapaisesta harhan oivalluksesta kertoi viimeinen esimerkkini edellisen luvun lopussa.)

Josssain määrin ehdottamiani ratkaisuja on kuitenkin luettavissa myös Johanneksen näystä. Tärkeintä lienee se, että Johannes hahmottaa saatanan näkynsä alussa kosmiseksi prinsiipiksi: lohikäärme on merkki taivaalla. Päättelen tästä, että niin kauan kuin Johannes on ollut sidottu tavalliseen tajuntaansa ja ilmenevään maailmaan, hän on pitänyt pahana vain sitä, mikä maailmassa on hyvän vastakohtaa, esimerkiksi sitä, mikä on herättänyt hänessä ahdistusta ja vääryyden tuntoa, ja näin hän on joutunut pahuuden ongelman umpikujaan. Mutta ehdottoman ykseyden ja autuuden kokemus havahduttaa hänet näkemään sekä ykseyden tason että pahuuden laajemman merkityksen kosmisena voimana ja harhana.

Olennaisen tärkeä Johanneksen näkyjen etenemiselle on myös hänen oivalluksensa metafyysisestä oikeudenmukaisuuden laista, jonka edellä luin taivaallisen lapsen valtikasta. Autuuskokemuksensa seurauksena Johannes siis alkaa nähdä myös oikeudenmukaisuudessa laajemman ja syvemmän tason. Tämän oivalluksensa avulla hän pystyy purkamaan lisää vanhan uskonnollisuutensa ongelmia, ja tulkintani mukaan hän palaa tähän aiheeseen useita kertoja seuraavissa luvuissa.

Lisäksi näyn muutamille muille kohdille voidaan ehdottaa tulkintatapaa, joka nojaa edellä esittämiini selvityksiin myyttisestä saatanasta. Johannes näyttää nimittäin erottavan harhan erilaisia yleisyystasoja siirtyen yleisimmästä konkreettisempaan seuraten jälleen ikään kuin luomistapahtuman etenemistä. Harhan konkretisoiminen jatkuu sitten Ilmestyskirjan seuraavassa luvussa.

Näyn alussa taivaalla olevat merkit, raskaana oleva nainen ja lohikäärme, ilmentäisivät näin tulkiten luomisen kaikkein varhaisinta esivaihetta, jonka Johannes hahmottaa ykseyskokemuksensa pohjalta uudella tavalla. Nainen olisi, kuten edellä ehdotin, kosminen luomisen kohtu tai platonilaisittain luomisen astia. Lapsi, jota hän synnyttää, olisi se henkisyys, joka tulee toimimaan luomakunnan perustana eli kristinuskon termein "esikoisena ennen kaikkea luomakuntaa". Ja lohikäärme vihdoin olisi kosminen harha kaikkein yleisimmässä muodossaan. Juuri lohikäärmeen eli harhan esiintyminen heti näyn alussa kertoo, että kyse on luomistapahtumista; luomakunnan yläpuolella ei harhaa ole. Lohikäärme olisi siis tässä vaiheessa kuin Vanhan testamentin pimeys, joka liikkuu alkuvetten päällä, tai intialaisen filosofian maya eli kosminen harha, joka on koko luomakunnan olemassaolon edellytys.

213

Tulkintaani tukee se, että Johanneksen näyssä nainen ja lapsi toisaalta ja lohikäärme toisaalta esiintyvät selvästi toisilleen vastakkaisina: "Ja näkyi suuri merkki taivaassa: nainen – –. Ja näkyi toinen merkki taivaassa, ja katso, suuri – – lohikäärme – –. Ja lohikäärme seisoi synnyttämäisillään olevan naisen edessä nielläkseen hänen lapsensa" (Ilm. 12:1–3). Vastaavalla tavalla intialaisessa filosofiassa Kutastha chaytanya eli universaali itseys ja maya eli kosminen harha esitetään toistensa vastapooleina. Universaali itseys johdattaa olevaista takaisin ykseyteen, kun taas maya sen vastakohtana erkaannuttaa olevaista ykseydestä.[39]

Esiteltyään synnyttävän naisen, lapsen ja lohikäärmeen Johannes kertoo näyssään sodasta, ja sodan mukana hän tätä tulkintatapaa seuraten konkretisoi luomistapahtumaa. "Ja syttyi sota taivaassa: Miikael – – soti – – lohikäärmettä vastaan; ja lohikäärme soti – –. Ja suuri lohikäärme – –, koko maanpiirin villitsijä, heitettiin maan päälle." (Ilm. 12:7,9.) Luomistapahtumaan soveltaen Miikael-enkeli olisi Jumalan luomisvoima, joka alkaa luoda konkreettisempaa maailmaa. Luomisvoimana Miikael on Jumalan kaltainen, mutta ei perimmäinen kaksinaisuuden tuolla puolen oleva jumaluus. (Miikael-nimi tarkoittaa "kuka on Jumalan kaltainen".[40]) Kun Miikael karkottaa lohikäärmeen maanpiiriin, luomisvoima lähettää kosmisen harhan maailmaan, jotta luomakunta tulisi villityksi eli ilmeneväksi. Ilman tätä vastavoimaa, koko maanpiirin villitsijää, luomakunta palaisi heti takaisin Jumalan yhteyteen eli ykseyteen. Lohikäärmeen heitto maan päälle merkitsee siis saatanan yhä syvempää lankeamista luomakuntaan.

Se, että saatanan lähettäminen kuvautuu sotana, kertonee saatanan luonteesta vastavoimana: saatana vastustaa myös jumalallista luomistyötä ja sen järjestystä. Lohikäärmeen sotiminen Miikaelia vastaan korostanee myös, että harhan sisältyminen luomakuntaan on lopultakin Jumalan luomisvoiman työtä; se ei ole alunperin lohikäärmeen eli harhan oma tahto.

Lohikäärme on "tulipunainen" (Ilm. 12:3), ja punaisuutta Johannes ehkä käyttää korostaakseen eroa ykseydestä poisjohtavan lohikäärmeen ja ykseyteen takaisin johtavan itseyden välillä. Itseyteen tai muuten todellisuuden alkuperäisimpiin ja korkeimpiin prinsiippeihinhän liittyy Ilmestyskirjassa valkoisuus; esimerkiksi se, joka "voittaa", puetaan valkoiseen vaatteeseen (Ilm. 3:5). Sen sijaan punaisuus liittyy tästä lähtien selvästi harhaisuutta edustaviin myyttikuviin.[41]

Oletan vielä – teoretisoivia tulkintojani jatkaakseni – Johanneksen oivaltavan lohikäärmenäkynsä aikana, että pahuuden ongelman ratkaisu ei voi olla perimmältään ihmisen eikä edes ihmiskunnan syyttäminen pahuudesta. Näin Johannes on ehkä aikaisemmin yrittänyt ratkaista pahuuden olemassaoloa. Kun hän on hahmottanut Jumalan yksinomaan hyväksi voimaksi pahan vastakohtana, pahuus on jäänyt ihmisen syyksi. Päättelyni perustuu kuitenkin vain siihen, että Johannes käyttää näyssään lohikäärmeestä nimitystä "meidän veljiemme syyttäjä" (Ilm. 12:10), joten kyse on vapaasta tulkinnasta.

Raamatussa saatana toimii ihmisen syyttäjänä esimerkiksi Sakarjan kirjassa: "Ja hän näytti minulle ylimmäisen papin Joosuan seisomassa Herran enkelin edessä ja saatanan seisomassa hänen oikealla puolellaan, häntä syyttämässä." Osoittautuu kuitenkin, että saatanan syytökset ovat vääriä, ja jo seuraavassa Sakarjan kirjan jakeessa sanotaan: "Herra nuhdelkoon sinua, saatana." Myös Jobin kirjassa saatana syyttää syytöntä ihmistä, Jobia.[42] Vastaavanlainen tilanne olisi nyt mahdollista lukea myös Ilmestyskirjan lohikäärmenäystä. Ehkä Johanneksesta tuntuu, että saatana on aikaisemmin yrittänyt työntää syyllisyyden omasta olemassaolostaan ihmisten niskoille, eli se on syyttänyt syytöntä ihmistä. Vasta kosmisen harhan välittömästi oivallettuaan Johannes myöntää itselleen selkeästi, että sellainen pieni olento kuin ihminen ei voi olla syypää valtavaan, ihmisen tavallisen tajunnan täysin ylittävään kosmiseen voimaan, harhan perusmuotoon eli valheen isään. Näin Johannes vapautuu väärästä syyllisyyden tunnosta, ja hän on valmis etsimään tietään eteenpäin vapautuakseen lopulta kosmisen harhan vallasta.

Näyn tapahtumat: tulkintoja Johanneksen kokemuksen tasolla

Ilmestyskirjan kokonaisuudessa kahdestoista luku on omaleimainen, sillä lähes kaikki sen myyttiaiheet, eivät ainoastaan lapsen syntymä ja lohikäärme, ovat yleismaailmallisia. Tyydyn seuraavassa kuitenkin myyttikuvien suppeaan erittelyyn.

Lohikäärme

Esiteltyään taivaallisen, synnytyskivuissaan huutavan naisen kahdessa ensimmäisessä jakeessa Johannes alkaa kertoa lohikäärmeestä. Sen kuvaus sisältää yksityiskohtia, jotka eivät ole olleet vielä esillä; lohikäärmeellä on näet "seitsemän päätä ja kymmenen sarvea, ja sen päissä seitsemän kruunua" (Ilm. 12:3). Luku seitsemän liittynee jälleen tiedostukseen ja muutokseen. Kilvoittelijan pitää ikään kuin voittaa lohikäärmeen päät yksi kerrallaan ratkaistakseen pahuuden ongelman ja vapautuakseen lopulta harhasta kokonaan. Tämä on kuitenkin vaikeaa ja ahdistavaa, joten lohikäärmeeseen liittyy myös luku kymmenen. Lohikäärmeen sarvet puolestaan symboloivat saatanan luonnetta voimana. Mutta sarvet saattavat osoittaa myös pahuuden ongelman puskevan eteenpäin Johanneksen tajunnassa, sillä tuo ongelma ei enää suostu syrjään sysättäväksi. Kruunut lohikäärmeen päissä ilmentänevät saatanan luonnetta kaikkien muiden harhan muotojen alkulähteenä, valheen isänä, ja ne kertovat meille ehkä myös Johanneksen oivalluksesta, että lohikäärmeen symboloima harha hallitsee yhä hänen tajunnassaan kuin kuninkaana; hän ei ole vielä päässyt siitä vapaaksi.

Lohikäärmeen toimet ja aikeet

"Ja sen pyrstö pyyhkäisi pois kolmannen osan taivaan tähtiä ja heitti ne maan päälle" (Ilm. 12:4). Jos tähdet ovat vain yleensä taivaan tähtiä, niillä voi olla syvähenkistä elämää koskevien uskomusten merkitys; autuudentilan seurauksena osa Johanneksen vanhoista, vieraantuneella tavalla omaksutuista uskomuksista rapisisi jälleen pois. Mutta jos tähdet ovat niitä tähtiä, jotka olivat synnyttävän naisen pään päällä seppeleenä, Ilmestyskirjan kuva kertoo elämänenergian madaltumisesta. Osa energiasta siirtyy jo alempiin chakroihin eli niihin, jotka Johannes hahmottaa maanpiiriin kuuluviksi. Elämänenergian madaltuminen lohikäärmeen ilmaantuessa näkyyn onkin luontevaa, sillä harhan oivallus merkitsee ehdottoman autuuden rikkoutumista.

"Ja lohikäärme seisoi synnyttämäisillään olevan naisen edessä nielläkseen hänen lapsensa, kun hän sen synnyttäisi" (Ilm. 12:4). Myyttisen lapsen vainoaminen on jälleen Ilmestyskirjan yleismaailmallisia aiheita; muun muassa Kristusta ja Krishnaa vainotaan lapsina. Raamatussahan kerrotaan, kuinka kuningas Herodes tapatti poikalapsia, ja Intian myyteissä kuningas Kamsalle oli ennustettu, että joku hänen sukulaislapsistaan tappaisi hänet, joten hän murhautti lapset.[43] Näissä ta-

pauksissa vainoaja, kuningas Herodes tai kuningas Kamsa, on myytti-
kuvaksi tulkittuna ihmisen ego, joka ei tahdo hyväksyä käynnissä ole-
vaa muutosta.

Johanneksen näyssä lasta ei kuitenkaan uhkaa kuningas vaan lohi-
käärme, ja tämä heijastaa Johanneksen kokemuksen erityisluonnetta.
Hän oivaltaa, että ihmisen henkistä vapautumista ei uhkaa pelkästään
hänen oma pikkusieluisuutensa vaan se mittasuhteiltaan kosminen
harha, jonka verkkoon hän on kietoutunut. Johanneksesta varmaankin
tuntuu, että tuo harha on aikeissa niellä sen vapauttavan muutoksen,
joka hänessä on tapahtumassa.

Lapsen syntymä

"Ja hän synnytti poikalapsen, joka on kaitseva kaikkia pakanakansoja
rautaisella valtikalla" (Ilm. 12:5). Johanneksen muutos siis tapahtuu,
sillä aitoihin syvähenkisiin kokemuksiin, jollainen liiton arkin näke-
minen oli, kuuluu sisäinen totuudellisuuden tunto, ja ne kerta kaikki-
aan muuttavat ihmistä.

Pakanakansat, joita lapsen sanotaan kaitsevan, ovat kaikkia sellai-
sia egosidonnaisia ominaisuuksia, joita Johanneksella on yhä jäljellä.
Rautainen valtikka yleisenä myyttikuvana on puolestaan hallitsemisen
ja voiman symboli, ja se ilmentää uuden syvähenkisyyden voimaa
muuttaa edelleen Johannesta. Autuuden kokemus voimistaa väistä-
mättä ihmisen halua henkiseen etenemiseen, sillä kokemuksen hui-
keus ei voi unohtua. Myyttikuvana valtikkaa on mahdollista verrata
myös Karitsan sarviin, jotka symboloivat Itseyden halua ilmentää it-
seään esteettä.

Lapsen ja naisen kohtalo

"Ja hänen lapsensa temmattiin Jumalan tykö ja hänen valtaistuimensa
tykö. Ja nainen pakeni erämaahan, jossa hänellä oli Jumalan valmis-
tama paikka, että häntä elätettäisiin siellä tuhat kaksisataa kuusikym-
mentä päivää." (Ilm. 12:6) Lapsi ja sen synnyttänyt nainen kokevat siis
erilaiset kohtalot: lapsi ylennetään taivaan keskustaan, mutta nainen
joutuu lähtemään taivaasta maan päälle, erämaahan eli autiomaahan.

Psykologisesti tulkiten tapahtumat kuvaavat Johanneksen palaa-
mista tavalliseen tajuntaansa. Nainen symboloi tässä yhteydessä ylei-
semmin Johanneksen arvoa kokevaa tajuntaa, joka nyt palaa laajentu-
neesta, taivaallisesta tilastaan maanpäälliseen tilaansa. Lapsi eli se

uusi syvähenkinen tajunnansisältö, jota Johannes oli hetken elänyt, väistyy sen sijaan hänen elämysmaailmastaan. Se joutuu siirtymään kuin potentiaaliksi Johanneksen kaikkein korkeimpaan tajunnantasoon eli taivaaseen, kunnes hän pystyy toteuttamaan sen itsessään pysyvästi. Lisäksi ilmaisu "lapsi temmattiin Jumalan valtaistuimen tykö" kuvastanee Johanneksen tiedostavampaa oivallusta. Syvä autuuden kokemus muuttaa sitä merkitystä, jonka Johannes jumalauudelle antaa, niin että jumaluudessa korostuu entistä selvemmin rakkaus ja autuus.

Johanneksen näyssä nainen pakenee erämaahan ehkä sen takia, että Raamatun aikoihin kilvoittelijat vetäytyivät autiomaahan tahtoessaan syventyä sisäiseen maailmaansa. Esimerkiksi Qumranin veljeskunta eli hiljaisuudessa Juudan autiomaassa odottaen Messiasta. Myös Johannes Kastaja valmistautui tehtäväänsä autiomaassa – tai kuten Raamatussa sanotaan erämaassa – ja Jeesus rukoili erämaassa neljäkymmentä päivää. Myöhemmässä kristillisessä kirjallisuudessa erämaassa eli varsinaisesti autiomaassa olo onkin vakiintunut hengellisen valmistautumisen symboliksi.[44] Varmasti myös Ilmestyskirjan Johannes tahtoo autuuden koettuaan vetäytyä sisäiseen maailmaansa, sillä hän tahtoo edetä henkisesti ja löytää autuuden uudestaan.

Autiomaa on kuiva paikka, ja kuivuus Johanneksen tajunnantilana olisi helposti ymmärrettävissä, sillä äärimmäisen autuuden jälkeen tavallinen tajunta tuntuu kuivalta aavikolta. Kuivuuteen Johannes voisi joutua myös siksi, että hänen täytyy eritellä lisää pahuuden ongelmaa, ja erittelyn aikana välitön elämyksellisyys kuivuu. Jos Johanneksen näyssä erämaalla on kuivuuden vivahde, kuivuus on kuitenkin suhteellista, sillä näyssä kerrotaan, että naista elätetään erämaassa. Johannes saa siis myös kypsymisvaiheensa aikana henkistä ravintoa. Kristillisessä kirjallisuudessa hengellisen valmistautumisen vaiheeseen katsotaan yleisesti kuuluvan koettelemusten ohella hengellistä ravintoa, samoin kuin juutalaiset saivat Egyptistä lähdettyään autiomaassa taivaallista mannaa syödäkseen.[45]

Se aika, tuhatkaksisataakuusikymmentä päivää, joka naisen täytyy olla erämaassa, on jälleen kolme ja puoli vuotta, kun kuukaudeksi laskemme kolmekymmentä päivää. Kysymys on siis sen muutosprosessin loppupuolesta, joka oli alkanut edellisessä luvussa.

Sota

"Ja syttyi sota taivaassa: Miikael ja hänen enkelinsä sotivat lohikäärmettä vastaan; ja lohikäärme ja hänen enkelinsä sotivat, mutta eivät voittaneet" (Ilm. 12:7–8). Hyvän ja pahan välinen taistelu toistuu erilaisin vivahtein maailman mytologioissa. Intialaisessa *Mahabharata*-eepoksessa jumalat ja demonit käyvät keskenään kauhean taistelun, jonka jumalat lopulta voittavat. Hyvän ja pahan sota esiintyy yleismaailmallisesti myös sankarinuorukaisen ja pedon välisenä mittelynä; esimerkiksi Kreikan mytologiassa Herkules tappaa yhdeksänpäisen Hydra-käärmeen.[46]

Edellä annoin Ilmestyskirjan sodalle maailman luomiseen liittyvän laajan tulkinnan, mutta sen psykologisoivan tulkintatavan mukaan, jota nyt seuraan, myyttinen sota on Johanneksen oma sisäinen kamppailu. Koska Ilmestyskirjassa sota käydään taivaassa, kysymys on Johanneksen sisäisestä taistelusta, joka tapahtuu korkealla tajunnantasolla. Taistelussa Miikael-enkeli on Johanneksen intuitio, joka johtaa häntä oikeaan, ja taistelun aiheena on Miikael-enkelin nimen ilmaisema ongelma "Kuka on Jumalan kaltainen", eli mikä on oikeaa, eli kuin Jumalan kaltaista uskonnollisuutta. Sisäisessä taistelussaan Johannes yrittää vapautua vanhasta vääräksi kokemastaan uskonnollisuudesta, mutta vanhasta luopuminen on yhä vaikeaa. Tämän osoittaa se, että lohikäärme taistelee Miikaelia vastaan; lohikäärmeen vastustus symboloi luontevasti harhan voimaa sisäisessä kamppailussa.

Sodassa Miikaelia ja lohikäärmettä tukevat heidän enkelinsä. Miikaelin enkelit tulkitsen etupäässä intuitioiksi, jotka auttavat Johannesta vapautumaan, mutta ne voisivat edustaa myös sellaisia henkisiä ominaisuuksia kuin rohkeus ja luottamus, jotka auttavat Johannesta hänen sisäisessä muutoksessaan. Lohikäärmeen enkelit sen sijaan täytynee nähdä erilaisina harhaisina tajunnanmuotoina, esimerkiksi pelkona, ahdistuksena ja asenteellisena stagnaattisuutena, jotka vääristävät oivalluskykyä ja joiden kanssa Johannes joutuu kamppailemaan sisäisen tilintekonsa hetkellä. Lohikäärmeen enkeleistä en tahtoisi käyttää ilmaisua "väärä intuitio", vaikka näinkin asia voitaisiin esittää. Väärä intuitio ei ole intuitio lainkaan siinä merkityksessä, jossa intuitio-sanaa sovellan, vaan harhainen tajunnansisältö.

Lohikäärmeen karkotus

"Eikä heillä [lohikäärmeellä ja sen enkeleillä] enää ollut sijaa tai-vaassa. Ja suuri lohikäärme, se vanha käärme, jota perkeleeksi ja saa-tanaksi kutsutaan, koko maanpiirin villitsijä, heitettiin maan päälle, ja hänen enkelinsä heitettiin hänen kanssansa." (Ilm. 12:8–9.) Äsken mainitsemassani *Mahabharata*-eepoksen taistelussa demonit niin ikään karkotetaan maahan ja mereen.[47]

Psykologisoivan tulkinnan mukaan lohikäärmeen karkotus maan päälle ilmentää muuntuneen tajunnantilan tavanomaistumista. Johan-neksen autuuden tila on jo aikaisemmin päättynyt, mutta nyt hän ei koe enää harhaakaan yhtä välittömällä tavalla mittasuhteiltaan kosmi-sena voimana kuin aikaisemmin. Lisäksi lohikäärmeen karkotus hei-jastanee Johanneksen oivallusta: "Pahuuden ongelma ei ole pelkkä korkean abstraktiotason ongelma. Se on arkisen elämän maanpäälli-nen ongelma, ja olennaista on ymmärtää, miten tuo harhainen voima vaikuttaa minussa ja vapautua siitä." Pahuuden – tai oikeammin har-han – erittely ihmistajunnan tasolla onkin seuraavan luvun aihe, ja sen jälkeen Ilmestyskirja alkaa kuvailla Johanneksen elämyksellistä va-pautumista harhasta.

Lohikäärmeen karkotusta kerrataan näyssä vielä muutamaa jaetta myöhemmin: "Ja minä kuulin suuren äänen taivaasta sanovan: "Nyt – – meidän veljiemme syyttäjä – – on heitetty ulos. – – Voi maata ja merta, sillä perkele on astunut alas teidän luoksenne pitäen suurta vi-haa, koska hän tietää, että hänellä on vähän aikaa." (Ilm. 12:10,12.)

Näissä jakeissa Johannes käyttää lohikäärmeestä ilmaisuja "syyt-täjä" ja "perkele". Molemmat tarkoittavat olennaisesti samaa, sillä perkele on kreikaksi *diabolos*, joka merkitsee panettelijaa ja jota pide-tään vanhatestamentillisen syyttäjän kreikankielisenä vastineena.[48] Sa-navalinta herättää mielikuvan, että perkele seuraavaksi syyttää ihmistä maalla ja merellä. Toisin sanoen Johannes joutuu tutkimaan, missä määrin ihminen itse on syyllinen harhaiseen tajuntaansa. Tämän tutki-muksen Johannes kokee jo ennakolta vaikeaksi, ja niin perkele pitää suurta vihaa. Samalla Johannes ehkä uskoo selvittävänsä asian pian ja lopulta vapautuvansa harhasta, joten perkeleellä on vain vähän aikaa.

Huudahduksessa "voi maata ja merta" esiintyvä "voi" lienee se kol-mas voi-huuto, jonka on luvattu tulevan. Tämä voi-huuto liittyy enna-koivasti siihen vaikeaan erittelyyn, jonka kouriin Johannes kohta jou-tuu seitsemännen pasuunan puhalluksen jälkiseurauksena. Voi-huudot toimivat kuin leimoina, joiden avulla Johannes liittää yhteen yhdeksännen luvun alusta alkaneen prosessin. Ensin syvyyden kaivo avattiin ja sieltä nousi savua ja savusta lähti heinäsirkkoja. Sitten syvyydestä nousi peto, joka tappoi todistajat. Ja seuraavassa näyssään Johannes tutkii tarkemmin erilaisia petoja.

Lohikäärme vainoaa naista

"Ja kun lohikäärme näki olevansa heitetty maan päälle, ajoi hän takaa sitä naista, joka oli poikalapsen synnyttänyt. Mutta naiselle annettiin sen suuren kotkan kaksi siipeä hänen lentääksensä erämaahan sille paikalleen, jossa häntä elätetään aika ja kaksi aikaa ja puoli aikaa poissa käärmeen näkyvistä. Ja käärme syöksi kidastansa naisen jälkeen vettä niinkuin virran, saattaaksensa hänet virran vietäväksi. Mutta maa auttoi naista: maa avasi suunsa ja nieli virran, jonka lohikäärme oli syössyt kidastansa." (Ilm. 12:12–16.)

Myös näille tapahtumille löytyy maailman myyteistä rinnastuskohtia. Esimerkiksi Kreikan mytologiassa suuri Python-käärme vainoaa Letoa tämän ollessa raskaana, mutta Leto pelastautuu meren saarelle. Samoin naisen lentäminen lintuna taivaalla on myyttien yleismaailmallista kuvastoa. Egyptiläisessä Osiriksen myytissä Isis ja Nephys lentävät välillä taivaalla linnunhahmoisina, ja Suomen kansanrunoudessa samaan ihmeeseen yltävät muun muassa Lemminkäisen äiti ja Louhi. Myös lohikäärmeen kidastaan sylkemälle virralle löytyy väljiä rinnastuskohteita, sillä yksi versio intialaisesta suuren meren kirnunta -myytistä kertoo, että kirnun touvina käytetyn Vasuki-käärmeen kidasta sylkeytyi myrkkyvirta, jonka jumala Shiva nieli.[49] Tulkitsen kaikkia näitä myyttiaiheita kuitenkin vain Ilmestyskirjaan sovellettuina.

Lohikäärme ajaa naista takaa, sillä se harhaisuuden tunto ja vielä osittain ratkaisematon pahuuden ongelma, joita lohikäärme symboloi, ahdistavat Johannesta. Hänen sisäinen onnellinen elämäntuntonsa eli nainen on tällöin vaarassa.

Naisen lentäminen korkealla taivaalla kertoo puolestaan, että Johannes elää naisen edustamalla tajunnantasollaan korkeita henkisiä arvoja ja intuitioita. Vaikka Johanneksen edessä olevat ongelmat ovat vaikeita, hän on saanut uutta ylevää elämäntuntoa juuri kokemistaan voimakkaasti muuntuneista tajunnantiloista, ja sen avulla hän tuntee pelastuvansa harhan vallasta. Tästä syystä nainen pääsee lintuna lentäen lohikäärmettä pakoon. Näyssä nainen ei suoranaisesti muutu linnuksi, mutta hän saa kotkan siivet, ja tämä sopii Ilmestyskirjan yleiseen kotkasymboliikkaan. Kotkahan edustaa ihmisen paluuta Jumalan yhteyteen, ja paluu edellyttää korkeiden henkisten arvojen elämistä.[50]

Ihmistä uhkaava suuri vesimäärä myytti- ja unikuvana on ihmisen sisäistä tasapainoa uhkaavan tunnetilan symboli; erityisen kuuluisa tämä merkitys on vedenpaisumusmyyteistä. Johannes siis kokee luottamuksestaan huolimatta ahdistusta ja pelkoa, mutta hän päättää säilyttää tietoisen harkintansa, jota maan pinta tässä sopii kuvaamaan. Näin hän ei joudu elämykselliseen ahdistukseen eli vesivirran vietäväksi, vaan se uhkaava tunnetila, jota vesivirta symboloi, painuu alitajuntaan eli maan alle.

Aika ja kaksi aikaa ja puoli aikaa, jotka naisen täytyy olla erämaassa, muodostavat jälleen lukumäärän kolme ja puoli, joten ilmoitus naisen erämaassa viettämästä ajasta on aikaisemman kertausta. Aikaisemminhan on jo sanottu, että naista elätetään erämaassa tuhatkaksisataakuusikymmentä päivää, joka on kolme ja puoli vuotta (Ilm. 12:6).

Lohikäärme vainoaa naisen muita lapsia

"Ja lohikäärme vihastui naiseen ja lähti käymään sotaa muita hänen jälkeläisiään vastaan, jotka pitävät Jumalan käskyt ja joilla on Jeesuksen todistus" (Ilm. 12:17).

Yksilötasolla tulkiten Johanneksen näyssä syntynyt lapsi ei voi olla esikoinen, koska sen syntymä ilmentää paluutien suhteellisen korkeaa vaihetta; ennen tätä lasta on täytynyt syntyä muita lapsia symboloiden henkisen uudestisyntymisen aiempia vaiheita. Unissakin naishahmoilla tai unennäkijällä itsellään saattaa olla useita lapsia siten, että kukin lapsi edustaa henkisyyden eri tasoja. Nuorin lapsi ilmentää tavallisesti syvähenkisintä tasoa, ja se on usein vaarassa tuhoutua, kuten uusi vasta-auennut elämäntunto haipuu helposti pois.

Oletan siis, että naisen muut lapset symboloivat Johanneksen näyssä pinnallisempaa henkisyyttä kuin tässä luvussa syntynyt lapsi. Heidän edustamaansa henkisyyteen sekoittuu ehkä intentionaalisuutta toisin kuin ehdottomaan autuuden tilaan. Noista lapsista Johannes näet sanoo, että he pitävät Jumalan käskyt – ilmaus, joka viittaa Vanhaan testamenttiin – ja että heillä on Jeesuksen todistus; todistuskin kertonee suhteellisen intentionaalisesta kokemistavasta. Kun lohikäärme lähtee sotimaan naisen muita lapsia vastaan, Johanneksen arvoa kokeva elämäntunto on siis tilinteon lähestyessä uhattuna entistä perusteellisemmin eli myös pinnallisemmilta tasoiltaan.

Lohikäärme meren hiekalla

"Ja se [lohikäärme] asettui seisomaan meren hiekalle" (Ilm. 12:18). Meren hiekka tarkoittanee tässä yhteydessä meren rantaa, ja meren ranta on piilotajunnan ja tietoisuuden välimaastona tiedostuksen myyttinen paikka. Nähdessään lohikäärmeen meren rannalla Johannes ikään kuin odottaa merestä eli piilotajunnasta nousevia uusia oivalluksia harhan luonteesta.

13. PEDOT

Harhan eri muodot ihmistajunnassa

Johanneksen uudessa näyssä esiintyy kolme keskeistä myyttikuvaa: *merestä nouseva peto, maasta nouseva peto* ja merestä nousseen *pedon kuva*. Myöhemmissä näyissä maasta nousseen pedon sijaan astuu *väärä profeetta*, joten tulkitsen sitäkin selvyyden vuoksi jo tässä luvussa.

Merestä nouseva peto

"Ja minä näin pedon nousevan merestä" (Ilm. 13:1). Merestä nouseva peto ilmentää luontevasti Johanneksen piilotajunnasta nousevaa uutta oivallusta harhan luonteesta, oivallusta, jota hän edellisen luvun lopussa odotti. Mutta pedon nousemista merestä on mahdollista tulkita myös teoreettisemmin. Koska ihmisen tietoisuus kehityshistoriallisesti on syntynyt piilotajuiselta pohjalta, meri piilotajunnan myyttikuvana voidaan hahmottaa koko ihmistajunnan alku- tai perusmuodoksi. Meren peto olisi näin tulkiten koko ihmistajuntaan syvällisesti kuuluva harhan muoto. Ja kun peto nousee merestä, se nousee esille ikään kuin Johanneksen tarkastelun kohteeksi.

"Ja lohikäärme antoi sille voimansa ja valtaistuimensa ja suuren vallan" (Ilm. 13:2). Lohikäärmeen valtaistuin symboloi aikaisempia tulkintojani soveltaen harhan käsitettä.[1] Kun lohikäärmeen valtaistuimelle istuu uusi peto, kysymys on edelleen harhan yleiskäsitteestä, joka saa nyt uutta sisältöä. Sanoillaan Johannes kertoo yleisesti, että ihmistajuntaan kuuluva harha eli merestä nouseva peto on kosmisen harhan eli lohikäärmeen ilmenemismuoto.

"Ja koko maa seurasi ihmetellen petoa" (Ilm. 13:3). Johannes yrittää ymmärtää uuden pedon luonnetta tietoisuutensa eli maan avulla. Minkälaista harhaa meren peto sitten täsmällisemmin tarkoittaa?

Olen käyttänyt ihmistajunnasta haluihin sidottuna, kaksinaisuutta ja tavoitteisuutta sisältävänä nimitystä egotajunta. Kun halusidonnaisuus ja sen värittämä kaksinaisuus ja tavoitteisuus ovat ihmisessä niin voimakkaita, että hän kokee itsensä vain näiden ominaisuuksiensa kautta, hän on joutunut tajunnallisen harhan eli merestä nousseen pedon valtaan. Tämä Ilmestyskirjan myyttinen peto kiteyttää siis itseensä egotajunnan keskeiset ominaisuudet, ja sen petomaisuus korostaa näiden ominaisuuksien voimaa ja tuhoisaa vaikutusta ihmistajunnalle. Pedon saadessa vallan itseys jää egotajunnan syrjäyttämäksi, eli menetämme ykseyden kokemisen ja pyyteettömän toimimisen kyvyt. Harhan tilassa pidämme olennaisena epäolennaista eli egotajuntaamme ja koemme epäolennaisena olennaisen eli itseytemme. Lyhyesti ilmaisten meren pedon symboloima harha tarkoittaa ihmisen samastumista egotajuntaansa.

Intialaisessa filosofiassa ihmistajunnassa ilmenevästä harhasta käytetään nimitystä *avidiya*, ja tätä käsitettä Ilmestyskirjan peto vastaa mielestäni varsin hyvin. Itse asiassa kuvailin edellä tajunnallista harhaa juuri itämaisen filosofian pohjalta. Intialaisessa filosofiassa korostetaan erityisesti, että avidya-harha on kosmisen harhan eli mayan osanen, ja vastaavalla tavalla Ilmestyskirjassa selitetään, että lohikäärme antaa voiman pedolle.[2]

Kristinuskon piiristä sopivin rinnastuskohde Ilmestyskirjan pedolle löytyy varhaiskristillisiltä gnostikoilta, sillä he käyttivät termiä *agnosia* tarkoittamaan gnosiksen eli omakohtaisesti eletyn syvällisen ykseysviisauden vastakohtaa. Agnosia oli siis gnosiksen puutetta ja siten valheellisuutta ja harhaa. Perinteisessä kristinuskossa pedon lähin vastine olisi perisynti, joka on saanut alkunsa syntiinlankeemuksessa. Tulkinnoissani syntiinlankeemus on merkinnyt ihmisen sidonnaisuutta halujen tyydyttämiseen ja kaksinaisuuteen, ja nämä ovat myös petoa määrittelevät ominaisuudet.[3]

Koska koko egotajunta on harhan kyllästämää, Ilmestyskirjan peto voidaan tulkita myös egotajunnan personifioiduksi myyttikuvaksi. (Myöhemmin jakeessa 16:10 Johannes puhuu pedon valtakunnasta, ja tämä on osuva ei-personifioitu symboli egotajunnalle.) Kun peto samastetaan egotajuntaan, on kuitenkin muistettava, että egotajunta on vain yksi ihmistajunnan muoto, eli se, joka on sidottu pyyteisiin. Jo varhaisessa henkisen kehityksen vaiheessa sen rinnalla voi esiintyä pyyteetöntä toimintaa ja ajoittaisia ykseystajunnan välähdyksiä.

Johanneksen näkökulmasta egotajunnan petomaisuus on ymmärrettävää myös sen takia, että hän on kokenut ehdottoman autuuden, jonka jälkeen tavanomainen tajunta tuntuu hänestä varmaankin niin väärältä, että se on suorastaan petomaista. Tällaisesta autuuskokemuksen jälkeisestä tunnosta kertoi viimeinen esimerkkini yhdennentoista luvun lopussa. Vastaavalla tavalla kristillisessä kirjallisuudessa Ristin

Johannes selittää, että kaikki tavalliset ilot ovat suoranaista "kärsimystä, kidutusta ja katkeruutta sen ilon rinnalla, joka Jumala on".[4] "Sillä [merestä nousevalla pedolla] oli kymmenen sarvea ja seitsemän päätä, ja sarvissansa kymmenen kruunua" (Ilm. 13:1). Lukija muistanee, että myös lohikäärmeellä oli seitsemän päätä ja kymmenen sarvea, mutta lohikäärmeen kruunut olivat sen päissä, kun taas pedon kruunut ovat sen sarvissa. Eroavaisuus luo mielikuvan, että sarvet ovat pedossa erityisen tärkeät, ja näin ehdottamani tulkinnan mukaan onkin. Pedon kohdalla sarvet sopivat näet ilmentämään ihmisen egohaluja ja niiden aiheuttamaa tavoitteisuutta: tyydyttymättömät halut saavat meidät ikään kuin puskemaan eteenpäin tavoittelemaan halujemme kohteita. Kruunut pedon sarvissa korostavat siis, että halusidonnaisuus on olennaista pedon symboloimassa harhassa.[5]

"Ja sille annettiin valta käydä sotaa pyhiä vastaan ja voittaa heidät, ja sen valtaan annettiin kaikki sukukunnat ja kansat ja kielet ja kansanheimot" (Ilm. 13:7). Pedon voittaessa pyhät ihminen menettää välittömän elämyksellisen kosketuksen itseystajuntaansa, jota pyhät symboloivat. Silloin hän alkaa kokea itsensä vain egotajuntansa tasolla, ja kaikki hänen konkreettiset ominaisuutensa, joita sukukunnat, kansat, kielet ja kansanheimot symboloivat, joutuvat sidotuiksi haluihin ja kaksinaisuuteen. Raamatun myytteihin soveltaen tämä tapahtuu syntiinlankeemuksessa ihmisen joutuessa perisynnin valtaan.

"Ja kaikki maan päällä asuvaiset kumartavat sitä, jokainen, jonka nimi ei ole kirjoitettu teurastetun Karitsan elämän kirjaan hamasta maailman perustamisesta" (Ilm. 13:8). Jakeessa Johannes tarkentaa aikaisemmin sanomaansa. Vaikka kaikki ihmisen ominaisuudet joutuvat harhan valtaan – ikään kuin harhan peittämiksi – osa niistä ei alistu sen valtaan, sillä ne eivät kumarra petoa. Nämä ominaisuudet ovat sellaisia, jotka kaikkein selvimmin ilmentävät universaalin itseyden eli Karitsan vaikutusta ihmisessä, joten niiden nimi on alun alkaen kirjoitettu Karitsan elämänkirjaan.

Edellisessä näyssään Johannes oli oivaltanut, että universaali itseys vaikuttaa luomakunnassa myyttisen lapsen muodossa, ja nyt hän mielestäni jatkaa aihetta selittämällä, että tuo vaikutus tapahtuu ihmisen konkreettisten ominaisuuksien kautta. Ominaisuuksia, joissa Karitsan vaikutus selvimmin ilmenee, ovat intuitiokyky ja kykymme kokea positiivisia henkisiä itseisarvoja. Tosin nämäkin ominaisuudet voivat joutua harhan peittoon, kuten voimme esimerkiksi sammuttaa omantuntomme äänen. Mutta jos hiemankin viljelemme näitä kykyjämme, ne voimistuvat ja alkavat viedä meitä nopeasti poispäin harhasta yhä täydempään itseyden vapautumiseen. Koska nuo kyvyt kuuluvat itse ihmisolemukseen, toisin sanoen koska ne esiintyvät jokaisessa ihmisessä synnynnäisinä taipumuksina, ne on kirjattu Karitsan vaikutusalueeseen jo hamasta maailmanperustamisesta eli ihmisen luomisesta asti.

Johannes kertoo meren pedosta vielä lisää yksityiskohtia, mutta niitä tulkitsen vasta tämän luvun lopussa.

Maasta nouseva peto

"Ja minä näin toisen pedon nousevan maasta – – ja se puhui niinkuin lohikäärme" (Ilm. 13:11). Koska maasta nouseva peto puhuu kuin lohikäärme, kysymyksessä on jälleen uusi kosmisen harhan ilmenemismuoto.

Maan sisus, josta peto nousee, edustaa myyteissä tavallisesti piilotajuntaa tai alitajuntaa. Johannes siis löytää jälleen uuden harhan muodon kuin alitajunnastaan nousevana oivalluksena. Mutta myyttikuvana maa hahmottuu myös meren ja taivaan vastakohdaksi, ja silloin se symboloi usein tietoisuutta ja fyysisyyttä.[6] Nämä merkitykset johtavat uuteen harhan muotoon, jonka vallassa samastumme kehoomme ja selkeästi tiedostamaamme ja kokemaamme egotajunnan osaan.

Vertailukohteen uudelle harhalle tarjoaa jälleen itämainen filosofia, jossa erotetaan avidiya-harhaa suppeampi harhan käsite. Se on nimeltään *asmita*, ja siinä korostuu yksilön samastuminen fyysiseen kehoonsa.[7] Kristinuskossa taas perisyntiä konkreettisempia käsitteitä ovat synnillisyys ja synti; perisyntiin langenneina teemme tietoisina ja fyysisinä olentoina syntiä.

Tietoista ja selvästi elettyä egotajunnan osaa voidaan kutsua egotietoisuudeksi tai vain tietoisuudeksi, sillä tässä Ilmestyskirjan vaiheessa on aina kyse puhdistumattomasta tietoisuudesta, joten etuliitettä "ego" ei välttämättä tarvita. Käytänkin näitä termejä jatkossa, vaikka molemmat nimitykset ovat hieman harhaanjohtavia. Egotietoisuudella tarkoittamani tajunnan osa sisältää nimittäin tunnetiloja, jotka elämme selkeästi, vaikka nämä eivät ole välttämättä tietoisia siinä merkityksessä, että myös reflektoisimme niitä.

Suomen kielessä, kuten useissa muissakin kielissä, on arkikäytössä sana, joka ilmaisee melko hyvin egotietoisuudella tarkoittamaani asiaa, ja tulkinnoissani käytän myös tätä sanaa. Kyseinen sana on "mieli". Sanomme esimerkiksi, että ajattelen jotain asiaa mielessäni tai että jokin ilahduttaa mieltäni. Mieli on siis se alue tajunnastamme, jota käytämme tietoisesti ja jonka tunnesisällöt elämme selvästi. Myös sanat mielipide ja mielikuva ilmaisevat, että olemme mieltäneet ne tajuntamme sisällöt, jotka ovat kehittyneet mielipiteiksi ja mielikuviksi. Lisäksi suomen kielen sanaan "mieli" liittyy toisinaan pinnallisuuden vivahde, kuten sanoissa mielihalu ja mielivalta, ja tämä tekee sanan erityisen sopivaksi tarkoitukseeni. Kun seuraavassa käytän mieli-sanaa tällaisessa teoreettisessa merkityksessä, lukijan tulee muistaa, että mieli on määritelmän mukaan osa egotajuntaa; sitä leimaa halusidonnaisuus, ja se on määritelmän mukaan harhainen. Näin hahmottaen maasta noussut peto on mahdollista nähdä myös egosidonnaisen mielen personifioituna myyttikuvana. Vastaavalla tavalla tulkitsin merestä nousseen pedon myös egotajunnan personifikaatioksi.

Antaessani mielelle merkityksen, joka sitoo sen egohaluihin ja siten harhaan, seuraan jälleen intialaista filosofiaa, jossa erotetaan käsitepari *buddhi* ja *manas*. Buddhi tarkoittaa syvällistä viisautta tai järkeä ja manas sen vastakohtana pinnallista ja harhaista tajunnantasoa; manas käännetään usein sanalla "mieli", esimerkiksi englanniksi sanalla "mind". Buddhia taas Ilmestyskirjassa vastaisivat ne ihmiset, joiden nimi on kirjoitettu Karitsan elämänkirjaan hamasta maailman perustamisesta (Ilm. 13:8).[8]

Johannes jatkaa maasta nousevan pedon kuvaustaan: "Sillä oli kaksi sarvea niinkuin karitsan sarvet" (Ilm. 13:11). Karitsan sarvet maasta nousseen pedon päässä ovat helpoimmin ymmärrettävissä, kun maasta noussut peto tulkitaan ihmismielen symboliksi. Karitsan sarvet ovat esiintyneet jo viidennessä luvussa, ja tuolloin tulkitsin Karitsan sarvia kahdesta näkökulmasta käsin, joita nyt jatkan.

Ensinnäkin yhdistin Karitsan sarvet ihmisen luomiseen. Metafyysis-myyttisen maailmankatsomuksen mukaanhan Karitsa eli universaali itseys on kaikkien ihmisten henkinen perusta, jonka "päälle" muodostuvat konkreettisemmat ihmisolemuksen tasot. Tässä konkretisoitumisprosessissa universaali itseys joutuu ikään kuin loistamaan harhan läpi, jolloin se vääristyy ja samenee pinnallisimmalla tasolla harhaiseksi, joskin eläväksi, ajattelevaksi ja tuntevaksi ihmismieleksi.

Vaikka mieli on harhan kyllästämää, se saa elinvoimansa lopultakin universaalin itseyden tasolta, joten Johanneksen näkemän pedon päähän sopivat Karitsan sarvet. Tämäkin ajatus on tavallinen intialaisessa filosofiassa, jossa korostetaan, että mieli saa voimansa syvemmältä Purushan eli Itseyden tasolta.[9]

Toiseksi liitin Karitsan sarvet ihmisen myyttiseen paluuseen Jumalan yhteyteen. Karitsan sarvet ilmaisivat tällöin Itseyden "halua" ilmentää itseään vapaasti eli ihmisen pyrkimystä kokea ehdotonta autuutta. Tavallisessa ihmisessä tämä pyrkimys kuitenkin vääristyy joutuessaan kuin suodattumaan egon kuoren läpi. Samastuessaan mieleensä tai vieläkin suppeammin fyysiseen kehoonsa hän alkaakin etsiä autuutta mielihyvän muodossa, ja hänen halujensa kohteiksi tulevat katoavat objektit, kuten aineelliset esineet, toinen ihminen tai ulkoinen menestys. Tällainen pyrkimys on kuitenkin sikäli harhaista, että katoava ei voi tuoda katoamatonta onnellisuutta. Mutta harhaisuudestaan huolimatta tämäkin onnen tavoittelu on heijastumaa Itseyden pyrkimyksestä ilmentää itseään ikuisena autuutena, kuten uskonnollisessa kirjallisuudessa usein tähdennetään.[10] Siten pedon sarvien sopii olla "ikäänkuin karitsan sarvet".

"Ja se käyttää – – ensimmäisen pedon valtaa" (Ilm. 13:12). Maasta noussut peto saa siis valtansa merestä nousseelta pedolta. Tämä on ymmärrettävää myös nykypsykologian mukaan, koska tietoinen ihmismieli on inhimillisen kehityksen myöhempi vaihe. Se on syntynyt diffuusista tajunnan perusmuodosta, jonka jäänteenä meillä on yhä piilotajunta. Johanneksen sanat ovat mielekkäät myös kristinuskon näkökulmasta, sillä ihmisen katsotaan tekevän syntiä perisynnin eli merestä nousseen pedon vaikutuksesta.

Väärä profeetta

Maasta noussut peto ei enää esiinny Ilmestyskirjan myöhemmissä luvuissa, vaan sen tilalle lohikäärmeen ja pedon seuralaiseksi tulee väärä profeetta (Ilm. 16:13, 19:20). Väärä profeetta merkitsee olennaisesti samaa kuin maasta noussut peto, eli se on tietoinen egosidonnainen ihmismieli ja pohjimmiltaan se harha, joka saa ihmisen samastumaan mieleensä. Nämä merkitykset riittävät Ilmestyskirjan tulkintaa varten, ja kun Johannes myöhemmin puhuu väärästä profeetasta, pidän sitä tällaisena harhana. Väärälle profeetalle löytyy kuitenkin niin mielenkiintoisia teoreettisia rinnastuskohteita, että tarkastelen sitä hieman lisää.

Väärä profeetta harhan myyttikuvana kertoo tämän harhan vaikutuksesta ihmistajunnassa. Maasta noussut peto saman harhan kuvana korostaa sen sijaan harhan harhaisuutta eli petomaisuutta. Väärä profeetta nimityksenä luonee vaikutelman ihmisestä subjektina, ja teen tästä päätelmän: väärä profeetta harhan muotona saa ihmisen samastumaan tietoiseen mieleensä niin paljon, että hän kokee subjektina ja "minänä" olevansa vain tietoinen mielensä. Nykykielessäkin mieli-sanaa käytetään luontevasti myös subjektina, sillä sanomme esimerkiksi, että ihmismieli tuntee tai ajattelee jotain. Näin tulkiten väärällä profeetalla on Ilmestyskirjassa myös johdannainen ja piilevä merkitys: väärä profeetta on ihmisen tietoiseen mieleen rajoittuva minätunne. Yleensä minuuden tunto on kuitenkin laaja-alaisempi, sillä vahvasti tietoisuuteensa rajoittunutkin sanoo, että minä näin unen, vaikka unitajunta ylittää tietoisuuden. Ihminen toimii siis vääränä profeettana vain ajoittain, tai jos tila on pysyvämpi, kysymys on yksilön aikuiskehityksen varhaisemmista vaiheista, jolloin minuuden tunto on vielä suhteellisen rajoittunut tietoisuuteen. Näissä molemmissa tapauksissa väärä profeetta on egon ilmenemismuoto.

Sopiva rinnastuskohde Ilmestyskirjan väärälle profeetalle löytyy itämaisesta filosofiasta, jossa egoa nimitetään "vääräksi minäksi" ja "harhaminäksi".[11] Itämaisen opin mukaan ego on väärä minä, koska oikea minä olisi luonnollisesti ihmisen syvin taso eli Itseys. Itämaisen filosofian väärän minän ja Ilmestyskirjan väärän profeetan välillä on kuitenkin se ero, että itämaisen filosofian väärä minä on väärää profeettaa laaja-alaisempi käsite sisältäen kaikki egon eri muodot ja kehitysvaiheet. Ilmestyskirjan nimitys "väärä profeetta" erotuksena väärästä minästä johtunee siitä, että Johannes pohtii Ilmestyskirjassa ensi sijassa väärän ja oikean uskonnollisuuden merkityksiä. Silloin, kun ihminen luo uskontoa omaan mieleensä rajoittuneena egona, hän toimii väärällä tavalla profeettana, ja luomalla uskontoa vääränä profeettana eli harhaminänä hän luo väistämättä harhaista uskontoa.

Ilmestyskirjan väärä profeetta egotietoisuuteen rajoittuvana minätunteena tai egosidonnaisena ihmismielenä voidaan rinnastaa myös väljästi jungilaisen psykoanalyysin ego-käsitteeseen, sillä Jungin mukaan ihminen oli ego tietoisuutensa keskuksena. Freudin ego-käsite oli sen sijaan häilyvämpi, joskin myös Freudin mukaan egoprinsiippi loi "toimiessaan tietoisuuden elämyksen".[12] Länsimaisessa psykoanalyyttisessä teoriassa egon rajoittuneisuus myönnetään, mutta sitä ei nähdä kokonaisuudessaan harhaisena kuten itämaisessa filosofiassa ja uskonnossa.

Pedon kuva

"Se [maasta noussut peto] yllyttää maan päällä asuvaiset tekemään [merestä nousseen] pedon kuvan" (Ilm. 13:14). Muistutan ensin, että merestä noussut peto edustaa tulkinnassani egotajunnan harhaisuutta ja samalla peto on koko egotajunnan personifikaatio.

Kun maan päällä asuvat tekevät pedosta kuvan, ihmistietoisuuden eri komponentit, kuten ajattelukyky ja kuvittelukyky, luovat kuvan. Ja koska maasta noussut peto yllyttää ihmisiä pedon kuvan tekemiseen, kyse on viime kädessä ihmismielen toiminnasta eli pedon kuva on mielikuva. Pedon kuva on siis jokin sellainen ihmisen luoma mielikuva, joka heijastelee hänen oman egotajuntansa ominaisluonnetta. Teoreettisemmin ilmaisten pedon kuva on egotajunnan pohjalta syntynyt projektiivinen mielikuva eli egotajunnan projektio. Projektion syntymisessä piilotajunnalla on ilmeisesti tärkeä osuus, sillä egotajuntaan kuuluu piilotajunta. Ja vihdoin: koska Johannes käyttää ilmaisua "pedon kuva", hän tähdentää, että syntynyt mielikuva on harhainen.

Ehdotan pedon kuvalle kahta yksityiskohtaisempaa tulkintaa, jotka ovat Ilmestyskirjan aihepiirin kannalta tärkeitä. Tulkintani täydentävät toisiaan.

Ensimmäisen tulkintaehdotukseni mukaan pedon kuva on ihmisen luoma projektiivinen jumalakuva. Vaikka kyseessä on jumalakuva, siinä heijastuvat ihmisen omat ominaisuudet. Näin tulkiten pedon kuva on eräänlainen vieraantuneen ja harhaisen uskonnollisuuden ideaalimalli.

Vieraantuneisuuden pedon kuva ilmaisee siten, että pedon kuva on vain kuva. Vieraantuneessa uskonnollisuudessa me lopultakin uskomme mielikuviin ja uskomuksiin. Pedon kuva on myös harhainen, sillä siinä heijastuu egotajunnan harhaisuus: kaksinaisuus ja pyyteellisyys. Toisin sanoen me luomme itsellemme jumalakuvan käsittein, joilla on vastakohta, ja odotamme jumalamme toteuttavan omat halumme ja toiveemme.

Edelleen: pedon kuva on vieraantuneen ja harhaisen uskonnollisuuden ideaalimalli, sillä se on *vain* egotajunnan projektio. Useimmiten ihmistajunta kuitenkin sisältää egotajunnan ohella säikeitä itseystajunnasta, joskin on tulkinnanvaraista mihin raja egotajunnan ja itseystajunnan välille vedetään. Yksilön uskonnollisuus on siis yleensä monisäikeinen kokonaisuus, jossa vieraantuneeseen, egotajunnan pohjalta syntyneeseen jumalakuvaankin liittyy valmiutta pyyteettömään toimintaan ja välitöntä arvon ja pyhyyden elämistä. Se vieraantuneisuus ja harhaisuus, jota Johannes pedon kuvalla selventää, voi siten olla vain uskonnollisuuden yksi heikommin tai voimakkaammin ilmenevä säie.

Toinen syy pedon kuvan ideaalimalliluonteeseen on, että ihmisten luomat jumalakuvat ovat olleet sisällöllisesti ja eettiseltä arvoltaan hyvin erilaisia, mutta pedon kuva myyttikuvana käsittää ne kaikki keskittyen vain niiden muodolliseen ominaisuuteen egotajunnan projektiona. (Ahtaimmillaanhan jumalakuvat ovat heijastelleet vain yhden heimon erityispiirteitä ja etuja, kun taas korkeammat jumalakuvat ovat syntyneet ehkä niin, että entisajan profeetat ovat kertoneet ykseyden elämisestä oman kokemuksensa pohjalta, ja kuvaukset ovat muuntuneet kuulijoiden mielissä heidän oman egotajuntansa mukaisiksi jumalakuviksi.)

Tuodessaan pedon kuvan Ilmestyskirjaan Johannes saattaa olla aivan yleisesti kiinnostunut jumalakuvien syntymisestä, mutta pedon kuva on osuva myyttinen luomus myös hänen oman kehitystiensä uutena vaiheena. Elettyään egotajunnan täysin ylittävää ykseyden autuutta Johannes varmasti näkee kirkkaasti vanhan uskonnollisuutensa vieraantuneen ja harhaisen luonteen. Samalla hän ehkä ymmärtää entistä paremmin myös pahuuden ongelmaa, joten selvennän kertauksenomaisesti pahuuden ongelman ratkaisua vielä tavalla, joka sopii tähän yhteyteen.

Oletan Johanneksen oivaltavan, että hän on aikaisemmin määritellyt Jumalaa egotajuntansa pohjalta. Se hyvyys, jota hän on Jumalalta odottanut, on ollut hyvyyttä egotajunnan tasolla, ja tällä hyvyydellä on vastakohta pahuus. Vaikka ihminen torjuisikin jumalakuvastaan pahuuden, hän kerta kaikkiaan näkee pahuutta maailmassa, ja joutuu ihmettelemään sen alkuperää. Vastaavalla tavalla se oikeudenmukaisuus, jota Johannes on jumalaltaan odottanut, on ollut ihmisen tavallista yhteisölliseen elämään kuuluvaa ja eri ihmisten ansioita ja puutteita vertailevaa oikeudentajua. Ehkä Johannes huomaa suorastaan odottaneensa, että Jumala toimisi ikään kuin ihmisenkaltaisena mutta ihmistä mahtavampana tuomarina ihmisten välisissä asioissa ja toteuttaisi juuri Johanneksen omat näkemykset hyvyydestä ja oikeudenmukaisuudesta. Kun näin ei ole tapahtunut, Johannes on ehkä kysynyt profeetta Habakukin tavoin: "Minkätähden vaikenet, kun jumalaton nielee hurskaampansa?" Ratkaisu pahuuden ongelmaan on siis näin arvioiden se, että itse ongelmaan johtanut jumalakuva tunnistetaan vieraantuneeksi ja harhaiseksi. Se on ihmisen egotajunnan projektio ja mielikuvaluomus.

Sikäli kuin pedon kuvaa tulkitaan egotajunnan pohjalta syntyneeksi jumalakuvaksi, Johannes on varsin moderni. Uskonnonfilosofiassa, -sosiologiassa ja -psykologiassa katsotaan yleisesti, että ihmiset luovat itselleen jumalakuvia ja muita uskonnollisia käsityksiä oman kulttuuritaustansa, yhteisönsä kehitysvaiheen ja jopa yksilöllisen elämänkokemuksensa pohjalta; juuri tästä selittyy se, että historian aikana on esiintynyt niin monia erilaisia jumalakuvia. Kyseinen asia on mahdollista hahmottaa abstrahoiden niin, että uskontojen kirjavuus johtuu nimenomaan ihmisten egotajunnan vaihtelusta, sillä se on erilainen eri kulttuureissa, eri aikakausina ja yksilönkehityksen eri vaiheissa. Johanneksen oivallukselle pedon kuvasta löytyy rinnastuskohteita myös psykoanalyyttisistä teorioista, joiden mukaan ihmistajunta on tietoisuutta laajempi ja nimenomaan tietoisuuden ulkopuoliset alueet ovat vaikuttaneet suuresti siihen, minkälaisia jumalakuvia ihmiskunta on luonut.[13]

Toisen ehdotukseni mukaan pedon kuva on ihmisen tietoisuuteen rajoittunutta minätunnetta laaja-alaisempi minuuden tunto. Väärä profeetta puolestaan edusti tulkinnassani tuota ahtaampaa minuuden tuntoa, joka kattaa vain egotietoisuuden. Koska pedon kuva siis syntyy koko tai lähes koko egotajunnan pohjalta, kyseessä on laaja-alaisempi tai korkeammanasteinen minätunne. (Käytän tässä ilmaisua "korkeammanasteinen" kuvaannollisessa merkityksessä olettaen, että korkeamman prinsiipin alle mahtuu laajempia kokemusalueita.)

Pedon kuva minuuden tunnon symbolina kertoo, että tällainenkin minuuden tunto on harhainen: vaikka se jo ylittää tavallisen ihmismielen ahtaimmat rajat, se on yhä sidottu kaksinaisuuteen ja pyyteellisyyteen. Toisin sanoen ihminen kokee itsensä yhä muusta olemassaolosta irralliseksi ja erilliseksi subjektiksi, ja hänellä on omat pyyteensä jäljellä.

Minuuden ongelma ei tulkintani mukaan ole tässä vaiheessa Johannekselle yhtä olennainen kuin jumalakuva, mutta myöhemmin se astuu näkyjen keskiöön, ja silloin erittelen sitä yksityiskohtaisemmin. Nyt esitän Johanneksen näystä lukemalleni minäteorialle vain rinnastuskohteita kirjallisuudesta, niin että tulkintani mielekkyys käy ilmeisemmäksi. (Puhun seuraavassa yksinkertaisuuden vuoksi ihmisen minuuden tunnosta tai laajemmasta minätunteesta, kun yhteydestä johtuen on selvää, että tarkoitan tätä korkeammanasteista harhaista minuuden tuntoa. Tahtoessani korostaa harhaisuutta käytän sellaisia ilmaisuja kuin ihmisen erillisen minuuden tunto, pyyteellinen minuuden tunto tai ihmisen oma minä.)

Paras vertailukohde Johanneksen näyn pedon kuvalle ihmisen minuuden tuntona löytyy itämaisesta filosofiasta, jonka mukaan persoonallinen erillinen minuus on lopultakin pelkkä mielikuva ja harhakuva. Esimerkiksi intialainen Ramana Maharshi esitti asian näin:

> Itsen eli puhtaan Tietoisuuden ja elottoman fyysisen ruumiin väliin syntyy – – mielikuva "minästä", sekamuoto, joka ei ole kumpikaan niistä, ja tämä elää rehottaa erillisenä persoonallisena olentona. – – [Tämä] harhaminä – – on – – erillinen persoonallinen minuus. – – Kun yrität tavoittaa sen, se haihtuu kuin harhakuva.[14]

Länsimaisessa tieteellisessä ajattelussa ihmisen erillisen minuuden tuntoa ei nähdä itämaistan oppien tavoin mielikuvanomaisena eikä sen harhaisuutta korosteta, mutta ajatus tietoista egoa korkeammanasteisesta minuudesta on länsimaisessakin teoriassa yleinen. Jungilaisessa psykologiassa katsotaan suorastaan – kuten on käynyt ilmi – että minuuden tunto siirtyy asteittain sisäisen kypsymisen mukana tietoisuuden keskuksesta eli egosta lähemmäs koko olemuksen keskustaa eli itseyttä. Minuuden tunto siis muuttuu sisäisen kasvun myötä laajemmaksi ja korkeammanasteiseksi. Freud puolestaan erotti egon lisäksi käsitteet *id* ja *yliminä* idin tarkoittaessa viettiyllykkeitä ja yliminän arvostuskoostumaa, joka oli muodostunut vanhempien auktoriteetin ja kulttuuriarvostusten sisäistämisestä.[15] Yliminää ei voida nimestään huolimatta rinnastaa tarkoittamaani korkeammanasteiseen minätunteeseen, mutta yliminäkin käytännön psykoanalyysin pohjalta luotuna käsitteenä kertonee minuuden tunnon laajemmista ulottuvuuksista.

Kun Johannes Ilmestyskirjassa jäsentää ja personifioi ihmisen tajunnallisia funktioita kolmeen myyttiseen hahmoon, merestä nousseeseen petoon, maasta nousseeseen petoon (eli väärään profeettaan) ja pedon kuvaan, hän ei poikkea paljoakaan oman aikamme teoreetikoista. Esimerkiksi se tapa, jolla freudilaisen psykoanalyysin kolmea käsitettä – id, ego ja yliminä – usein käytetään, luo vaikutelman ihmistajunnassa elävistä oliomaisista subjekteista. Ilmestyskirjan metafyysis-myyttinen ja psykoanalyysin pragmaattis-psykologinen näkökulma tuottavat vain hieman toisistaan poikkeavia jäsentelyjä ja personifikaatioita.

Johanneksen näkyyn pedon kuvasta sisältyy myös muita teoreettisesti mielenkiintoisia yksityiskohtia. Koska olen tulkinnut pedon kuvaa sekä harhaiseksi jumalakuvaksi että ihmisen minätunteeksi, käyn läpi näiden yksityiskohtien tulkinnat ensin jumalakuvan ja sen jälkeen minätunteen osalta. Jälkimmäiset tulkinnat esitän lyhyesti, sillä palaan minuuden ongelmaan seitsemännessätoista luvussa, jossa Johannes käsittelee sitä tulkintani mukaan tarkemmin.

Pedon kuvan luominen

"Ja se [maasta noussut peto] tekee suuria ihmeitä, niin että saa tulenkin taivaasta lankeamaan maahan ihmisten nähden. Ja se villitsee maan päällä asuvaiset niillä ihmeillä, joita sen sallittiin tehdä pedon nähden; se yllyttää maan päällä asuvaiset tekemään – – pedon kuvan." (Ilm. 13:13–14.)[16]

Jakeessa Johannes nähdäkseni kertoo tärkeän syyn pedon kuvan eli tässä tapauksessa vieraantuneen jumalakuvan syntymiseen, ja tämä syy koskee ihmismielen voimaa ääritapauksissa. Ihmisethän pystyvät ohjailemaan tai ainakin aktivoimaan tietoisella tahdolla myös tietoisuuden rajat ylittäviä tajunnantasoja. Johanneksen aikana nämä ilmiöt tunnettiin toisaalta osana uskonnollista elämää, ennen kaikkea rukouksen voimana, ja toisaalta velhoutena ja noituutena. Tämän päivän tieteessäkin näistä asioista on ruvettu kiinnostumaan, mutta niiden tutkimisessa ollaan vasta alkuvaiheessa.

Johannes on jo aikaisemmin näyssään teroittanut, että maasta noussut peto "käyttää kaikkea ensimmäisen pedon [siis merestä nousseen pedon] valtaa" (Ilm. 13:12). Nyt sana "kaikkea" jonka jätin aikaisemmin tulkinnastani pois, saa tärkeän merkityksen. Sana korostaa, että tietoisella mielen voimalla pystymme käyttämään tietoisuutta paljon laajempaa energiaa, sitä joka kuuluu meren pedon alueeseen eli nyky-kielellä ilmaisten lähinnä piilotajunnan energiaa. Selittäessään nyt, että maasta noussut peto saa tulenkin lankeamaan taivaasta maahan, Johannes menee vielä pitemmälle. Hän ilmeisesti kertoo, että mielen voima saattaa yltää aina niille tasoille asti, jotka kuuluvat ylitajunnan piiriin eli objektivistisemmin tulkiten henkisen todellisuuden korke-ammille tasoille. Silloin noilta tasoilta kirvoittuu energiaa maan päälle eli sellaiseen muotoon, jonka tietoisesti koemme ja havaitsemme. Näin syntyy ilmiö, jota tänäkin päivänä kutsutaan ihmeeksi.

Tavalliselle nykyihmiselle ymmärrettävin ihme lienee tietoisesti käytetyn itsesuggestion voima sairauksien parantumisessa. Jos it-sesuggestio on tarpeeksi voimakas – ja ihmisellä on usein voimakas halu olla terve ja säilyä hengissä – se aktivoi ylitajuista energiaa eli taivaan tulta. Kun tuli eli energia sitten lankeaa maahan eli ihmisen kehoon, se parantaa hänet. Mutta Johanneksen maailmankuvaan kuu-luu varmasti myös muunlaisia ihmeitä. Esimerkiksi ehkä seuraavan-lainen. Jos henkilö rukoilee jonkin halunsa puolesta maanpäällisen elämänsä jättänyttä pyhimystä, pyhimys voi taivaassa eli kuoleman jälkeisessä olotilassaan kuulla rukouksen. Suuressa myötätunnossaan pyhimys voi myös auttaa rukoilijaa omalla hengen voimallaan rukoi-lijan vaillinaisuudesta ja pyyteellisyydestä huolimatta. Ja silloin tai-vaasta lankeaa tuli maan päälle, kuten Johannes ihmettä kuvaa. Raa-matussa mainittu velhous eli magia taas hahmottunee Johanneksen maailmankatsomuksen mukaan niin, että velho osaa käyttää hyväk-seen alemmanasteista kosmista tai astraalienergiaa, jonka Johannes tässä yhteydessä myös sisällyttänee taivaan piiriin.

Mitä kaikkea Johannes ihmeisiin lukeekin ja miten hän ne hahmot-taakin, olennaista on vaikutussuhde, jonka hän tässä vaiheessa mieles-täni oivaltaa. Nähdessään näitä ihmeellisiä tapahtumia ulkopuolisena tarkkailijana tai kokiessaan niitä itse, ihminen joutuu myöntämään, että todellisuudessa on voimia, joita hän ei täysin ymmärrä. Näitä voi-mia selittääkseen – mutta vain omaan egotajuntaansa rajoittuneena – hän luo sitten jumalakuvia, jotka heijastavat tapauksesta riippuen kou-riintuntuvammin tai hienostuneemmin hänen omaa egotajuntaansa, sen kaksinaisuutta ja pyyteellisyyttä.

Pedon kuva puhuu

"Ja sille [maan pedolle] annettiin valta antaa pedon kuvalle henki, että pedon kuva puhuisikin ja saisi aikaan, että ketkä vain eivät kumartaneet pedon kuvaa, ne tapettaisiin" (Ilm. 13:15).

Tämän kohdan tulkitsemisessa on tärkeä muistaa, että pedon kuva on täsmällisesti ottaen vain egotajunnan projektio eli vieraantuneen ja harhaisen uskonnollisuuden ideaalimalli. Näin Johanneksen mainitsema outo ilmiö – kuva saa hengen, niin että se puhuu – on nykypsykologian mukaan täysin ymmärrettävä: ihmiset projisoivat vieraantuneeseen jumalakuvaansa omia tunteitaan ja toiveitaan. Jumalan puhe on siis tällaisissa tapauksissa vain ihmisen oman piilotajunnan puhetta. Kaiken tämän saa aikaan maasta noussut peto, eli kysymys on ihmismielen toiminnasta.

Ihmisten tappaminen tässä yhteydessä voi tarkoittaa, että projektiiviseen jumalakuvaan uskova eli sitä kumartava on taipuvainen tappamaan itsestään kaikki sellaiset puolet, jotka epäilevät tuon jumalakuvan oikeellisuutta. Mutta ihmisten tappamisella saattaa olla myös egon kuoleutumisen merkitys, sillä siinä määrin kuin joku pystyy näkemään projektiivisen jumalakuvan harhaisuuden, hän alkaa vapautua elämysmaailmaltaan, ja silloin hänen egonsa kuoleutuu.

Pedon kuva laajentuneena minätunteena

Ihmiselle syntyy uusi minätunne, kun hänen tajuntansa laajenee niin, että hän ei elä vain ahtaan tietoisuutensa subjektina. Tajunnan laajeneminen tavanomaisesta voi merkitä aktuaalisesti parapsyykkisten voimien aukeamista ja niiden tietoista hallitsemista, jolloin maasta noussut peto tekee suorastaan ihmeitä, kuten Johannes kertoo. Se taas, että ihmiset kumartavat pedon kuvaa, selittyy luontevasti minuuden tunnon psyykeä kokoavasta tehtävästä käsin. Psyyken konkreettiset komponentit ikään kuin alistuvat tai jäsentyvät minuuden tunnon eli pedon kuvan alle. Pedon kuva tuntuu myös elävältä, sillä elollisina olioina samastumme omaan minuuden tuntoomme. Ja kuva puhuu, sillä jokainen meistä sanoo, että *minä* puhun.

Niiden ihmisten tappaminen, jotka eivät kumarra pedon kuvaa, voi ilmentää jälleen egon kuoleutumista. Mutta se on mahdollista tulkita myös epäilyjen tappamiseksi, sillä uuden entistä korkeamman minätunteen vaihe merkitsee aina hybriksen eli itsensä korottamisen vaaraa; tämä kehitysvaihehan ylittää tavanomaisen. Hybriksen vallassa olemme sitten taipuvaisia tappamaan itsestämme kaiken, mikä havahduttaisi meidät huomaamaan harhaisen tilamme.

Vapautuminen harhasta

Esitellessäni näyn keskeiset myyttikuvat olen rikkonut Johanneksen etenemisjärjestyksen, ja palaan nyt näyn tapahtumissa alkuunpäin. Kertoessaan merestä nousseesta pedosta Johannes kysyy: "Kuka on pedon vertainen, ja kuka voi sotia sitä vastaan?" (Ilm. 13:4.) Jakeessa Johannes kysyy, kuinka hän voi vapautua tajunnallisesta harhastaan. Vastauksen kysymykseensä hän antaa muutamaa jaetta myöhemmin. Ensin Johannes kirjoittaa: "Jos kenellä on korva, hän kuulkoon" (Ilm. 13:9). Näillä sanoilla Johannes korostaa, että vastaus on tässä yhteydessä tiedostava; elämyksellinen vapautuminen harhasta tapahtuu vasta myöhemmin.

Tämän jälkeen seuraa luvun kymmenes jae, joka Ilmestyskirjan eri käsikirjoitusversioissa on erilainen. Vanhemmissa raamatunkäännöksissä on yleensä käytetty versiota, joka käsikirjoituksissa on tavallisin. Uudempiin käännöksiin – myös uuteen suomennokseen – on sen sijaan otettu vanhimmasta käsikirjoituksesta löydetty versio, joka on harvinaisempi.[17] Tulkitsen seuraavassa molemmat versiot, sillä mielestäni ne molemmat sopivat tähän yhteyteen ja jopa täydentävät toisiaan.

Kymmenes jae alkaa useimmista käsikirjoituksista löydetyssä muodossaan sanoilla: "Jos kuka vankeuteen vie, niin hän itse vankeuteen joutuu; jos kuka miekalla tappaa, hänet pitää miekalla tapettaman" (Ilm. 13:10). Yhdistän nämä ajatukset Paavalin galatalaiskirjeen sanoihin: "Mitä ihminen kylvää, sitä hän myös niittää."[18] Itämaiseen traditioon sovellettuina sekä Johanneksen että Paavalin sanat ilmaisevat karman lakia. Tässä yhteydessä karman laki esitetään edellistä lukua konkreettisemmalla tasolla ja siinä korostetaan metafyysisyyden sijasta ihmisen omaa osuutta: se, miten toimimme, asennoidumme ja ajattelemme, muuttaa meitä. Johanneksen vastaus ihmisen vapautumista koskevaan kysymykseen kuuluisi siis seuraavasti: voimme pyrkiä vapautumaan harhasta muuttamalla vähitellen itse itseämme.

Ehdotan tämän version mukaisille sanoille vankilaan viemisestä ja miekalla tappamisesta myös yksityiskohtaisempia tulkintoja. Esimerkiksi: jos tunnen ja ilmaisen vihaa toisia kohtaan, yritän ikään kuin lukita heidät vihani ja kielteisyyteni vankilaan. Mutta joudunkin itse vankilaan, sillä joudun oman vihani ja negatiivisuuteni vangiksi, ja näin muutan itseäni huonompaan suuntaan. Miekalla tappamisesta luen taas ajatuksen: kaikkien sellaisten ominaisuuksien ja taipumusten, joilla yritän pakottaa ja alistaa toisia – ikään kuin pyrkien tappamaan heidän tahtoaan – täytyy lopulta tulla itsestäni tapetuiksi, ja tässä vapautumisessa tarvitsen tahdonvoimaa, erittelykykyä ja intuitiota, eli kaikkea sitä, mitä miekka symboloi.

Sanat "jos kuka miekalla tappaa, hänet pitää miekalla tapettaman" ovat lähellä Matteuksen evankeliumin sanoja "kaikki, jotka miekkaan tarttuvat, ne miekkaan hukkuvat".[19] Näissä sanoissa voidaan jo sellaisenaan nähdä karman lain ilmaisu: väkivalta herättää väkivaltaa, joka lopulta kääntyy väkivaltaista itseään kohtaan.

Jakeen päätteeksi Johannes vielä sanoo: "Tässä on pyhien kärsivällisyys ja usko" (Ilm. 13:10). Se, mikä ihmisessä on pyhää, eli itseys, joutuu kärsivällisesti odottamaan, että henkinen kypsyminen etenee karman lain mukaisesti. Kypsyminen tapahtuu kuitenkin ennemmin tai myöhemmin oppiessamme, että niitämme sitä, mitä kylvämme.

Näin tulkiten jae sopii hyvin Ilmestyskirjan tähän kohtaan. Johannes ymmärtää, että ihminen palkitsee ja rankaisee itse itseään omilla valinnoillaan ja toimillaan, joten hyvyyden palkitsijaksi ja vääryyden rankaisijaksi ei tarvita ihmisen ulkopuolista enemmän tai vähemmän antropomorfista tuomarijumalaa. Tämän oivalluksen jälkeen vanhasta vieraantuneesta jumalakuvasta kiinnipitäminen ei ole enää Johannekselle välttämätöntä, ja niin hän voi tunnustaa sen ihmismielen luomaksi harhakuvaksi. Ilmestyskirjassa tämän kohdan jälkeen seuraavatkin maasta nousseen pedon ja pedon kuvan erittelyt.

Sama kymmenes jae kuuluu uudessa raamatunsuomennoksessa, joka siis perustuu vanhimpaan käsikirjoitukseen, seuraavasti: "Kenen osana on vankeus, se joutuu vankeuteen, kenen osana on kaatua miekkaan, se kaatuu miekkaan. Nyt kysytään pyhiltä kestävyyttä ja uskoa." (Ilm. 13:10.)

Kristillisellä kielellä ilmaisten Johannes korostaa sanoillaan sisäisen muutoksen vuodatettua luonnetta ja oikeaa asennoitumista siihen. Meidän ei pidä vastustaa muutosta omalla tahdollaamme vaan jättäytyä siihen luottavaisesti, kuin uskon varassa. Jos osaamme asennoitua näin, se, mikä meissä on huonoa, joutuu ensin syrjään työnnetyksi eli kuin vankilaan, ja lopulta se tapetaan kokonaan. Silloin egomme kuoleutuu. Koska vuodatettu puhdistus on vaikea sisäinen tapahtuma, se vaatii uskon ohella kestävyyttä.

Tässä muodossaan jakeella on selvä yhteys Vanhan testamentin Jeremian kirjaan, jossa profeetta Jeremia ennustaa kärsimyksiä Herran kansalle. Kansa on kääntynyt pois Herrasta, ja niin Herra langettaa sille synkän tuomion: "Näin sanoo Herra: Joka ruton oma, se ruttoon, joka miekan, se miekkaan, joka nälän, se nälkään, joka vankeuden, se vankeuteen!"[20] Jeremian kirjastakin on mahdollista lukea sisäistä muutosta: Herrasta pois kääntynyt kansa on kuin egosidonnaisuuksiinsa juuttunut ihminen, jonka täytyy vapautua sidonnaisuuksistaan ankarassa puhdistuksessa.

Pinnallisesti katsoen Ilmestyskirja antaa siis kaksi erilaista vastausta kysymykseen, kuinka voimme vapautua harhasta. Ensimmäinen versio korostaa omaa osuuttamme ja toinen versio vapautumisen vuodatettua eli omista ponnistuksistamme riippumatonta luonnetta. Tämä jännite on uskonnoissa yleismaailmallinen. Erityisen tunnettu se on pohdinnoista, joita on esitetty ihmisen oman osuuden ja Jumalan armon merkityksestä ihmisen pelastumisessa. (Armo ja vuodatettu puhdistus ovat toisiinsa rinnastuvia käsitteitä; armossa vain on etusijalla onnellisuuden tunto ja vuodatetussa puhdistuksessa ahdistus, kuten selitin kahdeksannessa luvussa.) Yksi tapa ratkaista tämä ongelma on ollut molempien puolien huomioon ottaminen. Meidän täytyy tehdä oma osuutemme, mutta mitä enemmän omilla valinnoillamme vapaudumme sidonnaisuuksistamme, sitä enemmän syntyy kuin tilaa syvemmälle tasolle eli armolle ja vuodatukselle.[21] Vapautumisen alkuvaiheissa painottuu siis kilvoittelijan oma osuus ja myöhemmin muutoksen vuodatettu luonne. Myös vuodatetun puhdistuksen mukainen tulkinta sopii hyvin Ilmestyskirjan tähän kohtaan, sillä jo seuraavassa luvussa Johannes siirtyy entistä enemmän vuodatettuun muutokseen.

Tajunnallisen harhan erittelyä

Johannes kertoo näyssään merestä nousseen pedon ulkomuodosta, pilkkapuheista, päistä ja lopuksi vielä pedon merkistä ja pedon nimen luvusta. Nämä yksityiskohdat täydentävät näyn pohdintoja tajunnallisesta harhasta.

Pedon ulkomuoto

"Ja peto, jonka minä näin, oli leopardin näköinen, ja sen jalat ikään-
kuin karhun, ja sen kita niinkuin leijonan kita" (Ilm. 13:2). Tällä Il-
mestyskirjan pedolla on selvä yhteys Vanhan testamentin Danielin kir-
jaan, jossa profeetta Daniel näki näyssä neljä petoa. Hän vertasi en-
simmäistä petoa leijonaan, toista pantteriin, kolmatta karhuun ja nel-
jännellä oli suuret hampaat ja kymmenen sarvea.[22] Seuraavassa tulkit-
sen Ilmestyskirjan petoa kuitenkin vain lyhyesti pohtimatta sen yh-
teyksiä Raamatun muihin näkyihin.

Leopardi, karhu ja leijona ovat yleisinä myyttikuvina kaikki pe-
toeläimiä. Varsinkin leopardi ja leijona pyydystävät tehokkaasti saa-
listaan. Tältä kannalta tulkiten ne liittyvät ihmisen vietinomaiseen
pyyteellisyyteen, joka on tajunnallisen harhan olennainen piirre.

Tarkemmin eritellen leopardin tuntomerkkeihin kuuluu turkki,
jossa on vaalealla pohjalla tummia täpliä. Näin leopardi sopii ilmaise-
maan tajunnalliseen harhaan sisältyvää kaksinaisuutta, sillä vaalea ja
tumma ovat kuin hyvä ja paha ja oikea ja väärä.

Karhu puolestaan liittyy laajimmassa myyttisessä merkityksessään
aineelliseen luontoon. Näin oli varmaankin varhaisissa karhunpalvon-
tariiteissä, joista voitaneen lukea varhaiskantaisten ihmisten kiinteää
luontoyhteyttä. Lisäksi jo karhun mahtava ruho myyttikuvaksi koet-
tuna korostaa aineellisuutta. Suppeammassa merkityksessään karhu on
yksi yleisimpiä piilotajunnan eläinsymboleja. Merkitys juontunee
muun muassa siitä, että karhu nukkuu pitkiä aikoja maakuopissa, kal-
lionkoloissa ja luolissa, samoin kuin piilotajunta on usein kuvaannol-
lisesti nukuksissa maan alla. Karhu on ollut myös tärkeä saaliseläin ja
ravinnon lähde ja samalla ihmisiä ja heidän kotieläimiään uhkaava pe-
toeläin. Nämäkin piirteet yhdistävät karhun piilotajuntaan, sillä piilo-
tajunnalla on ihmiselämässä kaksinainen funktio: toisaalta se merkit-
see ravintoa ja kasvun lähdettä ja toisaalta pelottavaa voimaa.

Näin tulkiten karhun jalat Johanneksen näyssä kertovat, että tajun-
nallisen harhan tärkeä komponentti on sidonnaisuutemme aineelliseen
olemassaolon muotoon. Kun meidän on luonnonolentoina kamppail-
tava aineellisesta olemassaolostamme, joudumme seisomaan kuin kar-
hun jaloilla maan kamaralla, sen sijaan että voisimme lentää vapaina
lintuina taivaalla. Näin joudumme kokemaan kaksinaisuutta, esimer-
kiksi sekä ravituksi tulemisen että puutteen ja ahdingon. Lisäksi karhu

pedon kuvauksessa osoittanee, että harha läpäisee koko egotajunnan sen piilotajuisia kerroksia myöten.[23]

Pedon leijonanomaista kitaa voitaisiin vihdoin tulkita siten, että Johannes kokee ihmisen sidonnaisuuden tajunnalliseen harhaan uhkaavaksi pedon kidaksi: niin kauan kuin olemme sidottuja haluihimme, olemme vaarassa joutua kärsimyksen ahmaisemaksi. Mutta kärsimyksenkin taustalla meidän tulisi nähdä paluun mahdollisuus tai vielä osuvammin kehotus palata siihen alkutilaan ja perusenergiaan, jota leijona spesifinä myyttikuvana Ilmestyskirjassa symboloi.[24]

Pedon pään kuolinhaava

"Ja minä näin yhden sen päistä olevan ikäänkuin kuoliaaksi haavoitetun, mutta sen kuolinhaava parantui" (Ilm. 13:3). Pedon päät symboloivat Johanneksen omia harhaisia ajatus- ja kokemistapoja, ja se, että niitä on juuri seitsemän ilmentää luontevasti muutosprosessia, jonka hän joutuu käymään läpi vapautuakseen harhasta. Ehkä Johanneksesta tuntuu, että hänen täytyisi pystyä kuin murskaamaan nuo päät yksi kerrallaan. Koska pedon päistä yksi on jo hetken ollut kuolleena, Johannes on tuon hetken aikana tuntenut olevansa ainakin osittain vapaa harhasta. Tästä syystä oletan, että perimmäinen syy pedon pään kuolemiseen oli se autuuden tila, jonka Johannes koki yhdennentoista luvun lopussa. Tuon tilan aikana hänen tavallinen harhainen tajuntansa oli poissa, ja myöhemminkin autuuden elämys varmasti kosketti ja ikään kuin haavoitti häntä niin syvästi, että hän tunsi vapautuneensa jo osittain vanhasta.

Alkuteksti sallii pedon pään kuolinsyytä tulkittavan myös iskuksi, joka aiheuttaa haavan. Tämä olisi sikäli kuvaava ilmaisu, että ensimmäinen autuuden kokemus, jossa tavallinen tajunta sammuu täysin, voi tuntua suoranaisesti iskulta. Ehkä henkilö ei ole edes käsittänyt, että tällainen tila on mahdollinen, ja niin hän on kokemastaan todella tyrmistynyt; Paramahansa Yogananda käyttääkin ensimmäisestä kosmisen tajunnan kokemuksesta ilmaisua "vapauttava shokki".[25] Muuntunut tajunnantila ja sen voimakkain vaikutus on kuitenkin ohimenevää, ja autuuden jälkeen tavallinen tajunta on niin ankea kokemus, että ihminen tuntee helposti olevansa vielä täysin harhan vallassa. Ehkä siksi tuo kuoliaaksi haavoittunut pedon pää virkoaa Johanneksen näyssä eloon.

Pedon pilkkapuheet

"Ja sen päihin oli kirjoitettu pilkkaavia nimiä" (Ilm. 13:1). "Ja sille annettiin suu puhua suuria sanoja ja pilkkapuheita, ja sille annettiin valta tehdä sitä neljäkymmentä kaksi kuukautta. Ja se avasi suunsa Jumalaa pilkkaamaan, pilkatakseen hänen nimeänsä ja hänen majaansa, niitä, jotka taivaassa asuvat." (Ilm. 13:5–6.) Pedon pilkka kohdistuu siis olennaisesti Jumalaan ja Jumalan majaan; Jumalan maja tarkoittanee tässä Itseyden subjektiivista puolta, joka aikaisemmin on esiintynyt telttamajan muodossa (Ilm. 7:15). Jakeissa esitetty vastakkaisuus toisaalta pedon ja toisaalta Jumalan ja Jumalan majan välillä ilmentää egotajunnan ja aidon syvähenkisen elämän vastakkaisuutta.

Täsmällisemmin tulkiten Johannes alkaa ymmärtää – kolmannentoista luvun alkupuolelta lähtien, jossa nämä jakeet esiintyvät – egotajunnan merkityksen harhaisen uskonnollisuuden syntymisessä yhä selvemmin. Kun peto pilkkaa Jumalaa, Johannes oivaltaa, että ihmiselle syntyy harhainen jumalakuva egotajunnan projektiona. Tällainen jumalakuva on syvemmin ottaen Jumalan pilkkaa, koska siinä heijastuvat pedon eli egotajunnan omat ominaisuudet. Egotajunnan projektiona ihmiselle syntyy myös valheminä eli väärä minuuden tunto. Ja valheminä merkitsee Jumalan majan pilkkaamista, sillä ihmisen oikean ja syvällisimmän minuuden tulisi olla Itseys eli Jumalan maja.

Peto jatkaa pilkkaamistaan neljäkymmentäkaksi kuukautta eli kolme ja puoli vuotta. Lukumäärä on sopiva, sillä kyse on sen tiedostusprosessin loppuosasta, joka alkoi yhdennessätoista luvussa ja jota Johannes on ilmaissut eri muodoissa lukumäärällä "kolme ja puoli". Peto jatkaa pilkkaamistaan, kunnes Johannes on ymmärtänyt juurta jaksain egotajunnan merkityksen väärän uskonnollisuuden ja väärän elämäntunnon syntymisessä, eli tämän luvun loppuun asti.

Pedon merkki

"Ja se [maasta noussut peto] saa kaikki, pienet ja suuret, sekä rikkaat että köyhät, sekä vapaat että orjat, panemaan merkin oikeaan käteensä tai otsaansa, ettei kukaan muu voisi ostaa eikä myydä kuin se, jossa on merkki, pedon nimi tai sen nimen luku" (Ilm. 13:16–17). Uudemmissa käännöksissä näistä jakeista on tehty kaksi virkettä. (Käännös on tulkinnanvarainen.) Täten esimerkiksi uudessa suomennoksessa selitetään ensin, että maasta noussut peto pakottaa kaikki ottamaan käteensä tai otsaansa merkin, ja sen jälkeen todetaan uutena virkkeenä: "Kenenkään ei ole lupa ostaa eikä myydä mitään, ellei hänellä ole tätä merkkiä, joka on pedon nimi tai sen nimen luku." Vaikka ero ei ole suuri, jakeiden asiasisältö tulee mielestäni näin luettuna selvemmin esille.

Kun maasta noussut peto saa kaikki, pienet ja suuret, panemaan merkin oikeaan käteensä tai otsaansa, näky kertoo, että ihmisen mieli leimaa omalla ominaislaadullaan hänen kaikkia konkreettisia ominaisuuksiaan. Toisin sanoen me käytämme toimintakykyämme ja ajattelukykyämme oman mielemme mukaisella tavalla.

Kun Johannes seuraavaksi hieman kiertoteitse täsmentää, että tämä merkki on pedon merkki, hän selittää, että harhaan sidottuna me käytämme myös ominaisuuksiamme harhaisesti. Ja yhdistäessään merkin ostamiseen ja myymiseen hän korostaa harhaisuudessa pyyteellisyyttä; ostaminen ja myyminenhän ovat kaupankäyntiä, ja kaupankäynnin tarkoituksena on voiton saavuttaminen. Mielenkiintoista näissä jakeissa on kuitenkin Johanneksen korostus, että *vain* ne, joilla on harhaisuutta ilmaiseva pedon merkki, saavat ostaa ja myydä. Näin hän luullakseni tähdentää, että *kaikki* pyyteellinen ajattelu ja toiminta on harhaista.

Aivan erityisesti Johannes tahtonee selittää, että sellainen uskonnollisuus, jossa on mukana pyyteellisyyttä muodossa tai toisessa, on lopultakin harhaista. Ehkä Johannes tässäkin kohdassa oivaltaa aikaisemmin odottaneensa Jumalalta puuttumista hyvyyden ja oikeudenmukaisuuden toteutumiseen maailmassa juuri siinä muodossa kuin hän itse hyvyyden ja oikeudenmukaisuuden on tajunnut. Ehkä hän tuntee suorastaan käyneensä kauppaa Jumalan kanssa yritettyään rukouksillaan kuin ostaa omien vaateidensa toteutumisen. Mutta nyt hän leimaa tällaisen uskonnollisuuden pedon merkillä, eli hän pitää sitä harhaisena. Vaikka sillä on ollut hyvä tarkoitus, se on ollut sidoksissa hänen omiin haluihinsa. Pyyteellisyyden ongelma hyvää tarkoittavan uskonnollisuuden säikeenä on toki tunnistettu laajasti kristillisessä kirjallisuudessa. Esimerkiksi mestari Eckart sanoo paheksuen ihmisistä, joiden rukous tai muu uskonnollisuus sisältää pyyteellisyyttä: "He käyvät kauppaa meidän Herramme kanssa".[26]

Pedon luku

"Tässä on viisaus. Jolla ymmärrys on, se laskekoon pedon luvun; sillä se on ihmisen luku. Ja sen luku on kuusisataa kuusikymmentä kuusi." (Ilm. 13:18) Pedon lukua on tulkittu 1800-luvulta lähtien useimmiten siten, että se viittaa keisari Neroon. Jos sanat "keisari Nero" kirjoitetaan hepreaksi ja käännetään luvuiksi antiikissa yleisen luku–kirjain-vastaavuuden mukaan, saadaan luku kuusisataakuusikymmentäkuusi. Vaikeutena on se, että Ilmestyskirjan alkuteksti on kreikaksi, ja hepreankielisestä kirjoitusasustakin täytyy soveltaa harvinaista muotoa. Ilmestyskirjan olemassaolon aikana myös muita nimiä on sovitettu pedon lukuun – toisia luontevammin, toisia väkinäisemmin. Esimerkiksi kirkkoisä Irenaeus ehdotti pedon lukuun sanaa "Lateinos" joka tarkoittaa Rooman valtakuntaa, ja kreikankielinen peto-sanakin antaa luku–kirjain-vastaavuutta noudattaen tulokseksi kuusisataakuusikymmentäkuusi. Historiallisia henkilöitä, joita myöhemmin on sovitettu pedon lukuun, ovat olleet muun muassa paavit ja Luther, aina sovittelijan näkökulmasta riippuen.[27] Tämäntapaisten tulkintojen suurin ongelma on niiden epäeettisyys; petomaisuus projisoidaan historialliseen hahmoon, instituutioon tai valtakuntaan, pois tavallisesta ihmisestä, pois minusta itsestäni.

Eettisesti mielenkiintoisempi tulkinta pedon luvusta löytyy Leo Tolstoin kirjasta *Sota ja rauha*, jossa kreivi Pierre Bezuhov pohtii pedon luvun arvoitusta. Bezuhov on kuullut eräältä vapaamuurarilta, että keisari Napoleonin nimestä saadaan luku–kirjain-vastaavuutta soveltaen pedon luku. Mutta Bezuhov havahtuu miettimään, eikö myös hänen oma nimensä sopisi pedon lukuun, ja pian hän onnistuukin yrityksessään:

> Tämä keksintö kiihdytti häntä. Missä yhteydessä oli hän siihen suureen tapaukseen, josta oli ennustettu Ilmestyskirjassa – sitä hän ei tietänyt, mutta hän ei myöskään hetkeäkään epäillyt, että yhteys oli olemassa.[28]

Omasta puolestani tulkitsen pedon lukua kirjassani soveltamani yleisen lukusymboliikan ja filosofisen taustan mukaisesti. Luku kuusi on kaksi kertaa kolme, joten se kuvaa ihmiselämään kuuluvia ristiriitoja, joita luku kaksi symboloi, ja niiden aiheuttamaa muutosta, jota luku kolme symboloi. Kuutosten toisto luvussa ilmaisee sitten harhaan ja ristiriitoihin sidotun elämän pitkää kestoa; itämaisen näkemyksen

245

mukaan kyse on suorastaan monista toisiaan seuraavista inkarnaatioista.[29]

Ristiriidat ovat harhaisen elämän väistämätön osa, sillä pyyteidensä vankina ihminen kokee aina ristiriidan toisaalta halujensa kohteiden ja toisaalta sen välillä, mitä hänellä on. Näin hän etsii lakkaamatta haluilleen tyydytystä. Mutta niin kauan kuin hän etsii tyydytystä harhan maailmasta, hän ei sitä löydä eikä hänen etsinnällään ole loppua. Hän polkee vain kuin oravanpyörässä. Ilmeisesti myös Johannes yhdistää pedon luvun ihmisen pyyteellisyyteen, sillä hän rinnastaa pedon luvun siihen merkkiin, jonka ihmiset panivat käteensä ja otsaansa ostaessaan ja myydessään.

Uskonnoissa ja osin filosofiassakin tällaiset ajatukset ovat yleisiä, ja olen niihin jo aikaisemmin viitannut. Erityisen osuvan rinnastuskohteen Ilmestyskirjan pedon luvulle tarjoaa kristinuskon piiristä Bernhard Clairvauxlaisen käyttämä käsite "jumalattomien kehä", jolla hän tarkoittaa pyyteisiinsä sidotun ihmisen turhaa ja loputonta etsintää. Bernhardin teosten tutkija Étienne Gilson huomauttaa, että Bernhard antaa termilleen "jumalattomien kehä" lähes teknisen merkityksen; ja eräänlaisena myyttisen kielen teknisenä terminä Ilmestyskirjan pedon lukua numeroista koostuvana voitaneenkin pitää.[30]

Itämaisessa kulttuurissa vastaavantapaisessa merkityksessä käytetään buddhalaisuuden elämänpyöräsymbolia, joskin se on jumalattomien kehää yksityiskohtaisempi kehitelmä harhan vallasta. Elämänpyörä eli harhan pyörä kuvaa näet koko harhan maailmaa ja ihmisen lähes loputtoman tuntuista vaellusta eli "pyörimistä" siinä. Pyörässä on neljä samankeskistä ympyrää, joista sisin kuvaa ihmisen pyyteellisen toiminnan perussyitä: ahneutta, vihaa ja harhaluuloja ja niiden aiheuttamaa noidankehää. Toinen ympyrä on jaettu kahteen puolikkaaseen, valoisaan ja tummaan. Valoisalla alueella ihmiset kehittyvät myönteiseen suuntaan, tummalla huonoon eli yhä suurempaan sidonnaisuuteen ja sen mukana yhä syvempään kärsimykseen. Kaksi muuta kehää kuvaavat sitten buddhalaisuuden yksityiskohtaisempaa näkemystä harhan maailmasta. Toinen niistä on jaettu kuuteen osaan ja toinen kahteentoista. Koko elämänpyörää pitää otteessaan kauhean näköinen Yama-hirviö, joka edustaa muuttumisen välttämättömyyttä; hän on pysymättömyyden jumaluus, ja elämänpyörä on hänen peilinsä.[31]

Kun Johannes sanoo: "Tässä on viisaus: – – pedon luku – – on ihmisen luku", hän kehottaa jokaista tunnistamaan pedon itsessään samoin kuin jokaisen tulisi nähdä Yaman peilistä oma harhainen elämänsä. Niin kauan kuin emme ole vapautuneet egostamme, olemme merkittyjä pedon luvulla, kierrämme jumalattomien kehää ja elämämme on Yama-hirviön otteessa. Ajatus pedon luvusta ihmisen lukuna korostaa myös, että harhainen uskonnollisuus on ihmisen luomusta ja vapautuaksemme siitä meidän itsemme tulee muuttua.

IV

VAPAUTUMINEN VANHASTA ELI VUODATETTU PUHDISTUS

Ilmestyskirjan luvut 14–18

Jakson näyt kertovat voittopuolisesti elämyksellisestä muutoksesta, joka merkitsee egon kuoleutumista. Tätä Johannes on kuvannut jo aikaisemmin, mutta nyt muutos ylittää entistä selvemmin tavanomaisen kokemisen, eli kysymys on kristinuskon kielellä vuodatetusta puhdistuksesta.

14. LAULU SIIONIN VUORELLA, KOLME ENKELIÄ JA SADONKORJUU

Pyhyysarvon kokemus

Edellisen näyn tiedostavat oivallukset vapauttavat Johannesta, niin että hän kokee elämän mielekkääksi ja pyhäksi.

Karitsa ja 144.000 Siionin vuorella

"Ja minä näin, ja katso, Karitsa seisoi Siionin vuorella, ja hänen kanssaan sata neljäkymmentä neljä tuhatta, joiden otsaan oli kirjoitettu hänen nimensä ja hänen Isänsä nimi" (Ilm. 14:1). Johanneksen näkemät ihmiset ovat oletettavasti samoja, jotka hän näki seitsemännessä luvussa; tuolloinhan hän näki sataneljäkymmentäneljätuhatta Israelin lasten sukukunnista, joiden otsaan painettiin "elävän Jumalan sinetti" (Ilm. 7:2,4). Nyt nämä ihmiset ovat saaneet otsaansa vielä Karitsan nimen, ja he ovat päässeet Siionin vuorelle Karitsan seuraan.

Johanneksen näyssä Siion edustaa uutta askelta kohti hänen lopullista päämääräänsä, uutta Jerusalemia, sillä maantieteellisesti Siionin vuori sijaitsee Jerusalemissa. Raamatussa Siionilla tarkoitetaan joskus myös Jerusalemin kaupunkia ja sen asukkaita, ja joskus vielä yleisemmin Jumalan asuinpaikkaa.[1] Hahmotan tätä näkyjen uutta käännettä siten, että osa Johanneksesta on jo päässyt Siionin vuorelle, koska hän koki autuuden yhdennentoista luvun lopussa nähdessään liiton arkin. Salomon temppeli, jonne liiton arkki juutalaisten vaellusten jälkeen sijoitettiin ja joka myöhemmin tuhoutui, sijaitsi juuri Siionin vuorella Jerusalemissa.

Siionin vuori on myös yksi yleismaailmallisen myyttikuvan, pyhän vuoren, ilmiasu. Näistä pyhistä vuorista olen aikaisemmin maininnut esimerkkeinä Siinain ja kreikkalaisten Olympos-vuoren, mutta kristillisessä symboliikassa pyhän vuoren merkityksessä käytetään myös Karmelin vuorta. Esimerkiksi Ristin Johanneksen kirjassa *Nousu Karmelin vuorelle* Karmel-vuorelle nousu tarkoittaa sielun sisäistä matkaa kohti täydellisyyttä. Intiassa pyhä vuori on ennen kaikkea myyttinen Meru, ja tämän symboliikan mukaisesti ihmisen selkärankaa kutsutaan Intiassa Meru-dandaksi eli Meru-sauvaksi. Nousu sisäiselle Meruvuorelle on siten nousua chakroja pitkin ylöspäin – hahmotustavasta riippuen aina sahasraraan eli autuuteen asti.[2]

Virsi

"Ja he veisasivat uutta virttä – – eikä kukaan voinut oppia sitä virttä, paitsi ne sata neljäkymmentä neljä tuhatta" (Ilm. 14:3). Laulu symboloi jälleen, samoin kuin viidennessä luvussa, itseisarvokokemusta, ja se, että virsi on uusi, tähdentää Johanneksen olevan matkalla vanhasta uuteen.

Sanat "eikä kukaan voinut oppia sitä virttä paitsi ne sata neljäkymmentä neljä tuhatta" ilmaisevat yleismaailmallisen ajatuksen: korkeat henkiset arvokokemukset jokaisen on elettävä itse sisäisen kypsymisen seurauksena, toinen ei voi niitä toiselle puheen avulla välittää. Ajatus on esillä jo Ilmestyskirjan alussa, jossa Henki sanoo: "Sille, joka voittaa, minä annan salattua mannaa ja annan hänelle valkoisen kiven ja siihen kirjoitetun uuden nimen, jota ei tiedä kukaan muu kuin sen saaja" (Ilm. 2:17). Ristin Johannes käyttää tätä valkoisen kiven vertausta tarkoittamassani merkityksessä, kun hän kirjoittaa:

> On mahdotonta kuvata, kuinka hienoa iloa tässä kosketuksessa tunnetaan. – – Asianomaiselle sopii vain sellainen kielenkäyttö, jossa hän ymmärtää tapahtumat omalta kohdaltaan, iloitsee niistä ja vaikenee. Sielu havaitsee tällöin, että nämä asiat muistuttavat – – sitä kivensirua, josta pyhä Johannes puhuu: – – kivensiruun on kirjoitettu nimi, jota ei tiedä kukaan muu kuin sen saaja.[3]

Sama ajatus pyhyysarvokokemusten ominaisluonteesta esitetään itämaisessa kirjallisuudessa esimerkiksi tähdentämällä, että hedelmän maun voi oppia tuntemaan vain syömällä, ei toisten kuvauksista.[4]

Neitsyet

"Nämä [Siionin vuorella seisovat] ovat ne, jotka eivät ole saastuttaneet itseään naisten kanssa; sillä he ovat niinkuin neitsyet" (Ilm. 14:4). Vaikka Johanneksen symboliikka on jyrkän askeettisuuden leimaama – sukupuoliyhteys naisten kanssa on saastuttavaa – siitä voidaan lukea myös yleisinhimillinen merkitys.

Kun koemme nautintoa egohalujen tyydytyksestä, me ikään kuin yhdymme halujemme kohteisiin. Egohaluihin sidottuna tajuntamme ei kuitenkaan ole ehdottoman hiljaa ja antautuneena edes tyydytyksen hetkellä, sillä muut halut tai halu kokea lisää tyydytystä luovat tajuntaamme tavoitteisuutta. Tämä egohaluihin liittyvä tavoitteisuus symboloituu luontevasti miehen seksuaalisen aktin liikkeenä: ikään kuin halujen ja "ajatusten edestakaisin liikkuva sukkula" olisi jatkuvasti toiminnassa, kuten Paul Brunton ilmaisi tuntemuksen yhdennentoista luvun lopussa käyttämässäni lainauksessa. Kokeaksemme ehdottomia itseisarvoja, autuutta ja ykseyttä, tajuntamme täytyy siis olla tyhjä eli puhdas kaikista egohaluista. Ja tämä tajunnan "puhtaus" symboloituu Johanneksen vertauksessa neitsyytenä, jota hän soveltaa tavallisimmasta symboliikasta poiketen mieheen. Kristillisessä kirjallisuudessa varsinkin mestari Eckart puhuu saarnoissaan usein neitsyistä ja neitseydestä tällaisessa kuvaannollisessa merkityksessä.[5]

Myyttisen hahmotuksen mukaan ihmistajunnassa erotetaan eri kerroksia tai tasoja. Uloimmilla tajuntamme tasoilla olemme sidottuja haluihimme ja etsimme halujemme tyydytystä. Ehdotonta henkistä pyhyysarvoa koemme sen sijaan sisimmillä tajunnantasoilla, jotka aukeavat vasta, kun olemme vapautuneet sidonnaisuuksista. Ihmistajunnan sisimmät tasot eivät siten ole koskaan osallistuneet egohalujen tyydytykseen eli myyttisesti ilmaisten sukupuoliseen yhdyntään. Esimerkiksi pyhä Teresa vertaa ihmissielua linnaan, jossa on monia asuntoja tai huoneita, ja uloimmissa asunnoissa sielu voi kokea yhtymyksiä, jotka merkitsevät aistinautintoja, mutta sisimmissä asunnoissa sielu yhtyy vain Jumalaan. Sisimpiin asuntoihin päästäkseen sielun täytyy kuitenkin kulkea linnan läpi, ja tällä matkallaan se kokee syvällisen muutoksen, jonka aikana vanha kuolee siitä pois.[6] Johanneksen näyssä neitsytmäiset ihmiset Siionin vuorella symboloivat siis sellaista tajunnan sisäistä tasoa, jolla koetaan puhtaasti pyhyysarvoa. Toisin sanoen nuo ihmiset ovat itseyden osia. Tällaisen merkityksen myös mestari Eckart antaa näille Johanneksen näyn ihmisille.[7]

Esikoiset ja heidän tahrattomuutensa

"Nämä [Siionin vuorella seisovat] ovat ostetut ihmisistä esikoisiksi Jumalalle ja Karitsalle, eikä heidän suussaan ole valhetta havaittu, he ovat tahrattomat" (Ilm. 14:4–5). Esikoinen myyttikuvana kertoo, että Johannes ymmärtää henkisen muutoksensa olevan vajaata. Hän ei ole vielä syntynyt kokonaan uudestaan, eivätkä kaikki hänen komponenttinsa ole päässeet Siionin vuorelle Jerusalemiin. Tässä yhteydessä valhe tarkoittanee tajunnallista harhaa, suu astiamaisena symbolina tajuntaa ja suun sisältö tajunnansisältöä. Sanoillaan Johannes korostaa, että Siionin vuorella seisovat symboloivat harhasta vapaata kokemista eli pyhyysarvon kokemista. Näiden ihmisten suussa on siis valheen sijasta laulua.

Kertaus

Johanneksen näky jatkuu siten, että hän näkee kolme enkeliä, joilla kullakin on sanoma ilmoitettavanaan. Jakeissa Johannes kertaa jo tiedostamaansa, mutta oletan, että kerratessaan hän oivaltaa asiat entistä syvemmin. Edellisessä luvussa enkeleitä ei näet esiintynyt, vaan siellä Johannes sanoi esimerkiksi, että "maa seurasi ihmetellen petoa", eli kysymys oli tuolloin intuitiota pinnallisemmasta tiedostuksesta (Ilm. 13:3). Seuraavassa tulkitsen kertauksesta vain tärkeimmät kohdat.

Ensimmäinen enkeli

"Ja minä näin lentävän keskitaivaalla erään toisen enkelin, jolla oli iankaikkinen evankeliumi julistettavana maan päällä asuvaisille, kaikille kansanheimoille ja sukukunnille ja kielille ja kansoille" (Ilm. 14:6). Iankaikkisen evankeliumin sanoma kuulunee tähän tapaan: tärkeää uskonnossa on jokaisen oma sisäinen kokeminen, se, että hän itse elää rakkautta ja autuutta. Sen sijaan ulkokohtaiset uskomukset, kuten erilaiset jumalakuvat, ovat epäolennaisia. Ne heijastavat egotajuntaa ja niitä kulttuurieroja, joihin egotajunta on sidottu eri ihmisryhmillä: kansanheimoilla, sukukunnilla, kielillä ja kansoilla. Uskontoa ei voida kuitenkaan perustaa egotajunnalle, koska aidon syvähenkisen elämän ydin on tuon tajunnan ylittyminen eli egon kuoleutuminen.

Toinen enkeli

"Ja seurasi vielä toinen enkeli, joka sanoi: 'Kukistunut, kukistunut on se suuri Babylon, joka haureutensa vihan viinillä on juottanut kaikki kansat'" (Ilm. 14:8). Myöhemmin Babylonilla on Ilmestyskirjassa tärkeä sija, mutta tässä vaiheessa en pysty sitä vielä tulkitsemaan yksityiskohtaisesti, koska Johannes mainitsee sen vain lyhyesti.

Babylonin symboliikka Raamatussa juontuu ennen kaikkea siitä historiallisesta tapahtumasta, että juutalaisia vietiin Babyloniaan pakkosiirtolaisuuteen Jerusalemista ja Juudasta 590- ja 580-luvuilla eKr.

Yleisenä myyttikuvana Babylon, joka oli muinaisen Babylonian valtakunnan pääkaupunki, on siis verrattavissa Egyptiin ja Assyriaan. Se symboloi ihmistajunnan vieraantunutta puolta eli egotajuntaa, sillä tämä tajunnanmuoto on myyttisen maanpakolaisuuden tila.[8] Koska Johannes on edellisessä luvussa selvittänyt egotajunnan ja siihen perustuvan uskonnollisuuden harhaisuutta, oletan alustavasti, että Babylon myyttikuvana ilmentää harhaista, egotajunnan mukaista elämäntuntoa ja siihen perustuvaa uskonnollisuutta.

Kristillisessä kirjallisuudessa Babylonilla ja Babylonialla on yleisesti negatiivinen merkitys. Esimerkiksi seuraavassa katkelmassa ortodoksipiispa Feofan käyttää Babyloniaa ulkokohtaisen uskonnollisuuden symbolina ja puhuu oikeasta sydämen rukouksesta, johon siirrytään ulkokohtaisemman rukouksen kautta: "Tässä tapauksessa ymmärrys ei enää ole vangin kaltainen, joka on viety Jerusalemista Assyriaan, vaan se on Babyloniasta Siioniin, kotiin, palaaja."[9]

Enkelin sanat "kukistunut, kukistunut on Babylon" kertaa Johanneksen oivallusta: hänen vanha uskonnollisuutensa on osoittautunut egotajunnan läpitunkemaksi ja hänen on luovuttava siitä. Myöhemmin ilmenee, että Babylonin kukistuminen kestää kuitenkin kauan. Elämyksellinen vapautuminen vanhasta on vaikeaa, vaikka Johannes on jo tiedostanut sen harhaisuuden.

Babylon harhaisena elämäntuntona ja uskonnollisuutena on merkinnyt vääriin arvoihin yhtymistä. Se on siten edustanut haureutta.[10] Väärät arvoelämykset ovat olleet myös kuin huumetta, sillä ne ovat antaneet tyydytystä egotajunnalle. Koska tällainen tyydytys ei ole täydellistä, sitä nauttinut joutuu lopulta pettymään ja kärsimään. Babylonin viini on siten Johanneksen mielestä haureuden vihan viiniä.

Kolmas enkeli

"Ja heitä seurasi vielä kolmas enkeli, joka sanoi suurella äänellä: 'Jos joku kumartaa petoa ja sen kuvaa ja ottaa sen merkin otsaansa tai käteensä, niin hänkin on juova Jumalan vihan viiniä, joka sekoittamattomana on kaadettu hänen vihansa maljaan, ja häntä pitää tulella ja tulikivellä vaivattaman pyhien enkelien edessä ja Karitsan edessä'" (Ilm. 14:9–10).

Jakeissa Johannes korostaa jälleen vanhan elämäntuntonsa ja uskonnollisuutensa harhaisuutta. Hän selittää, että lopulta jokainen, joka on suistunut vieraantuneeseen uskonnollisuuteen, joutuu oivaltamaan harhaisuutensa; ja oman harhaisuuden oivaltaminen on yhtä tuskallista kuin vihan viinin juominen ja tulella ja tulikivillä paistuminen. Mutta tuska on lopulta hyvää tekevää, sillä se merkitsee harhasta vapautumista. Siten se vihan viini, jota joudutaan juomaan, on *Jumalan* vihan viiniä, ja kärsivää vaivataan pyhien enkelien ja Karitsan edessä. Jo tämän näyn lopussa Johannes kuvaakin ahdistavan mutta silti hyvää tekevän muutoksen. Kolmannen enkelin sanat voivat viitata kuitenkin myös laajemmin tämän jakson näkyihin, jotka kaikki ilmentävät vuodatettua puhdistusta.

Elämyksellinen muutos: ahdistus ja vapautuminen

Maan elon leikkaaminen

"Ja minä näin, ja katso: valkoinen pilvi, ja pilvellä istui Ihmisen Pojan muotoinen, päässänsä kultainen kruunu ja kädessänsä terävä sirppi. Ja temppelistä tuli eräs toinen enkeli huutaen suurella äänellä pilvellä istuvalle: 'Lähetä sirppisi ja leikkaa, sillä leikkuuaika on tullut, ja maan elo on kypsynyt.' Ja pilvellä istuva heitti sirppinsä maan päälle, ja maa tuli leikatuksi." (Ilm. 14:14–16.)

Voimakkaassa muutosvaiheessa tunnemme kadottavamme aikaisemman elämänperustamme, jolloin meidät ikään kuin leikataan irti entisiltä juuriltamme. Tällaista kokemusta Johannes mielestäni kuvaa selittäessään, että maan elo tuli leikatuksi.

Myyttikuvana vilja edustaa ihmisen satoa tuottavaa energiaa eli psyykkistä ja fyysistä toimintaa, ja juuret, joista vilja ammentaa voimansa, ovat toiminnan motiivit. Ennen egon kuoleutumista nämä motiivit ovat egohaluja, sillä toimija tavoittelee halujensa tyydytystä. Koska toiminnan perimmäiset motiivit ovat yleensä piilotajuisia, ne ovat kuvaannollisesti maan sisässä, samoin kuin viljalla on juuret maan alla. Lisäksi egohalut ovat käyttämäni terminologian mukaan sidonnaisuuksia, ja ennen egon kuolemaa ihminen on identiteetin tunnoltaan sidottu egohaluihinsa. Tästä syystä Johanneksen näyssä vilja on ennen myyttistä sadonkorjuuta sidottu juuriinsa.

Mutta tässä tilanteessa alkaa tapahtua muutos, ja muutokseen Johannesta on valmistanut hänen aikaisemmissa näyissä kuvaamansa itsetilitys. Hän on kypsynyt, kuten hän näyssään kuulee sanat "maan elo on kypsynyt". Henkinen kypsyminen on myös sisäistymistä, ja niin entiset ulkokohtaisemmat sidonnaisuudet alkavat leikkautua Johanneksesta pois. Sisäisellä tiellä kulkija joutuu kokemaan Johanneksen kuvaaman elonleikkuun monta kertaa kehityksensä eri vaiheissa. Alkuvaiheissa hän ehkä huomaa muutoksen vain siitä, että hänellä ei yksinkertaisesti ole motivaatiota aikaisemmin luonnollisena pitämäänsä toimintaan. Mutta henkisen sisäistymisen syvemmillä tasoilla irrallisuus voi olla intuitiivisesti voimakas ja jopa pelottava kokemus, ja luulen Johanneksen näyssään kuvaavan tällaista henkisesti syvempää muutosta. Ilmestyskirjan elonleikkuulle otan vertailukohteen Ristin Johanneksen teoksesta *Pimeä yö*, joka on vuodatetun puhdistuksen yksityiskohtainen ja syvällinen kuvaus.

Ristin Johanneksen mukaan puhdistukseen kuuluu vaihe, jossa "sielu – – irtautuu kaikesta luodusta", ja tässä irtautumisessa hävitetään sielun entinen "hengellinen perusta" ja "leikataan syntien ja epätäydellisyyksien juuret". Muutoksen merkitystä Ristin Johannes selittää näin: "Voidakseen kuunnella Jumalan puhetta sielun tulee – – olla – – irtautuneena kiintymyksistään ja aisteistaan." Ristin Johannes antaa myös neuvon tällaisessa vaiheessa olevalle: "Sielun ei pidä tulla levottomaksi, jos sen omien kykyjen toiminnat laantuvat. Sen on pikemminkin iloittava." Mutta iloitsevaa asennetta on vaikea säilyttää laantumisen aikana, ja niin muutos koetaan yleensä "katkerana ja kauheana". Ristin Johanneksen kirjoista käy ilmi, että kauheina hän itsekin nämä vaiheet aikoinaan koki.[11]

Ilmestyskirjan Johanneksen tapauksessa se elämänperusta ja ne oman minän juuret, jotka nyt leikataan pois, ovat olleet hänen entisessä elämäntunnossaan ja etenkin hänen vanhassa uskonnollisuudessaan. Niistä hän ammensi käytevoimansa ulkoista ja sisäistä toimintaansa varten. Mutta tajuttuaan yhä kirkkaammin, että nuo juuret ovat olleet harhaisia ja egotajunnan läpitunkemia, hän joutuu muutoksen kouriin.

Näyssä maan elon leikkaaja on "Ihmisen Pojan muotoinen". Ilmausta "Ihmisen Poika" käytetään Raamatussa Jeesuksesta varsinkin sellaisissa yhteyksissä, joissa kyse on oikeudenmukaisuuden toteuttamisesta tai joissa Jeesuksen sanotaan toimivan tuomarina. Esimerkiksi Johanneksen evankeliumin mukaan Jumala antaa Jeesukselle "vallan tuomita, koska hän on Ihmisen Poika". Luukkaan evankeliumissa taas Jeesus muistuttaa Nooan ja Lootin päivinä tulleista rangaistuksista ja sanoo: "Samoin käy sinä päivänä, jona Ihmisen Poika ilmestyy". Kuvaillessaan tätä Ihmisen Pojan tuomiopäivää hän vielä sanoo: "Joka tahtoo tallettaa elämänsä itselleen, hän kadottaa sen; mutta joka sen kadottaa, pelastaa sen."[12]

Lainaamani Luukkaan evankeliumin kohta on erityisen mielenkiintoinen, sillä se näyttää osoittavan, että Ihmisen Pojan langettama tuomio tapahtuu itse asiassa ihmiselämän sisäisen lainalaisuuden mukaan: se, joka takertuu egoonsa, kärsii, mutta se, joka luopuu egostaan, löytää syvemmän elämän. Tämä laki on se "Jumalan ikuinen laki" eli karman laki yleisimmällä tasollaan, jonka edellä luin taivaallisen lapsen valtikasta; Luukkaan evankeliumissa laki vain ilmaistaan hieman toisilla sanoilla. Tästä syystä tulkitsen Johanneksen mainintaa Ihmisen Pojasta korostamaan hänen aikaisempaa oivallustaan: "Oikeudenmukaisuuden toteutumiseen ei tarvita ihmisen ulkopuolista antropomorfista Jumalaa, joka rankaisisi ja palkitsisi ihmistä, vaan oikeudenmukaisuus toteutuu syvimmässä merkityksessään itse ihmiselämässä vaikuttavan sisäisen lain mukaisesti."

Vaikka Jumalan ikuinen laki eli karman laki toimii yksityisten ihmisten elämässä, itse laki on yliyksilöllinen ja sellaisena sopiva myyttisen personifikaation kohde. Tulkitsen siis Ihmisen Pojan muotoisen tässä yhteydessä Jumalan ikuisen lain tai karman lain personifikaatioksi. Voisimme hahmottaa asiaa niinkin, että siitä kahdennentoista luvun lapsesta, jonka sanottiin kaitsevan kansoja valtikallaan, on kaitseva puoli eriytynyt omaksi myyttiseksi personifikaatiokseen. Molemmat myyttiset hahmot – lapsi ja Ihmisen Pojan muotoinen – liittyvät kuitenkin Jeesukseen.

Raamatussa karman laki ilmaistaan myös konkreettisemmalla tavalla, kuten on tullut esille: "Mitä ihminen kylvää, sitä hän myös niittää." Ja nyt Ilmestyskirjassa on sananmukaisesti tullut niiton aika, eli sisäistä kypsymistä seuraa muutos.

Koska niittäminen tapahtuu Ilmestyskirjassa siten, että pilvellä istuva heittää sirppinsä maan päälle, se juurettomuuden tunto, jota maan elon leikkaaminen kuvaa, tulee kuin taivaasta heitettynä Johanneksen osaksi. Johanneksesta siis tuntuu, että nämä asiat tapahtuvat hänelle vuodatettuina, vaikka ne samalla ovat karman lain mukaisesti seurausta siitä, mitä hän on aikaisemmin kylvänyt. Ilmeisesti syvällinen intuitio muutoksen välttämättömyydestä laukaisee tämän vuodatetun puhdistuksen Johanneksessa, sillä näyssä enkeli kehottaa elon leikkaamiseen.

Mutta miksi Ihmisen Pojan muotoinen istuu pilvellä? Useissa Raamatun kohdissa, joissa puhutaan Ihmisen Pojasta ja hänen tulevasta tuomiostaan, Ihmisen Pojan kerrotaan tulevan "taivaan pilvissä".[13] Tässä tulkitsen pilven kuitenkin jatkamaan Ilmestyskirjan aikaisempia pilvisymboleja. Lukija muistanee, että suuri enkeli, joka seisoi maan ja meren päällä, oli pilveen verhottu, ja kaksi todistajaa nousi taivaaseen pilvessä (Ilm. 10:1 ja 11:12). Tulkitsin tuolloin pilven verhoksi, joka kätki sisäänsä salaisuuksia. Ihmisen Pojan muotoinen pilvellä istuen on sen sijaan jo kuin vapautunut pilven verhosta.

Ymmärrän tämän muutoksen seuraavasti. Johanneksen vanhan uskonnollisuuden keskeisiä ongelmia oli, kuinka oikeudenmukainen Jumala voi sallia vääryyttä maailmassa. Tämä ongelma alkoi selvitä Johannekselle, kun hän uudestisyntymisensä jälkeen tajusi oikeudenmukaisuuden uudella, karman lain ilmaisemalla tavalla. Ja nyt viljan leikkuussa hän itse elää karman lain mukaista henkistä muutosta, joten hän tietää omakohtaisen kokemuksensa pohjalta, miten oikeudenmukaisuus syvällisessä ja sisäisessä merkityksessään toteutuu. Tätä asioiden selkiintymistä eli ongelmista saatua voittoa korostaa ehkä se, että Ihmisen Pojan muotoisella on seppelkruunu päässään. (Johanneksen käyttämä sana *stefanos* tarkoittaa sekä seppeltä että kruunua, ja se on sama sana, jota hän on aikaisemmin käyttänyt muun muassa heinäsirkkojen ja taivaallisen naisen seppeleestä.[14])

Viinipuun terttujen leikkaaminen

"Ja taivaan temppelistä lähti eräs toinen enkeli, ja hänelläkin oli terävä sirppi. Ja alttarista lähti vielä toinen enkeli, jolla oli tuli vallassaan, ja hän huusi suurella äänellä sille, jolla oli se terävä sirppi, sanoen: 'Lähetä sirppisi ja korjaa tertut maan viinipuusta, sillä sen rypäleet ovat kypsyneet.' Ja enkeli heitti sirppinsä alas maahan ja korjasi maan viinipuun hedelmät." (Ilm. 14:17–19.) Hedelmien leikkaaminen maan viinipuusta ilmaisee samantapaista muutosta kuin maan elon leikkaaminen, mutta muutos tapahtuu toiminnan sijasta itseisarvon kokemisessa, sillä viinirypäleen symboliikka liittyy Raamatussa itseisarvoon.[15]

Arvoelämys herää tavallisesti jostain arvon lähteestä. Uskonnollisessa elämässä arvokokemus voi syntyä esimerkiksi kirkollisista rituaaleista tai rukoilijan omista hengellisistä mielikuvista; arkisemmissa yhteyksissä arvoelämyksen lähteenä saattaa olla vaikkapa luonnon kauneus tai taideteos. Ilmestyskirjan symboliikassa tämä yhteys arvon lähteen ja siitä heränneen arvokokemuksen välillä symboloituu viiniköynnöksenä: köynnös tuo ravintoa rypäleelle, samoin kuin kokija saa iloa arvon lähteestä. Mutta kun rypäle nyt leikataan irti köynnöksestä, Johannes tuntee tulevansa leikatuksi irti entisistä ilon aiheistaan.

Myös viinirypäleen tapauksessa leikkaaminen johtuu Johanneksen sisäisestä kypsymisestä, sillä hän kuulee näyssään sanat "rypäleet ovat kypsyneet." Johanneksessa on siis kypsymässä uusi arvon kokemisen tapa, joka ei ole enää sidottu ulkoisiin arvon lähteisiin. (Tässä yhteydessä sanalla "ulkoinen" on suhteellinen merkitys, sillä jopa mielikuva voi olla ulkoinen arvon lähde.) Välivaiheessa, jolloin uusi ulkoisista lähteistä riippumaton arvon kokemistapa ei ole vielä auennut, tämäkin muutos koetaan ahdistavana, sillä muutoksen kouriin joutunut tuntee jääneensä irtileikatuksi ja vaille ravintoa, iloa ja rakkautta.

Ristin Johannes kuvaa myös tällaista kokemusta osana sitä vuodatettua puhdistusta, jossa sielu irtoaa "kiintymyksistään". Hän kirjoittaa muun muassa:

Jumala – – vieroittaa sen [sielun] rintamaidosta ja lasten miedosta ja makeasta ruuasta – – että siitä alkaisi maistua väkevien ravinto. – – Tässä halun puhdistuksessa Jumala on ottanut sielulta pois kaikenlaisen nautinnon.[16]

Kuten lapsi vieroitetaan äidin rinnoilta, jotka ovat sitä ravinneet, niin viinirypälekin Ilmestyskirjan näyssä leikataan irti siitä viiniköynnöksestä, josta se on imenyt ravintoa. Tässä yhteydessä Ristin Johannes kuvaa erityisesti alustavaa siirtymistä meditatiivisesta rukouksesta kontemplaatioon, ja tämä voisi hyvin olla se merkitys, joka maan viinipuun terttujen leikkaamisella on myös Ilmestyskirjan Johanneksen henkisessä muutoksessa. Yhdistänkin seuraavassa kahden Johanneksen kuvaukset toisiinsa.

Kristinuskossa meditatiivisella rukouksella tarkoitetaan keskittymistä johonkin uskonnolliseen ajatukseen tai mielikuvaan. Näistä rukoilija ammentaa henkistä iloa, kuten Ilmestyskirjan vertauksessa viinirypäle saa ravintoa köynnöstä pitkin. Ristin Johanneksen mukaan ihminen joutuu kuitenkin uskonnollisessa kehityksessään vaiheeseen, jossa hän tuntee itsensä kykenemättömäksi tällaiseen rukousmuotoon, eikä se anna hänelle henkistä ravintoa, vaikka hän yrittäisikin siihen keskittyä. Ilmestyskirjan symboliikkaa soveltaen rypäle leikataan silloin irti köynnöksestä. Edelleen Ristin Johannes selittää, että kokemus voi tuntua ahdistavalta, mutta itse asiassa sielu on vain siirtymässä kontemplatiiviseen rukoukseen, joka on sisäistä arvon kokemista ilman mielikuvia.[17]

Vuodatetun puhdistuksen ensimmäistä vaihetta Ristin Johannes nimittää aistiseksi puhdistukseksi. Kun sielu ei saa aistiensa ja mielikuvituksensa antamaa tyydytystä, "aistinen halu" sammuu, ja "sielun kitalaki" puhdistuu sisäisempään nautintoon, kuten Ristin Johannes asiaa selittää.[18] Mielestäni Ilmestyskirjan sadonkorjuu ihmisen sisäisenä kokemuksena voidaan lukea juuri tällaiseen Ristin Johanneksen erottamaan aistisen puhdistuksen vaiheeseen.

Koska viinipuun tertut, samoin kuin maan elo, leikataan heittämällä taivaasta sirppi maan päälle, Ilmestyskirjan Johannes elää edelleen vuodatettua puhdistusta. Näyssä esiintyvät enkelit puolestaan korostavat jälleen tämän muutoksen intuitiivista luonnetta.

Näyssä viinirypäleiden leikkaamiseen kehottanut enkeli lähtee alttarista, ja sillä on tuli hallussaan. Oletan, että tässä on kyse samasta alttarin tulesta, joka esiintyi kahdeksannessa luvussa ja joka tulkintani mukaan kuvasi universaalia rakkautta (Ilm. 8:5). Yhä syvempää ja universaalimpaa rakkautta Johannes joutuukin oppimaan näyn lopputapahtumien aikana.

Viinikuurnan polkeminen

"Ja enkeli heitti – – ne [viinipuun hedelmät] Jumalan vihan suureen kuurnaan. Ja kuurna poljettiin kaupungin ulkopuolella, ja kuurnasta kuohui veri hevosten kuolaimiin asti, tuhannen kuudensadan vakomitan päähän." (Ilm. 14:19–20.)

Viinikuurna symbolina luo mielikuvan paineesta, puristuksesta ja ahdingosta. Pohjoisessa kulttuuripiirissä vastaavia kuvia ovat prässi ja mankeli. Vaikean elämäntilanteen kestettyään nykyihminenkin tuntee olleensa kuin kovassa prässissä tai kulkeneensa kuin suuren mankelin lävitse. Johanneksen näyssään kuvaama muutos huipentuu siis syvään ahdinkoon ennen vapautumista.

Kun Johannes on viinipuun terttuja leikattaessa revitty irti entisistä ilon lähteistään, hän jää sellaiseen irrallisuuden tilaan, jonka hän kokee kauheana. Tätä tuntemusta Ristin Johannes kuvaa omasta kokemuksestaan korostaen juuri puristuksen tuntoa.

Jumala – – jättää – – sielun kiintymykset äärimmäiseen ahdistukseen, katkeruuteen ja puristukseen riistäen sielulta ne mielihyvän tunteet, joita se ennen koki hengellisistä siunauksista.[19] Viinikuurnassa rypäle on kahden voiman välissä: toisaalla on viinisammio tai kuurna ja toisaalla polkeva jalka tai survin. Kokemuksellisella tasolla tämä tarkoittaa, että Johannes on keskellä elämyksellistä ristiriitaa, jonka hän tuntee musertavan itseään. Sisäisiä ristiriitoja jokainen joutuu kokemaan mitä moninaisimmin muodoin elämänsä eri vaiheissa, mutta tässä erittelen viinikuurnakokemusta siten, että se valottaa syvähenkistä muutosta.

Toinen kilvoittelijaa musertava voima viinikuurnassa on hänen sidonnaisuutensa egohaluihin. Hän tahtoisi ainakin joillakin säikeillään elää yhä kuten ennen; hän tahtoisi saada tyydytystä entisistä ilon lähteistään. Johanneksen kohdalla kysymys on varmaankin sidonnaisuudesta entiseen uskonnollisuuteen ja siihen mielihyvään ja lohtuun, jota hän sai uskonnollisista mielikuvistaan. Mutta nyt hän on tilassa, jossa hän ymmärtää vanhan elämänsä vaillinaisuuden. Hän tajuaa, että hänen täytyy muuttua. Toinen Johannesta – kuten ketä tahansa viinikuurnakokemuksessa – puristava voima on siten se uusi elämä, jonka hän tuntee itseään odottavan. Mutta ennen kuin muutos on todella tapahtunut, uusi on tuntematonta ja siksi pelottavaa ja ahdistavaa.

Johanneksen näyssä kokemuksen ahdistavuus on esillä siten, että kuurna on Jumalan *vihan* viinikuurna. Vaikka muutos on lopulta hyvää tekevä, Johannesta ahdistaa niin paljon, että hän tuntee joutuneensa Jumalan vihan kohteeksi. Ehkä hänestä suorastaan tuntuu, että se survin, joka häntä viinikuurnassa polkee, on kuin Jumalan jalka. Ristin Johanneksen sanoin:

Vaikka Jumalan käsi onkin itse asiassa sangen lempeä ja suloinen, sielusta se tuntuu erittäin raskaalta ja vihamieliseltä.[20]

Miksi Ilmestyskirjan Johannes sitten kokee muutoksen niin kauheana, että se kuvautuu Jumalan vihana? Vastaan kysymykseen seuraten ensin Ristin Johannesta. Muutoksen ahdistavuus voi syntyä ensinnäkin itsetuntemuksen kasvusta. Henkisen kehityksen edetessä näemme äkkiä itsemme uudessa valossa, sellaisena kuin olemme kaikkine sidonnaisuuksinemme. Ilmestyskirjassa Johannes oivaltaa nyt intuitiivisen kirkkaasti aikaisempien erittelyjensä pohjalta vanhan uskonnollisen elämänsä vajavuuden, ja oivallus saa hänet häpeämään ja kärsimään. Ehkä hänestä tuntuu myös mahdottomalta vapautua kaikesta vanhasta. Tällaista itseoivalluksen hetkeä Ristin Johannes kuvailee käyttämällä vertausta puhtaasta valosta, mutta hänen vertaukseensa sisältyy myös samantapainen sisäinen vastakkaisuus, jota viinikuurna symbolina ilmaisee:

> Milloin näet tämä puhdas valo osuu sieluun karkottaakseen siitä epäpuhtauden, sielu tuntee olevansa niin epäpuhdas ja viheliäinen, että siitä tuntuu kuin Jumala olisi sitä vastaan ja se itse olisi noussut Jumalaa vastaan.[21]

Toiseksi Ristin Johannes selittää, että ahdistus johtuu sielun "luonnollisesta moraalisesta ja henkisestä heikkoudesta". Toisin sanoen emme yleensäkään tahdo kestää sisäistä muutosta, mutta erityisen vaikeaa tämä on muutoksen kulminaatiokohdissa. Ristin Johanneksen sanoin:

> Sielu kärsii heikkoudessaan niin kovasti, että se melkeinpä nääntyy; näin tapahtuu varsinkin niillä kerroilla, kun valo tarttuu siihen tavanomaista väkevämmin. Sekä aistit että henki ovat silloin ikään kuin jonkin suunnattoman ja pimeän kuorman alla.[22]

Kahden voiman puristuksessa saatamme myös tuntea olevamme umpikujassa. Emme käsitä, kuinka voisimme liikkua suuntaan tai toiseen. Vaikka jollain säikeellämme tahtoisimmekin takaisin entiseen elämäntuntoomme, tajuamme, ettemme voi palata taaksepäin. Entinen on vääjäämättä paljastunut vajaaksi. Mutta emme ymmärrä, kuinka voisimme astua eteenpäinkään. Emme osaa hahmottaa itseämme ilman niitä egohaluja ja ilon muotoja, jotka ovat antaneet meille tähänastiset elämäntavoitteemme ja koko identiteetin tuntomme. Ilmestyskirjan Johannes varmaankin ihmettelee ahdistuneena, kuinka hänellä enää ylipäätänsä voisi olla syvähenkistä elämää, jos hän ei saa tyydytystä uskonnollisista mielikuvistaan.

Tämä umpikujamainen tilanne voi kehittyä suoranaiseksi kauhuksi. Viinikuurnaan joutunut ehkä tuntee: "Jos kadotan itseni sellaisena kuin olen, mitä minusta jää? Miten voin elää? Mistä saan motivaation elämän jatkamiseen?" Henkisen kehityksen syvemmillä tasoilla tämä pelko ei varmaankaan ole mitään tavanomaista pelkoa. Luulen, että se kuuluu olennaisesti ihmisluontoon, sillä ihminen on hahmottanut itsensä vuosikausia – tai jos oletamme itämaisen tradition mukaan rein-karnaation, jopa tuhansia vuosia – sidonnaisuuksiensa kautta. Kun nuo sidonnaisuudet irtoavat, ihmisen ego reagoi ja vastustaa muutosta, ja ihminen tuntee tyhjyyden kammoa. Ahdistuksessaan hän on lopulta elämäntunnoltaan kuin rusennettu viinirypäle.

Usein juuri äärimmäinen ahdinko saa meidät tuntemaan itsemme lopulta niin voimattomiksi, että meidän on voimattomuudessamme suorastaan pakko vain antautua. Ja kun emme enää jaksa taistella vas-taan, muutos tapahtuu.

Viinirypälevertauksessa rypäleen kuori on ihminen egona, ja ah-distuksessa tuo kuori rikkoutuu eli ihminen musertuu ja antautuu egona. Silloin syvempi tajunnantaso, itseys, pursuaa esille. Itseys ku-vautuu näyssä rypäleen ydinmehuna, jota kuori aikaisemmin peitti; ja koska itseys merkitsee uutta, entistä syvempää rakkautta ja iloa, se tuo ratkaisun viinikuurnan symboloimaan ristiriitaan. Se on kuin synteesi, joka pulppuaa esiin teesin ja antiteesin välistä. Johanneksen ei tarvit-sekaan takertua egoonsa tai astua tyhjyyteen, vaan hänestä itsestään eli viinirypäleestä sammion ja survimen välistä pursuaa uusi esille.

Ilmestyskirjassa viinirypäleen ydinmehu on verta, sillä viinirypäle on ihminen ja veri symboloi ihmisen ydinmehua eli rakkautta.[23] Näin viinikuurnakokemus on eräänlainen egon ristiinnaulitseminen. Ihmi-nen egona nääntyy ja kuoleutuu ja veri eli syvempi minä kirpoaa hä-nestä esille, vastaavalla tavalla kuin Jeesuksesta vuoti ristillä verta.

Viinikuurnakokemuksen jälkeen Johannes, kuten kuka tahansa ko-kemuksen tarpeeksi monta kertaa läpikäynyt, osaa elää myös sellaista iloa ja rakkautta, jolle ei ole ulkomaailmassa eikä edes hänen omissa mielikuvissaan arvon lähdettä. Hän löytää omasta sisimmästään kyvyn iloita ulkoisista tekijöistä ja olosuhteista riippumatta. Tätä muutosta valaisee pyhän Teresan vertaus, jonka mukaan pinnallisemmat ilot tu-levat sieluun kuin vesijohtoa pitkin, kauempaa, mutta syvällisemmät ilot kumpuavat suoraan lähteestä, joka on sielun sisin.[24] Edellinen ta-paus on verrattavissa Ilmestyskirjan tilanteeseen, jossa viinirypäle saa ravintoa viiniköynnöksestä, ja jälkimmäisessä tapauksessa veri pur-suaa esille suoraan viinirypäleen sisältä.

Selvittyään viinikuurnasta kilvoittelija pystyy nauttimaan uudel-leen niistä aistien suomista iloista, joita hän pitää hyvinä. Eroa aikai-sempaan verrattuna on kuitenkin siinä, että hänen sidonnaisuutensa ul-kokohtaisempaan nautintoon on lientynyt. Hän ei kärsi, vaikka jäisikin ulkokohtaisempaa iloa paitsi, sillä hänessä on ainakin alustavasti kypsynyt sisäinen iloitsemisen kyky.

Ilmestyskirjan viinikuurnan polkemisesta on enää muutama yksityiskohta tulkitsematta. Ensinnäkin kuurna poljettiin "kaupungin ulkopuolella" (Ilm. 14:20). Luulen, että syynä tähän on se normaalista elämästä irtaantunut olotila, jota viinikuurnassa viruminen merkitsee. Kokija tuntee olevansa syvässä ahdingossaan ulkopuolinen. Hän on irti jopa omasta tavallisesta elämäntunnostaan, ja niin kokemus tapahtuu tavallisen elämän eli kaupungin hyörinän ulkopuolella.

Johannes kertoo myös, että "kuurnasta kuohui veri hevosten kuolaimiin asti" (Ilm. 14:20). Verta tulee siis ilmeisesti niin paljon, että se yltää maasta hevosten kuolainten tasolle peittäen nekin vereen. Olennaista vertauksessa on kuitenkin, että Johannes käyttää hevosten kuolainten verestymistä myyttikuvanaan.

Luulen Johanneksen kokevan, että hänen tajuntansa on aikaisemmin pyydeluonteisena ollut kuin vikurimainen hevonen. Ilman kuolaimia, eli oikeudentajua ja tahdonvoimaa, se olisi juossut minne mielii. Rinnastuskohteeksi tähän yhteyteen sopii esimerkiksi pyhän Teresan vertaus, jonka mukaan joidenkin ihmisten tajunta on niin hajanainen, että se on kuin villi hevonen, ja vain ratsastajan taidokkuuden ansiosta onnettomuuksilta voidaan välttyä.[25]

Kun Johanneksen näyssä veri kuohuu hevosten kuolaimiin, hänen oikeudentajunsa ja tahdonvoimansa sijaan astuu entistä suuremmassa määrin rakkaus. Hän siis siirtyy viinikuurnakokemuksensa seurauksena yhä selvemmin oikeudenmukaisuusetiikasta rakkausetiikkaan, vaikka muutos ei ole vielä täydellinen. Samalla koko hänen elämänasenteensa vapautuu, sillä hänen ajattelunsa, tunteensa ja tekonsa ohjautuvat nyt entistä spontaanimmin pyyteettömästä rakkaudesta. Ehkä hän tuntee vastedes voivansa tehdä myyttistä matkaansa kuin rakkauteen eli vereen kastautuneen hevosen selässä, ja siten päästä nopeasti perille.

Vielä Johannes kertoo, että veri kuohui kuurnasta tuhannenkuudensadan vakomitan päähän. Tuhatkuusisataa muodostuu luvusta tuhat ja luvusta kuusisataa eli olennaisesti ykkösestä ja kuutosesta. Arvelen näiden lukujen symboloivan viinikuurnakokemuksen kahtalaista merkitystä Johannekselle. Veren pursuessa esille rypäleestä hän eli vapautumisen, joka oli rakkauden, ilon ja ykseyden kokemus, ja tällaista ykseyselämystä luku yksi ja sen johdannainen luku tuhat kuvaavat. Toisaalta rakkauden pursuminen esille vapautti Johanneksen toiminnallista ja uuteen muutokseen tähtäävää elämänasennetta, jota luku kuusi toimintaan ja muutokseen liittyvänä sopii symboloimaan.[26]

Reaalisessa todellisuudessa tuhatkuusisataa vakomittaa on noin kolmesataa kilometriä. Näin kuurnasta kuohuu verikenttä, jonka läpimitta on satoja kilometrejä ja syvyyskin noin puolitoista metriä. Tämä suunnaton verimäärä heijastellee Johanneksen tuntemusta viinikuurnakokemuksen ja sen muutosvaikutuksen valtavuudesta.[27]

15. PEDON VOITTAJAT JA ILMOITUS VIIMEISISTÄ VITSAUKSISTA

Vapautuminen

Johanneksen vuodatettu puhdistus jatkuu, mutta tässä luvussa vuodatukseen kuuluu vapautunutta iloa. Vapautuminen on seurausta edellisen luvun viinikuurnasta, jossa rypäleen ydinmehu eli rakkaus pursui esille. Myös Ristin Johannes selittää, että vuodatettu puhdistus sisältää ahdinkojen ohella iloa: "Keskellä kuivia kausia ja ahdinkoja Jumala – – suo sielulle – – hengellistä suloisuutta, sangen puhdasta rakkautta ja hengellistä tietoa, joka on toisinaan erittäin hienolaatuista."[1]

Lasinen meri ja pedon voittajat

"Ja minä näin ikäänkuin lasisen meren, tulella sekoitetun, ja niiden, jotka olivat saaneet voiton pedosta ja sen kuvasta ja sen nimen luvusta, seisovan sillä lasisella merellä" (Ilm. 15:2). Pedon voittajat ilmentävät Johanneksen vapautumista: hän tuntee saaneensa jo osittaisen voiton tajunnallisesta harhasta ja sen eri ilmenemismuodoista.

Neljännessä luvussa lasinen meri edusti piilotajuisuutta, potentiaalisuutta ja jopa kaaosta, ja sama yleinen merkitys lasisella merellä on edelleen, mutta nyt eri asiat kuin aikaisemmin ovat Johannekselle piilotajuisuutta, potentiaalisuutta ja kaaosta. Muutos on luonnollinen, koska Johannes on jo pitkään kulkenut sisäisellä tiellä, jolloin hänen elämäntuntonsa on muuttunut.

Oletan, että lasinen meri symboloi tässä näyssä egotajunnan aluetta tai yleisesti ihmisen harhaista olemassaolon muotoa. Se on pedon, pedon kuvan ja sen nimen luvun maailmaa eli harhan maailmaa. Muuttuessaan Johannes on alkanut hahmottaa todellisuutta uudella tavalla; se, mikä hänestä ennen oli tietoisuutta – tavallinen valvetila – näyttää uusien tajunnantilojen auettua yhä selvemmin tiedottomuudelta, piilotajunnalta ja kaaokselta. Parhaimmillaankin hän voi pitää sitä pelkkänä unena. Ajatus tavallisen tajunnan unenkaltaisuudesta on yleinen sekä länsimaisessa että itämaisessa kirjallisuudessa, ja edellä olen käyttänyt siitä jo esimerkkinäni Ludwig Wittgensteinin sanoja: "Parhaina hetkinämme heräämme juuri tarpeeksi tajutaksemme, että – –

suurimman osan ajasta olemme – – syvässä unessa." *Bhagavadgitassa* ajatus ilmaistaan sanoilla: "Missä olennot valvovat, se on yötä viisaalle, joka näkee." Johanneksen tämän näyn lasiselle merelle tarjoaa melko hyvän vastineen itämaisen filosofian kuuluisa käsite *samsaran* meri eli harhan meri, joka tarkoittaa yleisesti harhaista olemassaolon muotoa.[2]

Ilmestyskirjan meri on lasinen ehkä sen takia, että lasin läpi on mahdollista nähdä, ja Johannes tuntee varmaankin jo nähneensä kohtuullisen hyvin ihmistajunnan harhaisuuden läpi. Lasisen meren pinnalla voi myös seisoa, ja näin Johannes pystyy myyttikuvallaan "pedon voittajat lasisen meren päällä" ilmentämään sitä osittaista voittoa harhasta, jonka hän on saavuttanut.

Entä miksi lasinen meri on "tulella sekoitettu"? Tuli on energian myyttikuva, mutta energia voi ilmetä sekä arvokkaassa muodossa rakkauden palona ja viisauden tulena että huonolla tavalla intohimon kuluttavana poltteena. Negatiivinen symbolinen merkitys tulella on esimerkiksi *Bhagavadgitan* kohdassa, jossa himon sanotaan olevan "ainainen vihollinen" ja "vaikeasti tyydytettävä tuli".[3] Sama himon merkitys sopii Ilmestyskirjan tähän kohtaan, sillä egotajunnan määrittelevä ominaisuus on ihmisen sidonnaisuus haluihinsa. Egotajunnassa eli harhan meressä ihminen siis elää halujensa ja himojensa eli tulena polttavien energialataustensa kuluttamana. Muistamme myös, että lohikäärme eli kosminen harha, joka antoi voiman muille harhan muodoille, oli "tulipunainen" (Ilm. 12:3).

Tähän yhteyteen sopii kuitenkin myös tulen positiivinen merkitys, jos oletamme tulen rakkauden palona ja viisauden liekkinä puhdistavan ihmistä. Sisäisellä tiellähän jokainen joutuu myös puhdistavan tulen kohteeksi niin kauan kuin hän on halujensa vanki. Täten lasinen meri tarkoittaisi tavallista tajuntaa, johon voi jo kuulua egotajunnan ohella säikeitä itseystajunnan rakkaudesta ja intuitiivisesta viisaudesta.

Lasisen meren yläpuolella oleva alue, jossa pedon voittajat ovat, ilmentää sen sijaan puhdasta itseystajuntaa eli sitä tajuntaa, joka on vapaa pyyteistä ja jossa puhdistavaa tultakaan ei enää tarvita.

Mooseksen ja Karitsan virsi

"Ja heillä oli Jumalan kanteleet. Ja he veisasivat Mooseksen, Jumalan palvelijan, virttä ja Karitsan virttä, sanoen: 'Suuret ja ihmeelliset ovat sinun tekosi, – – vanhurskaat ja totiset ovat sinun tiesi, – – sinun vanhurskaat tuomiosi ovat julki tulleet.'" (Ilm. 15:2–3.) Soiton ja laulun tulkitsen jälleen pyhyysarvon kokemiseksi, ja tässä yhteydessä ne korostavat sitä vapautumista, jota pedon voittajat muutenkin symboloivat.

Virsi, jota voittajat laulavat, on aikaisemmasta poiketen paitsi Karitsan myös Mooseksen virsi, ja virressä korostetaan Jumalan vanhurskautta eli oikeamielisyyttä. Mooses symbolina viittaa Vanhan testamentin uskonnollisuuteen, jonka Jumalaa voidaan pitää yleispiirteisesti oikeudenmukaisuuden Jumalana; hänhän antoi Moosekselle lain taulut eli oikean ja väärän lait. Mooseksen mukanaolo virressä kertonee, että Johannes on edellisen luvun elämyksellisten tapahtumien jälkeen ymmärtänyt perusteellisesti ja omakohtaisesti, kuinka oikeudenmukaisuus ihmiselämässä syvimmillään toteutuu. Se toteutuu lain mukaan: "Joka tahtoo tallettaa elämänsä itselleen, hän kadottaa sen; mutta joka sen kadottaa, pelastaa sen." Ja nyt viinikuurnan ahdistuksessa Johannes on itse kadottanut egoaan tuntien varmaankin samalla tulleensa kuin oikeudenmukaisesti tuomituksi. Tästä syystä hän on valmis sanomaan, että Jumalan vanhurskaat tuomiot ovat julki tulleet. Mutta viinikuurnassa tapahtui myös muuta. Johanneksen itseys eli veri ja rakkaus pursui esille, jolloin hän alkoi löytää elämäänsä. Näin hän ymmärtää omasta kokemuksestaan, kuinka oikeudenmukaisuus ja rakkaus liittyvät syvällisellä tavalla toisiinsa, ja niin virsi on *sekä* Mooseksen *että* Karitsan virsi.

Todistuksen majan temppeli

"Ja sen jälkeen minä näin: todistuksen majan temppeli taivaassa avattiin" (Ilm. 15:5). Temppelin avautuminen taivaassa symboloi jälleen, samoin kuin yhdennentoista luvun lopussa, korkean tajunnantason avautumista. Johanneksen arvokokemus, joka oli alkanut tässä luvussa Mooseksen ja Karitsan virrellä ja kanteleen soitolla, huipentuu siis vielä henkisemmän tajunnantilan elämiseen.

Sana "todistus" todistuksen majan temppelissä osoittanee, että tässä tajunnantilassa on keskeistä korkea henkinen intuitiivinen oivallus. Vastaavalla tavalla Ristin Johannes selitti luvun alussa lainaamassani kohdassa, että "Jumala – – suo sielulle – – hengellistä tietoa, joka on toisinaan erittäin hienolaatuista". Todistuksen majan temppelin avautuminen taivaassa ei siis liene yhtä ehdoton autuuden kokemus kuin taivaan temppelin avautuminen yhdennentoista luvun lopussa, jolloin temppelissä näkyi vielä liiton arkki. Ristin Johannes jopa tähdentää, että vuodatetun puhdistuksen aikana hengessä leimuavaa rakkautta ei aina edes selvästi huomata.[4]

Sana "todistus" todistuksen majan temppelissä kertonee myös, että korkeilla henkisillä elämyksillä on todistava vaikutus sille, joka ne kokee, eli kokija muuttuu elämyksen voimasta, ja tätä muutosta Ilmestyskirjan Johannes ryhtyy kohta kuvaamaan.

Uusi muutos alkaa

Johanneksen nyt käsillä oleva näky alkaa jakeella, jota en ole vielä tulkinnut: "Ja minä näin toisen tunnusmerkin taivaassa, suuren ja ihmeellisen: seitsemän enkeliä, joilla oli seitsemän viimeistä vitsausta, sillä niissä Jumalan viha täyttyy" (Ilm. 15:1). Jakeessa Johannes ennakoi uutta intuitiivista muutosvaihettaan, jonka eri askelmia enkelit symboloivat. Muutos on edelleen ahdistavaa vuodatettua puhdistusta, ja siksi enkeleillä on hallussaan vitsauksia. Mutta samalla muutos on hyvää tekevää, ja niin vitsaukset ovat *Jumalan* vihaa.

Johannes jatkaa kuvaustaan enkeleistä luvun loppupuolella, sen jälkeen kun todistuksen majan temppeli taivaassa on avattu: "Ja ne seitsemän enkeliä, joilla oli ne seitsemän vitsausta, lähtivät temppelistä" (Ilm. 15:6). Vuodatetussa puhdistuksessa käynnistysvoimana on korkeiden tajunnantilojen avautuminen. Yhä henkisemmät intuitiot muuttavat ihmistä, ja juuri tätä muutosvaikutusta enkelien lähteminen todistuksen majan temppelistä mielestäni kuvaa. Johannes kuitenkin jäljittää tätä muutosvaikutusta uskonnollisen todellisuuskäsityksen mukaisesti vielä ihmisen intuitiota korkeammalle.

Hän kirjoittaa: "Ja yksi niistä neljästä olennosta antoi niille seitsemälle enkelille seitsemän kultaista maljaa, täynnä Jumalan vihaa" (Ilm. 15:7). Vaikka "Jumalan viha" on vihan osalta projektiivinen ilmaus, sanonta kertonee, että Johannes pitää vuodatetun puhdistuksen perimmäisenä lähtökohtana Jumalaa. Hyvä rinnastuskohde löytyy jälleen Ristin Johannekselta, joka luonnehtii vuodatettua puhdistusta sanomalla, että se on "Jumalasta virtaavaa vaikutusta sieluun".[5] Kun Ilmestyskirjassa yksi olennoista antaa Jumalan vihan maljat enkeleille, Ilmestyskirja porrastaa tämän Ristin Johanneksen mainitseman vaikutusvirran ketjuksi: Jumala–olento–enkeli.

Malja symbolina korostaa vuodatetun puhdistuksen elämyksellistä luonnetta. Puhdistuksen edetessä Johannes joutuu lopulta ikään kuin juomaan eli kokemaan elämyksellisesti maljojen sisällön.[6] "Ja temppeli tuli savua täyteen Jumalan kirkkaudesta ja hänen voimastansa" (Ilm. 15:8). Sanoessaan temppelin tulevan täyteen savua Jumalan kirkkaudesta Johannes käyttää ilmeisen paradoksaalista myyttikuvaa. Koska savu aiheuttaa hämäryyttä ja jopa pimeyttä, Johanneksen sanonnassa kirkkaus toimii pimentävästi. Pimentävä kirkkaus on kuitenkin ymmärrettävää sisäisen elämän tapahtumana. Taivaan temppelin avautuessa Johannes tunsi varmasti elävänsä kuin Jumalan kirkkautta, ja tämä arvoelämys alkaa nyt muuttaa häntä. Mutta muutosvaiheessa hän tuntee hämmennystä ja jopa ahdistusta, ja nämä kuvautuvat savuna ja sen aiheuttamana hämäryytenä ja pimeytenä.

Myös Ristin Johannes yhdistää valon ja pimeyden vuodatetun puhdistuksen kuvauksessaan; hän puhuu muun muassa "jumalallisesta ja pimeästä valosta". Tarkemmin eritellen Ristin Johannes vertaa Jumalaa puhtaaseen valoon, joka aiheuttaa ihmisessä "pimeän yön", ja pimeällä yöllä hän tarkoittaa juuri ahdistusta ja hämmennystä.[7] Ristin Johannes kysyy myös: "Jos kyseessä on jumalallinen valo, miksi sielu sitten kutsuu sitä pimeäksi yöksi?" Ja hän vastaa: "Ensiksikin syynä on jumalallisen viisauden korkeus, joka ylittää sielun käsityskyvyn ja on siten sille pimeyttä. Toisena syynä on sielun alhaisuus ja epäpuhtaus, minkä vuoksi mainittu viisaus on sille piinallinen ja ahdistava ja myös pimeä."[8] Vielä Ristin Johannes teroittaa: "Kun sielu todella joutuu tällaisen jumalallisen valon kohteeksi, se tuntee suunnatonta piinaa epäpuhtautensa vuoksi."[9] Tavallisella kielellä ja yksinkertaistaen ilmaisten kyse on muutosvaiheesta. Sisäisellä tiellä kilvoittelijalle aukeaa uusi kokemistapa, mutta hän ei elä sitä heti täysimääräisesti, niin että uusi pyyhkisi vanhan kerralla pois.

Ilmestyskirjan tämä luku päättyy sanoihin: "Eikä kukaan voinut mennä sisälle temppeliin, ennenkuin niiden seitsemän enkelin seitsemän vitsausta oli käynyt täytäntöön" (Ilm. 15:8). Ennen kuin Johanneksen sisäinen muutos on kokonaisuudessaan tapahtunut, hän ei pysty elämään sellaista autuutta, jota taivaan temppelissä oleminen symboloi. Muutoksen aikana hän päinvastoin joutuu kokemaan suoranaista ahdistusta, eli hän tuntee olevansa vitsausten kohteena.

16. MALJAVITSAUKSET JA HARMAGEDDONIN TAISTELU

Vuodatettu puhdistus

"Ja minä kuulin suuren äänen temppelistä sanovan niille seitsemälle enkelille: 'Menkää ja vuodattakaa ne seitsemän Jumalan vihan maljaa maan päälle'" (Ilm. 16:1). Johanneksen vuodatettu puhdistus jatkuu, kuten tässä kohdassa käytetty sanonta "maljat vuodatetaan" osuvasti ilmaisee, ja muutoksen ahdistavuus on esitetty myyttikuvassa "Jumalan viha". Se korkea arvoelämys, jota taivaan temppelin aukeneminen edellisessä luvussa symboloi, alkaa vaikuttaa Johanneksen tavanomaisempaan tajuntaan eli maan päälle muuttaen sitä.

Vuodatetun puhdistuksen aikana koetaan useita kertoja samantapaisia sisäisiä koettelemuksia ja armon tuntoja, mutta aina eri intensiteetillä, erilaisin vivahtein ja toinen toistaan syvemmillä tajunnantasoilla. Ilmestyskirjassa vuodatettua puhdistusta on aikaisemmin esiintynyt varsinkin pasuunan puhallusten ja sadonkorjuun yhteydessä, ja näistä pasuunan puhalluksilla on selviä muodollisiakin yhtymäkohtia Johanneksen uusiin maljavitsauksiin. Molemmissa tapauksissa ensimmäisen vitsauksen aikana heitetään jotain maan päälle; toisesta ja kolmannesta vitsauksesta meri ja joet ja vesien lähteet muuttuvat. Neljäs vitsaus koskee aurinkoa, ja viidennen aikana tapahtuu pimenemistä ja ihmiset ovat tuskissaan. Kuudennessa vitsauksessa on mukana Eufratjoki, ja viimeisen puhalluksen ja maljan vuodatuksen jälkeen esiintyy salamoita, ääniä, ukkosenjylinää ja maanjäristys.[1]

Kuvatessaan vuodatettua puhdistusta Ristin Johannes käyttää *Pimeä yö* -kirjassaan samoja runosäkeitä tulkiten ne kahteen kertaan. Ensimmäisellä kerralla säkeet kuvaavat hänen mukaansa pinnallisempaa eli aistista puhdistusta ja toisella kerralla syvempää eli henkistä puhdistusta.[2] Koska Ilmestyskirjan maljat vuodatetaan maan päälle, maljavitsaukset kuuluisivat Ristin Johanneksen sanastossa vielä pinnallisempaan eli aistiseen puhdistukseen; Ilmestyskirjassahan maa symboloi ihmisen tavanomaisempia olemuspuolia. Kun seuraavassa esitän rinnastuksia Ristin Johanneksen teoksiin, en kuitenkaan ota huomioon sitä, millä syvyystasolla puhdistus hänen mukaansa kulloinkin tapahtuu, vaan poimin esimerkit niin, että ne valaisevat mahdollisimman hyvin Ilmestyskirjan kuvia.

Ensimmäinen enkeli

"Ja ensimmäinen enkeli lähti ja vuodatti maljansa maan päälle; ja tuli pahoja ja ilkeitä paiseita niihin ihmisiin, joissa oli pedon merkki ja jotka kumarsivat sen kuvaa" (Ilm. 16:2). Jakeessa alkutekstin sana *helkos* on käännetty paiseeksi. Sana tarkoittaa märkäpesäkettä, märkähaavaa tai märkäpaisetta, ja useissa Raamatun käännöksissä käytetään paiseiden sijasta märkiviä haavoja. Jos kyseessä olisivat paiseet, ne olisi luontevaa tulkita tässä yhteydessä, kuten kuudennessa luvussakin, egon pullisteluksi eli egon ylivallaksi ihmistajunnassa. Johanneksen nähdessä paiseet hän siis pitäisi jäljellä olevaa egosidonnaisuuttaan sairautena ja kärsisi siitä. Haava sen sijaan on symboliarvoltaan paiseita syvällisempi kuva, ja siten se sopii mielestäni tähän yhteyteen paremmin. Haava muodostaa kuin kulkutien ihmiskehon sisempiin osiin, vastaavalla tavalla kuin Johannes on jo avautumassa kokemaan tajuntansa syvyyksiä. Sisäistyessään Johannes sitten näkee entisen ulkokohtaisuutensa eli oman egosidonnaisuutensa ja sen eri muodot yhä selvemmin, ja tämä uusi itsetuntemus aiheuttaa hänelle kärsimystä. Tästä syystä haavat ovat kivuliaita; märkiessään ne ikään kuin erittävät tuskaa.

Myös Ristin Johannes käyttää haavoja ja haavoittumista symboleinaan kuvatessaan vuodatettua puhdistusta, ja hän kertoo monin sanoin puhdistuksen tuskallisuudesta:

Pyhä Henki haavoittaa sielua hävittäen ja kuluttaen loppuun sen epätäydelliset pahat tottumukset. – – Tätä tapahtumista hengelliset ihmiset nimittävät "puhdistavaksi tieksi". Sillä harjoitellessaan sielu kärsii kovia koettelemuksia ja tuntee hengessään ankaraa piinaa, joka tavallisesti heijastuu aisteihin asti ja on sangen ahdistavaa.[3]

Samassa kohdassa Ristin Johannes tähdentää myös itsetuntemuksen tuomaa kärsimystä tällä puhdistavalla tiellä.

Toinen enkeli

"Ja toinen enkeli vuodatti maljansa mereen, ja se tuli vereksi, ikään-
kuin kuolleen vereksi, ja jokainen elävä olento kuoli, mitä meressä oli"
(Ilm. 16:3). Edellisessä jakeessa mainitut haavat ovat sisäistäneet Jo-
hanneksen elämäntuntoa, ja nyt sisäistyminen jatkuu, niin että hän ko-
kee muutoksen meren eli piilotajunnan tasolla. Meren muuttuessa ve-
reksi Johannes elää syvällistä rakkautta. Tämän entistä syvemmän rak-
kauden voimasta hänen piilotajuiset halunsa eli sidonnaisuutensa kuo-
leutuvat. Näitä piilotajuisia, mutta silti suhteellisen jäsentyneitä haluja
meren olennot symboloinevat.

Koska jakeessa puhutaan nimenomaan kuolleen verestä – ja ilmaus
lienee melko painostava – entisen minän kuoleutuminen myös ahdis-
taa ja pelottaa Johannesta. Sisäisissä muutoksissa jopa itse rakkauden
kokemus saattaa olla pelottava, jos sen voima on kyllin raju. Lisäksi
rakkaus voi tuntua ihanuudestaan huolimatta piinalliselta, jos kilvoit-
telija ei elä sitä vielä hengellisenä autuutena eli rakkauden täyttymyk-
senä vaan tuntee rakkautta kipeänä kaipuuna täyttymykseen.[4]

Ristin Johannes korostaa rakkauden ja ahdistuksen liittymistä toi-
siinsa vuodatetussa puhdistuksessa puhumalla muun muassa "pimeistä
ja rakastavista piinoista" ja käyttämällä ilmaisua "rakkauden pimeys".
Hän kuvailee ja selittää asiaa seuraavasti:

> Sielu rakastaa monin tavoin, ja se myös haluaa ja kärsii halussaan
> monin tavoin – –. Se ei löydä lepoa mistään, vaan tuntee tätä kai-
> puuta, koska se on rakkauden sytyttämä ja vammauttama. – –
> Kaikki käy ahtaaksi tällaiselle sielulle – –. Se on täynnä tuskaa
> aina pimeyteen saakka. – – Sielun kaipuu ja piina on rakkauden
> sytyttyä siten vieläkin suurempi, sillä tuska on voimistunut mo-
> ninkertaiseksi kahdesta syystä. Ensiksikin syynä on hengellinen
> pimeys, jossa sielu havaitsee olevansa ja jonka epäilykset ja pelot
> tuottavat sille ahdistusta. Toisena syynä on Jumalan rakkaus,
> joka sytyttää sielun ja kannustaa sitä sekä saattaa sen rakkauden
> vammallaan ihmeteltävään pelkoon.[5]

Kolmas enkeli

"Ja kolmas enkeli vuodatti maljansa jokiin ja vesilähteisiin, ja ne tuli-
vat vereksi" (Ilm. 16:4). Johannes tuntee muutoksen tapahtuvan myös
piilotajunnan merta syvemmissä tajuntansa kerroksissa, joita joet ja
vesilähteet tulkinnassani symboloivat.[6] Toisin sanoen haavoituttuaan

Johanneksen tajunta avautuu yhä sisemmille tasoille. Vesilähteet ovat niitä tajunnan "kerroksia", joissa ei ole edes suhteellisen jäsentyneitä piilotajuisia sisältöjä eli myyttisiä meren olentoja; näissä tajunnan syvyyksissä on vain elämyskvaliteettia eli vettä. Ehkä tästä syystä Johannes ei mainitse jakeessa mitään veden olentojen kuolemasta. Koska kuolemaa ei ole, jakeen välittämässä kokemuksessa korostunee edellistä jaetta enemmän rakkauden ilo. Ristin Johanneksen sanoin:

> Sielu tuntee saaneensa keskellä näitä pimeitä ahdinkoja viiltävän ja syvän vamman Jumalan väkevästä rakkaudesta, ja siihen liittyy tietty taju ja esimaku Jumalasta.[7]

Joogateoriaa soveltaen joet symboloivat pienempiä energiakanavia ja vesilähteet chakroja. Niiden veden muuttuminen vereksi vastaa joogateorian sanastossa nadien puhdistumista. Puhdistumista pidetään välttämättömänä autuuden kokemiseksi, ja sitä varten joogateoriassa opetetaan erilaisia pranayama-harjoituksia, joista mainitsin yhdeksännessä luvussa. Mutta puhdistumisessa on tärkeällä sijalla myös yleinen hyveellisyys ja totuudellisuus. Itse asiassa kuuluisalla Patanjalin kahdeksanportaisella joogatiellä ensimmäiset askelmat *yama* ja *niyama* tarkoittavat juuri tällaista yleistä hyveellisyyttä, ja yaman ja niyaman harjoittamisen sanotaan puhdistavan joogin tajuntaa, niin että hän vapautuu pyyteistään ja pystyy tuntemaan myötätuntoa kaikkea kohtaan.

Käytän tästä lähtien ajoittain Patanjalin kahdeksanportaista joogatietä Ilmestyskirjan tapahtumien rinnastuskohteena. Yama ja niyama muodostavat siis tämän tien kaksi ensimmäistä askelmaa. Kolmas on *asana* eli oikea meditaatioasento, mutta sille ei ole Ilmestyskirjassa selvää vastinetta, ja neljäs on äsken mainitsemani pranayama. Patanjalin joogasutria pidetään yleisesti itämaisen joogan klassisena esityksenä, mutta itse Patanjalin elinaikaa ei varmuudella tiedetä.[8]

Neljäs enkeli

"Ja neljäs enkeli vuodatti maljansa aurinkoon, ja sille annettiin valta paahtaa ihmisiä tulella" (Ilm. 16:8). Ennen neljännen maljan vuodatusta Johanneksen näyssä ovat puhuneet vetten enkeli ja alttari, mutta niiden puhe on ollut kertausta ja selventävää välihuomautusta, joten tulkitsen ne vain viitteessä.[9]

Neljäs malja vuodatetaan siis aurinkoon. Tämä on sikäli erikoista, että näyn alussa enkelien sanottiin vuodattavan maljansa maan päälle, mutta aurinko taivaankappaleena on tietysti taivaassa. Ilmestyskirjan myyttinen aurinko on kuitenkin osa myyttistä maata, sillä aurinko edustaa tulkinnassani sitä vanhaa jumalakuvaa, jonka Johannes on luonut tietoisuutensa avulla, ja tietoisuus on myyttisellä kielellä maata. Kun aurinko paahtaa ihmisiä, Johannes tuntee tuskaa sen liian pinnallisen uskonnollisuutensa takia, jota hänellä on yhä jäljellä. Paahtavaa tulista kuumuutta myös Ristin Johannes käyttää ahdistuksen kuvana, sillä vuodatettu puhdistus on hänen mukaansa "tulista puhdistusta", jossa sielu pannaan "hiilten päälle, että se kuumenisi – – ja sen sisällä häviäisi epäpuhtaus".[10]

"Ja ihmiset paahtuivat kovassa helteessä ja pilkkasivat Jumalan nimeä, hänen, jolla on vallassaan nämä vitsaukset, mutta eivät tehneet parannusta, niin että olisivat antaneet hänelle kunnian" (Ilm. 16:9). Johannes on eritellyt vanhan uskonnollisuutensa jo niin vajaaksi, että se näyttää hänestä suorastaan Jumalan pilkalta. Mutta silti hän ei pysty elämyksellisellä tavalla vapautumaan siitä lopullisesti. Varmaankin lähes jokainen on kokenut vastaavanlaisen tilanteen, jossa hän myöntää asenteensa ja tottumuksensa vääriksi mutta ei silti pysty luopumaan niistä.

Viides enkeli

"Ja viides enkeli vuodatti maljansa pedon valtaistuimelle ja sen valtakunta pimeni" (Ilm. 16:10). Johannes kärsii oivaltaessaan, kuinka suuri valta tajunnallisella harhalla eli pedolla on. Hän ymmärtää, että tajunnallinen harha ulottuu tietoista ajattelua laajemmalle koko egotajuntaan eli pedon valtakuntaan. Ehkä hän oivaltaa samalla, että hän ei voi täysin vapautua vanhasta auringon symboloimasta uskonnollisuudestaan niin kauan kuin hän on sidottu egotajuntaansa, sillä harhaisen tajunnan pohjalta syntyy harhaista uskonnollisuutta.

Kun pedon valtakunta pimenee, Johannes tuntee pimeyden valtaavan koko egotajuntansa. Ehkä hän tuskaisena ihmettelee: "Kuinka voin ollenkaan vapautua harhasta ja harhaisesta uskonnollisuudestani, kun ne ovat näin syvästi juurtuneet tajuntaani?"

Pimeyden myyttikuva oli erityisen läheinen Ristin Johannekselle, joka kutsui vuodatettua puhdistusta pimeäksi yöksi. Hän selitti muun muassa, että tässä yössä "sielu kärsii – – ymmärryksessään synkkää pimeyttä."[11]

"Ja he [ihmiset] pureskelivat kielensä rikki tuskissansa ja pilkkasivat taivaan Jumalaa tuskiensa ja paiseittensa [eli haavojensa] tähden, mutta eivät tehneet parannusta teoistansa" (Ilm. 16:10–11). Jakeessa kuvataan jälleen tiedostamisen ja elämyksellisen muutoksen ristiriitaa. Johannes tuntee suorastaan pureskelevansa kielensä rikki vakuuttaessaan itselleen tajuntansa harhaisuutta, mutta pelkkä vakuuttelu ja tiedostus eivät riitä; hänen pitäisi muuttua elämyksellisesti. Tähän hän ei kuitenkaan pysty, joten ihmiset eivät tee parannusta.

Kuudes enkeli

"Ja kuudes enkeli vuodatti maljansa suureen Eufrat-virtaan, ja sen vesi kuivui, että tie valmistuisi auringon noususta tuleville kuninkaille" (Ilm. 16:12). Jakeessa Johannes kuvaa kaksi maljan vuodatuksen seurausta, Eufrat-virran kuivumisen ja uusien kuninkaiden odotuksen.

Eufrat-virran olen tulkinnut aiemmin sellaiseksi elämänenergian virraksi, jossa energia kulkee vielä suhteellisen ulkokohtaisilla tasoilla.[12] Kun Eufrat kuivuu, Johannes tuntee sen energiansa kuivuvan, jonka varassa hän on tähän asti elänyt. Psyykkisellä tasolla elämänenergian kuivumista vastaa elämyksellinen kuivuuden tunto; kuivuus on luonnollinen seuraus siitä umpikujamaisesta tilanteesta, johon Johannes on joutunut. Myös Ristin Johannes puhuu usein kuivuuden tuntemuksesta osana pimeää yötä. Esimerkiksi juuri edellä lainaamani kohta kuuluu täydellisemmin seuraavasti: "Sielu kärsii tässä vaiheessa ymmärryksessään synkkää pimeyttä [ja] tahdossaan ankaraa kuivuutta ja ahdinkoa." Hyvä rinnastuskohde Eufrat-virran kuivumiselle on myös Ristin Johanneksen ilmaisu "sielunkykyjen kuivuus ja tyhjyys".[13]

Ilmestyskirjan maan kuninkaat ovat tähän asti liittyneet egoon, sillä toimiessaan kuin vanhat maan kuninkaat ihminen käyttää kykyjään järjestäytyneesti ja pyyteellisesti. Ihmiselle on kuitenkin avoinna myös toisenlainen, pyyteetön toimintatapa, ja tällaista pyyteetöntä pyhimysmäistä toiminnan tapaa Johanneksen odottamat uudet kuninkaat mielestäni symboloivat.

Uusia kuninkaita Johannes odottaa auringon noususta, joka tarkoittaa jälleen itää eli yleensä valon heräämisen suuntaa. Johannes siis toivoo uuden pyyteettömän toimintatavan aukenevan itselleen uuden intuitiivisen oivalluksen mukana. Koska uusien kuninkaiden tuloa valmistelee Eufrat-virran kuivuminen, muutosta pyyteellisyydestä pyyteettömyyteen edeltää vaikea elämyksellinen vaihe, kuivuus.

Muutosta pyyteellisestä pyyteettömään toimintaan tapahtui jo viinikuurnakokemuksen jälkeen veren kuohuessa hevosten kuolaimiin, ja nämä kaksi muutosprosessia vertautuvat sisällöllisesti toisiinsa erilaisista myyttikuvistaan huolimatta. Veren pursumista viinikuurnasta edelsi viljan leikkaaminen juuriltaan ja viinirypäleiden leikkaaminen irti köynnöksestä. Tuolloin vilja ja rypäleet jäivät kuin vaille sitä ravintoa, jota juuret ja viiniköynnös olivat aikaisemmin niille tuoneet. Vastaavalla tavalla Assyrian ja Babylonian maat, joiden kautta Eufrat virtaa, jäävät virran kuivuessa vaille sen virvoittavaa vettä. Molemmissa tapauksissa kyse on siis ahdistavasta tyhjyyden, juurettomuuden ja kuivuuden tunteesta. Lisäksi viljan juuret, viiniköynnös ja Eufrat-virta voidaan kaikki nähdä energiavirtojen symboleina. Eufrat-virta vain on paljon edellisiä mahtavampi kuva, mikä onkin luonnollista, sillä tässä näyssä Johanneksen muutos tapahtuu johdonmukaisesti entistä olennaisemmalla energiatasolla.

Kuivuus on tärkeä muutosta edeltävä vaihe, sillä sen aikana entinen pyyteellinen elämänasenne ja sitä vastaava elämänenergia laantuvat. Kun kuivuuden vaiheessa tavanomaiset egohalut ja niiden tyydyttymistä yleensä seuraavat mielihyvän tunteet eivät tarjoa toimijalle motiiveja, hän joutuu oppimaan uutta toimimisen asennetta.

Seuraavat sanat Ristin Johannekselta sopivat tähän kohtaan, vaikka hän ei puhukaan elämänenergiasta: "Sielu menettää mielenliikkeidensä ja himoitsemisensa voiman, ja se käy kuin kuivaksi koska se ei enää löydä tyydytystä."[14]

Ristin Johannes selittää myös, että tässä kuivuudessa aistisuus puhdistuu, ja hän kertoo "uudesta aistisuudesta", joka kuivumisesta lopulta seuraa. Tämä uusi aistisuus tarkoittaa ihmisen kykyä käyttää aistejaan ja kaikkia muitakin ominaisuuksiaan uudella, pyyteettömällä tavalla. Ristin Johannes sanoo vielä ihmisistä, jotka ovat toteuttaneet uuden aistisuuden, että "heidän tekonsa ja sielun kykynsä ovat silloin enemmän jumalallisia kuin inhimillisiä."[15] Uusi aistisuus vastaa siis Ilmestyskirjan uusia maan kuninkaita. Ristin Johanneksen mukaan uusi aistisuus toteutuu kuitenkin täysimääräisesti vasta, kun sielu on "edennyt täydellisyyteen", sillä se edellyttää "sielun yhtymystä Jumalaan".[16] Vastaavalla tavalla Ilmestyskirjan Johannes ilmoittaa uusien kuninkaiden saapumisesta tässä vaiheessa vasta ennakoiden.

Patanjalin joogatiellä pranayamaa seuraava eli viides vaihe on *pratyahara*. Pratyahara tarkoittaa elämänenergian sisäistymistä, ja siihen päästään pranayaman harjoittamisella. Energian sisäistymisen joogi kokee siten, että tavanomainen kehon tunto häviää ja lopulta kaikki aistit lakkaavat toimimasta. Tällöin ulkokohtaisemmat energiavirrat ovat tyystin kuin kuivuneet ja joogi on valmis tajunnalliseen keskittymiseen.[17] Hallitessaan pratyaharan joogi siis aktuaalisesti kokee, että hän on jotain muuta kuin aistimuksensa, sillä nämä sammuvat energian sisäistymisen aikana. Tällaisessa kokemisessa ihmisen minuuden tunto alkaa muuttua, ja hän irtoaa aste asteelta pinnallisista sidonnaisuuksistaan. Näin luodaan perustaa myös uudelle pyyteettömälle toiminta-asenteelle.

Koska pratyahara merkitsee kykyä sisäistää ja ulkoistaa pranaa tahdon mukaan, ulkokohtaisten energiavirtojen kuivuminen on joogassa hallittu tapahtuma. Ilmestyskirjassa sen sijaan kuivuminen on osa vuodatettua puhdistusta.

Sisäinen taistelu

Riivaajien henget

"Ja minä näin lohikäärmeen suusta ja pedon suusta ja väärän profeetan suusta lähtevän kolme saastaista henkeä, sammakon muotoista. Sillä ne ovat riivaajain henkiä, jotka tekevät ihmeitä." (Ilm. 16:13–14.) Kun Johannes näkee riivaajien henget, hän tuntee joutuneensa riivaajien hyökkäyksen kohteeksi. Hänen umpikujamainen ja kuiva tilansa laukeaa siis – ei vapautumiseen, vaan kauheaan riivauskokemukseen.

Kuuluisia riivauskokemuksia sisältyy muun muassa kristinuskon varhaisen erakkokilvoittelijan, pyhän Antonioksen elämäkertaan, jonka kirjoitti Antonioksen henkilökohtaisesti tuntenut Aleksandrian arkkipiispa Athanasios 300-luvulla. Kerran esimerkiksi Antonioksen "koko kammio tuli täyteen kummajaisia: leijonia, karhuja, leopardeja, härkiä, käärmeitä, kyitä, skorpioneja ja susia. – – Kaikki nämä oliot yhdessä saivat aikaan kauhistuttavan metelin, ja niiden raivo oli hirmuinen." Mutta Antonios ei perääntynyt, ja demonit muuttuivat näkymättömiksi.[18]

Ristin Johannes puolestaan kuvaa riivauskokemuksia sanoilla: "Perkele – – hyökkää – – sielun kimppuun synnyttäen hengellistä kauhua ja sekasortoa." Hän kertoo myös erilaisista "hengistä", jotka voivat vaivata ihmistä. Vuodatetun puhdistuksen alkuvaiheissa tällaisia henkiä ovat "haureuden henki", "rienaava henki" ja "sekasorron henki" eli "spiritus vertiginis'"" Esimerkiksi rienaavan hengen vaikutusta Ristin Johannes kuvaa näin:

[Se] sekoittaa kaikkiin [ihmisen] käsityksiin ja ajatuksiin sietämätöntä rienausta. Sellaista tämä henki tuo niiden mielikuvitukseen niin väkevällä voimalla, että se saa ne melkeinpä esittämään sitä ääneen; tämä on sieluille vaikea piina.[19]

Kristinuskon ulkopuolella varsinkin tiibetiläisessä kirjallisuudessa vilisee kuvauksia demoneista, niiden kohtaamisesta ja voittamisen mahdollisuudesta. Esimerkiksi Tiibetin suuren joogin Milarepan elämäkerrasta luemme, että Milarepan luokse tuli ilkeämielisiä henkiolentoja pilkkaamaan häntä. Milarepa kuitenkin taltutti nuo henkiolennot, ja niistä tuli hänen oppilaitaan ja seuraajiaan.[20]

Nykyihminen on ehkä taipuvainen luonnehtimaan riivauskokemuksiaan äkilliseksi sekavuudeksi tai voimakkaaksi tajunnan jakautumiseksi. Näiden tilojen aikana hän saattaa esimerkiksi kuulla päässään ääniä, jotka takoen toistavat hänelle itselleen aivan vieraantuntuisia asioita. Mutta äärimmäisissä rajatiloissa nykyihminenkin voi kokea kohtaavansa demoneita tai riivaajia, joiden läsnäolon hän tuntee persoonallista valtaa omaavina voimina psyykkisessä todellisuudessa.[21]

Tämäntapaisia kokemuksia osana henkistä kehitystietä on mahdollista hahmottaa siten, että kilvoittelija joutuu muuttuessaan kuorimaan tajuntaansa yhä paljaammaksi. Jokaisessa uudessa kehitysvaiheessa hän joutuu elämään yhä syvempiä tajunnallisia tasoja sekä harhan että autuuden suuntaan, ja muutoksen kulminaatiohetkinä uusien tajunnantasojen avautuminen – olkoon kyse sitten harhaisuudesta tai autuudesta – voi muodostua rajuksi.

Yhdennessätoista luvussa Johannes näki pedon, joka nousi syvyydestä. Nyt Johanneksen riivauskokemuksessa on kysymys vielä pedon kohtaamista sisäisemmästä tajunnantasosta, sillä pedon – samoin kuin lohikäärmeen ja väärän profeetan – suusta eli sisältä lähtee riivaajien henkiä. Vasta elettyään läpi nämäkin tajuntansa tasot hän vapautuu ja voi jatkaa matkaansa elämän puun tiellä. Riivaajat ovat siis yhdennentoista luvun pedon tavoin eräänlaisia kynnyksenvartijoita, jotka Johanneksen on ohitettava. Sammakko on erityisen sopiva myyttikuva riivaaville hengille, sillä riivauskokemukset hyppäävät kuin sammakot

piilotajunnan vesistä ilmitajuntaan eli selkeästi koetuiksi tajunnanti-
loiksi. On mahdotonta sanoa, minkälaisia Johanneksen kokemat tajun-
nantilat täsmälleen ovat, mutta voin ehdottaa suuntaviivoja kirjallisuu-
den pohjalta.

Lohikäärmeen eli kosmisen harhan suusta lähtevä riivaus olisi
luontevasti epäusko. Johanneksesta ehkä tuntuu: "Mitään syvällistä
elämän mielekkyyttä ei olekaan, vaan kaikki se, mitä olen kokenut, on
lopultakin pelkkää kuvittelua." Tai jos hän ei voi epäillä tällä tavalla,
hän saattaa tuntea, että hän ei itse pysty koskaan vapautumaan har-
hasta. Se harha, jonka vankina hän on, näyttää ikuiselta ja hänen, pie-
nen ihmisen, mahdollisuuksiinsa verrattuna suunnattomalta kosmi-
selta mahdilta. Kristillisessä kirjallisuudessa esimerkiksi pyhä Teresa
on kuvannut epäuskon riivauksia:

Perkele – – saattaa [sielun] käsitykseen, että Jumala on sen hy-
lännyt. – – [Ja sielusta] näyttää, ettei se ole koskaan omistanut
Jumalalle ajatustakaan eikä tule omistamaankaan.

Tällaisen tilan aiheuttamaa piinaa Teresa vertaa helvetin tuskiin.[22]

Pedon suusta lähtevää henkeä voitaneen verrata Ristin Johannek-
sen mainitsemiin haureuden henkeen, rienaavaan henkeen ja sekasor-
ron henkeen. Petohan edusti ihmisen koko egotajuntaan kuuluvaa har-
haa, ja voinemme olettaa, että Ilmestyskirjan Johanneksen piilotajun-
nasta vyöryy nyt esille hänen oman persoonallisuutensa mukaisia
hämmennyksen muotoja. Haureuden ja sekasorron henkien aiheutta-
mia riivauksia Ristin Johannes kuvaa näin:

Toisia näet lähestyy Saatanan enkeli, joka on haureuden henki,
ruoskiakseen heidän aistejaan iljettävin ja väkevin kiusauksin ja
ahdistaakseen heidän henkeään rumin ajatuksin ja sangen elävin
mielikuvin; tämä on heille toisinaan vaikeampi kuin kuolema.
– – Toisilla kertaa taas heidän kimppuunsa lähetetään toinen il-
jettävä henki, jolle Jesaja antaa nimen *Spiritus vertiginis* (seka-
sorron henki). – – Tämä henki pimentää heidän tajunsa täyttä-
mällä heidät tuhansin liikahuolin ja pulmin – –. Tämä kuuluu tä-
män yön ankarimpiin tutkaimiin ja kauhuihin.[23]

Väärä profeetta harhan muotona saa ihmisen samastumaan tietoi-
seen egoonsa, joten väärän profeetan suusta tuleva riivaus voisi usko-
tella uhrilleen, että tämä tulisi pysyvästi onnelliseksi, kunhan hän vain
tyydyttäisi kaikki egohalunsa. Tällainen riivauskokemus olisi tyypilli-

simmillään kaikkivaltiustoiveen tai suuruudenhulluuden tila. Kuuluisan esimerkin tämäntapaisesta riivaajasta tarjoaa myös se Raamatun kertomus, jossa kiusaaja tulee Jeesuksen luo tämän paastottua neljäkymmentä päivää ja yötä. Kiusaaja näyttää Jeesukselle "kaikki maailman valtakunnat ja niiden loiston" ja sanoo: "Tämän kaiken minä annan sinulle, jos lankeat maahan ja kumarrat minua."[24]

Se, että riivaajien henget tekevät Ilmestyskirjan mukaan ihmeitä, kertonee Johanneksen riivauskokemusten laadusta. Hän tuntee varmaankin elävänsä niissä tavanomaiset tajunnantilat ylittävällä parapsyykkisellä tasolla.

Harmageddonin taistelu

"Ne [riivaajain henget] lähtevät koko maanpiirin kuningasten luo kokoamaan heidät sotaan Jumalan, Kaikkivaltiaan, suurena päivänä. – – Ja ne kokosivat heidät siihen paikkaan, jonka nimi hepreaksi on Harmagedon." (Ilm. 16:14,16). Sanat kertovat, että Johannes tunnistaa vastustajakseen viime kädessä oman egonsa komponentit eli maan kuninkaat. Niin ulkopuolisilta kuin riivaajien henget ovat tuntuneetkin, niillä on ollut valtaa häneen siksi, että hänen omassa tajunnassaan on ollut niille kaikupohjaa. Riivaajien hyökkäys huipentuu siis suureen sisäiseen taisteluun, Harmageddonin taisteluun.

"Har megiddo" tarkoittaa Meggidon vuorta, ja Meggidon on Raamatussa esiintyvä historiallinen kaupunki. Sen ympäristössä käytiin monia taisteluja, joissa Kuningasten kirjan mukaan saivat surmansa muun muassa Juudan kuninkaat Joosia ja Ahasja.[25] Myös Ilmestyskirjan Harmageddonin taistelussa on mukana kuninkaita, sillä riivaajat kokoavat maanpiirin kuninkaat sotaan. Sodassa kuninkaat edustavat egon voimia, ja ne muodostavat sodassa toisen osapuolen. Toista taistelevaa osapuolta Ilmestyskirjassa ei sen sijaan mainita selvästi. Luulen kuitenkin – koska Harmageddonin taistelu käydään "Jumalan, Kaikkivaltiaan, suurena päivänä" – että toinen osapuoli on Jumala tai teoreettisemmin ilmaisten Itseys.

Viinikuurnakokemuksen tavoin sisäisessä taistelussa on kaksi voimaa vastakkain. Viinikuurnasta poiketen taistelussa ihminen kuitenkin tuntee kahden voiman kamppailevan itsessään aktiivisesti toisiaan vastaan; hän ei ole vain niiden puristuksessa kuten viinikuurnassa. Koska kysymys on edelleen vuodatetusta puhdistuksesta, kilvoittelija tuntee sodan kuin tapahtuvan itsessään tai itselleen, eli hän on vain kuin se taistelukenttä, jossa sota riehuu.

Ristin Johannes kuvaa teoksissaan sisäistä taistelua osana vuodatettua puhdistusta seuraavasti:

Kuinka ihmeteltävää tämä onkaan! Juuri tässä vaiheessa nousevat nimittäin vastakohdat vastakohtia vastaan: sielun voimat nousevat Jumalan voimia vastaan, jotka hyökkäävät sielun kimppuun, ja – – ne käyvät sotaa keskenään asianomaisessa sielussa yrittäen karkottaa toisensa voidakseen hallita siinä. – – ja sielu joutuu kärsimään tätä vastakkaisuutta itsessään.

Tällä Jumalan vuodattamalla kontemplaatiolla on näet monia äärimmäisen hyviä ominaisuuksia ja niitä vastaanottavalla sielulla on puolestaan monia äärimmäisen pahoja ominaisuuksia, koska se ei ole vielä puhdistunut. Koska nämä molemmat vastakkaisuudet eivät voi mahtua rinnakkain yhteen ainoaan yksilölliseen sieluun, tälle aiheutuu välttämättä piinaa ja kärsimystä. Koska mainittu kontemplaatio puhdistaa sielua sen epätäydellisyyksistä, siitä tulee kohde, jossa nämä vastapuolet käyvät sotaa toisiaan vastaan.[26]

Maailman mytologian monista taisteluista otan vertailukohteen Harmageddonin taistelulle *Mahabharata*-eepoksesta, jonka osa intialaisten raamattu *Bhagavadgita* on. Itse *Bhagavadgita* sijoittuu hetkeen, jolloin kaksi armeijaa, kauravat ja pandavat, ovat vastakkain valmiina aloittaakseen taistelun. Soturi Arjunan tulisi taistella, mutta hän epäröi. Silloin Krishna alkaa neuvoa Arjunaa, ja *Bhagavadgita* koostuu Krishnan tässä tilanteessa antamasta opetuksesta.

Intiassa käytetyn tulkinnan mukaan kauravojen armeijan soturit ovat ihmisen ominaisuuksia, jotka pitävät häntä egoonsa sidottuna, ja kauravojen armeijan ylipäällikkö, Bhishma, on itse ego. "Suojelkaa juuri Bhishmaa, totisesti te kaikki", sanotaan kauravojen armeijan sotureille.[27] Pandavojen armeija ilmentää sen sijaan niitä ihmisen hyviä ominaisuuksia, joiden avulla hän pääsee vähitellen vapautumaan henkisesti. Pandavojen armeijan mukana on myös Krishna, joka on Itseyden tai jumaluuden symboli, ja hän toimii soturi Arjunan vaununajajana, joten hän on myös kuin ihmisen opas eli syvähenkinen intuitio.

"Tulen niinkuin varas"

"Katso, minä tulen niinkuin varas, autuas se, joka valvoo ja pitää vaatteistansa vaarin, ettei hän kulkisi alastomana eikä hänen häpeätänsä nähtäisi!" (Ilm.16:15.) Tämän näennäisesti aivan eri asiaa koskevan huomautuksen Johannes on esittänyt juuri ennen Harmageddonista kertovaa jaetta. Häpeä, jonka näkymisestä jakeessa varoitetaan, on miehen sukupuolielin – tosin yleisemmätkin lukutavat ovat mahdollisia. Myyttikuvana miehen sukuelimen olennaisiin piirteisiin kuuluu ulospäin työntyminen; elin ikään kuin tavoittelee kohdettaan, ja niin se on tulkittavissa halujen ja yleensä egotajunnan symboliksi. Vaatteet puolestaan symboloivat Ilmestyskirjassa ihmistajunnan eri tasoja.[28]

Johanneksen käyttämä varasvertaus liittyy luontevasti Uuden testamentin sanoihin "Herran päivä tulee niinkuin varas yöllä", sillä Harmageddonin taistelu tapahtuu "Jumalan kaikkivaltiaan suurena päivänä".[29] Yleisenä symbolina varas kertoo, että ihminen ei voi tietoisesti määrätä oman tajuntansa kokemussisältöä. Tuo kokemussisältö tulee häneen yllättäen samoin kuin varas taloon. Näin tulkiten sanat sopivat tähän yhteyteen, sillä vuodatetun puhdistuksen olennainen piirre on spontaanius, olkoon vuodatuksessa kyse sitten ahdistavasta tai onnellisesta kokemuskvaliteetista. Koska Johannes on esittänyt huomautuksensa juuri ennen Harmageddonin taistelua, hän saattaa tarkoittaa molempia, ensin ahdistusta ja sen jälkeen vapauttavaa armon tuntoa.

Vuodatetun puhdistuksen ahdistavassa vaiheessa siihen joutunut tuntee, että häneltä on äkkiä kuin varastettu ne entiset sidonnaisuudet, jotka olivat antaneet hänelle turvallisen ja tutun identiteetin tunnon. Silloin hän jää sellaiseen irrallisuuteen ja kuivuuteen, jonka hän kokee ahdistavana. Tällaista kokemista Johannes kuvasi aikaisemmin myyttisessä sadonkorjuussa ja tässä luvussa Eufrat-joen kuivuessa. Hyvä rinnastuskohde varkaan aiheuttamalle sisäiselle tilalle on myös kristinuskon käsite "hengen köyhyys", sillä varkauden kohteeksi joutunut jää köyhäksi. Myyttinen köyhyys eli hengen köyhyys merkitsee kuitenkin tyhjyyttä sidonnaisuuksista ja siten valmiutta korkeampaan henkiseen kokemiseen. Tämä korkeampi henkinen kokeminen on vuodatetussa muutoksessa "armon vuodatusta", ja sekin tulee yllättäen kokijan pystymättä sitä itse tietoisuudellaan määräämään.[30]

Tällaisiin henkisen elämän vaiheisiin – olivat ne sitten ahdistavia tai onnellisia – kilvoittelija voi kuitenkin valmistaa itseään. Juuri tätä

Johannes nähdäkseni tahtoo korostaa oudon tuntuisilla sanoillaan. Ihmisen tulee vaalia syvempiä tajunnallisia kokemistapoja eli pitää vaatteistansa vaarin, ja hänen tulee pitää pinnalliset halunsa syrjässä eli häpeänsä piilossa. Näin hänen henkinen muutoksensa voi edetä niihin syvyyksiin, joista Ilmestyskirja nyt kertoo.

Seitsemäs enkeli

"Ja seitsemäs enkeli vuodatti maljansa ilmaan, ja temppelistä, valtaistuimelta, lähti suuri ääni, joka sanoi: 'Se on tapahtunut'" (Ilm. 16:17). Voinemme olettaa, että sanat "se on tapahtunut" kertovat voitosta Harmageddonin taistelussa. Taisteluun osallistuneet kuninkaat ovat saaneet surmansa eli Johanneksen ego on kuoleutunut. Seitsemäs askel edustaa näin ollen myös maljavitsausten kohdalla sisäisen muutosprosessin huipentumaa, vapautumista. Koska voitosta ilmoittava ääni lähtee temppelistä ja valtaistuimelta, Johannes kokee ehkä samalla pyhyysarvoa. Chakrasymboliikkaa soveltaen hänen elämänenergiansa on jälleen saavuttanut seitsemännen energiakeskuksen, sahasraran, joka on autuuden kokemisen keskus.

Maljan vuodattaminen ilmaan kertonee, että Harmageddonin taistelu ja siinä saavutettu voitto ovat elämyksellisiä tapahtumia. (Ilmanhan olen tulkinnut edustamaan arvon kokemista vastakohtanaan maanpinta, joka symboloi tiedostavaa asennoitumista.) Tietoisesti tahtovana egona ihminen ei pystykään enää näin vaikeaa sisäistä taistelua voittamaan, sillä voitto on syvällinen egon kuoleutuminen. Silti on ehkä oikein sanoa, että kilvoittelija käyttää myös omaa tahtoaan, mutta vain niin, että hän tekee valinnan. Hän jättää oman egotahtonsa eli häpeänsä syrjään ja valitsee antautumisen. Tällaisina hetkinä uskonnollinen ihminen sanoo: "Tapahtukoon Sinun tahtosi, ei minun." Filosofisemmin orientoitunut ehkä vain päättää: "Tapahtukoon mitä tapahtuu, otan kaiken vastaan." Antautuminen vapauttaa, ja ilon ja rakkauden tunne voittaa ahdistuksen.

Seuraava lainaus pyhältä Teresalta kertoo, kuinka hän saavutti voiton syvällisessä sisäisessä taistelussa. Teresan taistelu tai "myrsky", kuten hän sanoo, oli samantapainen kuin Harmageddonin taistelu; siinä Teresa tunsi olleensa "Perkeleen" kiusattavana.

Sanalla sanoen tässä myrskyssä ei ole mitään muuta apukeinoa kuin odottaa Jumalan laupeutta. Odottamatta, vain yhdellä sanalla tai edeltä aavistamattoman tapahtuman sattuessa Jumala vapauttaa sielun kaikesta ahdistuksesta niin nopeasti, että näyttää siltä kuin sielu ei koskaan olisi ollutkaan pilven varjossa – –. Ja kuten sellainen, joka on selviytynyt vaarallisesta taistelusta ja saavuttanut voiton, sielu ylistää Herraamme, sillä juuri hän on taistellen hankkinut sille voiton. Sielu näet tajuaa sangen selvästi, ettei se itse taistellut vaan että kaikki aseet, joilla se olisi voinut puolustautua, näyttävät olleen vihollisen käsissä.[31]

Taistelun seuraukset

"Ja tuli suuri maanjäristys, niin ankara ja suuri maanjäristys, ettei sen vertaista ole ollut siitä asti, kuin ihmisiä on ollut maan päällä" (Ilm. 16:18). Johanneksen järkkyminen on niin rajua, ettei hän tunne koskaan aikaisemmin sellaista kokeneensa. Hänestä ehkä hetken ajan tuntuu, että hänen egonsa on kokonaan kuoleutunut, kuten sanat "se on tapahtunut" antaisivat ymmärtää. Osoittautuu kuitenkin, että tämä tuntemus on ennenaikainen.

"Ja se suuri kaupunki meni kolmeen osaan, ja kansojen kaupungit kukistuivat" (Ilm. 16:19). Kaupungin olen tulkinnut yhdennessätoista luvussa ilmentämään yleisesti ihmisen kokonaisvaltaista tajunnantilaa. Tässä yhteydessä tulkitsen "suuren kaupungin" Johanneksen egotajunnaksi sellaisena kuin hän sen nyt kokee. Luulen Johanneksen oivaltavan, että Harmageddonin taistelun voitto olikin vasta yksi askel laajemmassa muutosprosessissa, jota luku kolme symboloi. Koska tämä muutosprosessi on egon kuoleutumista, kukistuvat kansojen kaupungit ovat niitä egon osia, jotka kuoleutuvat Harmageddonin taistelussa.

"Ja se suuri Babylon tuli muistetuksi Jumalan edessä, niin että hän antoi sille vihansa kiivauden viinimaljan" (Ilm. 16:19). Egon kuoleutumisen on jatkuttava, ja Babylon symboloi Johanneksen uutta, edessä olevaa kehitysvaihetta. Kaksi seuraavaa näkyä koskevatkin Babylonia.

"Ja kaikki saaret pakenivat, eikä vuoria enää ollut" (Ilm. 16:20). Samantapainen muutos tapahtui kuudennessa luvussa, jossa vuoret ja saaret siirtyivät sijoiltaan (Ilm. 6:14). Nyt muutos on vielä perusteellisempi, sillä Johannes tuntee vuorten ja saarten symboloimien uskomustensa häviävän.

"Ja suuria rakeita, leiviskän painoisia, satoi taivaasta ihmisten päälle" (Ilm. 16:21). Rakeet symboloivat jälleen vuodatetun puhdistuksen vitsausluonnetta, sillä maanjäristyksen jälkeen Johannes on niin perusteellisen hämmennyksen vallassa, että hän ahdistuu uudelleen.[32]

Raevertaus löytyy myös Ristin Johannekselta vuodatetun puhdistuksen eli "pimeän katselun"symbolina. Hän kertoo Jumalan lähettämästä hyvää tekevästä ahdistuksesta, joka valtaa sielun aika ajoin, sanoilla: "Hän lähettää rakeensa – eli katselun – kuin leivänmurut".[33]

Ilmestyskirjassa rakeet ovat kuitenkin leivänmurujen sijasta suuria murikoita, sillä leiviskä tarkoittaa muutaman kymmenen kilon painoa. Johannes siis ilmeisesti tuntee tässä vaiheessa vain ahdistuksen painon, mutta ei sen hyvää tekevää vaikutusta.

"Ja ihmiset pilkkasivat Jumalaa raesateen vitsauksen tähden, sillä se vitsaus oli ylen suuri" (Ilm. 16:21). Jumalan pilkkaaminen korostaa, että Johanneksen ego ei ole vieläkään kokonaan kuoleutunut, joten hänen muutoksensa täytyy jatkua.

17. BABYLONIN PORTTO

Johdatusta Babylonin arvoitukseen

"Tule, minä näytän sinulle – – suuren porton tuomion. – – minä näin naisen istuvan – – pedon selässä; peto oli täynnä pilkkaavia nimiä, ja sillä oli seitsemän päätä ja kymmenen sarvea. – – Ja hänen otsaansa oli kirjoitettu nimi, salaisuus: 'Suuri Babylon, maan porttojen – – äiti.'" (Ilm. 17:1,3,5.) Neljännessätoista luvussa Babylon esiintyi kaupunkina ja tuolloin liitin Babylonin alustavasti ihmisen myyttiseen maanpakolaisuuteen eli egotajuntaan. Johanneksen kertoessa lisää Babylonista voin jatkaa tulkintaani.

Lähden liikkeelle Babylonin porton ja pedon kuvan välisestä yhtäläisyydestä. Samalla tavalla kuin pedon kuvan pohjana on peto, myös Babylonin porton pohjana on tuo samainen peto, sillä portto istuu sen selässä. Sekä pedon kuva että Babylonin portto on siis mahdollista tulkita harhaisen ihmistajunnan pohjalta syntyneiksi mielikuviksi eli egotajunnan projektioiksi.

Pedon kuva oli tulkinnoissani ensinnäkin projektiivinen jumalakuva ja yleisemmin vieraantuneen ja harhaisen uskonnollisuuden ideaalimalli. Toiseksi pedon kuva symboloi ihmisen tietoista minää laajempaa mutta silti pyyteellistä minuuden tuntoa. Näitä kaikkia myös Babylonin portto sopii kuvaamaan. Tulkinnassani annan kuitenkin etusijan minuuden tunnolle, sillä Johannes on mielestäni saanut vieraantunutta ja harhaista uskonnollisuutta koskevat pohdintansa tyydyttävään päätökseen, mutta minuuden ongelmaa hän on vasta raapaissut. Lisäksi minuuden tunto on perustavampi taso ihmiselämässä kuin uskonnolliset mielikuvat, sillä se, minkälainen ihmisen minuuden tunto ja siihen liittyen koko hänen tajuntansa on, määrää hänen uskonnollisuutensa laadun. Vaikka asetankin minuuden tunnon tarkasteluissani etusijalle, esittelen porttoa lyhyesti myös vieraantuneena ja harhaisena uskonnollisuutena.

Babylon vääränä uskonnollisuutena

Ilmestyskirjan historiallisissa tulkinnoissa Babylonia pidetään useimmiten Rooman peitenimenä, jolloin portto on jokin Rooman valtakunnassa ennen kristinuskoa harjoitettu uskonto, ensi sijassa keisarien palvonta.[1] Mutta Babylonin portolla on ollut epäjumalan palvonnan merkitys myös yleismaailmallisena symbolina. Esimerkiksi kun intialainen swami Vivekananda selittää, että intialaisessa kuvien palvonnassa ei pitäisi nähdä epäjumalanpalvontaa, hän käyttää vertausta: "Kuvien palvonta Intiassa ei ole porttojen äiti." (Vivekanandan ajatus on, että kuvat ovat palvonnassa symboleja, eivät jumalia.)[2]

Lisäksi Babylonin portto sopii ilmentämään mitä tahansa vieraantunutta ja harhaista eli kaksinaisuuteen ja pyyteisiin sidottua uskonnollisuutta. Komeana yksilöitynä myyttikuvana pedon selässä ratsastava portto on kuin myyttisen hahmotuksen luoma ideaalimalli tällaisesta uskonnollisuudesta. Porton kuvallaan Johannes korostaa mielestäni harhaisessa uskonnollisuudessa erityisesti pyyteellisyyttä. Ja käyttäessään nimenomaan porton kuvaa, hän langettaa ankaran tuomion tällaiselle uskonnollisuudelle. Johannes ilmeisesti katsoo, että ihminen on harhaisessa uskonnollisuudessaan lopultakin kuin mies, joka pyrkii halujensa tyydytykseen, ja hänen vieraantunut jumalakuvansa on kuin suuri portto, joka ne tyydyttää. Lisäksi portto tyydyttää miehen halut vain maksua vastaan, ja samalla tavalla pyyteisiinsä sidottu pyrkii tekemään hyvää saadakseen vastapalveluna toiveensa toteutumaan.

Mitä korkeammasta näkökulmasta syvähenkistä elämää arvioidaan, sitä selvemmin yleensä tuodaan esille, että vähäinenkin säie vieraantunutta ja pyyteisiin ja kaksinaisuuteen sidottua uskonnollisuutta riittää ehkäisemään aidon syvähenkisen elämän sen vaativimmassa merkityksessä. Esimerkiksi kristillisessä kirjallisuudessa Ristin Johannes puhuu halujen kaihista. Hän selittää, että kaihin peittäessä sielun silmät sielu luulee, että kaihi on Jumala, sillä se ei näe muuta kuin kaihin. Tuota halujen kaihia, jota ihminen Ristin Johanneksen mukaan luulee Jumalaksi, voitaisiin hyvin verrata Babylonin porttoon, silloin kun portto tulkitaan vieraantuneeksi ja palvojiensa pyyteisiin sidottuksi jumalakuvaksi. Ristin Johannes teroittaa vielä, että pieninkin halu estää sielua saamasta osakseen niitä Jumalan lahjoja, jotka ovat halujen tuolla puolen.[3]

Intialainen Paramahansa Yogananda puolestaan kirjoittaa:

Mayan hunnun poistaminen on luomisen salaisuuden paljastamista. Hän joka siten riisuu universumin, on ainoa todellinen monoteisti. Kaikki muut palvovat pakanallisia kuvia. Niin kauan kuin ihminen on luonnon kaksinaisuuteen sidotun illuusion vallassa, janus-kasvoinen Maya on hänen jumalattarensa; hän ei voi tuntea todellista ykseyden Jumalaa.[4]

Jos vertaamme lainauksen ajatusta Ilmestyskirjaan, pakanalliset kuvat sopisivat rinnastuskohteiksi Ilmestyskirjan pedon kuvalle ja janus-kasvoinen Maya-jumalatar Babylonin portolle, kun jälkimmäinen nähdään vieraantuneena ja kaksinaisuuteen sidottuna jumalakuvana. Uskonnoissa suhtaudutaan kuitenkin usein lempeän suvaitsevaisesti erilaisiin uskonnollisen elämän muotoihin ja kehitysvaiheisiin. Esimerkiksi intialaisessa kirjallisuudessa – kuten edellä mainitsemani Paramahansa Yoganandan opetuksissa – korostetaan toisaalta, että ihmisen tajunta on aluksi väistämättä sidottu mielikuviin ja haluihin ja siten hänen on sallittua luoda Jumalasta sekä ulkoisia kuvia että mielikuvia. Hän saa myös rukoilla omien hyvien halujensa puolesta, sillä rukouksella on suuri voima. Mutta samalla korostetaan, että ihmisen tulee pyrkiä siirtymään yhä henkisempiin ja jalompiin mielikuviin ja yhä pyyteettömämpään rukoukseen. Näin hän pystyy kiipeämään kuin askel askeleelta korkeammalle henkisellä tiellään; hän vapautuu sidonnaisuuksistaan ja saavuttaa lopulta sen huipun, joka on "välitön ja suora korkeimman Totuuden oivallus". Vapauduttuaan hän voi yhä iloita sisäisistä ja ulkoisista kuvista, mutta hän ei ole enää sidoksissa niihin pyyteellisellä tavalla.[5]

Jos Ilmestyskirjan Babylonin porttoa tulkitaan vieraantuneeksi jumalakuvaksi, Ilmestyskirjasta välittyvä asenne on sen sijaan jyrkän tuomitseva. Johanneksen ehdottomuus johtuisi siitä, että hän tahtoo vihdoin ja viimein ylittää lopullisesti mielikuviin ja pyyteisiin sidotun uskonnollisuutensa. Ja tämä ylitys edellyttää häneltä, kuten keneltä muulta tahansa, sisäistä muutosta eli egon kuolemaa.

Babylon minätunteena

Ytimekkäästi ilmaisten portto on se ihmisen oma minä, josta luopuminen on kaikkien korkeauskontojen keskeinen sanoma.

Teoreettisemmin eritellen Babylon on yksi egon ilmenemismuoto ja kehitysvaihe. Tämä egon kehitysvaihe sijoittuu tietoisuuteen rajoittuvan minätunteen ja omasta minästään kokonaan luopuneen pyhimyksen välille. Pyhimyshän sanoo: "En minä, vaan Kristus minussa."[6] Babylon-kehitysvaiheen peruspiirteet ovat siten ahtaan tietoisuuden ylittäminen ja sidonnaisuus egohaluihin, ja se edustaa egon myöhempää kehitysvaihetta. Koska jyrkkää rajaa egon ja itseyden välille on mahdotonta vetää, voimme sanoa niinkin, että Babylon-vaiheessa itseys on jo suuressa määrin vapautunut egon kuoresta värittäen tämän kehitysvaiheen ominaisluonnetta. Ihmisellä on kuitenkin yhä jäljellä erillisen minuuden tunto, ja tätä itse portto kuvaa.

Ehdottamani Babylonin tulkinta pohjautuu myös historiallisiin tapahtumiin sikäli, että israelilaisten pakkosiirtolaisuus Babyloniassa sijoittuu myöhempään aikaan kuin orjuus Egyptissä. Egypti taas symboloi tulkinnoissani ihmisen egosidonnaisuuden varhaisia vaiheita, kuten selitin yhdennessätoista luvussa pohtiessani Egyptin kaupungin myyttistä merkitystä.

Kokonaisuudessaan Babylon-kehitysvaihe on monimuotoinen ja kestoltaan pitkä jakso ihmiselämässä. Jo ajoittaiset inspiroituneen luovuuden tilat ylittävät ahtaan tietoisuuden rajat, mutta voimakkaimmillaan Babylon-vaihetta leimaa suoranainen muuntuneiden tajunnantilojen hyöky.

Johanneksen kohdalla ahtaat tietoisuuden rajat ovat ylittyneet jo ennen Ilmestyskirjan alkua; jo Ilmestyskirjan luonne näkyinä kertoo tästä. Tulkinnoissani olen kuitenkin olettanut, että Johanneksen tajunta on aste asteelta laajentunut. Hän on siis Ilmestyskirjan kuluessa siirtynyt yhä selkeämmin Babylon-kehitysvaiheeseen ja yhä etäämmälle pelkästään tietoisuuteen rajoittuneesta minätunteesta. Nähdäkseni tästä syystä Ilmestyskirjassa ei esiinny lainkaan yhtä suurta myyttikuvaa, maan kuningasta. Maan kuningas olisi yhtenä suurena myyttikuvana tietoisuuteen rajoittunut minätunne: ihminen tuntisi kuninkaana ja miehenä hallitsevansa omaa tietoisuuttaan eli maata. Mutta Johannes puhuu maan kuninkaista aina monikossa. Tämä osoittaa, että toimiessaan tietoisuutensa hallitsijana eli maan kuninkaana hän tuntee toimivansa vain joidenkin kykyjensä ja ominaisuuksiensa hallitsijana ja käyttäjänä. Sen sijaan Babylonin portto on yksilöllisen persoonallisuuden omaava suuri myyttikuva, ja siten se edustaa Johanneksen, kuten kenen tahansa tähän kehitysvaiheeseen saapuneen, yksilöllistä ja persoonallista minuuden tuntoa.

Babylon minätunteena kirjallisuudessa

Kirjallisuudesta olen löytänyt kaksi lähdettä, jossa Ilmestyskirjan Babylon tulkitaan ihmisen minäksi. Ensimmäinen on J. E. Irionin kirja

Interpreting the Revelation with Edgar Cayce, johon sisältyy Caycen transsitilojensa aikana Ilmestyskirjasta antamia tulkintoja. Cayceltä kysyttiin kerran: "Symboloiko Babylon minää [englanniksi self]?" Cayce vastasi: "Babylon symboloi minää." Hän selitti myös, että Babylonin tuho Ilmestyskirjassa kuvaa ihmisen "puhdistumista".[7]

Toinen lähde on jungilaisen psykoanalyytikon Edward Edingerin kirja *The Bible and the Psyche*, jossa Edinger tulkitsee lyhyesti israelilaisten Babylonian vankeutta ja mainitsee samalla Ilmestyskirjan Babylonin porton. Hän kirjoittaa:

> Välitön liittymäkohta on Rooma, mutta hänet on esitetty Babylonin arkkityypin ilmiasuna. Babylonin symboliikka on hyvin lähellä Egyptin symboliikkaa ilmentäen maallista, lihallista, Jumalasta välittämätöntä olemassaoloa. Psykologisesti se edustaa maallista minuutta [englanniksi: secular egohood], joka elää tiedostamattaan transpersoonallisen energian kustannuksella ("pyhien verestä juopuneena"). Vaikka Egyptin ja Babylonian vankeus onkin yhdessä kehitysvaiheessa välttämätöntä jähmeyttä, myöhemmässä vaiheessa se muodostuu petomaiseksi ja jumalanhäväistykseksi.[8]

Kristinuskon piiristä en tunne vastaavanlaisia yhtä selkeitä tulkintoja, mutta Babylonia – joko yleisesti tai nimenomaan Ilmestyskirjan Babylonina – käytetään kyllä vertauksena, kun puhutaan haluihinsa sidotusta ihmisestä. Esimerkiksi Ristin Johannes kuvaa kirjassaan *Nousu Karmelin vuorelle* halujen luomia kärsimyksiä seuraavasti:

> Halujensa valtaamassa henkilössä toteutuu jo tässä elämässä se, mitä Ilmestyskirjassa sanotaan Babylonista: "Niin paljon kuin hän on itselleen kunniaa ja hekumaa hankkinut, niin paljon antakaa hänelle vaivaa ja surua" (Ilm. 18:7).[9]

Bernhard Clairvauxlainen taas kirjoittaa eräässä kirjeessään paheksuvasti niistä Jerusalemin ristiretkeltä palanneista miehistä, jotka kotimaassaan ryhtyivät turnajaisten viettoon: "Kuinka osuvasti näistä miehistä voidaankaan sanoa: 'Etsimme parannusta Babylonille, mutta parannusta ei hänelle ollut.'"[10]

Mainitsen vielä Gregorius Suuren, sillä hän käyttää Raamatun toista mahtavaa porttoa, Hesekielin näyn porttoa, omasta erinomaisuudestaan ylpistyneen henkilön kuvana.[11] Tämä sopii erittäin hyvin tulkintaani, sillä Babylon-vaihe merkitsee hybriksen vaaraa, koska siinä ihminen on jo ylittänyt tavanomaisen ahtaan tietoisuuden rajat.

Babylon-kehitysvaihe kirjallisuudessa

Parhaimmat vertailukohteet Babylon-kehitysvaiheelle löytyvät kristillisestä kirjallisuudesta, jossa kuvataan sisäisen elämän korkeimpia tasoja, vaikka kuvauksia ei olekaan yhdistetty Babylonin symboliikkaan.

Ristin Johanneksen viitekehyksessä Babylon sijoittuu vuodatetun puhdistuksen jälkimmäiseen vaiheeseen; Ristin Johanneshan jakoi vuodatetun puhdistuksen kahteen osaan, aistiseen ja henkiseen eli aistien yöhön ja hengen yöhön.[12] Hänen hahmotustapansa voitaisiin ehkä kiteyttää seuraavasti. Kun sielu on käynyt läpi aistisen puhdistuksen, sille avautuu entistä korkeampi ja laajempi sisäinen elämä. Silloin sielun henkinen osa eli henki vapautuu, mutta se on aluksi sidottu haluihin, joten sekin joutuu alistumaan puhdistukseen. Tällaisessa hahmotustavassa Babylonin portto olisi sielun henkinen osa ennen puhdistumistaan eli puhdistumaton henki. Babylonin kukistuminen Ilmestyskirjassa vastaisi sitten Ristin Johanneksen kuvaamaa hengen puhdistusta eli hengen yötä. Analogia Ilmestyskirjan ja Ristin Johanneksen hahmotustavan välillä on mielestäni niin osuva, että käytän Ristin Johanneksen teoksia pääasiallisina vertailukohteina tulkitessani Babyloniaa.

Pyhältä Teresalta olen jo lainannut yhdennessätoista luvussa vertausta, jossa ruma toukka kuolee ja siitä vapautuu kaunis perhonen. Tämä muutos tapahtuu Teresan mukaan, kun sielu elää autuutta tavallisen tajunnantilan ollessa sammuneena. Ilmestyskirjassa tuo muutos tapahtui Johanneksen nähdessä liiton arkin. Ruma toukka on siis kuin maahan eli tietoisuuteen ja fyysisyyteen sidottu ihmisminä. Mutta toukan kuollessa sidonnaisuudet alkavat kuoleutua, ja kun toukasta kuoriutuu vapaana lentävä perhonen, sielu tuntee syntyneensä uudestaan tajunnaltaan vapaampana. Teresa kuitenkin jatkaa vertaustaan selittäen, että myös perhosen täytyy kuolla ennen kuin sielu saa solmia hengellisen avioliiton Jumalan kanssa.[13] Perhonenkin näet edustaa vajaata henkisen kehityksen tasoa, sillä ihmisellä on yhä sidonnaisuuksia jäljellä.

Tällaiseen perhosen kehitysvaiheeseen rinnastan Babylonin porton, vaikka pyhän Teresan perhonen ja Babylonin portto eroavat myyttikuvina selvästi toisistaan. Teresa oli hyvin tietoinen itsensä korottamisen vaaroista, joten ihmisminän vapautuneempikin kehitysvaihe on hänen kuvauksissaan vain pieni perhonen. Suuri Babylonin portto sen sijaan hehkuu omahyväisyyden ja itsensä korottamisen symboliikkaa.

Uskonnollisen kirjallisuuden ulkopuolelta paras tuntemani vertailukohta Babylon-kehitysvaiheelle löytyy jungilaisesta psykologiasta, jonka teoriaa individuaatiosta selostin lyhyesti viidennessä luvussa. Tämän teorian olennainen ydin oli, että individuaation kuluessa syvennämme minuuden tuntoamme, niin että se siirtyy tietoisuuden keskustasta koko olemuksemme keskustaan.

Jung selitti edelleen, että individuaation aikana pystymme yhä suuremmassa määrin elämään niitä tajunnansisältöjä, jotka ovat aiemmin kuuluneet vain piilotajuntaan, ja kehityskulun loppuvaiheissa näemme jo syvälle tajuntamme salaisuuksiin. Jung kertoi myös havainneensa, että vähän ennen itseyden saavuttamista tajunnassamme aktivoituu arkkityyppi, jonka ilmiasuja ovat sellaiset "kollektiiviset hahmot" kuin sankari, maagikko, pyhimys, ihmisten ja henkien hallitsija, Jumalan ystävä ja Armollinen Suuri Äiti. Alamme esimerkiksi nähdä unissamme tällaisia kuvia, ja alamme egoina samastua tähän arkkityyppiseen mana-persoonallisuuteen, joksi Jung sitä kutsui. Samastuessamme mana-persoonallisuuteen koemme siihen liittyvän syvän piilotajuisen latauksen oman egomme ansioksi, ja niin egomme paisuu. Jung tähdensi, että meidän tulisi kuitenkin purkaa tämä väärä samastuminen ja löytää elämäämme ulkoisten ja sisäisten tekijöiden harmonia ja kokonaisolemuksemme keskus eli Itse. Egon paisumista manapersoonallisuuteen samastumisen yhteydessä Jung selitti myös siten, että tässä vaiheessa "ihminen tietää ja tahtoo enemmän kuin ihmiset yleensä" eikä voi välttyä ihailemasta itseään ainakin hiukan sen takia, että on nähnyt syvemmälle kuin muut.[14]

Jungin teoriaan soveltaen Babylonin portto olisi siis sellainen minuuden tunto, jossa ihminen kokee egona olevansa mahtava mana-persoonallisuus. Ilmestyskirjassa vaihe kuvautuu suurena porttona eikä suurena maagikkona tai Suurena Äitinä, sillä Johanneksen näyssä korostuu tällaisen minuuden tunnon harhaisuus.

Raamatun portto ja Ilmestyskirjan naiset

Raamatusta Babylonin portolle löytyy luonteva esikuva Hesekielin näystä, jossa Hesekiel kertoo Jerusalemista naisena. Herra on suosiollinen tälle Jerusalem-naiselle: "Ja minä vannoin sinulle ja menin liittoon sinun kanssasi, sanoo Herra, Herra; ja sinä tulit minun omakseni."

Mutta nainen käy uskottomaksi Herralle, ja silloin Herra antaa naiselle porton tuomion: Sinä harjoitit haureutta naapuriesi, Egyptin suurijäsenisten poikain, kanssa – –. Sitten sinä harjoitit haureutta Assurin poikain kanssa, koska et voinut saada kylläasi – –. Sitten sinä yhä enensit haureuttasi kauppiasten maahan päin, Kaldeaan, mutta et siitäkään saanut kylläasi. Kuinka himosta hiukeava olikaan sinun sydämesi – – kun teit tämän kaiken, niinkuin tekee itse pääportto. Lopulta Herra kuitenkin sanoo armahtavansa Jerusalem-porton: "Ja minä teen liittoni sinun kanssasi, ja sinä tulet tietämään, että minä olen Herra. – – Minä annan sinulle anteeksi kaikki, mitä sinä tehnyt olet."[15]

Näitä Hesekielin näyn tapahtumia tulkitsen siten, että niissä kuvataan ensin ihmisen lankeaminen ykseyden tilasta eli Jumala-yhteydestä egotajuntaan. Näyn lopussa Hesekiel sitten ennakoi ihmisen paluun takaisin Jumalan yhteyteen, joka merkitsee Jumalan ja ihmisen liittoa eli teoreettisesti itseystajuntaa. Egotajunnan vaihe on Hesekielin näyssä haureuden harjoittamista. Koska Kaldea tarkoittaa Raamatussa Babyloniaa, Ilmestyskirjan Babylonin portto eriyttää Hesekielin näyn kuvastosta yhden vaiheen omaksi suureksi myyttikuvaksi. Ja tämä vaihe on egon myöhempi kehitysvaihe, sillä Hesekielin näyn portto harjoittaa haureutta ensin Egyptin ja Assurin poikain kanssa ja vasta sen jälkeen Kaldean kauppiasten kanssa. Hesekielin näyn ja Ilmestyskirjan yhteys tulee esille myös siten, että Ilmestyskirjan lopussa Babylonin porton tilalle tulee Jerusalem, Karitsan vaimo, kun Johannes etenee hengelliseen avioliittoon.

Ilmestyskirjassa esiintyy kolme suurta naishahmoa: lapsen synnyttänyt taivaallinen nainen, Babylonin portto ja myöhemmin pyhä kaupunki, Jerusalem, joka on Karitsan morsian ja vaimo. Kaikki nämä kolme suurta naista edustavat tulkinnassani ensi sijassa ihmistajuntaa, yhtä sen muotoa, tasoa tai kehitysvaihetta. Oltuaan jo hetken kuin taivaallinen nainen, joka synnyttää lapsen, Johanneksen tajunta on muuttunut entistä avarammaksi. Mutta hänellä on yhä erillinen minuuden tuntonsa jäljellä ja hänellä on egohaluja, joiden tyydytystä hän kaipaa. Hän tuntee siis olevansa vielä portto sen täysin pyyteettömän ja omasta minästään luopuneen pyhimyksen eli Karitsan morsiamen rinnalla, joksi hän tahtoisi tulla.

Minuuden ongelma

Uskontojen vaatimus oman minän kuolettamisesta on vaikeasti toteutettavissa, mutta vaikeaa on jo sen ymmärtäminen. Mitä minä tai minuus oikeastaan on? Kuinka kukaan voisi luopua omasta minästään? Ja miksi omasta minästä täytyisi luopua? Yleinen vastaus näihin kysymyksiin on, että se minä, josta tulee luopua, on pyyteisiin sidottu. Se on pyyteellisyyden synnyttämä mielikuva ja elämäntunto. Toisin sanoen juuri omien pyyteidensä takia ihminen tuntee itsensä muista erilliseksi ja osittain jopa toisille vastakkaiseksi olennoksi; jos pyyteet häviävät, koko elämäntunto muuttuu. Silloin hän kokee itsensä myös muissa, ja heidän onnensa on hänen onnensa. Vaikean teoreettisen ongelman muodostaa sitten se, voidaanko enää tässä vaiheessa puhua lainkaan minuudesta, ja jos voidaan, missä nimenomaisessa merkityksessä. Kristinuskon yleisen käsityksen mukaan ihminen ymmärtääkseni säilyttää minuutensa yksilöllisen sielun merkityksessä, mutta tuon sielun katsotaan nyt puhdistuneen ja palanneen takaisin siihen alkuperäiseen tilaansa, jollaiseksi Jumala sen alussa loi. Ehdoton sulautuminen kaikkeuteen oman minän kuoleuduttua on taas selvimmin esillä panteismissa.[16] Onnekseni minun ei tarvitse tarkemmin selvitellä näitä metafyysisiä kysymyksiä, sillä tulkintaani varten riittää yleinen oletus: ihmisen luopuminen omasta minästään tarkoittaa hänen tajuntansa vapautumista pyyteellisyydestä.

Myös seuraavanlainen näkemys ihmisen minuudesta auttaa ymmärtämään Ilmestyskirjan etenemistä. Tämän hahmotustavan mukaan erillisen minuuden tunto on kuin immanenssin ja transsendenssin väliin sijoittuva raja. Immanentteja, tämänpuoleisia tasoja ihmisolemuksessa ovat kaikki ne konkreettiset kyvyt, joilla toimimme, ja ne halut, joiden tyydytystä etsimme. Transsendenttia puolestaan on egosta täysin vapaa ykseystajunta, joka uskonnollisessa viitekehyksessä vastaa transsendenttia Jumalaa. Erillisen minuuden tunto muodostaa kuin oven immanenssista transsendenssiin. Niin kauan kuin tuo ovi on olemassa, sen raoista voi pilkistää transsendenssin valoa ja hetkeksi ovi voi raottua tai lennähtää auki, mutta yleensä ovi sulkee oviaukon, ja niin olemme vankeina immanenssissa. Sisäisellä tiellä meidän on siis tavoitettava oma minämme, luovuttava siitä, ja silloin tie on avoin transsendenssiin.[17]

Minuuden ongelmat ovat kiteytyneet yleismaailmallisesti kysymykseen: "Kuka minä olen?" Esimerkiksi pyhä Teresa selitti, että "on paljon aihetta surkutella ja hävetä, kun omasta syystämme emme ymmärrä itseämme emmekä tiedä, keitä olemme." Teresan mukaan sisäinen elämä alkaa sitten, kun paneudumme näihin kysymyksiin.[18] Intialainen Ramana Maharshi puolestaan opetti:

Jokainen tiedostaa olevansa. Silti hän sivuuttaa tuon tietoisuuden ja ryhtyy etsimään Jumalaa. – – Oikea Itsen oivaltamismenetelmä on kuitenkin sen perääminen, kuka minä olen.[19]

Kysyessään "kuka minä olen?" ihminen Maharshin mukaan seuraa ensin ajatuksiaan minuuden tuntoonsa mutta jatkaa siitäkin kauemmas:

"Minä"-ajatus on kaikkien ajatusten lähde. – – Mistä tämä "minä"-ajatus saa alkunsa? Etsi sitä sisimmästäsi; sitten se häviää. – – [Se] mikä jää jäljelle nähtyäsi ettei "minää" ole olemassa, – – [on] elävä oivallus, jossa välittömästi ja suoraan koetaan korkein Totuus.[20]

Ilmestyskirjassa Johannes on nyt tullut henkisessä kehityksessään kohtaan, jossa hänen täytyy vihdoin pystyä kulkemaan minän transsendentaalisen oven kautta siihen Jumala-yhteyteen, joka on hänen päämääränsä. Siksi minuuden ongelman ymmärtäminen on hänelle niin tärkeää, että hän omistaa sille kokonaisen näyn.

Johannes kertoo näkynsä alussa myös sen tapahtumapaikan: "Ja hän [enkeli] vei minut hengessä erämaahan. Siellä minä näin naisen." (Ilm. 17:3.) Johannes paneutuu siis niin perusteellisesti tutkimaan minuuden arvoitusta, että hän irtoaa tavallisesta elämäntunnostaan, ja hän joutuu jälleen erämaahan eli sisäistyneeseen hengellisen valmistautumisen tilaan.[21]

Babylon Johanneksen näyssä

Porton rikkaus ja naiseus

"Nainen oli – – koristettu kullalla ja jalokivillä ja helmillä ja piti kädessään kultaista maljaa" (Ilm. 17:4). Porton upeus ja rikkaudet johtuvat siitä tajunnan laajenemisesta ja syvenemisestä, joka Babylon-vaiheelle on ominaista. Kun ego on jo osittain kuoleutunut, syvempi tajunnantaso vapautuu, ja niin Babylon vaiheeseen astunut tuntee elävänsä yhä uusin vivahtein ennen kokemattomia tajunnan ulottuvuuksia. Henkinen ilo ja onni yltävät ehkä muuntuneisiin tajunnantiloihin asti. Intuitiivinen näkökyky syvenee ja kirkastuu, ja esimerkiksi unitajunnan ja valveen jyrkkä ero häviää. Ihminen saattaa nähdä valveilla näkyjä kuten Ilmestyskirjan Johannes, tai hän voi antaa kuvien mielin määrin vaeltaa tajunnassaan. Jos parapsyykkiset kyvyt aukeavat, hän havaitsee elämänsä noudattavan uusia lakeja, niin että ajan ja paikan rajat voivat ylittyä.

Ristin Johannes kertoo sieluista, jotka ovat käyneet läpi aistien yön ja sen tuoman sisäisen muutoksen, seuraavasti:

Aivan kuin sellainen, joka vapautuu ahtaasta tyrmästä, se vaeltaa nyt hengeltään paljon avarampana ja tyytyväisempänä, ja se nauttii yltäkylläisempää ja sisäisempää iloa – –. Sen mielikuvitus ja sielunkyvyt eivät enää ole niin kuin ennen sidottuina päättelevään mietiskelyyn – –. He saavat – – osakseen sangen runsaasti hengellistä kommunikaatiota ja tajua aisteissaan ja hengessään, jolloin he usein havaitsevat kuvallisia ja henkisiä näkyjä.[22]

Rikas kokemusmaailma symboloituu luontevasti kultana, jalokivinä ja helminä, joita portolla on. Kulta on jaloa metallia, joten Johanneksen tajunta on kuin jalostunut. Samasta asiasta kertoo jalokivien hohto ja kirkkaus, jotka ovat kuin uuden kokemusmaailman onnen hohtoa ja intuition kirkkautta. Lisäksi jalokivi kivenä symboloi sitä syvintä tajunnantasoa, joka Johanneksessa on aukeamassa, ja jalokiven kovuus ja pysyvyys kertovat siitä sisäisestä lujuudesta, jota näiden tajunnantasojen avautuminen merkitsee. Helmen taas etsijä löytää, kun hän sukeltaa meren syvyyksiin, noutaa sieltä simpukan ja avaa sen. Samalla tavalla henkinen etsijä löytää uusia elämystiloja ja niiden tuomaa onnea sukeltamalla tajuntansa mereen ja avaamalla siellä yhä uusia ulottuvuuksia.

Tällaisessa vaiheessa ihminen on ennen kaikkea vastaanottava ja antautuva. Hän avautuu sisäisen elämän rikkauksille, olivat ne sitten näkyjä, parapsyykkisiä kokemuksia, kirkkaita henkisiä intuitioita tai entistä syvempiä rakkauden tunteita. Hän ikään kuin ottaa ne antautuen vastaan, ja tämä tajunnan vastaanottavuus symboloituu naisena, sillä naisen keho voi anatomiansa takia ottaa sisäänsä jotain. Lisäksi vastaanottavuus korostuu Babylonin portossa siten, että hänen kädessään on kultainen malja maljan ollessa toisinto naisen astiamaisesta kehosta; sekin on kokemiselle avoin ihmistajunta. Babylon-vaiheessa kilvoittelija ei siis enää tunne olevansa kokonaispersoonana leimallisesti aktiivinen toimija ja tietoisuutensa hallitsija eli miespuolinen maan kuningas vaan vastaanottava ja antautuva nainen.

Porton porttous ja vaatetus

Niin antoisa kuin Babylon-vaihe onkin, sitä elävä on yhä sidottu egohaluihinsa. Hänen kokemismaailmansa on pyyteellinen ja hänellä on jäljellä erillisen minuutensa tunto. Portto myyttikuvana ilmaisee tämän kehitysvaiheen ominaisluonteen ytimekkäästi: portto antaa oman ruumiinsa sisätilan miesten käyttöön ja yhdynnässä miehen sukupuolielin liikkuu porton sisässä. Samalla tavalla ihmisen tajunnassa on Babylon-vaiheessa egohalujen aiheuttamaa liikettä, eikä hän pysty hiljentämään tajuntaansa niin täysin kuin ehdottoman pyhyysarvon kokeminen edellyttäisi. Portto saa myös maksun palveluistaan, ja maksu on se nautinto, jota ihminen erillisenä minänä tuntee egohalujensa tyydyttymisestä.

Koska Johannes tahtoo edetä kaikkein korkeimpiin tajunnantiloihin, jotka edellyttävät täydellistä pyyteettömyyttä, hän tuomitsee tämän vaiheen porttomaiseksi. Noihin korkeimpiin tiloihin verrattuna Babylon-vaihekin on vielä vajaa. Myös Ristin Johannes tähdentää samaa asiaa, sillä kerrottuaan ensin niistä sisäisistä rikkauksista, joita sielu saa vastaanottaa aistien yön jälkeen, hän lisää:

Nämä edistyneet ovat yhtäkaikki vielä sangen alhaisella ja luonnollisella asteella yhteydessään Jumalaan – –, koska heidän henkensä kultaa ei ole vielä puhdistettu eikä valaistu.[23]

"Ja nainen oli puettu purppuraan ja helakanpunaan" (Ilm. 17:4). Punainen väri liittyy tässä yhteydessä, kuten laajemminkin Ilmestyskirjassa, harhaan ja egoon vastakohtanaan valkoinen väri. Rinnastuskohteen muualta Raamatusta tarjoavat esimerkiksi profeetta Jesajan sanat: "Vaikka teidän syntinne ovat – – purppuranpunaiset, tulevat ne villanvalkoisiksi."[24] Koska Raamatun aikoihin purppuraa saatiin käyttämällä simpukoita väriaineen lähteenä, porton vaatetus kertoo harhaisuuden ohella siitä tajunnallisesta rikkaudesta, joka Babylon-vaiheelle on ominaista: piilotajunnan eli meren potentiaalit ovat Johanneksessa jo runsain mitoin aktualisoituneet.

Porton ja kuninkaiden yhtymys

"[Porton kanssa] maan kuninkaat ovat haureutta harjoittaneet" (Ilm. 17:2). Porton haureuden yleinen merkitys on jo selvinnyt, mutta erittelen kuvaa vielä yksityiskohtaisemmin. Kun maan kuninkaat ja portto ovat yhtyneet, Johanneksen eritasoiset tajunnalliset komponentit ovat yhtyneet. (Maan kuningashan on tulkintani mukaan jokin egon alempi keskus, esimerkiksi ihminen ajattelukykynsä, toimintakykynsä tai mielikuvituksensa subjektina, ja portto on näitä syvempi ja pysyvämpi minuuden tunto.) Nykypsykologian termein Babylon-kehitysvaihe merkitsee siis persoonallista eheytymistä.

Eheytymistä Johannes on kuvannut jo aiemmin. Kohdatessaan esimerkiksi syvyydestä nousevan pedon yhdennessätoista luvussa Johannes vapautui torjunnoistaan, ja tämä eheytti häntä. Babylon vaiheeseen kuuluva eheytyminen tarkoittaa kuitenkin torjuntojen purkamisen sijasta, että ihminen alkaa käyttää entistä vapautuneemmalla tavalla kaikkia kykyjään edetäkseen sisäisesti. Kysymyksessä on siis persoonallisen eheytymisen myöhempi tai korkeampi vaihe. Aikaisemmin kilvoittelijan on ehkä täytynyt ainakin ajoittain pakottaa itseään keskittymään henkisiin asioihin ja sisäiseen kokemiseen, sillä myös pinnallisempi ja ulkokohtaisempi kokeminen on vetänyt häntä puoleensa. Mutta nyt pakottamista ei enää tarvita, sillä hän nauttii esimerkiksi ajattelijana, toimijana ja tahtojana – eli Ilmestyskirjan symboliikassa maan kuninkaina – henkisistä asioista enemmän. Babylon-vaiheelle ominaisella tavalla hänessä on kuitenkin jäljellä myös pyyteellisyyttä, ja tästä syystä maan kuninkaat yhtyvät nautinnollisesti porttoon eli puhdistumattomaan henkeen. Myös Ristin Johannes kuvaa tätä eheytymistä, joka tapahtuu "edistyneiden" kohdalla:

> Kummatkin sielun osat nauttivat silloin – kukin omalla tavallaan
> – yhtä ja samaa hengellistä ravintoa ja yhtä ja samaa ruokaa yhtenä ainoana yksilönä ja persoonana. – – Tarkoituksena on – –
> että – – sielun aistinen osa – – yhtyisi henkeen.[25]

Lainauksessa Ristin Johanneksen kielikuva sielun aistisen osan ja hengen yhtymisestä vastaa varsin tarkasti Ilmestyskirjan kuninkaiden ja porton yhtymistä.

Vain persoonallinen eheys voi taata etenemisen yhä syvempiin tajunnantiloihin. Mikä tahansa persoonallisuuden halkeama, ristiriitai-

suus tai jännite voi koitua sellaiseksi vaaraksi intensiivisissä muutos-
prosesseissa, että ihmisen psyyke saattaa kokonaan järkkyä. Ristin Jo-
hannes kirjoittaa myös tästä:

Siten ne [sielun kummatkin osat] tietyllä tavalla yhtyneinä ja kes-
kenään sopusoinnussa ovat yhdessä valmiina kestämään niitä
odottavaa ankaraa ja kovaa hengen puhdistusta.[26]

Maan asukkaiden juopumus

"[Porton] haureuden viinistä maan asukkaat ovat juopuneet" (Ilm.
17:2). Nämä sanat kertovat seuraavaa: siitä ilosta eli viinistä, jota Jo-
hannes on kokenut "puhdistumattoman hengen" tasolla, on pursunut
viiniä myös maan asukkaille, eli Johannes on kokenut iloa myös pin-
nallisemmilla persoonallisuutensa tasoilla. Tämä on luonteenomainen
arvokokemusten piirre, jonka varmaankin moni itseään tarkkaillut on
pannut merkille. Kun koemme voimakkaita henkisiä ilon ja onnen tun-
teita, nuo tunteet ikään kuin aktivoivat tai herättävät myös aistisem-
man nautinnon. Ristin Johannes ilmaisee asian seuraavasti:

Kuvaamamme nautinto ja sisäinen mielihyvä, jota nämä edisty-
vät – – nauttivat hengessään, tulee heidän osakseen ylenpaltti-
sesti runsaammassa määrin kuin aikaisemmin, ja se pursuaa
täältä heidän aisteihinsa.[27]

Tällainen arvotunteen leviäminen kuitenkin laimentaa ja pinnallis-
taa kokemista eli Ristin Johanneksen sanoin:

Koska sielun alempi osa on ollut mukana näissä hengellisissä
kommunikaatioissa, ne eivät voi olla niin väkeviä, puhtaita ei-
vätkä voimakkaita kuin [aitoon jumalalliseen] yhtymykseen olisi
tarpeen.[28]

Tämä johtuu Ristin Johanneksen mukaan siitä, että "aistinen osa on
heikko ja kykenemätön tajuamaan hengen väkeviä kokemuksia."[29]
Oletan, että myös Ilmestyskirjan Johannes on havahtunut tajuamaan
saman asian, ja tästä syystä se porton viini, josta maan asukkaat ovat
juopuneet, on haureuden viiniä. Se on johtanut Johanneksen liian pin-
nallisiin eli "haureellisiin" arvoelämyksiin.

Myös joogakirjallisuudessa on kuvattu vastaavanlaista ilmiötä. En-
nen kuin joogi on asteittaisilla harjoituksilla oppinut hallitsemaan kun-
dalinienergian liikkeet, tuo energia saattaa nousta ylöspäin spontaa-
nisti esimerkiksi jonkin tunneperäisen yllykkeen takia. Seurauksena
on silloin ekstaattinen henkinen tila, joka ei ole kuitenkaan pysyvä; ja

kun kundalinienergia tällaisessa tapauksessa palaa nopeasti alaspäin, energian alaspäinen virtaus voi ilmetä aistillisuuden voimistumisena.[30]

Porton juopumus

"Ja minä näin sen naisen olevan juovuksissa pyhien verestä, ja Jeesuksen todistajien verestä" (Ilm. 17:6). Pyhien ja todistajien veri on sitä syvää onnea ja rakkautta, joka on yhä suuremmassa määrin vapautunut Johanneksessa. Porton juopumus puolestaan on selkeä kokemuksellinen tunne: Babylon-vaihetta elävä saattaa aivan aktuaalisesti tuntea juopuvansa elämisen onnesta.

Mutta nyt Johannes havahtuu huomaamaan, että hän on elänyt onnellisuutta vajaalla tavalla. Hän on tuntenut olevansa egona, erillisenä persoonallisena minuutena se, joka kaiken kokee. Ja tämä sidonnaisuus omaan minään on estänyt onnellisuutta laajentumasta minän rajojen yli kosmiseksi tajunnantilaksi ja aidoksi hengelliseksi autuudeksi. Ilo on siis joutunut kuin niellyksi oman minän rajoihin eli porton vatsaan. Kristillisessä kirjallisuudessa korostetaankin väärän hurmion vaaraa. Sitä nimitetään hengelliseksi päihtymykseksi ja sen vastakohta on mielen ja hengen raittius.[31]

Portto vuorten päällä

"Ne [pedon] seitsemän päätä ovat seitsemän vuorta, joiden päällä nainen istuu" (Ilm. 17:9). Portto ei siis istu vain pedon selässä, vaan hän istuu sen seitsemän pään päällä ja nuo päät ovat myös seitsemän vuorta. Tästä kohdasta on yleisesti päätelty, että Ilmestyskirjan Babylon on Rooman peitenimi, sillä Rooma tunnettiin jo antiikin aikana seitsemän kukkulan kaupunkina.[32] Todennäköisesti Ilmestyskirjan symboliikka onkin saanut vaikutteita historiallisesta Roomasta; itse asiassa on vaikea keksiä parempaa egon myyttikuvaa Ilmestyskirjan historiallisessa tilanteessa kuin Rooman keisarivalta. Tulkitsen porttoa vuorten päällä kuitenkin vain yleisinhimillisenä myyttikuvana, jolloin se tarkoittaa itsensä korottamista.

Jo tunne omasta erillisestä minuudesta on ankarasti ottaen itsensä korottamista, sillä uskonnollisen näkemyksen mukaan ihmisen tulisi olla vain Jumalan välikappale ja sellainen pyhimys, joka voisi Paavalin tapaan sanoa: "En minä, vaan Kristus minussa." Portto pedon päiden ja vuorten päällä kertoo siis Johanneksen oivalluksesta: hän on asettanut oman minänsä väärälle, korotetulle paikalle pedon päiden eli oman egotajuntansa harhauttamana.

Mutta portosta vuorten päällä voidaan lukea myös muita itsensä korottamisen muotoja, jotka nekin sopivat Ilmestyskirjan tähän kohtaan. Babylon-kehitysvaiheessa Johannes on jo nähnyt vieraantuneen jumalakuvansa läpi ja hän on pyrkinyt luopumaan siitä niin paljon kuin mahdollista. Hänellä ei siis enää ole selvää uskoa vieraantuneeseen jumalakuvaan, mutta ei hän elä vielä välittömästi syvähenkisyyden korkeimpia tasojakaan. Niihin hän vasta pyrkii. Näin hänen henkisen elämänsä keskiöön on tullut se, kuinka hän itse voisi muuttua ja mitä hän itse kokee. Nyt Johannes ehkä oivaltaa, että tässä välivaiheessa hän on asettanut oman minänsä elämänsä arvokkaimmalle paikalle. Hän on korottanut itsensä kuin jumalaksi vuorten päälle. (Vuorihan liittyy Ilmestyskirjassa Johanneksen kulloiseenkin jumalakuvaan, ja mytologiassa yleensäkin jumaliin.[33])

Lisäksi vuorten päällä istuminen saattaa ilmentää suoranaista omahyväisyyttä. Omahyväisyys olisi luonnollinen tulkinta, sillä Babylon-vaiheessa sisäinen elämä on sangen rikasta. Ristin Johanneskin varoittaa omahyväisyyden vaarasta. Hän selittää, että jotkut edistyneistä "kokevat nämä hengelliset siunaukset perin ulkokohtaisesti ja aistivaltaisesti." (Ulkokohtaista kokemista on Ristin Johanneksen mukaan muun muassa näkyjen näkeminen.) Ja hän jatkaa sanoen, että nämä ihmiset täyttyvät helposti "omahyväisyydellä ja ylpeydellä."[34]

Raamatussa vuorten päällä istuminen itsensä korottamisen merkityksessä on esillä Jesajan kirjassa, jossa Baabelin kuningas rehvastelee: "Minä nousen taivaaseen, korkeammalle Jumalan tähtiä minä istuimeni korotan ja istun ilmestysvuorelle." Raamatun Baabelin kuningas tulkitaan yleensä saatanaksi, mutta pidän sopivana tulkintana myös ihmisen egoa, jolloin Baabelin kuninkaan rehvastelu on samanlaista itsensä korottamista, joka Babylon-vaiheessa on vaarana. Baabelin kuninkaan ja Babylonin porton sitoo yhteen sekin, että Baabel on Babylonin kaupungin hepreankielestä johdettu nimitys. Uudessa raamatunsuomennoksessa puhutaankin Babylonin kuninkaasta Baabelin kuninkaan sijasta.[35]

Johanneksen jyrkän tuomitseva kieli tässä luvussa olisi helpommin ymmärrettävissä, jos olettaisimme, että hän on suistunut suoranaiseen omahyväisyyteen. Omahyväisyyteen saattaisi viitata myös ilmaus, että portto oli "koristettu kullalla ja jalokivillä ja helmillä". Johannes olisi siis kuin koristellut oman minänsä sisäisen elämänsä rikkauksilla, eli hän olisi lukenut ne omaksi ansiokseen sellaisena kuin hän egona on. Ehkä tästä syystä hän nyt kauhistuu niin suuresti omaa tilaansa, että porton maljassa eli Johanneksen tajunnassa on "kauhistuksia ja hänen haureutensa riettauksia"" (Ilm. 17:4). Ristin Johannes puolestaan sanoo omahyväisyydestä, että se on vaikeasti parannettavissa, ja joihinkin ihmisiin "epätotuudellisuus – – piintyy – – niin, että heidän paluunsa hyveen ja tosi hengellisyyden tielle on sangen epäiltävää."[36]

Kuninkaitten kuninkuus

Johanneksen näystä käy ilmi, että ne pedon seitsemän päätä, joiden päällä portto istuu, ovat myös seitsemän kuningasta (Ilm. 17:9). Lisäksi Babylonin portosta sanotaan, että se on "se suuri kaupunki, jolla on maan kuninkaitten kuninkuus" (Ilm. 17:18). Ymmärrän nämä porton kuvaukset minätunteen kokoavasta tehtävästä käsin. Ihmisen erillisen minuuden tunto toimii ikään kuin tajunnan keskuksena, jonka alle tajunnan spesifimmät toiminnot ryhmittyvät. Maan kuninkaat ovat jälleen niitä persoonallisuuden alempia keskuksia, joilla ihminen toimii eri kykyjensä subjektina, mutta varsinainen koko tajunnan keskus on minuuden tunto. Portto siis hallitsee kuin ylimpänä kuninkaana maan kaikkia kuninkaita.

Kauhistusten äiti

"Ja hänen otsaansa oli kirjoitettu nimi, salaisuus: 'Suuri Babylon, maan porttojen ja kauhistusten äiti'" (Ilm. 17:5). Babylon maan porttojen ja kauhistusten äitinä rinnastuu hyvin siihen itämaisessa filosofiassa yleiseen näkemykseen, että erillisen minuuden tunto on kaiken muun egosidonnaisen kokemisen perusta ja ihmisen kaikkien vaikeuksien lähde. Ramana Maharshin sanoin:

Tämä ego tai erillinen persoonallinen olento on kaiken sen alku ja juuri, mikä on turhanpäiväistä ja ei toivottavaa elämässä. – – Kaikki murhe johtuu egosta. Sen mukana tulevat kaikki vaivasi. – – Jos ego ilmenee, kaikki muukin ilmenee.[37]

Ajatuksen erillisestä minuudesta kaikkien vaikeuksien lähteenä voimme ymmärtää siten, että ihmisen halusidonnaisuudet ikään kuin kiteytyvät oman minän tuntoon. Tahdonhan tuntea, että juuri minä saan nautintoa halujeni tyydytyksestä. *Bhagavadgitassa* sisäinen vapautuminen ilmaistaankin usein sanomalla, että ihminen on vapauduttuaan vailla tunnetta "minä ja minun".[38]

Ristin Johannes puolestaan ilmaisee vastaavan ajatuksen sanomalla, että "kaikilla aistisen osan epätäydellisyyksillä on juurensa hengessä." Tästä syystä Ristin Johannes teroittaa myös, että aistisen osan puhdistus ei ole koskaan lopussa ennen hengen puhdistusta.[39]

Porton "kannattelijat"

Portto istuu läpi Johanneksen näyn jonkin päällä. Luvun alussa portto "istuu paljojen vetten päällä" (Ilm. 17:1). Seuraavaksi hän istuu pedon selässä (Ilm. 17:3), sitten pedon päiden, vuorten ja kuninkaiden päällä (Ilm. 17:9), ja lopuksi enkeli selittää Johannekselle, että "vedet, jotka sinä näit tuolla, missä portto istuu, ovat kansoja ja väkijoukkoja ja kansanheimoja ja kieliä" (Ilm. 17:15).[40]

Kannattelevan kuvan muuttuminen ilmaisee Johanneksen tiedostuksen etenemistä. Ensin hän ymmärtää, että erillisen minuuden tunto on piilotajunnan eli paljojen vetten kannattelema projektio, mutta projektion täsmällisempää luonnetta tai syntytapaa hän ei vielä erittele. Seuraavaksi hän täsmentää ajatustaan. Portto on tajunnallisen harhan ylläpitämä mielikuva, sillä se istuu pedon selässä. Tämän jälkeen hän tarkentaa harhaisen minätunteen luonnetta: portto istuu pedon päiden, vuorten ja kuninkaiden päällä, eli Johannes näkee, että minuuden portto syntyy tajunnallisen harhan, itsensä korottamisen ja tajunnan alempien keskusten vaikutuksesta. Lopuksi hän vielä oivaltaa, että erillisen minuuden tunto syntyy myös aivan konkreettisten kykyjen ja ominaisuuksien luomuksena. Ihmisen käyttäessä kykyjään – kysymys on konkreettisista kyvyistä, koska jakeessa mainitaan kansat, kielet ja kansanheimot – hän tuntee olevansa noiden kykyjensä subjekti.

Se, että portto istuu niin monien erilaisten myyttikuvien päällä, ilmentänee myös harhaisen minätunteen yleistä luonnetta. Se on ihmisen koko egotajunnan – piilotajunnan eli paljojen vesien, alempien tajunnallisten keskusten eli kuninkaiden ja erillisten tietoisten kykyjen ja ominaisuuksien eli kansojen – pohjalta syntynyt mielikuva.

Johannes kertoo porttoa kannattelevasta pedosta myös sen värin: "Minä näin naisen istuvan helakanpunaisen pedon selässä" (Ilm. 17:3). Pedon punaisuudella Johannes korostaa egotajunnan harhaisuutta, sillä aikaisemmin lohikäärme eli kosminen harha oli tulipunainen. Tällä seitsenpäisellä ja kymmensarvisella pedolla ei kuitenkaan ole enää kruunuja, kuten sillä oli kolmannessatoista luvussa. Muutos johtunee siitä, että Johannes on jo purkanut niin paljon omia harhojaan, että hänestä tuntuu kuin peto ei enää hallitsisi täysin hänen tajuntaansa.

Vapautuminen omasta minästä

Enkeli kertoo näyssä ennakoivasti siitä kehitystiestä, jota kulkien Johannes vapautuu lopullisesti egostaan. Ennakointi on luontevaa, sillä Babylon-vaiheessa intuitio on kirkastunut ja niin ennaltanäkeminen on mahdollista. Enkelin ilmoittamat asiat eivät tuo sisällöllisesti uutta Ilmestyskirjan tapahtumiin, sillä ne toistuvat myöhemmin, joten otan niistä tekstissä esille vain olennaisimmat kohdat.

Seitsemän kuningasta

Enkeli sanoo Johannekselle: "Miksi ihmettelet? Minä sanon sinulle tuon naisen salaisuuden ja tuon pedon salaisuuden, joka häntä kantaa ja jolla on seitsemän päätä ja kymmenen sarvea. – – Ne seitsemän päätä ovat seitsemän vuorta, – – ne ovat myös seitsemän kuningasta; heistä viisi on kaatunut, yksi on, viimeinen ei ole vielä tullut." (Ilm. 17:7,9–10.) Jakeessa käytetään seitsemää kuningasta vastaavalla tavalla kuin aikaisemmin seitsemää sinettiä, seitsemää pasuunan puhallusta ja seitsemää Jumalan vihan maljaa eli ilmaisemaan tiedostus- ja muutosprosessia. Nyt muutoksen aiheena on egon kuoleutuminen, ja siksi kuninkaat ovat sopivia myyttikuvia. Koska egon kuollessa Johanneksesta kuolee myös itsensä korottaminen, kuninkaat ja vuoret samastuvat luontevasti toisiinsa.

Kun kuninkaista "viisi on kaatunut", Johannes oivaltaa, että hän on edennyt egon kuoleutumisessa ikään kuin viiden askeleen verran. Egon kuoleutumistahan on jo tapahtunut paitsi Harmageddonin taistelussa myös sitä ennen. Yksi kuningas sen sijaan on, ja tämä vaihe on Babylonin vaihe. Siihen kuuluu harhaisen minätunteen tiedostava oivaltaminen, jota edustaa nyt käsillä oleva seitsemästoista luku, sekä vapautuminen Babylonista, joka kuvataan seuraavassa luvussa. Mutta yksi vaihe on vielä kokonaan edessäpäin, sillä "yksi kuningas ei ole vielä tullut". Osoittautuukin, että Johannes joutuu kohtaamaan kuninkaita vielä kahdeksannentoista luvun jälkeen. Egon kuoleutuminen on siis kokonaisuudessaan pitkä prosessi, ja Harmageddonin taistelussa saavutettu voitto oli vain osavoitto. Tätä enkeli nyt Johannekselle tähdentää.

Porton tuho

"Ja ne kymmenen sarvea, jotka sinä näit, ja peto, ne vihaavat porttoa ja riisuvat hänet paljaaksi ja alastomaksi ja syövät hänen lihansa ja polttavat hänet tulessa" (Ilm. 17:16). Jakeessa selvennetään, kuinka omasta minästä luopuminen tapahtuu. Luopuminen edellyttää sekä tiedostusta että elämyksellistä muutosta, joten tulkitsen sanoja molemmista näkökulmista käsin.

Tiedostavalla tasolla portto eli erillinen minätunne täytyy paljastaa egotajunnan projektioksi eli pelkäksi mielikuvaksi. Portto täytyy siis riisua paljaaksi. Kun ihminen on oivaltanut syvällisesti oman minänsä mielikuvaluonteen, hän joutuu purkamaan projektion eli palauttamaan sen egotajunnan harhaan. Egotajunnan harhaisuuden ydin ovat tulkintani mukaan egohalut, joita pedon sarvet symboloivat, joten peto ja sen sarvet joutuvat syömään porton. Porton joutuminen pedon vatsaan on mitä osuvin projektion purkamisen eli lähtökohtaansa palauttamisen myyttikuva. Kun portto vielä poltetaan, ihminen hävittää perusteellisesti oman minänsä projektiivisena harhakuvana.

Näissä tulevaisuutta ennakoivissa tapahtumissa Johannes seuraa jälleen kuin suoraan itämaista filosofiaa. Vertailukohteeksi tähän yhteyteen sopivat jo osittain esillä olleet lainaukset Ramana Maharshilta:

Jos – – peräät tosissasi "Kuka minä olen?", tulet näkemään, ettei sellaista kuin "minä" ole olemassa. – – Kun yrität tavoittaa sen, se häviää kuin harhakuva.[41]

Itämaisessa filosofiassa ihmisen persoonallinen minätunne kytketään myös haluihin. Ramana Maharshin sanoin:

Antaudu kerta kaikkiaan ja lopeta haluaminen. – – hiljaisuus on täydellistä antaumusta, jossa ei ole jäljellä hiventäkään erillisestä persoonallisesta minuudesta.[42]

Elämyksellisellä tasolla tulkiten porton riisuminen viittaa siihen elämän paljauden tilaan, johon kilvoittelija sisäisessä muutoksessa joutuu. Häneltä ikään kuin riisutaan kaikki ne koristeet, joihin portto oli puettu, eli hän menettää muutoksen aikana ne antoisat henkiset kokemukset, joista hän aikaisemmin nautti. Ristin Johannes käyttää useita kertoja tällaista riisumisen vertausta kertoessaan sisäisestä puhdistuksesta. Hän kirjoittaa hengen yöstä muun muassa:

> Jumala haluaa todella riisua heistä vanhan ihmisen – – riistäen sielulta ne mielihyvän tunteet, joita se ennen koki hengellisistä siunauksista.[43]

Ristin Johannes selittää myös, että sielu joutuu "hengen alastomuuteen ja köyhyyteen", ja aistisen puhdistuksen kohdalla hän kuvaa samaa tuntemusta sanoilla: "Jumala – – käski heitä riisumaan ja jättämään pois ne juhlapuvut ja koristeet, joihin he tavallisesti olivat pukeutuneina."[44]

Myös porton syöminen voidaan tulkita elämykselliseksi tilaksi, joka rankassa sisäisessä muutosvaiheessa joudutaan kokemaan. Ihminen kärsii tajutessaan olleensa niin täysin harhan vallassa, että jopa hänen oman minuutensa tunto on ollut harhaa, ja kärsimyksessään hän tuntee olevansa kuin kokonaan harhan eli pedon nielaisema. Mutta tila merkitsee myös hyvää tekevää oivallusta, ja niin erillisen minuuden tunto alkaa hävitä kuin sulaen pedon vatsassa. Myös tällainen vertaus löytyy Ristin Johannekselta:

> Nähdessään viheliäisyytensä sielu tuntee tuhoutuvansa ja sulavansa pois julmassa hengellisessä kuolemassa. Se tuntee ikään kuin joutuneensa nielaistuksi pedon pimeään vatsaan ja olevansa siellä sulamassa ja kärsimässä samoja ahdistuksia kuin Joona meripedon vatsassa.[45]

Porton polttaminen elämyksellisenä tilana kuvaa vihdoin sitä sisäisen paahtumisen ja palamisen tunnetta, joka intensiivisessä muutosvaiheessa on yleinen. Jos palaminen tapahtuisi täysin, Johannes vapautuisi kokonaan elämyksellisellä tavalla omasta minästään. Porton täydellinen polttaminen osoittautuu kuitenkin vaikeaksi siinä hengen pimeässä yössä, josta Ilmestyskirjan seuraava, kahdeksastoista luku kertoo.[46]

18. BABYLONIN TUHO

Pyyteellinen ihminen ja hengen puhdistus

Oivallettuaan edellisessä luvussa selkeästi oman minänsä pyyteellisen eli porttomaisen luonteen Johannes on valmis syvempään puhdistukseen eli siihen, josta Ristin Johannes käyttää nimitystä "hengen yö". Elämyksellistä pohjaa tälle syvemmälle puhdistukselle ovat luoneet Ilmestyskirjan aikaisemmat näyt, varsinkin viinikuurnakokemus ja maljavitsaukset. Niiden aikana Johannes vapautui pyyteellisyydestään ja oppi hiljentämään tajuntaansa aisteihin sidotuista mielikuvista. Mutta muutos ei ole tapahtunut vielä täydellisesti. Ristin Johanneksen mukaanhan ei edes aistinen puhdistus ole lopussa ennen syvällisempää hengen puhdistusta.[1] Näin Ilmestyskirjan Johannes joutuu vapautumaan entistä perusteellisemmin pyyteellisyydestään ja sidonnaisuuksistaan mielikuviinsa.

Ilmestyskirjassa kuvatulla Babylonin tuholla on mielestäni niin selvät yhtymäkohdat Ristin Johanneksen erittelyihin sisäisestä elämästä, että käytän jälleen hänen teoksiaan pääasiallisina vertailukohteinani. Ennen näyn tapahtumien yksityiskohtaista tulkintaa esittelen kuitenkin selvyyden vuoksi näyn henkilöt, heidän keskinäiset vuorovaikutussuhteensa ja heidän edustamansa pyyteellisyyden ongelman.

Näyn henkilöt

Ehdoton päähenkilö Johanneksen uudessa näyssä on Babylonin portto, joka on ihmisen pyyteellinen minuus ja Ristin Johanneksen kielellä sielun henkinen osa ennen puhdistumistaan. (Näyssään Ilmestyskirjan Johannes puhuu usein Babylonista kaupunkina, joten hän tarkoittanee Babylonilla myös koko pyyteellistä minätunnetta vastaavaa tajunnantilaa.[2])

Muita näyn hahmoja ovat kuninkaat, kauppiaat ja merenkulkijat. Oletan, että kauppiaat symboloivat kuninkaiden tavoin niitä tietoisuuden keskuksia, joilla toimimme eri kykyjemme subjekteina. Erotuksena kuninkaista kauppiaissa myyttikuvana korostuu kuitenkin pyyteellisyys, sillä kauppias tavoittelee voittoa. Kristillisessä kirjallisuudessa kauppiaita tämäntapaisessa merkityksessä käyttää esimerkiksi mestari Eckart tulkitessaan Raamatun kohtaa, jossa Jeesus ajaa kauppiaat pois temppelistä. Eckart selittää, että temppeli on ihmissielu, ja sen täytyy olla täysin tyhjä kauppiaista eli pyyteellisyydestä, jotta Jumala yksin voisi asua siinä.[3] Myös merenkulkijat toimivat näyn tapahtumista päätellen kauppiaina, mutta muista kauppiaista poiketen heillä on perustanaan meri eli piilotajunta. Näin he ehkä symboloivat ihmistä vahvemmin tunneperäisenä subjektina kuin kauppiaat. He voisivat edustaa ihmistä esimerkiksi aistivaltaisia arvoelämyksiä kokevana subjektina, sillä arvoelämys nousee tavallisesti eletyksi tajunnansisällöksi piilotajuiselta eli merelliseltä pohjalta. Tulkinnassani en kuitenkaan tee suurta eroa kauppiaiden ja merenkulkijoiden välille.

Kaikki nämä henkilöt – kuninkaat, kauppiaat ja merenkulkijat – kuuluvat portosta poiketen ihmistajunnan immanentille tasolle. Ristin Johanneksen termein he ovat sielun alempaa eli aistista osaa, johon nähden puhdistumaton henki eli portto on korkeampi osa.

Viimeisen henkilöryhmän näyssä muodostavat pyhät, apostolit ja profeetat, jotka pyhinä liittyvät henkisten pyhyysarvojen kokemiseen ja mahdollisesti pyyteettömään toimintaan. Pyhät, apostolit ja profeetat kuuluvat siis itseyden tasolle, ja sikäli kuin he edustavat ykseyden ja autuuden kokemista he ovat jo ainakin osittain transsendenttisia. Ristin Johanneksen sisäisessä maisemassa he edustavat pitemmälle puhdistunutta sielun henkistä osaa. Tässä näyssä pyhät, apostolit ja profeetat ovat kuitenkin vain sivuhenkilöitä.

Vaikutussuhteet

Ilmestyskirjassa näyn päähenkilöiden – siis toisaalta porton ja toisaalta kuninkaiden, kauppiaiden ja merenkulkijoiden – välillä vallitsevat läheiset vuorovaikutussuhteet. Myös Ristin Johannes tähdentää sielun henkisen ja aistisen osan yhteyttä: "Koska sielu on yksi ainoa yksilöllinen olemus, sen kummankin osan välillä on vuorovaikutus."[4] Ilmestyskirjan Johannes kuvaa näitä ihmistajunnan eri osien vuorovaikutussuhteita kerraten osittain sanomaansa. Hän kertoo kuninkaiden ja porton yhtymisestä, jonka hän ilmaisee sanoilla: "maanpiirin kuninkaat, jotka hänen kanssansa ovat haureutta harjoittaneet ja hekumallisesti eläneet" (Ilm. 18:9). Tässä, kuten muissakin vuorovaikutussuhteiden kuvauksissa, Johannes havahtuu siis oivaltamaan entisen tajunnallisen kokemisensa pinnallisuuden ja pyyteellisyyden; siksi yhtymisessä on ollut kysymys haureudesta.[5]

Porton ja kauppiaiden suhdetta Johannes kuvaa sanoilla: "Maan kauppiaat ovat rikastuneet hänen hekumansa runsaudesta" (Ilm. 18:3). Porton hekuman runsaus on sitä elämäniloa, nautintoa ja vapauden tuntoa, jota Johannes on erillisenä persoonallisena minuutena kokenut, kun hän on eheytynyt ja avannut tajuntaansa. Ilo ja vapautuminen merkitsevät muutosta myös persoonallisuuden alemmilla eli kauppiaiden symboloimilla tasoilla, sillä eheytymisen myötä ihmiselle voi aueta uusia mentaalisia kykyjä; hänen luovuutensa ehkä puhkeaa kukkaan ja hänen toimintatarmonsa lisääntyy. Vapautunut elämäntunto saattaa muuttaa ihmistä myös niin voimakkaasti, että hän parantuu fyysisistä sairauksista, jos hänellä sellaisia on ollut. Kaikki tämä merkitsee persoonallisuuden alempien tasojen rikastumista. Mutta nyt Johannes havahtuu pyyteellisyyteensä. Hän on tavoitellut pyyteellisesti sielun alemman osan rikkautta, ja niin hän on ollut kuin kauppias, joka on rikastunut porton hekumasta.

Myös merenkulkijat ovat hyötyneet portosta, sillä Johannes kirjoittaa: "[Babylonin] kalleuksista rikastuivat kaikki, joilla oli laivoja merellä" (Ilm. 18:19). Jos merenkulkijat ilmentävät – kuten olen olettanut – ihmistä aistivaltaista arvoa kokevana, se henkisempi ilo, jota Johannes on persoonana tai minänä kokenut, on levinnyt myös aistivaltaisemmille tasoille, ja niin merenkulkijat ovat rikastuneet porton kalleuksista. (Tätä asiaa selitin edellisessä luvussa tulkitessani maan asukkaiden juopumista porton viinistä.)

Porton ja toisaalta kauppiaiden ja merenkulkijoiden vaikutussuhde toimii myös toisinpäin, sillä näystä ilmenee, että Babylon on ostanut heidän tavaroitaan (esim. Ilm. 18:11). Tämä vaikutussuhde kertoo, että se, miten ihminen toimii eri kykyjensä subjektina, vaikuttaa hänen henkisiin korkeammanasteisiin kokemuksiinsa. Näitä vaikutustapoja erittelen tarkemmin tulkitsemalla porton ostamia tavaroita.

Tavarat

Näyssä luetellaan kahden jakeen verran tavaroita, joita kauppiaat ovat myyneet portolle: "kaupaksi tuotua kultaa ja hopeata ja jalokiviä ja helmiä ja pellavakangasta ja purppuraa ja silkkiä ja helakanpunaa ja kaikkinaista hajupuuta ja kaikenlaisia norsunluu-csincitä ja kaikenlaisia kalleimmasta puusta ja vaskesta ja raudasta ja marmorista tehtyjä

esineitä, ja kanelia ja hiusvoidetta ja suitsuketta ja hajuvoidetta ja suit-
sutuspihkaa ja viiniä ja öljyä ja lestyjä jauhoja ja viljaa ja karjaa ja
lampaita ja hevosia ja vaunuja ja orjia ja ihmissieluja" (Ilm. 18:12–
13).

Kauppiaiden portolle myymät tavarat kertovat siis niistä eri ta-
voista, joilla alemmantasoiset kokemukset, tunnot ja toimet voivat
siirtyä korkeammalla tajunnantasolla eli persoonallisen minuuden ta-
solla eletyiksi kokemussisällöiksi. Kyse on niistä eri tavoista, joilla Jo-
hannes on vienyt eteenpäin sisäistä kehitystään, mutta joissa hän nyt
tunnistaa pyyteellisyyden säikeen. Koska tavarat vain luetellaan, nii-
den tulkinta jää mitä suurimmassa määrin tulkitsijan intuition varaan.
Tulkinnassani oletan, että Johannes on jo hieman toipunut siitä järky-
tyksestä, jonka hänelle aiheutti oman pyyteellisyytensä oivaltaminen.
Nyt hän pystyy arvioimaan asioita rauhallisemmin ja tajuaa, että Ba-
bylonin edustama kehitysvaihe on pyyteellisyydestä huolimatta mer-
kinnyt edistystä henkisellä tiellä.

Johannes aloittaa luettelonsa sanoilla: "kaupaksi tuotua kultaa ja
hopeata ja jalokiviä ja helmiä." Lisäksi tavaroiden joukossa on viiniä
ja öljyä. Kaikki nämä viittaavat itseisarvon kokemiseen. Kun Johannes
on keskittynyt itseisarvon kokemiseen niillä tajunnantasoilla, joilla se
on ollut hänelle mahdollista, hän on odottanut arvokokemuksen siirty-
vän korkeammalle eli porton tasolle; siksi kultaa ja hopeaa ja muita
aarteita on tarjottu portolle kaupaksi. Kristinuskon kielellä ilmaisten
Johannes on tällöin pyrkinyt harjoittamaan kontemplaatiota, mutta nyt
hän tajuaa kontemplaationsa olleen vaillinaista; siinä on ollut pyyteel-
lisyyden säie.

Tavaraluettelo sisältää myös valmiita esineitä: "kaikenlaisia nor-
sunluu-esineitä ja kaikenlaisia kalleimmasta puusta ja vaskesta ja rau-
dasta ja marmorista tehtyjä esineitä." Tulkitsen esineet mielikuviksi,
joihin keskittymällä Johannes on pyrkinyt tuottamaan ja intensifioi-
maan omassa tajunnassaan henkisiä arvotunteita. Kristinuskon kielellä
kysymys on ollut meditatiivisesta rukouksesta, ja esineet on tehty mo-
nista aineista, kuten mielikuvat voivat olla monenlaisia, arvokkaampia
ja arvottomampia.

Yksi tavararyhmä liittyy suitsukkeisiin ja hyviin tuoksuihin. Näitä
ovat suitsuke, suitsutuspihka, hajupuu, hajuvoide ja ehkä kanelikin.
Suitsukkeen olen jo tulkinnut rukouksen myyttikuvaksi.[6] Tällaisessa
rukouksessa on kuitenkin tavoitteisuutta jäljellä, sillä suitsukkeen savu

nousee ylöspäin. Silti suitsukkeen tuoksu on hyvä. Ehkä Johannes tahtoo kertoa tällä, samoin kuin muillakin hyviin tuoksuihin liittyvillä kuvillaan, että hän on saanut entisestä uskonnollisuudestaan tuoksua ja maustetta elämäänsä, vaikka siihen on sisältynyt myös pyyteellisyyttä. Hiusvoide on tarkoitettu hiusten kaunistamiseen, ja siten se ilmaisee myyttikuvana ajatusten kaunistumista. (Hiuksethan ovat kuin päästä lähteviä ajatuksia, missä merkityksessä ne esiintyivät jo yhdeksännessä luvussa.) Kun Johannes on yrittänyt vilpittömästi vaalia sisäistä elämäänsä, hän on pyrkinyt myös ajatustensa kaunistamiseen, mutta jälleen pyyteellisellä tavalla.

Vaunut myyttikuvana kertonevat sisäisestä matkanteosta eli pyrkimyksestä henkiseen etenemiseen. Koska kauppiaat ovat tarjonneet vaunuja portolle, Johannes tajuaa, että hänen pyrkimyksissään henkiseen etenemiseen on ollut mukana pyyteellisyyttä. Hän on odottanut pyrkimyksistään maksua eli hän on tahtonut saada osakseen tyydytystä ja onnellisuutta.

Johannes luettelee myös eläimiä: karjaa, lampaita ja hevosia. Hevoset voinee nekin luontevasti yhdistää matkantekoon. Kaikki Johanneksen mainitsemat eläimet ovat kotieläimiä, joten Johannes on henkisellä tiellään jo kesyttänyt viettinsä. Eläimistä lammas kuvannee jälleen sitä lammasmaisuutta syvemmän intuition edessä, jota kilvoittelija tarvitsee voidakseen muuttua egosta itseydeksi eli teurastetuksi karitsaksi. Tähänkin Johannes on tahtonut olla valmis, mutta hän ei ole aikaisemmin ymmärtänyt, että hän on odottanut asenteestaan palkintoa.

Jauhot ja vilja viittaavat ihmisen toimintaan ja sen satoisuuteen eli hyviin töihin. Johannes ehkä ymmärtää, että hän on lopultakin asennoitunut hyviin töihinsä kuin kauppias tavaraansa. Hän on tahtonut saada niistä maksun onnellisuuden ja ilon muodossa.

Tavaroihin sisältyy myös kankaita: pellavakangasta ja purppuraa ja silkkiä ja helakanpunaa. Purppura ja helakanpuna ovat punaisia – ne mainittiin jo Babylonin porton vaatetuksena – ja punaisina ne liittyvät harhaan. Pellavakangas sen sijaan lienee valkoista tai vaaleaa, ja jos se on valkoista, se liittyy Ilmestyskirjassa itseyden tasoon. Tässä luvussa Babylonista sanotaan, että se on puettu myös pellavaan: "oli puettu pellavaan ja purppuraan ja helakanpunaan" (Ilm. 18:16). Ehkä pellava kertoo Johanneksen oivalluksesta: hän on entisessä uskonnol-

313

lisessa elämässään muuttunut sisäisesti. Hän on kaikesta vajavuudestaan huolimatta ikään kuin matkalla harhan punaisuudesta itseyden valkoisuuteen. Kuvaavin lienee tavaraluettelon viimeinen kohta: orjia ja ihmissieluja. Pyyteellisessä elämänasenteessa ihmissielu on lopultakin orja, syvällistä vapautta vailla. Se on kuin orjuudessa egohalujen määräysvallan alla, eli Ristin Johanneksen sanoin:

> Jos sielu on kiintynyt johonkin – – tahto tulee orjaksi ja menettää vapautensa, jolloin mielenliikutusten yllykkeet ja voimat vetävät sen mukaansa.[7]

Muu pyyteellisyys

Johanneksen näyssä kauppiaiden ja merenkulkijoiden pyyteellisyys tulee esille myös siten, että kauppiaat itkevät "kun ei kukaan enää osta heidän tavaraansa" ja Babylonista rikastuneet merenkulkijat surevat sen hävitystä (Ilm. 18:11,19). Porton pyyteellisyys puolestaan on selvästi ilmaistu hänelle osoitetuissa sanoissa: "hedelmät, joita sinun sielusi himoitsi" (Ilm. 18:14). Näillä myyttikuvilla Johannes kertoo, että hän on halunnut kaikkea sitä rikkautta – mielihyvää, luovuutta ja toimintaintoa – jota ihminen kokee tajuntansa alemmilla tasoilla eli kauppiaina ja merenkulkijoina, ja että hän on halunnut olla onnellinen myös erillisenä persoonallisena minänä eli porttona. Porton himoitsemiin hedelmiin on epäilemättä kuulunut myös onnellisuus suorastaan autuuden muodossa. Sen jälkeen, kun Johannes eli autuuden nähdessään liiton arkin, hän on varmasti halunnut kokea sitä uudestaan.

Pyyteellisyyden merkitys

Halu onnellisuuteen on sisäisellä tiellä eteenpäin vievä voima; sehän on voimakas motiivi henkiseen syvenemiseen. Mutta nyt Johannes on tullut tiellään kohtaan, jossa hän joutuu oivaltaman sen syvällisen paradoksin, että haluamansa hän voi saavuttaa vain luopumalla haluamisesta. Syvin arvokokemus edellyttää näet täydellistä antaumusta.

Tämä ajatus on kuin henkistä matematiikkaa ja se löytyy mitä erilaisimmista uskonnollisista ja filosofisista teksteistä. Ristin Johannes selitti asiaa näin:

> Sielu [ei saa olla] sidoksissa mihinkään erityiseen tietoon, ei taivaalliseen eikä maalliseen, eikä mihinkään nautinnon eikä mie-

lihyvän tavoitteluun eikä liioin mihinkään muuhunkaan tajuttavaan. Sen sijaan sen on oltava tyhjänä – –. Jumala – – saapuu tyhjään sieluun ja täyttää sen jumalallisilla lahjoilla.[8]

Erityisesti Ristin Johannes tähdensi pyyteettömyyttä rukouksen kohdalla:

Jotkut luulevat, että rukoukseen ryhdytään aistein koettavan mielihyvän ja hartauden saavuttamiseksi, ja he pyrkivät henkiseen nautintoon ja lohtuun. Silloin katoaa todellinen antaumus.[9]

Myös intialaisen filosofian tiivistymä *Bhagavadgita* teroittaa keskeisenä sanomanaan täydellistä pyyteettömyyttä. Esimerkiksi:

Toimintaan vain sinulla on oikeus, ei hedelmiin milloinkaan. – – Säälittäviä ovat ne, joiden motiivina on hedelmä! – – Luovuttuaan toiminnan hedelmistä – – viisaat – – löytävät autuuden.[10]

Pyhä Teresa erottaa kaksi yhtymyksen muotoa, jotka mielestäni sopivat selventämään Johanneksen tämänhetkistä ongelmaa. Ensimmäinen on yhtymys, jossa sielun tahto ja Jumalan tahto yhtyvät. Toinen yhtymys on "riemullinen yhtymys", sillä siinä ihminen kokee ekstaasia. Teresa tähdentää sitten tähdentämästä päästyään, että "korkein täydellisyys" henkisellä tiellä muodostuu ensimmäisestä yhtymyksestä: sielun tulee luopua omasta tahdostaan ja pitäytyä siihen, mikä on Jumalan tahto, eikä se saa odottaa Jumalalta mitään palkintoa. Teresa selittää myös, että riemullinenkin yhtymys voi herätä vain tahtojen yhtymyksen pohjalta.[11]

Teresan ajatuksena on selvästi, että tahtojen yhtymys merkitsee täydellistä pyyteettömyyttä. Mutta jos kilvoittelija tavoittelee riemullista yhtymystä, hänessä on vielä pyyteellisyyttä jäljellä, sillä silloin hän haluaa omaa onnellisuuttaan. Oletan nyt Johanneksen näkyjensä tässä vaiheessa tajuavan, että häneltä puuttuu tärkein eli tahtojen yhtymys. Hänen on siis luovuttava omasta minästään eli Babylonin portosta ja kaikista pyyteistään.

Pyyteellisyyden turmiollisuutta henkisessä elämässä on mahdollista valottaa vielä seuraavalla tavalla. Halusidonnaisuudet johtavat ihmistajunnan syvässä sisäänpäin kääntyneisyyden tilassakin vaeltamaan halujensa kohteisiin. Silloin portto, kauppiaat ja merenkulkijat käyvät kauppaa keskenään, ja tajunnan pinnallisemmat tasot, kauppiaat ja merenkulkijat, ovat mukana sisäisessä kokemisessa. Tästä seuraa tajunnan hajanaisuus ja pinnallisuus, jotka estävät arvotunteen syvenemisen autuuteen asti. Pyyteellisyys ja tajunnan hajanaisuus kuuluvat siis yhteen. Pyyteellisyyden vastapainoksi joudumme opettelemaan uutta elämänasennetta: ehdotonta epäitsekkyyttä ja antaumusta. Tajunnan hajanaisuuden vastakohta on taas kristillisellä kielellä "kokoamus" ja yleisemmin keskittymiskyky. Babylonin porton tuho merkitsee täten pyyteellisyyden ja hajanaisuuden tuhoa sekä pyyteettömyyden, kokoamuksen ja keskittymisen oppimista.

Ristin Johannes kirjoitti tästä asiasta seuraavasti:

> Näitä edistyviä vaivaavat myös – – luonnollinen raakuus, joka tarttuu jokaiseen ihmiseen synnissä, sekä hengen hajaus ja ulkokohtaisuus. Sen vuoksi on tarpeen, että henki kokisi valaisun, puhdistuksen ja kokoamuksen tämän [hengen] yön koettelemuksissa ja ahdingoissa.[12]

Itämaisessa joogassa tajunnan keskittämistä kutsutaan *dharanaksi*, ja se on Patanjalin kahdeksanportaisella joogatiellä pratyaharan jälkeen seuraava eli kuudes vaihe. Vaikka pratyaharassa kehon tavalliset tuntemukset ja ulkomaailmasta johtuvat aistimukset jo häviävät tai ainakin laantuvat, joogin tajunta voi yhä vaeltaa kohteesta toiseen eli se voi olla hajanainen. Dharanassa joogi sitten opettelee harjoittelun avulla pitämään tajuntansa yhteen kohteeseen keskittyneenä. Jos keskittymistä harjoitellaan varhaisessa joogavaiheessa, keskittymiskohde voidaan valita vapaasti; tavallisia keskittymiskohteita ovat kuitenkin hengitys, mantrat ja ylimmät chakrat. Lisäksi joogateoriassa dharanan sanotaan nimenomaan puhdistavan tajuntaa, ja keskittymistä opetettaessa korostetaan pyyteettömyyden merkitystä.[13] Joogaan sovellettuna Babylonin tuho vastaisi täten dharanan eli keskittymisen vaihetta.

Hengen yön tapahtumat

Enkeli ja ääni taivaasta

Johannes aloittaa näkynsä sanoilla: "Sen jälkeen minä näin tulevan taivaasta alas erään toisen enkelin, jolla oli suuri valta, ja maa valkeni hänen kirkkaudestaan. Ja hän huusi voimallisella äänellä sanoen: 'Kukistunut, kukistunut on suuri Babylon.'" (Ilm. 18:1–2.) Sanoillaan Johannes kertoo, että hän kokee yhtenä oivalluksena kaiken sen, mitä hän oli edellisessä luvussa asteittain ymmärtänyt. Kysymys on korkeasta henkisestä intuitiosta, sillä enkeli on peräisin taivaasta. Mutta enkeli valaisee maan, joten Johannes ymmärtää myös selkeän tietoisesti

316

entisen kehitysvaiheensa ja minätunteensa luonteen. Näyn alkujaksoon sisältyy runsaasti kertausta, joten otan siitä esille vain keskeiset kohdat.

"Ja minä kuulin toisen äänen taivaasta sanovan: 'Lähtekää siitä ulos, te minun kansani, ettette tulisi hänen synteihinsä osallisiksi ja saisi tekin kärsiä hänen vitsauksistansa'" (Ilm. 18:4). Tämäkin ääni ilmaissee Johanneksen intuitiota. Ääni jatkaa: "Kostakaa hänelle [Babylonille] sen mukaan, kuin hän on tehnyt, ja – – siihen maljaan, johon hän on kaatanut, kaatakaa te – –. Niin paljon kuin hän on itselleen kunniaa ja hekumaa hankkinut, niin paljon antakaa hänelle vaivaa ja surua." (Ilm. 18:6–7.) Jakeet kertovat, että Johanneksen edessä oleva muutos on edelleen vuodatettua puhdistusta. Malja on jälleen hahmotettavissa ihmistajunnaksi, jota portto eli harhainen minätunne on aikaisemmin kuin saastuttanut, ja vuodatuksen tunto on ilmaistu siten, että maljaan kaadetaan se, mitä Johannes joutuu kokemaan.[14]

Myös hengen yön ahdistavuus on esillä Johanneksen kuulemissa sanoissa. Äänihän käyttää sanoja kosto, vaiva ja suru. Ristin Johannes puolestaan kirjoittaa hengen yön ahdistavuudesta, että sitä "ei voida verrata mihinkään, sillä se on kauhistava ja tyrmistyttävä hengelle."[15]

Ilmestyskirjassa ääni perustelee vielä portolle annettavan vaivan: "Koska hän sanoo sydämessään: 'Minä istun kuningattarena enkä ole leski enkä ole surua näkevä'" (Ilm. 18:7). Portto rehentelee yhä, sillä elämyksellinen vapautuminen entisestä ei ole helppoa. Sanat "minä istun kuningattarena" kertovat harhaisen minätunteen voimasta; portto väittää olevansa kuningatar eli tärkein osa ihmisen tajunnasta. Sanat "en ole leski enkä ole surua näkevä" ilmentävät puolestaan sitkeää uskoamme siihen, että nautintoa saamme tyydyttäessämme egohalujamme. Egohaluihin sidottu minätunne – tai vielä paremmin sitä vastaava tajunnantila – on siis kuin nainen, joka saa miehensä antamaa tyydytystä. Tajunnan tulisi kuitenkin jäädä ensin leskeksi, jolloin se olisi tyhjä egohalujen aiheuttamasta liikkeestä, ja sitten sisäistyä niille tasoille, jotka symboloituvat neitsyinä. Vasta silloin olisimme valmiit kokemaan korkeimpia ja henkisimpiä itseisarvoja, eli Ristin Johanneksen sanoin: "Jumala – – saapuu tyhjään sieluun ja täyttää sen jumalallisilla lahjoilla."[16]

Taivaasta laskeutuvan enkelin ja taivaasta kuuluvan äänen symboloimat intuitiot laukaisevat Johanneksessa elämyksellisen muutoksen. Kun ääni taivaasta on lakannut puhumasta, Johannes siirtyy kertojaksi.

Oletan, että hän tästä lähtien elää itse hengen yön puhdistusta, samalla kun hän kuvaa sitä.

Porton tuho

Babylonia kohtaa hävitys. Se palaa, sillä Johannes kertoo näkynsä eri jakeissa, että kauppiaat ja merenkulkijat näkevät "hänen palonsa savun" (Ilm. 18:9,18). Porton palamista Ilmestys on ennakoinut sekä tämän näyn alkuosassa sanoilla "hän joutuu tulessa poltettavaksi" (Ilm. 18:8) että edellisessä näyssä, jossa sanottiin: "kymmenen sarvea – – ja peto – – polttavat hänet tulessa" (Ilm. 17:16). Babylonin eli Baabelin tuhoa ennustettiin myös Vanhassa testamentissa: "Ja Baabelin, valtakunnan kaunistuksen, kaldealaisten ylpeyden ja loiston, käy niinkuin Sodoman ja Gomorran, jotka Jumala hävitti. Ei ikinä sitä enää asuta, autioksi jää se polvesta polveen."[17]

Kun Babylon Ilmestyskirjassa palaa, Johannes vapautuu erillisen minuutensa tunnosta. Palamisen yleinen merkitys – vanhan poispalaminen – on jo tuttu myyttikuva, mutta valotan asiaa vielä muutamilla lainauksilla, jotka sopivat juuri tähän kohtaan. Ristin Johannes selittää, että "sama rakkauden tuli, joka myöhemmin yhdistyy sieluun ja kirkastaa sen, hyökkää ensin sen kimppuun ja puhdistaa sen." Ja hän jatkaa:

> [Tässä puhdistuksessa] liekki ei ole sielulle suloinen, vaan tuskallinen – –. Liekki ei liioin suo sielulle virkistystä eikä rauhaa, vaan kuluttaa ja sytyttää sitä pannen sen voipumaan ja kärsimään itsetuntemuksessa.[18]

Itämaisella kielellä ilmaisten Babylonin palaessa vanha karma palaa ihmisestä pois viisauden tulessa. Itämaisesta kirjallisuudesta löytyy myös vertauksia, joissa kuvataan nimenomaan haluihin sidotun minuuden tunnon poispalamista. Esimerkiksi seuraavassa lainauksessa, joka on Paramahansa Yoganandalta, vain tapahtuman tunnelataus on erilainen kuin Ilmestyskirjassa; ahdistavuuden sijasta siitä välittyy vapautumisen ja ilon tuntu:

> Viisauden tuli palaa. Ruokin sen liekkiä. Ei enää syytä murheeseen! Käytän kaikkia katoavia nautintojani, kaikkia ajallisia pyrkimyksiäni risuina, joilla ruokin viisauden ikuista tulta. – – Ah, lukemattomat haluni häviävät iloisesti rätisten Jumalan liekin kosketuksesta. Vanha kotini, joka oli rakennettu himoista, omistuksista, inkarnaatioista, mielikuvieni monista kuningaskunnista

ja unelmieni monista pilvilinnoista – kaikki se palaa pois tässä sytyttämässäni tulessa.[19] Johanneksen käyttämä ilmaus "palon savu" luo vaikutelman, että hän näkee aluksi vain palon aiheuttaman savun, joka peittää tulen. Johannes on siis aluksi hämmentynyt kokemastaan. Hän ei ehkä heti tajua sitä vapautumista, jota Babylonin poispalaminen merkitsee. Ristin Johanneskin korostaa, että puhdistuksen eri vaiheisiin kuuluu ymmärryksen ja hengen pimeneminen. Tämän takia puhdistava tuli on Ristin Johanneksen mukaan myös "pimeää valoa" ja "pimeää tulta", jotka sopivat "palon savun" vertauskohteiksi.[20]

Porton vaiva eli se ahdistus, jota Ilmestyskirjan Johannes tuntee hengen yössä, tulee ilmi useissa jakeissa, varsinkin tässä: "Kauppiaat – – seisovat loitolla kauhistuen hänen vaivaansa" (Ilm. 18:15). Sanonta "seisoa loitolla" ilmentänee vieraantumista itsetarkkailun merkityksessä, eli Johannes panee tietoisesti merkille oman muutoksensa ja sen aiheuttaman ahdistuksen.

Porton tuhoa kuvaavat myös seuraavat sanat, jotka hänelle näyssä osoitetaan: "Hedelmät, joita sinun sielusi himoitsi, ovat sinulta menneet, ja kaikki kalleutesi ja komeutesi ovat sinulta hävinneet, eikä niitä enää koskaan löydetä" (Ilm. 18:14). Jae kertoo elämänilon ja sisäisen rikkauden menetyksestä, ja tämän Johannes kokee ahdistavana. Jakeessa kuvattua tilaa luonnehtii osuvasti myös ilmaus "hengen köyhyys", josta Ristin Johannes sanoi hengen yön kohdalla, että "tämä autuas yö – – tekee – – hengen köyhäksi ja tyhjentää sen kaikesta omaisuudesta ja luonnollisesta kiintymyksestä."[21]

Ilmestyskirjan lisäys "eikä niitä [kalleuksia ja komeuksia] enää koskaan löydetä" heijastaa ehkä Johanneksen subjektiivista tuntoa ahdistuksen jatkuvuudesta. Ristin Johanneskin kertoo, että sielusta tuntuu syvän ahdistuksen keskellä, ettei se enää koskaan voi tuntea mitään iloa.[22] Mutta Ilmestyskirjan sanoilla lienee myös toinen merkitys. Johannes ehkä uskoo, että hänen oivalluksensa omasta pyyteellisyydestään on aiheuttanut hänessä niin ehdottoman muutoksen, ettei hän enää koskaan tahdo koristella omaa minäänsä eli porttoa niillä onnen ja ilon tunteilla, jotka symboloituvat kalleuksina.

Ahdistusta ja hengen köyhyyttä voidaan lukea vielä seuraavasta Ilmestyskirjan jakeesta: "Voi, voi sitä suurta kaupunkia, joka oli puettu pellavaan ja purppuraan ja helakanpunaan ja koristettu kullalla ja jalokivillä ja helmillä, kun semmoinen rikkaus yhdessä hetkessä tuhoutui!" (Ilm. 18:16.) Eli Ristin Johanneksen sanoin: "Se on − − todella hengeltään köyhä ja riisuutunut vanhasta ihmisestä."[23]

Kuninkaiden, kauppiaiden ja merenkulkijoiden vaiva

"Ja maanpiirin kuninkaat − − itkevät ja parkuvat häntä" (Ilm. 18:9). "Ja maanpiirin kauppiaat itkevät ja surevat häntä, kun ei kukaan enää osta heidän tavaraansa" (Ilm. 18:11). "Kauppiaat, ne, jotka rikastuivat tästä kaupungista, seisovat loitolla kauhistuen hänen vaivaansa, itkien ja surren" (Ilm. 18:15). "Ja kaikki laivurit ja kaikki rannikkopurjehtijat ja merimiehet ja kaikki merenkulkijat seisoivat loitolla ja huusivat nähdessään hänen palonsa savun" (Ilm. 18:17–18). "[Merenkulkijat] heittivät tomua päänsä päälle ja huusivat itkien ja surren ja sanoivat: 'Voi, voi sitä suurta kaupunkia, jonka kalleuksista rikastuivat kaikki, joilla oli laivoja merellä, kun se yhdessä hetkessä tuhoutui!'" (Ilm. 18:19.)

Kun kuninkaat, kauppiaat ja merenkulkijat joutuvat kokemaan kovia, Johannes kokee ahdistusta myös sielunsa alemmilla eli aistisilla tasoilla, käyttääkseni Ristin Johanneksen kieltä. Muistutankin vielä kerran Ristin Johanneksen opetuksesta, jonka mukaan sielun aistisen osan puhdistus ei ole valmis ennen hengen puhdistusta. Hengen yössä sielun eri tasot joutuvat siis samaan aikaan puhdistuksen kohteeksi. Tämän Ristin Johannes ilmaisee sanomalla, että "ankarassa ja kovassa hengen puhdistuksessa − − sielun kummankin osan, henkisen ja aistisen, on koettava täydellinen puhdistus."[24]

Se vaiva, jota kauppiaat ja merenkulkijat tuntevat porton häviöstä ja menettäessään rikkautensa, vastaa jälleen Ristin Johanneksen kuvia. Hän puhuu "piinasta, jota kärsitään sielun aistisen ja henkisen olemuksen tyhjyyden ja köyhyyden vuoksi". Erilaisista hengen yön vaivoista kertoessaan Ristin Johannes käyttää muutenkin samoja kuvia kuin Ilmestyskirja, itkua ja parkua:

> Tämä on piinallinen häiriötila, joka koskee monenlaisia sielun sisäisiä pelkoja, kuvitteluja ja kamppailuja. − − sielu kokee hengessään niin syvää tuskaa ja murhetta, että se puhkeaa väkevään hengelliseen tuskanhuutoon ja parkumiseen. Toisinaan se huutaa ääneen ja sulaa kyyneliin, jos sillä on tähän kylliksi voimaa ja kykyä.[25]

Ilmestyskirjan näky Babylonin tuhosta etenee siten, että Johannes kuvaa ensin tapahtumat kauppiaiden ja sitten merenkulkijoiden kohdalta. Tässä voisimme ehkä nähdä muutosprosessin etenemisen pinnallisemmalta tasolta syvemmälle, joskin syvin taso on portto, ja hän ilmeisesti palaa kaiken aikaa. Ristin Johannes puolestaan kirjoitti muutoksen syvenemisestä hengen yössä seuraavasti:

Kun sielu on puhdistunut lähinnä ulkoisista epätäydellisyyksistä, rakkauden tuli alkaa uudelleen ja entistä sisäisemmin kalvaa sitä kuluttaakseen ja puhdistaakseen sitä, mikä on vielä jäljellä.[26]

Ilmestyskirjassa merenkulkijat kysyvät Babylonin tuhoa seuratessaan: "Mikä on tämän suuren kaupungin vertainen?" (Ilm. 18:18.) Ehkä Johannes muutoksen kourissa ihmettelee: "Jos luovun oman minuuteni tunnosta, mitä minusta jää jäljelle? Mikä voi ottaa oman minuuteni paikan kokemusmaailmassani?"

Pyhien riemu

"Riemuitse hänestä, taivas, ja te pyhät ja apostolit ja profeetat; sillä Jumala on hänet tuominnut ja kostanut hänelle teidän tuomionne" (Ilm.18:20). Kun Johannes Babylonin palaessa vapautuu sidonnaisuuksistaan entistä perusteellisemmin, hän on hengeltään tyhjempi ja köyhempi kokemaan aitoa syvähenkisyyttä. Vapautumista Ristin Johannes kuvaa näin:

Kun ne [sielun epätäydellisyydet] ovat palaneet loppuun, – – sielun piina päättyy, ja jäljellä on pelkkää iloa. – – kun sielu puhdistuu liasta tämän rakkauden tulen avulla, se syttyy yhä suurempaan rakkauteen.[27]

Luvun lopussa Babylonin tuhoa juhlitaan myös sanoilla: "Ei kuulla sinussa enää kanteleensoittajien ja laulajain, huilun- ja torvensoittajain ääntä; – – ei loista sinussa enää lampun valo; ei kuulla sinussa enää huutoa yljälle eikä huutoa morsiamelle" (Ilm. 18:22–23). Laulu ja soitto symboloivat jälleen itseisarvokokemusta, jonka Johannes tajuaa aikaisemmin kokeneensa väärällä ja vajaalla tavalla ikään kuin egona, erillisenä minänä.[28] Myös valo ja morsiamen ja yljän symboliikka, joihin palaan myöhemmissä luvuissa, liittyvät itseisarvon kokemiseen edustaen tämän kokemistavan korkeimpia autuaallisia muotoja. Tässä yhteydessä sanat tarkoittavat, että Johannes on pyrkinyt elämään kaikkein korkeimpiakin itseisarvoja egona, pyyteisiin sidottuna minänä, tajuamatta, että hänen täytyy antautua täydellisesti ja luopua omasta minästään.

Babylonin tuhosta Johannes riemuitsee vielä näinkin: "Ei löydetä sinusta enää minkään ammatin taituria, ei kuulla sinussa enää myllyn jyrinää" (Ilm. 18:22). Ammatintaiturit symboloivat luontevasti ihmisen konkreettisia kykyjä ja myllyn pyörintä, johon kohta palaan, symboloi yleensä liikettä ja siten ihmisen fyysistä ja psyykkistä toimintaa. Sanoillaan Johannes kertoo, että hän tahtoo irrottaa konkreettisten kykyjensä käytön ja koko toimintakykynsä pyyteellisestä minuuden tunnostaan. Näin hän voi siirtyä siihen pyyteettömään pyhimysmäiseen toimintaan, joka on kristinuskon kielellä uutta aistisuutta ja joka edustaa itseisarvojen kokemisen ohella toista itseyden puolta.[29]

Muutoksen keskeneräisyys

Babylonin heittäminen mereen

"Ja väkevä enkeli otti kiven, niinkuin suuren myllynkiven, ja heitti sen mereen sanoen: 'Näin heitetään kiivaasti pois Babylon, se suuri kaupunki, eikä sitä enää löydetä'" (Ilm. 18:21). Ilmestyskirjassa on tähän mennessä johdonmukaisesti kerrottu Babylonin palamisesta, mutta näyn lopussa Babylon heitetäänkin mereen. Yllättävää käännettä on mahdollista tulkita sekä psykologisesti että filosofisesti. Myytissä molemmat tasot voivat täydentää toisiaan.

Psykologista tulkintaa seuraten meri on piilotajunta, ja mereen heittäminen symboloi jonkin eletyn tajunnansisällön painumista piilotajuiseksi. Teoreettisemmin ilmaisten aktuaalinen tajunnantila muuttuu mereen joutuessaan potentiaalisuudeksi. Mereen heittämisen ei kuitenkaan tarvitse merkitä suoranaista torjuntaa vaan ainoastaan muutosta tajunnantilan selkeyden tai kiinteyden asteessa. Mutta on silti kysyttävä: miksi Johannes ei pysty vapautumaan kokonaan Babylonin portosta eli harhaisesta minätunteestaan?

Erillisen minuuden tunto on yhteydessä egohaluihin, joten vain elämyksellinen vapautuminen egohaluista niiden viimeistä itua ja siementä myöten voi vapauttaa meidät lopullisesti erillisen minuuden tunnosta. Niin kauan kuin meillä on vaikkapa piilotajuisia halujen siemeniä, minätunne on potentiaalisuutena läsnä. Toisin sanoen, jos syystä tai toisesta vahvistamme noita siemeniä ja alamme pyrkiä egohalujemme tyydytykseen, meille syntyy uudestaan myös erillisen minuuden tunto. Silloin Babylon nousee potentiaalisuuden merestä ja aktualisoituu oman minämme tunnoksi. Johannes kuitenkin uskoo, että näin ei enää tule tapahtumaan, sillä hän sanoo Babylon-myllynkivestä: "Eikä sitä enää löydetä" (Ilm. 18:21). Näin tulkiten mereen heittäminen vastaa edellisen luvun kuvaa, jonka mukaan peto syö porton (Ilm. 17:16). Porton syöminen ilmoitettiin edellisessä näyssä ennakoiden, ja tässä näyssä ennustus toteutuu, mutta toisenlaisen kuvan kautta. Peto eli harhainen egotajunta kuvautuu nyt merenä, jonka sisuksiin Babylon heitetään. Vaikka Babylonin tuhoutuessa Johannes vapautuu erillisen minuuden tunnostaan, hänelle jää ainakin piilotajuisia halujen ituja, ja niin petokin eli Johanneksen egotajunta on olemassa. Koska siis Johanneksen vapautuminen harhasta ei ole täydellistä, puhdistuksen on jatkuttava. Ilmestyskirjan myöhemmissä luvuissa Johannes joutuukin kamppailemaan vielä eritasoisten egohalujensa ja pedon kanssa.

Nämä pohdinnat osoittavat, että Ristin Johanneksen käsite hengen yö eli hengen puhdistus on kokonaisuudessaan laaja-alaisempi kuin tässä näyssä kuvattu Babylonin tuho. Joogatien dharanaa eli keskittymisen vaihetta Babylonin tuho sen sijaan vastaa alaltaan hyvin, sillä dharana on askel varsinaiseen meditaatioon, jossa syvempi puhdistus tapahtuu.

Filosofisen tulkinnan mukaan Babylonin mereen heitto olisi käsitteellinen tilinteko. Ihmisen pyyteisiin sidottu minätunne, Babylon, kuuluu harhan alueeseen, ja sinne se on sijoitettava. Meri, jonne Babylon heitetään, olisi siis käsitteellisesti se sama harhan meri, jonka päällä pedon voittajat viidennessätoista luvussa seisoivat. Tällaista tulkintaa Babylonin mereen heittämisestä puoltavat Ilmestyskirjan seuraavan luvun sanat, jotka lausutaan Babylonin portosta: "Ja hänen savunsa nousee aina ja iankaikkisesti" (Ilm. 19:3). Erillisen minuuden tunne eli Babylonin portto harhan meren olennaisena osana sitoo ihmisen harhan vangiksi, ja tätä harhaan peittymistä tapahtuu niin kauan kuin ihmiskunta ylipäätänsä on olemassa. Harhan savua, jonka verhoon ihminen kietoutuu, nousee siis aina ja iankaikkisesti; itämaisessa kirjallisuudessa käytetäänkin usein juuri ilmausta "harhan savuverho".[30] Mutta tuon savuverhon pimennosta ja harhan merestä kilvoittelijan on lopulta löydettävä tiensä vapauteen.

Myllynkivi

Entä miksi Johannes vertaa Babylonia myllynkiveen, joka heitetään mereen? Kuvalle löytyy rinnastuskohde jo Vanhasta testamentista, jossa profeetta Jeremia päättää Baabelin tuhosta kertovan luvun sanoihin: "Ja kun olet lukenut tämän kirjan loppuun, sido siihen kivi ja viskaa se keskelle Eufratia, ja sano: Näin uppoaa Baabel eikä nouse enää siitä onnettomuudesta, jonka minä sille tuotan, vaan he vaipuvat."[31]

Myyttikuvan perusteellinen tulkinta edellyttäisi aina monien eri suunnista lähestyvien tulkintamahdollisuuksien ehdottamista. Myyttinen maailmankuva on näet lukemattomien analogioiden verkosto, jossa yksi myyttikuva asettuu kuin monien eritasoisten analogiasuhteiden solmukohtaan. Lisäksi myyttinen hahmotus on tietoisen ajattelun mittakepillä arvioiden hämmästyttävän ilmaisuvoimaista. Yhdenkin myyttikuvan eri puolet kertovat omaa, kokonaisuutta täydentävää tarinaansa – miten tuo kokonaisuus tulkitsijan intuitiolle näyttäytyykin. Ilmestyskirjan laajuuden takia en ole esittänyt yleensä kuin yhden tai korkeintaan muutaman näkökulman kuhunkin myyttikuvaan, mutta nyt tulkitsen myllynkiveä tavallista monisäikeisemmin.

Myllynkivestä nykyihmisen mieleen tulee varmaankin ensimmäiseksi sanonta "kuin myllynkivi kaulassa", ja tämä vertaus sopii myös Ilmestyskirjaan. Erillisen minuuden tunto on kuin myllynkivi kaulassamme, sillä se on kärsimysten lähde, "maan porttojen ja kauhistusten äiti". Raamatussa myllynkivi esiintyy tämäntapaisessa raskauden merkityksessä Markuksen evankeliumissa, jossa sanotaan: "Ja joka viettelee yhden näistä pienistä, jotka uskovat, sen olisi parempi, että myllynkivi olisi pantu hänen kaulaansa ja hänet olisi heitetty mereen."[32]

Myllynkivestä voidaan lukea myös monia viljan jauhamiseen liittyviä vertauksia. Myllynkivi on ensinnäkin liikkeessä, kun sillä jauhetaan, ja samalla tavalla ihmistajunta on liikkeessä, kun se pyydeluonteisena tavoittelee kohteitaan. Tajuntansa jatkuvaa liikettä ihminen ei kuitenkaan pysty pysäyttämään, ennen kuin hän on tähän sisäisesti kypsä, ja niin hänen täytyy käyttää tajuntansa myllyä mahdollisimman hyvin ymmärtääkseen asioita syvemmin ja muuttuakseen itse parempaan suuntaan. Pyhä Teresa sanookin henkisen tien alkuvaiheista: "Antakaamme tämän kolkkumyllyn käydä ja jauhakaamme jauhojamme; tahtomme ja ymmärryksemme eivät saa tauota työstään."[33]

Mutta Johannes on jo edennyt sisäisen muutoksen alkuvaiheita pitemmälle, ja vuodatetussa puhdistuksessa hän ehkä tuntee joutuneensa kuin yliyksilöllisen muutosprosessin kouriin. Nykypsykologian termein hän on ohittanut persoonallisen tason ja siirtynyt yhä suuremmassa määrin kuin kollektiiviseen piilotajuntaan kuuluvan ohjelman piiriin. Myllynkivivertausta soveltaen Johanneksesta saattaa tuntua, että joku hänestä riippumaton voima pyörittää hänen elämänsä muutosmyllyä, tai ainakin, että hänessä tapahtuva muutos on kuin kierros kierrokselta etenevää lainomaista liikettä.

Ne viljanjyvät taas, joita myllynkivien välissä jauhetaan, ovat kuin erilaisia sidonnaisuuksia. Kun Johannes on antanut sisäisen muutoksensa edetä, hänen vehnänjyvänsä ovat kuolleet kuolemistaan, ja niin hän on vapautunut sidonnaisuuksistaan. Välillä tämä muutos on ollut kauhistavaa, ja silloin sidonnaisuudet ovat rikkoutuneet kuin raskaiden myllynkivien puristuksessa.

Vielä myllynkiven geometrinen muoto ja pyörivä liike yleensä ovat saattaneet herättää Johanneksen mielessä assosiaatioita. Jos näet oletamme myllynkiven pyöreäksi – myös toisenmuotoisia myllynkiviä oli vanhoina aikoina käytössä – se on kuin mandala. Ja mitä lähempänä myllynkiven keskustaa liike tapahtuu, sitä pienempi keskipakoisvoima on; myllynkiven ideaalisessa keskipisteessä liike on sitten hiljentynyt kokonaan. Näin hahmottaen myllynkivi olisi myös kuin sen sisäisen maan kuva, jossa ihminen egoksi langenneena joutuu vaeltamaan. Tämäkin maa on eräänlainen mandala, mutta se on jatkuvasti pyörivä, ja se pitää ihmistä puristavassa otteessaan. Myllynkiveä voidaan verrata väljästi myös itämaisen filosofian elämän pyörään tai karman pyörään, sillä kaikissa näissä pyörissä ihminen joutuu vaeltamaan harhan vankina ja etsimään tietään vapauteen.[34] Myllynkivi onkin erityisen osuva kuva harhan maailmasta, sillä etsiessään tietään pyörivän myllynkiven keskustaan kilvoittelija joutuu kulkemaan keskipakoisvoimaa vastaan, ja tuo voima olisi mahdollista hahmottaa harhan voimaksi.

Tässä vaiheessa Johannes on kulkenut jo kauan myllynkiven maailmassa lähestyen spiraalimaisesti kierros kierrokselta sen keskustaa. Matkan aikana hänen sidonnaisuutensa ovat jauhautuneet kuoliaiksi, hän on sisäistynyt ja hän on oppinut hiljentämään tajuntaansa. Edettyään tässä näyssä vihdoin tarpeeksi lähelle keskustaa hän voi heittää matkavälineensä eli oman minänsä raskaan myllynkiven pois. Näin hän pääsee siirtymään uusissa näyissään ihmistajunnan korkeimpiin ja syvimpiin henkisiin tasoihin.

V

SYVÄHENKISEN ELÄMÄN
KORKEIMMAT TASOT

Ilmestyskirjan luvut 19–22

Ilmestyskirjan loppuluvuissa Johanneksen muutos huipentuu henkiseen vapautumiseen. Tämä merkitsee rakkauden ja autuuden elämistä aina muuntuneisiin tajunnantiloihin asti. Ilmestyskirjassa kuvatut tajunnantilat ovat ihmiselle avoinna olevia korkeimpia mahdollisuuksia, ja vain harvat tunnetut henkilöt – kuten Jeesus ja Buddha– ovat eläneet niitä täysimääräisesti. Näistä tiloista on kuitenkin kuvauksia kirjallisuudessa, ja niiden osittaisessa ymmärtämisessä auttavat ne pienetkin välähdykset, joita monet ovat kokeneet.

19. ILMOITUS KARITSAN HÄISTÄ, RATSASTAJA JA JUMALAN SUURI ATERIA

Uusi kehitysvaihe

Ristin Johannes jakaa hengen yön eli vuodatetun puhdistuksen korkeamman asteen väljästi kahteen vaiheeseen siten, että alkuvaiheessa puhdistava tuli ahdistaa, mutta myöhemmin tuli antaa ahdistuksen ohella lämpöä ja valoa. Silloin se on puhdistava ja rakastava tuli.[1] Tällaista hengen yön myöhempää vaihetta Ilmestyskirjan yhdeksästoista luku mielestäni kuvaa. Siinä on edelleen kysymys puhdistuksesta eli egosidonnaisuuksien kuoleutumisesta; Johanneshan ei ole vieläkään vapautunut jäännöksettömästi kaikista sidonnaisuuksistaan, vaikka hän on jo luopunut erillisen minuuden tunnostaan. Tämä sidonnaisuuksien kuoleutuminen kuvautuu näyssä sitten muun muassa kuninkaiden surmaamisena. Mutta näyn kuvat kertovat myös onnellisista tajunnantiloista vastaten Ristin Johanneksen mainitsemaa rakastavaa tulta. Onnellisia tajunnantiloja ilmentävät näyssä hääsymboliikka ja osa valkoisella hevosella ratsastavan kuvauksesta, joskin häistä ilmoitetaan vasta ennakoiden. Tämä luku olisi voitu sijoittaa myös edelliseen pääjaksoon, joka käsitteli vuodatettua puhdistusta, mutta näyssä korostuvat korkeat muuntuneet tajunnantilat niin paljon, että jaksotan sen muiden loppulukujen kanssa yhteen.

Ilmestyskirjan loppuluvuissa esiintyy yleisemminkin hääsymboliikkaa, joten suhteutan näiden lukujen tapahtumia myös sielun ja Jumalan häämenoihin. Pyhän Teresan morsiussymboliikassa nyt käsillä oleva luku sijoittuisi kihlaukseen valmistautumisen aikaan. Liiton arkin paljastumista vertasin yhdennessätoista luvussa siihen ensimmäiseen "kasvokkain" kohtaamiseen morsiamen ja Yljän välillä, joka Teresan mukaan valmistelee sielun ja Jumalan häitä. Tämän kasvokkain tapaamisen jälkeen sielu sitten "päättää lujasti, ettei se ota muuta puolisoa" kuin Jumalan, mutta "Ylkä jättää huomiotta sen kiihkeät toiveet kihlajaisten viettämisestä"; sielun täytyy näet valmistautua lisää kihlajaisiin. Teresa selittää edelleen, että valmistautumisvaiheessa sielu saa runsaasti lahjoja Yljältään mutta joutuu kestämään myös vaikeita koettelemuksia.[2] Juuri nämä kaksi puolta, koettelemukset ja lahjat, voidaan lukea myös Johanneksen tästä näystä.

Ykseystajunnan voimistuminen

Ilmoitus Karitsan häistä

"Ja minä kuulin ikäänkuin kansan paljouden äänen ja ikäänkuin paljojen vetten pauhinan ja ikäänkuin suuren ukkosen jylinän sanovan: 'Halleluja! Sillä Herra, meidän Jumalamme, Kaikkivaltias, on ottanut hallituksen. Iloitkaamme ja riemuitkaamme ja antakaamme kunnia hänelle, sillä Karitsan häät ovat tulleet, ja hänen vaimonsa on itsensä valmistanut. Ja hänen annettiin pukeutua liinavaatteeseen, hohtavaan ja puhtaaseen: se liina on pyhien vanhurskautus.'" (Ilm. 19: 6–8.)

Vaikka jakeissa ilmoitetaan Karitsan häistä, itse häät vietetään ilmeisesti myöhemmin, sillä luvussa kaksikymmentäyksi Johannes näkee pyhän kaupungin laskeutuvan taivaasta, ja tätä kaupunkia hän nimittää morsiameksi ja Karitsan vaimoksi (Ilm. 21:2,9). Voinemme siis olettaa, että Karitsan häät kokonaisuudessaan kestävät pitkään ja että tässä luvussa ovat käynnissä häävalmistelut.

Häät myyteissä ja uskonnollisessa kirjallisuudessa

Mytologiasta löytyy runsaasti hääaiheita ja vielä enemmän nais- ja miesprinsiipin yhtymisiä. Esimerkiksi assyrialais-babylonialaiseen tarustoon sisältyy myytti jumala Ninurtan ja jumalatar Baun häistä, joita paikoitellen vietettiin rituaaleina uuden vuoden alussa. Samoin babylonialaisen Marduk-jumalan kulttiin kuului oletettavasti häärituaali. Kreikan mytologiassa nais- ja miesprinsiipin yhtyminen löytyy esimerkiksi *Ilias*-eepoksesta, jossa kuvataan Zeun ja Heran yhtymistä Ida-vuoren huipulla. Myös vanhoihin suomalais-karjalaisiin karhunpeijaisjuhliin kuului hääaihe, sillä juhla-aterialle oli valittu mies esittämään sulhasta ja nainen morsianta.[3]

Myytin erikoispiirteistä, taustakulttuurista, aikakaudesta ja yksilöllisestä kokijasta riippuen häät ja naisen ja miehen yhtyminen ilmentävät mitä erilaisimpien asioiden yhteenliittymistä ja harmoniaa. Kysymys voi olla esimerkiksi kosmisten voimien – kuten universaalin hengen ja luonnon – sopusoinnusta tai vain luonnon harmoniasta. Jos esimerkiksi miespuolinen taivas ja naispuolinen maa viettävät häitään, ihmiset saavat olla luottavaisia tulevan vuoden suhteen: taivas hedelmöittää aikanaan sateella maan, ja maa kantaa satoa. Yksilötasolla koettuina häät ja yhtyminen voivat tukea ihmisen eheytymistä niin fyysisellä, psyykkisellä kuin henkiselläkin tasolla. Häiden ja yhtymisen myyttikuvathan on mahdollista kokea yhteydestä riippuen fyysisen nautinnon ilmauksina, erilaisten psyykkisten ominaisuuksien – esimerkiksi järjen ja tunteen – liittona tai henkisten ykseyskokemusten kuvina. Korkeimmalla henkisellä tasolla ja uskonnollisen symboliikan osana myyttiset häät merkitsevät ykseystajunnan eli autuuden elämistä; näinhän olen sielun ja Jumalan avioliittoa jo alustavasti tulkinnut yhdennessätoista luvussa.

Kristinuskossa morsiussymboliikka on ehkä kuuluisin Vanhan testamentin Korkeasta veisusta eli Laulujen laulusta. Siinä morsian ilmaisee ykseyden tunteensa ylkään muun muassa sanoin: "Minä olen rakkaani oma, ja rakkaani on minun."[4] Myöhemmin kristinuskon mystikot ovat käyttäneet usein Korkean veisun symboliikkaa kuvatessaan omia ekstaattisia kokemuksiaan. Esimerkiksi Ristin Johannes kirjoittaa:

Sielu kokee – – riemua ja juhlaa, nauttii Jumalasta ja ylistää häntä. – – se tunnustaa Korkean veisun morsiamen tavoin: Dilectus meus mihi et ego illi ("Rakkaani on minun ja minä hänen").[5]

Myös Ristin Johanneksen runo, joka muodostaa hänen kirjansa *Elävä rakkauden liekki* ytimen, tarjoaa esimerkin morsiussymboliikasta. Runon olennaisen sisällön ilmaisee jo sen nimi: "Säkeet, jotka sielu lausuu yhtyessään läheisesti Jumalaan, rakastamaansa ylkään".[6]

Samanlaista symboliikkaa löytyy intialaisesta uskonnollisesta kirjallisuudesta ja joogateoriasta, sillä Intiassa ihmisen ja hänen myyttisen aviomiehensä eli Jumalan yhtymys merkitsee henkistä autuutta ja äärimmäistä ykseyskokemusta, samadhia. Esimerkiksi intialainen swami Vivekananda kirjoittaa:

Kuka tässä maailmankaikkeudessa on sopivampi tulemaan aviomieheksi kuin Hän. Kuka tässä maailmankaikkeudessa on sopivampi rakkauden kohteeksi kuin Hän. Niinpä anna Hänen olla aviomiehesi, anna hänen olla Rakastettusi. – – Kun ihmisellä on itsessään tällainen rakkaus, hänestä tulee ikuisesti autuas, ikuisesti onnellinen. – – Tämän rakkauden valon läsnäolosta ihminen – – oivaltaa – – että Hän, joka Rakastaa, Rakastettu ja Rakkaus ovat Yksi.[7]

Joogateoriassa puolestaan ihmisen kundalinienergia hahmotetaan naispuoliseksi. Kun joogi on kuljettanut kundalinienergian chakrojen

331

kautta päälaelle sahasraraan, naispuolisen kundalinin sanotaan yhtyvän miespuoliseen Shivaan, ja silloin joogi kokee samadhin autuuden.[8]

Karitsan häät ja Karitsan morsian

Kristillis-teologisissa Ilmestyskirjan tulkinnoissa Karitsan häät nähdään useimmiten Jumalan seurakunnan ja Jumalan yhtymisenä, jolloin Karitsan morsian on seurakunta tai kirkko. Mutta myös morsiussymboliikan mukaisia näkemyksiä Ilmestyskirjasta löytyy kristinuskon sisältä. Esimerkiksi Bernhard Clairvauxlainen viittaa Ilmestyskirjan morsiameen, joka on valmistanut itsensä, ja Bernhard tähdentää, että vain se, joka toimii ja rakastaa kuten Ylkä toimi ja rakasti, voi tulla tämän morsiameksi.[9]

Yleisemmin – ilman selkeitä viittauksia Ilmestyskirjaan – nimitykset "Karitsan morsian" ja "Karitsan häät" esiintyvät kristillisessä kirjallisuudessa mitä erilaisimmissa yhteyksissä tarkoittaen puhdistunutta ihmissielua ja sen osaksi tulevaa henkistä autuutta. Esimerkiksi eräässä keskiajalla kootussa saksalaisten nunnien elämäkertoja sisältävässä lähteessä kerrotaan hurskaan nunnan kuolemasta sanomalla, että hän siirtyi taivaallisiin Karitsan häihin, joihin hän oli valmistanut itsensä jo maan päällä. Ja nykyaikana Basilea Schlink kirjoitti omaelämäkerrassaan: "Tehdäkseen minut todelliseksi Karitsan morsiameksi Herra tahtoi sytyttää sydämeni liekehtimään rakkaudesta Häneen."[10]

C. G. Jung piti Ilmestyskirjan Karitsan häitä yhtenä versiona arkkityyppisestä jumalhäiden aiheesta. Tässä aiheessa hän näki yleisesti kuvan ihmisen eheytymisestä; kysymys oli ennen kaikkea piilotajunnan ja tietoisuuden entistä kiinteämmästä yhteydestä ja vastakohtien sovittumisesta. Jung selitti, että Johanneksen näyt päättyvät "klassisen individuaatioprosessin tavoin" häihin, mutta Johanneksen kuvaamia Karitsan häitä Jung piti ilmeisesti tavallisuudesta poikkeavina. Ne eivät kuvanneet hänen mukaansa vastakohtien sovittumista, vaan niissä vain "valo yhtyy valoon". Sikäli kuin ymmärrän Jungin tulkintaa, hän näki Ilmestyskirjan Karitsan häät ennemminkin suurisuuntaisena metafyysisenä visiona maailman henkisestä kehityksestä kuin persoonallisen eheytymisen kuvana.[11]

Omassa tulkinnassani seuraan kristinuskon morsiussymboliikkaa, jota erittelen teoreettisesti. Ilmestyskirjan Karitsa eli morsiussymboliikan Ylkä on teoreettisesti ilmaisten universaali itseys. Vielä tarkemmin Karitsa on universaalin itseyden objektiivinen puoli eli se henkisen todellisuuden taso tai pyhyysarvo, jota ihminen tajunnansisältönään elää. Universaalin itseyden subjektiivinen puoli eli se tajunnantaso, jolla tuo sisältö eletään, on puolestaan Karitsan vaimo; ja häissä ihminen tosiasiallisesti elää Karitsan symboloimaa pyhyysarvoa.

Sanat "hänen vaimonsa on itsensä valmistanut" tarkoittavat, että Johanneksen syvä tajunnantaso on sisäisessä muutoksessa valmistunut kokemaan korkeimpia, ahtaat minuuden rajat ylittäviä pyhyysarvoja. Valmistuminen on merkinnyt Johanneksen tajunnan vapautumista sidonnaisuuksista ja erillisen minuuden tunnosta. Tätä sidonnaisuuksista puhdasta tajunnantasoa ilmentää myös se hohtava ja puhdas liinavaate, johon Karitsan vaimo pukeutuu (Ilm. 19:7–8). Kristillisessä kirjallisuudessa Katariina Sienalainen, 1300-luvulla elänyt mystikko, puhuukin rakkauden häävaatteesta, johon sielu pukeutuu riisuuduttuaan omasta tahdostaan.[12]

Ajatus, että Karitsan morsian on valmistanut itsensä, sopii myös itämaiseen joogateoriaan, sillä voidakseen elää henkisen autuuden joogin tulee valmistaa naispuolista kundalinienergiaansa kuljettamalla sitä ylöspäin sushumna-nadia pitkin eri chakrojen läpi.[13]

Hääateria

"Ja hän [enkeli] sanoi minulle: 'Kirjoita: autuaat ne, jotka ovat kutsutut Karitsan hääaterialle!'" (Ilm. 19:9.) Hääateriavertauksessa toistuvat morsiussymboliikan olennaiset piirteet. Ihmisen suu ja vatsa astiamaisina kuvina rinnastuvat morsiussymboliikan vaimoon; ja ruoka ja juoma, jotka ovat suussa tai vatsassa, vastaavat ylkää. Suu ja vatsa symboloivat siis ihmistajuntaa, ja ruoka ja juoma sitä tajunnansisältöä, jota ihminen elää. Itse hääateria myyttikuvana korostaa yhtymisen lisäksi, että syvähenkiset arvot ravitsevat ihmistä vain, jos hän omakohtaisesti elää eli syö niitä. Autuas on siis se, joka hääaterialle pääsee.

Raamatussa hääateriaa käytetään yleisemminkin symboloimaan pyhyysarvojen omakohtaista elämistä. Esimerkiksi Matteuksen evankeliumissa Jeesus kertoo taivasten valtakunnasta sanoilla: "Taivasten valtakunta on verrattava kuninkaaseen, joka laittoi häät pojallensa – – lausuen: 'Sanokaa kutsutuille: Katso, minä olen valmistanut ateriani, minun härkäni ja syöttilääni ovat teurastetut, ja kaikki on valmiina, tulkaa häihin.'" Ateriavertausta käytetään myös Ilmestyskirjan alussa, josta luemme: "Jos joku kuulee minun ääneni ja avaa oven, niin minä käyn hänen tykönsä sisälle ja aterioitsen hänen kanssaan, ja hän minun kanssani" (Ilm. 3:20). Ristin Johannes tulkitsee nämä sanat tarkoittamaan juuri Jumalan ja ihmissielun yhtymystä.[14]

Pyhä ateria ja laajemmin ottaen pyhät ruuat ovat myös yleismaailmallisia symboleja; mithralaisuuden pyhään ateriaan olen jo aikaisemmin viitannut, ja intialaisessa symboliikassa amrita-nektarin juominen tarkoittaa usein henkisen autuuden elämistä.[15]

Jumalan kumartaminen ja profetian henki

"Ja minä lankesin hänen jalkojensa juureen, kumartaen rukoillakseni häntä. Mutta hän sanoi minulle: 'Varo, ettet sitä tee; minä olen sinun ja sinun veljiesi kanssapalvelija, niiden, joilla on Jeesuksen todistus; kumarra ja rukoile Jumalaa. Sillä Jeesuksen todistus on profetian henki.'" (Ilm. 19:10.) Se "hän", jonka jalkojen juureen Johannes on aikeissa kumartua, on ilmeisesti hääateriasta kertonut enkeli. Käytän enkelin sanoja tuodakseni esille tärkeän uskonnonfilosofisen ongelman, vaikka sanat mahdollistavat myös muita tulkintoja.[16]

Johannes on päätynyt näkyjensä aikana oivallukseen: olennaista syvähenkisessä elämässä on se, mitä ihminen itse kokee, ei se, minkälaiseksi hän mielessään hahmottaa ihmisestä irrallisen Jumalan. Tämä oivallus johtaa lähes vääjäämättä kysymykseen: jos olennaista on se, mitä ihminen kokee, redusoituuko jumaluus ihmistajuntaan? Tulkintani mukaan tämä ongelma hämmensi Johannesta jo yhdeksännessä luvussa, jolloin savu peitti auringon ja ilman, ja nyt Johannes palaa ongelmaansa löytäen siihen tyydyttävän vastauksen.

Johanneksen tahtoessa kumartaen rukoilla enkeliä hän on aikeissa kokea pyhänä sellaisen, joka on ihmistajunnan osa. Tulkintani mukaanhan enkelit, Karitsan morsian, profeetat, todistajat, papit ja pyhät ovat Ilmestyskirjassa ihmistajunnan syvien tasojen symboleja. Filosofisesti eritellen ihmistajunta ja sen eri tasot täytyy kuitenkin erottaa siitä tajunnansisällöstä, mitä kulloinkin koetaan. Ja se, mitä koetaan, on uskonnollisessa elämässä pyhyysarvo, Jumala tai Henki, ja nämä ovat uskonnollisen elämänkatsomuksen mukaan objektiivisesti olemassa. Enkelin käyttämä ilmaus "profetian henki" onkin kuvaava, koska se erottaa toisistaan ihmistajunnan eli profeetan, joka profetoi, ja tajunnan objektiivisen sisällön eli profetian hengen. Kun Ilmestyskirjassa enkeli käskee Johannesta kumartamaan Jumalaa enkelin sijasta, Johannes ehkä saa nämä asiat itselleen intuitiivisesti selviksi.

Vieraantuneesta uskonnollisuudesta luopuminen ei johda välttämättä ihmistajunnan pitämiseen pyhimpänä, eli jumaluus ei redusoidu ihmistajuntaan.

Näin tulkiten tätä Ilmestyskirjan kohtaa voidaan verrata platonilaiseen arvoteoriaan, jonka mukaan on olemassa objektiivinen ideoiden ja arvojen maailma. Oletan lisäksi, että Johannes päätyy platonilaiseen näkemykseen oman kokemuksensa perusteella. Muuntuneille syvähenkisille tajunnantiloille on näet leimallista se, että kokija tuntee niiden aikana löytävänsä ikään kuin valmiina uuden todellisuuden tason; hän ei tunne itse luovansa sitä omalla kokemisellaan.

Syville henkisille tajunnantiloille on ominaista myös se, että ihminen tuntee niiden aikana selvästi ylittävänsä oman minänsä rajat. Ilmestyskirjassa Johannes on jo hävittänyt Babylonin porttoa, ja tässä näyssä yliyksilölliseen kokemiskvaliteettiin saattaisivat viitata enkelin sanat: "minä olen sinun ja sinun veljiesi kanssapalvelija." Kun Johannes on ylittänyt ahtaan minuutensa rajat, hän tuntee olevansa syvällisellä tasolla yhtä kaikkien kanssa. Hän elää myös lähimmäisissään, ja siksi kaikki ovat Jumalan palvelijoita ja veljiä keskenään.[17]

Syvähenkisten kokemusten erityisluonne on tärkeä pitää mielessä varsinkin nyt, kun Ilmestyskirjan tapahtumat keskittyvät kuvailemaan niitä. Kielen köyhyyden vuoksi voimakkaasti muuntuneista tajunnantiloista joudutaan käyttämään sanaa "kokemus", vaikka kokemus-sana tavallisessa merkityksessään herättää mielikuvan, että sitä vastaava tajunnantila rajoittuu kokijan oman minuuden tai suorastaan oman kehon sisälle. Näin ei siis ole laita syvähenkisten kokemusten kohdalla. Tästä syystä etenkin itämaisessa kirjallisuudessa painotetaan myös, että pyhimysten henkisillä kokemuksilla on aina laajasti vaikuttava, hyvää tekevä voima; vaikka pyhimys ei ulkonaisesti toimisikaan, hänen korkeat tajunnantilansa ovat jo sellaisinaan maailmaa auttavaa "teotonta toimintaa".[18]

Korostan vielä, että muuntuneita tajunnantiloja on ylipäätänsäkin vaikea kuvailla. Vaikeus piilee jo siinä, että kielessämme ei ole niitä varten sanoja, sillä kielenkäyttöön juurtuvat sanat, joilla välitetään yleisesti koettua, ja nämä tajunnantilat ovat yleisestä poikkeavia. Kun seuraavassa käsittelen Johanneksen syvähenkisiä tajunnantiloja, en pyri välittämään niistä elävää vaikutelmaa; keskityn vain kirjani luonteen mukaisesti Ilmestyksen myyttikuvien erittelyyn. Lukija, joka on kiinnostunut näistä tajunnantiloista, voi etsiä niistä lisää kuvauksia esimerkiksi teoksista, joita käytän loppulukujen lähteinä.

Pyhän hengen vuodatus eli samastuminen Om-värähtelyyn

Taivaallinen ratsastaja

"Ja minä näin taivaan auenneena. Ja katso: valkoinen hevonen, ja sen selässä istuva." (Ilm. 19:11.) Taivaan aukeneminen kertoo jälleen, että korkea tajunnantaso avautuu Johanneksen kokemusmaailmassa. Taivas, ratsastaja ja hevonen muodostavat yhdessä tämän uuden kokemustilan myyttikuvan. Taivas on se korkea tajunnantaso, "toinen taivas" eli ylitajunta, jolla Johannes uusia kokemuksiaan elää. Ratsastaja, joka auenneessa taivaassa näkyy, on kokemuksen sisältö eli tajunnansisältö, ja hevonen on tämän tajunnantilan energiaperusta. (Jäljempänä puhun yksinkertaisuuden vuoksi yleensä vain ratsastajasta tämän uuden kokemustilan symbolina.)

Edellä Karitsan häistä ilmoitettaessa sanottiin, että Karitsan vaimo on valmistanut itsensä ja pukeutunut hohtavan valkoiseen liinavaatteeseen, ja tämä vaate ilmaisi tulkintani mukaan Johanneksen puhdistunutta tajuntaa. Valkoinen hevonen kertoo nyt, että myös tuota tajunnantilaa vastaava energiataso on puhdistunut eli tullut valkoiseksi.

Valkoinen hevonen ja sillä ratsastava esiintyivät jo kuudennessa luvussa, jossa ne lähetettiin ensimmäisinä liikkeelle ja jossa ratsastajan sanottiin lähtevän "voittajana ja voittamaan" (Ilm. 6:2). Kun Johannes on monien koettelemusten jälkeen voittanut sidonnaisuuksiaan, hän on palaamassa siihen alkuperäisen puhtaaseen eli valkoiseen tilaansa, joka merkitsee Ilmestyskirjassa voittoa. Valkoisen hevosen ja sillä ratsastavan ilmaantuminen takaisin Johanneksen näkyihin merkitsee siis askelta eteenpäin Johanneksen myyttisellä paluutiellä.

Ratsastajaa voidaan verrata myös siihen poikalapseen, joka syntyi kahdennessatoista luvussa ja joka edusti korkeaa henkistä tajunnantilaa. Lapsesta sanottiin tuolloin, että se tulee kaitsemaan pakanakansoja rautaisella valtikalla, ja tässä näyssä ratsastajasta sanotaan samat sanat: "Hän on kaitseva heitä [kansoja] rautaisella valtikalla" (Ilm. 19:15). Voimme siis päätellä, että ratsastaja on tuo samainen poikalapsi suureksi kasvaneena. Kahdennessatoista luvussa lapsi temmattiin "valtaistuimen tykö" ja Johanneksen näky jatkui maan päällä, sillä Johannes ei ollut valmis kokemaan pysyvästi lapsen symboloimaa korkeaa henkistä tasoa. Nyt hän sen sijaan on tullut Karitsan morsiameksi ja "valmistanut" itsensä, joten poika voi ilmaantua uudelleen näkyihin entisestään kasvaneena.

Teoreettisin termein ilmaisten ratsastaja on itseys ja vielä täsmällisemmin itseyden objektiivinen puoli. Tätä Johannes elää yhä täydemmin, koska hän on vapautunut sisäisen muutoksensa aikana entistä enemmän sidonnaisuuksistaan. Näyn yksityiskohdat kertovat tarkemmin, minkälaista Johanneksen uusi kokeminen on.

Uskollinen ja Totinen Jumalan Sana

"Ja sen selässä istuvan nimi on Uskollinen ja Totinen" (Ilm. 19:11). Pari jaetta myöhemmin Johannes kertoo ratsastajasta, että "nimi, jolla häntä kutsutaan, on Jumalan Sana" (Ilm. 19:13). Raamatussa Jumalan Sana on Amen, ja Amen tarkoittaa "totisesti" eli siis väljästi uskollista ja totista. Amenin ja "Uskollisen ja Totisen" yhteneväisyys on tuotu selvästi julki Ilmestyskirjan kolmannessa luvussa, jossa esiintyvät sanat: "Näin sanoo Amen, se uskollinen ja totinen todistaja, Jumalan luomakunnan alku" (Ilm. 3:14). Aikaisemmin olen selittänyt, että itämaiseen traditioon siirrettynä Amen on Om, joka tuossa kulttuuripiirissä on Jumalan Sana eli Jumalan ääni.[19]

Lukija muistanee, että kuudennessa luvussa ensimmäinen eli ilmeisesti leijonan näköinen olento lähetti liikkeelle valkoisen hevosen ja sillä ratsastavan. Leijonan tulkitsin tuolloin universumin perusenergiaksi eli itämaisittain Om-värähtelyksi. Kun ratsastaja "Uskollinen ja Totinen" valkoisella hevosellaan ilmaantuu Johanneksen näkyyn, Johannes on paluutiellään tullut vaiheeseen, jossa hän saa yhteyden tähän olemassaolon perusenergiaan, "Jumalan luomakunnan alkuun" eli Om-värähtelyyn. Johannes on koko Ilmestyskirjan ajan kuullut paljojen vetten pauhinan, ukkosen jylinän, kansan paljouden äänen ja pasuunan puhallukset, mutta oletan, että tässä näyssä hän alkaa kokea Om-äänen uudella tavalla. Kuljettuaan elämän puun tietä alhaalta ylöspäin jo useamman kerran hän samastuu Om-ääneen entistä täydemmin. Vertailu itämaiseen joogaan auttaa hahmottamaan asiaa tarkemmin.

Patanjalin kahdeksanportaisella joogatiellä dharanan eli keskittymisen jälkeen seuraa varsinainen meditaatio, *dhyana*. Tällöin joogi irtoaa entistä enemmän ulkoisista ja mielikuvanomaisista keskittymiskohteista pyrkien ylläpitämään täysin kirkasta, hiljentynyttä tajunnantilaa. (Joogateorian meditaatio, dhyana, vastaa siis suurin piirtein kristinuskon kontemplaatiota.) Joogi voi kuitenkin vielä tässä vaiheessa käyttää meditaatiokohteinaan Om-ääntä ja Om-valoa. Dhyanaa seuraava vaihe on sitten samadhi, johon meditaation on tarkoitus johtaa.[20] Esimerkiksi Ramana Maharshi kirjoitti Om-äänen eli nadan meditoinnista seuraavasti:

> Nadaan kohdistuva meditaatio on yksi monista tunnustetuista ja hyväksytyistä menetelmistä. – – Aivan kuten tuutulaulut tuudittavat lapsen uneen, samoin nada tyynnyttää mietiskelijän samadhitilaan. Edelleen: aivan kuten kuningas lähettää juhlasoittajansa toivottamaan hänen poikansa tervetulleeksi, kun tämä palaa pitkältä matkalta, samoin nadakin vie palvojan Herran kotiin suloisella tavalla.[21]

Samastuminen Om-ääneen vaihtelee intensiteetiltään, ja siihen voi liittyä erilaisia kokemusvivahteita; kokonaisuudessaan kysymys on jälleen pitkästä ihmiselämän vaiheesta. Olennaisesti meditoija kuitenkin kokee samastumisen kirkkaana vapautumisen, tajunnan laajentumisen ja henkisen ylevöitymisen tilana, joka muuttaa hänen elämäntuntoaan. Hän alkaa kokea itsensä yhä suuremmassa määrin kaikessa olevassa, sillä Om-värähtely läpäisee kaiken olevan. Se on koko luomakunnassa, koska se on, kuten Ilmestyskirjassa sanotaan, luomakunnan alku.[22] Oletan siis ratsastaja Uskollisen ja Totisen ilmaantumisen Johanneksen näkyyn kertovan, että Johannes samastuu Om-ääneen lopulta niin paljon, että hänen tajuntansa laajenee entisestään.

Kristinuskon kielellä Johanneksen uusi kehitysvaihe on Pyhän Hengen vuodatusta tai Pyhällä Hengellä kastamista. Om-värähtelyyn sulautuminen ja Pyhän Hengen vuodatus samastetaan toisiinsa itämaisessa joogakirjallisuudessa. Ristin Johannes puolestaan selittää yhtäpitävästi tämän kanssa, että apostolien kuulema ääni Pyhän Hengen vuodatuksessa on sama ääni, joka Ilmestyskirjassa esiintyy paljojen vetten pauhinana ja ukkosen jylinänä.[23] Raamatussa Pyhän Hengen vuodatusta opetuslapsille kuvataan seuraavalla Om-värähtelyn ominaisluonteeseen hyvin sopivalla tavalla:

> Ja tuli yhtäkkiä humaus taivaasta, niinkuin olisi käynyt väkevä tuulispää, ja täytti koko huoneen, jossa he istuivat. Ja he näkivät

ikäänkuin tulisia kieliä, jotka jakaantuivat ja asettuivat itsekunkin päälle. Ja he tulivat kaikki Pyhällä Hengellä täytetyiksi.[24] Intiassa Om-meditaatiota arvostetaan suuresti sen takia, että meditoijan katsotaan Om-ääneen sulautuessaan saavan yhteyden jo itse Jumalaan. Vastaavalla tavalla Ristin Johannes selittää, että "itse Jumala ilmaisee itsensä tuottamalla sielussa tämän äänen."[25] Sama asia on Ilmestyskirjassa esillä siten, että Johanneksen näkemä ratsastaja on nimeltään *Jumalan* Sana.

Ratsastajan miekka

"Ja hänen suustaan lähtee terävä miekka" (Ilm.19:15). Jos oletamme ratsastajan ilmentävän tajunnantilaa, jossa Johannes samastuu Om-ääneen, miekan lähteminen ratsastajan suusta on luonteva symboli. Om-ääni vain täsmentyy kuvallisesti ratsastajan suusta tulevaksi miekaksi. Jumalan sana miekkana esiintyy muuallakin Uudessa testamentissa; Efesolaiskirjeessä Paavali näet kehottaa meitä ottamaan vastaan Hengen miekan, "joka on Jumalan sana".[26]

Ratsastajan suusta tuleva miekka saattaa kuitenkin ilmentää myös yleisemmin sitä korkeaa intuitiivista kokemista, jota Johannes tässä kehitysvaiheessaan elää. Voisimme ehkä ajatella, että hän kokee uudet syvähenkiset intuitionsa kuin Jumalan puheena. Kristinuskossa korkeita henkisiä kokemuksia kutsutaan usein hengellisiksi kommunikaatioiksi, ja esimerkiksi pyhä Teresa käytti kuvaavia sanoja puhuttelut ja herätteet. Hänen mukaansa Jumala ikään kuin puhui sielulle uudella tavalla näissä kokemuksissa. Hän kirjoitti muun muassa:

[Jotkut puhuttelut] saapuvat sielun sisimmästä, – – muutamat taas tulevat niin paljon sen ulkopuolelta, että ne kuullaan korvin, jolloin ne näyttävät olevan selvästi äännettyä puhetta.[27]

Herätteitä Teresa kuvaili seuraavasti:

Hänen Majesteettinsa herättää hänet tavalla, joka muistuttaa äkkinäisesti ilmestyvää pyrstötähteä tai ukkosenjyrähdystä. Vaikka sielu ei kuulekaan mitään ääntä, se ymmärtää sangen hyvin saaneensa kutsun Jumalalta; – – Rakastettu antaa selvästi ymmärtää olevansa sielun luona, ja – – kutsuu tätä käyttäen niin varmaa merkkiä, ettei sielu voi sitä epäillä, ja niin läpitunkevaa ja ymmärrettävää vihellystä, ettei sielu voi olla sitä kuulematta.[28]

Teresan kuvauksessa läpitunkeva vihellys vastaisi varsin hyvin ratsastajan suusta lähtevää terävää miekkaa.

Johanneksen kehitysvaiheessa intuitiivinen tajunnantila saattaa kuvautua terävänä miekkana myös sen takia, että hän on vielä jossain määrin sidottu tavanomaiseen tajuntaansa. Tällaisessa vaiheessa voimakas ja kirkas intuitiivinen kokemus ikään kuin lävistää äkkiä tavanomaisen tajunnan, jolloin kokemustila siirtyy syvemmälle tasolle. Sekä pyhä Teresa että Ristin Johannes kuvaavat omasta kokemuksestaan tällaisia lävistymisen hetkiä, ja heidän kuvauksensa sopinevat valottamaan myös ratsastajan miekan elämyksellistä merkitystä Ilmestyskirjassa. Seuraavassa lainauksessa pyhä Teresa kertoo näyssä näkemästään liekehtiväkasvoisesta enkelistä, jolla oli keihäs:

Hän näytti lävistävän sillä sydämeni useaan kertaan, niin että keihäs tunkeutui sisuksiini. Kun hän veti sen pois, minusta tuntui, kuin hän olisi repäissyt ne mukanaan. Se sytytti minut kauttaaltaan suureen rakkauteen Jumalaa kohtaan.[29]

Ristin Johannes puolestaan kertoo lävistymisen kokemuksesta seuraavasti:

Sielu on syttynyt Jumalan rakkauteen – –. Silloin tapahtuu, että sielu tajuaa kuinka sen kimppuun käy serafi kädessään kohotettu nuoli tai vasama, joka on syttynyt leimuamaan rakkauden tulta. – – Ja kun hän polttaa sielun lävistämällä sen tuolla nuolella, sielun liekki leimahtaa ja roihuaa – –. [Sielu] tuntee palavansa väkevästi ja sulavansa rakkauteen.[30]

Johanneksen näyn miekkaa on mahdollista tulkita myös arkisemmilla tavoilla, jolloin se edustaisi kaikkea sitä, minkä avulla voitamme esteet ja etenemme sisäisellä tiellä – tässä vaiheessa kuitenkin ennen kaikkea intuitiota. Näin tulkiten ratsastaja miekkoineen olisi kuin tarujen ihmeenomainen nuorukainen, joka aseellaan voittaa pedon. Kohta paljastuukin, että myös Johanneksen näkemä ratsastaja sotii pahaa vastaan. Myöhemmässä kristinuskossa tämä petoa vastaan sotiva nuorukaishahmo on kiteytynyt pyhään Yrjänään, joka kuvataiteissa esitetään juuri valkoisen hevosen selässä miekka tai keihäs kädessään. Ikoneissa Yrjänä kuvataan hyvin tarunomaisesti. Hän saattaa lentää hevosineen ilmassa ja usein hänen aseensa on aivan hiuksenohut. Ehkä ikonimaalarit ovat näillä tavoin tahtoneet korostaa Yrjänän symbolista merkitystä ihmisen sisäisen voittoisuuden kuvana.[31]

Vielä seuraava omasta kokemuspiiristäni oleva esimerkki valottaa nuorukaisen miekan merkitystä nykyihmisen elämänä:

Syvässä sisäänpäin kääntyneisyyden tilassa koen äkkiä äärimmäisen kirkkaan tajunnantilan. Se tuntuu yltävän olemukseni ytimiin asti. Seuraavana yönä näen unen. Näen kaivon sivuleikkauksena; sen vesi muuttuu kristallin kirkkaaksi. Kaivon ääreen tulee poika, jolla on hohtava miekka kädessään. Hän painaa miekan syvälle kaivoon, ja kaivosta nousee sädehtivä, suuri jalokivi.

Ratsastajan vaippa, silmät ja kruunut

Johannes kertoo edelleen, että valkoisella hevosella ratsastavalla "oli yllään vereen kastettu vaippa" (Ilm. 19:13). Tämän myyttikuvan voimme ajatella huipentavan Ilmestyskirjan aikaisempia kehityskulkuja, sillä jo seitsemännessä luvussa esiintyi valkoisiin puettuja, jotka olivat valkaisseet vaatteensa Karitsan veressä, ja viinikuurnakokemuksen jälkeen verta tuli kuurnasta niin paljon, että hevonen kastui siihen kuolaimiinsa asti (Ilm. 7:14 ja 14:20). Johanneksen nyt näkemä vereen kastettu vaippa kuvaa siis tajunnantilaa, joka on syvällisellä tavalla rakkauden kyllästämä.

Rakkaudesta kertoivat jo edelliset esimerkkini pyhältä Teresalta ja Ristin Johannekselta, joista jälkimmäinen käytti muun muassa ilmaisua: "sielu – – tuntee sulavansa rakkauteen." Intialaisessa kirjallisuudessa Sri Yukteswar kuvaa Om-ääneen sulautumista hengelliseksi kasteeksi, ja tämä kaste on hänen mukaansa myös *bhakti*-joogaa eli rakkauden joogaa, koska se merkitsee rakkauden elämistä. Hän käyttää seuraavia sanoja, jotka vastaavat melko hyvin Johanneksen näyn vereen kastettua vaippaa: "Ihminen – – tulee kastetuksi äänen pyhään virtaan".[32]

Ilmestyskirjassa Johannes jatkaa kuvaustaan ratsastajasta: "Ja hänen silmänsä olivat niinkuin tulen liekit" (Ilm. 19:12). Kokemuksellisesti tuli lienee sitä valoa, Om-valoa, joka nähdään muuntuneissa tajunnantiloissa; valon voi nähdä myös muunlaisena kuin pyöreänä.[33] Yleisemmällä tavalla tulkiten ratsastajan tuliset silmät ovat intuitiivista näkökykyä, sillä intuitiolla näemme asioita kuin syvällisen viisauden valossa tai Logoksen tulen avulla. Kun Johanneksen tajunta on tämän luvun aikana laajentunut, hänen intuitionsa on kirkastunut, ja silloin hänen sisäiset silmänsä ovat ruvenneet kuin liekehtimään Logoksen tulta. Lisäksi ratsastajan silmien tuliliekkejä on mahdollista verrata niihin tulisiin kieliin, joita Raamatun mukaan opetuslapset näkivät Pyhän Hengen vuodatuksessa, sekä pyhän Teresan edellisissä kuvauksissa esiintyneisiin ilmaisuihin "liekehtiväkasvoinen enkeli" ja "pyrstötähti".

"Ja hänen päässään oli monta kruunua" (Ilm. 19:12). Sanat kertovat, että Johanneksen tajunnassa hallitsijan aseman alkaa tässä vaiheessa ottaa se henkisesti syvempi kokemistapa, jota ratsastaja symboloi.

Ratsastajan nimet

"Hänellä oli kirjoitettuna nimi, jota ei tiedä kukaan muu kuin hän itse" (Ilm. 19:12). Väite on sikäli paradoksaalinen, että Johannes mainitsee myös ratsastajan nimet; nehän ovat "Uskollinen ja Totinen" ja "Jumalan Sana". Lisäksi Johannes kirjoittaa: "Ja hänellä oli vaipassa kupeellaan kirjoitettuna nimi: 'Kuningasten Kuningas ja herrain Herra'" (Ilm. 19:17). Näky on kuitenkin ristiriitainen vain käsitteellisen ajattelun tasolla, sillä myyttisessä todellisuudessa sekä ratsastajan nimet että nimen tuntemattomuus ilmaisevat olennaisia asioita ratsastajasta. Nimi "Kuningasten Kuningas ja herrain Herra" kertoo, että ratsastaja syvähenkisen tajunnantilan kuvana on tavallista tajuntaa korkeampi. Se, että ratsastajan nimeä ei tiedä kukaan muu kuin hän itse, rinnastuu Johanneksen aikaisempaan myyttikuvaan, virteen, jota kukaan muu ei voinut oppia kuin ne, jotka sitä Siionin vuorella lauloivat (Ilm. 14:3). Kysymys on siis jälleen siitä syvähenkisten kokemusten ominaispiirteestä, että niiden tuntemusta ei voida välittää toisille sanallisesti: vain se, joka niitä elää, ymmärtää niiden luonteen.

Ratsastajan sotaisuus

Johannes kertoo ratsastajan sotaisuudesta useilla näkynsä yksityiskohdilla: "Ja hän tuomitsee ja sotii vanhurskaudessa" (Ilm. 19:11). "Häntä seurasivat ratsastaen valkoisilla hevosilla taivaan sotajoukot, puettuina valkeaan ja puhtaaseen pellavavaatteeseen" (Ilm. 19:14). "Hän on kaitseva heitä [kansoja] rautaisella valtikalla, ja hän polkee kaikkivaltiaan Jumalan vihan kiivauden viinikuurnan" (Ilm. 19:15). Ratsastajan miekkaa taas Johannes kuvaa sanomalla, "että hän sillä löisi kansoja" (Ilm. 19:15). Kaikki tämä tuomitseminen, sotiminen, lyöminen ja viinikuurnan polkeminen kuvaa niitä sisäisiä koettelemuksia, joita Johannes tässä vaiheessa elää onnellisten intuitioiden ja rakkauden ohella. Koska hän ei ole vieläkään täysin vapaa sidonnaisuuksistaan, sisäisen muutoksen tulee jatkua.

Taivaan sotajoukot, jotka seuraavat ratsastajaa ja ratsastavat itsekin valkoisilla hevosilla, tarkoittavat kristinuskossa enkeleitä, joten Johanneksen muutos tapahtuu syvällisten intuitiivisten elämysten ja oivallusten avulla. Tuomitseminen merkitsee oikean ja väärän erottelua, eli tässä vaiheessa Johanneksen on kyettävä erottamaan se, mikä vie häntä henkisesti eteenpäin, ja se, mikä jarruttaa hänen muutostaan. Hänen on myös pystyttävä luopumaan sidonnaisuuksistaan eli sotimaan kansoja vastaan ja kaitsemaan heitä. Rautaista valtikkaa olen tulkinnut jo kahdennessatoista luvussa karman laiksi tai "Jumalan ikuiseksi laiksi", jonka mukaan ihmisen henkinen kehitys tapahtuu; lisäksi valtikalla voi olla yleisemmin samantapaisia merkityksiä kuin miekalla. Ja Jumalan vihan viinikuurnassa henkinen rakkaus eli Johanneksen ydinmehu pursuaa jälleen esille. Johannes joutuu siis kestämään ahdistavan viinikuurnakokemuksenkin uudestaan.

Myös pyhä Teresa kertoo niistä vaikeuksista, joita sielu joutuu kestämään edettyään jo pitkälle henkisellä tiellään:

Oi Jumalani, millaisia sisäisiä ja ulkoisia koettelemuksia sielun onkaan kärsittävä ennen kuin se pääsee seitsemänteen asuntoon! Totisesti sitä ajatellessani pelkään toisinaan, että jos tajuaisitte tämän etukäteen meidän heikolle luonnollemme olisi perin vaikeata kyetä kärsimään näitä koettelemuksia ja päättävästi niitä kestämään kaikesta siitä hyvästä huolimatta, mitä ne edustavat.

Tämän jälkeen Teresa luettelee monia koettelemuksia, sisäisiä ahdistuksia ja taisteluja, joista muutamia olen jo käyttänyt esimerkkeinäni.[34]

Vapautuminen sidonnaisuuksista ja harhasta

Pedon ja väärän profeetan kohtalo

"Ja minä näin pedon ja maan kuninkaat ja heidän sotajoukonsa kokoontuneina sotiakseen hevosen selässä istuvaa vastaan ja hänen sotajoukkoansa vastaan. Ja peto otettiin kiinni, ja sen kanssa väärä profeetta, joka sen nähden oli tehnyt ihmetekonsa, joilla hän oli eksyttänyt ne, jotka olivat ottaneet pedon merkin; ne molemmat heitettiin elävältä tuliseen järveen, joka tulikiveä palaa." (Ilm. 19:19–20.)

Johannes ei kerro, kuinka peto ja väärä profeetta voitetaan, mutta voinemme olettaa, että ratsastaja joukkoineen voiton jollain tavalla hankkii. Voiton ymmärtämiseksi meidän täytyy kuitenkin ensin ratkaista, mitä se tulinen järvi tarkoittaa, johon peto ja väärä profeetta heitetään.

Viidennessätoista luvussa esiintyi tulella sekoitettu meri, joka tulkintani mukaan kuvasi ihmisen egotajuntaa ja yleensä harhaista olemassaolon muotoa; ja vertasin tuota merta väljästi itämaiseen käsitteeseen harhan meri eli samsaran meri. Nyt oletan, että tulella sekoitettu meri on muuttunut avoimesti tuliseksi ja samalla se on pienentynyt merestä järveksi. Näin on syntynyt uusi myyttikuva "tulinen järvi". Oletan myös, että tulella sekoitetun meren muuttuminen tuliseksi järveksi heijastaa Johanneksen sisäistä muuttumista. Kun hänen tajuntansa on tämän näyn aikana laajentunut entisestään, hän näkee egotajunnan vain pienenä järvenä niiden uusien henkisten ulottuvuuksien rinnalla, jotka ovat hänelle auenneet. Samalla hän kokee egotajunnan entistäkin harhaisemmaksi. Siinä ihminen on sidonnaisuuksiensa, tulena palavien intohimojensa ja halujensa orja ja harhan vanki. Johannes tahtoisi ehkä sanoa itämaisen tradition mukaisesti, että "tämä on traaginen maailma, täällä sielua poltetaan harhan tulessa".[35] Mutta tulisen järven tulisuus Johanneksen näyssä voi olla myös "puhdistavaa tulta", sillä egotajunnan tilassa ihminen joutuu eri tavoin vapautumaan pyyteistään.

Tarkemmin ilmaisten Johannes käyttää sanontaa "tulinen järvi, joka tulikiveä palaa" (Ilm. 19:20). Myöhemmin hän puhuu "järvestä, joka tulta ja tulikiveä palaa" (Ilm. 21:8). Tulikiven eli rikkipitoisen kiven olen jo aikaisemmin liittänyt torjuntoihin, ja sama tulkinta sopii myös tähän yhteyteen.[36] Jos yritämme vapautua haluistamme vain torjumalla niitä, tajuntamme pohjalle muodostuu sellainen kuumuus, että kivetkin eli piilotajunnan syvän tason symbolit palavat siinä; ja tällainen tila on valitettavan yleinen ihmisen ollessa harhan vanki.

Tavallisesti Ilmestyskirjan tulinen järvi samastetaan helvettiin Raamatun yleisemmän symboliikan mukaisesti. Mutta Raamatun helvettiä ei tarvitse tulkita yksioikoisesti, sillä se on mahdollista nähdä tajunnantilana, jossa ihminen palaa halujensa poltteessa. Lisäksi tämän tilan voidaan ajatella vallitsevan yhtä hyvin fyysisen elämän aikana kuin kuoleman jälkeenkin.[37]

Näiden pohdintojen nojalla on mahdollista tulkita pedon ja väärän profeetan heittämistä tuliseen järveen, ja tulkitsen heiton sekä käsitteelliseksi tilinteoksi että elämykselliseksi tapahtumaksi. Käsitteellisellä tasolla heitto tarkoittaa, että peto ja väärä profeetta kuuluvat harhan mereen eli ihmisen egosidonnaiseen olemassaoloon. Peto ja väärä profeetta ovat nykykielellä ilmaisten käsitteitä tai prinsiippejä, jotka määrittävät tuota harhaista olemassaolon tapaa. Prinsiippeinä niitä ei voida tappaa, vaan ne ovat olemassa, eli ne ovat eläviä niin kauan kuin ihmiskunta ylipäätänsä on olemassa. Ne siis joudutaan heittämään elävältä tuliseen järveen. Vain niiden konkreettisemmat ilmenemismuodot, kuten kuninkaat ja sotapäälliköt, voidaan tappaa, ja ne tapetaankin, kuten kohta ilmenee.

Elämyksellisellä tasolla tulkiten pedon ja väärän profeetan heittäminen tuliseen järveen merkitsee Johanneksen vapautumista. Samastuessaan Om-ääneen ja -valoon ja eläessään yhä korkeampia henkisiä arvokokemuksia ja intuitioita Johannes näkee pedon ja väärän profeetan leimaaman tajunnan niin harhaisena ja mitättömän pienenä, että hän vapautuu elämyksellisesti näistä harhan muodoista. Ne kuuluvat vain egotajuntaan eli tuliseen järveen, mutta hän itse samastuu jo korkeampaan tajunnanmuotoon. Vapautumista intialainen Sri Yukteswar luonnehtii muun muassa näin: "[Kun] ihminen tulee 'kastetuksi' eli samastuneeksi henkisen valon virtaan − − hän pelastuu ikuisiksi ajoiksi pimeyden siteistä."[38]

C. G. Jung tulkitsi pedon ja väärän profeetan kohtaloa kuitenkin toisin. Väärä profeetta oli hänen mukaansa Johanneksen varjo, ja kun peto ja väärä profeetta heitetään Ilmestyskirjassa tuliseen järveen, Johannes tässä tulkintatavassa ymmärtääkseni torjuu varjonsa. Jung selitti, että Ilmestyskirjan ratkaisu "olemassaolon kauheaan ristiriitaan" ei merkitse vastakohtien sovittamista vaan niiden lopullista erottamista: pelastuvien täytyy identifioitua vain Jumalan valoisaan puoleen. Samalla Jung kuitenkin tähdensi, että apokalyptisten näkyjen tarkoituksena ei olekaan osoittaa tavalliselle ihmiselle, "kuinka syvästi varjoa hänen valoluontonsa alla on, vaan tarkoitus on avata näkijän katse Jumalan mittaamattomuuksiin."[39]

Jungin tulkinta on psykologisella tasolla luonteva, mutta olen käyttänyt hyväkseni myytin avoimuutta ja valinnut toisenlaisen tulkintamahdollisuuden. Toisen vaihtoehdon olen valinnut voidakseni esitellä kirjallisuuden pohjalta syvähenkisen elämän korkeimpia tasoja; niitä ihminen ei pysty elämään, jos hän vain torjuu olemuksensa pimeitä puolia.

Pedon liittolaisten kohtalo

"Ja minä näin enkelin – – ja hän huusi suurella äänellä sanoen kaikille keskitaivaalla lentäville linnuille: 'Tulkaa, kokoontukaa Jumalan suurelle aterialle syömään kuningasten lihaa ja sotapäällikköjen lihaa ja kaikkien vapaitten ja orjien lihaa, sekä pienten että suurten'" (Ilm. 19:17–18).[40] Tämän jälkeen Johannes kuvaa pedon ja väärän profeetan kohtalon ja jatkaa sitten: "Ja ne muut saivat surmansa hevosen selässä istuvan miekasta, joka lähti hänen suustaan; ja kaikki linnut tulivat ravituiksi heidän lihastansa" (Ilm. 19:21).

Kuninkaat, sotapäälliköt, vapaat ja orjat tulkitsen sellaisiksi Johanneksen tajunnan osiksi, joissa on yhä sidonnaisuutta jäljellä. Ne ovat siis kuin pedon ja väärän profeetan edustamien prinsiippien konkreettisia ilmenemismuotoja. Kun ratsastaja tappaa ne, Johannes vapautuu sidonnaisuuksistaan. Koska tappovälineenä on ratsastajan suusta tuleva miekka, Johanneksen vapautuminen tapahtuu hänen uusien korkeiden tajunnantilojensa vaikutuksesta. Entistä avarampien ja ihanampien ulottuvuuksien auetessa vanhat sidonnaisuudet kuolevat turhina pois.

Se, että linnut syövät tapettujen lihat, kertoo lisää Johanneksen muutoksesta. Liha symboloi joko suoranaisesti ihmisen fyysisyyttä tai yleisemmin fyysiseen olemassaoloon sidonnaista elämänasennetta. Linnut sen sijaan kuvaavat jälleen jotain maahan sidotusta asenteesta vapautunutta tai irrallista tajunnantilaa. Kun linnut syövät tapettujen lihat, Johannes alkaa kokea uudella tavalla fyysisyyden – sekä oman lihallisuutensa että mahdollisesti koko aineellisen todellisuuden tason. Koska Johannes käyttää nimenomaan ilmaisua "linnut tulivat ravituiksi heidän lihastansa", hän kertoo aikaisemmin fyysisyyteen sidotun energian siirtyvän uuteen, lintujen symboloimaan kokemistapaan.

Se fyysisyyden uusi kokemistapa, joka Johannekselle avautuu lintujen syödessä lihat, tarkoittaa mielestäni vapauden tunnetta fyysisyydestä, ei fyysisyyden torjuntaa. Jos kyseessä olisi torjunta, Johannes joutuisi palaamaan niihin Ilmestyskirjan aikaisempiin vaiheisiin, joissa kuvataan torjuntojen kohtaamista. Vapauden tunnetta fyysisyydestä ovat varsinkin itämaiset viisaat kuvanneet – ja joskus aivan äärimmäisissä muodoissa. Esimerkiksi seuraava lainaus on Ramana Maharshilta:

Aivan kuten päihtynyt henkilö ei ole tietoinen, onko hänen yllään vaippa vai onko se tippunut pois, samoin jnani [viisas] on tuskin lainkaan tietoinen ruumiistaan, ja hänelle on yhdentekevää, onko hänellä ruumis jäljellä vai ei.[41] Vapauden tunne fyysisyydestä – vaikkei se olisikaan yhtä äärimmäistä kuin edellisessä lainauksessa – on luonteva seuraus tämän kehitysvaiheen ominaislaadusta, sillä tässä vaiheessa kilvoittelija yltää syvän meditaation tai kristinuskon termein kontemplaation tilaan. Sen aikana hänen tajuntansa sisäistyy niin paljon, että kehon tuntemukset lakkaavat ja tajunta laajenee yli tavanomaisten rajojen. Tällöin hänen identiteetin tuntonsa siirtyy kehosta laajempaan ja henkisempään tajunnantilaan, jota linnut symboloivat. Kristinuskon kuvakielessä sielun sanotaankin usein "lentävän kontemplaation siivin".[42]

Vapauden tunnetta fyysisyydestä voivat edesauttaa kontemplaation ohella myös muut tavallisuudesta poikkeavat kokemukset, jos ne ovat tarpeeksi voimakkaita. Esimerkiksi pyhä Teresa kertoo monista tällaisista kokemuksista, joista yhtä eli "hengen lentoa" hän kuvaa seuraavasti:

Se on luonteeltaan sellainen, että henki todella näyttää lähtevän ruumiista. Toisaalta on kuitenkin selvää, ettei asianomainen henkilö ole kuollut. Yhtä kaikki ainakin joinakin hetkinä hän ei itse osaa sanoa, onko hän ruumiissaan vai ei. Hän tuntee koko olemuksellaan olleensa vieraalla seudulla, joka on aivan erilainen kuin se missä me elämme. Siellä hänelle näyttäytyy valo.[43]

Kuvaillessaan näitä kokemuksia ja niiden vaikutuksia Teresa käyttää myös lintu-vertauksia: ikään kuin "mahtava kotka nostaisi sen [sielun] ylös ja kantaisi sitä siivillään", ja sielulle "kasvaa siivet, joilla se lentää helposti".[44]

Samantapaista vaikutusta saattaa olla myös joillakin parapsyykkisillä kokemuksilla, vaikka niihin ei aina liity henkisen ylevöitymisen tuntua. Esimerkiksi niin sanotussa out-of-the-body-kokemuksessa ihminen tuntee aktuaalisesti siirtyvänsä tajuntana kehonsa ulkopuolelle, ja tällainen kokemus muuttaa vääjäämättä hänen suhdettaan fyysisyyteen. Tunnenkin tapauksen, jossa selkeästi eletyn out-of-the-body-kokemuksen jälkeen henkilö näki useita kertoja unta muuttumisestaan linnuksi. Tällainen myyttinen hahmotus on lähellä muinaisen Egyptin mytologiaa, jossa lintu kuvasi muun muassa fyysisestä kehosta vapautunutta sielua. Itämaisessa joogassa kyseisen kokemuksen tietoinen tuottaminen ja hallitseminen on yksi korkeamman asteinen joogaharjoitus.[45]

Johanneksen näyn linnut sopivat yhteen myös Ilmestyskirjan kotkasymboliikan kanssa, sillä lintujen syödessä ihmisten lihat Johanneksen sielu on vapautumassa aineen vankeudesta, ja se on kohta valmis palaamaan kuin uljaana kotkana alkutilaansa.[46]

20. LOHIKÄÄRMEEN VANGITSEMINEN

Hengellinen kihlaus eli sabikalpa samadhi

Johannes ei sovella morsiussymboliikkaa nyt alkavassa näyssään, mutta mielestäni näyn tapahtumat vastaavat sisällöllisesti vaihetta, jota kristinuskon mystikot nimittävät hengelliseksi kihlaukseksi. Tälle vaiheelle on ominaista yhä useammin toistuvat henkiset ekstaasit. Ekstaasin aikana tavallinen tajunta on kokonaan syrjäytynyt ja kehokin on kuin kuollut, joten tila on ulkopuolisen silmin eräänlainen syvä transsi. Autuus ei hengellisen kihlauksen vaiheessa ole kuitenkaan pysyvää, sillä sisäisellä tiellä kulkijalla on yhä joitakin sidonnaisuuksia jäljellä. Tästä syystä hän joutuu kihlausaikana kestämään myös koettelemuksia, mutta jos hän niistä selviää, hän vapautuu lopuistakin sidonnaisuuksistaan ja on valmis hengelliseen avioliittoon.

Pyhä Teresa kirjoittaa:

Ja nyt te saatte nähdä, mitä Hänen Majesteettinsa tekee saattaakseen voimaan tämän kihlauksen. Käsitykseni mukaan sen täytyy tapahtua silloin kun hän suo hurmaannuksia, jotka tempaisevat sielun irti sen aisteista. – – Tämä tila on käsitykseni mukaan sellainen, ettei sielu ole koskaan ollut niin hereillä jumalallisille asioille eikä sillä milloinkaan ennen ole ollut niin suurta valoa eikä tietoa Hänen Majesteetistaan. – – Sielunkyvyt ovat joutuneet niin syvään vaipumukseen, että voimme sanoa niitä kuolleiksi kuten aistejakin.

Kun hän [sielun Ylkä] – – haluaa riistää tämän sielun luokseen, sen hengitys salpautuu niin että vaikka toisinaan muut aistit pysyvätkin toiminnassa hieman kauemmin se ei mitenkään pysty puhumaan. Toisinaan sen sijaan kaikki katoaa yhtäkkiä, ja kädet ja ruumis käyvät niin kylmiksi ettei ruumiissa näytä enää olevan sielua, ja joskus ei ole havaittavissa hengitystäkään. Tämä kestää vain lyhyen ajan – tarkoitan kerrallaan –, sillä heti kun tämä suuri kohoamus hiukankin väistyy, ruumis näyttää jossakin määrin palaavan itseensä ja vetävän henkeä mutta vain kuollakseen uudelleen ja antaakseen siten sielulle täydemmän elämän. Yhtä kaikki näin suuri ekstaasi ei kestä kauan.[1]

Itämaiseen traditioon sovellettuna hengellisen kihlauksen ekstaasit ovat samadhitilaa. Patanjalin kahdeksanportaisella joogatiellä samadhi seuraa meditaatiota, joten samadhi on joogan kahdeksas eli korkein vaihe.[2] Mutta itämaisessa kirjallisuudessa erotetaan eriasteisia ja erilaatuisia samadheja, joita eri yhteyksissä luokitellaan ja nimitetään eri tavoin. Alempaa samadhia kutsutaan muun muassa nimellä *sabikalpa samadhi*, ja se vastaa mielestäni kristinuskon mystikoiden kihlausaikaa. Sabikalpa samadhissa tavallinen tajunta ja ruumiintunto näet katoavat täysin ihmisen eläessä autuutta. Paramahansa Yogananda kirjoittaa tästä tilasta muun muassa:

Jumala-yhteyden alkuvaiheissa (sabikalpa samadhissa), palvojan tajunta sulautuu Kosmiseen Henkeen; hänen elämänvoimansa vetäytyy kehosta, joka näyttää "kuolleelta" tai liikkumattomalta ja jäykältä.

Yoganandan mukaan nimitys "sabikalpa" juontuu sanskritin sanasta "bikalpa"' joka tarkoittaa eroa, ja hän selittää, että sabikalpa samadhissa on jäljellä hitunen erillisyyden tuntoa johtuen jäljellä olevista sidonnaisuuksista.[3]

Lohikäärmeen heitto syvyyteen

"Ja minä näin tulevan taivaasta alas enkelin, jolla oli syvyyden avain ja suuret kahleet kädessään. Ja hän otti kiinni lohikäärmeen, sen vanhan käärmeen, joka on perkele ja saatana, ja sitoi hänet – – ja heitti hänet syvyyteen ja sulki ja lukitsi sen sinetillä hänen jälkeensä, ettei hän enää kansoja villitsisi." (Ilm. 20:1–3.) Edellisessä luvussa Johannes sai voiton harhan alemmista muodoista, väärästä profeetasta ja pedosta, ja nyt on vuorossa itse lohikäärme, harhan "isä". Lohikäärmeen heitto syvyyteen on kuitenkin vasta ensimmäinen askel tilinteossa lohikäärmeen kanssa.

Samadhissa kaikki se muutos ja liike, jota harha merkitsee, hiljenee, ja tätä tajunnan hiljentymistä lohikäärmeen sitominen heijastanee. Sanat "ettei hän enää kansoja villitsisi" ilmentävät samaa asiaa, sillä hiljennyttyään täysin kilvoittelija ei enää käytä erilaisia ominaisuuksiaan harhaisesti etsiäkseen egohalujensa tyydytystä.

Ekstaasiin vaipuminen saattaa tapahtua niin spontaanisti, äkillisesti ja voimakkaasti, ettei kokija itse pysty sitä estämään, vaikka hän sitä jostain syystä yrittäisikin; tällaisia kokemuksia on kuvannut esimerkiksi pyhä Teresa.[4] Mutta vaipuminen voi olla myös asteittaisempaa.

Esimerkiksi Paramahansa Yogananda kertoo sabikalpa samadhiin vaipumisesta näillä sanoilla:

Jos istut hiljaa ja jatkat periksi antamatta tarpeeksi kauan, alat tuntea ihmeellistä Jumalan hiljaisuutta. Kun tajuntasi on sisäänpäin kääntynyt, keskittynyt Häneen, maailma on unohtunut ja löydät tuossa hiljaisuudessa onnellisuuden, joka on suurempi kuin mikään maallinen mielihyvä.[5]

Seuraava lainaus on Sri Daya Matan, Paramahansa Yoganandan oppilaan ja seuraajan, kuvaus vaipumisestaan transsinkaltaiseen samadhiin:

Syvällä tunteella ja antaumuksella harjoitin mitä me Intiassa kutsumme japa-joogaksi, jonkin pyhän nimen toistamista yhä uudelleen. Tässä harjoituksessa koko tajunta vähitellen imeytyy yhteen ajatukseen sulkien pois kaiken muun. – – Sydämeni oli ääriään myöten täynnä sanoin ilmaisematonta ihmettä. Äkkiä menetin kokonaan tietoisuuden tästä maailmasta. Tajuntani oli täysin vetäytynyt toiselle tajunnantasolle – – mitä suloisimmassa riemun ekstaasissa.[6]

Lohikäärmeen sitominen vastaisi erityisen hyvin näitä asteittaisempia samadhiin vaipumisia, sillä keskittyessään hiljaisuuteen tai johonkin apukeinoon, kuten mantraan tai Om-äänen kuunteluun, meditoija samalla ikään kuin sitoo kiinni harhan aiheuttamaa liikettä. Lopulta seurauksena on täydellinen hiljaisuus ja sen mukana autuus.

Syvyys, jonne lohikäärme heitetään, tarkoittaa tulkinnoissani Johanneksen piilotajuntaa eli sitä tajunnantasoa, jota hän ei selkeästi elä. Kun lohikäärme lukitaan syvyyteen, koko lohikäärmeen edustama harhainen, kaksinaisuuteen sidottu olemassaolon muoto lukkiutuu pois Johanneksen aktuaalisesti kokemasta tajunnantasosta. Silloin hän jää ykseyden ja autuuden tilaan.

Koska enkeli vangitsee lohikäärmeen, Johanneksen intuitio ohjaa hänet samadhiin. Sinetti, jolla enkeli lukitsee syvyyden, voidaan jälleen tulkita henkisen silmän valoksi, sillä valokokemus saattaa edeltää samadhia; tämä pyöreä sinetin kaltainen valohan nähdään syvässä sisäänpäin kääntyneisyyden tilassa.

Tuomiovalta

"Ja minä näin valtaistuimia, ja he istuivat niille ja heille annettiin tuomiovalta" (Ilm. 20:4). Johannes ei kerro, keitä "he" ovat, joten tulkitsijalle jää tavallistakin enemmän liikkumatilaa. Käytän vapautta hyväkseni ja oletan, että Johannes kuvaa sanoillaan samadhiin vaipumista.

Varsinkin silloin, kun samadhiin vaipuminen tapahtuu asteittain, voinemme sanoa, että siinä tapahtuu "tuomiota". Toisin sanoen meditoija sulkee kaiken ulkopuolisen kokemisen ja tajunnan liikkeen pois ja antautuu yhä syvempään hiljaisuuteen ja pyhyysarvon kokemiseen. Jotain apukeinoa, kuten mantraa tai Om-äänen kuuntelua, käytettäessä nämä toimivat keskittymiskohteena kaiken muun jäädessä syrjään. Juuri edellä lainaamassani kohdassa Daya Mata käytti sanoja, jotka sopinevat kuvaamaan tällaista erottelevaa "tuomitsemista": "Tässä harjoituksessa koko tajunta vähitellen imeytyy yhteen ajatukseen sulkien pois kaiken muun."

Kihlausvaiheessa tarkoittamani "tuomitseminen" ei kuitenkaan ole pelkästään tietoista pyrkimystä, valintaa tai tahdonvoiman käyttöä vaan pikemminkin sellaista elämyksellisestä valmiutta antautua arvon kokemiseen, joka on asteittain kypsynyt sidonnaisuuksien kuoleutuessa ja intuition kirkastuessa. Näin tämä tuomiovalta on ikään kuin näkymätöntä. Ehkä tästä näkymättömyydestä johtuu, että Johannes ei mitenkään tarkenna, keitä ovat he, joille tuomiovalta annetaan. Kun hän sanoo, että he istuvat valtaistuimille, hän korostanee, että hänen tajunnassaan on vallitsevana tila, jossa tätä antaumuksellista vaipumista yhä syvempään autuuteen tapahtuu.

Tuhat vuotta

"Ja hän [enkeli] – – sitoi hänet [lohikäärmeen] tuhanneksi vuodeksi" (Ilm. 20:2). Johanneksen autuuden tila, jonka aikana lohikäärmeen symboloima harhaisuus on poissa hänen kokemusmaailmastaan, kestää siis myyttiset tuhat vuotta. Koska luvun tuhat ensimmäinen numero on yksi, tuhat vuotta myyttisenä lukumääränä kuvaa osuvasti sitä ykseyden kokemusta, joka samadhitilalle on ominaista. Esimerkiksi Paramahansa Yogananda käyttää sabikalpa samadhistakin ilmaisua "ykseys Jumalan kanssa" ("oneness with God").[7] Tavallisessa elämässä tuhat vuotta valtavana ajanjaksona ylittää ihmisen omakohtaisen kokemisen mahdollisuudet, ja tämä heijastaa osuvasti normaalin ajantajun lakkaamista samadhin ykseyskokemuksessa. Jälkeenpäin kokija ehkä tuntee eläneensä samadhin aikana ikuisuuden tai olleensa kokonaan ajan ulkopuolella.

Ylösnousemus

"Ja minä näin niiden sielut, jotka olivat teloitetut Jeesuksen todistuksen ja Jumalan sanan tähden, ja niiden, jotka eivät olleet kumartaneet petoa eikä sen kuvaa eivätkä ottaneet sen merkkiä otsaansa eikä käteensä; ja he virkosivat eloon ja hallitsivat Kristuksen kanssa tuhannen vuotta. Muut kuolleet eivät vironneet eloon ennenkuin ne tuhat vuotta olivat loppuun kuluneet. Tämä on ensimmäinen ylösnousemus. Autuas ja pyhä on se, jolla on osa ensimmäisessä ylösnousemuksessa – – he tulevat olemaan Jumalan ja Kristuksen pappeja ja hallitsevat hänen kanssaan ne tuhannen vuotta." (Ilm. 20:4–6.)

Johannes käyttää jälleen kuoleman ja ylösnousemuksen yleismaailmallisia myyttikuvia kertoessaan syvällisestä sisäisestä transformaatiosta; samat kuvat esiintyivät jo yhdennessätoista luvussa, jossa kaksi todistajaa kuoli, heräsi henkiin ja nousi ylös taivaaseen. Johanneksen uudessa näyssä ylösnousseet ovat niitä, jotka ovat "teloitetut Jeesuksen todistuksen ja Jumalan sanan tähden". Nämä teloitetut symboloivat luontevasti niitä Johanneksen tajunnan "osia", jotka aikaisemmin olivat egosidonnaisia, mutta joista sidonnaisuus on nyt tapettu. Ylösnousseisiin kuuluu kuitenkin myös sellaisia, jotka "eivät olleet kumartaneet petoa eikä sen kuvaa eivätkä ottaneet sen merkkiä otsaansa eikä käteensä". Nämä ovat niitä Johanneksen tajunnan osia, joilla hän on jo aikaisemmin kokenut itseisarvoa, mutta samadhissa nekin jalostuvat eli kokevat ylösnousemuksen.

Autuus kuvautuu Johanneksen näyssä henkisenä ylösnousemuksena, mikä on ymmärrettävää, sillä tavallisen harhaisen tajunnantilan ja samadhin välillä on perin suuri ero. Ylösnousemusta tällaisessa merkityksessä, eli siirtymisenä harhasta autuuteen, käyttää esimerkiksi Paramahansa Yogananda seuraavassa rukouksessaan, jossa hän puhuu Jeesuksesta:

Sinä koit ylösnousemuksen riemun, tuntekaamme mekin samaa riemua, joka herää tajuntamme noustessa ylös harhan haudasta Jumalan läsnäolon vapauteen.[8]

Myös Johannes korostaa ylösnousemuksen autuaallisuutta sanoillaan: "Autuas ja pyhä on se, jolla on osa ensimmäisessä ylösnousemuksessa" (Ilm. 20:6). Samaan autuaalliseen ja henkisesti korkeaan tajunnantilaan Johannes viittaa vielä selittäessään, että ylösnousseet "tulevat olemaan Jumalan ja Kristuksen pappeja ja hallitsevat hänen kanssaan ne tuhannen vuotta" (Ilm. 20:6).

Kaikki kuolleet eivät kuitenkaan koe ylösnousemusta, sillä Johannes sanoo: "Muut kuolleet eivät vironneet eloon" (Ilm. 20:5). Tämä johtuu siitä, että hengellisen kihlauksen eli sabikalpa samadhin vaiheessa osa kilvoittelijan henkisestä energiasta on vielä ikään kuin latentissa tilassa jäljellä olevien sidonnaisuuksien pidättelemänä.

Lohikäärmeen paluu

"Siihen asti kuin ne tuhat vuotta ovat loppuun kuluneet; sen jälkeen hänet [lohikäärme] pitää päästettämän irti vähäksi aikaa" (Ilm. 20:3). "Ja kun ne tuhat vuotta ovat loppuun kuluneet, päästetään saatana vankeudestaan" (Ilm. 20:7). Kun ykseyskokemus on myyttisen tuhannen vuoden kuluttua ohi, ihminen palaa tavalliseen, harhaiseen tajuntaansa. Tämä symboloituu lohikäärmeen eli harhan irtipääsemisenä. Paramahansa Yogananda kertoo sabikalpa samadhi -tilan päättymisestä seuraavilla sanoilla: "Kun palaat tavalliseen tajuntaasi, maailman harhat vaikuttavat sinuun jälleen jossain määrin."[9]

Johannes kuvaa näyssään vain yhden transsinkaltaisen samadhin alusta loppuun, vaikka hengellisen kihlauksen vaiheessa näitä autuustiloja koetaan useita kertoja ja mitä erilaisimmin vivahtein. Johannes siis tiivistää jälleen yhden pitkän ihmiselämän vaiheen olennaiset piirteet näkynsä myyttisiin kuviin.

Vapautuminen viimeisistä sidonnaisuuksista

Lohikäärme villitsee kansoja

"Hän [lohikäärme] lähtee villitsemään maan neljällä kulmalla olevia kansoja, Googia ja Maagogia, kootakseen heidät sotaan, ja niiden luku on kuin meren hiekka. Ja he nousevat yli maan avaruuden ja piirittävät pyhien leirin ja sen rakastetun kaupungin." (Ilm. 20:8–9.)

Intialaisessa kirjallisuudessa samadhin alempaa tasoa kutsutaan myös siemenelliseksi samadhiksi. Nimitys johtuu siitä, että tässä henkisen kehityksen vaiheessa ihmisen tajunnassa katsotaan olevan halujen tai karman "siemeniä". Sopivissa olosuhteissa nämä siemenet voivat ryhtyä itämään ja kasvamaan, jolloin hän joutuu halujensa vangiksi.[10]

Nykykielellä ilmaisten karman siemenet ovat kaikkein piilotajuisimpia latentteja haluja, jotka voivat aktivoitua. Niiden herätessä ihminen alkaa käyttää kykyjään pyyteellisesti eli harhaisesti, ja oletan, että juuri näin Ilmestyskirjassa tapahtuu lohikäärmeen villitessä kansoja. Johanneksen kansoista – tai täsmällisemmin ilmaisten kansojen luvusta – käyttämä vertaus "meren hiekka" on mitä osuvin ilmaus latentista tilasta aktivoituville karman siemenille. Hiekan jyvät ovat kuin pieniä siemeniä, ja meri symboloi sitä piilotajuisuutta tai potentiaalisuuden tilaa, josta halut heräävät. Koska Babylon heitettiin lopulta mereen, meren hiekkaan rinnastuvat vihamieliset kansat voidaan hahmottaa myös Babylonin poispalamattomaksi jäännökseksi. Ilmeisesti Johannes tuntee, että herääviä haluja on hänessä lähes määrättömästi, koska hän vertaa nimenomaan kansojen lukua meren hiekkaan.

Vanhan testamentin Hesekielin kirjassa Goog on Maagogin maan ruhtinas, ja Hesekiel ennustaa, että päivien lopulla Goog hyökkää Jumalan kansaa, Israelia, vastaan mutta tulee tuhotuksi.[11] Jos Hesekielin kirjaa tulkitaan myyttisesti, Israel on itseys, jota tässä Johanneksen näyssä vastaa "pyhien leiri ja sen rakastettu kaupunki". Goog taas edustaa sekä Hesekielin että Johanneksen näyissä egosidonnaisuutta, ja molempien näkyjen tapahtumia on mahdollista pitää Harmageddonin tapaisena sisäisenä koettelemuksena ja taisteluna. Taistelussa ovat vastakkain toisaalta Johanneksen syvempi tajunnantaso, itseys, ja toisaalta erilaiset sidonnaisuudet. Kun Johannes käyttää ilmausta "he piirittävät pyhien leirin", hän varmaankin tuntee uusien nyt paljastuneiden sidonnaisuuksiensa tukahduttavan syvähenkistä kokemistaan.

Hesekielin kirjassa Goog on kuningas, kun taas Ilmestyskirjassa häntä ei mainita kuninkaaksi. Vaikka Johanneksen tajunnassa aikaisemmin piilossa olleet sidonnaisuudet aktivoituvat, ne eivät ehkä enää järjesty edes alemmanasteiseksi egosidonnaiseksi subjektiuden tunteeksi, jollaista kuninkaat – tai tarkemmin sanoen *vanhan* maan kuninkaat – Ilmestyskirjassa symboloivat. Käyttäessään erisnimiä Goog ja Maagog, joilla on Raamatussa huono kaiku, Johannes saattaa silti tuoda esille Googin ja Maagogin merkitystä Babylonin porton eli ihmisen persoonallisen, pyyteisiin sidotun minuuden jäänteinä.

Swami Vivekananda selittää, että viimeisten karman siemenien takia ihminen kokee kosmisen universumin sellaisena kuin hän sen ulkokohtaisesti näkee.[12] Ymmärrän tämän siten, että viimeisimmissä kehitysvaiheissa karman siemenet ovat ihmisen halua kokea todellisuus aikaan ja paikkaan sidottuna. Tästä halusta emme yleensä ole edes tietoisia, sillä niin itsestään selvänä pidämme tavallista todellisuuskuvaamme. Mutta muuntuneissa tajunnantiloissa tuo todellisuuskuva väistyy, koska niiden aikana ihminen tuntee elävänsä ajan ja paikan määreiden ulottumattomissa. Samadhin uusiutuvien tilojen takia hän sitten tulee tietoiseksi tästä halustaan ja tajuaa samalla sidonnaisuutensa: hän ei olekaan valmis kestämään täydellisen vapauden, ajattomuuden ja tilattomuuden tunnetta sen autuaallisuudesta huolimatta. Mutta viimeiset sidonnaisuudet voivat varmaan olla muunkinlaisia, esimerkiksi sellaista halua kokea autuutta, jossa on juonne sidonnaisuutta jäljellä, ja niin tuo halu ehkäisee autuuden estäessään täyden antaumuksen.

Tuli lankeaa taivaasta

"Mutta tuli lankeaa taivaasta ja kuluttaa heidät" (Ilm. 20:9). Sanoillaan Johannes kuvaa kokemuksellista tuntemusta viimeisten sidonnaisuuksien häviämisestä, ja tätä tuntemusta verrataan varsin yleisesti tulessa palamiseen.

Itämaisessa kirjallisuudessa asia ilmaistaan siten, että karman viimeisetkin siemenet on poltettava tai käristettävä pois, ennen kuin kilvoittelija voi siirtyä samadhin korkeimpaan, siemenettömään muotoon. Ja polttaminen tapahtuu intuitiivisen viisauden, meditaation ja toistuvien samadhitilojen avulla.[13]

Ristin Johanneksen kielellä taivaasta lankeava tuli on vuodatettua puhdistusta. Yhä korkeampien henkisten kokemusten tuli valaisee sielun, ja näiden kokemusten valossa sielu näkee "oman pimeytensä ja viheliäisyytensä" viimeisetkin sirut. Silloin se puhdistuu itsetuntemuksessa: "Sielu puhdistuu saadessaan valaisun tässä rakastavan viisauden tulessa."[14]

Yksityiskohtaisemman rinnastuskohteen taivaasta lankeavalle tulelle otan pyhän Teresan kirjasta *Sisäinen linna*, kohdasta, jossa Teresa kuvailee tapahtumia juuri ennen hengellistä avioliittoa.

Mitä enemmän se [sielu] oppii tuntemaan Jumalansa suuruutta – – sitä suuremmaksi sen halu kasvaa. Mitä enemmän näet sielulle paljastuu, kuinka paljon rakkautta tämä suuri Jumala ja Herra ansaitsee, sitä suuremmaksi kasvaa myös sen rakkaus. Ja niin tämä halu kasvaa vähitellen vuosien kuluessa kunnes se päätyy siihen suureen piinaan, josta aion nyt puhua.

(Sen järki on sellaisessa tilassa, ettei se enää hallitse sielua eikä voi ajatella muuta kuin kärsimyksen syytä. Kun sielu on erossa hänestä, joka on sen Hyvä, miksi se haluaisi elää?) Kun sielu nyt vaeltaa tässä tilassa ja on sisäisesti tulessa, tapahtuu usein, että jokin vähäinen mieleenjohtuma tai kuultu sana – – välittää sille jostain käsin – mistä ja miten, sitä ei tiedetä – eräänlaisen iskun, tai on kuin siihen osuisi tulinen nuoli. En tarkoita, että kysymyksessä todella olisi nuoli, mutta olkoon se mikä tahansa, on ilmeistä, ettei se ole voinut lähteä omasta luonnostamme. Se – – tekee syvän haavan – – sielun sisimpään. Täällä se kuin salaman isku polttaa pölyksi kaiken, mikä omassa luonnossamme on maallista.[15]

Teresan kuvauksessa tulinen nuoli ja polttava salaman isku ovat varsin samantapaisia myyttikuvia kuin Ilmestyskirjan "taivaasta lankeava tuli", ja Teresan ilmaus "polttaa pölyksi" vastaa hyvin Ilmestyskirjan "tulella kuluttamista".

Vielä seuraavat lainaukset pyhältä Teresalta valottavat taivaasta lankeavan tulen sisäistä merkitystä. Lainauksissa Teresa korostaa rakkauden tuskan puhdistavaa ja kuolettavaa vaikutusta sekä sen vuodatettua luonnetta.

On oikein, että kallis on kallista, varsinkin kun on kysymyksessä sielun puhdistaminen. – – Kaikesta huolimatta sielu kärsii sitä [tuskaa] sangen mielellään – – vaikka se ei olekaan kertakaikkista kuolemista vaan alituista, sillä vähemmästä ei todellakaan ole kysymys. – – Kuinka voitaisiin ajatellakaan, että tällaisen tapahtumista voitaisiin vastustaa! Se on yhtä mahdotonta kuin jos joku heitettäisiin tuleen ja hän haluaisi saada aikaan, etteivät liekit olisi kuumia ja polttaisi häntä. – – Tämä on tuskallista, mutta sen vaikutus sieluun on erittäin voimakas. – – Sielu – – tajuaa, ettei mistään maallisesta ollut sille apua sen ahdistuksessa, ja se on entistä paljon enemmän irtautunut luoduista, sillä se ymmärtää nyt, että yksin Luoja voi sitä lohduttaa ja suoda sille tyydytyksen.[16] Näin tulkiten Googin ja Maagogin joukkiot Ilmestyskirjassa kuluvat loppuun "rakastavan viisauden tulen" vaikutuksesta. Samalla Babylonin viimeisetkin jäännökset palavat pois. Kun ihmiselle avautuu kyky kokea sisäistä autuutta, sidonnaisuus entisiin mielihyvän lähteisiin häviää lopulta kokonaan. Sidonnaisuudet eivät siis painu pelkästään piilotajuntaan eikä niitä varsinkaan torjuta sinne. Vanhan testamentin Hesekielin kirjassa sen sijaan Goog ja hänen "meluisa joukkonsa" haudataan maahan, joten Ilmestyskirjassa Raamattu osoittaa Vanhaa testamenttia syvällisemmän ratkaisun egon kuoleutumisen vaikeaan ongelmaan.[17]

Lohikäärmeen kohtalo

"Ja perkele, heidän villitsijänsä, heitetään tuli- ja tulikivijärveen, jossa myös peto ja väärä profeetta ovat, ja heitä vaivataan yöt ja päivät, aina ja iankaikkisesti" (Ilm. 20:10). Lohikäärmeen heittämisen tuli- ja tulikivijärveen tulkitsen samalla tavalla kuin väärän profeetan ja pedon heittämisen samaan paikkaan edellisessä luvussa. Kysymys on ensinnäkin käsitteellisestä tilinteosta. Lohikäärme kuuluu samsaran mereen eli kaksinaisuuden ja harhan maailmaan. Niin kauan kuin on olemassa ilmenevä maailma, myös lohikäärme on olemassa, sillä se ylläpitää vastavoimana ilmenevää maailmankaikkeutta. Toiseksi lohikäärmeen heitto tuliseen järveen kuvastaa Johanneksen vapautumista: hän tuntee pääsevänsä irti harhan isästäkin.

Entä miksi lohikäärmettä, petoa ja väärää profeettaa vaivataan yöt ja päivät, aina ja iankaikkisesti? Abstrakteina harhan prinsiippeinä lohikäärme, peto ja väärä profeetta eivät voi tuntea kipua tai vaivaa. Mutta harhan muodot ovat olemassa ilmenevän todellisuuden kautta, minkä olomuodon – aineellisen tai mentaalisen – ilmenevä todellisuus onkin saanut. Koko ilmenevää todellisuutta leimaa muutos, ja muutos merkitsee konkreettisemmin tai symbolisemmin vaivaa. Lisäksi Johanneksen sanat voidaan nähdä myyttiselle hahmotukselle ominaisena projektiivisena ilmaisuna. Harhan eri prinsiipit aiheuttavat *ihmiselämässä* vaivaa ja kärsimystä, sillä harhan järvessä ihminen kokee olemassaolonsa kaksinaisuuden – syntymän ja kuoleman, kasvun ja tuhon, yhtymisen ja eron – kautta ja kärsii.

Johanneksen syvähenkinen elämänkatsomus

Kun Johannes on vapautunut viimeisestäkin harhan muodosta, lohikäärmeestä, hän tuntee näkevänsä todellisuuden oikealla tavalla. Luvun lopussa hän kokoaa yhteen syvähenkisen elämänkatsomuksensa perusperiaatteet.

Valtaistuimella istuja

"Ja minä näin suuren, valkean valtaistuimen ja sillä istuvaisen, jonka kasvoja maa ja taivas pakenivat, eikä niille sijaa löytynyt" (Ilm. 20:11). Jakeessa Johannes välittää meille uuden näkemyksensä Jumalasta eli filosofisemmin ilmaisten perimmäisestä todellisuudesta. Se on nyt selvästi transsendenttinen.

Transsendenttia Jumalaa ei voida tajuta eikä määritellä tavallisen tietoisuuden avulla, jota maa symboloi, joten maa pakenee valtaistuimella istuvan kasvoja. Mutta maan pakenemisella saattaa olla myös tapahtumia kertaavaa merkitystä: Johannes ehkä toistaa, että hänen sidonnaisuuksia sisältävä tietoinen tajunnanmuotonsa, jota vanha maa symboloi, häviää lopullisesti.

Taivaalla on ollut tulkinnoissani kahtalainen merkitys. Ensinnäkin se on symboloinut ylitajuntaa ja niitä henkisiä arvokokemuksia ja intuitioita, joita ihminen tuolla tajunnantasollaan elää. Tällainen ylitajuinen kokeminen on Johanneksen kohdalla Ilmestyskirjan kuluessa radikaalisti muuttunut. Hänelle on auennut uusi tajunnanmuoto, samadhi, ja se on niin erilainen kuin hänen aikaisemmat arvokokemuksensa, että hän ei tahdo enää yhdistää Jumalaa vanhaan kokemistapaansa. Vanha taivas joutuu siis pakenemaan valtaistuimella istujan kasvoja. Lisäksi taivaan pakeneminen korostanee – vastaavasti kuin edellä maan pakeneminen – Johanneksen sisäistä muutosta.

Toiseksi taivas on symboloinut tulkinnoissani henkisen todellisuuden korkeimpia tasoja, ja luulen Johanneksen sanoillaan määrittävän jumaluutta niiden suhteen nyt uudella tavalla. Ilmestyskirjan alussahan taivaassa oli valtaistuimella istuvan lisäksi muita todellisuuden perusprinsiippejä, erityisesti kaksikymmentäneljä vanhinta ja neljä olentoa, jotka abstraktisuudestaan huolimatta ilmentävät kaksinaisuutta. Intialaisenkin tulkinnan mukaan varsinkin kolme neljästä olennosta kuuluu selvästi kaksinaisuuden alueeseen, kuten neljännessä luvussa selitin: anu (atomi eli fyysisyys), avaruus ja aika. Myös Johannes on tulkintani mukaan paljastanut aineen, avaruuden ja ajan harhan ilmenemismuodoiksi ja vapautunut sidonnaisuudesta niihin tämän ja edellisen näyn aikana. Kun vanha taivas tässä näyssä pakenee valtaistuimella istujan kasvoja, Johannes irrottaa transsendentin jumaluuden kokonaan kaksinaisuudesta. Kaksikymmentäneljä vanhinta ja neljä olentoa eivät enää esiinnykään Ilmestyskirjan loppuluvuissa.

Tuomio

"Ja minä näin kuolleet, suuret ja pienet, seisomassa valtaistuimen edessä, kirjat avattiin; ja avattiin toinen kirja, joka on elämän kirja; ja kuolleet tuomittiin sen perusteella, mitä kirjoihin oli kirjoitettu, tekojensa mukaan. Ja meri antoi ne kuolleet, jotka siinä olivat, ja Kuolema ja Tuonela antoivat ne kuolleet, jotka niissä olivat, ja heidät tuomittiin, kukin tekojensa mukaan. Ja Kuolema ja Tuonela heitettiin tuliseen järveen. – – Ja joka ei ollut elämän kirjaan kirjoitettu, se heitettiin tuliseen järveen." (Ilm. 20:12–15.)

Näissä jakeissa Johannes laajentaa karman lain ihmiselämän *kaikkia* eri olomuotoja koskevaksi metafyysiseksi syyn ja seurauksen laiksi. Karman laki on selvästi ilmaistu sanoissa "kuolleet – – tuomittiin tekojensa mukaan", eli mitä ihminen on kylvänyt, sitä hän niittää. Erittelen Johanneksen kuvauksia yksityiskohtaisemmin itämaisen reinkarnaatio-opin ja sen mukaisen todellisuuskuvan pohjalta, sillä näin Johanneksen sanat sopivat mielestäni parhaiten tulkintani kokonaisuuteen.

Itämaisen teorian mukaan fyysisen kehon kuollessa ihminen siirtyy sellaiselle astraalitasolle, jonne hänen henkinen ominaislaatunsa hänet ohjaa. Itämaisen näkemyksen mukaan myös astraalitasot ovat harhan aluetta: ihminen on silläkin halujensa vanki. Astraalitasolta hän aikanaan siirtyy joko takaisin fyysiseen olemassaoloon halujensa vetämänä, tai jos hän on pystynyt vapautumaan osittain tai kokonaan haluistaan, korkeammalle astraalitasolle tai täydelliseen vapauteen. Tämä siirtymä on kuolemaa astraalitasolla ja syntymää uudella tasolla. Näin ihminen kulkee karman pyörässä ja syntymän ja kuoleman kehässä kunnes saavuttaa lopullisen vapautumisen.[18]

Ilmestyskirjassa Kuolema vastaa ehkä fyysistä kuolemaa ja Tuonela astraalitasoja. Johanneksen sanat "Kuolema ja Tuonela heitettiin tuliseen järveen" ymmärrän jälleen käsitteelliseksi tilinteoksi: fyysisen kuoleman ja Tuonelan alueet ovat kaikki harhaa, tulista järveä. Vain täydellinen vapautuminen on harhasta ja siten Kuolemasta ja Tuonelasta vapaata.

Johanneksen sanoista "Kuolema antoi ne kuolleet, jotka siinä olivat, ja heidät tuomittiin kukin tekojensa mukaan" on mahdollista lukea ajatus, että kuollessaan fyysisesti ihminen ohjautuu uudelle tasolle omien pyyteidensä ja vapautumisensa mukaisesti. Kun Johannes sanoo saman Tuonelaan soveltaen, hän kertoo, että näin tapahtuu myös, kun ihminen siirtyy karman pyörässä pois astraalitasolta. Esimerkiksi se, minkälaisena ja mihin olosuhteisiin ihminen reinkarnoituu fyysiseen todellisuuteen, riippuu siitä, minkälainen hän on ollut astraalitasolla. Johannes sanoo myös, että "meri antoi ne kuolleet, jotka siinä olivat". Tämä tarkoittanee, että myös ihmisen piilotajunta vaikuttaa siihen, mikä on hänen kulloinenkin kohtalonsa karman pyörässä.

Johannes erottaa näyssään kahdenlaisia kuolleita: ne, jotka on kirjoitettu elämän kirjaan, ja ne, joita ei ole kirjoitettu elämän kirjaan. Elämän kirjaan kirjoitetut ovat niitä, jotka ovat kokonaan vapautuneet. He eivät enää inkarnoidu. Jälkimmäiset puolestaan ovat ihmisiä, jotka eivät ole vapautuneet täydellisesti sidonnaisuuksistaan. Heidät siis heitetään tuliseen järveen, eli itämaisen teorian mukaan he joutuvat siirtymään jonnekin harhaisen olotilan uudelle askelmalle oman karmansa mukaiselle paikalle. Tuossa karman pyörässä he sitten palavat toisaalta halujensa ja toisaalta puhdistavan tulen polttamina, kunnes vapautuvat lopullisesti haluistaan.

Elämän kirjan lisäksi Johanneksen näyssä esiintyy toisenlaisia kirjoja: "Ja minä näin kuolleet – – ja kirjat avattiin" (Ilm. 20:12). Oletan, että nämä kirjat liittyvät eri ihmisten persoonalliseen elämään. Kirja on kuin ihmisen yksilöllinen tajunta tai vielä tarkemmin hänen tajuntaansa eri elämistä jääneet muistijäljet, ja tämän kirjan luonne määrää kunkin ihmisen kohtalon karman pyörässä. Näitä kirjoja on useita, koska ihmisiä on paljon. Elämän kirjaa sen sijaan on Johanneksen näyssä vain yksi kappale, ja syy lienee se, että lopullinen vapautuminen, josta elämän kirja kertoo, on kaikille sama, millä nimellä tuota vapautumista kutsutaankin.

Toinen kuolema

Johannes käyttää näyssään kaksi kertaa ilmaisua "toinen kuolema". "Autuas ja pyhä on se, jolla on osa ensimmäisessä ylösnousemuksessa; heihin ei toisella kuolemalla ole valtaa, vaan he tulevat olemaan Jumalan ja Kristuksen pappeja ja hallitsevat hänen kanssaan ne tuhannen vuotta" (Ilm. 20:6). "Tämä on toinen kuolema, tulinen järvi" (Ilm. 20:14). Toisen kuoleman Johannes mainitsee vielä seuraavassa luvussa: "Ja kaikkien valhettelijain osa on oleva siinä järvessä, joka tulta ja tulikiveä palaa; tämä on toinen kuolema" (Ilm. 21:8). Toinen kuolema esiintyy myös Ilmestyskirjan alkuluvuissa, jossa Johannes kirjoittaa: "Sitä, joka voittaa, toinen kuolema ei vahingoita" (Ilm. 2:11).

Näissä jakeissa Johannes sanoo suoraan, että toinen kuolema on sama kuin tulinen järvi. Tulinen järvi tarkoittaa tulkinnassani harhan aluetta, ja harhasta ihminen vapautuu kokiessaan henkisen ylösnousemuksen. Autuas on siis se, jolla "on osa ensimmäisessä ylösnousemuksessa", sillä "heihin ei toisella kuolemalla ole valtaa". Koska tulinen järvi eli harhan meri sisältää tässä vaiheessa kaiken muun paitsi lopullisen vapautumisen tilan, vain se, joka on löytänyt tuon ehdottoman vapautumisen, on täysin vapaa toisesta kuolemasta. Eli Johanneksen sanoin: "Sitä, joka voittaa, toinen kuolema ei vahingoita." Termillä "toinen kuolema" Johannes nähdäkseni korostaa, että ihminen joutuu jatkuvasti, kerran toisensa jälkeen kuolemaan eli siirtymään uusille harhaisille tasoille, kunnes hän kokee ylösnousemuksen ja vapautuu täydellisesti.

Käyttäessään tulisesta järvestä eli harhan alueesta nimitystä "kuolema" Johannes jyrkentää jälleen harhaiselle elämäntunnolle langettamaansa tuomiota. Mitä korkeampia henkisiä tajunnantiloja hän on elänyt, sitä harhaisemmalta, horrosmaisemmalta ja lopulta suorastaan kuolleelta tavanomainen elämäntunto on ruvennut hänestä näyttämään. Elävien ihmisten kuolemankaltaiseen olotilaan viitannevat myös Jeesuksen kuuluisat sanat: "Anna kuolleitten haudata kuolleensa". Ristin Johannes puolestaan ilmaisee asian säkeellään: "surmaten olet muuttanut kuoleman elämäksi", jonka merkitystä hän selittää näin: "Sinä olet surmannut kaiken, joka piti minua kuolleena ja vailla Jumalan elämää, jossa nyt havaitsen eläväni."[19] Ilmestyskirjan alussakin tavallisen elämäntunnon kuolemankaltaisuus on esitetty ytimekkäästi: "Elät, mutta sinä olet kuollut" (Ilm. 3:1).

21. KARITSAN HÄÄT JA UUSI JERUSALEM

Hengellinen avioliitto eli nirbikalpa samadhi

Ilmestyskirjan kaksi loppulukua kertovat tulkintani mukaan korkeimmasta ihmiselle mahdollisesta tajunnantilasta. Tämä tila toteutuu, kun kaikki sidonnaisuudet ovat hävinneet. Silloin ihmisestä on tullut täydellinen pyhimys ja hän kokee autuutta jatkuvasti. Hän voi ajoittain vetää tajuntansa pois ulkomaailman tiedostamisesta transsinomaiseen sisäiseen autuuden tilaan, mutta hän pystyy kokemaan autuutta myös ollessaan tietoinen ulkomaailmasta ja toimiessaan siinä. Kristinuskon kielellä tämä tila on hengellinen avioliitto, jonka sielu solmii Jumalan kanssa; avioliitto terminä kertoo Jumala-yhteyden pysyvyydestä. Itämaisen terminologian mukaan kysymys on samadhin korkeimmasta muodosta, josta käytetään nimitystä "nirbikalpa samadhi". Sana "nirbikalpa" erotuksena sanasta "sabikalpa" ilmaisee, että kaikki erillisyys on päättynyt. Joskus nirbikalpa samadhilla tarkoitetaan kuitenkin vain samadhia, joka koetaan transsin aikana, ja sahaja nirbikalpa samadhilla samadhia, jolloin pyhimys on samalla tietoinen ulkomaailmasta; seuraavassa käytän termiä "nirbikalpa samadhi" kuvaamaan yleensä korkeinta samadhia.[1]

Vain harvat ihmiset, joista meillä olisi tietoa, ovat solmineet hengellisen avioliiton eli toteuttaneet itsessään nirbikalpa samadhin. 1500-luvulla eläneet Avilan pyhä Teresa ja Ristin Johannes, joita olen käyttänyt esimerkkeinäni, ovat kertoneet oman kokemuksensa pohjalta hengellisestä avioliitosta. Viime vuosisadalla varsinkin useamman intialaissyntyisen naisen ja miehen kerrotaan eläneen tuossa tilassa. Heitä ovat olleet muun muassa Ramana Maharshi (1879–1950), Paramahansa Yogananda (1893–1952) ja Anandamayi Ma (1896–1982).

Pyhimysten ohella tavallisemmatkin ihmiset ovat eläneet hetkittäin tilassa, jossa poikkeuksellinen autuus – tai ainakin syvä henkisen mielekkyyden tunto – yhdistyy arkisempaan tietoisuuteen, niin että ulkomaailmassa toimiminen on tilan aikana mahdollista. Otan ensin muutaman esimerkin tällaisista tavanomaisemmista kokemuksista, joita ehkä useammallakin on ollut, sillä nekin auttanevat meitä ymmärtämään hengellisen avioliiton mahdollisuutta. Nämä alustavat esimerkit olen valinnut eri intensiteettitasoilta ja kestoltaan eripituisista kokemuksista.

Kirjailija Mika Waltari kertoo:

Minulla on ehkä useampia kertoja ollut mystinen kokemus. Ja voimakkain niistä oli Roomassa – –. Olin silloin elänyt tiettyä uskonnollisten ongelmien keskittymisvaihetta. – – Olin ehkä paljonkin mietiskellyt. Joka tapauksessa olin niinä päivinä hyvin onnellinen. – – Silloin kirkkaana aurinkoisen aamuna – – astuessani kirkkaaseen auringon paisteeseen minussa syntyi onnellisen outo lumoutumisen tunne. – – Tätä voi sanoa eräänlaiseksi tietoisuuden laajenemiseksi, että siis jonkinlaisena selittämättömänä käsittämättömänä tuokiona tajuaisi jotakin, jotakin Jumalan olemuksesta. Siihen liittyi hyvin voimakas kirkkauden ja valon aistimus, joka ei johtunut ainoastaan säteilevästä auringon paisteesta syksyisessä Roomassa. Juuri tämä kaikkien ongelmien selviäminen sillä tavoin ettei ylipäänsä ollut mitään ongelmia, vaan tajusin jotakin siitä, että kaikki mitä tapahtui oli niin käsittämättömän, niin yliluonnollisen järjen – ehkä järki on väärä sana – jonkin voittamattoman...saavuttamattoman...ainoan mitä voisi sanoa täydelliseksi...tulosta – –. Mutta minun on mahdoton tätä selittää vaikka kuinka yrittäisin.[2]

Toinen esimerkkini on omasta kokemuspiiristäni.

Olin nähnyt yöllä unta ihmeenomaisen lapsen syntymästä. Unessa lapsi johdatti minut korkealle vuorelle. Kun saavutin vuoren huipun, jouduin sellaisen autuuden valtaan, etten koskaan aikaisemmin ollut sellaista elänyt – en ollut edes aavistanut, että sellainen tila on ihmiselle mahdollinen. Heräsin, mutta autuus ei hävinnyt. Tuntui kuin olisin itse muuttunut suureksi autuuden pilveksi. Se, mitä tavallisesti olin, tavallinen tajuntani, oli läsnä, mutta se oli kuin pienen pieni säie uudessa olemuksessani. Uusi olemukseni, autuus, suhtautui pieneen minääni hyväntahtoisen ymmärtävästi; näin ehkä voisin yrittää asiaa ilmaista. Se "tiesi", että pienellä minälläni oli omat velvollisuutensa, jotka sen tuli täyttää, ja niin tein tuona päivänä tavalliset työni. Iltaa kohden tila heikkeni, mutta sen väistyminen ei aiheuttanut pettymystä vaan mieleeni jäi levollinen vakaumus: näin minun pitäisi aina elää.

Seuraava kuvaus on amerikkalaisen naisen kokemus, joka valtasi hänet pian sen jälkeen, kun hän oli tavannut Yhdysvaltoihin saapuneen Paramahansa Yoganandan. Nainen puhuu itsestään kolmannessa persoonassa:

Hän oli tietoinen suuresta rauhasta itsessään. Hän tunsi, että jollain syvällisellä tavalla hänestä oli tullut eri henkilö. – – Ilon padot murtuivat hänen sielussaan; hänet valtasivat sanoin kuvaamattoman ekstaasin aallot. Sanat, jotka olivat olleet hänelle ennen pelkkiä sanoja – autuus, kuolemattomuus, ikuisuus, totuus, jumalallinen rakkaus – tulivat silmänräpäyksessä hänen olemuksensa ytimeksi, ainoaksi mahdolliseksi todellisuudeksi. – – Koko universumi kylpi hänestä rakkauden valtameressä; hän sanoi itsekseen monet kerrat: "Nyt vihdoin tiedän, mitä *rakkaus* on!" – – Hän tunsi tajuntansa laajenevan – – kasvavan, koskettavan kaikkea universumissa. – – Näiden viikkojen aikana hän jatkoi päivittäisiä velvollisuuksiaan kuten tavallisesti, mutta tähän asti tuntemattomalla tehokkuudella ja nopeudella. – – Työ tuntui hänestä lasten leikiltä, onnelliselta ja huolettomalta. – – Hänen sisäinen ilonsa kattoi jokaisen toiminnon ja tilanteen kosmisella merkittävyydellä – –. Tämä valaistumisen tila kesti noin kaksi kuukautta ja sitten se vähitellen häipyi pois.[3]

Ne, jotka ovat eläneet pysyvässä autuuden tilassa, ovat yleensä olleet haluttomia kuvailemaan sitä. Esimerkiksi Ramana Maharshi sanoi tiedustelijoille: "Samadhi on mielen ja puheen yläpuolella eikä ole kuvailtavissa. – – Kykenette tietämään sen vasta sitten, kun olette samadhissa."[4] Joitakin viitteitä hän kuitenkin antoi:

Ihmiset pelkäävät, että kun ego tai mieli hävitetään, tuloksena saattaakin olla pelkkä tyhjyys eikä onnellisuus. Se mitä todellisuudessa tapahtuu on, että ajattelija, ajattelun kohde ja ajatteleminen sulautuvat kaikki yhteen ja samaan Alkulähteeseen, joka on Tietoisuus ja Autuus itse, ja tämän vuoksi tuo tila ei ole sen enempää eloton kuin tyhjäkään. – – Voitte kokea suurinta mahdollista onniautuutta tai pikemminkin olla itse suurin mahdollinen onniautuus. Kaikki muut onnellisuuden lajit, joita olette kutsunut "mielihyväksi", "iloksi", "onneksi" ja "autuudeksi", ovat vain sen Anandan [autuuden] heijastumia, joka todelliselta olemukseltanne olette.

Sahaja samadhin tilassa pysyt tyynenä ja rauhallisena toimiessasi. Tajuat että syvemmällä sisimmässäsi oleva todellinen Itse panee sinut toimimaan ja pitää sinut toiminnassa ja ettei sinuun vaikuta se, mitä teet, sanot tai ajattelet. – – tajuat ettei mikään kuulu sinulle egona ja että kaiken tekee jokin, jonka kanssa olet tietoisesti yhtä.[5]

Kristinuskon piiristä otan esimerkin hengellisestä avioliitosta pyhältä Teresalta. Teresan elämän loppupuolella tila oli pysyvä. "Enintään yhden päivän tai hieman kauemmin" se saattoi väistyä, kuten hän kertoi.[6] Hengellisen avioliiton Teresa katsoo alkaneen kokemuksesta, jota hän kuvaa seuraavasti:

Henkilölle, josta olemme puhuneet, Herra ilmestyi tämän juuri osallistuttua ehtoolliseen. Se tapahtui suuren kirkkauden ja kauneuden ja majesteettiuden hahmossa, sellaisena kuin hän oli ylösnoustuaan, ja Herra kertoi tälle, että nyt oli aika tämän ottaa hänen asiansa omikseen ja että hän pitäisi huolta tämän asioista. Lisäksi hän sanoi muita sanoja, jotka on helpompi tajuta kuin lausua julki.[7]

Toisessa yhteydessä Teresa kuvaa samaa tapahtumaa ja kertoo Herran lausuneen näyssä sanat: "Minun kunniani on sinun ja sinun minun."[8]

Teresan kuvauksissa tulevat esille myös hengellisen avioliiton peruspiirteet – egon täydellinen kuoleutuneisuus, autuus, autuuden pysyvyys ja toimintakyvyn säilyminen:

Tämä pieni perhonen on nyt kuollut: se kuoli täynnä riemua löydettyään levon, ja Kristus elää siinä. – – Tässä Jumalan temppelissä, tässä hänen asunnossaan, yksin hän ja sielu iloitsevat keskenään täydellisessä hiljaisuudessa. – – Tässä Herran armossa, josta nyt puhumme, ei enää tapahdu eroa, sillä sielu pysyy alati Jumalansa kanssa mainitussa keskuksessa. – – Teistä varmaan näyttää tämän pohjalta, ettei sielu olisi enää itsessään, vaan olisi niin syvässä vaipumuksessa, ettei se voisi kohdistaa huomiotaan mihinkään. Päinvastoin, kaikessa, mikä liittyy Jumalan palvelemiseen, se on paljon valppaampi kuin ennen.[9]

Hengellinen avioliitto Ilmestyskirjassa

Uudistuminen

"Ja minä näin uuden taivaan ja uuden maan; sillä ensimmäinen taivas ja ensimmäinen maa ovat kadonneet, eikä merta enää ole" (Ilm. 21:1). Jakeissa Johannes jatkaa kuvaustaan siitä sisäisestä uudistumisesta, josta hän kertoi edellisessä luvussa sanoessaan maan ja taivaan pakenevan valtaistuimella istujan kasvoja (Ilm. 20:11). Ensimmäinen taivas symboloi Johanneksen entistä pyhyysarvojen kokemistapaa, joka on ollut vajaata. Nyt sen sijaan astuu nirbikalpa samadhin tila, jossa hän tuntee elävänsä perimmäisen todellisuuden autuutena. Tämä on uusi taivas. Ensimmäinen maa puolestaan tarkoittaa Johanneksen entistä tietoisuutta ja fyysisyyden tuntoa, joihin on kuulunut sidonnaisuus haluihin, ja uusi maa symboloi tietoisuutta ja fyysisyyttä haluista vapautuneena; kristinuskon kielellä uusi maa on uutta, puhdistunutta aistisuutta.[10] Toisella tavalla ilmaisten uusi maa tarkoittaa pyhimyksen epäitsekästä toimintakykyä ja sitä pyyteetöntä kaksinaisuustajuntaa, jota hän toimiessaan käyttää. Sanat "eikä merta enää ole" ilmaisevat, että piilotajuntaa tai potentiaalisuutta ei enää ole. Karman viimeisetkin piilotajuiset siemenet on poltettu pois, ja Johannes on aktualisoinut tajuntansa potentiaalisuudet. Sen lasisen meren salaisuus, joka neljännessä luvussa oli valtaistuimen edessä, on lopullisesti paljastunut Johanneksen eläessä pysyvää autuutta.

Muutamaa jaetta myöhemmin Ilmestyskirjassa tähdennetään jälleen uudistumisen totaalisuutta. "Ja valtaistuimella istuva sanoi: 'Katso, uudeksi minä teen kaikki'" (Ilm. 21:5).

Kotiinpaluu- ja morsiussymboliikka

"Ja pyhän kaupungin, uuden Jerusalemin, minä näin laskeutuvan alas taivaasta Jumalan tyköä, valmistettuna niinkuin morsian, miehellensä kaunistettu. Ja minä kuulin suuren äänen valtaistuimelta sanovan: 'Katso, Jumalan maja ihmisten keskellä!'" (Ilm. 21:2–3.) Vähän myöhemmin samat asiat kertautuvat. Enkeli sanoo Johannekselle: "Tule tänne, minä näytän sinulle morsiamen, Karitsan vaimon" (Ilm. 21:9). "Ja [enkeli] näytti minulle pyhän kaupungin, Jerusalemin, joka laskeutui alas taivaasta Jumalan tyköä" (Ilm. 21:10).

Pyhä kaupunki, Jerusalem, on Johanneksen sisäisen matkan päämäärä ja henkinen koti, johon hän on maanpakolaisena pyrkinyt. Kun

Jerusalem ilmestyy Johanneksen näkyihin, hän saavuttaa päämääränsä eli pyhän kaupungin symboloiman henkisen täydellisyyden. Pyhä kaupunkikin on monien muiden Ilmestyskirjan symbolien tavoin yleismaailmallinen myyttikuva; esimerkiksi Intiassa pyhä kaupunki on Benares ja islamin uskossa Mekka. Näihin maantieteellisiin pyhiin kaupunkeihin – Jerusalemiin, Benaresiin ja Mekkaan – suuntautuvat pyhiinvaellusmatkat ovat kuin ulkoisessa todellisuudessa elettyjä myyttikuvia, jotka innostavat vaeltajaa tekemään matkaa myös sisäiseen pyhään kaupunkiin. Ilmestyskirjan nimitys "uusi Jerusalem" korostaa, että Johanneksen näyssä kyse on sisäisestä Jerusalemista.

Morsiussymboliikan mukaisesti uusi Jerusalem on Karitsan morsian ja vaimo. Jerusalem on siis se Johanneksen tajunnan sisäinen taso, jolla hän elää perimmäisen todellisuuden, autuuden tai Jumalan. Ihmistajunnan tasona pyhä kaupunki rinnastuu Ilmestyskirjan aikaisempiin astiamaisiin ja siten feminiinisiin kuviin kuten valkoisiin vaatteisiin (Ilm. 6:11), telttamajaan (Ilm. 7:15) ja taivaalliseen lasta synnyttävään naiseen (Ilm. 12:1). Jumala tai Ilmestyskirjan symboliikassa Karitsa on sitten tämän feminiinisen kaupungin sisältö eli morsiamen Ylkä; kokemuksellisella tasolla tulkiten kysymys on siitä tajunnansisällöstä, jonka Johannes elää. Näyssä nämä suhteet – tajunta ja tajunnansisältö – ovat esillä myös siten, että pyhää kaupunkia kutsutaan Jumalan majaksi; nimitys kertonee, että Jumala on tuon majan sisältö.

Kun pyhä kaupunki laskeutuu taivaasta, laskeutuminen heijastanee sekä vuodatetun armon tuntoa että vieraantuneen olotilan päättymistä. Toisin sanoen se pyhyys, jonka Johannes oli matkansa alkuvaiheissa tuntenut olevan kuin itsensä ulkopuolella, tulee syvällisellä tavalla hänen omaksi kokemuksekseen.

Häät?

Olisi kohtuullista odottaa, että Johanneksen muutos Ilmestyskirjassa huipentuisi myyttisiin häihin, sillä Karitsan häistä on jo ilmoitettu (Ilm. 19:7). Mutta häitä Ilmestyskirjassa ei kuvata. Syynä saattaa olla se, että Johannes vain tiedostaa intuitiivisesti hänelle avoinna olevia korkeimpia mahdollisuuksia elämättä niitä vielä itse. Tulkinnassani kuitenkin oletan, että häät vietetään, ja luulisin niiden vieton sijoittuvan kahden taivaasta laskeutumisen väliin. Kun Johannes näkee kaksi kertaa pyhän kaupungin laskeutuvan taivaasta, jakeissa kaksi ja kymmenen, tämä ei ehkä ole pelkkää rytmistä toistoa. Ehkä kyse on sellaisesta sisäisen muutoksen intensifioitumisesta, joka merkitsee myyttisten häiden viettoa. Oli miten oli, kahden laskeutumistapahtuman väliin sijoittuvista jakeista on mahdollista lukea kuvausta hengellisen avioliiton tilasta. Ne kertovat ennakoiden Jumalan ja ihmisen yhteisyydestä, lopullisesta vapautumisesta ja paluusta henkiseen kotiin, ja tulkitsen niitä tältä kannalta. Itse avioliitto alkaisi sitten jälkimmäisestä laskeutumistapahtumasta.

"Ja hän [Jumala] on asuva heidän keskellänsä, ja he ovat hänen kansansa, ja Jumala itse on oleva heidän kanssaan, heidän Jumalansa" (Ilm. 21:3). Jakeesta lienee helppo lukea ihmisen ja Jumalan yhteisyys. Sanat vastaavat hyvin edellä lainaamaani pyhän Teresan kuvausta omasta häätapahtumastaan, jossa Herra kertoi Teresalle, että "nyt oli aika tämän ottaa hänen asiansa omikseen ja että hän pitäisi huolta tämän asioista." Samaa Jumalan ja ihmissielun yhteisyyttä toistavat vielä valtaistuimelta kuuluvat sanat, joissa ihmissielu on kuin kotiinpalaava tuhlaajapoika: "Joka voittaa, on tämän perivä, ja minä olen oleva hänen Jumalansa, ja hän on oleva minun poikani" (Ilm. 21:7).

"Ja hän [Jumala] on pyyhkivä pois kaikki kyyneleet heidän silmistänsä – – eikä murhetta eikä parkua eikä kipua ole enää oleva, sillä kaikki entinen on mennyt" (Ilm. 21:4). Pyhimykset, joka ovat kuvanneet hengellistä avioliittoa eli nirbikalpa samadhia omasta kokemuksestaan, ovat kertoneet pysyvästä ilosta, joka merkitsee murheen ja kivun loppumista. Esimerkiksi pyhä Teresa sanoo hengellisen avioliiton solmineista sieluista, että "niitä eivät vaivaa kuivuus eivätkä sisäiset koettelemukset." Hän jopa kirjoittaa:

Kun tällaiset sielut joutuvat vainotuiksi, ne tuntevat suurta sisäistä riemua ja paljon syvempää rauhaa kuin edellä mainituissa tiloissa, eivätkä ne kanna minkäänlaista kaunaa niitä kohtaan, jotka tekevät niille pahaa tai haluavat tehdä.[11]

Ristin Johannes taas kertoo "täydellisen elämän" ilosta psalmeja lainaten: "Sinä muutit murheeni riemuksi, sinä riisuit minulta surupuvun ja kiedoit minut iloon." Ja Ramana Maharshin kuvaukseen sahaja nirbikalba samadhista sisältyvät sanat: "Sinulla ei ole murheita, pelkoja eikä huolia."[12]

Nirbikalpa samadhissa pyhimys voi välttää kivun tunteen vetämällä tajuntansa syvemmälle tasolle transsiin tai hän voi tuntea kipua, mutta sillä ei ole hänelle merkitystä. Esimerkiksi Ramana Maharshi kirjoitti asiasta seuraavasti:

Ei-oivaltanut samastaa itsensä ruumiiseensa, joka tuntee mielihyvää tai kipua, kun taas Itsen oivaltanut tietää, että kaikki tämä on Itseä, kaikki tämä on Brahmania. Jos ilmenee kipua, ilmetköön; se sisältyy myös Itseen ja Itse on täydellinen.[13]

Ilmestyskirjan äsken lainaamaani jakeeseen sisältyy myös lause: "Eikä kuolemaa ole enää oleva" (Ilm. 21:4). Lause kertoo ehkä pyhimyksen vapautumisesta elämän ja kuoleman kiertokulusta, jota edellisessä luvussa selitin. Mutta lause voi tarkoittaa myös uudenlaista asennetta fyysiseen kuolemaan, josta mainitsin esimerkin yhdeksännessätoista luvussa Ramana Maharshilta. Lisään vielä tähän kohtaan yhden esimerkin kristinuskon piiristä pyhältä Teresalta, joka kertoo hengellisen avioliiton vaikutuksista sieluihin sanoilla: "Kuolemaa ne eivät pelkää mitenkään, eivät enempää kuin lempeää hurmaannusta."[14]

Johannes kuulee myös sanat: "Se on tapahtunut" (Ilm. 21:6). Samat sanat hän oli kuullut jo kuudennessatoista luvussa Harmageddonin taistelun jälkeen, mutta tuolloin hänen vapautumisensa ei ollut täydellistä. Nyt sen sijaan sanat kertovat lopullisesta voitosta, kotiinpaluusta, Jumalan yhteyteen pääsemisestä ja ehkä mystisistä häistäkin.

Hengelliseen avioliittoon kotiinpaluuna ja sen armon autuuteen viittaavat vielä sanat, jotka valtaistuimella istuva lausuu: "Minä olen A ja O, alku ja loppu. Minä annan janoavalle elämän veden lähteestä lahjaksi." (Ilm. 21:6.) Alfa ja Omega ovat kreikkalaisten aakkosten ensimmäinen ja viimeinen kirjain – siitä sanonta A ja O, alku ja loppu. Ihminen on siis vihdoin päässyt loppuun, joka on myös alku, eli hän on löytänyt tiensä takaisin siihen hengelliseen kotiin, Jumala-yhteyteen, josta hän aikojen alussa oli langennut pois.

Jakeessa esiintyy myös ajatus, että janoava saa elämän vettä juodakseen. Raamatussa yleisempi sanonta on elävä vesi, joka tarkoittaa varsinaisesti lähdevettä tai kaivoista saatavaa pohjavettä. Kuvaannollisessa merkityksessä elävä vesi samoin kuin tämän jakeen elämän vesi tarkoittaa Jumalan siunausta, rauhaa, armoa ja iloa. Esimerkiksi pyhä Teresa selittää, että elävän veden juominen merkitsee "täydellistä kontemplaatiota" ja se on sielun sisäisen matkan määränpää. Hän kuvaa hengellisen avioliiton iloa psalmeja mukaillen myös sanoilla:

"Täällä suodaan haavoittuneelle hirvelle vettä yltäkyllin."[15] Filosofi-
semmin ilmaisten elämän vesi on sitä pyhyysarvoa ja henkistä au-
tuutta, jota pyhimys nyt elää.
Jae tähdentää, että elämän vettä annetaan lahjaksi. Rakkausetiikan
sisällä, jonne Johannes on vihdoin lopullisesti siirtynyt, ihmisen ei tar-
vitse "ostaa" eli ansaita teoillaan sitä, minkä hän saa. Hän saa lahjaksi,
kunhan hän vain avaa itsensä rakkaudelle.

Pyhä kaupunki

Johannes kuvaa loppunäyssään uutta Jerusalemia, ja hänen kuvauk-
sensa välittää meille lisää tietoa hengellisen avioliiton eli nirbikalpa
samadhin tilasta.

Jalokivikaupunki

"Ja [enkeli] näytti minulle pyhän kaupungin, Jerusalemin, – – ja siinä
oli Jumalan kirkkaus; sen hohto oli kaikkein kalleimman kiven kaltai-
nen, niinkuin kristallinkirkas jaspiskivi" (Ilm. 21:10–11). Pyhä kau-
punki, Jerusalem, on siis Johanneksen puhdistunut tajunta, ja kaupun-
gin sisältö, joka jakeissa on ilmaistu sanoilla "Jumalan kirkkaus", on
se pyhyysarvo tai Jumala, jota Johannes hengellisen avioliiton solmit-
tuaan kokemussisältönään elää.
Kristinuskon mystikoista mestari Eckart sanoo suoraan, että Ilmes-
tyskirjan pyhä kaupunki on jokainen hengellinen sielu, joka on palan-
nut alkuperäiseen puhtauteensa. Muilta mystikoilta tlöytyy runsaasti
vertauksia, joissa puhdistunut sielu on jalokivi, timanttilinna tai kaunis
kaupunki. Esimerkiksi Ristin Johannes puhuu "sielun jalokivestä" ker-
toessaan korkeimmista henkisistä tajunnantiloista, ja pyhä Teresa se-
littää, että "sielua voidaan pitää linnana, joka on kauttaaltaan yhtä ti-
manttia tai hyvin kirkasta kristallia." Pyhä Teresa käyttää myös ilmai-
sua "tämä säteilevä ja kaunis linna, tämä itämainen helmi", ja hänen
kuuluisan kirjansa nimi *Sisäinen linna* tai oikeammin *Sisäisen linnan
asunnot, Moradas del castillo interior*, viittaa samaan timanttilinnan
vertauskuvaan. Teresan mukaan Jumala asuu tämän linnan sisimmässä
huoneessa, seitsemänsissä asunnoissa.[16]
Englantilainen 1300- ja 1400-lukujen taitteessa elänyt äiti Juliana
Norwichlainen puhuu ihmisen sielusta kaupunkina, ja hän selittää Ju-
malan odottavan, että tuo kaupunki palautuisi "jaloon kauneuteensa."

Kaupunkisymboliikka esiintyy esimerkiksi seuraavassa äiti Julianan näyssä:

Sitten Herrani avasi hengellisen näkökykyni ja näytti minulle sieluni, joka oli sydämeni keskipisteessä. Näin sielun olevan niin suuri kuin se olisi ääretön maailma tai autuaallinen kuningaskunta. Siitä, mitä näin sen tilasta, saatoin päätellä sielun olevan kunniakas kaupunki. Tämän kaupungin keskipisteessä istuu herramme Jeesus – –. Kun Jeesus kerran on ottanut paikkansa sielussa, hän ei milloinkaan lähde sieltä – –. Sillä meissä hänellä on kaikkein omin kotinsa ja iankaikkinen asuinsijansa.[17]

Itämaisessa symboliikassa, kuten *Bhagavadgitassa*, ihmisen fyysinen keho on "yhdeksänporttinen kaupunki", jolloin kaupungin portteina ovat ihmiskehon aukot. Mutta itämaisen näkemyksen mukaan ihmisen fyysinen keho ei ole hänen ainoa kehonsa; eri tajunnantasot ovat myös kehoja, joista käytetään muun muassa nimityksiä astraalikeho ja henkikeho. Ilmestyskirjan symboliikan kannalta mielenkiintoista on, että syvällisintä tajunnallista tasoa kutsutaan usein timanttikehoksi. Nimitys esiintyy esimerkiksi vanhassa kiinalaisessa *Hui Ming Ching* -tekstissä.[18] Lisäksi tästä tajunnantasosta käytetään muita nimityksiä, joista esimerkiksi nefriittikaupunki ja taivaisen sydämen asunto rinnastuvat hyvin Ilmestyskirjan pyhään kaupunkiin; seuraavat sanat ovat kiinalaisesta *Tai I Ching Hua Tsung Chih* eli *Kultakukan salaisuus* -kirjasta: "Nefriittikaupungin purppurasalissa asuu äärimmäisen tyhjyyden ja elämän Jumala. – – Taivainen sydän muistuttaa asuntoa, valo talon isäntää."[19]

Hyvä vertailukohta Ilmestyskirjan jalokivikaupungille löytyy myös tiibetiläisistä mandaloista, sillä niiden keskusta esitetään symbolisesti palatsina. Sitä kutsutaan "kirkkaan Tietoisuuden kristallipalatsiksi", ja se symboloi mandaloiden tapaan ihmisen syvintä tajunnantasoa eli kirkkaan Tietoisuuden tilaa.[20]

Myös Johanneksen näyssä korostuu pyhän kaupungin kirkkaus, sillä hän kertoo kaupungin olevan kristallinkirkasta jaspiskiveä. Nykyisin jaspis on punertavan jalokiven nimi, mutta tässä yhteydessä se tarkoittanee läpinäkyvää kiveä, koska Johannes sanoo sen olevan kristallinkirkas. Kaupungin läpinäkyvyys korostuu entisestään, kun sitä ja sen katua verrataan puhtaaseen lasiin. "Ja kaupunki oli – – puhtaan lasin kaltaista" (Ilm. 21:18). "Ja kaupungin katu oli – – ikäänkuin läpikuultavaa lasia" (Ilm. 21:21). Pyhän kaupungin kirkkaus on ymmärrettävää, sillä sisäisen matkansa aikana Johannes on vapautunut aste asteelta niistä egon sameista kuorista, jotka ovat peittäneet hänen puhdasta sieluaan. Näin hän on päätynyt siihen syvimpään tajunnantasoon, joka kuvautuu kivenä. Samalla hänen tajunnastaan on tullut kirkas, puhdas ja läpinäkyvä. Jo Babylonin portolla oli koristeinaan jalokiviä, mutta nyt itse ihmistajunta eli pyhä kaupunki on kirkasta jalokiveä, sillä Johannes on vapautunut kokonaan egostaan.

Se pyhän kaupungin kirkkaus, josta Johannes kertoo, on epäilemättä tosiasiallinen kokemustila. Itse asiassa jo varhain meditaatiota harjoittava voi ajoittain tuntea, kuinka tavanomainen mielen levottomuus lakkaa, sameus hälvenee, ja hänen tajuntansa jää kristallinkirkkaaksi.

Kun pyhä kaupunki eli ihmistajunta on läpinäkyvän kirkas, kaupungin sisältö – eli se pyhyysarvo tai jumaluus, jota ihminen kokemussisältönään elää – voi esteettä loistaa sen läpi. Johannes siis syystä kertoo, että kaupungin hohto on "kaikkein kalleimman kiven kaltainen" (Ilm. 21:11).

Puhdistuneen sielun kristallinkirkkaus ja läpinäkyvyys, jotka sallivat Jumalan loistaa sen läpi, ovat uskonnollisessa kirjallisuudessa yleisiä vertauksia. Esimerkiksi Ristin Johannes selittää kuvaillessaan korkeimpia henkisiä tajunnantiloja, että "tässä tilassa sielu on kuin puhdas ja kirkas kristalli, johon valo osuu."[21] Äiti Teresalle läheisessä rukouksessa sanotaan:

Rakas Jeesus – –. Hengitä lävitseni ja ota koko olemukseni omaksesi niin kokonaan, että koko elämäni olisi vain sinun elämäsi säteilyä. Loista lävitseni – –. Pysy luonani, että minäkin alkaisin säteillä valoa niin kuin sinä säteilet, että minäkin muuttuisin valoksi toisia varten. Tulkoon kaikki valo sinusta, Jeesus, eikä mitään minusta; valaise sinä itse ihmisiä minunkin kauttani.[22]

Samantapaisia vertauksia löytyy myös itämaisesta kulttuuripiiristä, jossa esimerkiksi Patanjalin joogasutrissa joogin puhdistunutta tajuntaa verrataan kristalliin, ja jossa intialainen Paramahansa Yogananda rukoilee:

Palauta läpinäkyvyytemme: – – Kytke meihin voimaasi – – että puhdistaisimme pois ne pimeät huurut, jotka ovat peittäneet läpinäkyvyytemme ja estäneet Sinun valosi vapaan virtaamisen.[23]

Kun Johannes Ilmestyskirjassa käyttää vertausta kristallinkirkas, kristallilla saattaa olla myös keskittymisen ja intensifioitumisen eli kristalloitumisen vivahde. Tällaisessa merkityksessä Johannes voisi puhua siitä sisäisestä muutoksesta, joka hänessä on tapahtunut energeettisellä tasolla ja jota olen aikaisemmissa luvuissa kuvannut. Autuuden kokemiseksi elämänenergian on täytynyt keskittyä hajaannuksen tilastaan, niin että sushumna-nadissa kulkeva energia on voimistunut. Tästä syystä kiinalaisessa *Kultakukan salaisuus* -kirjassa puhutaan elämänenergian eli "valon" kristalloitumisesta, jota tapahtuu joogaharjoituksia suoritettaessa. Kirjasta luemme esimerkiksi sanat: "Valoloiste kristalloituu vähitellen."[24]

"Ja kaupunki oli puhdasta kultaa" (Ilm. 21:18). "Ja kaupungin katu oli puhdasta kultaa" (Ilm. 21:21). Kulta on esiintynyt aikaisemmin muun muassa Babylonin porton rikkautena, mutta porttoon sovelsin Ristin Johanneksen sanoja: "Heidän henkensä kultaa ei ole vielä puhdistettu."[25] Johannes siis aiheellisesti korostaa, että nyt kulta on puhdasta. Toisin sanoen Johanneksen tajunta on puhdistunut kaikista sidonnaisuuksistaan, ja niin siitä on tullut kuin puhdasta kultaa. (Katusymboliin palaan seuraavassa luvussa.)

Kristinuskon kuvataiteessa pyhimysten pään ympärille maalataan usein kultainen sädekehä, ja tämä kehä on kuin pyhimyksen kultaisena sädehtivän puhtaan sielun eli sisäisen pyhän kaupungin hohtoa. Se on myös kultainen aura, jonka henkisesti herkkien ihmisten kerrotaan näkevän.[26]

Ilmestyskirjaa myöhemmällä ajalla kulta oli länsimaissa keskeinen symboli alkemisteilla, ja voisimme ehkä sanoa, että pyhässä kaupungissa on toteutunut myöhempien alkemistien haave epäjalon metallin jalostamisesta kullaksi. (Itse alkemistejakin on mahdollista tulkita siten, että metallien jalostaminen merkitsi joillekin heistä myös ihmistajunnan jalostamista.[27]) Itämaisessa kirjallisuudessa kulta on keskeinen symboli muun muassa jo mainitsemassani kiinalaisessa *Kultakukan salaisuus* -teoksessa. Siinä käytetään runsaasti alkemistista symboliikkaa, ja kirjassa on tuotu selvästi esille tämän symboliikan yhteys ihmistajunnan jalostamiseen. Kultakukka symboloi timanttikehon tavoin ihmisen syvintä tajunnantasoa, ja tätä kultakukkaa "aukaistaan" joogaharjoitusten avulla. Samassa kirjassa henkikehon symbolina esiintyy myös keltainen linna, jonka keltaisuus tarkoittaa juuri kullan keltaisuutta.[28]

Samanlaisia kuvia – jalokiviä, kultaa, ihania linnoja, kauniita kaupunkeja, timanttikehoja ja kultakukkia – esiintyy myös unissa. Ei tarvitse paljoakaan seurata vaikkapa omia uniaan huomatakseen säännönmukaisuuden. Onnellisessa elämänvaiheessa näemme unissamme kauniita huoneita, linnoja, palatseja ja kaupunkeja. Niissä voi olla myös timantteja ja sädehtivää kultaa. Kaikki nuo huoneet, linnat ja kaupungit ovat unennäkijän omia sisäisiä asuntoja eli hän itse. Sen sijaan vaikeina kausina uniemme tapahtumapaikat ovat usein ankeita ja synkkiä. Unisymbolina myös ihmiskehon luonne vaihtelee; autuuden kokemiseen saattaa liittyä suoranaisesti timanttikeho, joka vastaa Ilmestyskirjan jalokivikaupunkia. Tällainen symboli esiintyy seuraavassa unessa, joka edelsi yhdennessätoista luvussa kuvaamaani autuuskokemusta; uneen kuuluva hääateria on sekin Ilmestyskirjan symboliikkaa. Uni on naisen, mikä heijastuu unen kuvista.

Näen naisen seisovan levollisena ja suurena. Hänen vatsastaan irtoaa toinen pienempi naishahmo, joka tulee tanssien minua kohti säteillen ihmeellistä valoa. Kun hän on edessäni, näen, että hän on kokonaan timantista. Katson hänen silmiinsä; nekin loistavat jalokivinä. Seuraavaksi istun juhlapöydän ääressä. On meneillään häät, ja tämä on hääateria. Vieressäni istuu mies. Hän on sulhaseni, mutta hän ei ole kukaan reaalisessa todellisuudessa tuntemani ihminen. En edes näe häntä; tunnen vain ihanan onnellisuuden leviävän hänestä, ja herään käsittämättömän autuuden vallassa.

Kaupungin muoto ja mitat

"Ja sillä, joka minulle puhui, oli mittasauvana kultainen ruoko, mitatakseen kaupungin ja sen portit ja sen muurin. Ja kaupunki oli neliskulmainen, ja sen pituus oli yhtä suuri kuin sen leveys. Ja hän mittasi sillä ruovolla kaupungin; se oli kaksitoista tuhatta vakomittaa. Sen pituus ja leveys ja korkeus olivat yhtä suuret. Ja hän mittasi sen muurin: se oli sata neljäkymmentä neljä kyynärää, ihmismitan mukaan, joka on enkelin mitta." (Ilm. 21:15–17.) Johanneksen pyhä kaupunki on siis kokonaisuudessaan kuution muotoinen ja pohja-alaltaan neliö, joten geometrisena kuviona se voidaan tulkita mandalaksi.

Vaikka itämaiset rituaaleissa ja meditaatiossa käytetyt mandalat ovat yleensä ympyrän muotoisia, ympyrän sisällä on sangen usein samankeskinen neliö. Tämä kuvio esiintyy varsinkin niissä tiibetiläisissä mandaloissa, joiden keskelle on kuvattu kirkkaan Tietoisuuden kristallipalatsi. Palatsi on näet piirretty neliönmuotoiseksi, joten Ilmestyskirjan pyhä kaupunki ja tiibetiläinen kirkkaan Tietoisuuden palatsi vastaavat myös kuvioina toisiaan.[29] Ympyrää ja neliötä yleisinä myyttikuvina on mahdollista tulkita siitä vieraantumisen ja paluun teemasta käsin, jota olen käyttänyt tulkintojeni keskeisenä osviittana. Tällöin ympyrä kuvaa alkuperäistä eheyttä eli eriytymättömyyden tilaa, joka myyteissä symboloituu esimerkiksi alkumunana. Ympyrän jakautuminen segmentteihin – mandaloissahan on usein segmenttijako – kuvaa sitten alkutilan eriytymistä; silloin myyttinen alkumuna rikkoutuu. Myös Raamatun alussa kuvattu Eedenin paratiisi on vielä eräänlainen myyttinen alkutila, joskin siinä on jo eriytyneisyyttä mukana; Eedenin paratiisi onkin kristillisessä kuvataiteessa esitetty joskus pyöreänä, vaikka Raamatussa ei sen muotoa mainita.[30] Raamatussa eriytyminen alkaa selkeästi, kun Aadam ja Eeva karkotetaan paratiisista. Tähän eriytymisen vaiheeseen kuuluvat kaikki ne ihmisen pyrkimykset hahmottaa itseään ja Jumalasuhdettaan, joista Raamattu kertoo ja joiden avulla ihminen etsii tietään takaisin Jumalan luo. Kun kulkija vihdoin pääsee elämän puun tiellä takaisin Jumala-yhteyteen, päämäärä kuvautuu neliönä, sillä neliö ilmentää luontevasti sitä uutta eheyttä, joka on saavutettu eriytymisen kautta.

Siirtymä ympyrästä neliöön voidaan lukea myös Ilmestyskirjasta, jos Ilmestyskirjan neljännen luvun taivas nähdään pyöreänä mutta jo eriytyneenä alkutilan kuvana, kuten olen ehdottanut. Ilmestyskirjan lopussa esiintyvä neliömäinen pyhä kaupunki olisi taas se uusi eheys, kokonaisuus tai täydellisyys, jonka vaeltaja on saavuttanut kulkiessaan eriytymisen kautta takaisin Jumalan yhteyteen. C. G. Jung sovelsi tämäntapaista tulkintaa ympyrästä ja neliöstä keskiajan alkemistien symboliikkaan. Hän selitti, että alkemisteja askarruttanut ongelma ympyrän neliöimisestä heijasti ihmisen psyykkistä pyrkimystä löytää tie alkutilan eriytymättömyydestä eriytymisen kautta uuteen, korkeammanasteiseen eheyteen.[31]

Edellä mainitsemissani Tiibetin buddhalaisissa mandaloissa palatsin ulkopuolella olevalla ympyrällä on kuitenkin toisenlainen merkitys. Se on tavallisesti monikerroksinen, ja sen eri kerrokset symboloivat niitä henkisen kehityksen askelmia, jotka kilvoittelijan on läpäistävä, ennen kuin hän pääsee kirkkaan Tietoisuuden palatsiin. Sisällöllistä yhtymäkohtaa Ilmestyskirjaan on kuitenkin siinä, että näihin askelmiin kuuluu sellaisia, jotka on kuvattu myös Ilmestyskirjassa. Yksi ympyrä on esimerkiksi nimeltään henkisen uudestisyntymisen lootuskehä.[32]

Johanneksen näyssä kaupungin mittaajana toimii enkeli, ja Johannes puhuu muurin mitat ilmoittaessaan "enkelin mitasta". Tämä kertonee, että pyhän kaupungin mitat – kaksitoistatuhatta vakomittaa korkeudeltaan, pituudeltaan ja leveydeltään – tulee ymmärtää symbolisesti eli kuin enkelin aistilla. Reaalisen mittaustavan mukaan kaupungista tuskin ilmoitettaisiinkaan korkeutta, ei varsinkaan, jos se olisi muutamia tuhansia kilometrejä, kuten pyhän kaupungin tapauksessa on laita.[33]

Pyhän kaupungin keskeinen mitta "kaksitoista" kuvaa myyttisenä lukuna sitä täydellisyyttä, jonka Johannes on karkotusmatkansa päätyttyä saavuttanut. Kun kaksitoista esiintyy tuhatlukuna, se sopii suurena lukuna kuvaamaan muutoksen pitkällisyyttä ja saavutetun täydellisyyden suurta arvoa. Sama kahteentoista perustuva lukusymboliikka kertautuu muurin kohdalla, sillä sen mitta on sataneljäkymmentäneljä kyynärää; luvun kaksitoista symboliikka vain korostuu, kun se on korotettu toiseen potenssiin.

Perustukset

"Ja kaupungin muurilla oli kaksitoista perustusta, ja niissä Karitsan kahdentoista apostolin kaksitoista nimeä" (Ilm. 21:14). "Ja sen muuri oli rakennettu jaspiksesta – –. Ja kaupungin muurin perustukset olivat kaunistetut kaikkinaisilla kalleilla kivillä; ensimmäinen perustus oli jaspis, toinen safiiri, kolmas kalkedon, neljäs smaragdi, viides sardonyks, kuudes sardion, seitsemäs krysoliitti, kahdeksas berylli, yhdeksäs topaasi, kymmenes krysoprasi, yhdestoista hyasintti, kahdestoista ametisti." (Ilm. 21:18–20.)

Pyhän kaupungin perustukset tulkitsen ihmisen syvähenkisen elämän perustuksiksi. Raamatusta vertailukohteeksi tarjoutuvat esimerkiksi Jeesuksen sanat: "Jokainen, joka tulee minun tyköni ja kuulee minun sanani ja tekee niiden mukaan – minä osoitan teille, kenen kaltainen hän on. Hän on miehen kaltainen, joka huonetta rakentaessaan kaivoi syvään ja laski perustuksen kalliolle." Apostolien nimien liittyminen perustuksiin lienee luonteva kristillisen perinteen myyttikuva, sillä yksi apostoleista oli suorastaan perustus Jeesuksen seurakunnalle: "Ja minä [Jeesus] sanon sinulle: sinä olet Pietari, ja tälle kalliolle minä rakennan seurakuntani."[34] Ilmestyskirjassa pyhän kaupungin perustoihin kirjoitetut apostolien nimet ovat myyttikuvia, ja ne viitannevat Jeesuksen opetuksen sisäiseen omaksumiseen.

Itämaisessa kulttuurissa henkinen tie esitetään usein selkeinä askelmina, kuten Patanjalin joogasutrissa, joita olen käyttänyt Ilmestyskirjan rinnastuskohteena. Samadhia edeltävät askelmat ovat joogassa ikään kuin perustuksia, joilla luodaan pohja samadhille. Buddhalaisuudessa taas puhutaan "kahdeksanosaisesta tiestä", jonka seitsemän ensimmäistä askelmaa merkitsevät lähinnä oikeaa eettistä elämäntapaa ja kahdeksas keskittymistä. Kun kaikki nämä vaiheet on käyty läpi ja opittu, seuraa vapautuminen eli nirvana.[35]

Itämaisessa symboliikassa perustukset ja perustuksen laskeminen näyttävät olevan suosittuja vertauksia myös kuva-aiheina. Esimerkiksi kiinalaisessa *Kultakukan salaisuus* -teoksessa perustuksen luomista valaistumiselle selitetään seuraavasti:

Toinen kappale [tekstistä, jota ko. kohdassa tulkitaan] merkitsee perustuksen pystytystä – –. Valoloiste kristalloituu vähitellen. Siksi syntyy suuri terassi ja sille ilmestyy hetken kuluttua Buddha. Kun tämä kultaolento saapuu, kuka hän voisi olla muu kuin Buddha, sillä Buddha on suuren valaistuksen kultainen pyhä.[36]

Tekstissä valoloisteen kristalloituminen eli elämänenergian keskittyminen ja jalostuminen tarkoittaa siis perustan luomista valaistumiselle ja Buddhan ilmaantuminen itse valaistumista. Mahajanabuddhalaisessa *Amitayur-dhyana-sutrassa* puolestaan esitetään monimutkainen meditaatioharjoitus, jonka yhtenä osana on seuraavanlaisen kuvion visualisointi:

Näet pohjan, joka on lapis lazulia. Se on läpikuultava ja kimaltelee sisäpuolelta ja ulkopuolelta. Pohjan alla näet – – kultaisen symbolin, jossa on seitsemän jalokiveä, timanttia ja muita kalliita kiviä pohjaa kannattamassa. Pohja ulottuu kompassin kahdeksaan peruspisteeseen. Kunkin kahdeksan alueen sivussa on satoja jalokiviä.[37]

Tekstissä mainittu pohja vertautuu hyvin pyhän kaupungin pohjaan, ja pohjaa kannattelevat jalokivet ovat kuin pyhän kaupungin jalokiviperustat.

Ehdotan Johanneksen näyn jalokiviperustuksille vielä yksityiskohtaisempaa tulkintaa, sillä joogateoriaa soveltaen ne voidaan nähdä chakroina. Chakraopin mukaanhan samadhi koetaan, kun energia on kulkenut päälaelle sahasraraan. Tätä ennen sahasraran alapuolella olevat kuusi chakraa on kuitenkin täytynyt "avata", joten chakrojen avaaminen on kuin perustusten laskemista itse samadhille. Tulkinta on erityisen osuva sen takia, että avautuneiden chakrojen sanotaan loistavan hehkuvina valoina joogin sisäisille silmille.[38] Avautuneet chakrat kuvautuvat siis luontevasti loistavina jalokivinä. Luullakseni edellä lainaamassani buddhalaisessa meditaatioharjoituksessa lapis lazuli -pohjaa kannattavat jalokivet tarkoittavatkin juuri chakroja.

Joogateoriasta on mahdollista löytää vastaavuutta myös pyhän kaupungin perustojen lukumäärälle, jonka sanottiin olevan kaksitoista. Koska vain kuusi alinta suurta energiakeskusta ovat varsinaisia chakroja, joogaopissa käytetään myös nimitystä "kuusiaskelmainen tie"; ja jos chakroista erotetaan sisäosa ja ulko-osa erikseen, kuten usein tehdään puhuttaessa lootuksien terälehdistä ja siemenkodasta, päädytään lukuun kaksitoista. Joskus alemmat chakrat hahmotetaan myös polaarisesti siten, että niiden lukumääräksi tulee juuri kaksitoista.[39]

Chakrateoriaan rinnastamalla Ilmestyskirjan pyhä kaupunki voitaisiin siis tulkita korkeimmaksi energiakeskukseksi, sahasraraksi, jossa energia on samadhin aikana. Mutta myös toinen joogateoriaan perustuva hahmotustapa on mahdollinen, ja pidän tätä osuvampana. Samadhin aikana ihmisen sanotaan näet kokevan olemuksensa keskipisteen elämyksellisesti sydämensä seudulla, vaikka elämänenergia on sahasrarassa. Yleisemminkin itämaisessa kirjallisuudessa – kuten intialaisessa *Chandogya upanishadissa* – puhutaan sydämestä Itseyden tyyssijana, ja tämä niin sanottu henkinen sydän on mielestäni sopivin pyhän Jerusalemin vastine.[40]

Myös kristinuskon symboliikassa pyhä Jerusalem paikantuu sydämeen, sillä Serafim Sarovilainen puhuu "sydämen salaisesta Jerusalemista", ja Bonaventura selittää, että "kukaan ei voi päästä taivaalliseen Jerusalemiin, ennen kuin se on armosta laskeutunut hänen omaan sydämeensä, kuten Johannes näki Ilmestyskirjassa tapahtuvan."[41]

Ilmestyskirjassa pyhän kaupungin perustuksina mainittujen jalokivien värejä on vaikea jäljittää, sillä jalokivien nimitykset ovat Raamatun aikoina saattaneet olla toiset kuin nykyään. Lisäksi kalkedon-jalokiven nimi on juontunut vain Kalkedonin kaupungista, jonka kautta tuotiin kaupaksi erilaisia jalokiviä. Itämaisissa teksteissä sen sijaan kerrotaan huolellisesti kunkin chakran kohdalla sen väri; yksikin chakra voi tosin sisältää useampia värejä, ja varsinkin lootuksen terälehdillä ja siemenkodalla on yleensä eri värit. Värikartat kuitenkin vaihtelevat johtuen osaksi jo siitä, että eri kehitysvaiheissa chakrat ovat erilaiset. Mitään selviä vastaavuuksia Ilmestyskirjan jalokivien oletettujen värien ja itämaisten lähteiden mainitsemien värien välillä en ole pystynyt havaitsemaan.

Muuri ja portit

"Siinä oli suuri ja korkea muuri, jossa oli kaksitoista porttia ja porteilla kaksitoista enkeliä, ja niihin oli kirjoitettu nimiä, ja ne ovat Israelin lasten kahdentoista sukukunnan nimet; idässä kolme porttia ja pohjoisessa kolme porttia ja etelässä kolme porttia ja lännessä kolme porttia" (Ilm. 21:12–13). "Ja ne kaksitoista porttia olivat kaksitoista helmeä; kukin portti oli yhdestä helmestä" (Ilm. 21:21). "Eikä sen portteja suljeta päivällä, ja yötä ei siellä ole" (Ilm. 21:25).

Jos pyhä kaupunki nähdään kokemuksellisena tilana, kuten olen ehdottanut, sen ympärysmuuri symboloi yleisesti rajaa ulkokohtaisemman ja sisäisemmän kokemustilan välillä. Tämäntapainen näkemys löytyy Abba Dorotheoksen, 500-luvulla eläneen kristillisen munkin opetuspuheista:

> Me olemme – – kaikki kuin matkamiehiä vaeltamassa kohti pyhää kaupunkia. – – Ottakoon siis kukin selvää siitä, missä hän on – –. Onko edennyt lyhyen matkaa vai pitkälti, – – onko matkannut kaupunkiin saakka ja astunut sisälle Jerusalemin portista vai eikö kaupungin luo päästyään ole kyennyt astumaan sisälle.[42]

Tarkemmin eritellen kaupungin sisus edustaa tässä näyssä puhdasta ykseystajuntaa ja porttien ulkopuoli puhdistunutta kaksinaisuustajuntaa. Jos pyhimyksen tajunta on pelkästään kaupungin sisäpuolella, hän elää transsinkaltaista samadhia, johon hän siirtyy sukeltamalla tajuntansa syvyyksiin. Tällaista tajunnan syvyydestä löytyvää ykseyden ja autuuden tilaa pyöreä helmi kuvaa hyvin, joten kaupungin porttien sopii olla helmiä. Pyhimys voi kuitenkin myös nousta noista syvyyksistä pois ja kulkea porttien läpi kaupungin ulkopuolelle. Pyhimyshän pystyy hengellisen avioliiton tilassa toimimaan tahtoessaan myös ulkoisessa maailmassa. Koska hengellisessä avioliitossa koetaan jatkuvasti autuutta, osa hänen tajunnastaan jää kuitenkin kaupungin sisäpuolelle.

Kulkiessaan porttien läpi ulos toimimaan pyhimys ottaa käyttöönsä ne konkreettiset kykynsä, jotka ovat olleet sammuneina transsinkaltaisessa samadhissa. Johanneksen näyssä näitä konkreettisia kykyjä edustavat Ilmestyskirjan yleisen symboliikan mukaisesti ihmiset ja ihmisluokat eli tässä tapauksessa ne Israelin lasten sukukuntien nimet, jotka on kirjoitettu portteihin.[43] Porteilla nuo kyvyt ikään kuin odottavat käyttöönottoaan, ja vastaavasti ne myös riisutaan pois ja jätetään portille, kun pyhimys siirtyy transsinomaiseen samadhiin. Israelin sukukunnat pyhän kaupungin porteille kirjoitettuina ja ilmeisesti symmetrisesti neliön sivuille jäsentyneinä symboloinevat myös sitä konkreettisen ihmisen sisäistä harmoniaa, joka hengellisessä avioliitossa toteutuu.

Koska pyhimys kokee nirbikalpa samadhin tilassa autuutta toimiessaankin, yhteys sisäisen autuuden ja ulkoisemman toiminnan välillä on jatkuvasti auki. Tästä asiantilasta kertoo se, että pyhän kaupungin portteja ei suljeta päivällä; myyttinen päivä ilmentää luontevasti sitä toiminnan aikaa, jolloin pyhimys on ikään kuin samalla kertaa sekä muurin sisällä että muurin ulkopuolella. Tällaista tajunnan kahtalaisuutta pyhä Teresa kuvasi selittäessään, että hengellisen avioliiton aikana hänestä tuntui ikään kuin hänen sielunsa olisi "jollakin tavoin jaettu". Toisinaan hän jopa "moitti sieluaan, koska tämä alati ja mielin määrin vain nautti — — lepoa jättäen hänet itsensä — — moniin vaivoihin ja tehtäviin."[44] Tässä suhteessa hengellinen avioliitto poikkeaa selvästi kihlausajasta, jolloin samadhi koetaan vain transsinkaltaisessa tilassa eli kaupungin porttien ollessa suljettuina. Pyhä Teresa kuvaakin kihlajaisvaihetta seuraavasti:

Ylkä käskee, että asuntojen ja myös linnan ja ympärysmuurin portit on suljettava. Kun hän nimittäin haluaa riistää tämän sielun luokseen, sen hengitys salpautuu — —. Toisinaan — — kaikki katoaa yhtäkkiä.[45]

Nirbikalpa samadhi on itämaisten lähteiden mukaan jatkuvan tajuisuuden tila, joka ei lakkaa edes unen aikana.[46] Tiedottomuuden tilaa eli myyttistä yötä ei siis pyhimykselle ole, joten Ilmestyskirjan pyhässä kaupungissa ei ole yötä.

Enkelit pyhän kaupungin portinvartijoina kertovat, että sisäisen ja ulkoisen suhde on intuition ohjaamaa. Intuitio eli enkelit ikään kuin vartioivat elämänenergian tai ihmistajunnan liikettä sisään- ja ulospäin. Toimiessaan nirbikalpa samadhin tilassa pyhimys joutuu kokemaan ulkomaailmasta aiheutuvia vaikeuksia, mutta ne eivät häiritse hänen sisäistä rauhaansa; enkelit muurin porteilla eivät ikään kuin päästä sielun sisimpään mitään häiritsevää. Esimerkiksi pyhä Teresa kertoo hengellisen avioliiton rauhasta sanoin: "Niinpä sielu ei ole huolissaan tapahtuipa mitä tahansa."[47] Myös tajunnan siirtäminen ulkomaailmasta pois tapahtuu intuition eli enkelien ohjaamana.

Niissä Tiibetin mandaloissa, joissa ympyrän sisällä on neliönmuotoinen palatsi, neliön jokaisella sivulla on portti. Porttien kautta päästään kirkkaan Tietoisuuden palatsiin, mutta ensin porteista tullaan palatsin sisäpihalle. Porttien voidaan siis katsoa sijaitsevan ympärysmuurissa kuten Ilmestyskirjassakin. Palatsin porttien edustalla on myös portinvartijat samoin kuin Ilmestyskirjassa; buddhalaisuudessa palatsin portit kuvaavat neljää erilaista valaistumistietä.[48]

Kansat ja maan kuninkaat

"Ja kansat tulevat vaeltamaan sen valkeudessa" (Ilm. 21:24). Jae kertoo siitä tavasta, jolla pyhimys toimii. Kansat ovat jälleen ihmisen erilaisia ominaisuuksia ja kykyjä. Kun ne vaeltavat pyhän kaupungin valkeudessa, pyhimys toimii saaden toiminnalleen motiivin ja sisäisen ohjauksen universaalista rakkaudesta ja viisaudesta eli pyhän kaupungin valkeudesta. Esimerkiksi oman aikamme pyhimysmäinen toimija äiti Teresa teroittaa jumalallisen rakkauden merkitystä oikeassa toiminnassa:

Vain hänen kanssaan, joka antaa teille voimansa, te pystytty suoriutumaan kaikesta. – – Vaikka uurastaisitte itsenne kuoliaiksi, se olisi hyödytöntä, jollei tehtävän suorittaminen ole kudottu rakkaudesta.[49]

"Ja maan kuninkaat vievät sinne kunniansa" (Ilm. 21:24). "Ja sinne viedään kansojen kunnia ja kalleudet" (Ilm. 21:26). Mainitut maan kuninkaat ovat sen uuden maan kuninkaita, jonka Johannes näki tämän luvun alussa ja joka tarkoitti kaikesta pyyteellisyydestä puhdistunutta tietoisuutta ja fyysisyyttä eli uutta aistisuutta. Kuninkaita on useita, sillä Johannes erottaa Ilmestyskirjan yleiseen tapaan ihmisessä erilaisia toiminnallisuuden muotoja tai keskuksia. Sen sijaan yhtä erillisen minuuden tuntoa ei enää ole, sillä pyhimys ei tunne toimivansa erillisenä minänä eikä hän odota toiminnastaan itselleen palkintoa tai kiitosta. Uskonnollisella kielellä ilmaisten pyhimys antaa toiminnastaan kunnian Jumalalle, joten Ilmestyskirjassa kuninkaat vievät kunniansa pyhän kaupungin sisälle eli sinne, missä Jumala asuu. Näitä ajatuksia äiti Teresa ilmaisee muun muassa seuraavilla tavoilla:

Jumala elää ja toimii, – – työ on hänen eikä minun – –. Ilman Häntä emme voisi tehdä sitä, mitä teemme. Emme ainakaan koko elämämme ajan – – ajattelematta palkkiota – –. Olen vain yksinkertainen työkalu Jumalan käsissä. Jeesus ja hänen äitinsä, neitsyt Maria, antoivat kaiken kunnian Jumalalle, Isälle. Hänen laillaan minäkin tahtoisin nöyränä ja huomaamatta antaa kaiken kunnian Jumalalle.[50]

Pyhä Teresa puolestaan kuvailee hengellisen avioliiton solmineiden toiminta-asennetta näin:

Nyt niillä on – – suuri halu palvella ja ylistää häntä [Jumalaa] ja olla kykyjensä mukaan avuksi jollekin sielulle, – – jos vain Herra voisi niiden avulla saada ylistystä vaikkapa vähäisessäkin määrin.[51]

Itämaisessa kulttuurissa pyyteetön toiminta on kuuluisa varsinkin *Bhagavadgitasta*, jonka ajatuksia pyyteettömyydestä olen lainannut Babylonin tuhon yhteydessä. Myös seuraavat kohdat valottavat niitä oikean toiminnan periaatteita – ihmisen tulee toimia ilman sidonnaisuutta ja antaen kunnian toiminnastaan Jumalalle – jotka Ilmestyskirjastakin voidaan lukea.

Ruumiilla, mielellä, järjellä
ja yksinpä aisteillakin
joogit suorittavat toimintaa
hylättyään sidonnaisuuden. – –
Omistaen kaiken toiminnan minulle [Krishnalle eli Jumalalle]
miettien korkeinta Itseä,
ilman toiveita, ilman itsekkyyttä,
taistele ilman kiihkoa![52]

Temppeli, aurinko ja kuu puuttuvat

"Mutta temppeliä minä en siinä nähnyt; sillä Herra Jumala, kaikkivaltias, on sen temppeli, ja Karitsa. Eikä kaupunki tarvitse valoksensa aurinkoa eikä kuuta; sillä Jumalan kirkkaus valaisee sen, ja sen lamppu on Karitsa." (Ilm. 21:22–23.) Kun Jumalan kirkkaus ja Karitsan lamppu valaisevat pyhää kaupunkia, pyhimys kokee autuutta eli itämaisella kielellä hän on valaistunut. Koska nirbikalpa samadhissa autuudentila eli Jumala-yhteys on pysyvää, hän ei tarvitse autuuden kokemiseen erillistä korkeaa tajunnantilaa, jota temppeli on aikaisemmin symboloinut.

Auringolle ja kuulle olen antanut tulkintoja, joiden mukaan molemmat edustavat eri tavoin vieraantunutta uskonnollisuutta tai yleisemmin vieraantunutta elämänkatsomusta ja -tuntoa. Nyt vieraantuminen on ohi, kun pyhimys itse elää autuutta eli Jumalan kirkkautta. Pyhä kaupunki ei siis tarvitse valoksensa aurinkoa eikä kuuta. Auringon ja kuun puuttuminen sisäisesti valaistuneen tajunnantilan kuvauksena löytyy myös seuraavista Krishnan sanoista Bhagavadgitasta:

Ilman ylpeyttä ja harhaa, sidonnaisuuden pahan voittaneet,
sisimmässä Itsessä pysyvät, himoista kääntyneet,
vapautuneet vastakohdista, jotka tunnetaan onnena ja kärsimyksenä,
menevät harhautumatta tähän katoamattomaan paikkaan.
Ei sitä aurinko valaise,
ei kuu eikä tuli.
Tänne mentyään ihmiset eivät palaa takaisin:
Tämä on minun korkein sijani.[53]

22. UUDEN JERUSALEMIN PARATIISI

Paratiisi

"Ja hän näytti minulle elämän veden virran, joka kirkkaana kuin kristalli juoksi Jumalan ja Karitsan valtaistuimesta. Keskellä sen katua ja virran molemmilla puolilla oli elämän puu, joka kantoi kahdettoista hedelmät, antaen joka kuukausi hedelmänsä, ja puun lehdet ovat kansojen tervehtymiseksi. Eikä mitään kirousta ole enää oleva." (Ilm. 22:1–3.)

Jakeissa kuvattu myyttinen paratiisi lienee pyhän kaupungin sisällä, vaikkei sitä selvästi sanota; näin matkamies on vihdoin päässyt takaisin paratiisiin, josta hänet Raamatun alussa karkotettiin. Johanneksen paratiisikuvaus täydentää sitä näkemystä ihmisen korkeimmista tajunnantiloista, joka Ilmestyskirjasta välittyy.

Paratiisi myyteissä, uskonnollisessa kirjallisuudessa ja unissa

Mytologiassa paratiisi on usein kuolleiden hyvien ihmisten asuinsija, kuten kreikkalaisten Elysion, jota Homeros kuvasi *Odysseia*-eepoksessa näin:

Siell' elo ihmisien kevyt, huoleton vienona vierii;
lunt' ei, ei viluviimoja, ei sadevirtoja konsaan,
ainian henkäilee, hymisee vain läntinen leyhyin.[1]

Paratiisillisen olotilan kuvaus löytyy myös kadotetun kulta-ajan myytistä, jota antiikin roomalainen runoilija Ovidius käytti *Muodonmuutoksia*-runoelmassaan. Runoissaan Ovidius kertoi, että menneenä kulta-aikana oli ainainen kevät; puista tihkui hunajaa, pellot tuottivat itsestään satoa ja virrat vuotivat maitoa ja nektaria. Vielä paratiisi on väikkynyt ihmisten mielissä etäisenä, vaikeasti saavutettavana onnen haavekuvana, kuten kaukaisena paratiisisaarena. Esimerkiksi Kreikan mytologian hesperidit, yön tyttäret, elivät meren toisella puolella äärimmäisessä lännessä ihanassa puutarhassa. Siellä kasvoi kultaisia omenoita, joita he kauhean lohikäärmeen kanssa vartioivat.[2]

Aiheeni kannalta mielenkiintoisimpia ovat sellaiset kuvaukset, jotka liittävät paratiisin ja omakohtaisesti koetun autuuden toisiinsa. Esimerkiksi Ristin Johannes kuvailee henkistynyttä sielua näin:

Se maistaa täysin siemauksin pelkkää kirkkautta ja rakkautta, ja se tajuaa täyttyvänsä olemuksensa sisintä myöten kirkkauden virroilla, jotka ovat tulvillaan riemua. Se tuntee, että sen sisimmästä kumpuavat elävän veden virrat, jotka Jumalan Pojan mukaan lähtevät tällaisista sieluista. – – Tähän tietoon [henkiseen välittömään elämiseen] sinä uppoat ja syvennyt niin täydellisesti, että olet myös kuin niiden elävien vesien kaivo, jotka virtaavat – – Jumalasta. Siinä virrassa saat osaksesi ihmeellisen ilon, joka koituu sielusi ja myös ruumiisi sopusointuisen kokonaisuuden osaksi. Tästä tulee kauttaaltaan paratiisi, jota kastellaan jumalallisesta lähteestä, että myös sinussa täyttyisivät psalmin sanat: Virran rajuus ilahduttaa Jumalan kaupungin. – – Sikäli kuin sielu nyt – – saavuttaa hengen vapauden – – se saa osakseen Pyhän Hengen kaksitoista hedelmää.[3]

Pyhä Teresa kirjoittaa armon tilassa olevasta sielusta seuraavaa:

Kuten näet kaikki purot, jotka virtaavat hyvin kirkkaasta lähteestä, ovat yhtä kirkkaita kuin lähdekin, niin myös ne teot, jotka lähtevät armon tilassa olevasta sielusta, ovat otollisia Jumalan ja ihmisten silmissä, sillä ne kumpuavat tästä elämän lähteestä, johon sielu on istutettu kuin puu. Tämä ei tarjoaisi mitään suojaa eikä hedelmiä, elleivät sen juuret olisi lähteessä, joka pitää sitä yllä, estää sitä kuivumasta ja panee sen tuottamaan hyvää hedelmää.

Teresa käyttää puhtaasta sielusta myös ilmaisua: "tämä elämän puu, joka on istutettu itse elämän eläviin vesiin eli Jumalaan.[4]

Ristin Johanneksen ja pyhän Teresan soveltamat vertaukset ovat varsin laajasti käytössä kristinuskossa; myös pyhä Bernhard selittää, että uskovassa sielussa itsessään on hengellinen paratiisi.[5]

Itämaisesta kulttuurista hyvän esimerkin paratiisista tarjoaa buddha Amitabhan läntinen maa, joka on yksi mandalapalatsin porttien sisäpuolella sijaitsevasta neljästä maasta; tämäkin paratiisi kuvaa siis kirkastunutta ihmistajuntaa. *Amitayur-dhyana-sutrassa* tätä "korkeimman onnellisuuden maata" kuvataan siten, että siellä on määrättömästi jalokiviä, jalokivipuita, -kukkia ja -hedelmiä. Sen virtojen vesi on seitsemän jalokiven värinen, siellä on kultainen kanava ja kahdeksan järveä, ja itse buddha Amitabha asuu siellä. Myös intialaisesta joogakirjallisuudesta löytyy paratiisisymboliikkaa, sillä kundalinienergian

nousua sahasraraan kuvataan nousuksi "nektarivaltameren jalokivi-
saarelle, jota ympäröivät kalpa-puut."[6]

Samoja paratiisillisia myyttikuvia – ihania puita, vettä, vesilähteitä,
jalokiviä ja kirkkautta – esiintyy myös unissa, jotka heijastelevat on-
nellisia tajunnantiloja. Esimerkiksi kirjailija Mika Waltari kertoi näh-
neensä unen sen mystisen kokemuksensa jälkeen, jota käytin esimerk-
kinä edellisessä luvussa.

Tuon unen aikana koin jotakin. Lepäsin suunnattoman kauniin
suuren puun varjossa, paratiisissa. En voi käyttää mitään muuta
sanaa. Ja olin itkenyt unessani tosiaan niin että oli suolarakeet
silmäkulmassa. – – Unesta herättyäni minut täytti ajatus, että tä-
män jälkeen minä en koskaan elämässäni enää voi epäillä. Niin
voimakas, valtava tämä elämys oli.[7]

Seuraava paratiisiuni on omasta kokemuspiiristäni. Sen näkijä oli
ennen untaan ollut hyvin onnellinen:

Olen kauniissa puistossa, suurten puiden katveessa. Näen suih-
kulähteen, josta nousee esille jalokivistä muodostunut kukka.
Kukka syttyy loistamaan ihmeenomaista valkoista valoa, ja
ihana onnellisuus valtaa minut.

Ilmestyskirjan paratiisi

Ilmestyskirjan paratiisissa on ensinnäkin "elämän veden virta, joka
– – juoksi Jumalan ja Karitsan valtaistuimesta", sekä "elämän puu,
joka kantoi kahdettoista hedelmät, antaen joka kuukausi hedelmänsä"
(Ilm. 22:1–2). Vesi ja hedelmät ovat myyttistä juomaa ja ruokaa. Ne
sopivat paratiisiin, sillä pyhimyksen korkeat henkiset tajunnantilat vir-
voittavat ja ravitsevat häntä.

Tähän yhteyteen elämän veden tulkinnaksi sopii hyvin pyhän Te-
resan käyttämä täydellisen kontemplaation merkitys tai yleisemmin
pyhyysarvon kokeminen. Tätä elävää vettä pyhimys juo hengellisen
avioliiton aikana kuin katkeamattomasta virrasta, eikä kuivuus enää
vaivaa häntä. Pyhä Teresa kertookin, että seitsemänsissä asunnoissa,
joissa sielu elää avioliitossa Jumalan kanssa, "esiintyy tuskin koskaan
sellaista kuivuutta – – jollaista oli ajoittain toisissa asunnoissa." Mat-
kaaja on siis vihdoin päässyt "elämän vetten lähteille", kuten Ilmes-
tyskirjan seitsemännessä luvussa ennakoitiin, ja siellä Jumala antaa
hänelle "elämän veden lähteestä lahjaksi", kuten edellisessä näyssä lu-

vattiin (Ilm. 7:17 ja 21:6). Nyt toteutuvat myös Jeesuksen sanat Johanneksen evankeliumista: "Joka uskoo minuun, hänen sisimmästään on – – juokseva elävän veden virrat."[8] Elämän puu yleisenä myyttikuvana on pyhimyksen puhdistunut sielu, joten puun hedelmät ovat ennen kaikkea niitä autuustiloja, joita pyhimys elää ja jotka ravitsevat häntä ja hänen kauttaan muita. Hedelmät voivat kuitenkin olla myös niitä ulkokohtaisempia tekoja, joita pyhimys tuottaa toimiessaan maailmassa. Se taas, että elämän puun hedelmiä kypsyy joka kuukausi, kuvannee autuudentilan ja sen mukaisen toiminnan jatkuvuutta. Koska Johannes käyttää ilmaisua "kahdettoista hedelmät", hän korostanee myös pyhimyksen täydellisyyttä.

Raamatun syntiinlankeemuskertomuksen mukaan Herra Jumala sanoi karkottaessaan ihmisen paratiisista: "Kun ei hän nyt vain ojentaisi kättänsä ja ottaisi myös elämän puusta ja söisi ja eläisi iankaikkisesti!"[9] Ilmestyskirjan loppuun tultaessa alkuparatiisista karkotettu on kuitenkin itse muuttunut elämän puuksi, ja niin hän saa nauttia sen hedelmiä.

Elämän puun lehdistä Johannes sanoo paratiisikuvauksessaan: "Puun lehdet ovat kansojen tervehtymiseksi" (Ilm. 22:2). Puun lehdet esiintyvät myyttikuvina esimerkiksi Raamatun syntiinlankeemuskertomuksessa, jossa Aadam ja hänen vaimonsa turvautuivat viikunapuun suuriin lehtiin heti lankeemuksen jälkeen. Yleensä puun lehdet ilmentävät myyttisissä yhteyksissä jotain vähempiarvoista ja ulkokohtaisempaa kuin puun hedelmät.[10] Johanneksen näyssä elämän puun lehdet voivat täten symboloida esimerkiksi aisteista peräisin olevaa tietoa ja terveen järjen mukaista käytännön viisautta, joita pyhimys myös käyttää hyväkseen toimiessaan maailmassa.

Vielä Johannes tähdentää: "Eikä mitään kirousta ole enää oleva. Ja – – hänen palvelijansa palvelevat häntä." (Ilm. 22:3.) Jakeessa mainittu kirous astui voimaan, kun ihminen Raamatun alussa lankesi syntiin ja kun hänet karkotettiin paratiisista. Tuolloinhan Herra Jumala sanoi: "Kirottu olkoon maa sinun tähtesi."[11] Nyt kirous ja erillisyyden synti ovat päättyneet, sillä karkotettu on löytänyt tiensä takaisin Jumalan yhteyteen. Jakeen loppuosa korostaa, että ihmisen konkreettiset kyvyt ja ominaisuudet, joita yksityiset ihmiset ovat Ilmestyskirjassa symboloineet, ovat vapautuneet kaikista sidonnaisuuksistaan, jolloin niistä on tullut Jumalan palvelijoita.

Ilmestyskirjan paratiisi ja joogateoria

Joogateoriaa soveltaen Ilmestyskirjan paratiisi on myyttinen kuva täydellistyneen ihmisen energiajärjestelmästä, joten käyn läpi paratiisin yksityiskohdat vielä uudestaan eritellen ne tältä kannalta. Elämän veden virta, joka "juoksi Jumalan ja Karitsan valtaistuimesta", vastaa sushumna-nadia. Se on nirbikalpa samadhin tilassa kokonaan auennut, niin että siinä virtaa elämänenergiaa. Valtaistuin, josta virta lähtee, on sahasrara eli tuhatterälehtinen lootus, joka on sushumnan päätepiste. Kun Johannes sanoo, että elämän veden virta juoksee "kirkkaana kuin kristalli", tämä vastaa tapausta, jolloin joogi näkee sushumna-nadin kirkkaana valojuovana sisäisillä silmillään. Sisäisistä intuition silmistä kertoo myös se, että enkeli näyttää elämän veden virran Johannekselle: "Ja hän [enkeli] näytti minulle elämän veden virran" (Ilm. 22:1).

Myös sellaisia paratiisin yksityiskohtia, joita en ole vielä tulkinnut ja joita muuten olisi vaikea tulkita, voidaan ymmärtää joogateorian pohjalta. Johanneksen kuvaus sisältää näet oudon yksityiskohdan: paratiisissa kasvaa puu keskellä katua. "Keskellä sen katua – – oli elämän puu" (Ilm. 22:2). Tulkitsen tätä siten, että puu ja katu itse asiassa yhtyvät, tai vielä tarkemmin siten, että katu on elämän puun runko. Tässä vaiheessa elämän puu symboloi luontevasti ihmisen koko pranaenergian järjestelmää, sillä se on nyt kokonaisuudessaan puhdistunut. Ja tämän järjestelmän tärkein osa, puun runko, on myös katu, koska täydellistynyt ihminen pystyy kuljettamaan elämänenergiaansa pääasiallisia nadeja pitkin sen mukaan, toimiiko hän ulkoisessa todellisuudessa vai onko hänen tajuntansa vetäytynyt sisäänpäin transsinkaltaiseen samadhiin. Edellisessä näyssään Johannes kuvasi kaupungin katua siten, että se oli "puhdasta kultaa, ikäänkuin läpikuultavaa lasia", mikä vastaa hyvin ida- ja pingala-nadien puhdistunutta tilaa ja avautuneen sushumnan kirkkautta.

Kadusta ja elämän puusta kertova jae kuuluu käyttämässäni Raamatun suomennoksessa kokonaisuudessaan näin: "Keskellä sen katua ja virran molemmilla puolilla oli elämän puu" (Ilm. 22:2). Jakeen sisältöä on vaikea sovittaa reaaliseen todellisuuteen, sillä jakeesta ei käy ilmi miten virta, katu ja elämän puu suhteutuvat toisiinsa. Onko paratiisissa itse asiassa kolme elämän puuta, yksi keskellä katua ja kaksi virran eri puolilla? Jakeen vaikeaselkoisuuden tähden sen sisältöä on hahmotettu eri käännöksissä eri tavoin; myös alkukielen teksti on tulkinnanvarainen. Uudessa suomennoksessa käytetään muotoa: "Kaupungin valtakadulla, virran haarojen keskellä kasvoi elämän puu". Tässä versiossa elämän puita on siis selvästi vain yksi. Englanninkielisistä käännöksistä löytyy muun muassa hahmotustapa, jonka mukaan elämän virta virtaa keskellä katua ja virran molemmilla puolilla kasvaa elämän puu; näin elämän puita on ilmeisesti kaksi.[12]

Jae on kuitenkin helposti ymmärrettävissä joogateorian pohjalta, kun ajattelemme sen kuvaavan tilannetta, jossa avautunut sushumna-nadi kulkee idan ja pingalan keskellä ja idasta ja pingalasta erkaantuu pienempiä nadeja ja kaikki nämä ovat puhdistuneet. Sushumna-nadi on siis elämän veden virta, ja jos elämän puita ajatellaan olevan kolme, se on myös keskimmäisen puun runko. Jos taas elämän puita on vain yksi, sushumna on myös tuon puun rungon sisin osa. Ida ja pingala ovat sitten elämän puun rungon uloimpia osia, tai jos elämänpuita on kolme, ne ovat kahden uloimman puun rungot. Uudessa Raamatun suomennoksessa ida ja pingala olisivat myös elämän virran haaroja, ja mainitsemassani englantilaisessa käännöksessä ne olisivat niitä kadun "reunoja", joiden keskellä elämän virta kulkee. Idasta ja pingalasta haaroittuvat pienemmät energiakanavat muodostaisivat vihdoin elämän puun tai -puiden oksat.

Kaikissa näissä tapauksissa elämän puun kahdettoista hedelmät vastaavat pranapuun energiakeskuksia eli chakroja; myyttikuvina hedelmät hahmottuvat luontevasti pyöreiksi kuten chakrat esitetään usein pyöreinä. Lisäksi joogaopin mukaan jokainen keskus suo avauduttuaan joogille uusia voimia, kykyjä ja henkisiä tajunnantiloja, joten avautuneet chakrat ovat vaikutukseltaan kuin ravitsevia hedelmiä. Ihmeellisiä hedelmiä kantava puu onkin yleismaailmallinen myyttikuva, ja ounastelen sen taustalla yleisempien assosiaatioiden ohella myyttien luojien kokemuksia elämänenergian toiminnasta. Esimerkiksi hesperidien äärimmäisessä lännessä kasvavat kultaiset omenat saattavat heijastella tämäntapaisia sisäisiä kokemuksia, vaikka nuo omenat ovat todennäköisesti myös ilta-auringon kultaamia pilviä.[13] Myös nykyihmiselle tutun joulukuusen kynttilät ovat kuin auenneita chakroja, ja kuusen latvatähti on kuin sahasrara tai vielä osuvammin intuitiivisen henkisen silmän johtotähti, joka opastaa matkalaista eteenpäin. (Jouluhan juhlistaa vasta myyttisen lapsen syntymää, jonka jälkeen sisäiselle tielle astuneella on vielä edessäpäin matkaa ristiinnaulitsemiseen ja ylösnousemukseen.) Elämän puun lehdet, jotka Ilmestyskirjan mukaan "ovat kansojen tervehtymiseksi", muodostavat elämän puussa puun uloimman pinnan. Jos pranajärjestelmän uloimmat pisteet hahmotetaan akupunktiopisteiksi, niiden avulla voidaan konkreettista ihmistä käytännön kokemuksen mukaan todellakin tervehdyttää. Akupunktiopisteitä ihmiskehossa on myös paljon, kuten puussa on lukemattomia lehtiä.

Korkein valaistuminen

"Eikä yötä ole enää oleva, eivätkä he tarvitse lampun valoa eikä auringon valoa, sillä Herra Jumala on valaiseva heitä, ja he hallitsevat aina ja iankaikkisesti" (Ilm. 22:5). Tärkein ajatus jakeessa on ilmaistu sanoilla: "Herra Jumala on valaiseva heitä." Ilmaisu on mahdollista tulkita kaikkein korkeimmaksi tajunnantilaksi eli perimmäisen todellisuuden tai jumaluuden elämiseksi, jota on usein kuvattu vain loisteeksi, valoksi ja kirkkaudeksi.

Ristin Johannes päättää teoksensa *Elävä rakkauden liekki* kirkastumisen kuvaukseen. Tässä teoksessa huipentuu Ristin Johanneksen selonteko sielun matkasta, joten kirkastuminen on hänen mukaansa henkisen tien päätepiste samoin kuin Ilmestyskirjassa. Ristin Johannes kirjoittaa:

Mutta kun Ylkä herää täydellisessä sielussa, – – sielu kokee outoa riemua Pyhän Hengen hengittäessä Jumalassa, jossa sielu itse kirkastuu ja syttyy rakkauteen korkealla tavalla. Siksi se lausuu seuraavat säkeet:
Ja suloisessa hengityksessäsi,
joka on täynnä hyvyyttä ja kirkkautta,
kuinka herkästi herätätkään rakkauteni!

Ristin Johannes jatkaa sanomalla, ettei tästä asiasta oikeastaan voida puhua, "enkä siitä puhukaan", ja niin hän kirjansa lopussa vain toistaa kirkkauden vertausta:

Koska tämä hengitys on täynnä hyvyyttä ja kirkkautta, Pyhä Henki on siinä täyttänyt sielun hyvyydellä ja kirkkaudella, jossa hän on sen sytyttänyt rakastamaan häntä sanomattomalla ja käsittämättömällä tavalla Jumalan syvyyksissä, hänen, jonka olkoon kunnia ja kirkkaus *in saecula saeculorum*. Aamen.[14]

Intialaisessa *Sat-cakra-nirupana*-tekstissä sahasraraa kuvataan jatkuvasti loistavana salamointina ja loistavana Tyhjyytenä. Samantapaista valosymboliikkaa sovelletaan muun muassa *Tiibetiläisessä kuolleidenkirjassa,* jossa ihmisen korkeinta tajunnantilaa luonnehditaan sanoilla: "Sinun tajuntasi on – – kirkkaus ja tyhjyys suuren valopaljouden muodossa. Sille ei ole syntymää eikä kuolemaa; sen tähden se on Kuolemattoman Valon buddha." Itämaisessa uskonnollisessa kirjallisuudessa tämä tila on yleisesti korkein henkinen valaistuminen. Juuri lainaamassani *Tiibetiläisessä kuolleidenkirjassakin* käytetään sanoja "täydellinen valaistuminen". Tästä tilasta on olemassa vain vähän sisällöllisiä kuvauksia, mutta intialaiselta Paramahansa Yoganandalta löytyy sellaisia ilmaisuja kuin "ikuisesti uusi ilo" ja "loputon autuus". Hän selittää myös, että korkein ihmiselle mahdollinen kokemustila on tuntea Jumala Autuutena, johon sisältyvät kaikki muut jumaluuden aspektit, kuten rakkaus, viisaus ja kuolemattomuus.[15]

Mandalassa valaistumisen tilaa ilmentää sen keskipiste, ja Ilmestyskirjan pyhän kaupungin mandalassa keskuksena on Herra Jumala, joka "valaisee". Buddhalaisten mandalojen keskustassa on usein niin sanottu keskusbuddha meditaatiobuddhien keskellä; näiden mandaloiden keskipisteessä voi kuitenkin olla myös jokin muu symboli kuten timanttisalama eli *vajra.*[16]

Koska Herra Jumala valaisee pyhässä kaupungissa, siellä ei ole yötä "eivätkä he tarvitse lampun valoa eikä auringon valoa" kuten Johannes tähdentää (Ilm. 22:5). Yön ja auringon valon puuttuminen esiintyivät jo edellisessä luvussa, mutta uuden yksityiskohdan muodostavat sanat "eivätkä he tarvitse lampun valoa". Edellisessä näyssään Johannes oli sanonut, että pyhän kaupungin lamppu on Karitsa, joten joudumme kysymään, miksi Karitsa-lamppu on hävinnyt pyhästä kaupungista. Ymmärrän Johanneksen kuvaaman muutoksen siten, että kaikkein korkeimman tilan hetkellä jopa Karitsan eli universaalin itseyden taso ylitetään, ja uskonnollisella kielellä ilmaisten sielu yhtyy perimmäiseen jumaluuteen.

Hahmotustapa, jonka mukaan jopa Karitsan eli Kristuksen symboloima tajunnantila lopulta ylitetään, löytyy ymmärtääkseni myös muualta Raamatusta. Ensimmäisessä Korinttilaiskirjeessä Paavali näet selittää, että Poika, Kristus, kukistaa kaikki viholliset – näistä viimeisenä Kuoleman – ja "sitten tulee loppu, kun hän antaa valtakunnan Jumalan ja Isän haltuun."[17] Paavali puhuu luullakseni lopusta yleisessä, koko maailmaa koskevassa merkityksessä, mutta kirjassani olen seurannut vain yhden ihmisen henkistä kehitystä. Siten se loppu, jolloin Karitsa antaa valtakunnan Jumalan haltuun, tarkoittaa tulkinnassani yhden ihmisen lopullista eli korkeinta valaistumista. Valaistuttuaan hän on "voittanut", ja silloin Ilmestyskirjan sanoin hänet "tehdään pylvääksi Jumalan temppeliin, eikä hän koskaan enää lähde sieltä ulos" (Ilm. 3:12). Koska olen tulkinnut näitä sanoja itämaisen tradition mukaan niin, että valaistunut ei enää pakonomaisesti inkarnoidu maailmaan, maailma loppuu tämän ihmisen kohdalla.[18] Näin tulkiten Ilmestyskirjaa voidaan lukea myös kuvauksena lopun ajoista, jollaisena sitä yleensä pidetään.

Tulkitsemaani viidenteen jakeeseen, joka sisältää tärkeät sanat "Herra Jumala on valaiseva heitä", päättyy Johanneksen ilmestyksen varsinainen sisältö. Loppujakeet koostuvat vain kertauksista, varoituksista ja kehotuksista.[19] Koska Ilmestyskirja on Raamatun viimeinen teksti, koko Raamatun päätepisteenä on mahdollista nähdä sen korkeimman henkisyyden eli valaistumisen toteutuminen, joka on ollut uskonnoissa ja osin filosofiassakin ihmiselämän perimmäinen tarkoitus.

Ilmestyksen viimeiset sanat kuuluvat: "Amen, tule, Herra Jeesus! Herran Jeesuksen armo olkoon kaikkien kanssa. Amen."

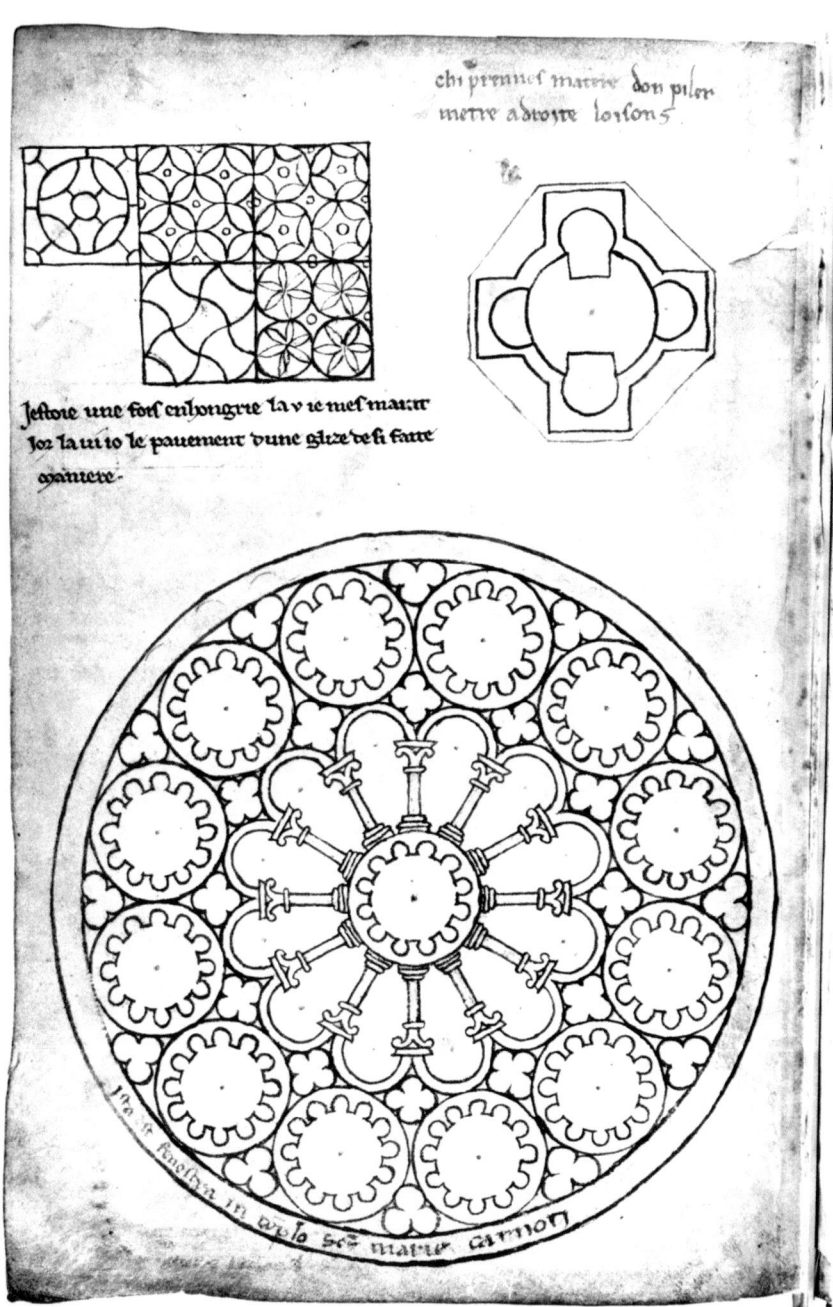

chi prennes marrie don piler
metre a droite lorsons

Jestoie une fois en hongrie la v ie mes marit
for la uï io le pauement dune glize de si faire
oantere

Viereisen sivun kuva (kuva 1). Chartresin katedraalin länsipäädyn suuri ruusuikkuna Villard de Honnecourtin piirtämänä. Keskustaa lähinnä olevat ruusun terälehdet jakaantuvat katedraalin sisältä nähtyinä kahteen osaan, joten keskustan ympärillä on 24 terälehteä, kuten Johanneksen "alkutaivaassa" on 24 vanhinta valtaistuimella istujan ympärillä. Samaan lukuun 24 päädytään, jos kuvan terälehdet ja ulommat ruusuikkunat lasketaan yhteen.

Kuva 2. Tiibetin buddhalainen mandala. Mandalan keskustassa on Samvara-jumaluus, joka edustaa korkeinta autuutta. Hänen ympärillään on yhteensä 24 emanaatiota kolmessa eri kerroksessa, jotka symboloivat todellisuuden eri tasoja. Kuvasta on mahdollista löytää eri tavoin myös lukumäärä neljä, joka esiintyy Johanneksen alkutaivaassa neljänä olentona.

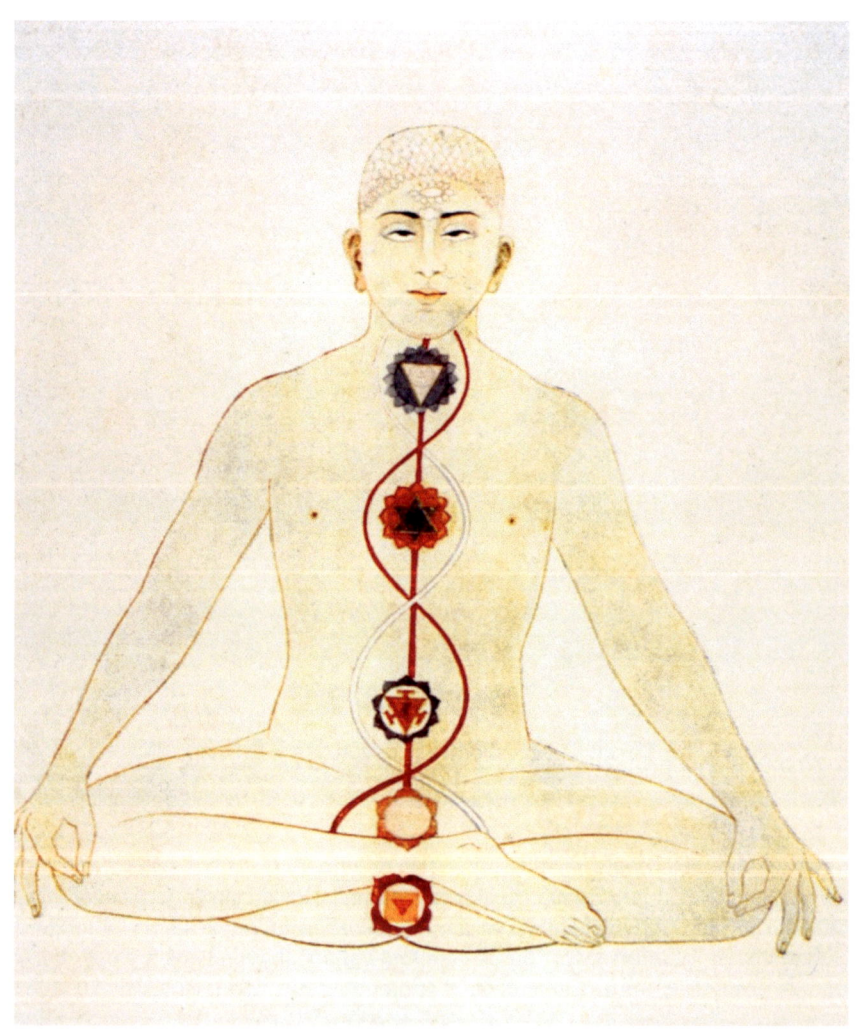

Kuva 3. Intialainen näkemys ihmisen pääasiallisista energiakeskuksista ja -virtauksista. Tulkintani mukaan Johannes etenee Jumalan yhteyteen seitsenaskelmaisin jaksoin "avaten" näitä keskuksia kuin kierros kierrokselta yhä enemmän.

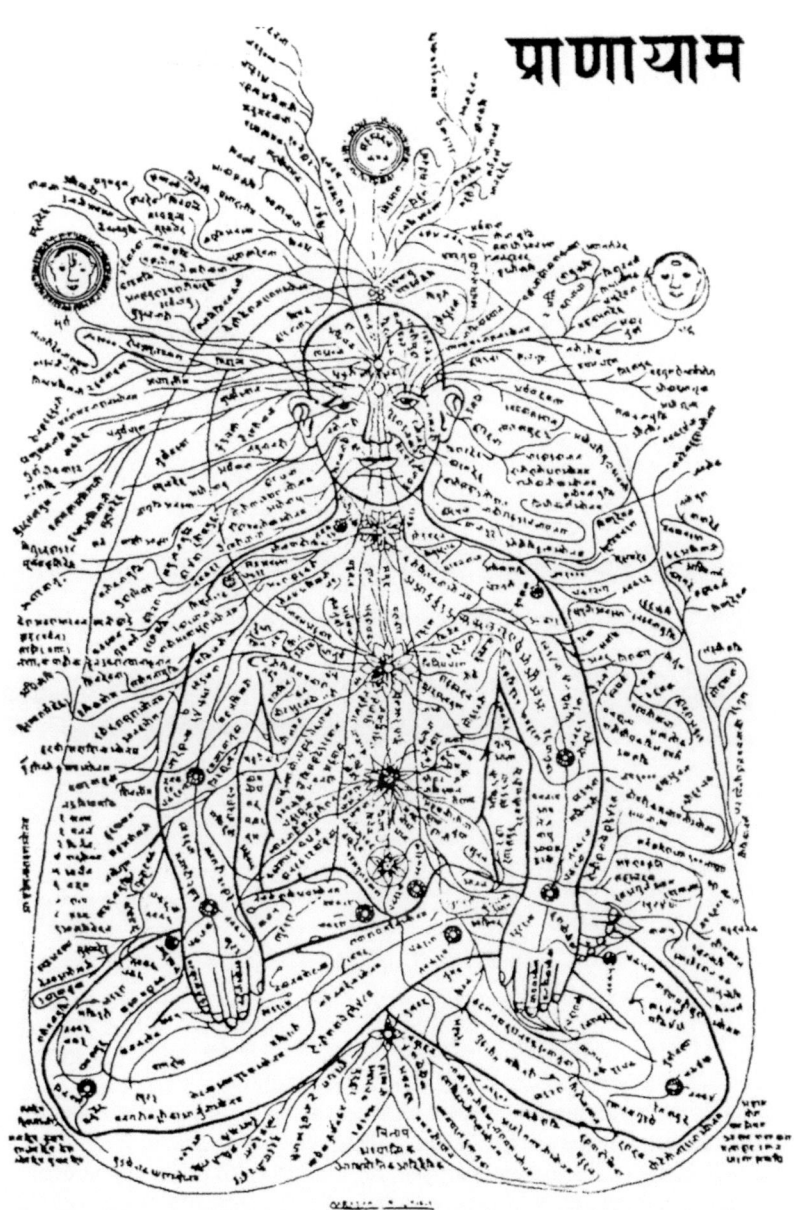

Kuva 4. Itämainen piirros ihmiskehon energiavirtauksista, nadeista ja chakroista. Nämä esiintyvät Johanneksen näyissä vesivirtoina ja vesien lähteinä. Ilmestys-kirjan suuri virta tarkoittaa tulkinnassani ihmisen keskusakselin energiavirtoja.

Kuva 5. Maailman mytologioiden suuret käärmeet ilmentävät kosmisen energian eri puolia ja tehtäviä ja siten ne ovat varsin erilaisia. Yllä olevassa kuvassa on intialaisen mytologian suuri käärme Ananta-Sesha monine päineen. Se edustaa koko universumin energiaa. Suuren maailmankauden päättyessä se kiertyy kerälle ja Vishnu-jumaluus, joka muulloin ylläpitää maailmankaikkeutta, lepää sen sylissä. Kuvassa Vishnun navasta lähtee lootuskukka ja lootuksessa istuu Brahma, luova jumaluus. Se ehkä odottaa jo uuden maailmankauden alkua päästäkseen luomaan. Tässä kuvassa Vishnu on saanut seurakseen puolisonsa Lakshmin.

Kuva 6. Kristinuskossa käärmeillä on voittopuolisesti paha merkitys ja Ilmestyskirjan lohikäärme edustaa tulkinnassani kosmista harhaa. Kuvan venäläisessä ikonissa pyhä Yrjänä tappaa lohikäärmettä. Yrjänän keihäs on hiuksen ohut symboloiden ehkä taistelun henkistä luonnetta. Ilmestyskirjan luvussa 19 esiintyy valkoisella hevosella ratsastava, joka sotii lohikäärmettä vastaan.

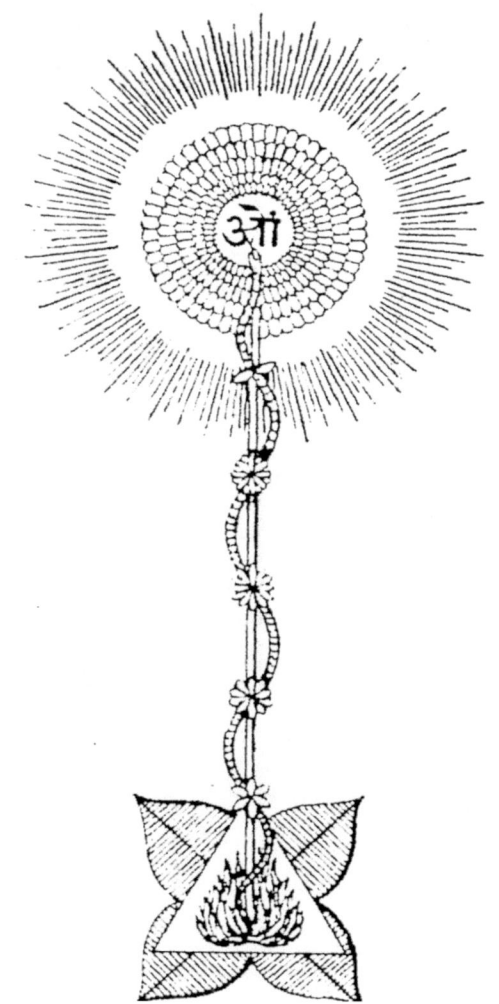

Kuva 7.

Intialaisessa perinteessä myös ihmisen sisäinen energia kuvautuu usein käärmeenä. Tässä kuvassa kundalinikäärme on noussut alimmasta chakrasta sushumnaa pitkin aina ylimpään keskukseen eli sahasraraan asti. Tällöin ihminen valaistuu ja kokee autuutta. Tämä energiajärjestelmän osa on kuin elämän puu, palmu, joten ihminen kulkee Jumalan yhteyteen elämän puun tietä. Koska ihmisen keskusakseli on intialaisessa symboliikassa sisäinen Meruvuori, kundalinin kohoaminen chakrojen kautta ylöspäin autuuden ja ykseyden keskukseen on myös vuorelle nousua.

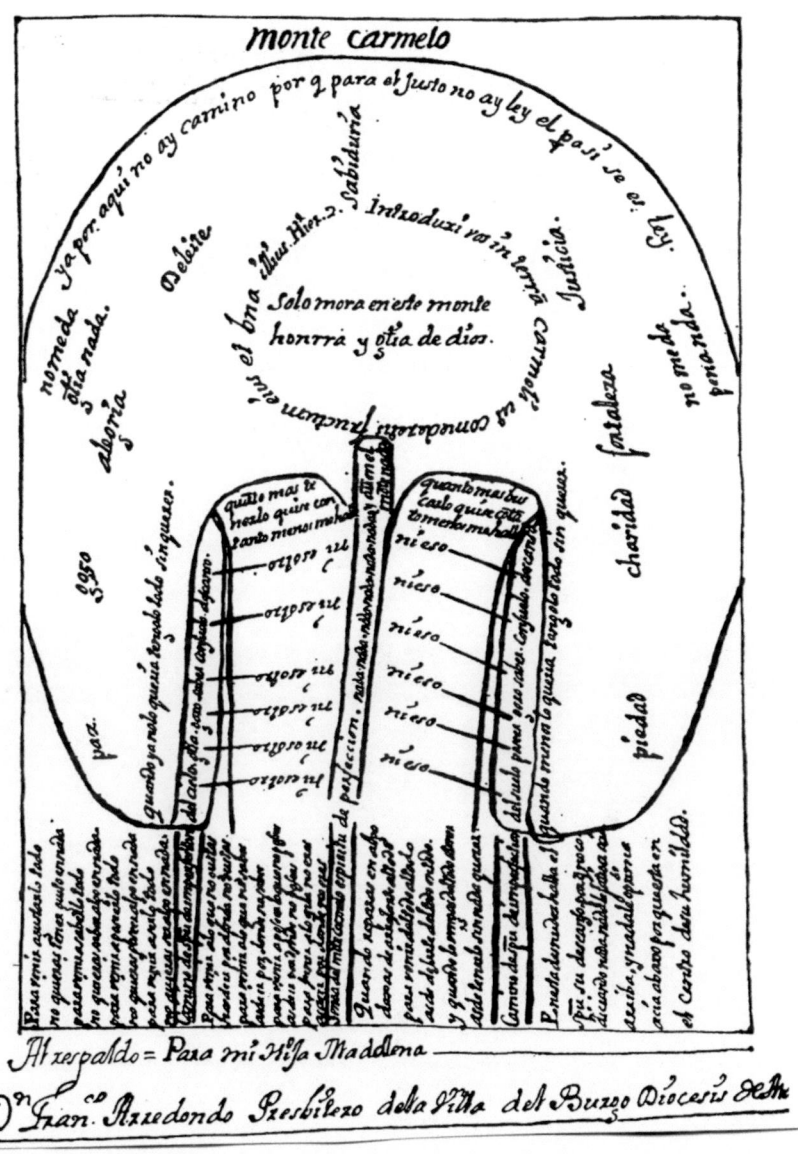

Kuva 8. Ristin Johanneksen luonnos kirjaan *Nousu Karmelin vuorelle*. Ristin Johanneksen kuvakielessä nousu vuorelle on sielun paluuta Jumalan yhteyteen. Kristinuskossa paluu esitetään pääasiassa ihmisen tajunnallisen muutoksen tasolla. Kuvan keskellä lukee: "Tällä vuorella asuu vain Jumalan kunnia ja kirkkaus."

ET VITAM AETERNAM. AMEN.
M. de Vos inuent. A. Collaert sculp. et exc.

Kuva 9. Enkeli näyttää Johannekselle pyhän kaupungin: "Siinä oli suuri ja korkea muuri, jossa oli kaksitoista porttia ja porteilla kaksitoista enkeliä. – – Ja kaupunki oli neliskulmainen – – ja sen lamppu on Karitsa." (Ilm. luku 21.) Karitsa on piirretty kuvaan pyhän kaupungin keskustaan pyöreän mäen päälle, ja kuvan reunoilla on kristillisen perinteen mukaisia hahmoja.

Kuva 10. Kuvassa on Tiibetin mandaloiden tapaan neliskulmainen mandala-
palatsi portteineen. Mandalan keskustassa on Buddha. Mandalan eri kerrok-
set edustavat eri vaiheita sisäisellä matkalla. Mandalaa meditoiva pyrkii man-
dalan keskustaan, joka edustaa valaistumista. Kuvan laidoille on maalattu
buddhalaisen perinteen mukaisia hahmoja.

403

KUVALÄHTEET JA LISÄTIETOA KUVISTA

Kirjani pieneen kuvaliitteeseen olen valinnut kuvia, jotka valottavat tulkintani taustaa ja tuovat esille joidenkin Ilmestyskirjan myyttikuvien osittaista yleismaailmallisuutta.

Kuva 1. Granger Historical Picture Archives/Alamy. Kuva on ranskalaisen Villard de Honnecourtin (noin 1225–1250) luonnoskirjasta. Honnecourtilla oli tapana piirtää yksityiskohtia aikansa huomattavista rakennuksista muunellen niitä. Tässä esitetty Chartresin katedraalin ruusikkuna on kuitenkin perusidealtaan totuudenmukainen. Esittämäni tiedot ikkunasta ovat mm. lähteestä Painton Cowen: *Rose Windows*, s. 27 ja s. 92. Sisältäpäin nähtynä ikkunasta löytyy kuvia esim. kuvapalvelu Alamyn kokoelmista.

Kuva 2. Kuvan Samvara-mandala on niin sanottu thangka, eli erityisesti käsitellylle kankaalle maalattu kuva. Thangka on peräisin 1900-luvun alusta Wutai Shanista. Se kuuluu Suomen kansallismuseon yleisetnografisen kokoelman Antellin kokoelmiin. Kuva on julkaistu myös Harry Halenin teoksessa *Mirrows of the Void – Buddhist Art in the National Museum of Finland*, sivulla 117. Kuvatekstini perustuu tuohon kirjaan, s. 116. Kuva julkaistaan kirjassani Suomen museoviraston luvalla.

Kuva 3. Charles Walker Collection/ Alamy. Kuva on julkaistu myös Arthur Avalonin eli John Woodroffen kirjassa *The Serpent Power*, värikuva I, sivun 317 vieressä. Kuvassa muut chakrat on esitetty tavalliseen intialaiseen tapaan, mutta otsalla sijaitsevan ajna-chakran esitystapa on poikkeava; tavallisesti se kuvataan kaksiterälehtisenä lootuskukkana ja näin se esitetään myös Woodroffen kirjassa sivun 413 viereisessä erillisessä värikuvassa VII. Ida- ja pingala-nadit esitetään eri lähteissä eri tavoin, mutta yleensä niin, että ne kulkevat melko lähellä keskusakselia. Tavallisesti ida- ja pingala-nadit kuvataan niin, että ne kohtaavat toisensa ainakin muladhara-chakrassa ja ajna-chakrassa.

Kuva 4. Kuva on julkaistu – sikäli kuin tiedän – ensimmäisen kerran lähdeluettelossa mainitsemassani D. V. Tansleyn kirjassa *Subtle Body,* s. 46, jossa sen tausta on musta, nadit valkoisella ja kuvateksti kuuluu: "The nadis, diagram, Tibet". Kirjassa ei ole mainittu kuvan alkuperäistä lähdettä. Kuva on kuitenkin julkaistu niin monta kertaa eri lähteissä etenkin Pinterestissä eri värivaihtoehdoin, että oletan sen siirtyneen yhteiseen käyttöön. Kirjani kuva on samanlainen kuin esimerkiksi lähteessä www.kheper.net/topics/chakras/nadis.html. Esitän kiitokseni kuvasta kheper netille. Kuvan oikean ylälaidan tekstissä lukee "praanaajaama".

Kuva 5. Science History Images/ Alamy. Kuva-aihe, jossa Vishnu-jumala lepää kerälle kiertyneen Ananta-Sesha käärmeen sylissä, on suosittu intialaisissa lähteissä. Kuvaan on joskus piirretty mukaan erilaisia pieniä aiheita, esimerkiksi demoneja, joita lootuksessa istuvan Brahman sanotaan pitävän kurissa. Kuvatekstiin olen itse lisännyt maininnanan Brahma-jumalasta lootuskukassa.

Kuva 6. Granger Historical Picture Archive/ Alamy. Venäläinen Roston-Suzdalin koulukuntaa edustava ikoni, peräisin 1500-luvulta.

Kuva 7. Intialaista kundalinijoogan kuvitusta. Kuvio esiintyy swami Sivanandan kirjan *Kundalini Yoga* kannessa, josta olen sen skannannut Himalaya-kustantamon edustajan Intia-keskuksen luvalla. Kuva julkaistaan Intia-keskuksen luvalla.

Kuva 8. Yhtään täysin alkuperäistä Ristin Johanneksen piirrosta kirjaan *Nousu Karmelin vuorelle* ei ole säilynyt, mutta niistä tehtiin jo varhain kopioita. Kuvassa esitetty kopio on säilynyt Malagan luostarissa Nuestra Senora de las Nieves, Espanjassa. Kuva on julkaistu lähteissä mainitussa teoksessa *The Collected Works of St. John the Cross*, s. 66. Teoksen on julkaissut ICS Publications eli Institute of Camelite Studies, ja esitän kiitokseni heille.

Kuva 9. Art World/ Alamy. Kuvan tekijä on Marten de Vos, ja sen on alkuaan julkaissut Antwerpenissä 1570–1618 toiminut Adriaen Collaert Plaats.

Kuva 10. Alamy. Tiibetin buddhalainen thangka, Alamyssa esitetyn tiedon mukaan nykyään Ladakhissa, Intiassa. Alamyn kuvatiedossa kuvaa kutsutaan frescoksi, mutta kyse on todennäköisesti thangasta.

VIITTEET

Viitteisssä mainitsen lähdeteoksesta vain tekijän nimen tai itse teoksen nimen (joko kokonaisena tai lyhennettynä). Täydelliset tiedot lähdeteoksista löytyvät osiosta "Lähteet". Jos olen käyttänyt samalta tekijältä useita teoksia, tekijän nimen jälkeen suluissa oleva numero ilmaisee, mikä teos on kyseessä. Olen käyttänyt apunani useita Raamatun tietokirjoja, mutta näitä en aina mainitse lähdeviitteissä.

Uuden testamentin kreikankielisenä laitoksena olen käyttänyt Nestle-Alandin tekstilaitosta *Novum Testamentum Graece* (26. painos), ja kreikankielisten sanojen tutkimisessa olen tukeutunut pääasiassa William Arndt'in ja Wilbur Gingrich'in kreikkalais-englantilaiseen Uuden testamentin sanakirjaan (ks. ko. teoksen tarkempia tietoja kirjallisuusluettelosta Arndt'in kohdalta). Näitä teoksia en enää mainitse erikseen lähdeviitteissä.

Koska kirjassani on paljon suoria lainauksia, olen ottanut niiden suhteen pieniä vapauksia saadakseni kokonaisuuden rauhallisemmaksi. Olen paikoitellen aloittanut lainauksen alkuperäisen lauseen keskeltä, mutta siitä huolimatta olen käyttänyt lainauksen alussa isoa kirjainta. Vastaavasti olen joskus lopettanut lainauksen keskelle alkuperäistä lausetta, mutta olen silti käyttänyt lainauksen lopussa pistettä. Toisinaan olen myös tehnyt pieniä muutoksia lainauksiin, varsinkin niiden käännösasuun. Näistä huomautan ko. viitteissä erikseen. Hakasulut lainausten sisässä tarkoittavat, että sulkujen sisässä olevan tekstin olen lisännyt lainaukseen selkeyden vuoksi. Lainauksissa en ole merkinnyt näkyville kappalejakoa muuten kuin niissä erittäin pitkissä lainauksissa, joissa kappalejako on esillä tekstissä. Sama koskee raamatunlainauksia, joissa en ole merkinnyt esille jakeiden välistä jakoa. Itse tekstissä olen käyttänyt eräiden sanojen kohdalla toisenlaista kirjoitusasua kuin suorissa lainauksissa.

Kreikankielisten sanojen transkriboinnissa sain kirjani ensimmäistä painosta varten neuvoja Helsingin Yliopiston klassillisen filologian laitokselta Erja Salmenkiveltä, jota kiitän lämpimästi avusta. Näitä ohjeita olen seurannut edelleen. Sanskritinkielisten termien siirtokirjoituksen olen lainannut yleispiirteittäin englanninkielisistä lähteistä. Näissä sanskritin kielestä johdetuissa termeissä ja kirjan nimissä ei ole tarkkaa ääntämistä osoittavia merkintöjä, sillä arvelin tämäntapaisen yleistajuistamisen olevan kirjani kohdalla paikallaan. Kiinalaisten kirjan nimien transkriboinnissa olen noudattanut tekstissä johdonmukaisuuden vuoksi kaikkien kirjojen osalta englannin kielestä johdettuja muotoja, vaikka niitä olisi käytetty suomennoksissa toisissa asuissa. Viitteissä ja lähdeluettelossa nimet esiintyvät omassa asussaan.

Johdanto:

1. Ks. Johanneksen henkilöllisyydestä esim. Lohse, ss. 181–183, ja Nikolainen, s. 12 ja ss. 16–17. Johannes mainitsee Ilmestyksen alussa (Ilm. 1:1), että hänen näkynsä on itse asiassa Jeesuksen Kristuksen ilmestys, jonka Kristus välitti enkelinsa kautta hänelle. Tulkinnassani puhun yksinkertaisuuden vuoksi Johanneksen näyistä.

2. Esim. äiti Juliana Norwichlainen näki näkynsä välillä "ruumiillisilla silmillään" eli kuin osana ulkoista todellisuutta (Juliana Norwichlainen, s. 45 ja s. 184). Avilan pyhä Teresa eli Jeesuksen Teresa taas kertoi, että hän näki kuvalliset näkynsä aina "hyvin sisäisellä tavalla" (Pyhä Teresa (1), s. 402, ja Pyhä Teresa (2), s. 196). Teresan kuvalliset näyt olivat yleensä uskonnnollisaiheisia välähdyksiä esim. Kristuksesta (Pyhä Teresa (3), ss. 182–185). Toinen näkyjen muoto kuvallisten näkyjen ohella on nykykielellä ilmaisten voimakas ja kirkas intuitio. Pyhä Teresa käytti näistä nimitystä "intellektuaalinen näky" (Pyhä Teresa (2), ss. 187–188).

3. Ks. tarkemmin tällaisista käsityksistä Court, ss. 15–17 ja s. 164.

4. Ks. Court, s. 16, s. 109 ja s. 161, vrt. myös tekstiäni luvun 12 kohdalla.

5. Kuviin paneutuminen esim. meditaatiossa on kuitenkin vasta sisäisen tien alkuvaihe, kuten tekstistäni käy ilmi luvussa 14 ja loppuluvuissa luvusta 19 lähtien.

6. Lyhyt yleisesitys teologisista tulkinnoista löytyy esim. lähteestä Court, ss. 2–19.

7. Brontë, ss. 440–441 ja s. 478; Tolstoi, ss. 78–80 (ks. myös tekstiäni luvussa 13, jossa kerron lyhyesti Tolstoin viittauksesta Ilmestyskirjaan); Dostojevski, osa 1, s. 208 ja s. 252, osa 2, s. 55 ja s. 64; Mann, ss. 365–392.

8. Swedenborg laati pienempien kirjoitelmien ohella kaksi laajaa latinankielistä tulkintaa Ilmestyskirjasta. *Apocalypsis explicata* oli näistä laajempi, mutta sen hän jätti kesken. Suppeampi versio oli *Apocalypsis revelata*. Swedenborgin kuoleman jälkeen nämä käännettiin ja painettiin täydentäen keskenjäänyttä teosta *Apocalypsis revelata* -teoksen tulkinnoilla. (Swedenborg (1), toimittajan esipuhe, s. vi.) Tekstissä mainitsemistani tulkinnoista ks. esim. Swedenborg (2), s. 9, ja Swedenborg (3), s. 164 ja s. 198.

9. Engels, s. 67 ja ss. 37–39.

10. Lawrence, ss. 87–88.

11. Jungin laajin yhtenäinen tulkinta Ilmestyskirjasta sisältyy hänen kirjoitukseensa *Job saa vastauksen*, ks. Jung (1), ss. 101–131.

12. Sri Yukteswarin tulkinnat sisältyvät hänen teokseensa *The Holy Science*. Paramahansa Yoganandan tulkinnat ovat olennaisesti samanlaisia, ja niitä löytyy hajallaan hänen teoksistaan. Mainitsen niistä tarkemmin kohdissa, joissa olen käyttänyt niitä lähteinäni.

13. Mainitsemani kirja on Irion: *Interpreting the Revelation with Edgar Cayce*.

14. Korostan tässä yhteydessä, että kirjani tarkoitus ei ole kristinuskon teologisten kysymysten selvittely. Joudun silloin tällöin viittaamaan teologisiin ongelmiin, koska Ilmestyskirja on eittämättä uskonnollinen teksti. Usein ohitan nuo aiheet kuitenkin lyhyellä maininnalla, vaikka ne ovat saattaneet olla vuosisatojen varrella joskus ankarienkin kiistojen kohteina. Tulkinnallani en siis pyri väittämään, että jokin teologinen ongelma täytyisi ratkaista esittämälläni tavalla, vaan esitän asian vain siten, kuin se mielestäni Ilmestyskirjasta välittyy.

15. Esim. Nikolainen, s. 24, ja Lohse, s. 183 (Ilmestyskirjan ajoitus); Lohse, s. 185 (alkuperäiskappaleen häviäminen).

16. Lohse, s. 188, ja Rist, s. 441; Chester Beatty p[47] -papyrus sisältää Ilmestyskirjan jakeet 9:10–17:2.

17. Uusi testamentti; raamatunkäännöskomitean ehdotus, s. 11 ja ss. 14–17.

18. Perinteinen teologinen, historiallinen tulkintatapa tulee esille mm. luvussa 13, jossa vanhan suomennoksen pedon "kuva" (kreikaksi *eikōn*) on käännetty sanalla "patsas". Tällöin on ilmeisesti oletettu, että peto tarkoittaa jotain Rooman keisaria, joiden kuvapatsaita palvottiin keisarikultissa. Sama tulkinta pedosta Rooman keisarina tullee esille myös siten, että pedon luvusta kertovaan kohtaan on lisätty sana "erään", jolloin uuden suomennoksen mukaan pedon luku on "erään ihmisen luku". Edelleen: Babylon on tulkittu Roomaksi, kuten uuden suomennoksen 17. luvun alaviitteessä on suoraan sanottu. Tämä on sitten ilmeisesti vaikuttanut suomennoksen sanavalintoihin. Babylonin portto ei enää "istu paljojen vetten päällä", kuten vanhassa suomennoksessa, vaan hän "asuu suurten vesien äärellä" (Ilm. 17:1). Ks. tästä kohdasta tarkemmin tekstiäni 17:ssä luvussa ja ko. luvun viitettä 40.

4. luku

1. Pyhä Teresa (2), s. 221. Käytän sanoja "makrokosmos" ja "mikrokosmos" laajassa merkityksessä, siten että niihin sisältyy todellisuuden ja ihmisen henkisimmätkin tasot, eivät ainoastaan näkyvät ja pinnalliset tasot.

2. *Tao te ching,* kohta 1, s. 85, ja kohta 42, s. 104. Intialaisen filosofian osalta ks. esim. teoksen *Bhagavadgita* (1) johdantoa, ss. 18–19.

3. Spinoza, osa I, Def. III–VI, s. 46. Hegel, kohta 6, s. 4, kohta 16, s. 9, ja kohta 20, s. 11. Hegelin näkemys Absoluutista oli luonnollisesti kokonaisuudessaan paljon monisäikeisempi kuin Absoluutin samastaminen ykseyteen.

4. Larousse, s. 90 (orfilaiset myytit); *Suomen Kansan Vanhat Runot* (1), esim. runo nro 1, s. 3; 1 Moos. 1:7; ja Anandamayi Ma, s. 83.

5. Seyce, s. 148, ss. 206–207 ja s. 176. Tiedämme kuitenkin, että heprealaisten käyttämät kuukausien nimet oli osittain lainattu Babyloniasta (esim. *Harper's Bible Dictionary*, ss. 1072–1073).

6. Ks. esim. teoksen *Bhagavadgita* (1) johdantoa, ss. 18–19; Yukteswar, s. 12 ja ss. x–xii.

7. Nojaan tässä antiikin kreikkalaisen historioitsijan ja filosofin Plutarkhoksen antamaan tietoon. Hän kertoo persialaisesta luomistarusta, jonka mukaan valosta syntynyt Oromazes [eli Ormazo] loi ensin kuusi jumaluutta ja pimeydestä syntynyt Areimanius [eli Ahriman] loi toiset kuusi jumaluutta. Tämän jälkeen molemmat alkujumaluudet loivat vielä kumpikin 24 muuta jumalaa. (Plutarkhos, s. 115.) Ks. myös Larousse, s. 310, s. 316 ja s. 318.

8. Platon (1), kohdat 31b–32c, ss. 174–175; Yukteswar, ss. 3–5.

9. Ks. antiikin osalta esim. Hesiodos, ss. 101–105; Intian osalta Yukteswar, ss. xiii–xiv, ja Persian osalta Larousse, s. 318.

10. Esim. Gothóni ja Mahapañña, ss. 89–92.

11. Platon (1), kohta 33b, ss. 175–176; Cowen, s. 85. Hildegard Bingeniläisen käsikirjoituksia kuvittava mandalanomainen kuvio on julkaistu lähteessä Grof, s. 44; kuvitus on peräisin 1100-luvulta. Ympyrä muodostuu pyöreästä keskusvalosta ja sen ympärillä on yhdeksän kerrosta enkeleitä. Yksi kuvio Jacob Böhmen teoksista on esitetty lähteessä Purge, kuva 30.

12. Jung (2), s. 213, ss. 220–221, Jung (3), kohdat 627–712, ss. 355–384 (sisältää kuvia), kohta 714, ss. 387–388, ja kohta 718, ss. 389–390, ja Jung (4), kohdat 329–331, ss. 221–223.

13. Mainitsemani englanninkielinen raamatunkäännös on *Today's English Version*, josta käytetään myös nimitystä *Good News for Modern Man*. Nähdäkseni käännös "in the circle" on kuitenkin jo tulkintaa. Johanneksen käyttämät ilmaisut ovat *kyklothen tou thronou* (vanhimpien valtaistuimesta, Ilm. 4:4) ja *kyklō tou thronou* (olennoista, Ilm. 4:6). Vanhassa Kirkkoraamatun suomennoksessa jälkimmäinen ilmaus on käännetty jakeessa Ilm. 7:11 "piirissä valtaistuimen ympärillä" (tuolloin puhutaan enkeleistä). Uudessa suomennoksessa ei enää jakeessa Ilm. 7:11 käytetä sanaa "piirissä" vaan pelkästään sanaa "ympärillä".

14. Saint-Denisin ikkunasta on valokuva esim. lähteessä Cowen, s. 51. Ks. myös kuvia mt. s. 38 ja s. 50.

15. Ks. Tarakeswarin kivialttarista esim. Yogananda (1), ss. 134–136.

16. Hes. 1:10. Evankelistojen symboleista ks. esim. Nikolainen, s. 63.

17. Ks. eläinradan merkkien historiasta esim. Gossner, ss. 787–788. Nikolainen kertoo, että Babyloniassa skorpioni yhdistyi ihmiseen ja kotka vesimieheen (Nikolainen, s. 63).

18. Ks. Larousse, kuvat s. 49, s. 59, s. 60, s. 62, ja ss. 69–70. Kotka tähdestä ks. Seyce, s. 171, s. 173 ja ss. 204–205.

19. Larousse, s. 40.

20. Raamattuviite Joh. 1:1. Intian osalta ks. esim. Yogananda (2), s. 167, ja Yogananda (3), s. 300, ja Vivekananda (1) s. 29. Ilmestyskirjan "Sanaan" palaan luvussa 19.

21. Gnostikoista ks. Pagels, s. 59, ss. 64–65 ja ss. 68–70. Intian osalta ks. Yukteswar, s. 3 ja kuva s. 8.

22. Esim. Larousse, s. 362. Viittaan myös lähteeseen Joseph Campbell, jossa Campbell esittelee yleismaailmallisesti myyttejä käyttäen pääasiallisena näkökulmanaan myytteihin sisältyvää oletusta muutoksen kehämäisyydestä (Campbell, esim. s. 213 ja ss. 228–229).

23. Esim. Jes. 46:11.

24. Ks. kotkasta tarkemmin esim. Cirlot, ss. 91–93, ja Saarisalo, s. 568.

25. Ks. tarkemmin Wheelwright, mm. ss. 37–57, s. 71, s. 96 ja s. 110. Tekstissä vapaasti lainaamani Herakleitoksen aforismi löytyy suomennettuna lähteestä Herakleitos s. 17. Hegel, kohdat 484–487, ss. 294–297, ja kohta 808, ss. 492–493. Ks. myös ko. teoksen yhteenvetoa, jonka on kirjoittanut J. N. Findlay, etenkin sivua 491.

26. Seyce, ss. 167–174 (Babylonian astronomia). Yukteswar, ss. 12–14. Ks. myös teoksen *Bhagavadgita* (1) johdantoa, s. 17.

27. 1 Moos. 1:27. Platon (1) esim. kohdat 41d–43a, ss. 184–186; ks. myös Platon (2), s. 59 ja ko. teoksen johdantoa, s. 9. Intialaisen filosofian osalta ks. esim. teoksen *Bhagavadgita* (1) johdantoa, s. 19. Kuten luvussa 6 selitän, tulkitsen jaetta 1 Moos. 1:27 siten, että Jumalan kuvaksi luotu ihminen on ihmisen ydinolemus. Makrokosmoksen ja mikrokosmoksen vastaavuus yltää kuitenkin uskonnollisissa maailmankatsomuksissa yleensä tätä ydintä laajemmalle. Näkyvä universumi on ikään kuin Jumalan keho ja se vastaa mikrokosmoksen tasolla ihmisen kehoa. Erilaiset henkisen todellisuuden tasot, joita uskonnollisissa maailmankatsomuksissa oletetaan oleviksi, vastaisivat puolestaan ihmisen psyykkisiä tasoja. Kristinuskon sisällä ajatus ihmisestä Juma-

lan kuvana laajemmassa merkityksessä tulee esille mm. lähteessä Bonaventura (1), varsinkin sivuilla 79–84, joilla Bonaventura käsittelee ihmisen sielunkykyjä Jumalan kuvana.

28. Augustinus puhui Jumalan ikuisesta ajatuksesta luomisen ehtona, Augustinus (1), s. 294 ja s. 318; ks. myös esim. Augustinus (2), kirja XII, luku 26, ss. 505–506; Eckart (2), s. 62; Seusesta ks. Teinonen, ss. 79–81.

29. Yukteswar, ss. 14–15, ja esim. Avalon, s. 1.

30. Yogananda (3), s. 300, ja Yoganada (1), s. 19n.

31. Ks. Om-ääneen keskittymisestä esim. Ramana Maharshi, ss. 158–159, ja jäljempänä tekstiäni luvussa 19. Om-äänten kuvaukset kuuluvat Paramahansa Yoganandan opetuksiin. Kuvaukset löytyvät mm. hänen perustamansa järjestön lehdestä artikkelista "Science Says" (Science Says, s. 54n) sekä lähteestä Yogananda (8), s. 124.

32. Ristin Johannes (1), ss. 466–467.

33. Pyhä Teresa (2), s. 19 ja s. 71.

34. Marja-Leena Teivonen kertoo kirjassa *Bodhipuun juurella* erään meditaatiota harjoittaneen miehen selittäneen hänelle: "Tiedätkö mitä? Joskus minulle tapahtuu kummallista. Se poikkeaa kaikesta entisestä ja tuntemastani. En minä hullu ole, mutta joskus minä kuulen kumman äänen. Se on kuin juna tulisi kauheaa vauhtia minua kohden. Se on tapahtunut muutaman kerran. Enkä minä tiedä, mikä se on." Teivonenkin yhdistää äänen chakroihin ja niistä tarkemmin kurkkukeskukseen (*Bodhipuun juurella*, s. 150).

35. Om-ääni kuoleman yhteydessä: Moody (1), s. 26, ja Moody (2), s. 26 ja s. 96. Äänet saattavat liittyä joskus myös muihin kokemuksiin, joissa energia vetäytyy voimakkaasti pois aistikeskuksista. Tällainen on esimerkiksi ns. out-of-the-body-kokemus, jota kutsutaan myös astraali-irrottautumiseksi (ks. esim. Eysenck ja Sargent, ss. 155–156 ja s. 160.) Ks. aiheesta yleisesti myös edellä viitteessä 31 mainittua artikkelia "Science Says", jossa esitellään Moodyn tutkimustulokset intialaiseen joogaoppiin rinnastaen.

36. Rutjan koski: esim. *Suomen Kansan Vanhat Runot* (2), runo 2846, s. 476. Turjan koski: esim. mt. runo 2880, s. 499. Ks. myös Kemppinen, ss. 79–81. Sijoittaessani tekstissä Rutjan kosken Tuonelan virtaan yksinkertaistan asioita, sillä runoissa koski voi sijaita esim. Pohjolassa tai Lapissa. Psykologisella tasolla tulkiten Pohjola on mahdollista nähdä piilotajuntana eli tietoisuuden pohjana. Lappi on verrattavissa Pohjolaan, koska se on pohjoinen maa, ja runoissa Pohjola ja Manala usein samastetaan. (Pohjolan symboliikkaa olen tulkinnut kirjassani *Nainen ja myyttinen nainen*, ss. 85–89) sekä näitä aiheita myös kirjassani *Samaanin sampo*, s. 105–108. Rumpujen käytöstä ks. esim. Allione, s. 148, ja Harner, ss. 70–73.

37. Esim. 2 Moos. 19:16–19 ja Joh. 12:29.

38. Yogananda (1), s. 277. Kokemus on erään intialaisen naisen, mutta Yogananda kertoo sen kirjassaan.

39. Yogananda (3), s. 44 ja s. 15 ja s. 15n.

40. Loyola, s. 97. Yogananda (3), s. 285. Kreikan sanan *haplous* yleismerkitykset ovat englanniksi single, simple, sincere (eli yksi ainut, yksinkertainen, vilpitön) ja erikoismerkitykset silmästä käytettynä kirkas ja terve. Jakeessa Matt. 6:22 samoin kuin jakeessa Luuk. 11:34 on kyseessä nähdäkseni sisäinen silmä eli intuitiivinen viisaus, elleivät ko. jakeet suoranaisesti tarkoittaisikaan henkisen silmän valoa. Matteuksen evankeliumin kohdassa on mielestäni lisäksi kyse myönteisessä merkityksessä "yksisilmäisestä" keskittyneisyydestä hengelliseen elämään. Kohtaa nimittäin edeltävät sanat: "missä sinun aarteesi on, siellä on myös sinun sydämesi", ja kohtaa seuraa varoitus, ettei kukaan voi palvella *kahta* herraa, Jumalaa ja mammonaa (Matt. 6:21–24). Käännöksessä *Today's English Version* käytetään sanaa "clear" eli kirkas mainituissa jakeissa Matt. 6:22 ja Luuk. 11:34.

41. Valo kuoleman yhteydessä: Moody (2), s. 49. Palava pyörre: *Suomen Kansan Vanhat runot* (2), runo 2863, s. 486. Tähden ampuminen: *Suomen Kansan Vanhat Runot* (3), esim. runo 414, s. 291; ks myös Kemppinen, ss. 80–81.

42. Saarisalo, s. 397 (jalokivet) ja ss. 1163–1164 (värit). Johannes käyttää vanhimpien kruunuista sanaa *stefanos*, joka tarkoittaa seppelettä ja kruunua ja yleisemmin palkintoa, koristetta ja komeutta. Ilmestyskirjan suomennoksessa, jota käytän, sana on käännetty välillä kruunuksi ja välillä seppeleeksi. Tulkinnassani sovellan seppeleen merkitystä, mutta ero kruunun ja seppeleen välillä on niin pieni, että en aina tekstissä huomauta erosta.

43. Eräänlainen alkumeren jäsentyminen tapahtuu Raamatun alussa Jumalan erottaessa taivaanvahvuuden alapuoliset ja yläpuoliset vedet toisistaan (1 Moos. 1:6). Alkumerestä nousee vuori esim. Egyptin mytologiassa (Clark, ss. 37–38).

44. Varmaankin jokainen, joka on seurannut uniaan, tuntee kahdessa paikassa olemisen myyttikuvana. Esitän siitä yhden esimerkkiunen: "Olen ulkona erään lapsuudenystäväni kanssa. Unen tunnelma on herttainen, samantapainen kuin joskus lapsina leikkiessämme, vaikka olemmekin unessa aikuisia. Luoksemme tulee kolmas henkilö. Hän aukaisee avaimella kellarin tai luolan oven. Tiedän, että tuolla luolassa on lapsuudenystäväni ja minä itse ja että olemme olleet pitkän aikaa sinne teljettyinä. Nyt olen hyvin kiinnostunut näkemään, kuinka ystäväni ja minä olemme selvinneet pitkästä vankeusajastamme." Erityisen yleinen unissa on tapaus, jossa unennäkijä on samaan aikaan ikään kuin unitapahtumien tarkkailija ja unessa toimiva henkilö.

45. Kyseessä on raamatunkäännös *Today's English Version*. Käännös johtuu Arndtin ja Gingrichin sanakirjan *A Greek-English Lexicon of the New Testament* mukaan seuraavanlaisesta hahmotustavasta: olennot sijaitsevat valtaistuimen ja joidenkin valtaistuimesta katsottuna etäisempien pisteiden välissä (ks. ko. kirjan hakusanaa *mesos* s. 507). Toisin sanoen, tämäkin tulkinta juontuu *en mesō* -ilmauksen merkityksestä "keskellä". En malta olla huomauttamatta, että juuri ennen tätä ongelmallista kohtaa Ilmestyskirjassa käytetään kaksi kertaa ilmausta "valtaistuimen edessä" (jakeessa Ilm. 4:5, jossa tulisoihtujen sanotaan olevan valtaistuimen edessä, ja jakeen Ilm. 4:6 alussa, jossa lasisen meren sanotaan olevan valtaistuimen edessä), ja molemmilla kerroilla ilmaus on kreikaksi *enōpion tou thronou* eikä *en mesō tou thronou*.

46. Joh. 1:1.

5. luku

1. Bonaventura (1), s. 109.

2. Court, ss. 55–56.

3. Nimitykset "aistien keskus", "sielun aistinen osa" ja "sielun alempi osa" löytyvät Ristin Johannekselta (esim. Ristin Johannes (2), s. 94, ja ss. 98–99, sekä Ristin Johannes (3), s. 31). Nimitys "vanha ihminen" esiintyy Raamatussa (Ef. 4:22) sekä mm. Ristin Johanneksella (Ristin Johannes (2), s. 96 ja s. 109). Intialaiset nimitykset: *Bhagavadgita* (1), III:27, s. 48, ja Yukteswar s. 7.

4. Esim. Pyhä Teresa (2), s. 228 ja ss. 232–233 (nimitys "sielun keskus"); Ristin Johannes (3), s. 31 ("sielun syvin keskus"); Pyhä Teresa (2), s. 230 ("sielun sisin"); Eckart (1), s. 3 ja s. 15 ("sielun pohja"); Ristin Johannes (2), s. 99 ("sielun henkinen osa"), ja mt. s. 148 ("sielun ylempi osa"). Suomessa Sven Krohn viljelee termiä "ydinihminen" (esim. Krohn s. 17, ks. ko. kirjasta myös asian laajempaa historiallista katsausta ss. 1–20). Nimitys "varsinainen minä" on peräisin Immanuel Kantilta (Kant (1), s. 157, alkuperäinen nimitys oli "eigentliche selbst" (Kant (2), s. 98). Kantin näkemys ihmisen varsinaisesta minästä oli hyvin varovainen; varsinainen minä oli vapauden ja omantunnon aluetta, mutta sitä ei voitu tuntea välittömästi. Jung käytti psykologiassaan termiä "Selbst", jonka merkitykseen palaan kohta (ks. tämän luvun viitteitä 12 ja 22 ja niitä vastaavia tekstikohtia). Länsimaisessa itämaisperäisessä kirjallisuudessa sovelletaan termiä "Self", Itse, jolla usein myös intialaiset ihmisen syvempää tasoa kuvaavat termit käännetään. Intialaisen filosofian termeistä ks. esim. Yukteswar, s. 6.

5. Eckart (1), esim. s. 3; ks myös Teinonen, s. 34.

6. Teinonen, s. 34 ja s. 99.

7. Hesse, s. 146. Raamattuviite Gal. 2:20.

8. Hesse, s. 147.

9. Rakkaudella, sellaisena kuin sitä kirjassani sovellan, on siis kaksi aspektia. Toisaalta rakkaus tarkoittaa antautuvaa onnen ja autuuden tilaa eli itseisarvon kokemista ja toisaalta tavoitteista pyrkimystä onneen ja täydellisyyteen. Tämä kaksijakoisuus on hyvin esillä Kreikan mytologiassa, jossa antautuva rakkauden aspekti on Afrodite ja tavoitteinen Eros. (Nainen myyttikuvana yhdistyy antaumukseen ja mies tavoitteisuuteen.) Aina en spesifioi kummasta rakkauden muodosta on kyse, mutta se käynee esille yhteydestä. Molemmat rakkauden puolet voivat luonnollisesti olla läsnä samassa kokemustilassa.

10. 1 Kor 15:10.

11. Tällainen hahmotustapa on yleinen uskonnollisessa kirjallisuudessa; ks. esim. Juliana Norwichlainen, ss. 46–47, Ramana Maharshi, s. 26, ja Gilson, s. 54.

12. Jung (5), kohta 706, s. 425, ja kohdat 789–791, ss. 460–461.

13. Kol. 1:15–17. Joh. 8:58, ks. myös Joh. 1:15, 1:30 ja 6:62.

14. Yukteswar, ss. 5–7. Ramana Maharshi, s. 27.

15. Matt. 10:39 ja 16:25. Sama ajatus esiintyy myös jakeissa Luuk. 17:33 ja Joh. 12:25.

16. 1 Kor. 15:22.

17. Esim. Vivekananda (3), ss. 197–198, *Bhagavadgita* (1), VII:4–7, s. 68, ja VIII:28, s. 75; Yogananda (3), s. 22, ja Yogananda (4), ss. 19–21.

18. Ramana Maharshi, s. 63 ja s. 127.

19. Yogananda (3), ss. 332–334; Swami Sri Yukteswar sen sijaan rinnastaa Kutastha chaitanyan kristinuskon Pyhään Henkeen (Yukteswar, s. 6).

20. Platon (1), kohdat 41d–42d, ss. 184–185.

21. Hegel, esim. kohta 486, s. 296, ja kohdat 788–808, ss. 479–493.

22. Individuaatio Jungin teorioissa: Jung (6), kohdat 266–269, ss. 171–172, ja Jung (5), ss. 448–450, kohdat 756–762; individuaatio analyyttisessä psykologiassa: Edinger (1), ss. 4–7; Jumala meissä: Jung (6), kohta 399, s. 236; irrallisuus tunnesiteistä: Jung (2), 327–328. Jungin tulkinnat uskonnosta tulevat esille lähes kaikissa hänen kirjoituksissaan, joita käytän lähteinäni. Sama teema on esillä myös molemmisssa Edingerin kirjoissa, jotka on mainittu kirjallisuusluettelossa.

23. Jeesus oli Juudan ja Daavidin sukua: Matt. 1:2, 1:3, 1:6 ja 1:17; häntä kutsuttiin Daavidin pojaksi: Matt. 1:1; vesa-nimitys: Sak. 3:8, 6:12, Jes. 4:1

ja Jer. 23:5 ja 33:15. Leijona intialaisessa symboliikassa: *Bhagavadgita* (2), X:30, s. 543, ja esim. Vivekananda (2), s. 253.

24. Universaalin itseyden ja universumin perusvärähtelyn merkitykset valottuvat hieman lisää Ilmestyskirjan loppupuolella toisenlaisten symbolien kautta, universaali itseys lapsen ja Karitsan muodoissa ja perusvärähtely valkoisella hevosella ratsastavan hahmossa (ks. etenkin lukuja 12 ja 19).

25. Joh. 1:29, 1:36 ja 1 Kor. 5:7.

26. Ilmestyskirjan Karitsa-symboliikkaa luomiseen liittyvänä on ehkä mahdollista ymmärtää myös kristinuskoa yleisemmistä myyttisistä assosiaatioista käsin. Ilmestyskirjan Karitsa myyttikuvana on näet sarviensa takia lähellä oinasta, joka myyttisissä yhteyksissä on sarvipäinen, siitoskykyinen uroslammas eli pässi.

Oinas oli vanhoissa mytologioissa arvostettu eläin, sillä se yhdistyi siittämiseen ja sitä kautta yleisesti luomisvoimaan. Esimerkiksi muinaisen Egyptin mytologiassa korkein jumaluus, joka oli eri aikoina erilainen, kuvattiin muunlaisten hahmojen ohella oinaanpäisenä ihmisenä. Näin oli laita myös aurinkojumala Ran tapauksessa, mikä lienee helppo ymmärtää auringon elämää luovan voiman takia. Lisäksi Ran hahmoon liittyi läheisesti kuoleminen ja kuolleista nouseminen, kuten Kristukseen karitsana. Ran oletettiin olevan aamulla pieni lapsi, keskipäivällä täysikasvuinen ja illalla vanhus, joka yön tullen kuoli. Yöllä hän kulki kuoleman valtakunnassa, jolloin hänet kuvattiin oinaanpäisenä ihmishahmona, Efu Rana, veneellä matkaa tekemässä. Mutta aamulla hän syntyi uudestaan, ja nousi sitten aina keskitaivaalle asti. Aurinkojumalaan sulautui ajoittain Amon-jumala, joka myös saatettiin kuvata oinaanpäisenä hahmona. (Larousse, s. 11, s. 45, s. 48, ja kuvat s. 19 ja s. 32; Clark, s. 256 ja s. 265, sekä Jung (7), kohta 357, s. 240.)

Kristinuskossa Kristus ja oinas on liitetty yhteen ainakin sikäli, että Augustinus tulkitsi sen sarvipäisen oinaan, jonka Aabraham uhrasi Iisakin sijasta, Kristukseksi (Augustinus (2) kirja XIV, luku 32, s. 695; ko. Raamatun kohta: 1 Moos 22:13).

27. Jes. 53:7. Teurastetun Karitsan symboliikka Ilmestyskirjassa juontunee myös karitsojen muinaisesta käytöstä uhrieläiminä, josta Mooseksen kirjoissa mainitaan, esim. 2 Moos. 12:3, 12:5 ja 29:38.

28. Esim. Yogananda (2), s.144.

29. Lammaspaimen vertaus: Matt. 18:12–13; sisäinen Guru: Yukteswar, ss. 38–41.

30. Jung (5), kohdat 748–754, ss. 443–447; Jung (8), kohdat 1271–1273, ss. 540–541; Jung (9), kohdat 1488–1495, ss. 656–659; Jung (10), kohdat 234–235, s. 130; Jung (11), kohta 1641, s. 727; Jung (12), kohta 125, s. 70.

31. Ristin Johannes (2), s. 88 ja s. 155.

32. 2 Moos. 19:5–6. Johanneksen sanojen täsmällinen merkitys ei kuitenkaan ole tulkintani kannalta olennaista, sillä tässä yhteydessä hän puhuu mielestäni vain yleisesti ihmisolemuksesta. Vasta seuraavassa luvussa hän alkaa kuvata ihmistä tarkemmin.

33. Osa jakeiden Ilm. 5:9–10 sanoista "sinä [Karitsa] – – olet verelläsi ostanut Jumalalle ihmiset – – ja tehnyt heidät meidän Jumalallemme kuningaskunnaksi [eli valtakunnaksi] ja papeiksi, ja he tulevat hallitsemaan maan päällä" sopii paremmin luomiseen ja osa paluutielle.

Luomiseen soveltaen se, että Karitsa on tehnyt ihmiset valtakunnaksi ja papeiksi korostaa Karitsan tärkeää merkitystä ihmisen luomisessa, vastaavalla tavalla kuin Paavalin mukaan kaikki luodaan Kristuksen kautta. Viittaus Karitsan vereen tarkoittaa metafyysis-myyttisen ihmiskuvan oletusta, että universaali itseys elävöittää voimallaan ihmisen muut olemustasot: koko pinnallisempi ihmisolemus saa lopultakin voimansa universaalin itseyden tasolta. (Tämä ajatus tulee tarkemmin esille luvussa 13.) Universaalin itseyden "voima" eli veri on rakkautta, ja veren merkitys rakkautena täsmentyy jo seuraavassa luvussa.

Paluutiehen soveltaen samat sanat korostavat, että Karitsalla eli universaalilla itseydellä on paluutiellä tärkeä ihmistä vapauttava ja ohjaava merkitys intuition ja henkisen rakkauden muodossa. (Tämä ajatus selventyy myöhemmin mm. luvuissa 12 ja 13.) Maasta ostaminen merkitsee tässä tapauksessa vapautumista "vanhasta aistisuudesta", ja maan päällä hallitseminen viittaa siihen uuteen maahan, jonka Johannes näkee Ilmestyskirjan lopussa ja joka symboloi "uutta aistisuutta" eli ihmisen pyyteellisyydestä puhdistunutta tietoisuutta ja fyysisyyttä. (Näihin ajatuksiin palaan loppuluvuissa.)

34. Esim. Larousse, s. 369 (Krishnan soitto).

35. Ks. luvun 4 viitettä 31 ja tämän luvun lopussa esittämääni tulkintaa enkeleistä.

36. Matarasso, s. 9.

37. Moody (2), ss. 49–53.

38. Ks. luvun 4 viitettä 31.

39. Koska Ilmestyskirja on uskonnollinen myytti, enkeleillä on Johanneksen maailmankuvassa varmasti myös ihmisen kokemuksesta riippumaton metafyysinen puoli. Toisin sanoen enkelit ovat uskonnollisiin maailmankatsomuksiin yleisesti kuuluvia henkiolentoja. Tulkinnassani pyrin keskittymään mahdollisuuksien mukaan kokemukselliseen tasoon, joten tulkitsen enkelit intuitioksi.

40. Toiseksi mainitsemaani intuition muotoa kutsutaan kristillisessä kirjalli-suudessa mm. intellektuaaliseksi näyksi (ks. johdannon viitettä 2). Viimei-senä mainitsemani tyyppinen kokemus on kuvattu esim. lähteessä Yogananda (1), s. 272, ks. myös mt. s. 476.

6. luku

1. Esim. Vivekananda (3), ss. 160–163; Yogananda (3), s. 264; Sivananda, ss. 60–65, s. 71 ja s. 85. Nämä asiat tarkentuvat myöhemmissä luvuissa, var-sinkin luvuissa 9, 12, 16, 18 ja 22. Kuvaliitteessä on piirros tärkeimmistä chakroista ja nadeista (kuva 3). Varsinkin ida ja pingala esitetään intialaisissa lähteissä eri tavoin riippuen näkökulmasta. Usein ne sijoitetaan myös aivan sushumnan viereen chakrojen väliin, jolloin korostetaan niiden sijaintia sel-kärangan kohdalla. Ne eivät kuitenkaan yllä sahasraraan asti. Ks. aiheesta myös kuvaan 3 liittyviä tietoja kuvalähteissä ja kuvia 4 ja 7 sekä niiden tietoja kuvalähteissä.

2. Sivananda, s. 65, ss. 70–72; Yogananda (3), s. 263–265; Yogananda (1), s. 401 ja ss. 410–412; Avalon, ss. 54–56 ja s. 115. Tekstissä suppeasti esittä-mistäni teorioista on olemassa erilaisia muunnelmia. Joskus erotetaan esimer-kiksi vielä fyysisen kehon ja astraalikehon väliin sijoittuva eetterikeho tai energiakeho, jolloin astraalikeholla tarkoitetaan lähinnä vain sitä ihmisen ole-mustasoa, jolla hän kokee tunteita. Huomautan myös, että itämaisessa ja itä-maisperäisessä kirjallisuudessa tulta, ilmaa, vettä ja maata tulkitaan sangen usein siten, että ne symboloivat näitä ihmisen eritasoisia "kehoja". Kirjassani käytän tulen, ilman, veden ja maan symbolisia merkityksiä, jotka ovat länsi-maisessa myyttien tulkinnassa yleisempiä; näin kirjani sisältö tulee mieles-täni länsimaiselle nykyihmiselle paremmin ymmärrettäväksi.

3. Vivekananda (4), s. 45; Avalon, s. 253 ja s. 295; Yogananda (3), s. 168. Oppi nadeista ja chakroista erilaisin muunnelmin ja nimityksin on yleisesti hyväksytty itämaisessa kulttuuripiirissä, mutta nimenomainen käsitys sushumna-nadista ja sen avaamisesta kuuluu ns. kundalinijoogaan, ja tämä on harvinaisempi teoria. Palaan siihen luvussa 12.

4. 1 Moos. 1:26–27 ja 2:7.

5. Origenes, ss. 24–25.

6. 1 Moos. 2:8–10, ja *Jeesuksen rukous*, s. 235.

7. 1 Moos. 3:17.

8. 1 Moos. 3:7 (viikunapuu); 1 Moos. 3:24 (elämän puun tie); luvuissa 9 ja 12 syntiinlankeemuskertomuksen tulkinta täsmentyy.

9. Esim. Yogananda (1), ss. 169–170, ja Yogananda (4), s. 4n.

10. Smend, ss. 60–61.

11. Esim. Yogananda (1), s. 158n ja s. 358n.

12. Yukteswar, ss. 14–15, ja Yogananda (1), s. 158n. Cayce puhui rauhasista eikä energiakeskuksista, mutta hänen käyttämänään rauhaset vastasivat melko tarkasti itämaisen joogateorian energiakeskuksia (esim. Irion, ss. 11–14). Chakrat Ilmestyskirjan tulkinta-avaimena mainitaan lyhyesti myös lähteessä Tansley, ss. 84–85.

13. Voisimme ehkä odottaa, että Johannes erottaisi seitsemän ratsukkoa vastaten kosmisen energian eli taivaassa olevien tulisoihtujen lukumäärää, mutta näin hän ei tee. Hän kuvaa kosmisen energian laskeutumisen mikrokosmokseen eli ihmisen chakroihin neljän "elementin" kautta. Näin asia esitetään myös itämaisessa teoriassa, jossa kosmisen energian muotoja erotetaan viisi tai neljä (ks. seuraavaa viitettä Yoganandan osalta), mutta sen mukaan, kuinka vahvasti nämä energiamuodot ovat eri tasoilla edustettuina, henkisen energian *tasoja* erotetaan makrokosmoksessa ja mikrokosmoksessa seitsemän. Konkreettinen ihminen joutuu tietysti ammentamaan energiaa myös maallisista lähteistä eli ruuasta.

14. Intialaisesta symboliikasta ks. Yoganada (3), s. 264n, ja kiinalaisista käsityksistä esim. Klemola, s. 87.

15. Valkoisella hevosella ratsastava esiintyy luvussa 19.

16. Sivananda, s. 79.

17. Punainen väri Raamatussa: esim. Saarisalo, ss. 1162–1163; kuninkaista ks. lukua 5 ja chakrojen väreistä lähdettä Sivananda, ss. 74–76.

18. 1 Moos. 3:17. Kappaleessa esiintyvän miekan myyttinen merkitys täsmentyy ja monipuolistuu osittain jo tässä luvussa ja myöhemmin luvuissa 13 ja 19.

19. Sak. 9:17. Hedelmän murskaantumisen symboliikka valottuu tarkemmin luvussa 14. Naisen ja miehen myyttisiin merkityksiin viittasin luvussa 5.

20. Sivananda, ss. 75–76.

21. Valta-, oikeudenmukaisuus- ja rakkausetiikkaa olen kuvaillut hieman tarkemmin kirjassani *Nainen ja myyttinen nainen*, ss. 11–25. Laajempi esitys on esim. kirja Tillich: *Love Power and Justice*. Itämaisessa uskonnossa neljä vapautumistietä ovat täsmällisemmin karma-jooga eli toiminnan tie, jnana-jooga eli viisauden tai tiedon tie, bhakti-jooga eli rakkauden tie ja raja-jooga eli joogan tie tai kuninkaallinen tie. Kullakin tiellä on erilaisia asteita, kehitysvaiheita ja vivahteita. Oletan tässä yleispiirteisesti, että toiminnan tiellä on olennaista tahdonvoima, viisauden tiellä erittelevä arvotaju ja rakkauden tiellä rakkaus. Varsinainen joogan tie valottuu hieman kirjani loppupuolella,

jolloin käytän Patanjalin raja-joogaa Ilmestyskirjan tapahtumien rinnastuskohteena.

22. 1 Moos. 3:19.

23. Ristin Johannes (4), s. 95.

24. Ristin Johannes (3), ss. 72–73, ks. myös Ristin Johannes (4), ss. 98–99.

25. Esim. Katariina Genovalaisen opetuksissa tulee selvästi esille puhdistumisen jatkuminen kiirastulessa (Katariina Genovalainen, ss. 71–72 ja s. 76).

26. Yogananda (3), s. 305.

27. Raamattuviitteet: Mal. 4:5 ja Matt. 11:14. Gnostikkojen teksteistä ks. Nag Hammadin kätketty viisaus, s. 67, s. 280, s. 283, sekä yleisemmin Walker, s. 63. Platon (1), kohdat 41e–42d, ss. 184–185; Platon (3), kohdat 617d–621d, ss. 377–381; Platon (4), kohdat 81–83, ss. 36–40, ja kohdat 107–108, ss. 68–70. Jos lukijaa kiinnostaa laajemmin reinkarnaatio-opin kannattajat, hän voi tutustua asiaan esim. teoksesta Krohn, ss. 103–159.

28. Miekkaa tulkitsen intuition kuvana luvussa 19.

29. Ristin Johannes (4), s. 85.

30. Esim. Jeesuksen rukous, s. 269.

31. Courtin suosittelema termi on englanniksi "bilious" joka tarkoittaa sappitautista ja huonovointista, Court, s. 64.

32. Sivananda, s. 74.

33. Tällä tavalla ko. jaetta tulkitsee myös Sri Yukteswar (Yukteswar, s. 32). Esittämäni ihmisenä olemisen perusehdot löytyvät varsin laajasti maailman uskonnoista ja filosofioista, esimerkiksi buddhalaisuuden kärsimystä koskevasta opista.

34. Hab. 1:13.

35. Augustinus (1), s. 151.

36. Ef. 4:22–24.

37. Ristin Johannes (2), s. 187; ks. myös Room. 13:12–14.

38. Esim. Jung (13), kohta 522, ss. 240–241, jossa Jung mainitsee maanjäristyksen unikuvana mielisairauksiin liittyvänä. Maanjäristys voi kuitenkin esiintyä unissa myös yleisemmin voimakkaissa muutosvaiheissa; esim. Eeva Kilpi kertoo nähneensä tällaisen unen (Kilpi, s. 26).

39. Clark, s. 41 ja s. 98.

40. Esim. Larousse, ss. 27–28.

41. Kuu myyttikuvana liittyy usein naiseen, sillä kuun vaihtelut ovat kuin aikuisen naisen kehossa kuukausittain tapahtuvia muutoksia. Matriarkaattien tutkijat pitävätkin kuuta yhtenä matriarkaalisen kulttuurin peruskuvana (esim. Neumann, ss. 55–57). Kuun ja naisen yhteys vahvistaa kuuhun liittyviä piilotajunnan ja arvon kokemisen merkityksiä, sillä naisen kohtu on kuin piilotajunta, josta syntyy uutta kokemusta ja uusia oivalluksia, samoin kuin lapsi syntyy kohdusta maailmaan. Nainen myyttihahmona ilmentää myös arvon kokemista, sillä naisen keho astiamaisena voi avautua ja vastaanottaa, kuten arvoelämyksissä ihmisen tulee olla tajunnaltaan avoin ja vastaanottava.

42. Matt. 21:19 (viikunapuun kiroaminen); Jer. 24:1–10 ja Jer. 29:17 (viikunoiden huonous); San. 27:18 (viikunapuiden hoidon tarpeellisuus). Raamatussa puhutaan myös luvatun maan viikunapuista (5 Moos. 8:7–8), ja tällainen viikunapuu myyttikuvaksi tulkittuna tarkoittaa ihmisen pyyteellisyydestä vapautunutta kaksinaisuustajuntaa eli kristinuskon kielellä uutta, puhdistunutta aistisuutta (ks. itse aiheesta tarkemmin loppulukuja).

43. *Bhagavadgita* (1), II:67, s. 43; suomennoksen kieliasu on osittain omani.

44. 2 Moos. 19.

45. Larousse, s. 72.

46. Ristin Johannes (3), s. 39.

7. luku

1. *Bhagavadgita* (1), VI:19, s. 63. Suomennoksen kieliasua olen hieman muuntanut. Tuuli mielenliikkeinä esiintyi edellisessä luvussa.

2. Puu- ja kasvisymboliikkaa selostin luvuissa 4 ja 6.

3. Mandalasymboliikasta ks. lukua 4.

4. Pyhä Teresa (2), ss. 106–107.

5. Piiri-sanasta ks. luvun 4 viitettä 13.

6. Pyhä Teresa (2), s. 66, s. 105 ja s. 237; ks. myös esim. Gilson, s. 45 ja s. 133. Ristin Johannes (4), s. 98; Täsmällisempi käännös olisi ehkä jumalallisen yhtymyksen luvattu maa. Tällaisen yhtymyksen merkitystä selostan luvussa 11.

7. On valinnanvaraista, onko Johanneksen näkemä uusi ihmisjoukko sama, jonka lukumäärät hän aikaisemmin kuuli, vai onko kyseessä kokonaan uusi ihmisjoukko (ks. tästä myös Nikolainen, s. 90). Ero ei ole kuitenkaan olennainen. Edellisessä tapauksessa vanha myyttikuva muuntuu uudeksi, jälkimmäisessä tapauksessa vanhan tilalle tulee uusi. Koska suuren joukon jäsenet ovat peräisin kaikista kansanheimoista, sukukunnista, kielistä ja kansoista, ne

symboloivat ihmisen konkreettisia ominaisuuksia ja kykyjä sekä ominaisuus-
ja kykyluokkia. Suuren joukon jäsenillä on näyssä valkoiset vaatteet, sillä
nämä ominaisuudet ym. ovat jo vapautuneet sidannaisuuksista, jolloin ne ovat
muuttuneet kuin itseyden osiksi.

8. Saarisalo, s. 832; Hes. 40:16, 26, 31, 34, ja 37, ja Hes. 41:18–20 ja 25–26.
Myös Salomon temppelissä oli palmuja koristeaiheena (Kun. 6:29; 7:36 ja 2
Aik. 3:5). Ks. palmusta voiton symbolina esim. Cirlot, s. 249.

9. Ks. myös esim. Jung (14), kohta 128, ss. 74–75.

10. Alkukielen sanonta on *apo anatolēs heliou*.

11. Esim. Brother Lawrence, s. 36 ja s. 41.

12. Eckart (2), s. 13, ks. myös mt. s. 66. Lisieux'n Thérèse vertaa sielua telt-
taan, jonka on oltava tyhjä, jotta Jumala voisi astua siihen sisään (Lisiex'n
Thérèse, s. 202). Teinosen mukaan mestari Eckart käyttää sielun perustasta
eli siitä tajunnantasosta, jota olen kutsunut itseydeksi, myös nimitystä "hen-
gen maja", ja tämäkin nimitys sopii hyvin Ilmestyskirjan telttamajan rinnas-
tuskohteeksi (Teinonen, s. 33).

13. Teltta ja ilmestysmaja: Saarisalo, ss. 1072–1073 ja ss. 358–362; 2 Moos.
25–40, varsinkin 2 Moos. 36. luku ja 2 Moos. 40:36–38.

8. luku

1. Juliana Norwichlainen, s. 148 (korkea syvyys); ks. myös ko. teoksen sivua
229. Termi "olevainen nimetön ei-mitään" on peräisin Seuselta; katkelma,
jossa termi esiintyy, on suomennettuna lähteessä Teinonen, s. 88. Ks. myös
Eckart (2), ss. 332–333, jossa Eckart käyttää termiä "yliolevainen ei-mitään".

2. Ks. Gregorius Suuresta ja Guillaume de Saint-Thierrystä lähdettä Gilson,
s. 104 (viite 147), s. 208 ja s. 219 (viite 21). Gregorius Suuren ja Guillaume
de Saint-Thierryn alkuperäiset kirjoitukset sisältyvät kirjasarjaan Patrologia
latina, Gregorius Suuren kirjoitus osaan 76 (s. 957, kohta II:14), ja Guillaume
de Saint-Thierryn kirjoitus osaan 184 (s. 372, kohta IV:10). Jälkimmäisen ni-
men olen esittänyt ranskankielisssä muodossa, sillä luostari, jonka apottina
ko. henkilö toimi sijaitsee Ranskan alueella. Englanninkielinen muoto ni-
mestä on William of Saint-Thierry.

3. Ks. Gilson, ss. 104–105. Alkuperäinen lähde: Bernhard Clairvauxlainen
(1), s. 953, kohta VII:21; vrt. 2 Kor. 12:4. Bernhard-lainauksen käännös on
omani. Lainaus sopisi sisältönsä puolesta paremmin Ilmestyskirjan myöhem-
piin vaiheisiin, mutta esitän sen tässä yhteydessä, koska Bernhard soveltaa
siinä Ilmestyskirjan tämän kohdan symboliikkaa. On ehkä outoa ajatella, että
taivaan symboloima tajunnantaso eli ylitajunta ei olisi aina hiljaisuuden ti-
lassa. Johanneksen näyn taustalla lienee kuitenkin luonteva hahmotustapa:

Ihminen kokee aluksi korkeita tajunnantiloja ikään kuin sekoittuneena egotajunnan kaksinaisuuteen. Vasta kun egotajunnan liike hiljenee täydellisesti, ylitajunnankin tasolla eli taivaassa vallitsee hiljaisuus.

4. Pyhä Teresa (2), ss. 206–209.

5. Mt. s. 207.

6. Wittgenstein, kohta 6.45, s. 87.

7. Engelmann, s. 7. Korostan, että kyse on omasta tulkinnastani. Lainaus esiintyy kirjeessä, jonka Wittgenstein lähetti Paul Engelmannille 9.4.1917. Kirjeessään Wittgenstein koskettelee ensin lyhyesti sitä, mitä ei voida sanoin ilmaista. Lopuksi Wittgenstein viittaa Engelmannin vaihtuviin mielentiloihin ja selittää, että elämä on unta. Ymmärrän tämän siten, että se tavallinen elämä, joka koostuu vaihtuvista mielentiloista, on unta, kun taas todellinen on sanoin ilmaisematonta. Kirje on kaudelta, jonka aikaisiin muistiinpanoihin *Tractatus Logico-Philosophicus* perustuu (Kenny, s. 3).

8. Humphreys, s. 122.

9. Blyth, lainaukset s. 53 ja s. 63; ks. myös s. 46 ja 56.

10. Pasuunan ääni: esim. 2 Moos. 19:16–19. Artemidoros, kirja I, kohta 56a, s. 71.

11. Ks. luvun 4 viitettä 31. Chakrateoria saattaa valottaa myös Johanneksen jakeessa Ilm. 8:1 käyttämää ilmausta "tuli taivaassa äänettömyys", jonka tulkitsin korkean tajunnantilan kuvaukseksi. Koska vain sahasraraa alempien chakrojen katsotaan lähettävän Om-ääntä, sellaisten voimakkaasti muuntuneiden tajunnantilojen aikana, joissa elämänenergia on siirtynyt sahasraraan, tajunnassa vallitsee sananmukaisesti äänettömyys. Kristinuskon piirissä pyhä Teresa kertoo, että ne "häiritsevät äänet" joita hän kuulee päässään, lakkaavat silloin, kun rukoukseen liittyy sielunkykyjen "kumoutumus" eli voimakkaasti muuntunut tajunnantila (Pyhä Teresa (2), s. 71).

12. Suitsukkeen savu esiintyi jo luvussa 5. Savun nouseminen Jumalan eteen, mikä tapahtuu tässä luvussa 8, symboloi luontevasti myös ajatusta, että Jumala kuulee rukouksen, kuten kohtaa teologisessa kirjallisuudessa tulkitaan (Nikolainen, s. 97).

13. 2 Moos. 9:24.

14. Ristin Johannes (2), s. 143. *Bhagavadgita* (1), IV:19, s. 53; suomennoksessa olen muuttanut sanan "tiedon" viisaudeksi, sillä kysymyksessä on syvällinen viisaus eli *jnana* (ks. vastaavaa kohtaa *Bhagavadgita* (2), ss. 241–242).

15. Esim. Sivananda, ss. 16–17, ja Yogananda (3), ss. 363–369.

16. *Bhagavadgita* (1), IV:36, s. 55. Suomennoksessa olen käyttänyt tiedon sijasta viisautta, koska kyse on syvällisestä viisaudesta eli *jnanasta* (ks. vastaavaa kohtaa *Bhagavadgita* (2), s. 261). Ks. veneestä myös Jung (4), kohta 305, s. 202.

17. Tähtiä tulkitsin luvun 6 loppupuolella. Ne esiintyivät jakeessa Ilm. 6:13.

18. Jer. 23:15; Va. 3:15; Aam. 5:7.

19. Kotka oli Zeuksen tunnuseläin, ja joskus Zeus itse muuttui myyteissä kotkaksi. Koska Zeus kotkan avulla toteutti tahtoaan, lienee oikein sanoa, että kotka toimi myös Zeuksen sananaattajana tai tahdon välittäjänä. Nähdäkseni kotka kuitenkin symboloi Kreikassa Zeukseen liittyvissä myyteissä intuitiota laajemmin korkeita arvoelämyksiä. Esim. Larousse, s. 98, s. 101 ja s. 138. Ks. myös Nikolainen, s. 101, ja kotkasta yleisemmin Cirlot, s. 91, ja Jung (4), kohta 305, ss. 201–202.

20. Ks. Nikolainen, s. 101.

21. Esimerkiksi Suomen kansanrunoudessa Louhella on uhkaava merkitys, kun hän mustan kotkan hahmossa ryöstää sampoa (esim. *Suomen Kansan Vanhat runot* (3), runo 680, s. 496). Runotoisintoja on tietysti runsaasti; aina kyse ei ole mustasta kotkasta. Yleisemmin tulkiten musta edustaa sitä, mitä ihminen ei tiedosta, ja tuntematon koetaan usein uhkaavana. Tässä kohdassa kotka ilmaisee, että Johanneksen on tiedostettava ja elettävä lisää asioita eli hänen on muututtava, ja muutos on kivuliasta.

9. luku

1. Ks. ilman symboliikasta lukua 4.

2. Bonaventura (2), s. 277; Yogananda (1), ss. 108–109.

3. Jung (12), kohta 291, s. 186.

4. Esim. 2 Moos. 10:1–19.

5. Dante, s. 24 (3. laulu).

6. Kreikan osalta ks. esim. Murray, s. 290 ja s. 298, Egyptin osalta esim. Larousse, s. 19. Raamattuviite 1 Moos. 3:15. Jung on tulkinnut kahta ensin mainittua myyttiä laajasti lähteessä Jung (7), kohdat 450–456, ss. 293–298.

7. Saarisalo, ss. 1024–1025; 1 Kun. 12:11 ja 12:14 ("Minä kuritan teitä piikkiruoskilla").

8. Jer. 46:23.

9. Itse asiassa Johannes käyttää elämän kruunusta ja heinäsirkkojen seppeleistä samaa sanaa *stefanos*, joka tarkoittaa sekä seppeltä että kruunua. (Ks. ko. sanan merkityksestä tarkemmin luvun 4 viitettä 42.)

10. Ristin Johannes (4), s. 92.

11. Simsonin pitkällä tukalla oli myös kulttuurinen perusta. Hän oli ns. nasiiri, jonka ei tullut leikata tukkaansa (Tuom. 16:17 ja Tuom. 13:5, ks. myös Saarisalo, ss. 329–330).

12. *Bodhipuun juurella*, ss. 19–21.

13. Ps. 40:13.

14. Kadottaja-merkitys on mainittu jo Raamatun suomennoksessa alaviitteenä. Raamattuviite esim. Matt. 10:39 ja Matt. 16:25.

15. Homeros (1) 1. laulu, säe 47, ks. myös säkeet 49–52, s. 3. Larousse, s. 109 (Apollo-nimen alkuperä).

16. *Encyclopedia Britannica*, s. 120. Tämän tradition mukaisesti Apolloon liittyy ilo toisin kuin Ilmestyskirjan Apollyoniin.

17. *Encyclopedia Britannica*, s. 121.

18. Ks. alttarin symboliikasta lukuja 6 ja 8.

19. 1 Moos. 2:10–14.

20. Jer. 2:13 ja 2:18; ks. myös Jes. 8:7. Vieraan maan merkitystä egotajunnan symbolina selostin lyhyesti luvussa 7 mainiten kirjallisuuslähteitä viitteen 6 alussa. Siihorin merkitys Niilinä esiintyy myös jakeessa Jes. 23:3; ks. aiheesta yleisemmin *Svenskt Bibliskt Upplags Verk*, s. 927.

21. Raamattuviite 1 Moos. 15:18. Joogateorian jokisymboliikka: Sivananda, s. 65.

22. Ks. 4. luku, viite 31; sekä artikkelia "Science Says", s. 26, Moody (2), ss. 26–29, ja Yogananda (3), s. 214n.

23. Yogananda (1), s. 238; Sivananda, s. 100 ja s. 104.

24. Raamattuviite Jes. 34:9. Ristin Johannes (2), s. 127.

25. Tummansinerväksi jakeessa Ilm. 9:17 käännetty sana on alkutekstissä *hyakinthinous*, joka tarkoittaa hyakintti- eli hyasintti -jalokiven väristä. Tämän jalokiven on arveltu olleen joko tummansininen, mikä sopisi tähän kohtaan, tai tummanpunainen (ks. esim. Arndtin ja Gingrichin sanakirjaa *Greek-English Lexicon*, s. 831). Mainitsen tästä pienestä yksityiskohdasta, koska se, että Johannes ilmaisee värin vertaamalla sitä jalokiveen, sopii yhteen tulkintani kanssa, jonka mukaan värit tässä kohdassa liittyvät myös chakroihin. Ilmestyskirjan lopussa jalokivet symboloivat selvemmin chakroja, ja silloin hyasintti-jalokivi mainitaan suomennoksessakin (Ilm. 21:20).

26. Ristin Johannes (4), s. 83.

27. Tuomitseva asenne: Gal 5:20; hyväksyvä asenne: 2 Moos. 7:3–12.

28. Hoos. 1:2.

29. Pyhä Teresa (2), s. 95.

30. Joh. 10:10.

10. luku

1. 1 Moos. 9:9–17.

2. Heb. 8:10–11.

3. Toinen tapa tulkita enkelin seisomista meren ja maan päällä olisi seuraava: Edellisen luvun alkupuolella Johannes kohtasi piilotajuntansa uudella tavalla; silloin heinäsirkat lähtivät syvyyden kaivosta (tai täsmällisemmin siitä savusta, joka nousi syvyyden kaivosta), ja niillä oli syvyyden enkeli kuninkaanaan. Edellisen luvun loppupuolella esiintyneet ratsut, joilla oli ratsastajat selässään, ilmensivät sen sijaan jo astetta tietoisempaa tasoa ongelmien hahmottumisessa. Johanneksen heinäsirkka- ja ratsukkonäyt ovat siis kuin luoneet perustan tälle uudelle näylle; ja nyt enkelin asettaessa jalkansa meren ja maan päälle Johannes itse seisoo aikaisemman näkynsä pohjalla tukien siihen.

4. Ajatus, että elämän syvimpien salaisuuksien julkipuhuminen ei ole riittävää eikä edes mahdollista, on tietysti yleismaailmallinen. Olen viitannut siihen jo luvussa 8. Vanha kiinalainen Tao te ching -teoskin teroittaa asiaa jo ensimmäisillä riveillään: "Tao, joka voidaan sanoin ilmaista, ei ole muuttumaton Tao" (Tao te ching, kohta 1, s. 85).

5. Nikolainen, s. 112; sama tulkinta löytyy myös uudemmista englanninkielisistä raamatunkäännöksistä. Alkukielen sana on kuitenkin khronos eli aika. Voisimme siis ajatella, että enkeli ennustaisi Johanneksen kohta kokevan sellaisen henkisen arvoelämyksen, jossa tavallisen tajunnan aikasidonnaisuus ylittyy. Tällainen kokemus kuvataan tulkintani mukaan 11. luvun lopussa, kun Jumalan salaisuus käy täytäntöön.

6. Cumont, s. 26 ja ss. 190–191. Esim. pyhä Teresa käyttää syömistä usein vertauskuvallisessa merkityksessä. Ks. mm. Pyhä Teresa (3) ss. 85–87 ja s. 89, sekä Pyhä Teresa (4), s. 165.

7. Johannes käyttää tässä näyssään useimmiten sanaa biblaridion eli pieni kirja, kun taas viidennessä luvussa hän käytti sanaa biblion eli kirjakäärö. Jakeessa 10:8 hän kuitenkin käyttää jälleen sanaa biblion, joten hän ei ilmeisesti tee kovin suurta eroa näiden kahden kirjan tai kirjakäärön välille. Käyttämällä sanaa biblaridion eli pieni kirja Johannes ehkä korostaa, että kyse on nyt vain mikrokosmoksen tasosta eli hänen omasta tajunnastaan eikä makrokosmoksesta, minkä merkityksen annoin vaihtoehtoisena viidennen luvun kirjakää-

rölle. Lisäksi kirjakäärön pienuus voisi johtua siitä, että Johannes on jo lukenut kääröä samalla kun sen sinettejä aukaistiin. Tällöin käärön sisältämät asiat ovat kuin vähentyneet.

8. Intialaisessa kirjallisuudessa mainitusta aiheesta on monia muunnelmia; joskus hunaja voi tarkoittaa myös aistisempaa nautintoa. Vertaus esiintyy eri muunnelmina mm. teoksessa Yogananda (2), s. 125, s. 132 ja s. 149.

11. luku

1. Nikolainen, s. 117; vrt. myös esim. 1 Moos. 37:34, Joona 3:5–8 ja Matt. 11:21.

2. Öljyn symboliikka oli esillä luvussa 6.

3. Lampunjaloista ks. lukua 6.

4. Raamattuviite Joh. 2:1–11.

5. Esim. Larousse, ss. 16–20; 1 Moos. 4:1–8.

6. Steiner, ss. 161–162; Jung (12), kohdat 13–14, s. 8.

7. Ramattuviite 1 Moos. 19:1–25.

8. Larousse, ss. 16–17 (Osiriksen myytti); Larousse, ss. 152–155 (Koremyytti).

9. Esim. Räisänen, s. 45 ja ss. 67–69.

10. Jung (1), s. 81 ja s. 95.

11. Ga. 5:24 ja Ga. 6:14; ks. myös esim. Äiti Teresa (1), s. 100.

12. Eckart (1), s. 138. Kokonaisuudessaan Eckartin näkemys Jeesuksen kuoleman merkityksestä on monivivahteinen; ks. esim. Eckart (2), ss. 140–141.

13. Ks. lukumäärän "kymmenen" symboliikasta lukuja 4 ja 9. Kymmenesosa kaupunkia voi kuvata myös yleisesti pientä osaa Johanneksen elämäntunnosta. Myöhemmin Ilmestyskirjassa kuvataan Babylonin kaupungin häviö, joka tulkintani mukaan merkitsee Johanneksen oman minän eli egon kuoleutumista. Tässä kuvattu kaupungin tuho on alkua egon kuoleutumiselle.

14. Ristin Johannes (3), ss. 31–33.

15. Ks. 2 Moos. 30:6, 4 Moos. 7:89, ja esim. Saarisalo, s. 81.

16. Esim. Saarisalo, ss. 80–81 ja ss. 1073–1075.

17. Uutta liittoahan kuvataan Uudessa testamentissa näillä jo luvussa 10 lainaamillani sanoilla: "Ja silloin ei enää kukaan opeta kansalaistaan eikä veli veljeään sanoen: 'Tunne Herra, sillä he kaikki, pienimmästä suurimpaan, tuntevat minut'" (Heb. 8:11).

18. Spinoza, prop. 33, prop. 35 ja prop. 36, ss. 263–265. En osaa sanoa, vastaako Jumalan intellektuaalinen rakastaminen Spinozan käyttämänä täsmälleen tarkoittamaani autuuden tilaa, mutta Spinoza kyllä selittää, että Jumalan intellektuaalinen rakastaminen on samaa rakkautta, jolla Jumala rakastaa itseään, ja että Jumala riemuitsee äärimmäisessä täydellisyydessään. Fenomenologiasta ks. esim. Scheler, ss. 93–94 ja ss. 108–109. Intialaiseen samadhiterminologiaan palaan kirjani loppuluvuissa. Nimitystä "kosmisen tajunnan kokemus" käyttää esim. Paramahansa Yogananda kuvatessaan sitä omalta kohdaltaan, Yogananda (1), ss. 141–145.

19. Bonaventura (1), s. 94 ja ss. 106–109.

20. Ristin Johannes (2), s. 110 (lainaus Joonalta); Joona 2:5 (käännös on Teinosen, ja se poikkeaa hieman Kirkkoraamatun tavallisista suomennoksista); Ristin Johannes (4), s. 84 (liiton arkki), ks. myös Ristin Johannes (1), s. 474 (liitto yleensä).

21. Pyhä Teresa (2), s. 93 ja s. 96 (lainaus); mt. s. 118 (kasvokkain tapaaminen).

22. Pyhä Teresa (2), s. 118.

23. Yogananda (1), ss. 142–143.

24. Brunton, ss. 389–390.

25. Maanjäristys on esiintynyt aikaisemmin jakeissa Ilm. 6:12, 8:5 ja 11:13. Tulkitsin järistystä tarkemmin luvussa 6. Rakeet esiintyivät jakeessa Ilm. 8:7, jossa yhteydessä tulkitsin niitä.

12. luku

1. Esim. Pagels, ss. 64–65 (gnostikot); Larousse, s. 37 (egyptiläinen mytologia); Liu Hua Yang, s. 168 (kiinalainen teksti). Jälkimmäisessä kirjoituksessa sanotaan suoraan, että syntyvä lapsi ei ole mitään fyysistä vaan ihmisen korkeampaa ja henkisempää elämänenergiaa, mt. s. 167 ja s. 169.

2. Lainaus Bruntonilta esiintyi edellisen eli 11. luvun lopussa. Neitsyt Marian hedelmöitys kuvataan Raamatussa kohdissa Matt. 1:18–20 ja Luuk. 1:34–35.

3. Pyhä Teresa (2), s. 103.

4. Brunton, s. 278.

5. Eckart (1), s. 67.

6. Jung (1), s. 111.

7. *Jeesuksen rukous*, s. 143 (Feofan); Larousse, s. 116 (Leton myytti).

8. Jalokivikehon myyttikuvaan palaan tarkemmin luvussa 21.

9. Sivananda, s. 65; ks. myös lukua 6.

10. Joogateoriasta ks. Vivekananda (4), s. 46 ja s. 52. Kristillisistä mystikoista ainakin pyhä Teresa selitti, että sielun henkisin osa sijaitsee päälaella (Pyhä Teresa (2), s. 71). Vrt. tätä Ilmestyskirjan kohtaa aikaisempiin jakeisiin Ilm. 6:2, 9:7 ja 10:1.

11. Tätä tulkintamahdollisuutta olen esitellyt tarkemmin kirjassani *Nainen ja myyttinen nainen*, ss. 230–253.

12. Käytin tätä kohtaa pyhältä Teresalta esimerkkinäni luvussa 11 (ks. luvun 11 viite 22). Tässä yhteydessä olen lainannut Teresaa vapaammin.

13. Platon (1), kohta 49a, s. 193, ja kohta 50d, s. 195. Johanneksen näystä ja Platonin *Timaios*-dialogista välittyvät kuvat maailman luomisesta eivät kuitenkaan kokonaisuudessaan vastaa toisiaan, vaikka niillä onkin yhtymäkohtia.

14. Yogananda (3), s. 334.

15. Kol. 1:15; ks. myös lukua 5.

16. Bernhard Clairvauxlainen (2), ss. 44–46; ks. myös Gilson, ss. 95–96.

17. Clark, s. 50. Egyptin mytologian alkukäärmeestä ei kuitenkaan piirry yksikäsitteistä kuvaa; eri aikoina ja eri teksteissä se saattaa olla jopa korkein jumaluus tai jumaluuden, Atumin, vihollinen (ks. mt. ss. 50–52).

18. Purge, ss. 31–32; Larousse, s. 362; ks. mytologian käärmeistä yleisemmin esim. Huxleyn teosta *The Dragon*, ja Larousse, s. 49, s. 340 ja s. 363.

19. Ks. luvun 6 viitettä 3, sekä lisäksi mm. Vivekananda (2), s. 253, ja Avalon, ss. 20–21.

20. Vivekananda (3), s. 164; Sivananda, ss. 84–85; ja Avalon, esim. s. 1. Avalon tuo myös esille kundalinienergian ja kosmisen energian yhteyksiä, mt. ss. 36–39.

21. Käärme Egyptin faaraoiden ja yleisemminkin kuninkaallisten päähineessä näyttää olleen sääntö ainakin vuosina 1580–1200 eKr., ks. esim. kuvia lähteessä Lange ja Hirmer. Ks. myös Purce, kuva no. 8; kuvatekstissään Purce esittää samantapaisen tulkinnan faaraon päähineestä esille tulevalle käärmeelle, jota ehdotan. Asklepioksesta ks. esim. Larousse, s. 162 (kuva) ja s. 163, sekä Murray ss. 178–180 ja kuva XXXI. Asklepioksen sauva olisi siis kuin käärmeen avulla esitetty elämän puu.

22. Larousse, s. 207, Jung (4), kuva 165, s. 326, Purce, kuva 11 ja sitä vastaava teksti, sekä Avalon, s. 21 ja s. 21n. Jos ajattelemme, että itse sauvassa ei kulje energiaa, Merkuriuksen sauva on eräänlainen hyvän- ja pahantiedon puun vastine käärmesymboliikan avulla ilmaistuna. Tätä tulkintaa – vaikka se on vain yksi mahdollisuus – tukee sekin, että Merkurius oli kaupankäynnin

jumala. Käärmeet ilmaisisivat siis kahta eduiltaan vastakkaista ja pyyteellistä osapuolta, joiden sovitusta toivotaan jumalalta. Caduceus-sauvan muoto on ollut varsin yleismaailmallinen symboli, ks. esim. Cook, ss. 114–115.

23. *I Ching*, s. 85 ja s. 87; ks. myös Huxley, s. 54.

24. Cumont, ss. 105–110. Tekstissä esittämäni tulkinnat ovat kuitenkin omia ehdotuksiani.

25. Sri Yukteswarin tulkinta on esitetty kirjassa Yogananda (1), ss. 169–171. Sen perusidea on, että kerälle kiertynyt kundalini stimuloi seksuaalista energiaa. Ko. tulkintaan ei sisälly niitä ajatuksia käärmeen lankeamisesta ja kiroamisesta, joita tekstissä ehdotan.

26. Sivananda, ss. 84–85.

27. 1 Moos. 3:14; olen lisännyt sanan "maan" ilmaisuun "maan tomu" uudesta raamatunsuomennoksesta, koska se on tässä yhteydessä valaiseva. Se korostaa tyydytyksen maallista luonnetta autuuden vastakohtana.

28. Matt. 10:16 ja Matt. 23:33. Ks. myös esim. Joh. 3:14.

29. Ehdotukseni perustuu väljästi itämaiseen filosofiaan, ks. esim. Yogananda (3), s. 280; vrt. myös Jung (15), kohta 290, s. 196.

30. Nikolainen s. 137, 1 Aik. 21:1, ks. myös esim. *Harper's Bible Dictionary*, ss. 908–909 (vastustaja); 1 Moos. 3:15 (vaino; täsmällisemmin ottaen vaino asetetaan käärmeen ja vaimon välille); Joh. 8:44.

31. Job 1:6, ja esim. Jung (1), ss. 70–73 (saatanan alkuperä); 1 Moos. 3:1 (käärmeen alkuperä).

32. Yogananda (3), s. 280, ja Yogananda (1), s. 275n.

33. Yukteswar, s. 4.

34. *Tao te ching*, s. 85.

35. *Bhagavadgita* (2), II:28, s. 109; Purge, kuva 1.

36. *Bhagavadgita* (1), XI:23–30, ja XI:32, ss. 90–91. Nähtävästi myös gnostikoilla oli samantapaisia painotuksia kuin tekstissä esittämäni intialaisen filosofian näkemykset. He näet tekivät selvän eron perimmäisen jumaluuden ja luojajumalan välille tahtoen ilmeisesti näin erottaa toisistaan toisaalta luomistoiminnan ja luomakunnan, jotka sisältävät erotteluja, kuten hyvää ja pahaa, ja toisaalta perimmäisen jumaluuden. Tätä ajatusta gnostikot ilmaisivat mm. siten, että joskus luojajumalaksi myönnettiin Jahve äitinsä Sofian rinnalla, mutta samalla teroitettiin, että Jahve oli vain alempi jumala eikä itse perimmäinen jumaluus (Pagels, ss. 3–39 s. 59, ss. 64–65 ja ss. 69–70). Tästä näkökulmasta käsin selittynee osin myös se eräiden gnostikoiden kuuluisa ajatus, että saatana eli arkkienkeli Satanael oli maailman luoja (ks. esim. Walker, s.

429

38 ja s. 41). Lisäksi gnostikkojen opin ytimenä oli ajatus, että ihmisen tuli toteuttaa itsessään syvähenkinen elämyksellinen viisaus, gnosis, joka merkitsi samalla jumaluuden elämistä (Pagels, ss. 161–162). Se, että gnostikot, jotka toimivat Ilmestyskirjan syntyaikoina, pohtivat perimmäisen jumaluuden, maailman luomisen ja saatanan luonnetta, tukee mielestäni tulkintaani, että nämä asiat olivat Johanneksellekin tärkeitä.

37. Vivekananda (6), ss. 463–474, varsinkin s. 464 ja s. 470; Vivekananda (1), ss. 57–58; Yogananda (1), ss. 474–477.

38. "Ikuisen lain" eli itämaisittain karman lain merkitys oikeudenmukaisuuden sisimpänä tasona johtuu siitä, että se koskee – sellaisena kuin olen sitä tässä luvussa esitellyt – nimenomaan ihmisen sisäistä elämää. Karman lakia käytetään kuitenkin itämaisessa kirjallisuudessa usein selittämään myös ihmisen ulkoisempaa elämää. Mutta tämänkin käsitän siten, että ihminen muuttaa ensin itseään sisäisesti, ja tämä sisäinen muutos vaikuttaa ulkoisesti, esimerkiksi siten, että hän pystyy luomaan uudet olosuhteet itselleen tai siten, että hän seuraavassa elämässä inkarnoituu uusiin olosuhteisiin oman sisäisen karmansa mukaisesti (ks. tästä lukua 20). Nämä kaksi eri oikeudenmukaisuuden lajia – ulkoisempi yhteisöllinen oikeudenmukaisuus ja sisempi karman lain mukainen oikeudenmukaisuus – liittyvät toisiinsa monin tavoin. Jos esimerkiksi joku yrittää perustella välinpitämättömyyttään yhteisölliseen oikeudenmukaisuuteen sillä, että huono-osaisten osa on heidän omaa karmaansa, hän muuttaa itseään vääjäämättä kylmäksi ja siten ilottomaksi ihmiseksi karman lain mukaisesti.

39. Yukteswar, s. 6 ja kuvio mt. s. 8.

40. Nikolainen, s. 135; Saarisalo, s. 735.

41. Aikaisemmin punaisuus on esiintynyt luvussa 4, jossa härän näköinen olento lähetti liikkeelle punaisen hevosen. Härän tulkitsin tuolloin liike- tai työntövoimaksi, joka luo maailman. Oletan Johanneksen tässä luvussa 12 hahmottavan luomistapahtumaa siten, että kun tuo työntövoima luo jotain konkreettisempaa, myös luomisen edellyttämä vastavoima aktivoituu. Nähdäkseni härkä prinsiippinä ikään kuin eriytyy Johanneksen nyt käyttämän hahmotustavan mukaan kahteen voimaan: Mikael-enkeliin ja lohikäärmeeseen. Kuudennen luvun alun tapahtumat tulkitsin siten, että Johannes seurasi konkreettisen ihmisen luomista. Tuolloin toisena liikkeelle lähetetyn hevosen punaisuus kertoisi, että konkreettisessa luomakunnassa on väistämättä mukana lohikäärmeen eli luomista ylläpitävän vastavoiman punaista harhaisuutta. Johannes ei kuitenkaan leimaa punaisuudella koko kaksinaisuuden aluetta, sillä todellisuuden alkuperäisimmällä ja korkeimmilla prinsiipeillä eli Ilmestyskirjan vanhimmilla on valkoiset vaatteet, vaikka he selvästi edustavat kaksinaisuuden aluetta. Ks. punaisuuden symboliikasta myös Court, ss. 146–147, ja Jes. 1:18.

42. Sak. 3:1; Job 2:1.

43. Matt. 2:1–16; Larousse, s. 369.

44. Esim. Luuk. 1:80; Luuk. 3:2; Mark. 1:13; Ristin Johannes (2), s. 63 (ks. myös Teinosen selitystä ko. kohtaan, mt. s. 218) ja Saarisalo, s. 223.

45. 2 Moos. 16. luku; ks. myös esim. Ristin Johannes (2), s. 63, ja Teinosen selitystä ko. kohtaan, mt. s. 218.

46. *Hindu Myths*, ss. 278–280, ja Larousse, s. 170 (Herkules).

47. *Hindu Myths*, s. 280; meri, johon demonit tässä hindulaisessa myytissä karkotetaan, on myyttinen maata ympäröivä meri, mt. s. 273.

48. Esim. Nikolainen, s. 137.

49. Larousse, s. 116 (Leton myytti). Egyptin myyteistä ja Lemminkäisen äidistä ks. Haavio, s. 240, s. 250 ja s. 259; Haavio rinnastaa egyptiläisen Osiris-myytin ja Lemminkäisen tarun tapahtumat toisiinsa. Louhen eli Pohjan Akan lennosta ks. esim. *Suomen Kansan Vanhat Runot* (1), runo 22, s. 45, ja runo 54, s. 79; Vasuki-käärmeestä ks. Larousse, s. 367.

50. Ks. lintu- ja kotka-symboliikasta lukuja 4, 6 ja 8.

13. luku

1. Valtaistuin on siis käsite ja valtaistuimen sisältö on tuon käsitteen sisältö, kuten luvussa 4 selitin.

2. Yukteswar, ss. 27–29 ja s. 63.

3. Gnostikoista ks. Pagels, s. 149, ja Walker, s. 46 ja s. 164; Walker rinnastaakin toisiinsa itämaisen filosofian käsitteen *avidya* ja gnostikkojen käsitteen *agnosia*. Syntiinlankeemusmyytin tulkinnan esitin luvuissa 6 ja 12.

4. Ristin Johannes (4), s. 80.

5. Ks. sarvista lukuja 5, 6, 9 ja 12.

6. Maan symboliikkaa selitin luvussa 4.

7. Yukteswar, s. 29.

8. Termille *buddhi* on annettu eri yhteyksissä hieman erilaisia merkityksiä. Seuraan tässä Sri Yukteswarin määrittelytapaa. Hän selittää, että *manas* vie ihmistä yhä suurempaan harhaan ja *buddhi* vie ihmistä vapauteen (Yukteswar, s. 7). Tulkintani mukaan Ilmestyskirjan taustalla on hahmotustapa, jonka mukaan ihmisen konkreettisten ominaisuuksienkin tasolla vaikuttaa kaksi toisilleen vastakkaista voimaa, Itseys ja harha. Näin konkreettisista ominaisuuksista muodostuu kuin jatkumo sen mukaan kuinka hyvin ne läpäisevät harhan vallan. Intialaisessa filosofiasssa ihmisen ominaisuusjatkumoa kuvataan

myös sanoilla *sattva, rajas, tamas,* joista *satwa* tarkoittaa puhtainta ja *tamas* harhaisinta; akselin eri päistä käytetään Intiassa sanojen *buddhi* ja *manas* ohella myös nimityksiä *satwa* ja *anandatwa* (Yukteswar, s. 7; *Bhagavadgita* (1), XIV:16–18, ss. 104–105).

9. Esim. Vivekananda (3), s. 201 ja ss. 299–301; Ramana Maharshi, s. 27 (tätä kohtaa olen lainannut luvussa 5).

10. Ks. kristinuskon osalta esim. Gilson, ss. 44–45, ja itämaisperäisestä hahmotuksesta esim. Daya Mata, s. 39 ja s. 198.

11. Ramana Maharshi, s. 129.

12. Jungin ego-käsitettä selitin lyhyesti luvussa 5. Freudin näkemykset on esitetty esim. lähteessä Freud (1), ss. 466–472, lainaus s. 47. Freudin egokäsite oli eräänlainen ulkomaailman huomioonottava terveen järjen prinsiippi ihmisessä, ja osa sen "alueesta" saattoi jäädä piilotajuiseksi.

13. Esim. Freud (2), ss. 172–182. Ks. yleisemmistä uskonnonfilosofisista näkemyksistä esim. Hegel, ss. 328–394, ja Voltaire s. 58.

14. Ramana Maharshi, s. 23 ja s. 129. Lainauksessa olen muuttanut kahden viimeisen lauseen järjestykset. Ramana Maharshi ei erota lainaamissani kohdissa kahta egon eri kehitysvaihetta. Siten hän puhuu egosta, minuudesta ja mielestä synonyymeinä (s. 129). Ko. lainauksesta olen jättänyt mieli-sanan pois, ettei se turhaan sekoittaisi lukijaa.

15. Ks. jungilaisen psykologian käsityksistä lukua 5. Freudin teoriasta ks. esim. Freud (1), ss. 458–465 ja ss. 469–470.

16. Tässä jakeessa (Ilm. 13:14) esiintyvää ilmaisua "pedon nähden" en tekstissä tulkitse. Sama ilmaisu esiintyy jo jakeessa 13:12, jossa sanotaan, että maasta noussut peto "käyttää ensimmäisen pedon valtaa sen nähden".

Kreikan kielessä esiintyy näissä kohdissa prepositio *enōpion*, joten käännös "nähden" ei ole ainoa mahdollinen. Uudessa suomennoksessa käytetään ilmaisuja "pedon puolesta" (Ilm. 13:12) ja "pedon nimissä" (Ilm. 13:14), ja uusissa englanninkielisissä raamatunkäännöksissä esim. sanonta "in its presence" eli "sen läsnäollessa". Kielellisesti huono, mutta mahdollinen käännös olisi myös "sen edessä". Jos seurataan näitä käännöksiä, asiasisältö on luonteva. Nykypsykologian termein tietoisuuden ja piilotajunnan tasot ovat molemmat läsnä, ja tietoisuuden taso ammentaa voimaa piilotajunnan tasolta. Filosofisemman sanaston mukaan harhan suppeampi muoto saa voimaa harhan laajemmalta ja perustavammalta muodolta.

Ilmestyskirjan jakeessa 13:12 sanotaan myös, että maasta noussut peto saa ihmiset kumartamaan merestä noussutta petoa. Tätäkään kohtaa en tekstissä tulkitse, sillä merkitys on ilmeinen. Yleisesti ottaen Johannes tähdentää tajunnallisen harhan voimaa. Ihmisen konkreettiset ominaisuudet alistuvat pedon eli harhan valtaan.

17. Ks. Nikolainen, ss. 149–150.

18. Gal. 6:7.

19. Matt. 22:52.

20. Jer. 15:2. Ks. myös Jer. 43:11–12.

21. Ks. armosta ja ihmisen omasta toiminnasta esim. Katariina Genovalainen, s. 33, *Jeesuksen rukous*, ss. 166–167, ja Ramana Maharshi, s. 112.

22. Dan. 7:1 ja 7:3–7.

23. Karhua myyttikuvana olen käsitellyt hieman laajemmin kirjassani *Nainen ja myyttinen nainen*, ss. 81–85, s. 211 ja ss. 214–215. Korostan samalla, että sidonnaisuus aineeseen, jota karhu piilotajunnan ohella symboloi, ei selitä harhan koko luonnetta. Harhahan tarkoittaa olennaisesti väärää arvojärjestystä eli olennaisen pitämistä epäolennaisena. Ihminen voi olla vapaa psyykkisellä ja henkisellä tasolla sidonnaisuudesta aineeseen, vaikka hän samalla toimii aineellisessa maailmassa (ks. tästä aiheesta loppulukuja).

24. Leijonan kita pedon uhkaavana suuna esiintyi luvussa 9. Leijonan ja jalopeuran merkityksistä perusenergian ja korkean henkisen todellisuustason symboleina ks. lukuja 4, 5 ja 6.

25. Yogananda (1), s. 145. Kyseinen kreikan sana on *plēgē*, joka tarkoittaa iskua, haavaa ja vitsausta. Yleensä se on Ilmestyskirjassa käännetty vitsaukseksi. (Ks. sanan tulkinnasta myös Court, ss. 132–133.) Uudessa raamatunsuomennoksessa käytetään sanaa "surmanisku". Kohdan tulkinnassa nojaan siihen, että peto on ihmisen oman egotajunnan symboli. Autuuden kokemus tyrmää kuin iskulla tuon harhaisen tajunnan. Samasta syystä autuuden kokemus on pedon kannalta vitsaus.

26. Eckart (1), s. 56, ks. myös Teinonen, s. 36.

27. Ks. pedon luvusta Nikolainen, ss. 156–157.

28. Tolstoi, ss. 78–79. Tolstoi antaa tosin Pierre Bezuhovin löytämän yhteyden oman nimensä ja pedon luvun välillä herättää Bezuhovissa sankaruuden ja onnen odotusta: "kaiken tuon täytyi – – johtaa hänet suuriin sankaritöihin ja suureen onneen" (mt. s. 79). Olennaista on kuitenkin se, että ihminen havahtuu miettimään pedon luvun merkitystä omalla kohdallaan.

29. Joissakin Ilmestyskirjan käsikirjoituksissa pedon luku on 616 (Nikolainen, s. 156). Tämäkin on helppo tulkita symbolisesti. Ihminen on sidottu ristiriitojen aiheuttamiin jatkuviin muutoksiin, joita luku kuusi symboloi. Hän voi kuitenkin elää myös itseisarvokokemusten ykseyttä, jota luku yksi symboloi, mutta haluihin ja harhaan sidottuna hän joutuu pian palaamaan ristiriitoihin ja niiden aiheuttamiin muutoksiin. Platonia mukaillen voisimme sanoa, että ihminen on kuin koditon kulkuri, Eros, jolta se, mitä hän itselleen hankkii

eli hetken tyydytys, katoaa pian, ja hän joutuu aloittamaan vaelluksensa jälleen köyhänä kulkurina (Platon (5), kohdat 203c–e, ss. 118–119). Koska tässä pedon luvun versiossa esiintyy kuutosten ohella ykkönen, kyse olisi buddhalaisen elämänpyörän valoisasta puoliskosta.

30. Gilson, ss. 44–45 ja s. 58; Bernhard Clairvauxlainen (3), s. 985.

31. Gothóni ja Mahapañña, ss. 80–82.

14. luku

1. Esim. Jes. 1:27, Jer. 14:19, Aam. 6:1 ja Hebr. 12:22; ks. aiheesta laajemmin Saarisalo, ss. 1012–1013.

2. Avalon, s. 147–148.

3. Ristin Johannes (3), s. 65; ks. myös Bonaventura (1), s. 89 ja s. 113.

4. Esim. Daya Mata, s. 172.

5. Eckart (1), s. 71 ja Eckart (2), s. 139 ja s. 142. Yhtymisen symboliikkaa egon tasolla selitin luvussa 9 valottaen sitä lainauksella pyhältä Teresalta; ks. ko. luvun viitettä 29.

6. Pyhä Teresa (2), esim. s. 22, s. 95, s. 211 ja ss. 239–240. Tämä asia tuli osittain esille jo luvussa 11; ks. ko. luvun viitettä 14 ja sitä vastaavaa tekstikohtaa. Ks. myös Eckart (1), s. 5.

7. Eckart ei sano tätä asiaa täysin avoimesti, mutta se on ilmeinen seuraavien kohtien pohjalta: Eckart (1), s. 191, ja Eckart (2) s. 184. Mainitsemani kohdat mestari Eckartin saarnoista selventävät myös muuten jakeen Ilm. 14:4 merkitystä.

8. Saarisalo, s. 814. Ks. maanpakolaisuuden ja vieraan maan symboliikasta lukuja 7 ja 9.

9. *Jeesuksen rukous*, s. 79.

10. Ks. haureuden symboliikasta lukua 9.

11. Kappaleen lainaukset esiintymisjärjestyksessä: Ristin Johannes (2), s. 74 ja s. 109, Ristin Johannes (3), s. 71, Ristin Johannes (2), s. 78, s. 70 ja s. 58.

12. Raamattuviitteet: Joh. 5:27, Luuk. 17:30 ja Luuk. 17:33.

13. Esim. Dan. 7:13, Mark. 13:26 ja 14:62.

14. Ks. sanan *stefanos* merkityksestä tarkemmin luvun 4 viitettä 42, vrt. myös luvun 9 viitettä 9.

15. Viiniä ihmisen ydinmehun merkityksessä selostin alustavasti luvussa 6.

16. Ristin Johannes (2), s. 75 ja s. 86.

17. Mt. ss. 58–70.

18. Mt. s. 58, s. 61 ja s. 63.

19. Mt. s. 100.

20. Mt. ss. 107–108; ks. Jumalan vihasta myös lukua 6.

21. Mt. s. 106.

22. Mt. s. 107.

23. Veren symboliikkaa olen käsitellyt luvuissa 6, 7, 8, ja 11. Varsinkin luvussa 6 tuli esille veri ihmisen ydinmehuna.

24. Pyhä Teresa (2), s. 75.

25. Pyhä Teresa (5), s. 107; ks. myös Pyhä Teresa (3), s. 193, jossa Teresa käyttää ilmausta "Järjen on asetuttava paikalleen ja tartuttava suitsiin". Hevonen voidaan tässä Ilmestyskirjan kohdassa tulkita myös ihmisen energiaperustaksi, vaikka olenkin yksinkertaisuuden vuoksi käyttänyt tekstissä vain sanaa "tajunta".

26. Luvun 1600 symboliikka mahdollistaa luonnollisesti muitakin tulkintatapoja. Johannes saattaa esimerkiksi käyttää lukuja yksi ja kuusi myös sen takia, että hän tuntee olevansa vapautumassa pedon luvun vallasta, sillä luvun 666 symboloima turhan etsinnän kehä murtuu rakkauden ja ykseyden avulla, ja näitä Johannes on nyt elänyt. Luku 1600 muodostaa Ilmestyskirjassa vielä kuin välivaiheen pedon luvun 666 ja luvun 1000 välille, joka esiintyy myöhemmin jakeissa Ilm. 20:4–7 ja joka symboloi ykseyttä.

27. Mahdollisuuksien rajoissa on myös sellainen hahmotustapa, että kuurnasta kuohuu verivirta, jonka pituus on n. 300 kilometriä ja syvyys n. puolitoista metriä (yksi vakomitta on n. 192 metriä). Jos kyseessä olisi verivirta, se olisi kuin alkumuoto paratiisin joelle, joka esiintyy Ilmestyskirjan lopussa. Verikenttä voitaisiin taas nähdä alkumuotona itse pyhälle kaupungille.

15. luku

1. Ristin Johannes (2), s. 86.

2. Wittgenstein-lainaus esiintyi luvussa 8, ks. ao. luvun viitettä 7; *Bhagavadgita* (1), II:69, s. 44. Itämaisessa kirjallisuudessa samsaran merta käytetään usein väljässä merkityksessä. Jos samsaran meri tarkoittaa *koko* harhan aluetta, vastaavuus Ilmestyskirjan lasisen meren ja samsaran meren välillä ei ole tässä luvussa täydellinen. Johanneshan puhuu näyssään vain pedon voittajista, eivätkä pedon voittajat ole vielä saavuttaneet voittoa itse lohikäärmeestä, joka ilmentää harhan laajempaa muotoa. Ks. samsaran kirjaimellisesta merkityksestä esim. lähdettä Yogananda (1), s. 471.

3. *Bhagavadgita* (1), III:39, s. 50.

4. Ristin Johannes (2), ss. 71–72.

5. Mt. s. 104.

6. Maljasymboliikkaa selostin luvussa 5. Malja on usein myyteissä ihmistajunnan kuva silloin, kun kyse on elämyksellisestä kokemisesta. Maljassahan voi olla nestettä, ja neste on luonteva elämystilan symboli. Johanneksen näyn malja on kultainen korostaen enkelien symboloiman tajunnantilan henkistä arvoa. (Kullan symboliikkaan palaan luvuissa 17 ja 21, jolloin se on keskeisemmin esillä.)

Johannes kertoo myös, että temppelistä lähtevät enkelit on puettu puhtaisiin hohtaviin pellavavaatteisiin ja vyötetty rinnoilta kultaisilla vöillä (Ilm. 15:6). Enkelien puhtaat, hohtavat vaatteet kuvastavat Johanneksen tajunnan ja nimenomaan hänen intuitionsa puhtautta. (Ks. valkoisten vaatteiden symboliikasta esim. lukuja 6 ja 7 ja jäljempänä lukua 19.) Kultaiset vyöt enkelien rinnoilla korostanevat, että käynnissä oleva muutos merkitsee Johanneksen rinnassa palavan rakkauden jalostumista kultaiseksi. (Kultainen vyö esiintyy jo jakeessa Ilm. 1:13.) Luulisin, että vöillä ei ole tässä yhteydessä sidottuna olemisen merkitystä, vaikka sekin olisi ymmärrettävää, koska Johanneksen syvähenkinen intuitio ei ole vielä täysin vapautunut.

7. Ristin Johannes (2), s. 107.

8. Mt. s. 104.

9. Mt. s. 106.

16. luku

1. Pasuunan puhalluksiin liittyvät vitsaukset esitettiin luvuissa 8, 9 ja 11. Näillä ja maljavitsauksilla on yhtymäkohtia myös Vanhassa testamentissa kuvattuihin Egyptin vitsauksiin sekä muihin Uuden testamentin apokalyptisiin katkelmiin (ks. Nikolainen, ss. 178–179, sekä Court, ss. 50–54 ja ss. 75–77).

2. Ristin Johannes (2), esim. s. 25, s. 29, ss. 93–94 ja s. 102.

3. Ristin Johannes (3), ss. 37–38.

4. Rakkauden ja ahdistuksen liittymistä toisiinsa selostin jo luvussa 8 verellä sekoitettujen rakeiden kohdalla.

5. Ristin Johannes (2), ss. 140–142; lainaus ss. 140–141.

6. Jokien ja vesilähteiden symboliikkaa selitin luvussa 8.

7. Ristin Johannes (2), s. 138.

8. Käytän lähteenä Patanjalin joogasutria, jotka sisältyvät Vivekanandan kootuuhin teoksiin sanskritin kielellä ja englanninkielisinä käännöksinä ja

joihin liittyy Vivekanandan tulkinnat. Tämä on kirjallisuusluettelossa teos Vivekananda (3). Mainitsen kuitenkin suluissa Vivekanandan teoksen sivunumerojen jälkeen myös tärkeimmät Patanjalin joogasutran numerot. Vaikka Patanjalin elinaikaa ei varmuudella tunneta, se sijoitetaan usein toiselle vuosisadalle eKr. (esim. Yogananda (1), ss. 224–225 ja s. 224n). Ks. tekstissä mainitsemistani asioista Vivekananda (3), ss. 189–190, ja Sivananda, s. 102. Joogateorian mukaisen tulkinnan joista ja vesilähteistä esitin luvussa 8.

9. Jakeet Ilm. 16:5–7: "Ja minä kuulin vetten enkelin sanovan: 'Vanhurskas olet sinä, joka olet ja joka olit, sinä Pyhä, kun näin olet tuominnut. Sillä pyhien ja profeettain verta he ovat vuodattaneet, ja verta sinä olet antanut heille juoda; sen he ovat ansainneet.' Ja minä kuulin alttarin sanovan: 'Totisesti, Herra Jumala, kaikkivaltias, totiset ja vanhurskaat ovat sinun tuomiosi'". Nämä sanat esiintyvät sen jälkeen, kun ensin on tullut haavoja ihmisiin, ja sitten meri, joet ja vesilähteet ovat muuttuneet vereksi. Näitä luvun alkutapahtumia sanat mielestäni kertaavat. Kun "he" eli ilmeisesti ihmiset ovat vuodattaneet pyhien verta, Johannes on itsetuntemuksellaan aiheuttanut kuin haavoja itseensä, niin että hänen syvempi ja sisempi tasonsa, itseys eli veri, on päässyt pursumaan esille. Muutos merkitsee samalla koko Johanneksen olemuksen syvenemistä, niin että myös ihmisten symboloimat pinnallisemmat tasot muuttuvat eli ne joutuvat juomaan verta. Silloin nekin joutuvat oppimaan rakkautta. Jakeissa Johannes nimittää kokemaansa tuomioksi. Tuomio onkin sopiva nimitys, sillä se egon kuoleutuminen, jota muutos merkitsee, on ollut kivulias. Mutta tuo kokemus on ollut myös hyvää tekevä, joten se on *Jumalan* tuomio.

10. Ristin Johannes (2), s. 112; ks. myös Ristin Johannes (3), s. 39.

11. Ristin Johannes (3), s. 38.

12. Eufrat-virtaa tulkitsin luvussa 9.

13. Ristin Johannes (3), s. 38 (lainaus) ja Ristin Johannes (2), s. 75.

14. Mt. s. 83.

15. Mt. s. 100 ja s. 111.

16. Mt. s. 100.

17. Vivekananda (3), s. 137, s. 171 ja s. 174.

18. Athanasios Suuri, ss. 24–25.

19. Ristin Johannes (2), s. 197 ("Perkelettä" koskeva lainaus), ss. 89–90 (erilaiset henget) ja s. 89 (rienaava henki).

20. *Milarepa, Tiibetin suuri joogi*, ss. 157–159. Ks. demonien kohtaamisesta myös esim. Allione, s. 144 ja ss. 146–148.

21. Esim. C. G. Jung kertoo muistelmissaan kokemuksesta, jossa hän tunsi elävästi useiden "henkien" läsnäolon ja ymmärsi heidän "puhettaan". Jungin kokemuksessa ei kuitenkaan ollut kysymys Ilmestyskirjan tapaisesta riivauskokemuksesta. (Jung (2), s. 215.)

22. Pyhä Teresa (2), s. 130, ks. myös mt. s. 129, s. 149 ja s. 199.

23. Ristin Johannes (2), ss. 89–90.

24. Matt. 4:8–9.

25. 2 Kun. 23:29 ja 9:27; ks. myös Tuom. 5:19, 2 Aik. 35:22 ja Sak. 12:11.

26. Ristin Johannes (3), s. 40, ja Ristin Johannes (2), ss. 105–106.

27. *Bhagavadgita* (1), I:11, s. 30; intialainen tulkinta: Shyamananda, s. 40.

28. Ks. vaatteiden symbolisesta merkityksestä lukua 6.

29. Raamattuviite Tess. 5:2; ks. myös Luuk. 12:36–43.

30. Ks. hengen köyhyydestä esim. Ristin Johannes (2), s. 102 ja s. 125. Tähän käsitteeseen palaan lähemmin luvussa 18.

31. Pyhä Teresa (2), ss. 130–131.

32. Ks. rakeista lukuja 8 ja 11. Rakeet esiintyivät jakeissa Ilm. 8:7 ja Ilm. 11:19.

33. Ristin Johannes (2), s. 94 ja s. 101 (pimeä katselu). Ristin Johanneksen esittämä vertaus perustuu Raamattuun.

17. luku

1. Esim. Nikolainen, ss. 188–190.

2. Vivekananda (7), s. 17.

3. Ristin Johannes (3), ss. 124–125.

4. Yogananda (1), s. 266.

5. Esim. Vivekananda (7), ss. 16–17, ja Yogananda (5), s. 162 ja ss. 169–170. "Välitön ja suora korkeimman Totuuden oivallus" on Ramana Maharshin ilmaus hieman muunnettuna (Ramana Maharshi, s. 128).

6. Selitin tätä pyhimyksen elämäntuntoa luvussa 5, jossa jae Gal. 2:20 oli täsmällisemmin esillä.

7. Irion, s. 348. Irion jatkaa Caycen tulkintaa ja esittää sen laajemmin, mutta tuo tulkinta poikkeaa omasta näkemyksestäni. Irionin tulkinnan mukaan Babylon on yleinen minätunne, joka kehittyy lapselle jo n. kuuden vuoden iässä.

8. Edinger (2), s. 120. Edingerin näkemys Babylonin portosta kuitenkin myös poikkeaa ehdottamastani tulkinnasta, sillä hän korostaa Babylon-kehitysvaiheessa torjuntojen elämistä (mt. ss. 120–121).

9. Ristin Johannes (4), s. 88, ks. myös s. 248.

10. Bernhard Clairvauxlainen (2), s. 476, ks. myös mt. s. 391, s. 115 ja s. 164.

11. Gregorius Suuri (2), s. 235.

12. Ristin Johannes (2), esim. ss. 29–31 ja s. 93. Tästä erottelusta mainitsin luvussa 16.

13. Pyhä Teresa (2), ss. 100–101, s. 211 ja s. 230.

14. Jungilaisen psykologian individuaatioteoriasta ks. luvun 5 viitettä 22; muilta osin ks. Jung (6), kohdat 377–381, ss. 226–227, ja kohdat 389–399, ss. 231–236.

15. Hes. 16:8, 16:26, 16:28–30 ja 16:63. Lainaamani tapahtumat eivät kata Hesekielin porttonäkyä kokonaisuudessaan.

16. Esim. Gilson, ss. 119–123. Ks. aiheesta myös esim. Ramana Maharshi, ss. 48–58, ja Yogananda (1), s. 412.

17. Myöhemmin pyhän kaupungin yhteydessä (luvussa 21) tämä vertaus täydentyy. Pyyteistään täysin vapautunut pyhimyssielu voi ikään kuin kulkea vapaasti immanenssin ja transsendenssin väliä oven eli pyyteisiin sidotun minuuden sulkematta oviaukkoa. Oviaukko on tuolloin pyhän kaupungin porttiaukko, ja Johannes kertookin kuvaavasti, että pyhän kaupungin portteja ei koskaan suljeta.

18. Pyhä Teresa (2), s. 23 ja s. 27.

19. Ramana Maharshi, s. 160.

20. Mt. ss. 127–128. Olen muotoillut hieman lainausta.

21. Erämaata eli oikeastaan autiomaata hengellisen valmistautumisen symbolina selitin luvussa 12.

22. Ristin Johannes (2), s. 93 ja s. 97.

23. Mt. s. 100.

24. Jes. 1:18; ks. punaisuudesta myös luvun 12 viitettä 41 ja sitä vastaavaa tekstikohtaa.

25. Ristin Johannes (2), s. 99. Olen vaihtanut lainausten järjestyksen.

26. Mt. ms.

27. Mt. s. 94.

28. Mt. s. 98.

29. Mt. s. 95.

30. Esim. Vivekananda (2), ss. 254–255.

31. Esim. *Jeesuksen rukous*, ss. 160–161.

32. Ks. esim. Nikolainen, s. 194.

33. Vuoren symboliikkaa selitin luvuissa 6, 8, ja 14.

34. Ristin Johannes (2), s. 97.

35. Raamattuviite Jes. 14:13. Baabelin kuninkaan tulkitseminen saatanaksi on sekin luontevaa; yksi tulkintahan ei sulje muita pois. Saatana-tulkintaa puoltaa mm. se, että kointähti eli aamutähti Venus on eräänlainen valontuoja eli Lucifer. Lisäksi saatanan putoaminen taivaalta voidaan yhdistää Raamatun kohtiin Ilm. 12:9 ja Luuk. 10:18. Jälkimmäisessä kohdassa Jeesus sanoo nähneensä saatanan lankeavan taivaasta kuin salama. Palaan Jesajan kirjan Baabelin kuninkaaseen luvun 22 viimeisessä viitteessä, jossa ehdottamani ego-tulkinta saa lisäperusteita.

36. Ristin Johannes (2), ss. 97–98.

37. Ramana Maharshi, s. 23, s. 40 ja s. 127.

38. *Bhagavadgita* (1), II:71, s. 44; XII:13, s. 96, ja XVIII:53, s. 123.

39. Ristin Johannes (2), s. 99 (lainaus), ja s. 93 ja s. 99.

40. Uudessa raamatunsuomennoksessa portto ei enää istu paljojen vetten päällä, vaan hän asuu suurten vesien äärellä. Tämäkin on mahdollinen käännös, ja sen valinta johtunee historiallisesta tulkintatavasta, jonka mukaan Babylon on Rooma. Alkukielessä käytetään ko. kohdassa prepositiota *epi* ja verbiä *kathēmai*, ja samaa prepositiota ja verbiä käytetään, kun porton kerrotaan istuvan pedon päällä. Toisin sanoen paljojen vetten ja porton keskinäinen suhde on ilmaistu samoilla sanoilla kuin pedon ja porton keskinäinen suhde. Tämän omassa tulkinnassani olennaisen vastaavuuden vanha suomennos tuo kiitettävästi esille, niin oudolta kuin porton istuminen paljojen vetten päällä käsitteellisen ajattelun näkökulmasta tuntuukin.

41. Ramana Maharshi, ss. 128–129; lainaukset olivat osittain esillä jo luvussa 13.

42. Ramana Maharshi, s. 80; vrt. myös Vivekananda (3), s. 242.

43. Ristin Johannes (2), s. 100.

44. Mt. s. 102 ja s. 75.

45. Mt. s. 109.

46. Palamisen symboliikkaa esittelin luvussa 8 ja paahtumisen tunnetta luvussa 16. Enkeli ennustaa Johannekselle myös tapahtumia, jotka seuraavat

porton hävittämistä. "He – – antavat kuninkuutensa pedolle, kunnes Jumalan sanat täyttyvät" (Ilm. 17:17). Ei ole aivan selvää, keitä "he" ovat. "He" voivat tarkoittaa pedon sarvia tai kansoja, väkijoukkoja ja kansanheimoja tai kaikkia näitä. Sanojen yleinen sisältö on kuitenkin helppo ymmärtää. Porton hävittämisen jälkeen jää näet jäljelle vielä se peto, joka porton syö. Toisin sanoen ihminen ei vapaudu heti koko harhaisesta tajunnastaan, vaikka hän pystyisikin luopumaan oman minänsä tunnosta. Omasta minästä luopumisen jälkeen täytyy siis seurata vielä kamppailu pedon voittamiseksi, ja täydellinen vapautuminen pedosta eli harhasta on Jumalan sanojen täyttymistä.

Vapautumiseen johtavia tapahtumia Ilmestys on ennakoinut jo muutamaa jaetta aikaisemmin enkelin kertoessa edessä olevasta taistelusta: "He [petoon liittyvät erilaiset myyttikuvat] sotivat Karitsaa vastaan, mutta Karitsa on voittava heidät" (Ilm. 17:14). Taistelussa on siis jälleen kaksi vastakkaista osapuolta: toisaalta erilaiset harhaiset sidonnaisuudet ja toisaalta Itseys. Tällaista välien selvittelyä tai taistelua kuvataan luvuissa 19 ja 20 (Ilm. 19:17–21 ja 20:8–9) sen jälkeen, kun Johannes on vapautunut Babylonin portosta seuraavan näkynsä aikana.

Tulkitsen enkelin paljastuksista vielä pari jaetta, jotka kirjallisuudessa ovat olleet erityisen mielenkiinnon kohteena; näistä jakeista on nimittäin luettu odotus keisari Neron jälleensyntymästä (ks. Nikolainen, s. 192–197). Esitän niistä seuraavassa psykologiset tulkinnat.

"Peto, jonka sinä näit, on ollut, eikä sitä enää ole, mutta se on nouseva syvyydestä ja menevä kadotukseen" (Ilm. 17:8). Oletan, että Johannes tarkoittaa jälleen pedolla tajunnallista harhaa, mutta nyt hän puhuu siitä nimenomaan harhaisen tajunnanmuodon välittömänä elämyksellisenä kokemisena. Enkeli siis sanoo, että peto on ollut, sillä Johannes on joutunut välittömästi elämään harhaisia tajunnantiloja. Tämä tapahtui edellisessä näyssä varsinkin Johanneksen riivauskokemuksen aikana (Ilm. 16:13). Kun enkeli sanoo, että petoa ei nyt ole, hän mielestäni tarkoittaa, että Johannes elää parastaikaa (eli tässä luvussa 17) kirkasta, seestynyttä ja intuitiivisesti tiedostavaa tajunnantilaa. Tälläisen tajunnantilan aikana harhaisuus eli peto on ikään kuin vetäytynyt piilotajuntaan eli syvyyteen. Mutta pian Johannes joutuu jälleen elämään pedon symboloiman harhaisen tilan, ja silloin peto nousee syvyydestä. Tällaista kokemusta Johannes kuvaa varsinkin jakeessa Ilm. 19:19. Mutta peto voitetaan ja se heitetään tuliseen järveen jakeessa 19:20. Tuolloin peto menee kadotukseen.

Samat asiat kerrataan vielä hieman toisin sanakääntein jakeessa 17:11. Jakeen ymmärtämiseksi lainaan myös jaetta 17:9, jota jo tekstissä tulkitsin. "Ne seitsemän päätä ovat seitsemän vuorta, joiden päällä nainen istuu; ne ovat myös seitsemän kuningasta; – – Ja peto, joka on ollut ja jota ei enää ole, on itse kahdeksas, ja on yksi noista seitsemästä, ja menee kadotukseen." (Ilm. 17:9,11.) Kuninkaat edustavat tulkinnassani tajunnan alempia keskuksia, eli ihmistä esim. tietoisesti toimivana, tahtovana ja selkeästi tuntevana subjektina. Ne edustavat siis ilmitajunnan tasoa. Peto sen sijaan kuuluu piilotajunnan tasolle, silloin kun sitä ei ole eli kun se on syvyydessä. Enkeli siis käyttää pedosta – silloin kun sitä ei ole – ilmausta, että peto on kahdeksas; toisin sanoen peto on ilmitajunnan tasoa edustaviin kuninkaisiin nähden ulkopuolinen. Mutta kun peto nousee syvyydestä, Johannes joutuu selkeästi ja välittömästi elämään sen edustaman harhaisuuden, ja silloin petokin kuuluu ilmitajunnan tasolle. Silloin se on myös kuin "yksi noista seitsemästä".

Näissä ensi näkemältä oudon tuntuisissa jakeissa Ilmestyskirja mielestäni teroittaa, että vapautuakseen täydellisesti ihmisen täytyy elää tajuntansa harhaiset sisällöt avoimesti ja voittaa ne. Ne eivät saa jäädä tajunnan pohjalle torjutuiksi tai muuten piiloon.

18. luku

1. Ristin Johanneksen ajatukset, joihin tässä kappaleessa viittaan, ovat olleet jo esillä. Hänhän jakaa puhdistuksen kahteen päävaiheeseen, aistien yöhön eli aistien puhdistukseen ja hengen yöhön eli hengen puhdistukseen (Ristin Johannes (2), ss. 29–31 ja s. 93; tästä erottelusta mainitsin luvuisssa 16 ja 17. Ajatus, että sielun aistisen osan puhdistus ei ole valmis ennen hengen puhdistusta oli esillä edellisen luvun kohdassa, jossa tulkitsin porttoa kauhistusten äitinä).

2. Koska kaupungissa on paljon rakennuksia ja asukkaita, kaupunki kuvannee ihmisen minuuden tuntoon liittyviä tajunnantiloja, kun taas portto yksilöitynä myyttikuvana sopii symboloimaan varsinaista minuuden tuntoa. Silloinkin, kun Johannes puhuu Babylonista kaupunkina hän kuitenkin näyttää personifioivan sen. Ks. kaupungista tajunnantilan symbolina lukuja 11 ja 16.

3. Eckart (1), s. 55, raamattuviite Matt. 21:12.

4. Ristin Johannes (2), s. 94.

5. Ks. haureudesta lukuja 9 ja 17.

6. Ks. suitsukkeesta lukuja 5 ja 8.

7. Ristin Johannes (2), s. 148.

8. Ristin Johannes (3), ss. 105–106; ks. myös Ristin Johannes (2), s. 125 ja s. 128.

9. Ristin Johannes (2), s. 53.

10. *Bhagavadgita* (1), II:47, s. 41, II:49, s. 41, ja II:51. Viimeisin lainaus on oma käännökseni. Sanan "autuus" kohdalla on alkutekstissä sana *anamayam*, joka tarkoittaa kirjaimellisesti "vailla kärsimystä", ks. *Bhagavadgita* (2) s. 135. Tila, joka on vailla kärsimystä, on samadhi. Eri käännöksissä asia on

ratkaistu eri tavoin. Teivonen käyttää sanaa "terveellinen paikka" (*Bhagavadgita* (1), s. 41). Lähteessä *Bhagavadgita* (2) käännös kuuluu "Saavuttaa olotilan kaikkien kärsimysten ulottumattomissa (palaamalla takaisin Jumalan luo)" (mt. s. 137). Englanninkielisistä käännöksistä löytyy mm. ilmaisu "The highest seats of bliss" (*Bhagavadgita* (3), s. 20).

11. Pyhä Teresa (2), s. 46, s. 62, ss. 110–116 ja s. 204. Ajatus on tietysti varsin yleinen kristillisessä kirjallisuudessa, ks. esim. Gilson, s. 135.

12. Ristin Johannes (2), s. 96.

13. Esim. Vivekananda (3), s. 191, s. 208, s. 270 (=Patanjali III:1) ja s. 310.

14. Lainaamiini jakeisiin sisältyvät sanat: "Antakaa hänelle kaksinkertaisesti hänen teoistansa; siihen maljaan, johon hän on kaatanut, kaatakaa te hänelle kaksin verroin" (Ilm. 18:6). Ehkä se, että porton tulee saada kaksin verroin teoistaan, ilmaisee hengen yön elämyksellistä kauhistavuutta, mutta kaksinkertaisella kostolla voi olla myös mielenkiintoinen ja Johanneksen näkyjen etenemiseen sopiva teoreettinen perusta. Erillisen minuuden tunto on näet kuin kaksinkertaisesti harhainen. Ensinnäkin se on pelkkä tietoisen mielen luoma harhakuva, ja toiseksi sen pohjana on harhainen tietoisuutta laajempi egotajunta eli Ilmestyskirjan peto. Näin porton lopullinen hävittäminen vaatii kuin kaksinkertaisen tuhon tai koston, kuten edellisen luvun viimeisessä viitteessä selitin: ensin porttoon kohdistuvan ja sitten petoon kohdistuvan.

15. Ristin Johannes (2), s. 58.

16. Ks. Ristin Johanneksen sanoista tämän luvun viitettä 8. Neitsyistä ks. lukua 14.

17. Jes. 13:19–20; ks. myös Jer. 51. luku.

18. Ristin Johannes (3), ss. 37–38. Tulta myyttikuvana olen käsitellyt aikaisemmin varsinkin luvussa 8.

19. Yogananda (6), s. 98; vanhan karman palamisesta viisauden tulessa ks. lukua 8.

20. Ristin Johannes (2), s. 125, s. 134 ja s. 142. Pimenemistä selostin jo luvussa 16.

21. Ristin Johannes (2), s. 125.

22. Mt. ss. 117–118.

23. Mt. s. 128.

24. Mt. s. 99, lainauksen alkuosan sijamuodon olen muuttanut inessiiviksi.

25. Mt. s. 112 ja ss. 129–130.

26. Mt. s. 136.

27. Mt. s. 135.

28. Laulu ja soitto ovat esiintyneet itseisarvokokemuksen merkityksessä luvuissa 5 ja 14.

29. Ks. pyyteettömästä pyhimysmäisestä toiminnasta lukuja 5 ja 16 sekä jäljempänä lukua 21. Babylonin tuhoa kuvataan tämän luvun lopussa myös seuraavilla sanoilla, jotka ovat sisällöllisesti aikaisemman toistoa: "Ja hänestä on löydetty profeettain ja pyhien veri ja kaikkien veri, jotka maan päällä ovat tapetut" (Ilm. 18:24). Luvussa 17 selitin, että ihmisen oman minän tunto ikään kuin imee itseensä rajoittavalla tavalla arvokokemuksen, niin että se ei voi laajeta aitoon autuuteen asti. Siksi portosta löytyy nyt pyhien ym. veri, ja kun portto hävitetään tuo veri voi vapaasti ilmetä autuutena.

30. Jakeessa Ilm. 19:3 ei siis enää puhuta palon savusta vaan pelkästä savusta, ja mielestäni tämä on merkityksellistä korostaen minuuden tunnon pimentävää ja harhauttavaa luonnetta. Ilmaus "harhan savuverho" esiintyy esim. lähteessä Yogananda (4), s. 418. Savun iankaikkinen nouseminen voisi tietysti ilmaista myös Johanneksen portolle langettaman tuomion emotionaalista voimaa; Johannes tahtoisi porton ikään kuin käristyvän aina ja iankaikkisesti. Pidän teoreettista tulkintaa kuitenkin tärkeämpänä.

31. Jer. 51:63–64.

32. Mark. 9:42.

33. Pyhä Teresa (2), s. 73. Tässä kohdassa Teresa saattaa lukea myllyn liikkeisiin myös ne "häiritsevät äänet", joita hän päässään kuulee (ks. mt. ss. 71–73). Koska nuo äänet ovat käsitykseni mukaan Om-ääniä, en omassa tulkinnassani lue niitä Babylonin myllynkiven aiheuttamiin vaivoihin. Mylly-vertaus esiintyy myös lähteessä Pyhä Teresa (4), s. 142, jossa Teresa vertaa nimenomaan ihmisen ymmärrystä jauhavaan myllyyn.

34. Buddhalaista elämänpyörää esittelin luvussa 13. Myllynkivi, siten kuin sitä tässä tulkitsen, ja elämänpyörä eivät vastaa kuvioina toisiaan muuten kuin pyöreän muotonsa puolesta. Elämänpyörässä keskus nimittäin esitetään harhaisimpana, mutta myllynkiveä tulkitsen siten, että keskus merkitsee vapautumista.

19. luku

1. Ristin Johannes (2), ss. 145–149.

2. Pyhä Teresa (2), ss. 124–151, lahja-vertaus s. 149.

3. Larousse, s. 60 ja s. 57 (Babylonian myytit); Homeros (1), 14. laulu, säkeet 343–354, s. 306; Haavio, ss. 16–18 (karhunpeijaisjuhlat).

4. Kork. 6:3.

5. Ristin Johannes (3), s. 76, ks. myös mt. s. 80, ss. 82–83, s. 94 ja s. 109.

6. Mt. s. 24.

7. Vivekananda (1), ss. 59–61.

8. Avalon, s. 282, ss. 287–288 ja ss. 295–296.

9. Ks. Karitsan morsiamesta kirkkona esim. Nikolainen, ss. 216–218. Bernhard Clairvauxlainen (4), s. 290 ja s. 297. Bernhard puhuu kuitenkin myös kirkosta Kristuksen morsiamena (esim. Bernhard Clairvauxlainen (5), s. 271). Kristinuskon morsiusymboliikan kaksitasoista tulkintaa – morsian on sekä ihmissielu että kirkko – esitti jo Origenes Korkeaa veisua koskevissa selityksissään, jotka lienee kirjoitettu n. v. 240 (Origenes, esim. s. 21). Myöhemmin mm. Bonaventura tulkitsi kristinuskon ja ymmärtääkseni myös Ilmestyskirjan morsiussymboliikkaa siten, että morsian tarkoittaa sekä ihmissielua että kirkkoa (Bonaventura (1), s. 91, ks. myös mt. s. 89 ja s. 93).

10. *Early Dominicans*, s. 421. Tekstissä mainittu nunna oli sisar Agnes von Ochsenstein Unterlindenin luostarista; ks. tarkempia tietoja lähteestä mt. s. 480. Schlink, s. 43. Schlink käyttää Karitsan morsianta myös seurakunnan merkityksessä (mt. s. 375).

11. Jung (16), kohdat 223–225, ss. 180–182 (Karitsan häät jumalten häiden ilmiasuna). Jung korostaa jumalten häiden aiheessakin yliyksilöllistä ulottuvuutta: ihminen elää jo toisissa ihmisissä koettuaan jumalten häät (mt. kohta 226, s. 182). Kirjassaan *Job saa vastauksen*, johon tekstissä esittämäni tulkinnan loppuosa perustuu, Jung esittää niin vaikeaselkoisia spekulaatioita Ilmestyskirjan Karitsan häistä, etten ole varma olenko ymmärtänyt niitä oikein. Luulisin Jungin tarkoittavan, että Karitsan häät maailmankausien mittasuhteessa valmistelevat sitä lapsen syntymää, jonka Johannes oli kuvannut luvussa 12. Luvussa 12 lapsi temmattiin taivaaseen, eli Jungin sanoin lapsi kuului vasta "toiseen tulossa olevaan maailmaan". Tuo lapsi auringon ja kuun lapsena olisi kuitenkin – näin Jungia ymmärrän – aito vastakohtien sovitus ja sovitus voisi tapahtua "viimeisinä päivinä". Tämä tarkoittaisi, että ihmiset laajassa mittakaavassa löytäisivät tuona maailmankautena persoonallisen eheyden ja siten he hallitsisivat omassa olemuksessaan olevat valoisat ja pimeät eli hyvät ja tuhoisat voimat. (Jung (1), ss. 130–131; ks. myös mt. ss. 134–136.) Irion puolestaan tulkitsee Karitsan häät selvästi yksilötason eheytymiseksi (Irion, s. 370).

12. Katariina Sienalainen, s. 26.

13. Tätä teoriaa selostin luvussa 6. Ks. myös Yogananda (1), s. 145 ja s. 239.

14. Kappaleen raamattuviite Matt. 22:2–4; ks. myös Matt. 25:1–13 ja Luuk. 12:35–38. Ristin Johannes (1), s. 474.

15. Mithralaisuuden pyhästä ateriasta mainitsin luvussa 10. Amrita-nektarin juominen esiintyy esim. lähteessä Yogananda (1), s. 143; kohtaa lainasin luvun 11 lopussa.

16. Kuten luvun 5 viitteessä 39 selitin, enkelit tarkoittavat objektivistisemmin tulkiten uskonnollisiin todellisuusnäkemyksiin kuuluvia henkiolentoja. Tällaisen tulkinnan mukaan Johannes korostaisi sanoillaan eroa perimmäisen jumaluuden ja niiden todellisuuden henkisten tasojen välillä, joihin enkelit kuuluvat. Tämäkin tulkinta sopii Ilmestyskirjaan, sillä Johannnes antaa näkyjensä edetessä Jumalalle yhä selvemmin transsendenttisen merkityksen.

17. Nämäkin enkelin sanat voidaan ymmärtää myös enkelin objektivistisemmasta tulkinnasta käsin. Enkeli korostaisi jälleen sanoillaan eroa toisaalta transsendentin Jumalan ja toisaalta henkisen todellisuuden alempien tasojen välillä. Enkelit kuuluvat jälkimmäisille tasoille ja ovat siten verrattavissa ihmiseen suhteessaan transsendenttiin Jumalaan (ks. edellistä viitettä).

18. Ramana Maharshi, ss. 200–202; *Tao te ching*, esim. kohdat 47–48, s. 106, kohta 57, ss. 110–111, ja kohdat 63–64, ss. 113–114. (Ilmausta "teoton toiminta" käytetään kirjallisuudessa myös muissa merkityksissä.) Samantapaista hyvän tekemistä ilmensi luvussa 12 esittämäni laajentunut tajunnantila ja sitä heijastava uni. Unennäkijä huokasi "mitään näin hyvää en ole aikaisemmin tehnyt ihmisille", vaikka hän ei ollut toiminut lainkaan ulkoisesti kokemuksensa aikana.

19. Saarisalo, s. 9 (Amenin merkitys); muilta osin ks. lukua 4 ja esim. lähdettä Yoganada (3), s. 300.

20. Vivekananda (3), s. 192 ja s. 270 (=Patanjali III:1–3); Yogananda (1), s. 237; Yogananda (4), s. 340, s. 351 ja ss. 365–367.

21. Ramana Maharshi, ss. 158–159.

22. Yukteswar, s. 3, ss. 19–20, ss. 22–23, s. 56, s. 60, s. 62 ja s. 65; ja Ilm. 3:14.

23. Yogananda (3), s. 300; Om-ääneen sulautumisen ja Pyhän Hengen vuodatuksen samuus on esitetty selkeästi Yoganandan kanadalaissyntyisen oppilaan Sri Gyanamatan teoksessa (Gyanamata, ss. 140–141). Ristin Johannes (1), ss. 466–467; ks. myös Ristin Johannes (3), s. 93, jossa Ristin Johannes puhuu Pyhän Hengen voiteluista.

24. Ap. 2:1–4.

25. Intian osalta ks. Yogananda (4), ss. 340–341. Ristin Johannes (1), s. 467.

26. Ef. 6:17.

27. Pyhä Teresa (2), s. 141, "kommunikaatiot" esiintyvät myös esim. lähteessä Ristin Johannes (2), ss. 94–95.

28. Pyhä Teresa (2), ss. 135–136.

29. Pyhä Teresa (3), s. 195; ks. myös Pyhä Teresa (1), s. 430.

30. Ristin Johannes (3), ss. 58–59.

31. Yrjänän legenda on kerrottu esim. teoksessa Kirkkovuoden pyhät II, ss. 736–737. Kuvaliitteessä on yksi pyhän Yrjänän ikoni.

32. Yukteswar, ss. 20–21.

33. Tällainen kokemus on kuvattu esim. teoksessa Yogananda (1), s. 139, jossa Yogananda kertoo nähneensä henkisen valon salamointina.

34. Pyhä Teresa (2), s. 125 (lainaus). Teresan mainitsemia koettelemuksia olen käyttänyt esimerkkeinäni kuvatessani riivaajien kohtaamista ja Harmageddonin taistelua luvussa 16.

35. Lainaus on lähteestä Daya Mata, s. 236. Harhan tuli esiintyy myös mm. teoksessa Yogananda (3), s. 45.

36. Tulikivi esiintyi luvussa 9.

37. Esimerkiksi Markuksen evankeliumissa sanotaan: "Jos sinun kätesi viettelee sinua, hakkaa se poikki. Parempi on sinulle, että käsipuolena menet elämään sisälle kuin että molemmat kädet tallella joudut helvettiin, sammumattomaan tuleen." (Mark. 9:43.) Tässä helvetti voisi olla tajunnantila, jossa egohalut riivaavat ihmistä ja estävät häntä astumasta sisälle todelliseen elämään. Viettelevä käsi tarkoittaisi siis mitä tahansa vapautumista ehkäisevää pyrkimystä, ja halujen tuli olisi sammumaton, sillä se palaa niin kauan kunnes ihminen siitä pelastautuu vapautumalla haluistaan. Metafyysisemmin tulkiten tulen sammumattomuus voisi tarkoittaa, että tuli palaa niin kauan kuin haluihinsa sidottuja ihmisiä ylipäätänsä on olemassa. Tässäkin tapauksessa yksityinen ihminen voi kuitenkin vapautua tulesta vapautumalla haluistaan. Vapauduttuaan hän sitten pääsee sisälle elämään.

38. Yukteswar, s. 22.

39. Jung (1), ss. 116–120. Väärä profeetta saattoi olla Jungin mukaan myös Kristuksen "vastine pimeydessä" (mt. s. 116). Sikäli kuin olen ymmärtänyt Jungin tulkintaa Ilmestyskirjasta, sen keskeinen idea oli, että Ilmestys paljasti jumaluuteen sisältyvän kaksinaisuuden eli pahuuden hyvyyden ohella. Tämä kaksinaisuus jää kuitenkin sovittamatta yhteen tai sen sovitus siirtyy aikojen loppuun, jolloin vasta käy toteen näky aurinkonaisen synnyttämästä lapsesta, vastakohtien yhdistäjästä (ks. mt. ss. 121–122 ja s. 131 sekä edellä tämän luvun viitettä 11).

40. Enkeli, jonka Johannes jakeessa 19:17 näkee, seisoo auringossa. Aurinko tarkoittanee tässä yhteydessä ensinnäkin henkisen silmän valoa. Johannes on siis ilmeisesti syvässä meditaation tilassa samalla kun hän näkee näkynsä.

447

Mutta aurinkovertaus saattaa johtua myös siitä, että Johannes on aikeissa tehdä lopullista tiliä egosidonnaisuuksiensa ja yleensä harhan eri muotojen kanssa, ja vain tällainen tilinteko voi vapauttaa hänet lopullisesti vanhasta vieraantuneesta jumalakuvasta, jota aurinko Ilmestyskirjassa myös symboloi.

41. Ramana Maharshi, s. 115; ks. myös *Bhagavadgita* (1), II:17–22, ss. 37–38.

42. *Early Dominicans*, s. 410. Tarkempi lähde: Letter of St. Peter Martyr to the Prioress of St. Peter's in Campo Santo, Milan (mt. ss. 410–411); kirje on kirjoitettu n. 1200-luvun puolivälissä (mt. s. 429). Ks. myös Bonaventura (2), s. 281

43. Pyhä Teresa (2), s. 165. Teresa sijoittaa nämä kokemukset kuitenkin vasta seuraavaan kehitysvaiheeseen. Koska sisäistä tietä ei voida kaavamaistaa, meidän lienee mahdollista ajatella, että Johannes jo tässä näyssä kokee niistä jotain. Pyhä Teresa käyttää näistä kokemuksista mm. nimityksiä hengen lento, tempaus, riistämys ja raastamus.

44. Pyhä Teresa (4), s. 173 ja s. 181.

45. Clarke, s. 254; Larousse, s. 45; ja esim. Yogananda (1) s. 252 ja s. 252n.

46. Kotkan symboliikasta ks. lukua 6. Tähän yhteyteen kotka sopii myös intuition symbolina, ks. lukua 8.

20. luku

1. Pyhä Teresa (2), ensimmäisen kappaleen lainaukset ss. 152–154, toisen kappaleen lainaus s. 159.

2. Vivekananda (3), s. 180, s. 260 (=Patanjali II:24) ja s. 270 (=Patanjali III:3).

3. Yogananda (1), s. 238 (lainaus) ja s. 238n.

4. Esim. Pyhä Teresa (2), s. 162.

5. Yogananda (4), ss. 69–70.

6. Daya Mata, s. 187.

7. Yogananda (4), s. 227.

8. Yogananda (7), ko. lähteen takakansi.

9. Yogananda (4), s. 70.

10. Vivekananda (3), s. 231; Yogananda (4), ss. 49–57.

11. Hes. 38:2–3, 38:16 ja 39:11–13.

12. Vivekananda (3), s. 272.

13. Vivekananda (3), s. 234 ja s. 272; Yogananda (4), s. 49.

14. Ristin Johannes (2), s. 143 ja s. 152.

15. Pyhä Teresa (2), ss. 211–212; kaarisulkujen sisällä olevat Teresan sanat olen lisännyt tekstiin hieman myöhemmästä kohdasta eli sivulta 214, jotta piinan laatu tulisi lukijalle selväksi.

16. Mt. ss. 214–217.

17. Hes. 39:11–15.

18. Nämä itämaisen maailmankatsomuksen mukaiset näkemykset syntymän ja kuoleman kehästä löytyvät esim. teoksesta Yogananda (1), ss. 400–414; ks. myös Vivekananda (6), ss. 316–317. (Tekstissä puhun yksinkertaisuuden vuoksi vain astraalitasoista, vaikka itämaisessa kirjallisuudessa erotetaan myös näitä korkeammat ns. ideatasot.) Myös Platon esitti samantapaisen näkemyksen ihmisen kohtalosta dialogissaan *Faidon* (Platon (4), kohdat 112e–114d, ss. 74–75).

19. Raamattuviite Matt. 8:22; Ristin Johannes (3), s. 25 ja s. 62.

21. luku

1. Yogananda (1), s. 238, s. 400 ja s. 400n, sekä Ramana Maharshi, s. 197.

2. Waltari, ss. 183–184.

3. Tara Mata, ss. 9–13.

4. Ramana Maharshi, s. 206.

5. Mt. s. 205 (lainauksen ensimmäinen kappale) ja s. 199 (toinen kappale).

6. Pyhä Teresa (2), s. 243. Mainitsemani tieto perustuu siis kirjaan *Sisäinen linna*, mutta tämän kirjan jälkeen Teresa eli useita vuosia toimeliasta elämää perustaen monia luostareita. Hän kirjoitti tästä toiminnastaan vielä uuden kirjan, jossa hän ei kuitenkaan enää puhu hengellisen avioliiton sisäisistä asioista, joten en tiedä, koskeeko mainitsemani tieto koko hänen loppuelämäänsä.

7. Pyhä Teresa (2), s. 227.

8. Pyhä Teresa (1), s. 402, käännös teoksesta Pyhä Teresa (2), s. 276.

9. Kappaleen lainaukset ovat teoksesta Pyhä Teresa (2), mutta olen sijoittanut ne alkuperäisestä poikkeavaan järjestykseen. Lainaukset ovat esiintymisjärjestyksessä sivuilta 235, 240, 229 ja 223–224.

10. Ks. lukuja 5, 6 ja 16, sekä esim. Ristin Johannes (2), s. 100.

11. Pyhä Teresa (2), s. 238 ja s. 236.

12. Ristin Johannes (3), s. 76; Ramana Maharshi, s. 199.

13. Ramana Maharshi, s. 203.

14. Pyhä Teresa (2), s. 237.

15. Pyhä Teresa (5), s. 117 ja s. 163; Pyhä Teresa (2), s. 241; ks. myös Ristin Johannes (3), s. 26. Ilmestyskirjassa esiintyy käsittelemäni jakeen jälkeen vielä jae, jossa sanotaan: "Mutta pelkurien ja epäuskoisten ja saastaisten ja murhaajien ja huorintekijäin ja velhojen ja epäjumalanpalvojain ja kaikkien valhettelijain osa on oleva siinä järvessä, joka tulta ja tulikiveä palaa; tämä on toinen kuolema." (Ilm. 21:8.) Jakeen merkitys lienee selvä jo esittämieni tulkintojen pohjalta. Niin kauan kuin ihminen on sidottu erilaisiin egohaluihin, hän juotuu kulkemaan harhan meressä eli kuoleman ja syntymän kehässä, jota tulinen järvi Ilmestyskirjan tulkinnassani edustaa. Ks. jakeen symboleista mm. lukuja 9 ja 20.

16. Eckart (1), ss. 201–202; Ristin Johannes (3), s. 47; Pyhä Teresa (2), s. 22 ja s. 28; tähän pyhän Teresan näkemykseen, että Jumala asuu linnan sisimmässä huoneessa, viittasin luvussa 14 tulkitesssani neitsytvertausta. Timanttilinnan kuva esiintyy myös Teresan teoksessa *Täydellisyyden tie* (Pyhä Teresa (5), s. 143).

17. Juliana Norwichlainen, s. 174, ks. myös mt. ss. 128–129, s. 135, s. 145, s. 148 ja s. 202.

18. *Bhagavadgita* (1), V:13, s. 58 (yhdeksänporttinen kaupunki); henkikehosta ja astraalikehosta ks. lukua 6; Liu Hua Yang, s. 162 (timanttikeho).

19. *Tai I Ging Hua Dsung Dshi*, s. 121.

20. Gothóni ja Mahapañña, ss. 90–92. Olen kirjoittanut sanan "Tietoisuus" ko. lähteestä poiketen suurella alkukirjaimella korostaakseni, että kyse ei ole tavallisesta ahtaasta tietoisuudesta.

21. Ristin Johannes (3), s. 34.

22. Le Joly (1), s. 44.

23. Vivekananda (3), s. 228 (=Patanjali I:41); Yogananda (2), s. 93.

24. *Tai I Ging Hua Dsung Dshi*, s. 146; elämänenergian keskittymisestä ks. lukuja 16 ja 18.

25. Ristin Johannes (2), s. 100; ks. lukua 17.

26. Tällainen kokemus on kuvattu esim. lähteessä Serafim Sarovilainen, ss. 63–65. Sädekehää voidaan verrata myös siihen kultaiseen seppeleeseen, jonka voittajat Ilmestyskirjan mukaan saavat, sekä chakraoppia soveltaen siihen valaistumisen tilaan, jolloin elämänenergia on siirtynyt sahasraraan.

27. Ks. alkemistien tulkinnasta esim. Jung (4), kohta 40, s. 34.

28. *Tai I Ging Hua Dsung Dshi*, s. 121 ja s. 145.

29. Tämäntyyppisiä mandaloita on kuvaliitteessä (kuvat 2 ja 10). Ks. myös lähdettä Gothóni ja Mahapañña, ss. 90–92.

30. Tällaisia kuvia on esitetty esim. lähteessä Maclagan, s. 34 ja s. 91.

31. Jung (4), kohta 165, s. 124; ks. myös Jung (3), kohta 715, s. 388.

32. Gothóni ja Mahapañña, ss. 89–92.

33. 12.000 vakomittaa on n. 2.304.000 metriä, sillä yksi vakomitta on n. 192 metriä.

34. Kappaleen raamattuviitteet: Luuk. 6:47–48 ja Matt. 16:18.

35. Esim. *The Teachings of the Compassionate Buddha*, ss. 28–29.

36. *Tai I Ging Hua Dsung Dshi*, s. 146.

37. *Amitayur-Dhyana-Sutra*, s. 170.

38. Esim. Avalon, s. 253 ja s. 295.

39. Esim. mt. s. 253 (kuusiaskelmainen tie) ja mt. s. 355 (terälehtien ja siemenkodan erottaminen); Yogananda (1), s. 238 (lukumäärä kaksitoista). Lisäksi eri lähteissä erotetaan eri määrä chakroja, muun muassa 13 ja 144, sillä on olemassa tärkeitä ja vähemmän tärkeitä energiakeskuksia (Sivananda, s. 72). Jos chakroja katsotaan olevan 13 ja jos ylin on sahasrara, sahasraraa alempien keskusten lukumääräksi tulee jälleen 12.

40. Ramana Maharshi, ss. 136–138; Yogananda (1), s. 143; Yogananda (4), s. 4; *Chandogya upanishad* (1), s. 120–121, *Chandogya upanishad* (2), s. 107. Tekstissä soveltamani näkemyksen yksityiskohtaisempi tulkinta vaihtelee itämaisessa kirjallisuudessa. Paramahansa Yogananda katsoo, että kyseessä on sydänkeskus. Ramana Maharshi sen sijaan opettaa, että kyse ei ole sydänkeskuksesta vaan siitä poikkeavasta ns. henkisestä sydämestä. Henkiseen sydämeen perustuva hahmotustapa lienee taustalla myös aikaisemmin tekstissä mainitsemassani *Amitayur-dhyana-sutran* meditaatioharjoituksessa, sillä siinä pohjaa kannattaa seitsemän jalokiveä.

41. Serafim Sarovilainen, s. 16; Bonaventura (1), s. 90.

42. Dorotheos, ss. 114–115.

43. Tarkemmin ilmaisten Israelin lasten sukukunnat ovat ominaisuusluokkia; ks. tästä symboliikasta lukuja 5 ja 7.

44. Pyhä Teresa (2), s. 225.

45. Mt. s. 159.

46. Ramana Maharshi, s. 29.

47. Pyhä Teresa (2), s. 235.

48. Gothóni ja Mahapañña, ss. 89–92.

49. Äiti Teresa (1), s. 52, ja Äiti Teresa (2), s. 164.

50. Lainauksen katkelmat esiintymisjärjestyksessä: Äiti Teresa (1), s. 92; Le Joly (2), s. 12; Äiti Teresa (1), s. 65.

51. Pyhä Teresa (2), ss. 236–237.

52. *Bhagavadgita* (1), V:11, s. 58 (käännöksessä olen muuttanut kiintymyksen sidonnaisuudeksi); *Bhagavadgita* (1), III:30, s. 48 (käännöksessä olen muuttanut sanan "hyläten" sanaksi "omistaen", ja kirjoittanut sanan "Itse" suurella alkukirjaimella).

53. *Bhagavadgita* (1), XV:5–6, s. 107 (käännöksessä olen muuttanut sanan "kiintymys" sanaksi "sidonnaisuus" ja kirjoittanut sanan "Itse" isolla alkukirjaimella).

22. luku

1. Homeros (2), 4. laulu, säkeet 564–567, s. 70.

2. Ovidius, 1. luku, säkeet 89–112, s. 22; Hesiodos, säkeet 334–335, s. 46, ja Larousse, s. 144 ja s. 172.

3. Ristin Johannes (3), s. 26 ja s. 82; Ristin Johannes (2), s. 86.

4. Pyhä Teresa (2), s. 29 (ensimmäinen lainaus), ja s. 28 (jälkimmäinen lainaus).

5. Bernhard Clairvauxlainen (6), s. 315.

6. *Amitayur-Dhyana-Sutra*, ss. 166–181; ks. myös Gothóni ja Mahapañña, s. 90. Buddha Amitabhan läntinen maa on buddhalaisuudessa suosittu aihe. Ks. tästä laajemmin esim. *The Teachings of the Compassionate Buddha*, ss. 204–222. Tuon maan ja Ilmestyskirjan pyhän kaupungin yhteys on niin ilmeinen, että esim. ko. teoksen toimittaja E. A. Burtt mainitsee siitä (mt. s. 206). Joogateorian osalta ks. Avalon, s. 253.

7. Waltari, ss. 184–185.

8. Pyhä Teresa (2), s. 239. Teresan vertausta elävästä vedestä täydellisenä kontemplaationa käytin edellisessä luvussa, ks. luvun 21 viitettä 15. Kappaleen raamattuviite Joh. 7:38.

9. 1 Moos. 3:22.

10. Raamattuviite 1 Moos. 3:7. Lehtien ja hedelmien keskinäisestä symboliikasta hyvä esimerkki löytyy kirjasta *Jeesuksen rukous*, s. 20.

11. 1 Moos. 3:17.

12. Kyseinen raamatunkäännös on *Today's English Version*.

13. Esim. Larousse, s. 144.

14. Ristin Johannes (3), ss. 141–142 (molemmat lainaukset).

15. Avalon, s. 428 (*Sat-cakra-nirupana*-teksti); Tiibetiläinen kuolleiden kirja, s. 81 (lainaus; käännöksessä olen muuttanut sanan "mieli" sanaksi "tajunta") ja s. 79 ("täydellinen valaistuminen"); Yogananda (5), s. 158 ja s. 170.

16. Gothóni ja Mahapañña, s. 90; ks. myös Jung (3), kohta 636, s. 358. Vajran symboliikasta ks. Snodgrass, ss. 174–175.

17. 1 Kor. 15:24–28.

18. Ilmestyskirjan jaetta 3:12 tulkitsin luvussa 6. Maailman loppua tällaisessa merkityksessä käyttää Paramahansa Yogananda, joka selittää, että maailman loppu voi tarkoittaa, paitsi koko maailman loppumista, myös maailman loppumista yksilöllisen ihmisen kohdalla hänen saavutettuaan täydellisyyden (Yogananda (4), ss. 67–68). Itämaisen teorian mukaan ihminen voi inkarnoitua vielä täydellisyyden saavutettuaankin, mutta silloin hän ei enää inkarnoidu pakonomaisesti, vaan hän saapuu ns. *avatarana* vapahtamaan ihmisiä.

19. Tulkitsen Ilmestyskirjan loppujakeista vielä keskeisimmät kohdat, jotka kenties kiinnostavat lukijaa.

Ennustus

"Autuas se, joka ottaa tämän kirjan ennustuksen sanoista vaarin!" (Ilm. 22:7.) "Älä lukitse tämän kirjan profetian sanoja" (Ilm. 22:10). Ehdottamani tulkinnan mukaan Ilmestyskirja kuvaa myytin kielellä ihmisen henkisen tien aina täydellisyyteen ja autuuteen asti. Mutta me, joille kirjan sanoma on suunnattu, emme ole täydellisyyttä saavuttaneet, joten kirja on meille vasta ennustusta ja profetiaa siitä, mikä meille on mahdollistuutena avoinna. Lisäksi Ilmestyskirja voi olla ennustus vaativammassakin merkityksessä, mikäli sovellamme itämaista reinkarnaatio-oppia. Opin mukaanhan jokainen joutuu inkarnoitumaan niin monta kertaa, että hän saavuttaa lopulta täydellisyyden ja sen mukana pysyvän autuuden.

"Minä tulen pian"

"Ja Herra – – on lähettänyt enkelinsä näyttämään palvelijoilleen, mitä pian tapahtuman pitää" (Ilm. 22:6). "Aika on lähellä" (Ilm. 22:10). "Ja katso, minä tulen pian" (Ilm. 22:7). Sanat "minä tulen pian" toistuvat myös jakeissa 22:12 ja 22:20; jälkimmäisessä jakeessa sanojana on selvästi Jeesus.

Raamatun tutkijat katsovat perustellusti, että Uuden testamentin aikoina odotettiin lopun olevan lähellä ja Jumalan valtakunnan toteutuvan pian (Räisänen, s. 45 ja ss. 72–73). Jeesuksen toista tulemista ennustetaankin selvästi

Uudessa testamentissa. Esimerkiksi Johanneksen evankeliumissa Jeesus sanoo: "Vaikka menen, tulen takaisin ja otan teidät tyköni" (Joh. 14:3). Apostolien teoissa taas enkelit sanovat: "Tämä Jeesus on tuleva samalla tavalla kuin näitte hänen taivaaseen menevän" (Ap. 1:11).

Oletan kuitenkin, että Ilmestyskirjan päättyessä Johannes on oivaltanut tällaisten uskomusten sisäisen merkityksen: Jeesuksen uusi tuleminen on syvähenkisen tajunnantilan toteutumista ihmisessä. Itse asiassa myös tällaista tulkintaa käytetään uskonnollisessa kirjallisuudessa. Paramahansa Yogananda korostaa, että Kristuksessa on kaksi puolta, Kristus ihmisenä ja Kristus universaalina Henkenä, ja kun sisäisellä tiellä edennyt elää universaalia Henkeä itsessään, hänessä tapahtuu Kristuksen toinen tuleminen (Yogananda (4), s. 254). Näin tulkiten sanat "minä tulen pian" ovat kuin rohkaisu: se, joka ottaa Ilmestyksen sanoista vaarin, pääsee nopeasti perille ja löytää autuuden.

Pyhään kaupunkiin pääseminen

"Vääryyden tekijä tehköön edelleen vääryyttä, ja se joka on saastainen, saastukoon edelleen, ja joka on vanhurskas, tehköön edelleen vanhurskautta, ja joka on pyhä, pyhittyköön edelleen" (Ilm. 22:11). Sanat kuulostavat oudoilta uskonnollisen tradition sisällä, mutta Johanneksen tähänastisten erittelyjen pohjalta niille on mahdollista ehdottaa luontevia tulkintoja.

Ilmestyskirjan kuluessa Johannes on irtautunut vieraantuneesta uskonnollisuudesta, jonka mukaan Jumala olisi ihmisen ulkopuolinen rankaiseva ja palkitseva voima. Johanneksen uuden näkemyksen mukaan ihmiselämää kattaa sen sijaan sisäinen laki: se, miten itse kukin ajattelee, valitsee, tuntee ja toimii, määrää sen, minkälaiseksi hän itseään luo. Jos toimimme väärin, meistä tulee moraalisesti huonoja ja ymmärtämättömiä ja joudumme kärsimään monella tavalla sisäisesti, vaikka ulkoisesti menestyisimmekin. Ymmärtämättömällä on myös taipumus valita jatkuvasti väärin ja ymmärtäväisellä taipumus valita hyvin, kuten Raamatun kuuluisat sanat "sille, jolla on, annetaan, – – mutta siltä, jolla ei ole, otetaan" kertonevat (Matt. 13:12). Ilmestyskirjan jakeen pontimena on siis ehkä Johanneksen oivallus: hänen ei tarvitse saarnata parannusta toisille eikä varsinkaan uhkailla toisia tuomiolla. Jokainen palkitsee ja rankaisee itse itseään; ja siitä sisäisestä surkeudesta, johon joskus saatamme itsemme, voimme myös oppia ja muuttaa itseämme. Jokainen etenee omia teitään ja omalla tahdillaan kulkien.

Palkka

"Katso, minä tulen pian, ja minun palkkani on minun kanssani, antaakseni kullekin hänen tekojensa mukaan" (Ilm. 22:12). Sanojen lausuja lienee Jeesus, vaikka enkeli välittää sanat Johannekselle. Kun ihminen vapautuu kokemaan sitä pyhyysarvoa, jota Kristus edustaa, tuo arvon kokeminen on palkka sinänsä. Sen kokija ei tarvitse ulkoista palkintoa ponnisteluistaan. Sanat "antaakseni kullekin hänen tekojensa mukaan" ilmaisevat jälleen karman lakia, johon edellinenkin jae perustui. Jokainen saa kokea pyhyysarvoa siinä määrin kuin hän on itseään siihen valmistanut.

"Autuaat ne, jotka pesevät vaatteensa, että heillä olisi valta syödä elämän puusta ja he pääsisivät porteista sisälle kaupunkiin!" (Ilm. 22:14.) Näissäkin sanoissa korostetaan, että ihmisen täytyy itse muuttaa itseään voidakseen kokea korkeimpia pyhyysarvoja. Meidän täytyy puhdistaa tajuntamme eli vaatteemme sidonnaisuuksista, ja silloin saamme vastaanottaa henkistä ravintoa ja sisäistä pyhyysarvoa.

Kointähti

"Minä Jeesus – – olen Daavidin juurivesa ja hänen suvustansa, se kirkas kointähti" (Ilm. 22:16). Kointähti on esiintynyt jo Ilmestyskirjan toisessa luvussa, jossa sanotaan: "Ja [sille] joka voittaa – – annan – – kointähden" (Ilm. 2:26–28). Tähtitieteellisesti kointähti on aamutähti eli Venus, mutta sen symboliikka Raamatussa kiteyttää itseensä Ilmestyskirjan olennaista sanomaa, joten Johanneksen mukaan se varmaankin sopii kuin ihmiselämän johtotähdeksi.

Vanhassa testamentissa kointähti esiintyy Jesajan kirjassa kohdassa, jota olen jo osittain käyttänyt Babylonin porton rinnastuskohteena (luvussa 17, kohdassa "Portto vuorten päällä"). Jesajan mukaan Baabelin kuninkaalle viritetään kerran pilkkalaulu: "Kuinka olet taivaalta pudonnut, sinä kointähti, aamuruskon poika! – – Sinä sanoit sydämessäsi: 'Minä nousen taivaaseen, – – teen itseni Korkeimman vertaiseksi.' Mutta sinut heitettiin alas tuonelaan, pohjimmaiseen hautaan. – – sinä olet – – poisviskattuna niinkuin hylkyvesa, – – olet kuin tallattu raato." (Jesaja 14:12–19.) Kointähti on siis Raamatussa toisaalta Jeesuksen ja henkisen voiton symboli ja toisaalta Baabelin kuninkaan nimitys.

Yksi mahdollisuus ymmärtää tätä kointähden oudon tuntuista symboliikkaa on tulkita kointähti ihmisen puhtaaksi, alkuperäiseksi sieluksi; esimerkiksi Egyptissä tähdet hahmotettiin muun ohella ihmissieluiksi (Clark, s. 265). Kun puhdas sielu putoaa taivaasta, kuten ihminen Raamatun alussa lankeaa syntiin, se omaksuu egon kuoren itselleen. Silloin ihminen samastuu fyysiseen kehoonsa ja ahtaaseen tietoisuuteensa, ja hän on kuin Baabelin kuningas eli ego. Egona hän sitten rehvastelee luullen olevansa kaikkein mahtavin. Mutta lopulta hän joutuu tajuamaan egon oikean luonteen. Ego onkin pelkkä hylkyvesa ja rikkaruoho, joka täytyy kitkeä pois ja tallata raadoksi. Kun ego vihdoin kuolee ja ihmissielu palaa alkuperäiseen puhtaaseen tilaansa, ihminen on voittanut ja Kristus kokee toisen tulemisen hänessä. Silloin hänestäkin tulee arvokas juurivesa Daavidin sukuun hylkyvesan sijasta. Kointähti syttyy hänen sydämessään, ja Pietarin sanat täyttyvät: "Kunnes päivä valkenee ja kointähti koittaa teidän sydämissänne" (2 Piet. 1:19).

Lisäykset ja poistot

"Minä todistan jokaiselle, joka tämän kirjan profetian sanat kuulee: Jos joku panee niihin jotakin lisää, niin Jumala on paneva hänen päällensä ne vitsaukset, jotka ovat kirjoitetut tähän kirjaan; ja jos joku ottaa pois jotakin tämän profetian kirjan sanoista, niin Jumala on ottava pois sen osan, mikä hänellä on elämän puuhun ja pyhään kaupunkiin, joista tässä kirjassa on kirjoitettu." (Ilm. 22:18–19.) Jakeet pyrkivät takaamaan, että Ilmestyskirjan teksti pysyisi muuttumattomana. Koska Ilmestyksen tapahtumat näyttävät usein sekavilta ja mielettömiltäkin käsitteellisen ajattelun näkökulmasta, ei ole liioiteltua, että sen kirjoittaja pyrki jo ennakolta torjumaan mahdolliset muutokset. Tämän ilmeisen merkityksen lisäksi ehdotan jakeille syvällisempää tulkintaa.

Vaikka ihmisten henkistä kehitystietä ei voida ahtaa yhteen ja samaan kaavaan, Johannes ehkä kuitenkin tuntee esittäneensä jotain olennaista tuosta tiestä. Sanoessaan, että Ilmestyskirjasta ei saa ottaa mitään pois, hän ehkä varoittaa lukijaa liian helpoista oikopoluista. Jos sisäinen muutoksemme jää liian pinnalliseksi, emme saavuta syvähenkisen elämän korkeimpia tasoja eikä meistä kuoriudu esille pyhää kaupunkia eikä elämän puuta.

Varoituksen alkuosan "jos joku panee niihin jotakin lisää, niin Jumala on paneva hänen päällensä ne vitsaukset, jotka ovat kirjoitetut tähän kirjaan" tahtoisin tulkita seuraavasti: Jokainen, joka alkaa pohtien ja eläytyen lukea Ilmestyskirjaa, lisää siihen omat mietteensä, näkynsä ja kokemuksensa. Myyttikuvien tiedostava pohdinta ja kuviin eläytyminen toimivat suggestiivisella tavalla sisäisen muutoksen käynnistäjinä. Näin tulkitsija joutuu kamppailemaan niiden ongelmien kanssa, joita hän näyistä lukee, ja hän saa päälleen samat vitsaukset kuin Johannes, sillä hän alkaa *elää* Ilmestyskirjan kuvia ja tapahtumia.

LÄHTEET

Olen aakkostanut kirjat sen nimikkeen mukaan, jolla olen niihin viitteissä viitannut. Kirjoista olen maininnut pääsääntöisesti tekijän, kirjan nimen, kustantajan, julkaisupaikan (jos kirjassa on mainittu useampia, ensimmäisen niistä, tai jos julkaisupaikkaa ei ole, painopaikan) sekä painovuoden.

Allione, Tsultrim: Women of Wisdom, Arkana, Lontoo, 1986.

The Amitayur-Dhyana-Sutra (The Sutra of the Meditation on Amitayus), teoksessa Sacred Books of the East, osa 49, Buddhist Mahayana Sutras, ss. 159–201, toim. F. Max Müller, Motilal Banarsidass, New Delhi, 1985.

Anandamayi Ma: Ilonläpäisemän äidin sanoja, Peregrina Kustannus, Espoo, 1988.

Arndt, William F. ja Gingrich, F. Wilbur: A Greek-English Lexicon of the New Testament and Other Early Christian Literature; A translation and adaption of the fourth revised and augmented edition of Walter Bauer's Griechisch-Deutsches Wörterbuch zu den Schriften des Neuen Testaments und der übrigen urchristlichen Literatur; Second edition, revised and augmented by F. Wilbur Gingrich and Frederick W. Danker from Walter Bauer's fifth edition, 1958, The University of Chicago Press, Chicago, 1979.

Artemidoros: Suuri unikirja, WSOY, Porvoo, 1986.

Athanasios Suuri; Antonios Suuren elämä, Valamon Ystävät, Kerava, 1978.

Augustinus:

(1) Augustinuksen tunnustukset, WSOY, Porvoo, 1947.

(2) Augustine: City of God, toim. David Knowles, Penguin Books, Harmondsworth, 1980.

Avalon: Arthur (eli Sir John Woodroffe, jolla nimellä kirjan myöhemmät painokset on julkaistu): The Serpent Power, Ganesh & Co., Madras, 1958.

Bernhard Clairvauxlainen:

(1) S. Bernardi, abbatis primi Clarae-Vallensis: Tractatus de gradibus humilitatis et superbiae, Patrologia latina, osa 182, ss. 942–971, Pariisi, 1879.

(2) The Letters of Saint Bernard of Clairvaux, toim. Bruno Scott James, Burns Oates, Lontoo, 1953.

(3) S. Bernardi, abbatis primi Clarae-Vallensis: Liber de diligendo Deo, Patrologia latina, osa 182, ss. 974–999, Pariisi, 1879.

(4) Des Menschen Wert und Unwert, teoksessa Die Schriften des honigfliessenden Lehrers Bernhard von Clairvaux, osa 3, ss. 289–298, Georg Fischer Verlag, Wittlich, 1935.

(5) Die Zähne der Braut Christi, der Kirche, teoksessa Die Schriften des honigfliessenden Lehrers Bernhard von Clairvaux, osa 4, ss. 271–273, Georg Fischer Verlag, Wittlich, 1936.

(6) Paradiesesquellen, teoksessa Die Schriften des honigfliessenden Lehrers Bernhard von Clairvaux, osa 4, ss. 315–317, Georg Fischer Verlag, Wittlich, 1936.

Bhagavadgita:

(1) Herran laulu, Bhagavadgita, suom. ja johdanto Marja-Leena Teivonen, Gaudeamus, Helsinki, 1975.

(2) Bhagavad-gita, kuten se on, suom. Eerika Olausson, The Bhaktivedanta Book Trust, Los Angeles, 1983.

(3) The Song Celestial, Bhagavad-Gita, käännös Sir Edwin Arnold, Self-Realization Fellowship, Los Angeles, 1981.

Blyth, R. H.: Zen and Zen Classics, osa 1, The Hokuseido Press, Tokyo, 1977.

Bodhipuun juurella, toim. René Gothóni ja Mikael Tenzin Dönden, Otava, Helsinki, 1984.

Bonaventura:

(1) The Soul's Journey into God, teoksessa Bonaventure: The Soul's Journey into God, The Tree of Life, The Life of St. Francis, ss. 53–116, Paulist Press, New York, 1978.

(2) The Life of St. Francis, teoksessa Bonaventure: The Soul's Journey into God, The Tree of Life, The Life of St. Francis, ss. 179–327, Paulist Press, New York, 1978.

Brontë, Charlotte: Kotiopettajattaren romaani, Suuri Suomalainen Kirjakerho, Helsinki 1991.

Brother Lawrence of the Resurrection: The Practise of the Presence of God, Double Day, New York, 1977.

Brunton, Paul: Salaista Intiaa etsimässä, Karisto, Hämeenlinna, 1980.

Campbell, Joseph: Sankarin tuhannet kasvot, Otava, Helsinki, 1990.

Chandogya upanishad:

(1) From the Chandogya, teoksessa The Upanishads, ss. 113–126, käännös Juan Mascaró, Penguin Books, Harmondsworth, 1978.

(2) The Doctrine of the Chhandogyas, teoksessa The Ten Principal Upani-shads, ss. 85–117, käännös Swami Shree Purohit ja W. B. Yeats, Faber and Faber, Lontoo 1975.

Cirlot, J. E.: A Dictionary of Symbols, Routledge, Lontoo, 1971.

Clark, R. T. Rundle: Myth and Symbol in Ancient Egypt, Thames and Hudson, Lontoo, 1959.

Cook, Roger: The Tree of Life, Thames and Hudson, Lontoo, 1988.

Court, John, M.: Myth and History in the Book of Revelation, SPCK, Lontoo, 1979.

Cowen, Painton: Rose Windows, Thames and Hudson, Lontoo, 1979.

Cumont, Franz: The Mysteries of Mithra, Dover Publications, New York, 1956.

Dante: Helvetti, WSOY, Porvoo, 1912.

Daya Mata: Only Love, Self-Realization Fellowship, Los Angeles, 1976.

Dorotheos, Abba: Abba Dorotheoksen kaksitoista opetuspuhetta, WSOY, Porvoo, 1979.

Dostojevski, F. M.: Idiootti, osat 1 ja 2, Otava, Helsinki, 1959.

Early Dominicans, Selected Writings, toim. Simon Tugwell, SPCK, Lontoo,1982.

Eckart:

(1) Eckhart, Meister: Sermons & Treatises, osa 1, toim. M. O'C. Walshe, Element, Shaftesbury, 1991.

(2) Eckhart, Meister: Sermons & Treatises, osa 2, toim. M. O'C. Walshe, Element, Shaftesbury, 1989.

Edinger, Edward F.:

(1) Ego and Archtype, Penguin Books, Harmondsworth, 1980.

(2) The Bible and the Psyche, Inner City Books, Toronto, 1986.

Encyclopedia Britannica, osa 2, William Benton, Chicago, 1973.

Engelmann, Paul: Letters from Ludwig Wittgenstein with a Memoir, Basil Blackwell, Oxford, 1967.

Engels, Friedrich: Kristinuskon alkuperä (sisältää kirjoitukset Ilmestyskirja, ss. 29–40, ja Alkukristillisyyden historiasta, ss. 41–87), Kansankulttuuri, Helsinki, 1979, (alkutekstit: Mew (Marx-Engels Werke) osa 21, ss. 9–15, ja Mew, osa 22, ss. 447–473).

Eysenck, Hans J. ja Sargent, Carl: Selittämätön todellisuus, paranormaalien ilmiöiden salaisuudet, Karisto, Hämeenlinna, 1983.

Freud, Sigmund:

(1) Psyykkisen persoonallisuuden jäsentyminen, teoksessa Freud, Sigmund: Johdatus psykoanalyysiin, ss. 455–475, Gummerus, Jyväskylä 1969.

(2) Toteemi ja tabu, Love kirjat, Helsinki, 1989.

Gilson, Étienne: The Mystical Theology of Saint Bernard, Sheed and Ward, Lontoo, 1955.

Gossner, Simone D.: Zodiac, teoksessa The Encyclopedia Americana, osa 29, ss. 787–788, American Corporation, Danbury, 1978.

Gothóni, Réne ja Mahapañña (Mikael Niinimäki): Buddhalainen sanasto ja symboliikka, Gaudeamus, Helsinki 1990.

Gregorius Suuri:

(1) Sancti Gregorii Magni: Homiliarum in Ezechielem prophetam, Patrologia latina, osa 76, ss. 786–1072, Pariisi, 1878.

(2) St. Gregory the Great: Pastoral Care (Regula Pastoralis), The Newman Press, Lontoo, 1950.

Grof, Stanislav ja Christina: Beyond Death, Thames and Hudson, Lontoo, 1990.

Guillaume de Saint-Thierry (Guillelmi, abbatis Sancti Theoderici): Tractatus de contemplando Deo, Patrologia latina osa 184, ss. 366–379, Pariisi, 1879.

Gyanamata, Sri: God Alone, Self-Realization Fellowship, Los Angeles, 1984.

Haavio, Martti: Suomalainen mytologia, WSOY, Porvoo, 1967.

Harner, Michael: Shamaanin tie, Kansan Sivistystyön Liitto, (ei julkaisu- eikä painopaikkaa,) 1990.

Harper's Bible Dictionary, Harper & Row, San Francisco, 1985.

Hegel, G. W. F.: Hegel's Phenomenology of Spirit, käännös A.V. Miller, tekstin analyysi ja esipuhe J. N. Findlay, Oxford University Press, Oxford, 1979.

Herakleitos: Yksi ja sama, aforismeja, suom. Pentti Saarikoski, Otava, Helsinki, 1971.

Hesiodos: The Poems of Hesiod, kääänös R. M. Frazer, University of Oklahoma Press, Norman, 1985.

Hesse, Herman: Siddhartha, Weilin + Göös, Helsinki, 1966.

Hindu Myths, A Sourcebook Translated from the Sanskrit, Penguin Books, Harmondswort, 1980.

Homeros:

(1) Ilias, suom. O. Manninen, WSOY, Porvoo, 1941.

(2) Odysseia, suom. O. Manninen, WSOY, Porvoo, 1942.

Humphreys, Christmas: Buddhalainen tapa elää, WSOY, Porvoo, 1976.

Huxley, Francis: The Dragon, Thames and Hudson, Lontoo, 1979.

I Ching, The Book of Change, käännös John Blofeld, Mandala Books Unwin Paperbacs, Lontoo, 1976.

Irion, J. Everett: Interpreting the Revelation with Edgar Cayce, A.R.E. Press, Virginia Beach, 1982.

Jeesuksen rukous, otteita pyhien isien ja hengellisten opettajien teoksista, koonnut Valamon luostarin igumeni Hariton, Valamon luostari, Pieksämäki, 1983.

Juliana Norwichlainen, äiti: Jumalan rakkauden ilmestys, Kirjaneliö, Helsinki 1985.

Jung, C. G.:

(1) Job saa vastauksen, Otava, Helsinki, 1974.

(2) Memories, Dreams, Reflections, Collins Fount Paperbacks, Glasgow, 1980.

(3) Concerning Mandala Symbolism (with Appendix), teoksessa The Collected Works of C. G. Jung, osa 9i, ss. 355–390, Routledge & Kegan Paul, Lontoo, 1980.

(4) Psychology and Alchemy, The Collected Works of C. G. Jung, osa 12, Routledge & Kegan Paul, Lontoo, 1981.

(5) Psychological Types, The Collected Works of C. G. Jung, osa 6, Routledge & Kegan Paul, Lontoo, 1981.

(6) The Relations between the Ego and the Unconscious, teoksessa The Collected Works of C. G. Jung, osa 7, ss. 121–292, Routledge & Kegan Paul, Lontoo, 1977.

(7) Symbols of Transformation, The Collected Works of C. G. Jung, osa 5, Routledge & Kegan Paul, Lontoo, 1981.

(8) Preface to de Laszlo: Psyche and Symbol, teoksessa The Collected Works of C. G. Jung, osa 18, ss. 537–542, Routledge & Kegan Paul, Lontoo, 1977.

(9) Foreword to Allenby: A Psychological Study of the Origins of Monotheism, teoksessa The Collected Works of C. G. Jung, osa 18, ss. 656–659, Routledge & Kegan Paul, Lontoo, 1977.

(10) Concerning Rebirth, teoksessa The Collected Works of C. G. Jung, osa 9i, ss. 113–147, Routledge & Kegan Paul, Lontoo, 1980.

(11) Jung and Religious Belief, (Jungille esitettyjä kysymyksiä ja hänen vastauksiaan) teoksessa The Collected Works of C. G. Jung, osa 18, ss. 702–744, Routledge & Kegan Paul, Lontoo, 1977.

(12) Aion, The Collected Works of C. G. Jung, osa 9ii, Routledge & Kegan Paul, Lontoo, 1978.

(13) On the Psychogenesis of Schizophrenia, teoksessa The Collected Works of C. G. Jung, osa 3, ss. 233–249, Routledge & Kegan Paul, Lontoo, 1977.

(14) Psychology and Religion, teoksessa The Collected Works of C. G. Jung, osa 11, ss. 3–105, Routledge and Kegan Paul, Lontoo, 1981.

(15) A Psychological Approach to the Dogma of the Trinity, teoksessa The Collected Works of C. G. Jung, osa 11, ss. 107–200, Routledge & Kegan Paul, Lontoo, 1981.

(16) Paracelsus as a Spiritual Phenomenon, teoksessa The Collected Works of C. G. Jung, osa 13, ss. 109–189, Routledge and Kegan Paul, Lontoo, 1978.

Kant, Immanuel:

(1) Tapojen metafysiikan perustus, teoksessa Immanuel Kantin siveysopilliset pääteokset, ss. 67–161, WSOY, Porvoo, 1931.

(2) Grundlegung zur Metaphysik der Sitten, teoksessa Immanuel Kant: Werke in sechs Bänden, osa 4, ss. 9–102, toim. W. Weishedel, Buchgesellschaft, Darmstadt 1966.

Katariina Genovalainen: Catherine of Genoa: Purgation and Purgatory, The Spiritual Dialogue, johdanto Benedict J. Groeschel, SPCK, Lontoo, 1979.

Katariina Sienalainen: Catherine of Siena: The Dialogue, käännös ja johdanto Suzanne Noffke, SPCK, Lontoo, 1980.

Kemppinen, Iivar: Suomalainen mytologia, Kirja-Mono, Helsinki, 1960.

Kenny, Anthony: Wittgenstein, Allen Lane The Penguin Press, Lontoo, 1973.

Kilpi, Eeva: Naisen päiväkirja, WSOY, Porvoo, 1978.

Kirkkovuoden pyhät, osa 2, Ortodoksisen kirjallisuuden julkaisuneuvosto, Joensuu, 1980.

Klemola, Timo: Karate-do, Budon filosofiaa, Otava, Helsinki, 1988.

Korte, Irma:

(1) Nainen ja myyttinen nainen, Yliopistopaino, Helsinki, 1988.

(2) Samaanin sampo, Nemora Kustannus, Espoo, 2020.

Krohn, Sven: Ydinihminen, Arator, Hämeenlinna, 1989.

Lange, K. ja Hirmer, M.: Egypt; Architecture, Sculpture, Painting, Phaidon Press, Lontoo, 1961.

New Larousse Encyclopedia of Mythology, johdanto Robert Graves, Hamlyn, Lontoo, 1979.

Lawrence, D. H.: Apocalypse, Benguin Books, Harmondsworth, 1980.

Le Joly, E.:

(1) Äiti Teresa Kristuksen valona maailmassa, Kirjapaja, Helsinki, 1984.

(2) Äiti Teresan salaisuus, Kirjapaja, Jyväskylä, 1981.

Lisieux'n Thérèse: Collected Letters of Saint Thérèse of Lisieux, toim. Abbé Combes, Sheed & Ward, Lontoo, 1949.

Liu Hua Yang: Hui Ming Ging, kirja tajunnasta ja elämästä, teoksessa Kultakukan salaisuus, ss. 162–170, Ruusu-Risti, Hämeenlinna, 1980.

Lohse, Eduard: Uuden testamentin synty, Gaudeamus, Helsinki, 1986.

de Loyola, Ignatius: Pyhiinvaeltajan kertomus, Kirjaneliö, Helsinki, 1979.

Maclagan, David: Creation Myths, Thames and Hudson, Lontoo, 1977.

Mann, Thomas: Tohtori Faustus, Weilin + Göös, Espoo, 1979.

Matarasso, P. M.: Introduction, teoksessa The Quest of the Holy Grail, ss. 9–29, Penguin Books, Harmondsworth, 1981.

Milarepa, Tiibetin suuri joogi, Provator Publishing, Hanko, 1988.

Moody, Raymond A.:

(1) Frågor vid livets gräns, Natur och Kultur, Stockholm, 1978 (alkuperäinen teos: Reflections on Life after Life, 1977).

(2) Kokemuksia kuolemasta, Gummerus, Jyväskylä, 1978 (alkuperäinen teos: Life after Life, 1975).

Murray, Alexander: Who's Who in Mythology; Classic Guide to the Ancient World, Studio Editions, Lontoo, 1992.

Nag Hammadin kätketty viisaus – Gnostilaisia ja muita varhaiskristillisiä tekstejä, toim. Ismo Dunderberg ja Antti Marjanen, WSOY, Helsinki, 2005.

Neumann, Erich: The Great Mother, Princeton University Press, Princeton, 1974.

Nikolainen, Aimo: Johanneksen ilmestys, Kirjapaja, Hämeenlinna, 1972.

Origenes: Origen: The Song of Songs; Commentary and Homilies, The New-man Press, Westminster, 1957.

Ovidius: Muodonmuutoksia, WSOY, Porvoo, 1935.

Pagels, Elaine: The Gnostic Gospels, Vintage Books, New York, 1981.

Platon:

(1) Timaios, teoksessa Platon: Teokset, osa 5, ss. 157–245, Otava, Helsinki, 1982.

(2) Plato: Timaeus and Critias, käännös ja johdanto Desmond Lee, Penguin Books, Harmondsworth, 1979.

(3) Valtio, Platon: Teokset, osa 4, Otava, Helsinki, 1981.

(4) Faidon, teoksessa Platon: Teokset, osa 3, ss. 6–79, Otava, Helsinki, 1979.

(5) Pidot, teoksessa Platon: Teokset, osa 3, ss. 81–141, Otava, Helsinki, 1979.

Plutarkhos: Isis and Osiris, teoksessa Plutarch's Moralia with an English Translation by Frank Cole Babbit, in fifteen volumes, osa 5, ss. 6–191, William Heinemann, Lontoo, 1957.

Purge, Jill: The Mystic Spiral, Thames and Hudson, Lontoo, 1987.

Pyhä Teresa:

(1) Spiritual Testimonies, teoksessa The Collected Works of Saint Teresa of Avila, osa 1, ss. 369–438, käännös Kieran Kavanaugh ja Otilio Rodriguez, ICS Publications (Institute of Carmelite Studies), Washington, D.C., 1987.

(2) Pyhä Teresa: Sisäinen linna, johdanto, suomennos ja selitykset Seppo A. Teinonen, Kirjaneliö, Helsinki, 1981.

(3) Pyhä Jeesuksen Teresa: Elämäni, johdanto, suomennos ja selitykset, Seppo A. Teinonen, Katolinen tiedotuskeskus, Helsinki, 1990.

(4) The Book of Her Life, teoksessa The Collected Works of Saint Teresa of Avila, osa 1, ss. 5–365, ICS Publications, Washington, D.C., 1987.

(5) The Way of Perfection, teoksessa The Collected Works of Saint Teresa of Avila, osa 2, ss. 13–204, ICS Publications, Washington D.C., 1980.

Ramana Maharshi: Ramana Maharshin opetuksia, toim. Arthur Osborn, Tammi, Helsinki, 1980.

Rist, Martin: Revelation (The Book of Revelation), teoksessa The Encyclopedia Americana, osa 23, ss. 440–442, American Corporation, Danbury, 1978.

Ristin Johannes:

(1) The Spiritual Canticle, teoksessa The Collected Works of St. John of the Cross, ss. 393–565, käännös Kieran Kavanaugh ja Otilio Rodriguez, ICS Publications (Institute of Carmelite Studies), Washington, D.C., 1979.

(2) Pimeä yö, johdanto, suomennos ja selitykset Seppo A. Teinonen, Kirjaneliö, Helsinki, 1983.

(3) Elävä rakkauden liekki, johdanto, suomennos ja selitykset Seppo A. Teinonen, Kirjapaja, Jyväskylä, 1984.

(4) The Ascent of Mount Carmel, teoksessa The Collected Works of St. John of the Cross, ss. 43–292, ICS Publications, Washington, D.C., 1979.

Räisänen, Heikki: Tuhat ja yksi tulkintaa, luova näkökulma Raamattuun, Yliopistopaino, Helsinki 1989.

Saarisalo, Aapeli: Raamatun sanakirja, Kirjaneliö, Helsinki, 1985.

Sayce, Archibald Henry: Astronomy and Astrology of the Babylonians, with Translations of the Tablets Relating to These Subjects, Wizards Bookshelf, San Diego, 1981 (alkuperäinen teos ilmestynyt sarjassa Transactions of the Society of Biblical Archeology, vuosikerta 3, osa 1, 1874).

Scheler, Max: Formalism in Ethics and Non-Formal Ethics of Values, Northwestern University Press, Evanston, 1973.

Schlink, M. Basilea: Elämäni Jumalan yhteydessä, omaelämäkerta, osa 2, Kustannuskeskus Päivä, Hämeenlinna, 1975.

Science Says, artikkeli lehdessä Self-Realization, vuosikerta 51, 1980, no. 3, ss. 21–26 ja ss. 54–57 (lehden julkaisija: Self-Realization Fellowship, Los Angeles).

Serafim Sarovilainen: Pyhittäjä Serafim Sarovilaisen elämäkerta ja hengelliset ohjeet, Valamon luostari, Pieksämäki, 1978.

Shyamananda, Swami: Kriya Yoga and the Spiritual Meaning of the Bhagavad Gita, artikkeli lehdessä Self-Realization, vuosikerta 60, 1989, no. 4, ss. 37–45 ja s. 64 (lehden julkaisija: Self-Realization Fellowship, Los Angeles).

Sivananda, Swami: Kundalini Yoga, Himalaya, Heinola, 1977.

Smend, Rudolf: Vanhan testamentin synty, suomeksi toimittanut Martti Nissinen, Yliopistopaino, Helsinki, 1989.

Snodgrass, Adrian: The Symbolism of the Stupa, Cornell University, Ithaca, 1985.

Spinoza: The Ethics, teoksessa The Chief Works of Benedict de Spinoza, osa 2, ss. 42–271, käännös R. H. M. Elwes, Dover Publications, New York, 1955.

Steiner, Rudolf: Henkisen tiedon tie, Otava, Helsinki, 1981.

Suomen kansan vanhat runot:

(1) Osa 1: Vienan läänin runot 1, Suomalaisen Kirjallisuuden Seura, Helsinki, 1908.

(2) Osa 7: Raja- ja Pohjois-Karjalan runot 4, Suomalaisen Kirjallisuuden Seura, Helsinki, 1933.

(3) Osa 7: Raja- ja Pohjois-Karjalan runot 1, Suomalaisen Kirjallisuuden Seura, Helsinki, 1929.

Svenskt Bibliskt Upplags Verk, osa 2, toim. Ivan Engnell, Nordiska Upplags-böcker, Tukholma, 1963.

Swedenborg, Emanuel:

(1) The Apocalypse Explained according to the Spiritual Sense, osa 1, The Swedenborg Society, Lontoo, 1854.

(2) The Apocalypse Revealed, osa 1, The Swedenborg Society, Lontoo, 1851

(3) The Apocalypse Revealed, osa 2, The Swedenborg Society, Lontoo, 1851.

Tai I Ging Hua Dsung Dshi (Kultakukan salaisuus), teoksessa Kultakukan salaisuus, ss. 120–161, Ruusu-Risti, Hämeenlinna, 1980.

Tansley, David V.: Subtle Body, Thames and Hudson, Lontoo, 1988.

Tao te ching, teoksessa Keskitie, ss. 84–121, toim. Pertti Nieminen, Tammi, Helsinki, 1956.

Tara Mata: A Forerunner of the New Race, Self-Realization Fellowship, Los Angeles, 1981.

Teinonen, Seppo A.: Rakkauden tieto; Saksan ja Alankomaiden suuret mystikot, Suomalaisen teologisen kirjallisuusseuran julkaisuja no. 142, Helsinki, 1985.

The Teachings of the Compassionate Buddha, toim. E. A. Burtt, New American Library, New York, 1955.

Tiibetiläinen kuolleidenkirja, WSOY, Porvoo, 1979.

Tillich, Paul; Love, Power, and Justice, Oxford University Press, Lontoo, 1969.

Tolstoi, Leo: Sota ja rauha, osa 3, WSOY, Helsinki, 1971.

Uusi testamentti; raamatunkäännöskomitean ehdotus, Pieksämäki, 1990.

Vivekananda, Swami:

(1) Bhakti-yoga eli rakkauden yoga, Himalaya, (ei julkaisu- tai painopaik-kaa), 1972 (alkuperäinen teksti: Bhakti-Yoga or the Yoga of Love and Devo-tion, teoksessa The Complete Works of Swami Vivekananda, osa 3, ss. 29–100, Advaita Ashrama, Kalkutta, 1979).

(2) Conversations and Dialogues, teoksessa The Complete Works of Swami Vivekananda, osa 7, ss. 105–294, Advaita Ashrama, Kalkutta, 1979.

(3) Raja-yoga, teoksessa The Complete Works of Swami Vivekananda, osa 1, ss. 119–313, Advaita Ashrama, Kalkutta, 1984.

(4) Six Lessons on Raja-yoga, teoksessa The Complete Works of Swami Vi-vekananda, osa 8, ss. 36–52, Advaita Ashrama, Kalkutta, 1985.

(5) Karma-yoga, Himalaya Publishing, Heinola, 1973, (alkuperäinen lähde The Complete Works of Swami Vivekananda, osa 1, ss. 25–118, Advaita Ashrama, Kalkutta, 1984).

(6) The Practical Vedanta and Other Lectures, teoksessa The Complete Works of Swami Vivekananda, osa 2, ss. 291–474, Advaita Ashrama, Kalkutta, 1983.

(7) Addresses at the Parliament of Religions, teoksessa The Complete Works of Swami Vivekananda, osa 1, ss. 1–24, Advaita Ashrama, Kalkutta, 1984.

Voltaire: Philosophical Dictionary, toim. Theodore Besterman, Penguin Books, Harmondsworth, 1971.

Walker, Benjamin: Gnosticism, The Aquarian Press, Wellingborough, 1983.

Waltari, Mika: Ihmisen ääni, toim. Ritva Haavikko, WSOY, Porvoo, 1978.

Wheelwright, Philip: Heraclitus, Princeton University Press, Princeton, 1968.

Wittgenstein, Ludwig: Tractatus Logico-Philosophicus eli Loogis-filosofinen tutkielma, WSOY, Porvoo, 1971.

Yogananda, Paramahansa:

(1) Autobiography of a Yogi, Self-Realization Fellowship, Los Angeles, 1981.

(2) Whispers from Eternity, Self-Realization Fellowship, Los Angeles, 1975.

(3) Man's Eternal Quest, Self-Realization Fellowship, Los Angeles, 1982.

(4) The Divine Romance, Self-Realization Fellowship, Los Angeles, 1986.

(5) Where There is Light, Self-Realization Fellowship, Los Angeles, 1989.

(6) Metaphysical Meditations, Self-Realization Fellowship, Los Angeles, 1982.

(7) Easter Prayer, lehdessä Self-Realization, vuosikerta 48, 197,
kansi (lehden julkaisija: Self-Realization Fellowship, Los Angeles,

(8) God Talks With Arjuna – The Bhagavad Gita: Royal Science oι
Realization, Chapters 1–5, Self-Realization Felowship, Los Angeles 19ხ.

Yukteswar, Swami Sri: The Holy Science, Self-Realization Fellowship, Los
Angeles, 1977.

Äiti Teresa:

(1) Rakkauden sanat, WSOY, Porvoo, 1988.

(2) Rakkaus näkyy, äiti Teresan ajatuksia ja kirjoituksia, koonnut Georges
Gorrée ja Jean Barbier, Kirjapaja, Hämeenlinna, 1983.